biología y geología

1 bachillerato

Entrar en Saviadigital es fácil:

1. Escribe en internet la siguiente dirección:
smsaviadigital.com

2. Regístrate e introduce el número de licencia que encontrarás en la página anterior.

3. Como solo debes registrarte una vez, anota tu **identificador** y **contraseña**.

CONOCE TU LIBRO

En portada

El texto del comienzo de la unidad presenta los contenidos junto a interesantes cuestiones científicas. Con actividades para que pongas en marcha tus conocimientos sobre el tema.

Descubre los contenidos de la unidad en el índice visual.

Entra en los enlaces para descubrir más datos y curiosidades.

Epígrafes

Los contenidos se presentan de forma visual y llamativa, y se destacan las ideas más importantes.

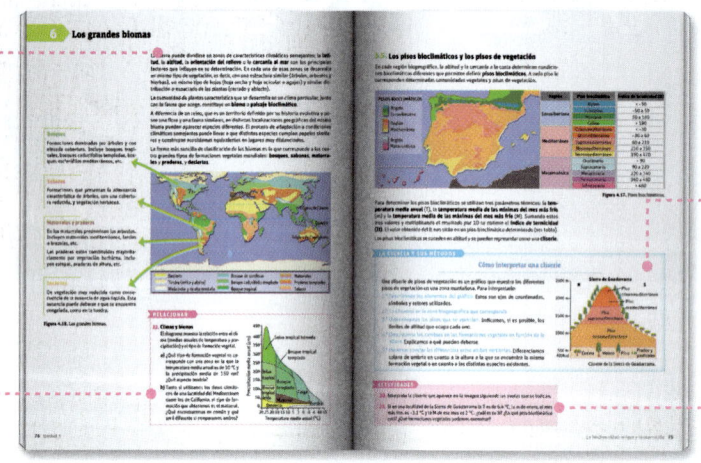

Los textos introductorios conectan los contenidos con la realidad.

Entra en los enlaces. Encontrarás:
- Animaciones y actividades interactivas en **savia**digital.
- Páginas web de interés, vinculadas a los contenidos.

Las actividades competenciales te ayudan a desarrollar diferentes destrezas y habilidades.

Secciones como La ciencia y sus métodos facilitan el conocimiento y el manejo del método científico.

Actividades para ayudarte a afianzar los contenidos.

Síntesis

Mapa conceptual para que repases los contenidos más importantes de la unidad. Se trata de un esquema que podrás completar y ampliar.

Aplicación y relación

Actividades para que trabajes los contenidos desde un punto de vista práctico y creando vínculos entre ellos.

Presenta actividades en la Biblioteca global que facilitan la investigación eficaz y rigurosa de los contenidos.

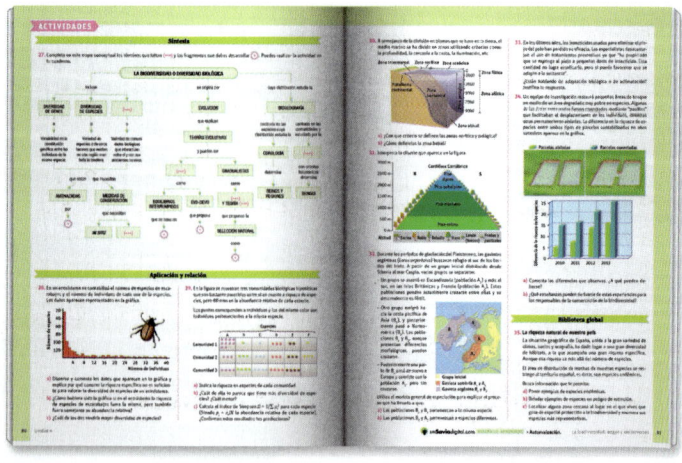

La Ciencia y sus métodos

Esta sección al final de la unidad consta de una o dos páginas.
Aborda los procedimientos generales propios de la metodología científica y otros procedimientos científicos asociados a los contenidos de la unidad.

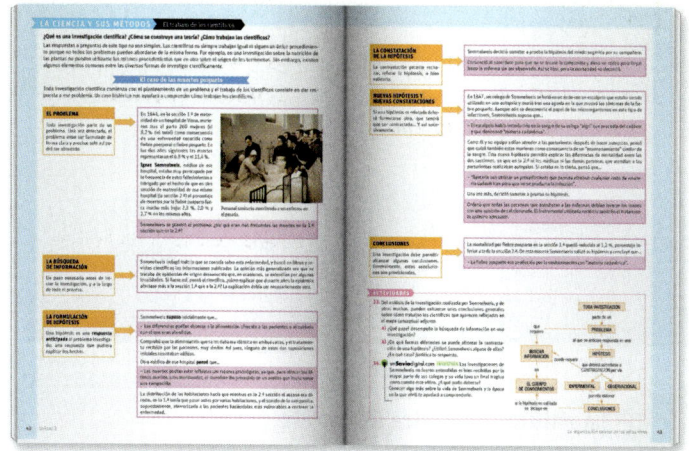

Cierre de la unidad

Al final de la unidad, encontrarás una de estas secciones:

Experiencias que cambiaron el mundo: Cuestiones relevantes de la historia de la ciencia que cambiaron el paradigma científico.

Ciencia, tecnología y sociedad: Cuestiones científicas de actualidad con gran influencia científica, tecnológica y social.

 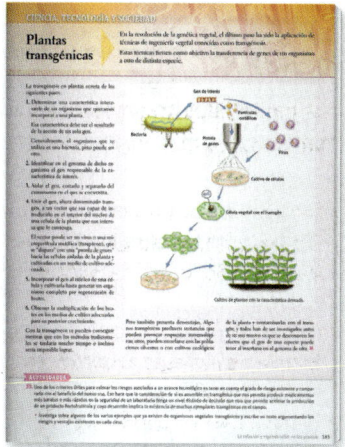

CONOCE Saviadigital — www.smSaviadigital.com

Saviadigital te ofrece más recursos y actividades para aprender y profundizar en los contenidos.

En tu libro aparecen llamadas para que sepas qué recursos hay en **Savia**digital.

PRACTICA	Actividades para que practiques con los contenidos.
OBSERVA	Actividades para que veas cuestiones interesantes de la ciencia.
INVESTIGA	Actividades para que profundices y busques información.
VALORA LO APRENDIDO	Autoevaluación de la unidad para que seas consciente de tu aprendizaje y prepares el examen.

smSaviadigital.com
PRACTICA En esta animación podrás reconocer tejidos a través del microscopio.

Para acceder a **Savia**digital sigue los pasos que encontrarás nada más abrir este libro.

Índice

1. La naturaleza básica de la vida — Pág. 6
1. La unidad química de los seres vivos
2. El agua
3. Las sales minerales
4. Los glúcidos
5. Los lípidos
6. Las proteínas
7. Los ácidos nucleícos
8. De las moléculas a la vida

LA CIENCIA Y SUS MÉTODOS
Buscar información en internet

EXPERIENCIAS QUE CAMBIARON EL MUNDO
El experimento de Miller-Urey

2. La organización celular de los seres vivos — Pág. 24
1. La teoría celular
2. ¿Qué tienen en común todas las células?
3. Las células de los animales
4. Las células de las plantas
5. De las células procarióticas a las eucarióticas
6. ¿Cómo se nutren las células?
7. ¿Cómo se relacionan las células?
8. El ciclo de vida de las células. La reproducción

LA CIENCIA Y SUS MÉTODOS
El trabajo de los científicos

3. La organización pluricelular de los seres vivos — Pág. 44
1. De los organismos unicelulares a los pluricelulares
2. Los tejidos vegetales
3. Los tejidos animales
4. La sangre y la linfa. Unos tejidos especiales
5. Identificación de tejidos
6. El medio interno
7. Los niveles de organización

LA CIENCIA Y SUS MÉTODOS
Los límites de la ciencia

EXPERIENCIAS QUE CAMBIARON EL MUNDO
Pasteur y el fin de la generación espontánea

4. La biodiversidad: origen y conservación — Pág. 62
1. ¿Qué es la biodiversidad?
2. El origen de la biodiversidad
3. Cómo se originan nuevas especies
4. La adaptación de las especies
5. La distribución geográfica de la biodiversidad
6. Los grandes biomas
7. La conservación de la biodiversidad

LA CIENCIA Y SUS MÉTODOS
Experimentos en la naturaleza

EXPERIENCIAS QUE CAMBIARON EL MUNDO
La revolución de Darwin

5. La clasificación de los seres vivos — Pág. 84
1. La clasificación de las especies
2. Reinos, dominios e imperios
3. El árbol de la vida
4. La diversidad de las plantas
5. La diversidad de los animales

LA CIENCIA Y SUS MÉTODOS
Claves dicotómicas para identificar organismos

CIENCIA, TECNOLOGÍA Y SOCIEDAD
Una investigación arriesgada

Cierre de bloque I — Pág. 102

6. La nutrición en las plantas — Pág. 106
1. Funciones vitales en los organismos pluricelulares
2. Procesos relacionados con la nutrición
3. ¿Cómo incorporan las plantas el alimento?
4. ¿Cómo transportan los nutrientes por su interior?
5. Estructuras vegetales especializadas en la nutrición
6. La fotosíntesis como eje de la nutrición autótrofa
7. ¿Cómo excretan los productos de desecho las plantas?
8. Visión general de la nutrición en las plantas
9. Adaptaciones nutricionales de algunas plantas
10. Importancia de las plantas en los ecosistemas

LA CIENCIA Y SUS MÉTODOS
Identificar y controlar las variables

EXPERIENCIAS QUE CAMBIARON EL MUNDO
Entendiendo la nutrición vegetal

7. La nutrición en animales I: respiración y digestión — Pág. 126
1. ¿Cómo incorporan el alimento los animales?
2. ¿Cómo se produce el intercambio gaseoso?
3. Los tipos de respiración en animales
4. Alimentos líquidos y sólidos: procesos digestivos
5. La captura de alimento
6. La evolución de los sistemas digestivos
7. La organización del tubo digestivo
8. El sistema digestivo humano

LA CIENCIA Y SUS MÉTODOS
La disección como procedimiento científico

EXPERIENCIAS QUE CAMBIARON EL MUNDO
La anatomía comparada

8. La nutrición en animales II: circulación y excreción — Pág. 146
1. El medio interno y los sistemas circulatorios
2. Funcionamiento básico de un sistema circulatorio
3. Las funciones del sistema circulatorio
4. Los tipos de sistemas circulatorios
5. El sistema circulatorio en los vertebrados
6. El sistema circulatorio en los mamíferos
7. La excreción animal
8. El riñón en los mamíferos

LA CIENCIA Y SUS MÉTODOS
El análisis de la sangre

EXPERIENCIAS QUE CAMBIARON EL MUNDO
El descubrimiento de los grupos sanguíneos

9. La relación y reproducción en las plantas — Pág. 166
1. Las plantas se relacionan con su entorno
2. Las hormonas vegetales
3. Las plantas se reproducen
4. La meiosis
5. Los ciclos biológicos
6. Reproducción sexual en espermatofitas

LA CIENCIA Y SUS MÉTODOS
La experimentación en genética vegetal

EXPERIENCIAS QUE CAMBIARON EL MUNDO
Plantas transgénicas

10. La relación y coordinación en animales — Pág. 186
1. La relación en animales
2. La evolución de la coordinación hormonal
3. La evolución del sistema nervioso
4. La estructura celular del sistema nervioso
5. Organización y funcionamiento de las neuronas
6. Integración y control de la coordinación
7. El comportamiento animal

LA CIENCIA Y SUS MÉTODOS
Cómo estudiar el cerebro en acción

CIENCIA, TECNOLOGÍA Y SOCIEDAD
Neurociencia y parapsicología

11. La reproducción de los animales — Pág. 206
1. La reproducción asexual y sexual
2. La formación de los gametos
3. La fecundación
4. Los sistemas reproductores
5. El desarrollo embrionario
6. El desarrollo posembrionario
7. La intervención humana en la reproducción animal

LA CIENCIA Y SUS MÉTODOS
Experimentos: una estrategia para probar ideas

CIENCIA, TECNOLOGÍA Y SOCIEDAD
La bioética

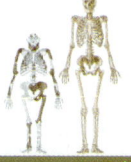

Cierre de bloque II — Pág. 226

12. Historia de la vida y de la Tierra — Pág. 230
1. Los fósiles y la información que proporcionan
2. Métodos de datación. Edad relativa
3. Métodos de datación. Edad absoluta
4. El tiempo geológico y su división
5. El Precámbrico, un comienzo difícil
6. El Paleozoico, una explosión de vida
7. Mesozoico y Cenozoico: los últimos 250 Ma
8. El origen de la especie humana

LA CIENCIA Y SUS MÉTODOS
Diferencias entre describir e interpretar

EXPERIENCIAS QUE CAMBIARON EL MUNDO
Holmes y la edad de la Tierra

Cierre de bloque III — Pág. 252

13. Estructura interna y composición de la Tierra — Pág. 254
1. ¿Cómo es el interior terrestre? Primeros datos directos
2. Sismos y ondas sísmicas
3. La temperatura del interior terrestre y sus efectos
4. Una mirada al exterior: los meteoritos
5. Una Tierra estructurada en capas
6. Isostasia

LA CIENCIA Y SUS MÉTODOS
¿Qué son y para qué sirven las teorías?

EXPERIENCIAS QUE CAMBIARON EL MUNDO
El *fracking* a debate

14. Tectónica de placas — Pág. 274
1. El nacimiento de una idea
2. De la deriva continental a la tectónica de placas
3. La dorsal y su dinámica
4. Zonas de subducción
5. Límites transformantes
6. La tectónica de placas: una perspectiva global
7. Cambios en la tectónica de placas desde su fundación

LA CIENCIA Y SUS MÉTODOS
Argumentar, algo más que opinar

EXPERIENCIAS QUE CAMBIARON EL MUNDO
Una revolución en las ciencias de la Tierra

15. Magmatismo y tectónica de placas — Pág. 292
1. El origen del magma
2. Diversidad de magmas
3. Vulcanismo intraplaca
4. Emplazamientos y morfologías magmáticos
5. Texturas de las rocas magmáticas
6. Tipos de rocas ígneas
7. Riesgo volcánico

LA CIENCIA Y SUS MÉTODOS
Correlación y causalidad

EXPERIENCIAS QUE CAMBIARON EL MUNDO
La responsabilidad social de los científicos

16. Manifestaciones de la dinámica litosférica — Pág. 310
1. Diversidad de procesos geológicos
2. División continental
3. Formación de las cordilleras
4. Deformaciones de las rocas
5. Metamorfismo y rocas metamórficas
6. El ciclo de Wilson

LA CIENCIA Y SUS MÉTODOS
El trabajo de campo en geología

CIENCIA, TECNOLOGÍA Y SOCIEDAD
Google Earth: todo el planeta a nuestro alcance

17. Los procesos externos y las rocas que originan — Pág. 328
1. Procesos geológicos externos
2. Facies sedimentarias
3. Diagénesis
4. Rocas sedimentarias
5. Utilidad de las rocas

LA CIENCIA Y SUS MÉTODOS
Los mapas topográficos y su interpretación

18. Cómo funciona la Tierra — Pág. 346
1. La Tierra analizada como un sistema
2. El relieve como resultado de la interacción
3. Las interacciones desde una perspectiva compleja
4. Cambio climático
5. El calentamiento global
6. Los riesgos geológicos y el sistema Tierra

LA CIENCIA Y SUS MÉTODOS
Mapas geológicos

Cierre de bloque IV — Pág. 364

1

1	2	3	4
La unidad química de los seres vivos	El agua	Las sales minerales	Los glúcidos

La naturaleza básica de la vida

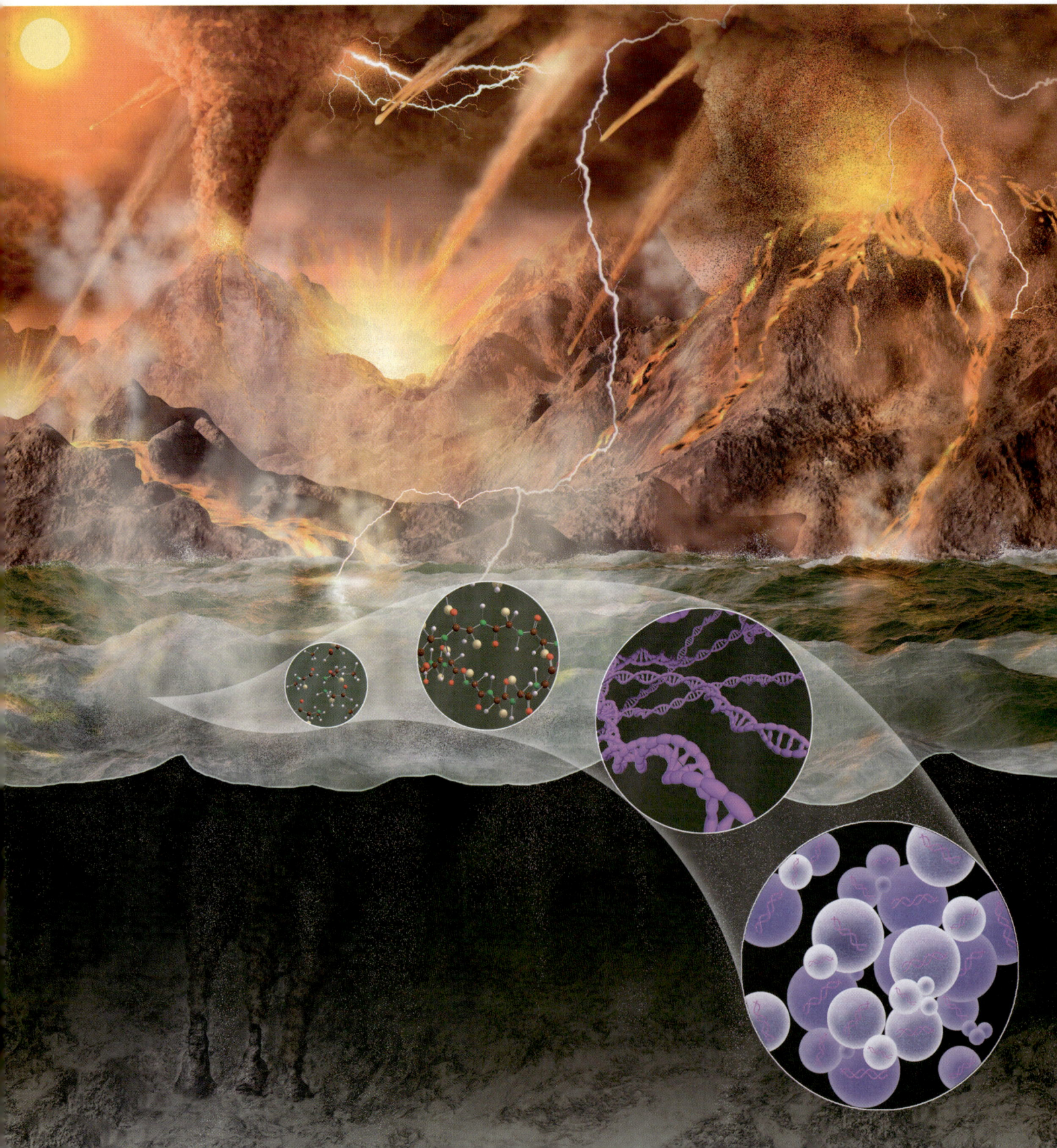

  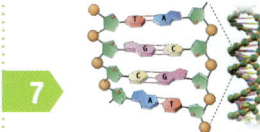  

5 Los lípidos **6** Las proteínas **7** Los ácidos nucleicos **8** De las moléculas a la vida **LA CIENCIA Y SUS MÉTODOS** Buscar información en internet

Ingredientes para la vida

El 18 de enero de 2000 un meteorito de 4 metros de diámetro y 56 toneladas invadió la atmósfera terrestre. El 97 % de su masa se vaporizó en la atmósfera superior, dejando un rastro que marcó la trayectoria hasta el lugar en el que impactaron sus restos: la superficie helada del lago Tagish, en el noroeste de la Columbia Británica, en Canadá. A las pocas horas de su caída, se iniciaron las labores de recogida de los fragmentos, extremando el cuidado para evitar cualquier contaminación durante la manipulación.

El meteorito del lago Tagish fue clasificado como una condrita carbonácea. En sus cóndrulos –microscópicas esferas huecas– se encontraron restos de materia orgánica rica en ácidos orgánicos, constituyentes esenciales de las membranas celulares, y aminoácidos, componentes básicos de las proteínas. Entre los ácidos orgánicos abundaba el ácido fórmico, uno de los compuestos clave de las reacciones bioquímicas que, según las teorías más aceptadas, condujeron desde las sencillas moléculas inorgánicas al origen de la vida en la Tierra.

Los científicos suponen que las condritas son una muestra de los materiales que participaron, hace más de 4500 Ma, en la formación de nuestro sistema solar. Algunos sugieren que las moléculas necesarias para el nacimiento de la vida en la Tierra llegaron hasta aquí en el interior de meteoritos, asteroides o cometas.

Figura 1.1. Los precursores moleculares de la vida en la Tierra podrían haber llegado a bordo de meteoritos.

• **En la Web**

¿Pueden formarse las moléculas de la vida en el espacio? ¿Pueden llegar a la Tierra?

• www.e-sm.net/svbg1bach01_01

1. ¿De qué depende que un compuesto químico sea calificado como "orgánico"? Además de los aminoácidos o los ácidos carboxílicos, cita otros compuestos orgánicos que conozcas.

2. La importancia del meteorito de Tagish radica en las condiciones en las que se recogieron sus muestras para evitar su "contaminación". ¿A qué tipo de contaminación nos referimos? ¿Por qué es tan importante que las muestras no estén contaminadas?

3. Según la hipótesis más aceptada, la formación de moléculas orgánicas fue un paso imprescindible en el proceso que condujo desde los sencillos compuestos inorgánicos a la aparición de la vida. ¿Qué atributos deberían tener estas moléculas para pasar de ser materia sin vida a materia viva?

4. La escena de la página anterior representa las condiciones de la Tierra primitiva en las que se originó la vida. ¿De qué fuentes de energía se dispuso para la transformación de compuestos inorgánicos en los primeros compuestos orgánicos?

◂ Agua, tormentas, erupciones volcánicas, meteoritos, cometas, chimeneas hidrotérmicas marinas… y el Sol. Así era el ambiente en el que surgió la vida.

1. La unidad química de los seres vivos

En el principio...

Durante los primeros 500 Ma de su existencia, la joven Tierra estuvo sometida a una lluvia de asteroides que bombardeaba su maltrecha superficie. Sin embargo, solo unos cientos de millones de años después de esa era infernal, la vida microscópica bullía en sus océanos. En algún momento intermedio se había ensamblado el primer ser vivo a partir de las únicas materias primas de la Tierra primitiva: el aire, el agua y las rocas. ¿Cómo empezó la vida?

La comunidad científica apuesta que se trató de un fenómeno químico: al inicio de la historia de la Tierra, los compuestos sencillos que constituían la atmósfera y el océano se unieron para construir las moléculas más grandes y complejas que forman las células.

Para comprender cómo pudo suceder, necesitamos responder a algunas preguntas: ¿qué compuestos químicos forman la materia viva?, ¿qué los diferencian de los que forman la materia inerte?, ¿cómo pueden transformarse unos en otros?

1.1. ¿Qué elementos químicos integran los organismos?

Al analizar la composición de los organismos, se observa que solo una pequeña parte de los elementos químicos que constituyen la Tierra forman parte de la materia viva. Los elementos que componen este restringido grupo se denominan **bioelementos**. Seis de ellos, los llamados **bioelementos primarios** (carbono, hidrógeno, oxígeno, nitrógeno, fósforo y azufre), constituyen más del 98 % de la masa de los seres vivos.

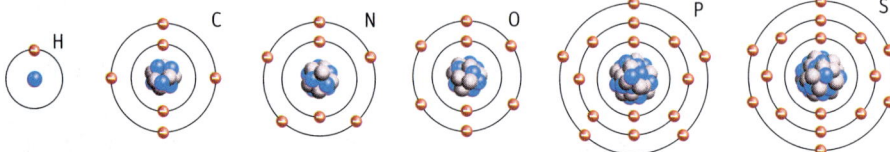

Figura 1.2. Configuración electrónica de los bioelementos primarios.

Algunas de las propiedades de estos elementos los hacen especialmente adecuados para construir las moléculas de los seres vivos. Por ejemplo, los bioelementos más abundantes (carbono, hidrógeno, oxígeno y nitrógeno) forman con facilidad enlaces covalentes compartiendo parejas de electrones. Para completar sus capas electrónicas externas y formar enlaces estables, necesitan pocos electrones. Los cuatro elementos pueden unirse unos con otros y formar una gran variedad de compuestos diferentes.

El resto de los bioelementos (calcio, magnesio, sodio, potasio, hierro, cloro...) constituyen los **bioelementos secundarios**. Algunos, como el hierro, que no alcanzan el 0,1 %, reciben el nombre de **oligoelementos**; sin embargo, a pesar de esta baja proporción, su presencia es indispensable para el buen funcionamiento del organismo.

INTERPRETAR GRÁFICOS

5. Diferentes pero semejantes

Estos diagramas muestran el porcentaje en el que se encuentran los elementos químicos más abundantes en la corteza y en los seres vivos:

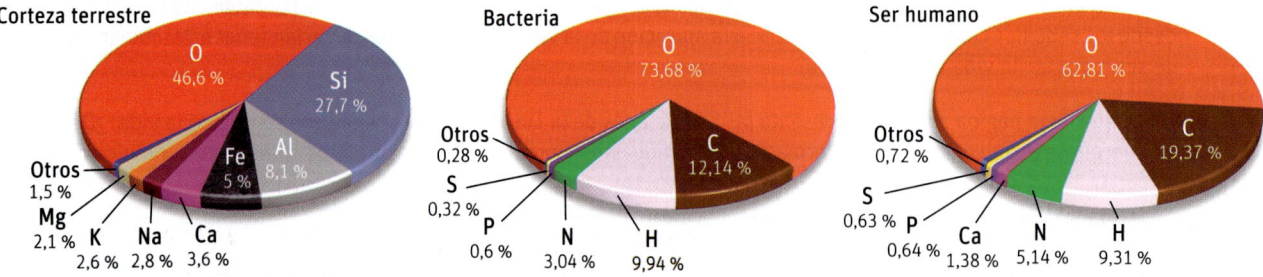

a) Compara la composición de la corteza terrestre con la de los dos seres vivos y la de estos organismos entre sí.
b) Enuncia dos conclusiones que se deriven de tu análisis.

1.2. La importancia del carbono

A la vida se la ha denominado "fenómeno basado en el carbono" porque la gran mayoría de las moléculas presentes en los seres vivos contienen este elemento. La importancia del carbono para la vida se deriva de su estructura.

El átomo de carbono posee cuatro electrones en su capa más externa, lo que le permite formar cuatro **enlaces covalentes** muy estables dirigidos hacia los vértices de un tetraedro imaginario (Fig. 1.3). Estos enlaces pueden ser sencillos, dobles y triples, y pueden unir átomos de carbono entre sí o con otros elementos. El resultado es una gran diversidad de moléculas tridimensionales de notable complejidad (lineales, ramificadas, cíclicas, etc.).

Los átomos de carbono forman el "esqueleto" de una molécula, pero las propiedades químicas y físicas de esta dependen, en gran medida, de los grupos de átomos que se unen, de una forma específica, a los carbonos. Estos grupos de átomos se denominan **grupos funcionales** y tienen propiedades particulares (polaridad, reactividad, solubilidad, etc.). Los mismos grupos funcionales pueden formar parte de moléculas orgánicas muy diferentes (Fig. 1.4).

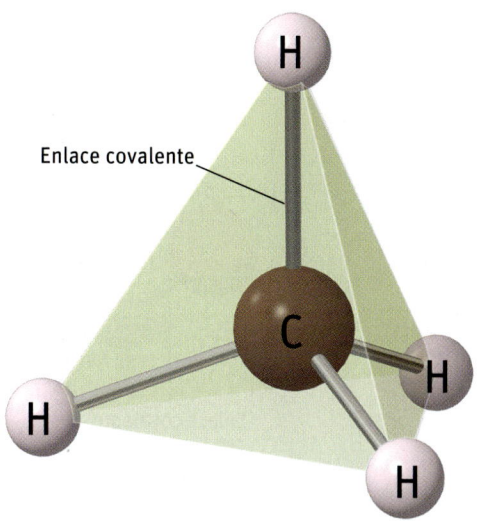

Figura 1.3. Molécula de metano (CH_4).

Grupo funcional	—OH Hidroxilo	—COH Aldehído	>CO Ceto	—COOH Carboxilo	—NH_2 Amino
Compuesto	Alcoholes	Aldehídos	Cetonas	Ácidos carboxílicos	Aminas
Ejemplo	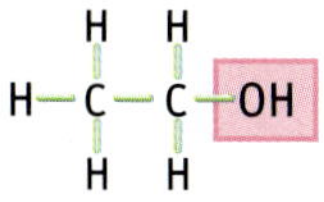 Etanol	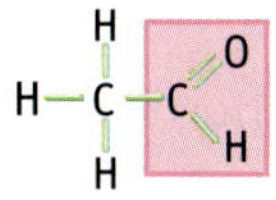 Acetaldehído	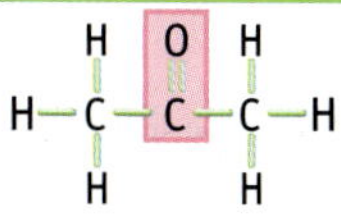 Acetona	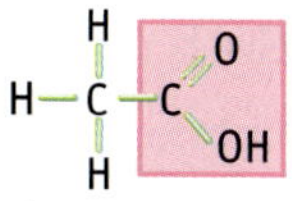 Ácido acético	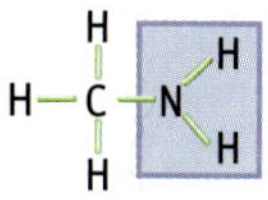 Metilamina

Figura 1.4. Grupos funcionales más comunes.

Los compuestos que tienen carbono en combinación con hidrógeno y otros elementos como oxígeno, nitrógeno, azufre, fósforo... se denominan **compuestos de carbono** o **compuestos orgánicos**.

1.3. Las moléculas de los seres vivos

A semejanza de lo que ocurre en la materia inerte, la combinación de los átomos de un bioelemento entre sí o con átomos de otros bioelementos, mediante enlaces químicos, da lugar a moléculas más o menos complejas que se denominan **biomoléculas**.

Las biomoléculas se agrupan en:

- **Biomoléculas inorgánicas.** Son el **agua** y las **sales minerales**.
- **Biomoléculas orgánicas.** Son características de la materia viva y se agrupan en: **glúcidos**, **lípidos**, **proteínas** y **ácidos nucleicos**. Con frecuencia aparecen combinadas formando glucoproteínas, nucleoproteínas, glucolípidos, etc.

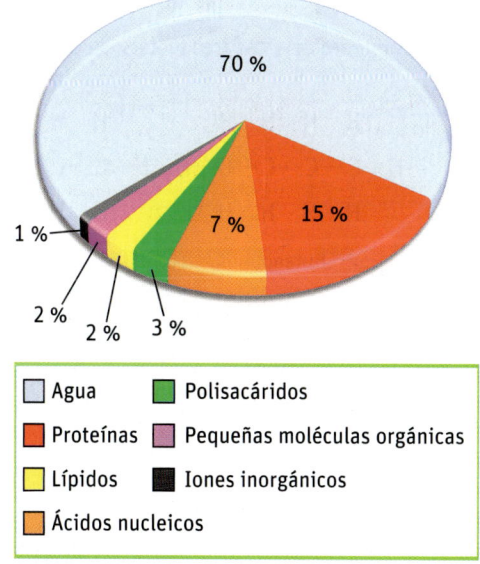

Figura 1.5. Composición química de la materia viva.

ACTIVIDADES

6. ¿Qué significa que el hierro es un oligoelemento? ¿Qué función desempeña el hierro en nuestro organismo?

7. Los plásticos son compuestos del carbono que no forman parte de la composición química de los seres vivos. ¿Son los plásticos compuestos orgánicos? ¿Y biomoléculas? Justifica tus respuestas.

2 El agua

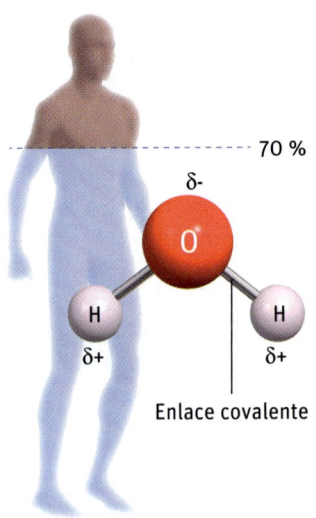

Figura 1.6. Distribución de las cargas en la molécula de agua.

Alrededor del 70 % de nuestro cuerpo es agua. La vida, tal y como la conocemos, depende del agua y prácticamente todos los investigadores están de acuerdo en que los pasos importantes del origen de la vida, tuvieron lugar en el agua. ¿Qué es lo que hace del agua una molécula vital?

2.1. ¿Cómo es la molécula de agua?

Cada molécula de agua está formada por un átomo de oxígeno (O) unido mediante enlaces covalentes a dos átomos de hidrógeno (H). Debido a la elevada **electronegatividad** del oxígeno, los electrones compartidos con el hidrógeno se encuentran desplazados hacia el oxígeno. Esto produce un exceso de carga negativa sobre el oxígeno y de carga positiva sobre los hidrógenos (Fig. 1.6). La desigual distribución de cargas en la molécula se conoce como **polaridad**. Así, aunque la molécula de agua es neutra, es también una molécula polar.

La polaridad es la causa de que entre las moléculas de agua surjan fuerzas de atracción que las mantienen unidas mediante **enlaces** o **puentes de hidrógeno** (Fig. 1.7).

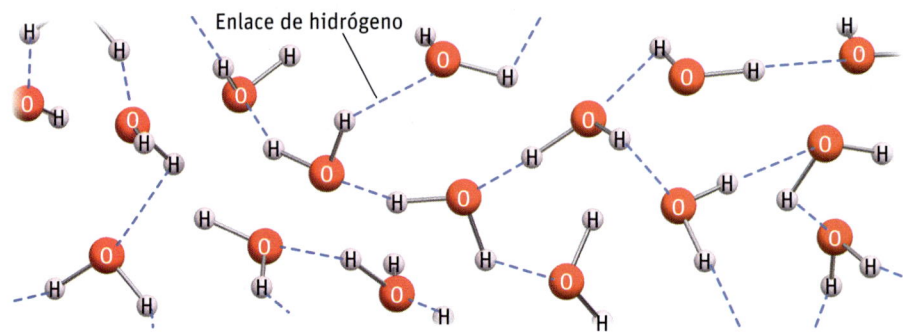

Figura 1.7. Formación de enlaces de hidrógeno.

En la Web
Observa cómo el agua disuelve la sal común.

www.e-sm.net/svbg1bach01_02

2.2. Importancia del agua para la vida

El agua posee propiedades de las que se derivan importantes funciones para los seres vivos. De entre ellas destacamos las siguientes:

- **Es el principal disolvente biológico.** El agua facilita la disociación de compuestos iónicos y su disolución. También, por medio de la formación de enlaces de hidrógeno, provoca la dispersión y disolución de otras sustancias polares. Esta característica le permite actuar como medio de transporte para muchas moléculas.

- **Tiene elevado calor específico.** El elevado número de enlaces de hidrógeno que se establecen entre las moléculas de agua hace que sea necesaria gran cantidad de energía para elevar su temperatura. Por tanto, el agua es un excelente almacén de energía térmica y amortiguador de los cambios de temperatura.

- **Alcanza su densidad máxima** (1 g/cm^3) en estado líquido, a 4 °C. Por ello, el hielo flota sobre el agua y evita así la congelación de las zonas profundas de mares y lagos, lo que permite el desarrollo de vida bajo la superficie helada.

ARGUMENTAR

8. ¿Disolvente universal?

La vida depende del agua, básicamente, por su poder solvente; puede disolver más sustancias que cualquier otra molécula.

Cualquiera de estas tres moléculas puede encontrarse en un ser vivo:

Butano   Etanol   Ácido láctico

a) ¿Pueden estas moléculas formar enlaces de hidrógeno con el agua? ¿Cuántos? Justifica tu respuesta.

b) ¿Alguna de estas moléculas es insoluble en agua?

ACTIVIDADES

9. Pon algún ejemplo en el que se muestre la relación que existe entre la actividad de un tejido, una célula o un organismo y la cantidad de agua que contiene.

3. Las sales minerales

Las lágrimas, la orina y la sangre son saladas. La elevada capacidad disolvente del agua para las sustancias iónicas hace que estos compuestos se encuentren con frecuencia disueltos tanto en los líquidos corporales como en el interior de las células, aunque también pueden encontrarse en forma precipitada (sólida).

- Las **sales precipitadas** tienen **función estructural**. Dan consistencia a los huesos, a los caparazones de los moluscos y crustáceos y a la cáscara de los huevos.

- Las **sales disueltas** en agua originan aniones (CO_3^{2-}, PO_4^{3-}, Cl^-, HCO_3^-) y cationes (K^+, Na^+, Mg^{2+}, Ca^{2+}) con importantes **funciones reguladoras**. Algunos intervienen en funciones específicas, como la contracción muscular o la transmisión del impulso nervioso; otros realizan funciones más generales, como amortiguar los cambios de pH o controlar la entrada y salida de agua de las células mediante la ósmosis.

3.1. ¿Qué es la ósmosis?

Si dos disoluciones de distinta concentración se mantienen separadas por una **membrana semipermeable**, es decir, que solo deja pasar moléculas de agua, esta pasará de la disolución más diluida (hipotónica) a la más concentrada (hipertónica), con lo que ambas concentraciones tenderán a igualarse (isotónicas) (Fig. 1.8).

Este proceso se denomina **ósmosis**, y la presión necesaria para contrarrestar el paso del agua, **presión osmótica**. La ósmosis es responsable de procesos como la absorción del agua por las raíces o la formación de la orina.

> **• En la Web**
> Comprueba cómo funciona la ósmosis.
> • www.e-sm.net/svbg1bach01_03

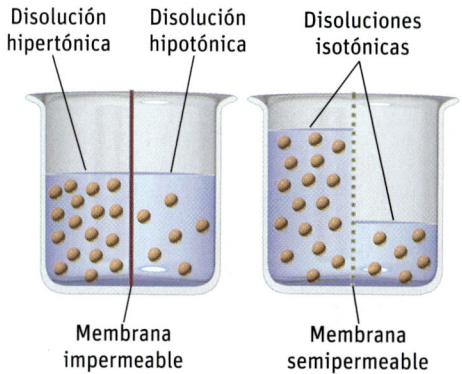

Figura 1.8. La ósmosis se produce cuando la membrana es semipermeable.

LA CIENCIA Y SUS MÉTODOS

Cómo interpretar fenómenos osmóticos

Eliminamos la cáscara* de dos huevos crudos de aproximadamente la misma masa y los pesamos. A continuación, sumergimos uno de ellos en un recipiente con 200 cm³ de agua destilada y el otro en 200 cm³ de una disolución saturada de sal. Pasadas 24 horas extraemos los huevos, los secamos y anotamos su masa y el volumen de líquido que ha quedado en los respectivos recipientes.

1.º Emitimos una hipótesis sobre lo que creemos que sucederá tras cada una de las experiencias. "Si la disolución del interior del huevo y la del medio que le rodea tienen diferente concentración y la membrana del huevo es semipermeable, el agua se desplazará en ambos casos desde la disolución más diluida a la más concentrada".

2.º Observamos qué ha sucedido en cada caso. El resultado de la experiencia aparece en esta tabla:

3.º Analizamos los resultados. ¿Coinciden las observaciones con la hipótesis? "El huevo sumergido en agua destilada ha aumentado de peso. Este aumento guarda relación con la disminución del volumen del agua del recipiente. En cambio, el huevo sumergido en agua salada ha perdido peso y el volumen del agua del recipiente ha aumentado".

	En agua destilada		En agua salada	
	Peso del huevo (g)	Volumen de agua (cm³)	Peso del huevo (g)	Volumen de agua (cm³)
Inicio	75	200	75	200
A las 24 h	110	155	60	210

4.º Hacemos predicciones

- ¿Qué habría sucedido si estas experiencias se hubieran realizado sin haber eliminado la cáscara del huevo?

- ¿Qué habría sucedido si hubiéramos realizado estas experiencias con un glóbulo rojo? ¿Y con una célula vegetal?

* La cáscara del huevo está constituida, aproximadamente, en un 95 % por carbonato de calcio. Para eliminarla se sumergen los huevos en vinagre (disolución acuosa de ácido acético) durante 48 horas. Antes de iniciar la experiencia, se enjuagan y se secan los huevos con cuidado.

ACTIVIDADES

10. ¿Qué sucede si dos disoluciones de diferente concentración se encuentran separadas por una membrana permeable? ¿Qué nombre recibe este fenómeno?

11. ¿Qué sucede si una membrana semipermeable separa dos disoluciones isotónicas?

4 Los glúcidos

Los anuncios de las bebidas para deportistas sugieren que los hidratos de carbono o glúcidos que contienen son garantía de máxima actividad ("¡Nos dan energía!"); y sin energía no hay vida. Y es cierto, los glúcidos proporcionan energía a las células y también pueden almacenarla, aunque esta no es su única función.

El término **glúcido** proviene del griego *glycýs*, que significa 'dulce'; aunque no todos los glúcidos son dulces. Su fórmula general **$(CH_2O)_n$** muestra que el hidrógeno (H) y el oxígeno (O) se encuentran en la misma proporción que en el agua, por eso también se los conoce como **hidratos de carbono**, aunque ello no significa que sean compuestos hidratados. Podemos clasificar este tipo de biomoléculas en tres grupos:

4.1. Monosacáridos

Son los glúcidos más simples. Los monosacáridos de mayor importancia biológica están formados por cadenas de 4, 5 o 6 átomos de carbono y se denominan, respectivamente, tetrosas, pentosas y hexosas. Las pentosas, como la **ribosa** y la **desoxirribosa**, y las hexosas, como la **glucosa** y la **fructosa**, forman moléculas cíclicas.

La glucosa es el azúcar más utilizado por las células como fuente de **energía**. La ribosa y la desoxirribosa forman las moléculas de los ácidos nucleicos.

Figura 1.9. Las frutas contienen hexosas como la glucosa.

4.2. Oligosacáridos

Se forman por la unión de monosacáridos mediante un enlace covalente, denominado **enlace glucosídico**, con liberación de una molécula de agua. Los oligosacáridos formados por dos monosacáridos se denominan **disacáridos**, como la **maltosa** (azúcar de malta), la **lactosa** (azúcar de la leche) y la **sacarosa** (azúcar de caña).

Los oligosacáridos forman una cubierta sobre la membrana de las células que funciona como un código de barras para su identificación. Algunos disacáridos almacenan y proporcionan **energía**.

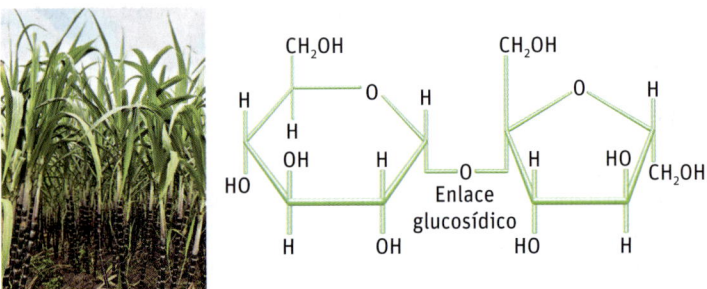

Figura 1.10. La caña de azúcar almacena sacarosa.

4.3. Polisacáridos

Los polisacáridos son macromoléculas, es decir, **polímeros** construidos por moléculas más pequeñas, llamadas **monómeros**. En este caso, los monómeros son monosacáridos (generalmente glucosa) unidos por enlaces glucosídicos. No son dulces y sus macromoléculas pueden ser lineales o ramificadas:

- Lineales, como la **celulosa** y la **quitina**. La celulosa es el componente **estructural** esencial de la pared de las células vegetales, y la quitina realiza una función similar en los hongos y conforma el exoesqueleto de los artrópodos.

- Ramificadas, como el **almidón** y el **glucógeno**. El almidón es la principal reserva de azúcares en las plantas, y el glucógeno, en los animales. Ambos almacenan y proporcionan **energía**.

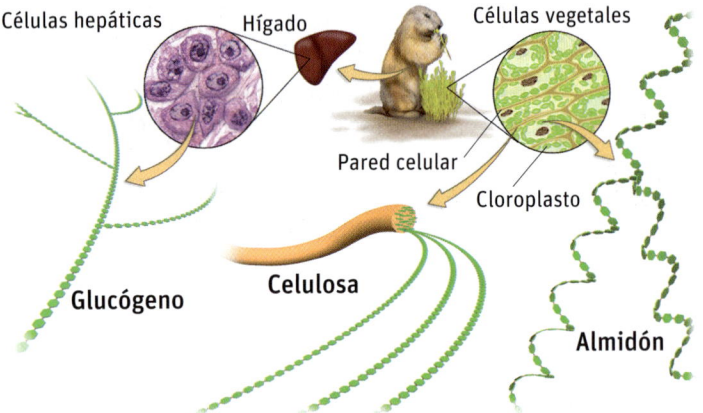

Figura 1.11. Polisacáridos.

ACTIVIDADES

12. ¿Qué grupos funcionales identificas en una molécula de glucosa?

13. ¿Pueden las células de nuestros músculos o del hígado almacenar glucosa en vez de glucógeno? ¿Por qué?

5. Los lípidos

Los lípidos se caracterizan por su baja o nula polaridad, por lo que son insolubles en agua. Este hecho y la gran cantidad de energía que libera su oxidación los hacen excelentes reservas energéticas. Entre ellos hay una gran diversidad de compuestos de enorme importancia para la vida.

Muchos lípidos contienen en su molécula **ácidos grasos**, que son ácidos orgánicos con un grupo funcional **carboxilo** unido a una larga cadena hidrocarbonada. Los ácidos grasos son **saturados**, si no llevan dobles enlaces, o **insaturados**, si los llevan.

5.1. Grasas

Son un tipo de lípidos formados por la unión de un trialcohol, el glicerol o glicerina, a una, dos o tres moléculas de ácidos grasos mediante enlaces covalentes de tipo **éster**.

Según la naturaleza de sus ácidos grasos, las grasas pueden ser saturadas o insaturadas:

- **Saturadas.** Abundan en los animales y suelen ser sólidas a temperatura ambiente.
- **Insaturadas.** Son los aceites vegetales, líquidos a temperatura ambiente.

Las grasas son la principal **reserva energética** de los animales. También pueden desempeñar función protectora y de aislante térmico.

Figura 1.12. Las grasas son reservas energéticas y aislantes térmicos.

5.2. Fosfolípidos

Los fosfolípidos están formados por una molécula de alcohol, la glicerina unida, por un lado, a un grupo fosfato y, por otro, a ácidos grasos.

Son moléculas con una **estructura bipolar** en la que uno de los extremos es apolar (hidrófobo) y el otro, polar (hidrófilo).

En un medio acuoso, los fosfolípidos se asocian uniendo sus partes apolares y exponiendo al medio el extremo polar.

Gracias a esta propiedad, los fosfolípidos constituyen la base **estructural** de las membranas celulares.

5.3. Esteroides

Los esteroides son derivados de una estructura compleja formada por cuatro anillos hidrocarbonados, el ciclopentano perhidrofenantreno.

Son enlaces éster:

- El **colesterol**, que forma parte de las membranas celulares y les proporciona estabilidad.
- La **vitamina D**, que regula la absorción de calcio para la formación de los huesos.
- Diversas hormonas, como las sexuales, que tienen función **reguladora**.

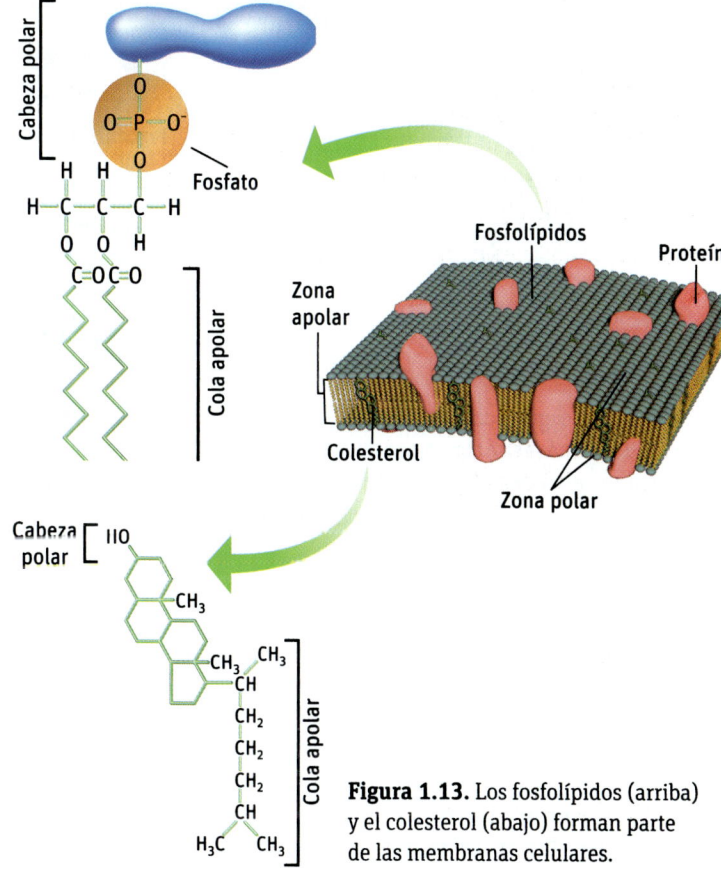

Figura 1.13. Los fosfolípidos (arriba) y el colesterol (abajo) forman parte de las membranas celulares.

ACTIVIDADES

14. ¿Son lípidos todas las grasas? ¿Son grasas todos los lípidos?
15. ¿Qué funciones desempeñan los lípidos?

• En la Web

Unos lípidos similares a las grasas, pero más consistentes, son las ceras.

• www.e-sm.net/svbg1bach01_04

6 Las proteínas

En los organismos, las **proteínas** (conocidas como "moléculas obreras") desempeñan variadas e importantes funciones: transportan el oxígeno por la sangre, nos defienden de agentes patógenos, construyen la tenue pero resistente tela de una araña... A pesar de su diversidad funcional, todas las proteínas tienen una composición básica común: son polímeros formados por la unión, mediante **enlaces peptídicos**, de gran número de monómeros denominados **aminoácidos** (Fig. 1.14).

6.1. Aminoácidos y enlace peptídico

Los aminoácidos son compuestos orgánicos que poseen un **grupo amino** y otro **carboxilo** unidos a un átomo de carbono llamado alfa (α). Este carbono está, además, unido a un radical (R) característico de cada uno de los 20 aminoácidos diferentes que constituyen las proteínas.

El enlace peptídico se forma al unirse el grupo carboxilo de un aminoácido con el grupo amino del siguiente y liberarse una molécula de agua (Fig. 1.15).

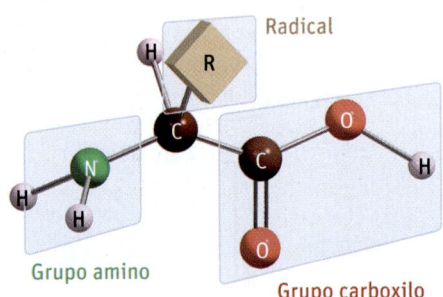

Figura 1.14. Aminoácido

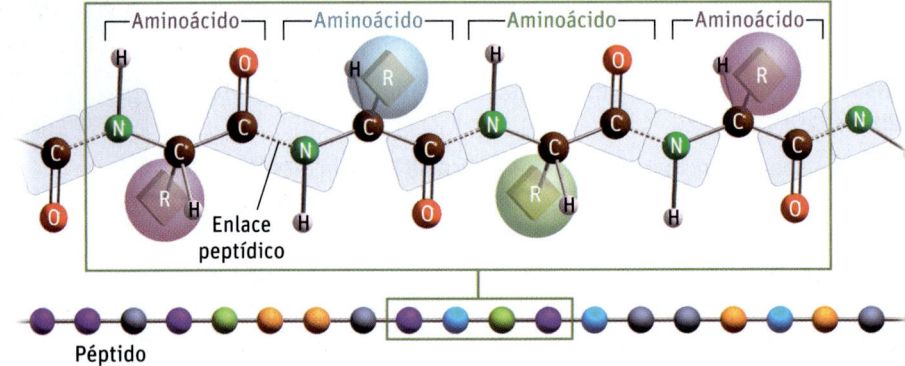

Figura 1.15. Enlaces peptídicos y formación de un péptido.

Una cadena corta de aminoácidos es un **péptido**; un **polipéptido** o cadena polipeptídica puede contener centenares de aminoácidos; una **proteína** está formada por una o unas pocas cadenas polipeptídicas.

6.2. ¿Cómo son las proteínas?

En condiciones biológicas, cada proteína se **pliega** y adquiere una **estructura tridimensional** característica de la cual depende su función (Fig. 1.16). La forma en que se pliega una proteína depende de su particular secuencia de aminoácidos y se mantiene estable gracias a débiles enlaces entre grupos de átomos de la cadena.

En la Web
Observa cómo se forma el enlace peptídico.
www.e-sm.net/svbg1bach01_05

smSaviadigital.com OBSERVA
Puedes conocer cómo se produce la desnaturalización de las proteínas.

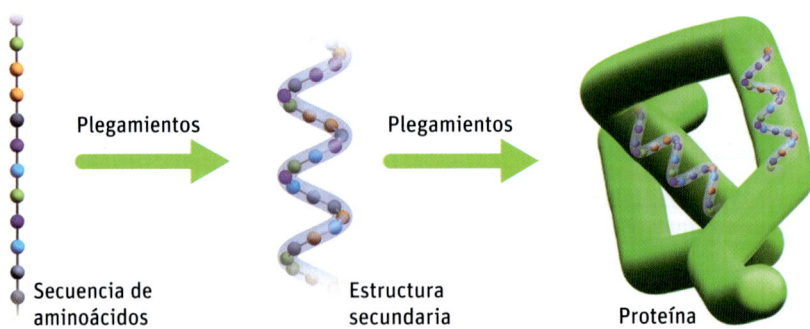

Figura 1.16. De la secuencia de aminoácidos a la estructura funcional de una proteína.

La **desnaturalización** de una proteína es la pérdida de su estructura tridimensional y, como consecuencia, de sus propiedades y de su función. Los factores que pueden causar esta desnaturalización son un aumento de temperatura, cambios en el pH o en la concentración salina. Dependiendo de cómo se produjo la desnaturalización, cuando las condiciones se restablecen, el proceso puede revertir.

ACTIVIDADES

16. Si se calienta, se bate o se añade limón a una clara de huevo, esta se coagula. ¿A qué se debe este cambio?

17. Justifica la siguiente afirmación: "La proteína del pelo se puede desnaturalizar de forma reversible con el calor, y de forma irreversible con algunos productos químicos".

6.3. Importancia de las proteínas para la vida

En un ser vivo hay miles de proteínas diferentes y cada una de ellas realiza una función particular. Las principales funciones son las siguientes:

- **Defensa.** Como los **anticuerpos**, que son fabricados por los glóbulos blancos para neutralizar a los microorganismos causantes de enfermedades.
- **Movimiento.** Como la **actina** y la **miosina** que forman filamentos que se deslizan unos sobre otros y producen la contracción muscular.
- **Transporte.** Como la **hemoglobina**, que transporta el oxígeno por la sangre, o las **lipoproteínas** del plasma que transportan el colesterol.
- **Estructural.** Como el **colágeno**, que forma fibras que dan resistencia y elasticidad a huesos y cartílagos, o la **queratina**, constituyente de las uñas y el pelo.
- **Regulación.** Como la **hormona del crecimiento** o la **insulina**, que llevan mensajes a las células para modificar su actividad.
- **Catálisis.** Como la **lactasa**, que rompe el disacárido lactosa en sus componentes: glucosa y galactosa. Las proteínas que funcionan como biocatalizadores, acelerando las reacciones químicas en los organismos, son las **enzimas**.

Figura 1.17. Plumas, picos, garras, cuernos, pezuñas, pelo, escamas... son estructuras formadas por queratina.

▶ Las enzimas

Las enzimas actúan uniéndose de forma transitoria a un reactivo específico, que se denomina **sustrato**, catalizando su transformación en uno o más productos (Fig. 1.18).

El sustrato se une a una zona particular (hueco) de la enzima, denominada **centro activo**, y forma el **complejo enzima-sustrato**, que se transforma para dar los productos de la reacción.

Tras la formación de los productos, la enzima se libera y se recupera intacta, disponible para unirse de nuevo a otra molécula de sustrato.

Las enzimas se nombran añadiendo el sufijo **-asa** al nombre del sustrato sobre el que actúan o al tipo de reacción que catalizan; por ejemplo, la enzima que hidroliza la sacarosa en fructosa y glucosa se denomina sacarasa.

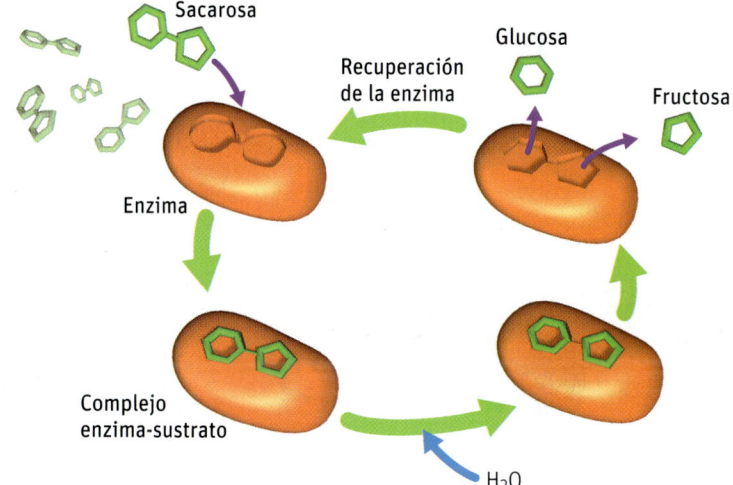

Figura 1.18. Modelo de actuación de las enzimas.

EXPERIMENTAR

18. Con enzima y sin enzima

La hidrólisis de la albúmina, una proteína de la clara de huevo, puede hacerse en el laboratorio de dos formas diferentes, tal y como se aprecia en la experiencia ilustrada a la izquierda.

a) ¿Qué enlaces se rompen durante la hidrólisis de una proteína? ¿Qué compuestos se obtienen como resultado de la hidrólisis?

b) Utiliza este ejemplo para explicar la importancia biológica de las enzimas.

ACTIVIDADES

19. Identifica las moléculas de sustrato y los productos en el modelo de actuación de las enzimas (Fig. 1.18).

20. ¿Qué tipo de biomolécula es la peptidasa? Razona tu respuesta.

7. Los ácidos nucleicos

La información que se copia

Los científicos que investigan el origen de la vida están de acuerdo en que esta no pudo echar a andar sin una molécula capaz de contener información y de hacer copias de sí misma, pero ¿cuál era esa molécula?

Hasta mediados del siglo XX, las dos moléculas candidatas a ocupar ese privilegiado puesto eran dos: los ácidos nucleicos y las proteínas.

En 1952, los biólogos estadounidenses Alfred Hershey y Martha Chase realizaron un experimento que disipó definitivamente la duda: el ADN era el soporte físico de la herencia.

Experimento de Hershey y Chase.

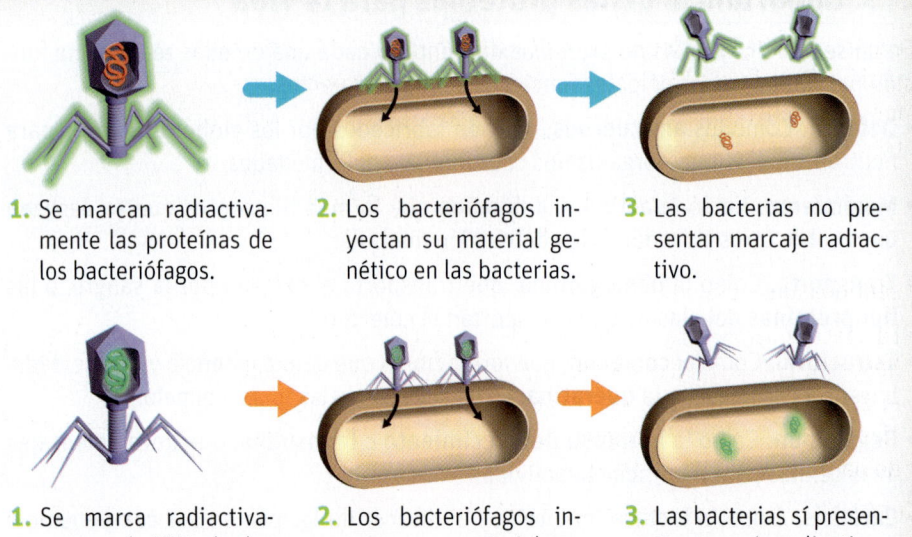

1. Se marcan radiactivamente las proteínas de los bacteriófagos.
2. Los bacteriófagos inyectan su material genético en las bacterias.
3. Las bacterias no presentan marcaje radiactivo.

1. Se marca radiactivamente el ADN de los bacteriófagos.
2. Los bacteriófagos inyectan su material genético en las bacterias.
3. Las bacterias sí presentan marcaje radiactivo.

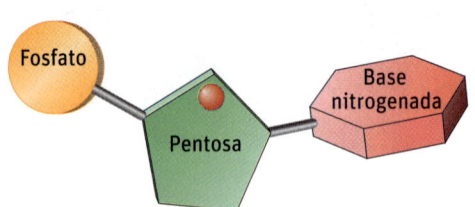

Figura 1.19. Nucleótido

Los ácidos nucleicos son polímeros cuyas subunidades se denominan **nucleótidos**. Los nucleótidos son compuestos orgánicos formados por la unión de tres elementos (Fig. 1.19):

- **Una pentosa.** Puede ser la ribosa o la desoxirribosa.
- **Un grupo fosfato.**
- **Una base nitrogenada.** Hay dos tipos de bases nitrogenadas: las bases **pirimidínicas**, que son la **citosina** (**C**), la **timina** (**T**) y el **uracilo** (**U**), y las bases **purínicas**, que son la **adenina** (**A**) y la **guanina** (**G**).

Los ácidos nucleicos son **polinucleótidos**, formados por la unión de nucleótidos mediante enlaces covalentes de tipo fosfodiéster a través de sus grupos fosfato (Fig. 1.20). Cada polinucleótido se caracteriza por una secuencia particular de bases nitrogenadas.

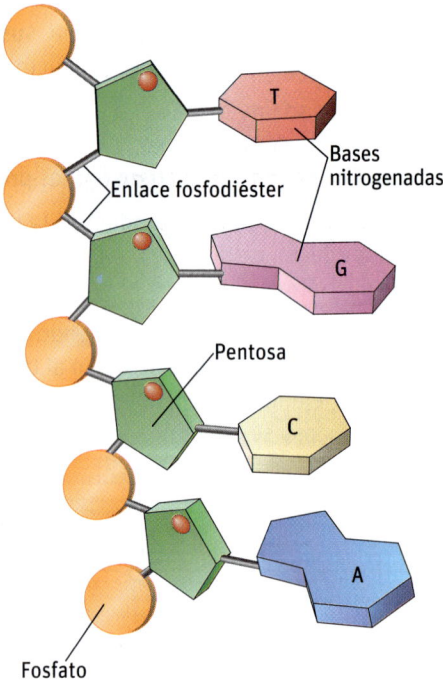

Figura 1.20. Estructura de un polinucleótido.

7.1. Tipos de ácidos nucleicos

Hay dos tipos de ácidos nucleicos: el **ADN**, o ácido desoxirribonucleico, y el **ARN**, o ácido ribonucleico.

- **El ADN.** Se encuentra en el núcleo y forma parte de los cromosomas, aunque también se presenta en pequeñas cantidades en algunos orgánulos celulares como los cloroplastos y las mitocondrias. Como pentosa, el ADN contiene siempre la desoxirribosa, y sus bases nitrogenadas son la citosina, la timina, la adenina y la guanina.

- **El ARN.** Se localiza en el núcleo y en el citoplasma celular. Existen diferentes tipos de ARN: el ARN mensajero (ARN-m), el ARN ribosómico (ARN-r) y el ARN de transferencia o soluble (ARN-t). Todos los ARN tienen como pentosa la ribosa, y sus bases nitrogenadas son la citosina, el uracilo, la adenina y la guanina.

7.2. Estructura y función del ADN

La estructura de la molécula de ADN fue propuesta en 1953 por los científicos James Watson y Francis Crick, y se conoce como modelo de la doble hélice (Fig. 1.21). Según este modelo, el ADN presenta las siguientes características:

- Consiste en **dos cadenas helicoidales de polinucleótidos** enrolladas a lo largo de un eje imaginario común. Las dos cadenas son **antiparalelas**, es decir, se disponen paralelas y en sentidos opuestos.

- Las bases nitrogenadas se dirigen hacia el interior de la doble hélice, mientras que las pentosas y los grupos fosfato forman el esqueleto externo. La estructura se mantiene estable gracias a los enlaces de hidrógeno que se forman entre los pares de **bases nitrogenadas complementarias** (Fig. 1.22).

El ADN es el **portador de la información hereditaria**:

- La información contenida en el ADN está **codificada** en forma de secuencias de bases. Si la secuencia cambia, la información del ADN también lo hace.

- El ADN tiene capacidad para **replicarse** o **duplicarse**. La duplicación del ADN permite que su información se herede.

- La célula utiliza la información contenida en el ADN para **elaborar sus propias proteínas**, como las enzimas, responsables de su funcionamiento. Para ello necesita de la participación de los ARN.

7.3. Estructura y función de los ARN

Las moléculas de ARN suelen estar formadas por **una sola cadena de nucleótidos**.

Los diferentes tipos de ARN funcionan de forma coordinada para que la información del ADN (los genes) se traduzca en los ribosomas en moléculas de proteínas.

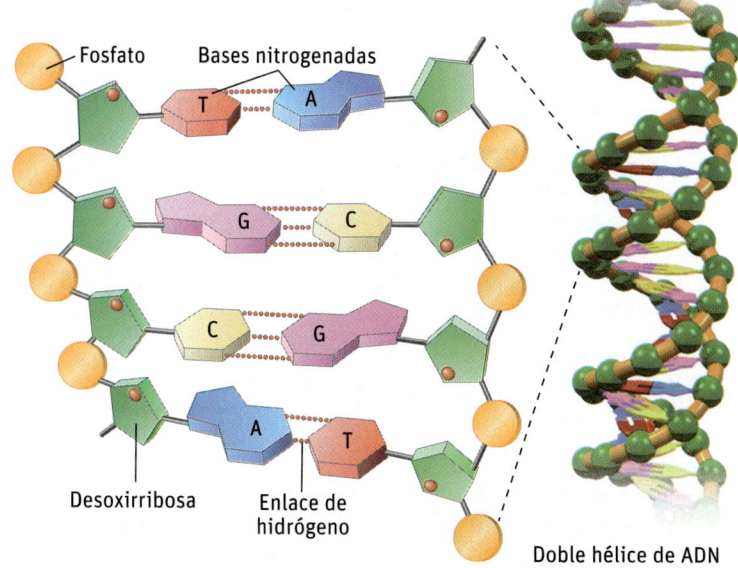

Figura 1.21. Estructura del ADN.

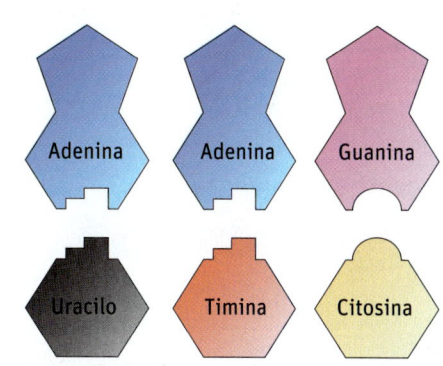

Figura 1.22. Complementariedad de las bases nitrogenadas.

LOS ÁCIDOS NUCLEICOS EN LA SÍNTESIS PROTEICA

Observa el proceso de la síntesis de proteínas en la que participan los ácidos nucleicos:

1. La información contenida en un fragmento de ADN, un gen, se copia en una molécula de **ARN mensajero** (ARN-m).

2. El ARN-m sale al citoplasma y contacta con los ribosomas, que contienen **ARN ribosómico** (ARN-r).

3. Los ribosomas se deslizan sobre el ARN-m y traducen su mensaje. Tres nucleótidos (un triplete) del ARN-m se traducen en un aminoácido particular.

4. El **ARN transferente** (ARN-t) transporta los aminoácidos a los ribosomas para construir la cadena polipeptídica.

Una vez acabada la síntesis, la proteína queda libre, se pliega y puede desempeñar su función.

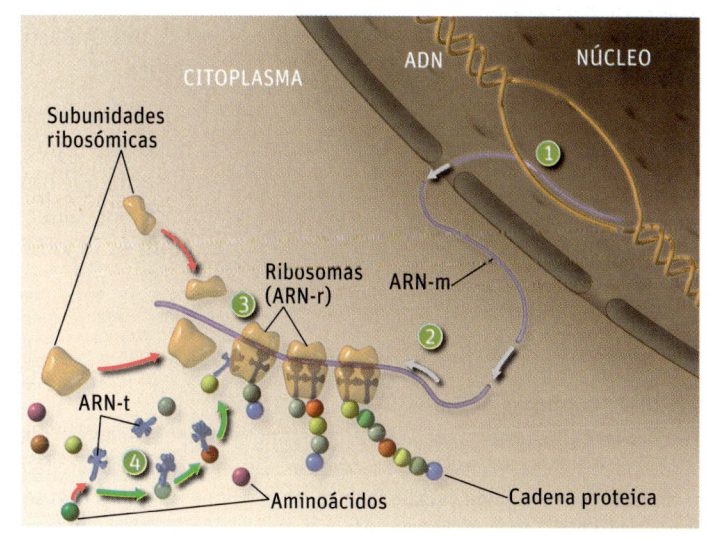

ACTIVIDADES

21. Construye una tabla para comparar los dos tipos de ácidos nucleicos. La comparación debe incluir diferencias respecto a composición química, estructura y función.

• En la Web

Observa este vídeo sobre la traducción y la síntesis de proteínas.

• www.e-sm.net/svbg1bach01_06

8. De las moléculas a la vida

En la década de 1920, el bioquímico ruso **Alexander I. Oparin** y el genetista británico **J. B. S. Haldane** idearon, de forma independiente, una revolucionaria propuesta sobre el inicio de la vida; un suceso que solo habría ocurrido una vez en la historia de la Tierra. Según Oparin y Haldane, la vida sería el resultado de un proceso gradual que se conoce como **síntesis prebiótica** o **evolución química**.

8.1. La síntesis prebiótica

En su forma actual, la hipótesis de Oparin y Haldane se puede dividir en cuatro fases, todas ellas dependientes de energía (Fig. 1.23):

1.ª La evolución química se inició a partir de moléculas inorgánicas (H_2, CO_2, CH_4 y NH_3) presentes en la reductora atmósfera primitiva, en la que estaba ausente el O_2. Expuestas a la radiación solar, estas sustancias produjeron sencillas moléculas orgánicas, como el formaldehído (H_2CO) y el cianuro de hidrógeno (HCN).

2.ª Activados por el calor desprendido en las erupciones volcánicas, el H_2CO, el HCN y otros compuestos orgánicos simples reaccionaron entre sí para formar aminoácidos, azúcares y bases nitrogenadas. Estos "ladrillos" básicos para construir la vida se acumularon en las aguas de los océanos formando el llamado **caldo primitivo**, o **sopa prebiótica**.

3.ª Las moléculas "ladrillo" se unieron para formar las grandes moléculas presentes en los organismos: glúcidos, proteínas, ácidos nucleicos…

4.ª Una de esas moléculas grandes y complejas adquirió la capacidad de copiarse a sí misma. Según esta hipótesis, la vida comenzó cuando esta **molécula autorreplicante** empezó a multiplicarse mediante procesos químicos que ella misma controlaba. A partir de ese momento, la evolución química pasó a ser **evolución biológica**.

¿Qué tipo de molécula sería la que inició la vida? Investigadores de todo el mundo buscan la repuesta y trabajan en sus laboratorios para fabricar una molécula autorreplicante que abra las puertas a la creación de vida en un tubo de ensayo. Pero ¿cómo podemos saber cuándo una molécula se transforma en vida? o, dicho de otro modo, **¿qué es la vida?**

Figura 1.23. Recreación del origen de la vida según la hipótesis de Oparin-Haldane.

En la Web

¿Cómo empezó la vida? ¿Estamos cerca de crear vida sintética?

www.e-sm.net/svbg1bach01_07

CONCLUIR

22. ¿Una respuesta satisfactoria?

En un recipiente con agua salada, conforme se evapora el agua, "nacen" cristales de sal que aumentan de tamaño, "crecen". De alguno de estos cristales salen otros pequeños, a modo de yemas; incluso, en ocasiones, algún cristal se parte en dos y "reproduce" nuevos cristales. Pero basta con añadir más agua al recipiente para que los cristales desaparezcan, "mueran".

a) ¿Nacen, crecen, se reproducen y mueren los cristales de sal?
b) ¿Es un cristal de sal un ser vivo? ¿Por qué?
c) ¿Qué características debe tener un ser vivo?

Cristales de sal creciendo en una disolución.

8.2. ¿Qué es la vida?

Aunque no hay una definición que precise qué es la vida, la mayoría de los biólogos señalan tres atributos para diferenciar la vida de la "no vida":

- **Reproducción.** La materia viva tiene la capacidad de autorreplicarse, es decir de originar copias de sí misma. Este proceso lleva asociados al aumento del número de individuos dos fenómenos aparentemente contradictorios: la **herencia**, que mantiene las características de una generación a la siguiente, y la **variación** o aparición de diferencias en los descendientes. La interacción entre estos dos fenómenos es la base de la **evolución biológica**.
- **Metabolismo.** Los seres vivos incorporan materia y energía del medio que les rodea y las utilizan para construir sus propios componentes y mantener las condiciones apropiadas para seguir con vida, es decir, para su **automantenimiento**. En los organismos actuales, el conjunto de reacciones químicas que constituye el metabolismo está controlado con precisión en el interior de cada célula.
- **Separación física del medio.** Las enzimas, los sustratos sobre los que actúan y todas las moléculas necesarias para la vida están contenidos en un recipiente, la **célula**, que se encuentra delimitada por una membrana.

> **• En la Web**
> Investigadores del CSIC responden a la pregunta ¿qué es la vida?
> • www.e-sm.net/svbg1bach01_08

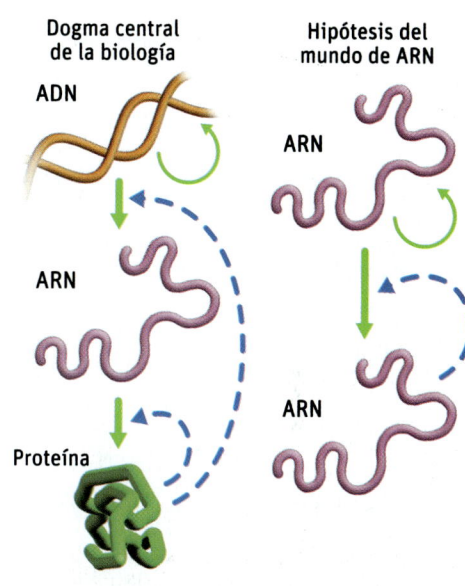

Figura 1.24. En el mundo de ARN, esta molécula desempeñaba las funciones que ahora realizan el ADN y las proteínas.

8.3. El mundo de ARN

En los seres vivos actuales, la molécula con capacidad de replicación es el ADN. Como todo proceso bioquímico, replicar el ADN necesita de enzimas (proteínas); pero para fabricar proteínas es imprescindible la información del ADN. Entonces, ¿qué sucedió antes, la replicación o el metabolismo? Y sobre todo, ¿qué molécula fue la primera responsable de desempeñar ambas funciones: replicativa y enzimática?

Actualmente, la hipótesis más aceptada es la del **mundo de ARN**, propuesta tras el descubrimiento de la capacidad catalizadora de algunas moléculas de ARN.

LA HIPÓTESIS DEL MUNDO DE ARN

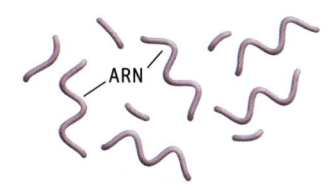

1. La ribosa y otros compuestos orgánicos forman ARN.

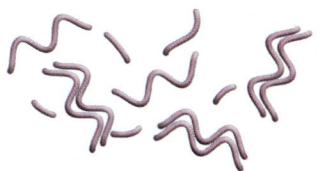

2. Las moléculas de ARN "aprenden" a autocopiarse.

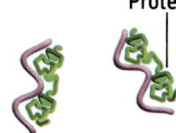

3. Las moléculas de ARN "aprenden" a sintetizar proteínas, con capacidad catalizadora.

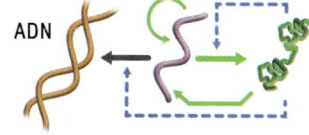

4. Las proteínas "ayudan" al ARN a copiarse, a sintetizar proteínas y a crear su versión bicatenaria, que evolucionará hacia ADN.

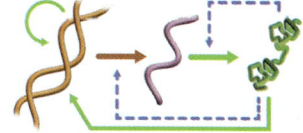

5. El ADN dirige el proceso: se sirve del ARN para sintetizar proteínas, que ayudan al ADN a replicarse y pasar su información al ARN.

Todo estaba preparado para el nacimiento de **LUCA** (*Last Universal Common Ancestor*); el hipotético organismo del cual descendemos todos los seres vivos.

ACTIVIDADES

23. ¿Cuál es la diferencia esencial entre la atmósfera primitiva y la actual? ¿Qué importancia pudo tener esta diferencia para el origen de la vida?

24. ¿Qué crees que fue antes, la reproducción o el metabolismo? ¿Por qué?

ACTIVIDADES

Síntesis

25. Completa en este mapa conceptual los términos que faltan (•••) y los fragmentos que debes desarrollar (+). Puedes realizar la actividad en tu cuaderno.

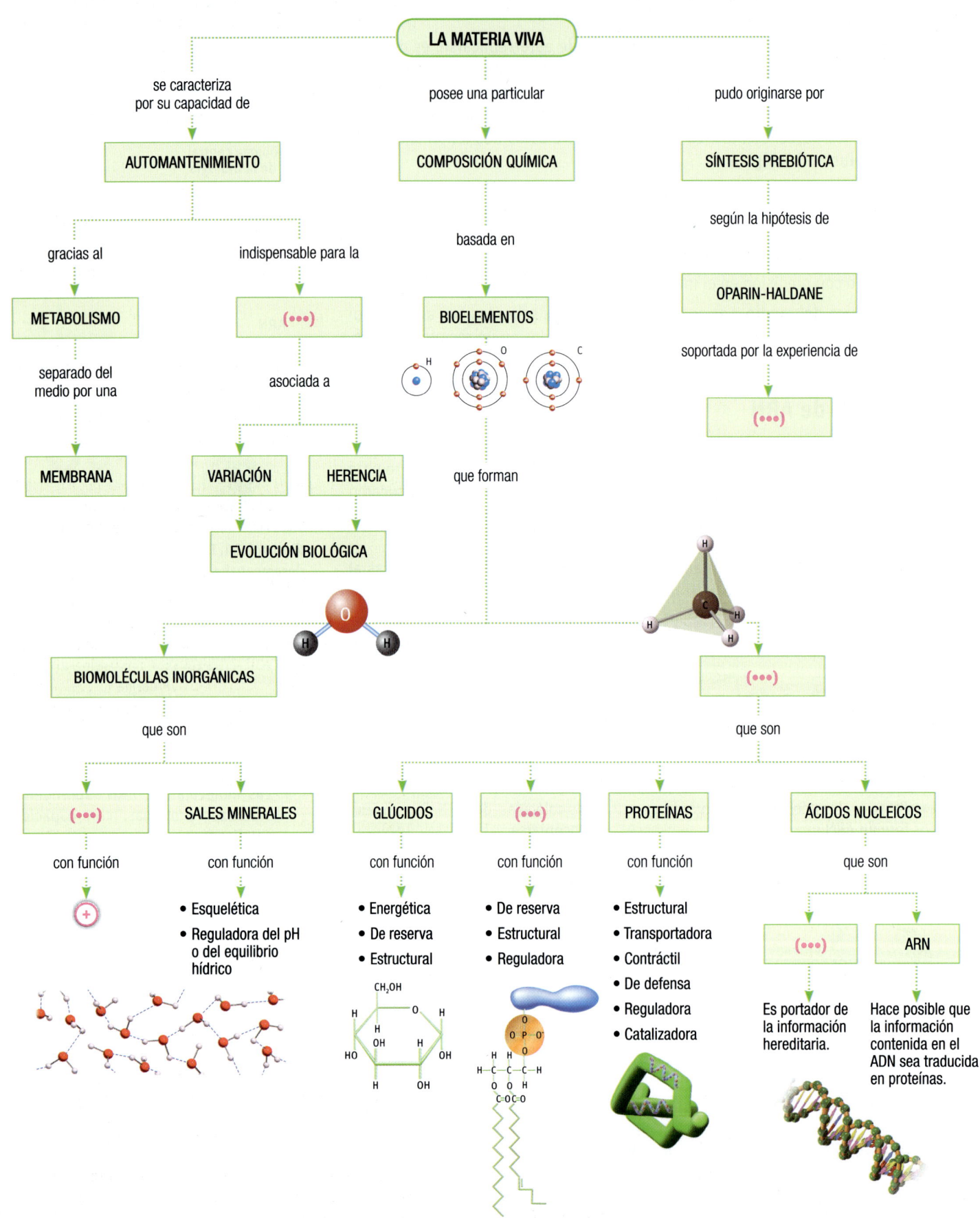

Aplicación y relación

26. Copia en tu cuaderno y completa el siguiente cuadro con las principales funciones biológicas de las biomoléculas orgánicas. Ilustra cada función con un ejemplo concreto.

Biomoléculas	Principales funciones	Ejemplos
Glúcidos	•••	•••
Lípidos	•••	•••
Proteínas	•••	•••
Ácidos nucleicos	•••	•••

27. En una experiencia realizada para estudiar los intercambios entre dos medios de diferente concentración separados por una membrana semipermeable, se obtuvieron los resultados que se muestran en la imagen. El nivel del líquido al inicio de la experiencia era el mismo en todos los recipientes.

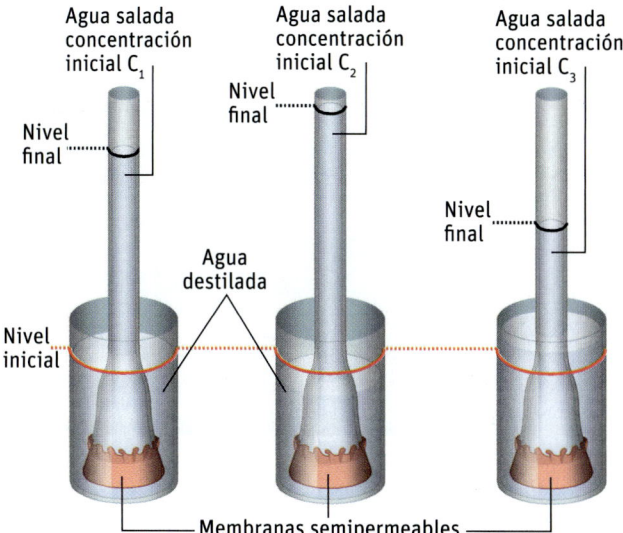

a) A la vista de los resultados, ordena, de mayor a menor, las concentraciones de las diferentes disoluciones utilizadas.

b) ¿Qué nombre recibe la presión responsable de los cambios de nivel del líquido?

28. La ilustración muestra los fenómenos osmóticos observables en una célula animal, un eritrocito, colocada en tres disoluciones de diferente concentración:

a) ¿En cuál de los tres casos el medio es hipertónico con respecto al interior celular? ¿Por qué?

b) ¿En cuál de los tres casos la célula está "turgente"?

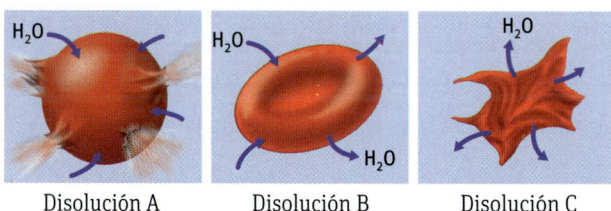

Disolución A   Disolución B   Disolución C

29. Indica a qué tipo de biomoléculas pertenece y cuál es la importancia biológica de cada una de las siguientes sustancias: ribosa, glucógeno, fosfolípido, aceite, queratina, anticuerpo y ADN.

30. La prueba de Fehling se utiliza para detectar la presencia de monosacáridos, como la glucosa. Si realizas esta prueba en una disolución de sacarosa, el resultado será negativo. Sin embargo, si la repites después de hidrolizar la sacarosa, el resultado será positivo.

a) ¿Crees que existe alguna diferencia entre disolver e hidrolizar la sacarosa? Justifica tu respuesta.

b) ¿Por qué el resultado de la prueba fue positivo tras la hidrólisis de la sacarosa?

c) ¿De qué forma podemos hidrolizar la sacarosa?

31. En un tubo de ensayo se coloca aceite y agua. El aceite no es soluble en agua y debido a su menor densidad se dispone en la parte superior del tubo.

Si agitamos el tubo, logramos una emulsión pero en reposo, aceite y agua se separan de nuevo. Si añadimos al tubo unas gotas de jabón, la emulsión se hace más estable.

a) ¿Qué diferencia hay entre una disolución y una emulsión?

b) El jabón es una molécula bipolar. ¿Qué caracteriza a una molécula bipolar? Cita otras moléculas bipolares.

c) smSaviadigital.com **APLICA** Explica cómo el jabón consigue estabilizar la emulsión.

32. Nombra los componentes básicos que se obtendrán de la hidrólisis de estas sustancias: sacarosa, almidón, una grasa, un péptido y un ácido nucleico. Indica, en cada caso, el tipo de enlace covalente que se hidroliza.

33. Para considerar a un planeta candidato a mantener alguna forma de vida debe poseer agua en estado líquido, es decir, la distancia a la que se encuentre de su estrella le debe permitir tener una temperatura de entre 0 °C y 100 °C. Esta distancia crítica, que varía según el tipo de estrella, determina lo que se define como "zona de habitabilidad de la estrella". Además, la masa del planeta ha de ser suficiente como para impedir que el agua se escape.

a) Señala en la gráfica la zona de habitabilidad correspondiente a las dos estrellas para las que se han construido las siguientes gráficas:

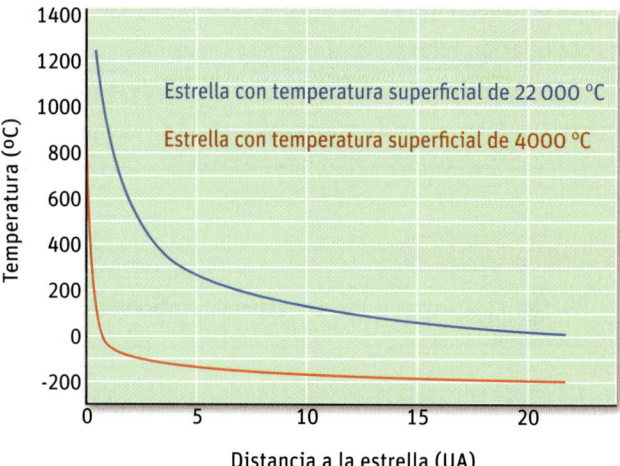

b) ¿Crees que la presencia de un planeta en esta zona determina necesariamente la existencia de vida en su superficie? Justifica tu respuesta.

LA CIENCIA Y SUS MÉTODOS — Buscar información en internet

Las tecnologías modernas de la comunicación –especialmente internet– han revolucionado la forma de comunicar el conocimiento científico. Webs, blogs, *podcasts*, google/news, redes sociales..., con la casi ilimitada información que fluye por ellos, son hoy las grandes plataformas de búsqueda de información científica, tanto especializada como de divulgación.

El problema es que internet no selecciona. La única selección es la que hace el propio autor o la organización en cuyo nombre escribe, por lo que debemos asegurarnos de que la información que aparece es fiable. Esto tiene especial trascendencia cuando los temas sobre los que buscamos información son polémicos o se encuentran en la frontera de la ciencia, como la posibilidad de que exista vida más allá del planeta Tierra.

¿Hay alguien ahí afuera?

Ante la pregunta de si hay vida fuera de la Tierra, la mayoría de los científicos contestaría con un lacónico "es posible". Eso justifica que nuevas misiones espaciales sigan rastreando la superficie de Marte, nuestro planeta gemelo, o pretendan acercarse a otros cuerpos del sistema solar, incluso fuera de él. Ya no esperan encontrar hombrecillos verdes con antenas..., pero entonces, ¿qué buscan? Y sobre todo: ¿dónde buscan?

¿Cómo buscamos la información?

La forma más sencilla de acceder a información a través de internet es entrando en un **buscador**, como Google, e introduciendo las palabras clave. Antes de lanzar la búsqueda debemos elegir cuidadosamente esas palabras para que los resultados se ajusten a nuestras necesidades. Si colocamos las palabras entre comillas, solo aparecerán páginas en las que estos términos se encuentren en ese orden y cuantas más palabras clave pongamos, más ajustados serán los resultados que obtengamos. Si elegimos entre las palabras clave "términos científicos", obtendremos una selección de un tipo de páginas diferente que si elegimos términos más coloquiales o ambiguos. Puedes probar, por ejemplo, con:

a) "vida extraterrestre" b) "astrobiología exoplanetas extremófilos"
c) "astrobiología" (o "exobiología") d) "astrobiología zona habitable"

¿Qué páginas seleccionamos?

Para tener garantía de que la página en la que nos movemos tiene información fiable, conviene prestar atención a:

- **La autoría.** ¿Figura el autor de la página? ¿Aporta datos sobre su formación científica?
- **La filiación/referencia.** ¿Pertenece la página a alguna institución de confianza, como una universidad o una asociación de prestigio?
- **La fecha de publicación.** ¿Aparecen fechas de la creación de la información y/o de su puesta al día?
- **El propósito.** ¿Cuál es el propósito de la página (informar, vender, convencer...)? ¿Se ajusta a nuestras necesidades?

ACTIVIDADES

34. Elige varias webs, por ejemplo, smSaviadigital.com APLICA, y comprueba si son fiables.

35. Busca información sobre la zona de habitabilidad de una estrella y haz una ficha resumen. Procura dar respuesta a las siguientes cuestiones:
   a) ¿Qué condición se considera indispensable para que se desarrolle la vida?
   b) ¿De qué factores depende que un cuerpo rocoso (planeta o satélite) se considere habitable? ¿Por qué?
   c) ¿En qué cuerpos de nuestro sistema solar tiene sentido buscar indicios de vida? ¿Por qué?
   d) ¿Qué importancia tiene el estudio de los llamados organismos extremófilos en la búsqueda de vida extraterrestre?
   e) ¿Qué hallazgos llevarían a los científicos a concluir que en ese lugar, fuera de la Tierra, hay o ha habido vida?

EXPERIENCIAS QUE CAMBIARON EL MUNDO

El experimento de Miller-Urey

Las rocas sedimentarias más antiguas que conocemos son de hace unos 3800 Ma, y ya muestran indicios de actividad biológica. Así pues, no podemos recurrir a la geología para obtener un registro directo de los orígenes de la vida. La alternativa es diseñar experimentos de laboratorio para probar las hipótesis propuestas o elaborar otras.

Eso es precisamente lo que hizo en 1952 Stanley Miller, un estudiante universitario diplomado, mientras trabajaba en el laboratorio del premio nobel de química Harold Urey, en la Universidad de Chicago. Miller recreó en el laboratorio lo que Oparin y Haldane habían imaginado treinta años atrás.

La simulación experimental de Miller

El diseño experimental de Miller pretendía reproducir un microcosmos de la Tierra primitiva. Para ello, utilizó dos recipientes de vidrio, que simulaban la atmósfera y el océano primitivos, y los conectó mediante tubos.

Al recipiente "atmósfera" hizo llegar una mezcla de los gases que supuestamente formaban la atmósfera primitiva: metano, amoniaco, hidrógeno y vapor de agua. Unos electrodos soldados al recipiente producían descargas eléctricas, a modo de pequeños rayos.

En el otro recipiente, el océano en miniatura, puso 200 mL de agua. Miller mantuvo hirviendo el agua de este recipiente para forzar a la mezcla de gases a circular por un tubo frío. El vapor se condensaba al enfriarse y volvía al "océano", donde hervía de nuevo.

Tras varios días de ebullición y descargas continuas, el "océano" fue adquiriendo un color pardo. Miller analizó su contenido y, como había predicho Haldane, ¡se había convertido en una sopa de compuestos orgánicos!, entre ellos, no menos de siete aminoácidos y diversos ácidos grasos.

La prensa de la época magnificó los resultados hasta el punto de parecer que solo habría hecho falta agitar enérgicamente los recipientes para que de ellos saliese arrastrándose la vida.

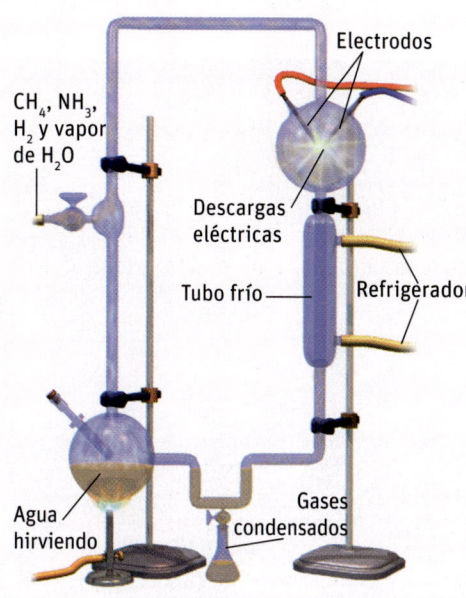

Diseño experimental de Miller.

¿Vale cualquier mezcla de gases?

El propio Miller dio respuesta a esta pregunta: la receta es importante. Solo funciona si la atmósfera es fuertemente reductora, es decir, si está desprovista de oxígeno y es rica en hidrógeno, metano o amoniaco. Y ahí radica el origen de muchas de las críticas que ha recibido y también de las nuevas propuestas.

La receta solo funciona si la atmósfera es fuertemente reductora

La principal crítica surge de los nuevos datos sobre la composición de la atmósfera primitiva, menos reductora de lo que Miller supuso; si se repite su experimento con una mezcla de gases menos reductora se obtienen peores resultados.

Algunos científicos plantean que el error está en suponer que el origen de la vida tuvo lugar en el sistema atmósfera-océano de Oparin-Haldane y proponen como alternativa la hipótesis de las **chimeneas hidrotérmicas marinas**.

Algunos científicos proponen un origen de la vida asociado a chimeneas hidrotérmicas marinas

En estas fuentes, resultado de la actividad volcánica submarina, el agua caliente arrastra en su salida gran cantidad de sustancias minerales que reaccionan en un ambiente carente de oxígeno.

Sea cual sea el resultado de las nuevas experiencias, nunca tendremos la certeza de si una reacción química específica desempeñó o no algún papel en la historia real del origen de la vida, pero nos puede ayudar a comprender de qué modo las reacciones químicas lo hicieron posible.

Chimenea hidrotérmica marina.

ACTIVIDADES

36. Nada hubiera ocurrido en el océano de Miller sin las dos fuentes de energía. ¿A qué fuentes de energía nos referimos? ¿Por qué son imprescindibles?

37. ¿Cuál fue la aportación de Miller al debate sobre el origen de la vida?

2

1. La teoría celular
2. ¿Qué tienen en común todas las células?
3. Las células de los animales
4. Las células de las plantas

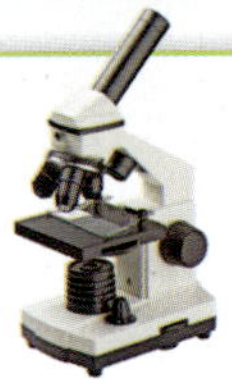

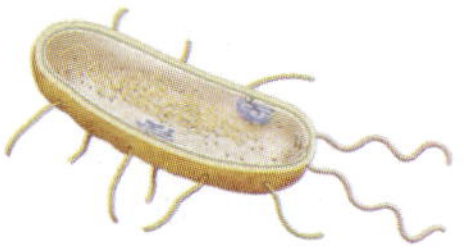

La organización celular de los seres vivos

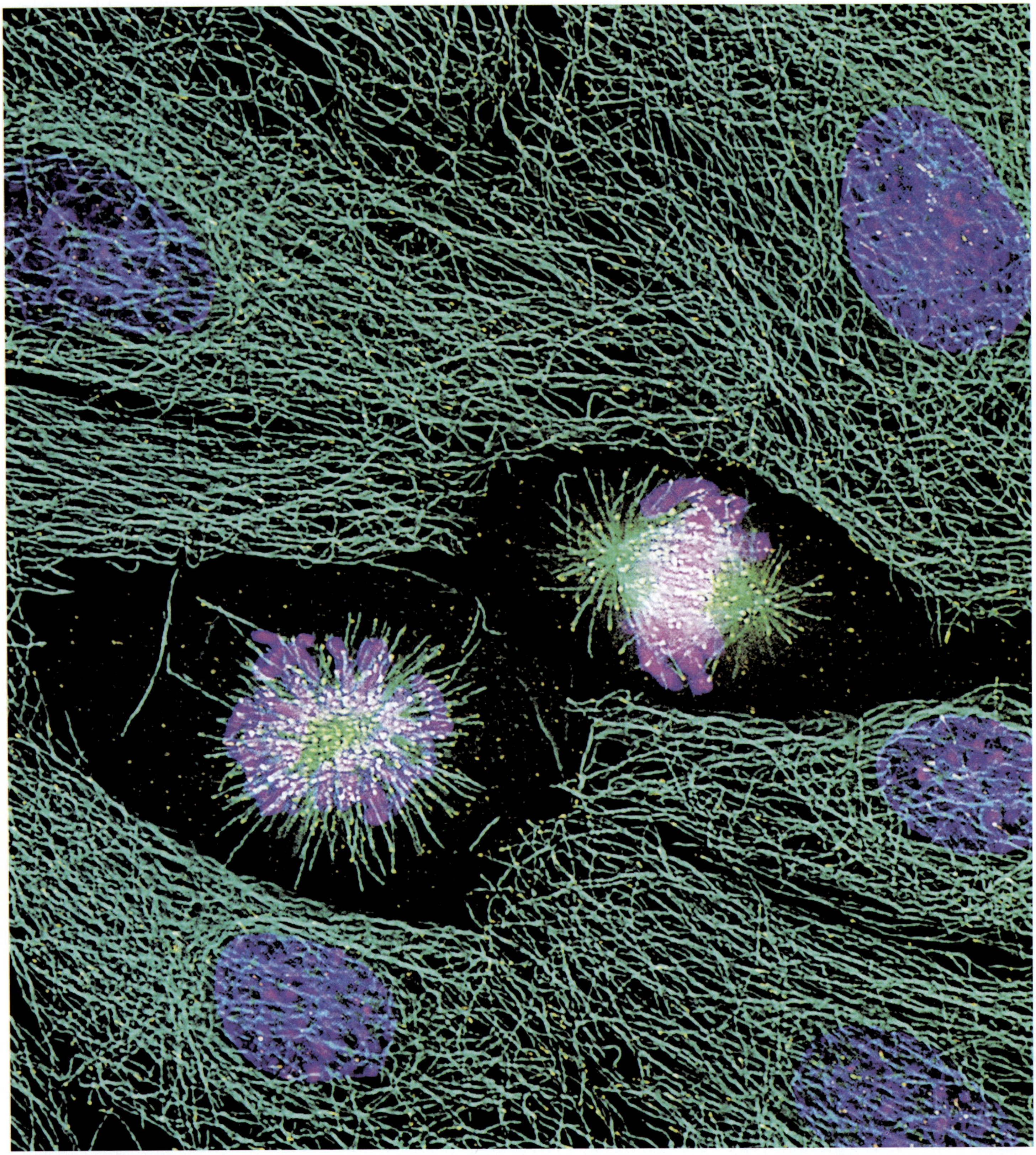

5	6	7	8	
		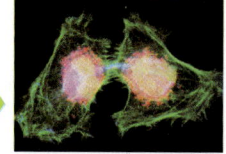		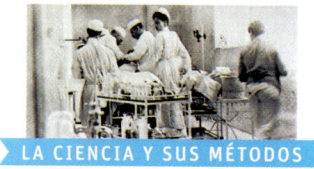
De las células procarióticas a las eucarióticas	¿Cómo se nutren las células?	¿Cómo se relacionan las células?	El ciclo de vida de las células. La reproducción	**LA CIENCIA Y SUS MÉTODOS** El trabajo de los científicos

EN PORTADA

Células a la carta

El 20 de mayo de 2010, la prestigiosa revista científica *Science* se hacía eco de un experimento inédito realizado por los investigadores del John Craig Venter Institute*, en Estados Unidos. Casi al mismo tiempo, la prensa generalista del momento aireaba las conclusiones del experimento como "*la primera célula artificial jamás construida*". La noticia apareció en las portadas de las revistas de medio mundo.

¿Qué había hecho el Instituto? En primer lugar, Venter y su equipo habían extraído el ADN de un microorganismo (*Mycoplasma mycoides*), con más de un millón de pares de bases o "letras", y lo digitalizaron con la ayuda de potentes ordenadores. Después, siguiendo su código pero cambiando algunas partes del mismo, fabricaron un nuevo ADN que no existe en la naturaleza. Este ADN sintético fue introducido en la "carcasa" de una bacteria similar (*Mycoplasma capricolum*) a la que previamente habían despojado de su propio ADN. El resultado fue un nuevo organismo que pudo replicarse y "ejecutar el programa" que se le había implantado.

Esta primera "célula sintética" se llama *Mycoplasma mycoides* JCVI-syn1.0, para distinguirla de la bacteria natural en que se inspira. El 1.0 denota que la célula es solo una primera versión y presagia un futuro *Silicon Valley* del diseño de organismos vivos.

*John Craig Venter, famoso biólogo y empresario estadounidense, es uno de los padres del genoma humano.

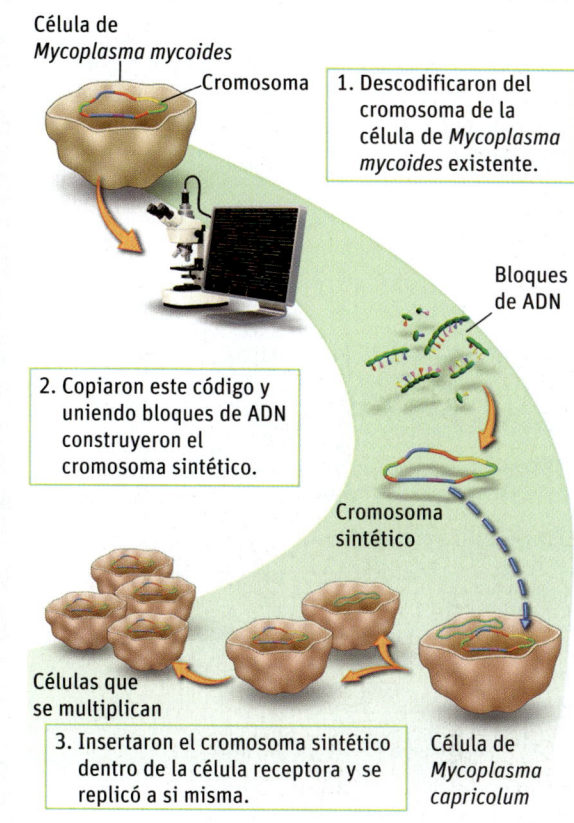

Figura 2.1. Proceso de creación de una célula sintética.

• En la Web

Esta es la noticia que apareció en Televisión Española sobre este tema.

• www.e-sm.net/svbg1bach02_01

1. ¿Qué información mínima deberá contener el *programa* de una célula sintética?

2. La *célula sintética* de Venter no tiene ninguna utilidad en sí misma, pero abre la posibilidad de crear células a la carta. ¿Puedes sugerir alguna aplicación práctica de esta posibilidad?

3. Muchos científicos afirman que lo que hizo el equipo de Venter no es crear vida. ¿Estás de acuerdo? ¿Por qué?

4. Uno de los principios básicos en biología, hasta ahora, es que *toda célula procede de otra célula*. ¿Afecta el experimento de Venter este principio?

Figura 2.2. Portada de la revista *The Economist* del 20 de mayo de 2010.

Microfotografía óptica de fluorescencia de células durante la mitosis.

1. La teoría celular

El cazador de microbios

Antoni van Leeuwenhoek era un comerciante de telas que vivía en Delft (Holanda) a mediados del siglo XVII.

Para observar con detalle la trama de las telas utilizaba lentes de vidrio que él mismo pulía; algunas de sus lentes eran tan perfectas que conseguían hasta 300 aumentos. Pero Van Leeuwenhoek no se limitaba a observar las telas de su comercio, cualquier cosa que caía en sus manos se convertía en objeto de observación, análisis y estudio con sus potentes lentes.

Dicen que, un día, mientras observaba con uno de sus sencillos microscopios una pequeña gota de agua de lluvia, llamó a su hija María con voz excitada: "¡Ven aquí! ¡Date prisa! ¡En el agua de lluvia unos bichitos... nadan! ¡Dan vueltas! ¡Son mil veces más pequeños que cualquiera de los bichos que podemos ver a simple vista!... ¡Mira lo que he descubierto!".

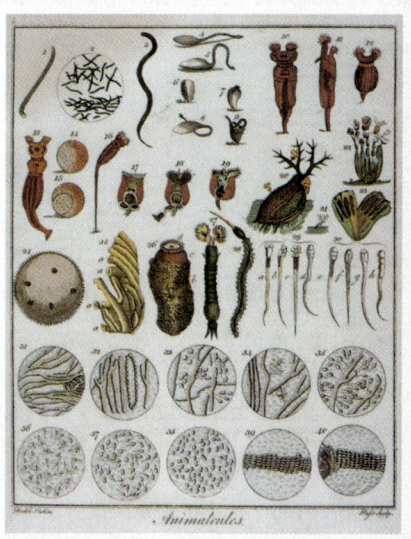

Dibujos de animáculos realizados por Van Leeuwenhoek.

Aunque no lo sabía, Van Leeuwenhoek estaba dando los primeros pasos para construir la que acabaría siendo una de las ideas más unificadoras de toda la ciencia: la **teoría celular**.

¿Cómo nació esta teoría? ¿Qué cambios ha experimentado hasta nuestros días?

1.1. Las primeras observaciones microscópicas

En 1665, **Robert Hooke** (1637-1703), físico, astrónomo y naturalista inglés, publicó bajo el título de *Micrographia* una recopilación de dibujos obtenidos a partir de las observaciones realizadas con un microscopio simple o lupa, que él mismo construyó (Fig. 2.3). Aunque sencillos, estos primeros microscopios permitían observar objetos que hasta ese momento habían permanecido ocultos a la vista.

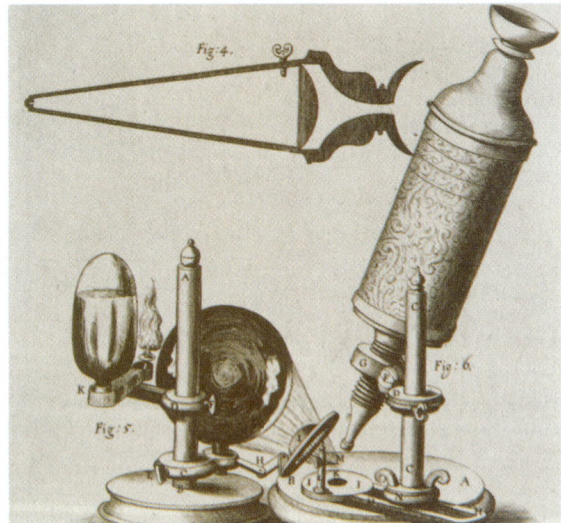

Figura 2.3. Reproducción del microscopio utilizado en sus observaciones por Robert Hooke.

Uno de sus dibujos más famosos reproduce la imagen observada al microscopio de una fina lámina de corcho (Fig. 2.4). Presenta una estructura similar a un panal de abejas, y Hooke utilizó por primera vez el término "célula" para designar cada una de estas cavidades microscópicas o celdas.

Las observaciones de Hooke le permitieron dar una explicación a la ligereza del corcho, pero estaba muy lejos de imaginar, ni siquiera de pretender, una relación entre lo que observaba y la estructura íntima que caracteriza a los seres vivos.

A diferencia de Hooke, **Antoni van Leeuwenhoek** (1632-1723) no poseía ningún tipo de formación científica. Sus dibujos y descripciones de células (glóbulos rojos, espermatozoides, levaduras, etc.) asombraron a los científicos de la época, que lo eligieron miembro extranjero de la prestigiosa *Royal Society* de Londres.

Hooke y Leeuwenhoek fueron, probablemente, los primeros en observar, dibujar y describir las células; sin embargo hubo que esperar más de un siglo para que quedara formulada una teoría celular.

Una de las causas de este retraso fue el escaso progreso que experimentó el microscopio durante el siglo XVIII. La poca calidad de las primeras imágenes que se obtenían llevó a considerarlo como un instrumento no fiable para la observación y su uso fue desacreditado por la mayoría de los científicos de la época.

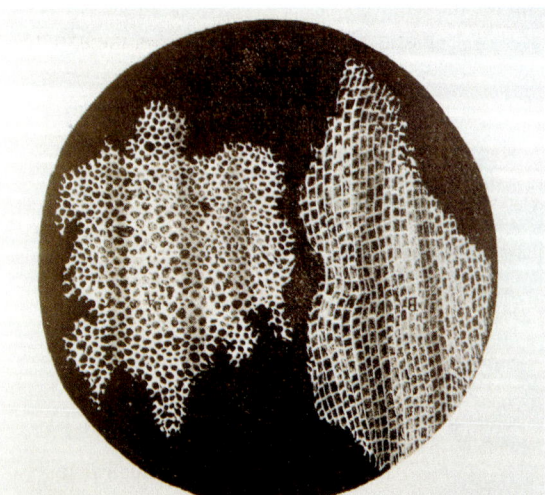

Figura 2.4. Dibujo de una lámina de corcho vista al microscopio por Robert Hooke.

1.2. Los principios básicos de la teoría celular

Durante las primeras décadas del siglo XIX se produjo un profundo cambio en la forma en que los científicos hacían su trabajo. La mayoría de ellos se convirtieron en profesionales de la investigación y aumentó considerablemente el número de laboratorios. Esta nueva organización favoreció la colaboración entre los científicos y un rápido desarrollo de los instrumentos, en particular del microscopio.

El poder de resolución de los microscopios, es decir, la posibilidad de ver separados dos puntos o dos líneas muy próximas, pasó de los 10 µm de los primeros microscopios a los casi 0,2 µm actuales. Este gran avance permitió una importante mejora de las imágenes microscópicas que pronto dio sus frutos, y fue durante la primera mitad del siglo XIX cuando se aportaron los datos que culminaron con la formulación de la primera teoría celular.

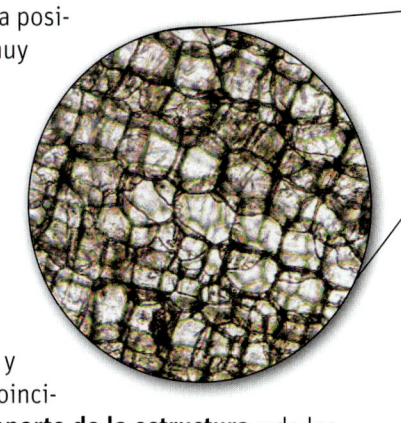

Figura 2.5. Células de corcho observadas al microscopio óptico.

El botánico alemán **Matthias J. Schleiden** y su amigo, el zoólogo **Theodor Schwann**, publicaron en 1838 y 1839, respectivamente, sendos trabajos en los que coincidían en afirmar que la célula era, al mismo tiempo, **soporte de la estructura** y de las **actividades vitales** de todos los seres vivos. El primero lo afirmaba para las plantas y el segundo, para los animales.

El problema del origen y la reproducción de las células aún tardó casi veinte años en ser aclarado. Frente a la idea mantenida por Schwann de que las células se podían formar a partir de sustancias no celulares, otro investigador alemán, **Rudolph Virchow** propuso en 1855 la unidad de origen de las células en un aforismo que lo ha hecho famoso: "Toda célula procede de otra célula".

Los principios básicos la teoría celular son:

- **La célula es la unidad estructural de los seres vivos.** Todos los seres vivos están formados por una o más células.

- **La célula es la unidad funcional de los seres vivos.** Es la mínima unidad de materia que puede llevar a cabo las funciones básicas de un ser vivo.

- **La célula es la unidad reproductora de los seres vivos.** Toda célula proviene de otra célula preexistente.

INVESTIGAR

Células infectadas por el virus del SIDA vistas al microscopio electrónico de barrido.

5. ¿A simple vista?

Las unidades que se utilizan para medir las células no pueden ser las mismas que utilizamos para medir los objetos que vemos a simple vista. Por eso usamos el micrómetro (µm) y el nanómetro (nm).

a) El poder de resolución de nuestro ojo es de unos 0,2 mm. Si una célula mide 10 µm, ¿podrás verla a simple vista? ¿Por qué?

b) Busca información sobre el tamaño de un glóbulo rojo, una bacteria y un virus y compáralos.

Puedes utilizar esta página web:

• **En la Web**

En esta web puedes comparar el tamaño de ciertas células.

• www.e-sm.net/svbg1bach02_02

Sin embargo, durante casi cincuenta años la aplicación universal de la teoría celular a todos los tejidos animales y vegetales mantuvo un punto de duda: el tejido nervioso y su aparente aspecto de red continua. El español **Santiago Ramón y Cajal** (1852-1934) fue el principal defensor de la individualidad de las células nerviosas y, con ello, de la generalización de la teoría celular a todos los tejidos.

ACTIVIDADES

6. ¿A qué llamó Hooke "célula"?

7. ¿Cómo definirías qué es una célula? ¿Cómo la define la teoría celular?

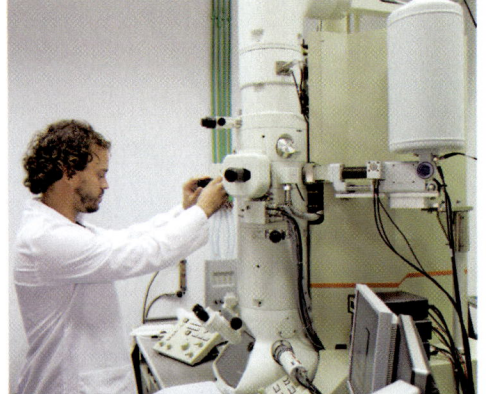

Figura 2.6. Microscopio electrónico de transmisión (MET).

1.3. El microscopio electrónico confirmó la teoría celular

El límite de resolución de un microscopio óptico (MO) no puede ser superior a la mitad de la longitud de onda de la luz utilizada, en torno a 0,2 μm, lo que impide la observación detallada del interior de las células.

La construcción en la década de 1930 de los primeros **microscopios electrónicos** permitió superar esta limitación dado que utilizan, en lugar de un haz de luz, un haz de electrones, cuya longitud de onda es mucho menor. Su límite de resolución se sitúa entre 0,5 y 1 nm y permite estudiar la estructura subcelular. Las estructuras y orgánulos celulares descritos con el microscopio electrónico son una prueba más de que todas las células responden a un mismo plan básico de organización.

LA CIENCIA Y SUS MÉTODOS

Cómo se hace una microfotografía electrónica

El procedimiento varía según el tipo de microscopio electrónico utilizado.

I. El microscopio electrónico de transmisión (MET) forma una imagen a partir de los electrones que atraviesan la muestra.

1.º Para preparar la muestra:
- Se fija el material tratándolo con un agente químico para estabilizar las estructuras.
- Se incluye en un plástico para darle rigidez.
- Se cortan secciones finísimas, de no más de 0,5 μm con un microtomo.
- Se impregnan las muestras con un metal, como el plomo, que dispersa los electrones y hace una función similar a los colorantes usados en el MO.
- Se introduce la muestra en el ME y se dirigen los electrones hacia ella mediante imanes. Como los electrones no se ven, el ME los dirige a una pantalla o a una película fotográfica para crear una imagen visible que siempre es en blanco y negro.

2.º La imagen obtenida puede alcanzar los **250 000 aumentos** y es siempre de un material muerto y cortado. Así, un círculo puede ser el corte transversal de una vesícula redondeada o alargada. Las áreas que aparecen más oscuras son las que han captado más metal, que dispersa los electrones; las zonas claras corresponden a aquellas que han sido atravesadas por los electrones.

II. El microscopio electrónico de barrido (MEB) forma una imagen de las superficies celulares a partir de los electrones que "rebotan" en la muestra.

1.º En la preparación se cubre la superficie de la muestra con una capa atómica de metal.

2.º La imagen obtenida puede alcanzar unos **50 000 aumentos**. En este caso sí pueden verse células enteras, aunque no vivas, y las imágenes proporcionan una apariencia tridimensional de sus superficies.

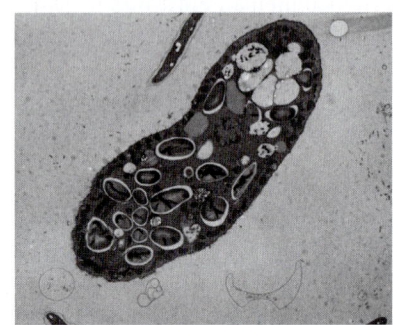

Microfotografía de un paramecio, obtenida con un MET (x 2000).

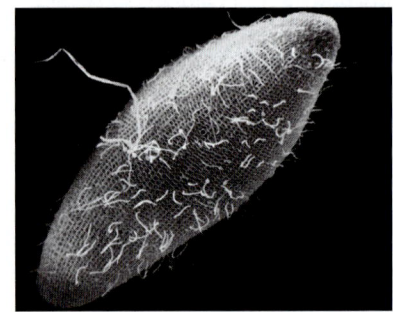

Microfotografía de un paramecio, obtenida con un MEB (x 1000).

ACTIVIDADES

8. Indica el tipo de microscopio con el que se ha obtenido cada una de las siguientes imágenes y razona tu respuesta.

A 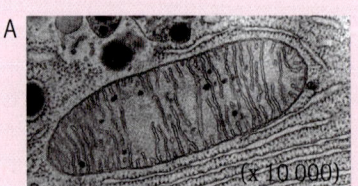 (x 10 000)

B 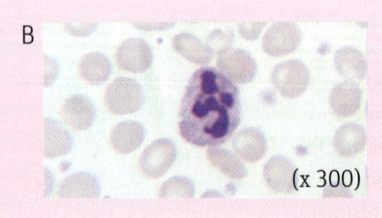 (x 300)

2. ¿Qué tienen en común todas las células?

Si la célula es la mínima unidad viviente, toda célula deberá poseer los atributos que se consideran necesarios para la vida. Para ello, dispondrá como mínimo de:

- Una **membrana**, que separa el contenido, o **citoplasma**, del medio que la rodea y controla los intercambios de materia, energía e información que se producen entre ambos.

- Una **organización interna** que permita su automantenimiento y su reproducción, para lo que necesita:
  - Material hereditario o genético, es decir, **ADN**.
  - Las estructuras mínimas para que sucedan las reacciones químicas precisas. Es decir, los **ribosomas** en los que la información contenida en el ADN se traduzca para sintetizar las proteínas necesarias para el mantenimiento de la célula y la replicación de su material hereditario.

La observación detallada del interior de las células con los potentes microscopios electrónicos reveló que tan solo existen dos tipos diferentes de organización celular.

2.1. Organización celular procariótica

Las **células procarióticas** (del griego *pro*: 'antes'; *karyon*: 'núcleo') se caracterizan porque su material hereditario no está separado del citoplasma por una membrana. Las **bacterias** son organismos procariontes.

• **En la Web**
Observa el mecanismo de movimiento algunas bacterias.
• www.e-sm.net/svbg1bach02_03

MODELO TRIDIMENSIONAL DE UNA CÉLULA PROCARIÓTICA

La **membrana plasmática**. Forma repliegues hacia el interior, llamados **mesosomas**, que intervienen en la división celular. Está rodeada de una capa dura y fibrosa llamada **pared**.

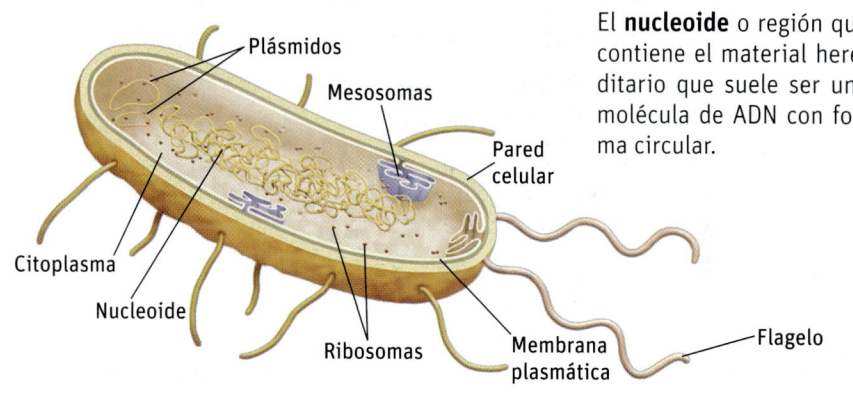

El **nucleoide** o región que contiene el material hereditario que suele ser una molécula de ADN con forma circular.

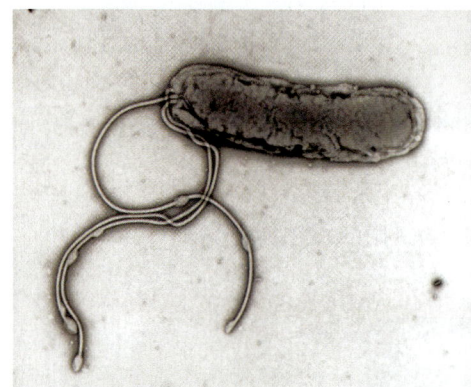

Microfotografía de bacteria *Helicobacter pylori*. al MET, (x 12 500).

El **citoplasma** incluye:
- El **citosol** o **hialoplasma**. Formado por agua que contiene sales disueltas, moléculas orgánicas pequeñas y macromoléculas dispersas, como proteínas.
- Los **ribosomas**. Son gránulos formados por ARN y proteínas en los que se sintetizan proteínas.

Además de las estructuras comunes, otras no siempre están presentes, como **flagelos**, para el movimiento celular; **cápsula**, envolviendo la pared; **plásmidos** o pequeñas moléculas circulares de ADN independientes del cromosoma bacteriano; **saquitos** y **membranas internos**, que almacenan sustancias o realizan la fotosíntesis, etc.

2.2. Organización celular eucariótica

Las **células eucarióticas** (del griego *eu*: 'verdadero'; *karyon*: 'núcleo') tienen el material hereditario separado del citoplasma en un compartimento membranoso especial, el **núcleo**. Además, poseen en su citoplasma otros muchos compartimentos rodeados por membranas en los que suceden reacciones químicas. Todos los organismos pluricelulares, como animales y plantas, y algunos unicelulares son eucariontes.

ACTIVIDADES

9. ¿Cuál es la principal diferencia entre las células procarióticas y las células eucarióticas?

10. ¿Por qué las bacterias se consideran células a pesar de su sencillez?

3 Las células de los animales

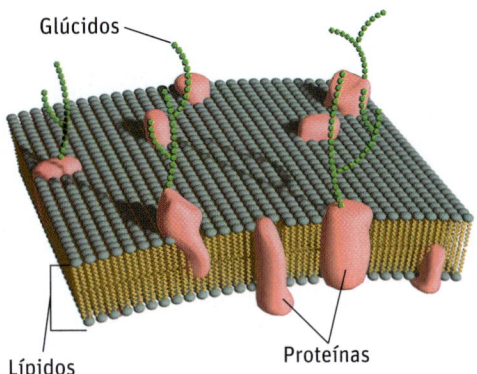

Figura 2.7. Estructura de bicapa de lípidos de las membranas.

Una **célula animal** típica sirve como modelo para estudiar la estructura subcelular de las células de organización eucariótica. Estas son las partes de la célula animal:

- La **membrana plasmática** está formada por una bicapa de lípidos, como fosfolípidos, entre los que se intercalan proteínas. Posee una **permeabilidad selectiva** ya que solo permite el paso de moléculas de agua y de pequeñas moléculas apolares. El resto de moléculas o iones, que no tienen afinidad por los lípidos, solo atraviesan la membrana con la colaboración de proteínas específicas.

- El **citoplasma** está dividido en una gran variedad de compartimentos rodeados de membrana, de composición y estructura similares a la plasmática, que se denominan **orgánulos**. Junto a ellos aparecen otras **estructuras no membranosas**. La disolución acuosa en la que estas estructuras están inmersas es el **citosol** o **hialoplasma**.

En la Web
Realiza un viaje al interior de la célula.

www.e-sm.net/svbg1bach02_04

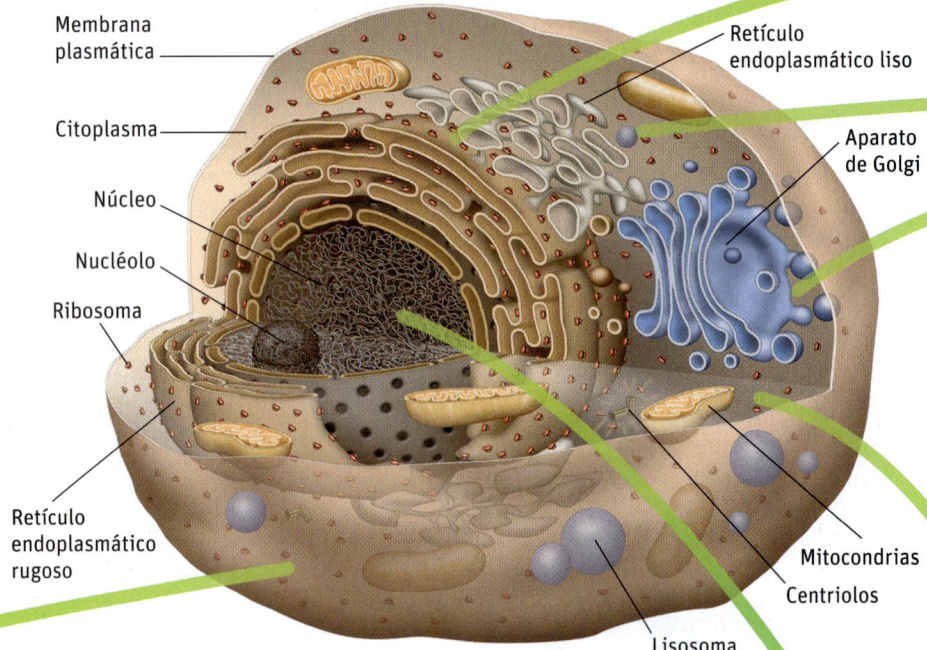

Figura 2.8. Esquema tridimensional de una célula animal.

3.1. Las estructuras celulares no membranosas

El **citoesqueleto** es un conjunto de filamentos de proteínas de varios tipos que se distribuyen, en forma de una red, en el citosol.

Da forma a la célula y es responsable tanto del transporte de materiales dentro de la célula como del movimiento celular.

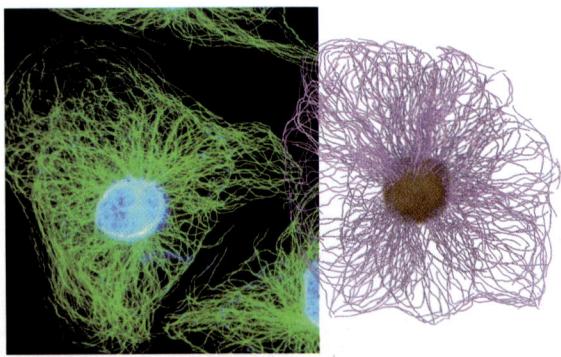

Figura 2.9. Citoesqueleto visto al MO de fluorescencia.

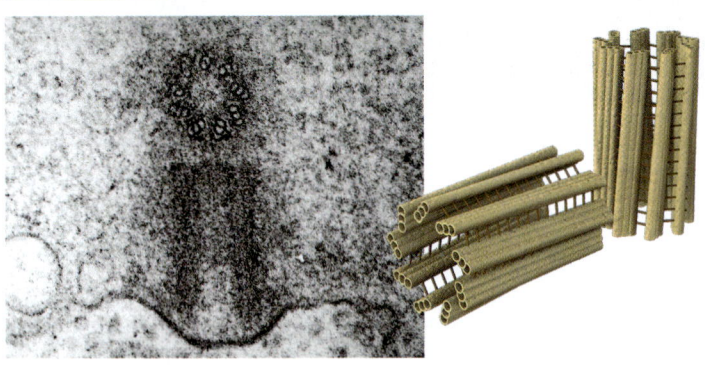

Figura 2.10. Centriolos vistos al MET.

El **centrosoma** constituye una zona cercana al núcleo a partir de la que surgen los filamentos del citoesqueleto. En las células animales contiene en su interior una pareja de estructuras cilíndricas huecas, dispuesta una perpendicular a la otra y denominadas **centriolos**.

Se encarga de organizar los filamentos del citoesqueleto.

Los cilios y flagelos tienen en su base una estructura similar a los centriolos.

3.2. Los orgánulos o estructuras membranosas

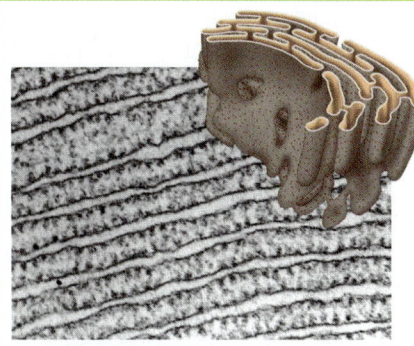

Figura 2.11. Retículo endoplasmático rugoso visto al MET.

El **retículo endoplasmático** es un conjunto de tubos y sacos aplanados, comunicados entre sí, que se extiende por todo el citoplasma celular.

- El **retículo endoplasmático rugoso (RER)** está formado por sacos aplanados cubiertos exteriormente por **ribosomas**.

  Los ribosomas son estructuras no membranosas encargadas de la síntesis de proteínas. Para ello utilizan la información transportada por el ARN, que es copia del ADN nuclear.

- El **retículo endoplasmático liso (REL)** carece de ribosomas y está formado por tubos ramificados. En él se fabrican los lípidos de la membrana.

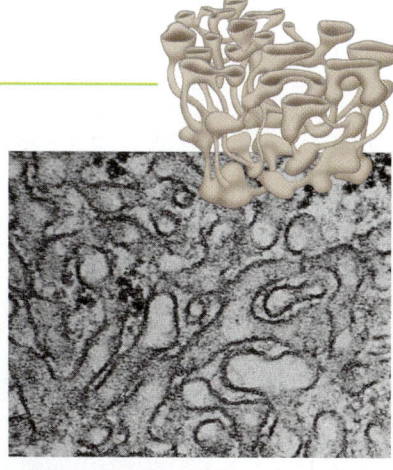

Figura 2.12. Retículo endoplasmático liso visto al MET.

El **aparato de Golgi** es un conjunto de pilas de sacos membranosos que se encuentran rodeados de vesículas.

Su función es empaquetar, en el interior de las vesículas, moléculas sintetizadas en el retículo endoplasmático para expulsarlas al exterior celular (secreción) o transportarlas a otros orgánulos.

Los **lisosomas** son vesículas membranosas, formadas en el aparato de Golgi, con enzimas digestivas (hidrolasas).

Son responsables de la digestión en el interior de la célula. Para ello, se fusionan a vesículas cargadas de materia orgánica y transforman las macromoléculas en moléculas orgánicas sencillas.

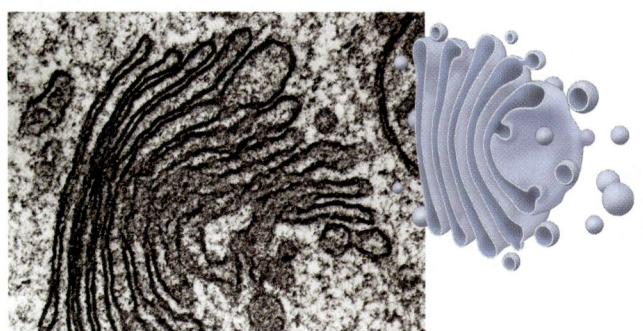

Figura 2.13. Aparato de Golgi visto al MET.

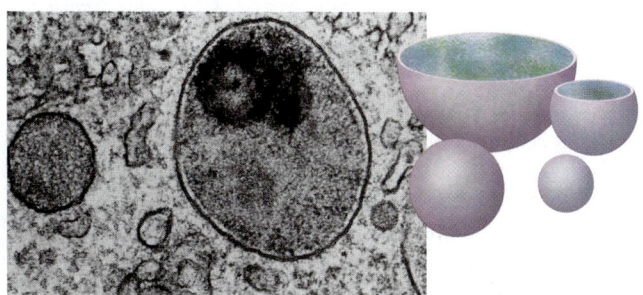

Figura 2.14. Lisosomas vistos al MET.

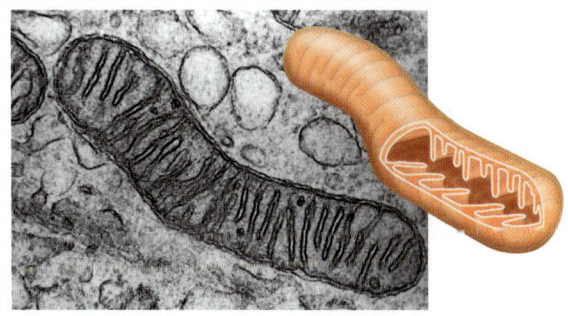

Figura 2.15. Mitocondria vista al MET.

Las **mitocondrias** tienen forma cilíndrica o esférica. Su tamaño oscila entre 0,5 y 1 μm, y su número es muy variable dependiendo del tipo de célula y de su actividad. Están rodeadas de una doble membrana que delimita un espacio interior llamado **matriz**. La membrana interna se prolonga hacia el interior, formando **crestas**.

En las mitocondrias se produce la **respiración celular**; la oxidación produce la energía que las células necesitan para su mantenimiento. Además, la matriz contiene ribosomas y pequeñas moléculas de ADN, por lo que puede fabricar algunas de sus proteínas.

El **núcleo** es el compartimento más voluminoso de la célula. Está separado del citoplasma por una doble membrana que es continuación del retículo endoplasmático. La membrana nuclear está perforada, lo que permite el intercambio de moléculas de bastante tamaño entre el interior del núcleo y el citoplasma. En el interior del núcleo se encuentran inmersos:

- **La cromatina.** Formada por fibrillas enmarañadas. Cada fibrilla es una molécula de **ADN** asociada a **proteínas**. Cuando la célula inicia su división, estas fibrillas se condensan y dan lugar a los **cromosomas**, cuyo número es característico de cada especie. El ADN del núcleo controla y regula las funciones vitales de la célula.

- **Los nucléolos.** Una o varias esferas de aspecto granular en las que se forman los ribosomas.

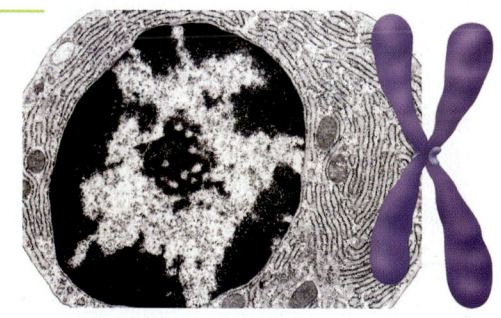

Figura 2.16. Núcleo visto al MET y cromosoma.

La organización celular de los seres vivos

4 Las células de las plantas

Las **células vegetales**, aunque son similares a las células animales en casi todos sus orgánulos, presentan algunas diferencias: carecen de centriolos, lo que no significa que carezcan de una zona que funciona como organizadora de los filamentos del citoesqueleto, y poseen algunos orgánulos y estructuras exclusivos, como los **cloroplastos**, la **pared celular** y las grandes **vacuolas**.

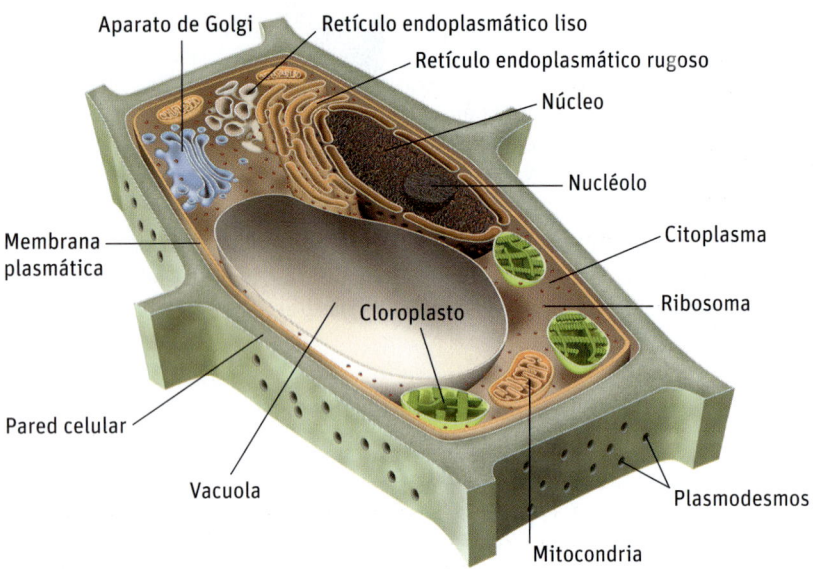

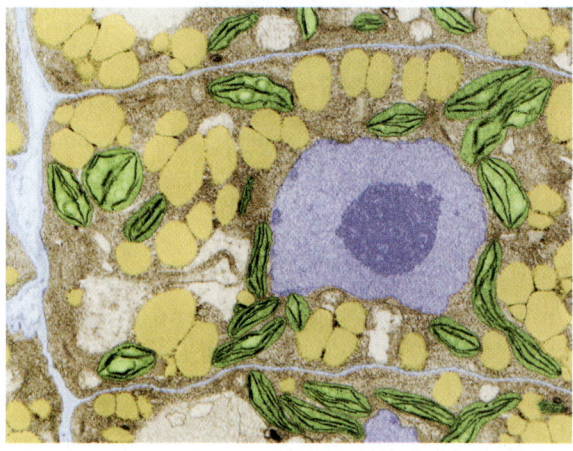

Figura 2.17. Esquema tridimensional de una célula vegetal.

Figura 2.18. Microfotografía de una célula vegetal, al MET falso color (x 10 000).

La **pared celular** es una estructura rígida situada por fuera de la membrana plasmática y formada fundamentalmente por **celulosa**.

Esta pared protege las células y mantiene su forma.

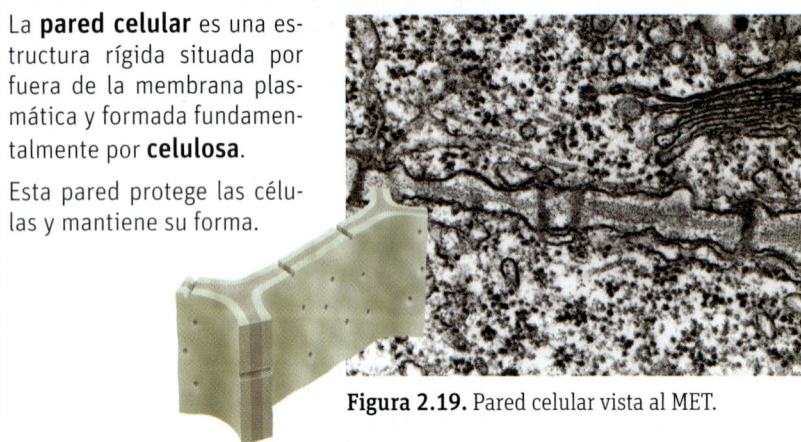

Figura 2.19. Pared celular vista al MET.

Los **cloroplastos** son orgánulos rodeados de una doble membrana que delimita un espacio interior llamado **estroma**. En las plantas tienen forma lenticular, pero en las algas pueden aparecer con forma estrellada o en espiral. Su tamaño varía entre 2 y 6 μm. El número de cloroplastos por célula, aunque variable, oscila entre 20 y 40.

En el estroma hay estructuras membranosas en forma de sacos, llamados **tilacoides**, en cuyas membranas se encuentra la **clorofila**, pigmento responsable del color verde de las plantas. Los tilacoides pueden estar aislados o superpuestos en forma de pilas de monedas que reciben el nombre de **grana**. Este término se debe a que, al microscopio óptico, aparecen como granos de color verde.

En los cloroplastos se realiza la **fotosíntesis**. En este proceso se sintetiza materia orgánica a partir de materia inorgánica con la ayuda de la energía solar captada por la clorofila. Además, el cloroplasto es capaz de fabricar algunas de sus proteínas utilizando las pequeñas moléculas de ADN y los ribosomas que posee en el estroma.

Las **vacuolas** son vesículas (a veces, solo una) muy grandes rodeadas de membrana y que llegan a ocupar hasta el 90 % del volumen celular.

Realizan funciones de almacenamiento. Además, ayudan a mantener la forma de la célula gracias a la presión que ejercen sobre la pared (turgencia).

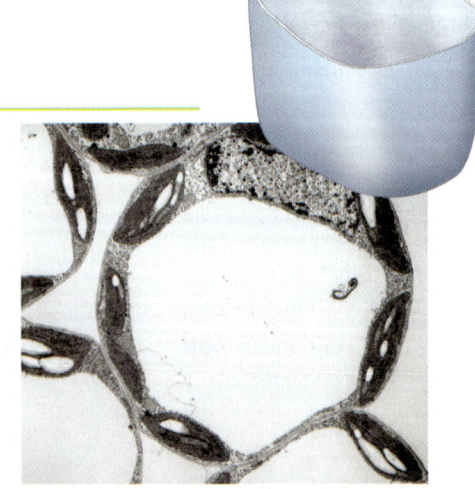

Figura 2.20. Vacuola vista al MET.

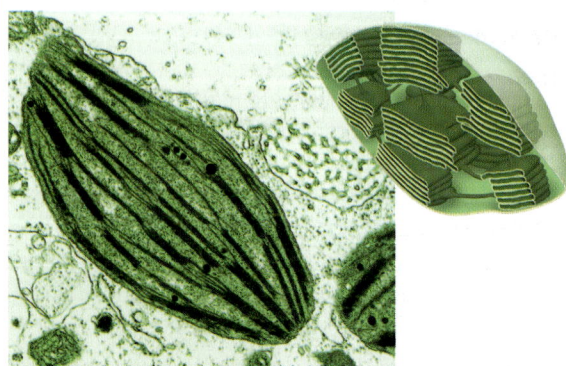

Figura 2.21. Cloroplasto visto al MET, falso color.

5 De las células procarióticas a las eucarióticas

Hoy sabemos que la vida en la Tierra es celular y que durante los 2000 primeros Ma de la historia de la vida sobre la Tierra los procariontes fueron sus únicos protagonistas. En algún momento, hace unos 1800 Ma, apareció el primer eucarionte. ¿Cómo pudo formarse una célula tan compleja como la eucariótica a partir de la célula procariótica?

5.1. La teoría endosimbiótica

La **teoría endosimbiótica** fue propuesta por la bióloga estadounidense **Lynn Margulis** (1938-2011) para explicar la aparición de las células eucarióticas a partir de la **endosimbiosis** seriada de dos o más procariontes diferentes. El nombre hace referencia al caso particular en el que dos organismos que se benefician por vivir y trabajar juntos (simbiosis), y además uno vive dentro del otro (endosimbiosis).

La propuesta se apoya básicamente en que el núcleo, los cloroplastos y las mitocondrias poseen moléculas de ADN que revelan un origen diferente. Los cloroplastos recuerdan a las cianobacterias (procariontes fotosintéticos) y las mitocondrias recuerdan a ciertas bacterias muy eficaces en la respiración oxidativa. En líneas generales, el proceso podría haber sucedido así:

> **• En la Web**
> La teoría endosimbionte y los argumentos a su favor.
> • www.e-sm.net/svbg1bach02_05

LA TEORÍA ENDOSIMBIÓTICA

1. Un procarionte primitivo sin pared, se alimentaría engulléndo a otros procariontes mediante **invaginaciones** de su membrana. Estas invaginaciones podrían estar en el origen del sistema de membranas interno de las células eucarióticas.

3. Entre los procariontes supervivientes los había muy eficaces en el proceso de la **respiración oxidativa** y habrían sobrevivido convertidos en **mitocondrias**. Así se originarían las primitivas células eucarióticas **heterótrofas**.

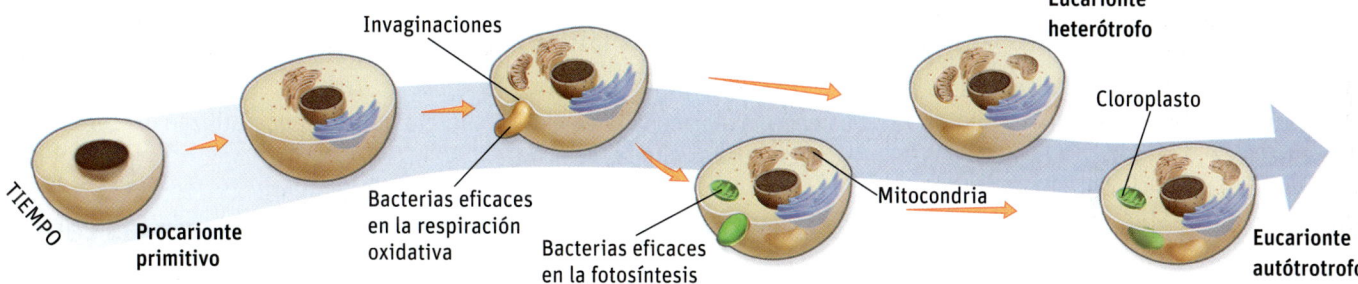

2. Algunas de las presas pudieron escapar al proceso de digestión e iniciar una **relación simbiótica** mutuamente ventajosa con su hospedador permanente.

4. Algunas de las células provistas de mitocondrias pudieron incorporar otros procariontes muy eficaces en el proceso de la **fotosíntesis**, cuyos descendientes han sobrevivido convertidos en **cloroplastos**. Las primitivas células eucarióticas provistas de ambos tipos de huéspedes serían **autótrofas**.

5.2. ¿Y qué son los virus?

Los virus no son células, son parásitos intracelulares formados por:

- **Un ácido nucleico.** Puede ser ADN o ARN, nunca los dos juntos.

- **Una cápsida.** Cubierta de proteínas que rodea al ácido nucleico. Está formada por unidades que se repiten, los **capsómeros**, cuya disposición determina la forma del virus. Algunos virus poseen además una **envoltura** similar a la membrana plasmática.

Aunque los virus poseen su propia información genética carecen de las estructuras indispensables para su nutrición y reproducción. Para ello, introducen su información genética en el interior de una célula y utilizan en su provecho la maquinaria celular.

Existen diversas hipótesis sobre el origen de los virus, desde las que suponen que proceden de antiguos microorganismos parásitos que perdieron sus estructuras, hasta las que proponen que evolucionaron a partir de fragmentos de ADN o ARN que escaparon de células similares a las que ahora parasitan.

ACTIVIDADES

11. Indica alguna característica de los cloroplastos y de las mitocondrias que pueda recordar su origen como organismos procariontes.

12. ¿Pueden los virus fabricar sus propias enzimas? ¿Por qué?

13. ¿Por qué los virus no son células?

6. ¿Cómo se nutren las células?

El microscopio electrónico proporciona una imagen estática de la célula que no se ajusta a la realidad. La célula se encuentra en continuo cambio y la actividad en su interior (entrada y salida de moléculas, crecimiento, movimiento, etc.) es incesante. Mantener esta actividad celular requiere **energía**.

¿Cómo obtienen energía las células para vivir? ¿De qué forma la utilizan de manera eficiente?

6.1. La moneda energética de las células: el ATP

En tu cartera puedes llevar monedas para comprar una botella de agua o un refresco, o algún billete pequeño por si surge algún imprevisto; poca cantidad pero de fácil acceso, basta con sacarlo del bolsillo. La reserva de billetes de más valor se queda en casa o en el banco.

El manejo de la energía en las células es similar al manejo que podemos hacer del dinero. Las grandes reservas son, en este caso, los polisacáridos y, aún más, las grasas. El papel de los pequeños billetes lo hace la glucosa, el principal combustible celular, y la moneda de uso corriente es una molécula denominada **ATP** (adenosín trifosfato), (Fig. 2.23).

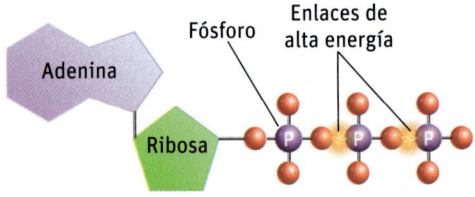

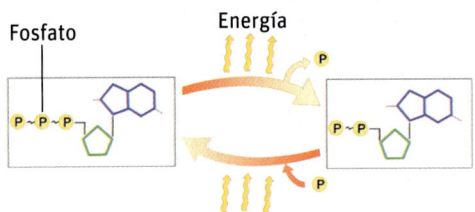

Figura 2.22. Molécula de ATP y proceso de hidrólisis y síntesis.

El ATP es un nucleótido formado por una base nitrogenada, la **adenina**, un azúcar, la **ribosa**, y un grupo de **tres fosfatos**. Los enlaces que unen entre sí estos tres grupos fosfatos se llaman "enlaces de alta energía" (gráficamente se representan como "~"), pues son enlaces inestables que liberan gran cantidad de energía cuando son hidrolizados.

La energía liberada en la hidrólisis del ATP puede emplearse para que ocurra un proceso que requiere energía. Por el contrario, la formación de ATP, a partir de ADP (adenosín difosfato) y fosfato, requiere energía y solo puede ocurrir acoplada a procesos que la liberan.

La energía almacenada en el ATP, energía útil, es la que utilizan los seres vivos para sus actividades vitales.

6.2. ¿Por qué caminos pueden obtener energía las células?

Todas las células producen ATP utilizando la energía que se libera en la oxidación de nutrientes orgánicos, principalmente glucosa.

La oxidación de la glucosa se inicia en el citoplasma. Este primer paso no necesita oxígeno y se denomina **glicólisis**, que literalmente significa 'destruir azúcar'.

En la glicólisis, la glucosa (6C) se transforma en moléculas orgánicas más sencillas (3C) y se produce una pequeña cantidad de ATP.

▶ Fermentación

En ausencia de oxígeno, como son las condiciones anaerobias, este compuesto orgánico de 3C no puede ser completamente oxidado a dióxido de carbono.

El proceso en este caso se denomina **fermentación** y origina como producto final diversas **sustancias orgánicas**. Por ejemplo, el etanol que producen las levaduras al fermentar el azúcar de las uvas (glucosa y fructosa), o el ácido láctico que producen nuestras células musculares al fermentar la glucosa.

DEDUCIR

14. El efecto Pasteur

Las levaduras son organismos anaerobios facultativos. Esto quiere decir que pueden vivir en presencia o en ausencia oxígeno.

Pasteur fue el primer científico en observar que, en ausencia de oxígeno (como en el matraz A), las levaduras transforman la glucosa en alcohol y CO_2, pero que si disponen de suficiente oxígeno (como en el matraz B) prácticamente no producen alcohol.

Suponiendo que en ambos matraces se dispone inicialmente la misma cantidad de levaduras y de glucosa, ¿en cuál se agotará antes la glucosa? ¿Por qué?

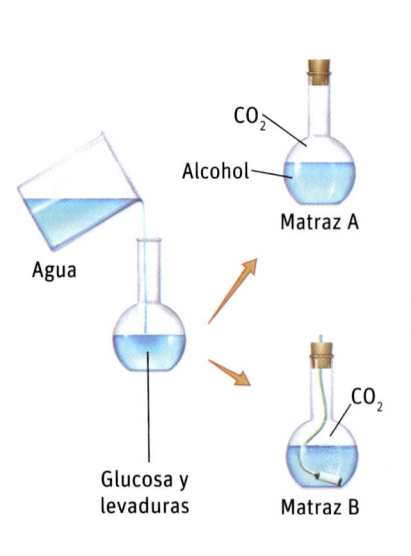

▶ **La respiración celular**

En presencia de oxígeno, condiciones aerobias, la oxidación de la materia orgánica se completa hasta producir CO_2. Este proceso se denomina **respiración celular** y, en las células eucarióticas, sucede en las mitocondrias del siguiente modo:

El compuesto de 3C de la glicólisis penetra en la **matriz mitocondrial** y se completa su oxidación. La materia orgánica acaba transformada en CO_2, **materia inorgánica**.

El proceso finaliza en la **membrana mitocondrial interna**. Aquí, la energía liberada en las oxidaciones anteriores se utiliza para sintetizar moléculas de ATP, y el hidrógeno que contenía la materia orgánica se une al oxígeno para formar agua.

La ecuación global de la respiración celular puede expresarse como:

$C_6H_{12}O_6$ (glucosa) + O_2 + ADP + P_i → CO_2 + H_2O + ATP (energía útil) + calor

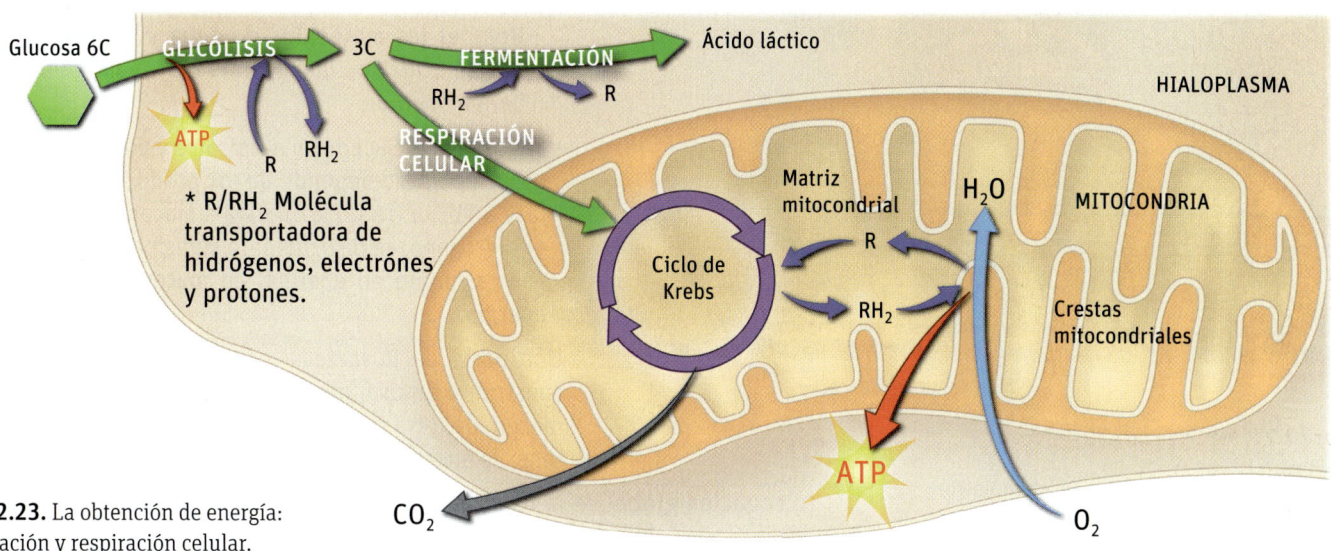

Figura 2.23. La obtención de energía: fermentación y respiración celular.

6.3. Dos formas diferentes de obtener el combustible

Todas las células necesitan nutrientes, tanto orgánicos como inorgánicos, para su mantenimiento. Los **nutrientes inorgánicos**, como el agua, los obtienen directamente del medio en el que viven. En cuanto a cómo obtienen los **nutrientes orgánicos** de los que procede la energía, las células pueden ser:

• **Heterótrofas.** Son las células que necesitan incorporar materia orgánica del medio, elaborada por otros organismos.

Estos compuestos orgánicos, o aquellos que se encuentran almacenados en el interior de la propia célula, suelen ser moléculas muy complejas (polisacáridos, grasas, etc.). Para que las células puedan utilizarlas como combustible deben ser hidrolizadas y transformadas en moléculas más sencillas, como la glucosa o los ácidos grasos. La **hidrólisis** o **digestión** celular en las células eucarióticas corre a cargo de los lisosomas y es un proceso que no genera energía útil.

• **Autótrofas.** Son las células que solo incorporan del medio sustancias inorgánicas, como el CO_2 y el H_2O, y son capaces de fabricar los nutrientes orgánicos a partir de ellas. Una forma de nutrición autótrofa es la **fotosíntesis**.

• En la Web

Observa la digestión en acción.

• www.e-sm.net/svbg1bach02_06

ACTIVIDADES

15. ¿Qué función desempeña el ATP en las células?

16. ¿Las células de la raíz de una planta son autótrofas o heterótrofas?

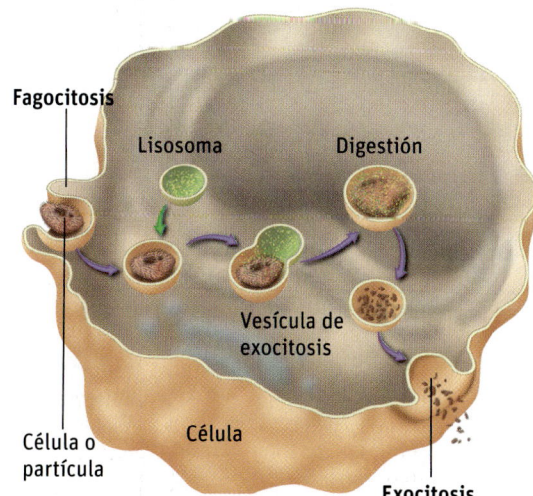

Figura 2.24. Digestión celular.

6.4. La fotosíntesis

La transformación de materia inorgánica en orgánica que realizan los organismos autótrofos necesita energía. En el caso de los **autótrofos fotosintéticos**, esta energía procede de la **luz solar** y es captada por la **clorofila**, el pigmento que da color verde a las algas, las plantas y algunas bacterias.

En las células eucarióticas autótrofas, la fotosíntesis tiene lugar en los **cloroplastos** y se desarrolla en dos fases:

- **Fase luminosa.** Sucede en las membranas de los tilacoides y solo puede realizarse en presencia de luz. En esta fase, la energía de la luz solar captada por la clorofila se utiliza para:

  - **Sintetizar** moléculas de **ATP**.
  - **Romper las moléculas de agua y obtener hidrógeno**, que se utiliza en la siguiente fase, y **oxígeno**, que se libera al medio.

- **Fase oscura.** Sucede en el estroma y puede realizarse en la oscuridad pero depende de los productos obtenidos en la fase anterior. Tanto la energía almacenada en el ATP como el hidrógeno, se utilizan para transformar la materia inorgánica, pobre en energía, en **materia orgánica**, rica en energía.

Una parte de la materia orgánica fabricada se usa para construir o renovar los componentes celulares o para ser almacenada; otra parte se utiliza como combustible para obtener la energía necesaria para la actividad celular.

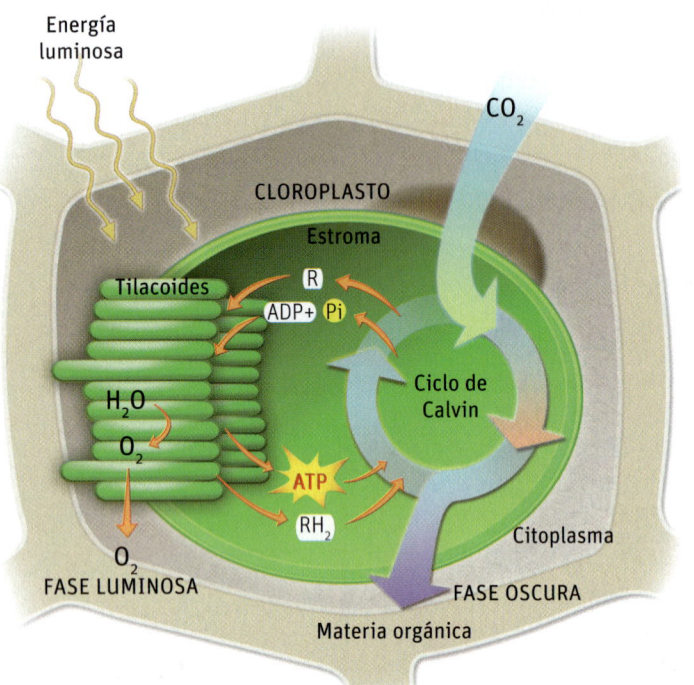

FIgura 2.25. La fotosíntesis en el cloroplasto.

La **ecuación global de la fotosíntesis** se puede expresar como:

$$\text{Materia inorgánica} \begin{bmatrix} CO_2 \\ H_2O \\ \text{Sales} \\ \text{minerales} \end{bmatrix} + \text{Energía luminosa} \rightarrow \text{Materia orgánica} \begin{bmatrix} \text{Azúcares,} \\ \text{grasas,} \\ \text{etc.} \end{bmatrix} + O_2$$

6.5. Metabolismo: anabolismo y catabolismo

Todo este conjunto de reacciones químicas que suceden en el interior de las células constituye el **metabolismo**. Sin metabolismo las células no pueden automantenerse, requisito imprescindible para poder reproducirse, y no hay metabolismo sin organización celular. En el metabolismo interactúan dos tipos de procesos:

- **Anabolismo.** Procesos que participan en la síntesis de moléculas complejas a partir de otras más sencillas. El anabolismo o **biosíntesis** requiere energía y puede ser autótrofo o heterótrofo.

- **Catabolismo.** Procesos cuyo objeto es la degradación de los compuestos orgánicos en compuestos más sencillos. La energía contenida en sus enlaces se libera y puede utilizarse tanto para el anabolismo como para otras funciones celulares como el movimiento o el transporte de nutrientes a través de la membrana.

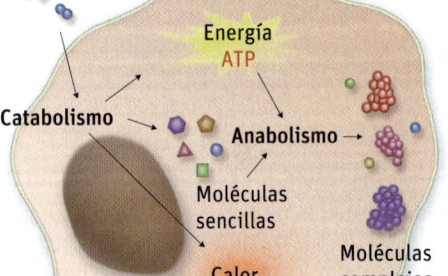

Figura 2.26. Esquema del metabolismo.

ACTIVIDADES

17. ¿Para qué utilizan las células el ATP que se produce en la fase luminosa de la fotosíntesis? ¿Y el que se produce en la respiración celular?

18. ¿La fotosíntesis es un proceso anabólico o catabólico? ¿Y la respiración celular?

7. ¿Cómo se relacionan las células?

Si se viera lo que sucede en cualquier pequeña herida producida en tu piel, te asombraría la avalancha de glóbulos blancos que acuden atraídos por las señales de alarma químicas que liberan las células dañadas. Los glóbulos blancos, perciben los cambios sucedidos en el medio y reaccionan acudiendo al lugar en el que deberán librar la batalla.

Esta capacidad que vemos en los glóbulos blancos para procesar la información que reciben del medio, constituye una de las funciones básicas de las células, la **relación**.

> **• En la Web**
> Los paramecios utilizan los cilios para desplazarse en su medio.
> • www.e-sm.net/svbg1bach02_07

7.1. Estímulos y respuestas

Las células reciben información, **estímulos** o **señales**, tanto del medio que les rodea como de su propio interior. Los estímulos pueden ser de naturaleza **física**, como la luz que llega al ojo cuando se lee un libro, o **química**, como las sustancias liberadas al producirse una herida.

La **respuesta** de las células es la forma en que estas reaccionan ante cualquier estímulo o señal y en ella hay siempre tres procesos secuenciales involucrados:

1. La **señal**, como, por ejemplo, una de las sustancias química que se liberan en la herida, se une a alguna molécula de proteína receptora situada en la membrana de la célula.
2. La **unión** provoca que el mensaje sea lanzado al interior de la célula y sea amplificado.
3. La **célula cambia su actividad** en función de la señal recibida. Este cambio puede manifestarse, por ejemplo, con:
   - **Secreción de sustancias.** La respuesta puede suponer que se sintetice alguna sustancia en particular, se empaquete y se libere al exterior de la célula. Así sucede, por ejemplo, cuando algunos organismos unicelulares detectan condiciones adversas en el medio o cuando un estímulo recorre las células nerviosas.
   - **Movimiento.** Puede producirse en el interior de la célula, como la **ciclosis**, o ser de la propia célula. El movimiento celular se realiza por **seudópodos**, como en los glóbulos blancos, o por **cilios** o **flagelos**.
   - **Multiplicación y diferenciación celular.** Los procesos de crecimiento, multiplicación y especialización de las células, tienen lugar en respuesta a determinados estímulos que intervienen en su regulación y control.

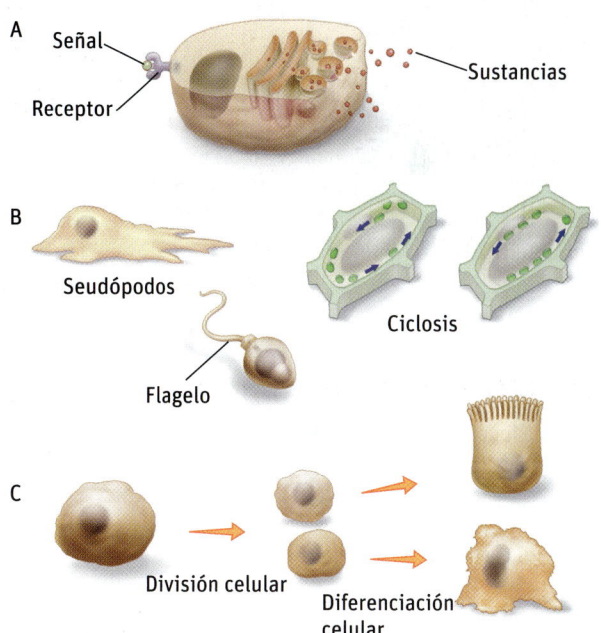

Figura 2.27. El estímulo y las respuestas: A, secreción de sustancias; B, movimiento; C, multiplicación y diferenciación celular.

7.2. La comunicación celular

La función de relación de la célula incluye, entre las señales captadas del medioambiente, aquellas que proceden de otras células y que permiten establecer la comunicación entre ellas. Esta comunicación existe en los organismos unicelulares, incluso entre los procariontes, pero es en los organismos pluricelulares donde se hace absolutamente indispensable.

Es probable que la dificultad para establecer esta comunicación celular fuera una de las causas por la que el paso de los seres unicelulares a pluricelulares se retardó en el transcurso de la evolución.

ACTIVIDADES

19. ¿Responden todas las células ante un determinado estímulo? ¿Por qué?

20. Explica cómo responden las levaduras cuando pasan de vivir en un medio con oxígeno a otro sin oxígeno. ¿Cuál es en este caso el estímulo? ¿Cuál es la respuesta?

8. El ciclo de vida de las células. La reproducción

Las células HeLa

Henrietta Lacks (1920-1951) fue una mujer afroamericana donadora, sin su conocimiento, de células de un tumor canceroso que le causó la muerte. Estas células fueron cultivadas en el laboratorio y sorprendieron a la comunidad científica por originar un cultivo celular inmortal (células HeLa). Tras más de 60 años, las HeLa siguen vivas en los laboratorios dividiéndose sin cesar cada 24 horas, y se han utilizado en muchos programas de investigación, desde la producción de la vacuna de la poliomielitis hasta estudios sobre el propio cáncer.

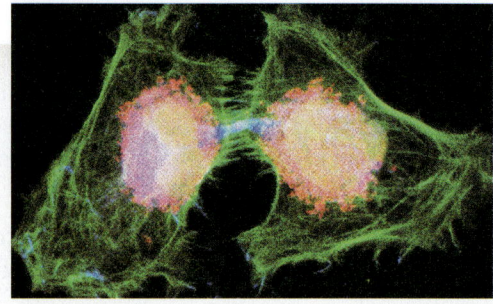

Células HeLa dividiéndose.

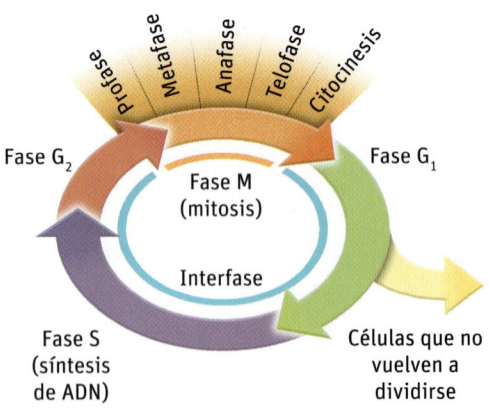

Figura 2.28. El ciclo celular.

A lo largo de su vida las células pasan por una fase de división llamada **fase mitótica** (o M) y una fase de no división llamada **interfase** ('entre fases'). Cada una de estas fases está minuciosamente controlada y tiene una duración muy variable. El conjunto de ambas constituye un **ciclo celular** (Fig. 2.28).

- La **interfase** es el período comprendido entre dos divisiones consecutivas. Durante este período tiene lugar una intensa actividad metabólica y suele dividirse en tres períodos: G_1 (de *gap*: 'hueco', en inglés), **S** y G_2. Durante la interfase, la célula crece y se prepara para dividirse; en el período S (síntesis) acontece la replicación del ADN. Las células que dejan de dividirse, como las células nerviosas, permanecen de manera indefinida en la fase G_1. En la fase G_2 la célula se prepara para la división.

- La **fase mitótica** incluye la **mitosis**, o división del núcleo, y la **citocinesis**, o división del citoplasma.

8.1. La mitosis o división del núcleo

Durante la mitosis, las dos copias del ADN, se separan y se originan dos núcleos con la misma información genética. La razón y significado de este proceso es garantizar que las dos células hija reciban una copia íntegra del ADN materno y, por tanto, posean el mismo número y los mismos cromosomas que poseía la célula materna. Aunque la mitosis es un proceso continuo, para su estudio se consideran cuatro etapas.

En la Web

El bello espectáculo de la mitosis.

www.e-sm.net/svbg1bach02_08

LAS ETAPAS DE LA MITOSIS

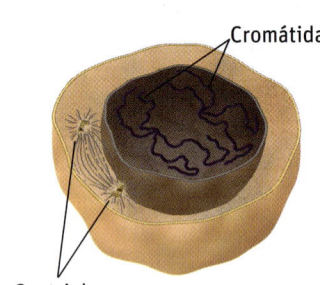
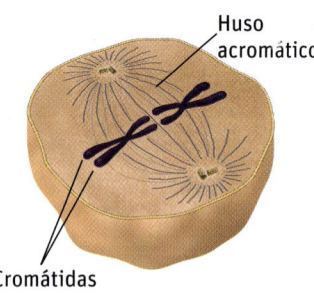
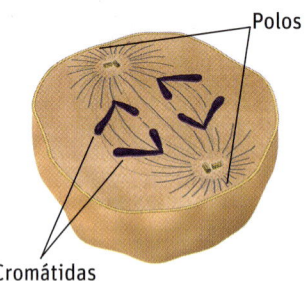
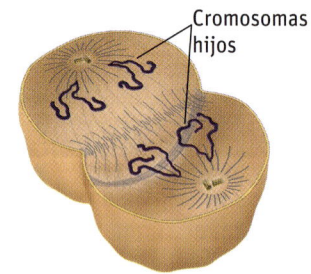

Profase. La **cromatina**, antes dispersa, se empieza a condensar. En las células animales, el centriolo, ya duplicado, se divide y cada centriolo hijo emigra a un polo celular. Entre ambos centriolos se organiza un sistema de microtúbulos que formará el **huso acromático.** Al final de la profase la envoltura nuclear y los nucleolos han desaparecido.

Metafase. La cromatina alcanza el máximo de condensación y se hacen claramente visibles los **cromosomas**, formados por dos **cromátidas**. Los cromosomas se unen a los microtúbulos del huso por un punto cercano al centrómero y quedan alineados en un plano imaginario situado en el ecuador de la célula, la denominada **placa metafásica**.

Anafase. Los microtúbulos del huso se acortan y tiran de las cromátidas que se separan. Cada cromátida es arrastrada a su respectivo polo celular. Al desplazarse cada cromátida, sus brazos se retrasan con respecto al centrómero y adoptan una característica forma de V con el vértice dirigido hacia los polos.

Telofase. Las cromátidas, convertidas en cromosomas hijos y situadas ya en las proximidades de los polos, se rodean de una nueva membrana nuclear y comienzan a descondensarse. Desaparecen los microtúbulos del huso y, finalmente, quedan constituidos los dos núcleos hijos, con idéntico número de cromosomas que la madre.

8.2. La citocinesis o división del citoplasma

Una vez concluida la división del núcleo, tiene lugar la división del citoplasma.

LA CITOCINESIS

En las **células animales**, a la altura del plano ecuatorial del huso acromático, bajo la membrana plasmática, se forma un anillo de filamentos contráctiles. El anillo se estrecha hasta formar un **surco de división** que separa a las dos células hija.

En las **células vegetales**, las vesículas del aparato de Golgi se acumulan en el plano ecuatorial y se fusionan originando una estructura denominada **placa celular**. La placa crece y la membrana de las antiguas vesículas pasa a formar la membrana de las células hija y su contenido sirve de base a la nueva pared celular que las separa.

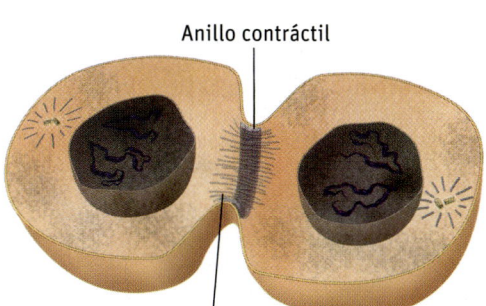

Anillo contráctil
Filamentos

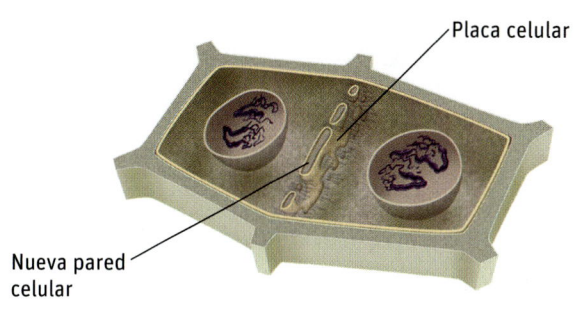

Placa celular
Nueva pared celular

LA CIENCIA Y SUS MÉTODOS

Cómo estimar la duración relativa de las fases del ciclo celular

Utilizaremos una preparación microscópica obtenida del extremo final de una raicilla de cebolla, un tejido cuyas células están en permanente división. Partimos del supuesto de que el número de células que se encuentran en una determinada fase del proceso está relacionado con la duración relativa de esa fase. El tiempo estimado para un ciclo celular completo en las células del extremo de la raíz de cebolla es de unas 16 horas.

1.º **Localizamos** las células en mitosis con un objetivo de bajo aumento.

2.º **Contamos** en cada una de las zonas elegidas, con un aumento mayor, el número de células que se encuentran en cada fase hasta un total de, al menos, 100 células. Tal como aparece en el ejemplo de la tabla.

	Número	%	Tiempo estimado
Interfase	75	•••	•••
Profase	27	•••	•••
Metafase	3	•••	•••
Anafase	6	•••	•••
Telofase	9	•••	•••
Total	120	100	16 h (960')

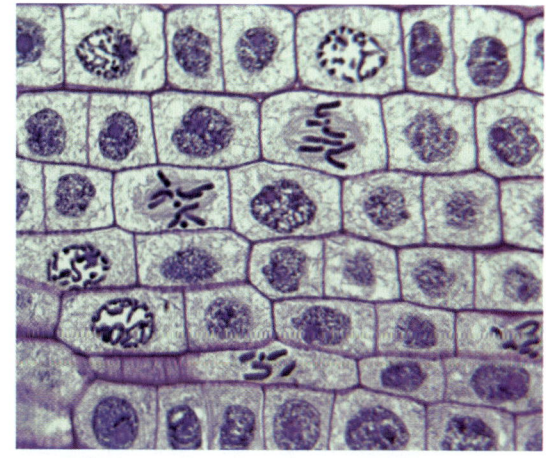

3.º **Calculamos** el índice mitótico, dividiendo el número de células en división por el total, para cuantificar la mitosis en cada zona.

ACTIVIDADES

21. Identifica las fases de la mitosis que puedes observar en la microfotografía. Cuenta el número de células en división y calcula el índice mitótico. Copia la tabla y complétala.

22. Utiliza los datos de la tabla para construir usando un programa de ordenador, un diagrama de sectores que represente la duración relativa de cada una de las fases.

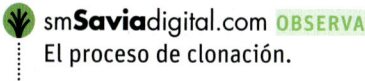

smSaviadigital.com **OBSERVA**
El proceso de clonación.

ACTIVIDADES

Síntesis

23. Completa en este mapa conceptual los términos que faltan (•••) y los fragmentos que debes desarrollar ⊕. Puedes realizar la actividad en tu cuaderno.

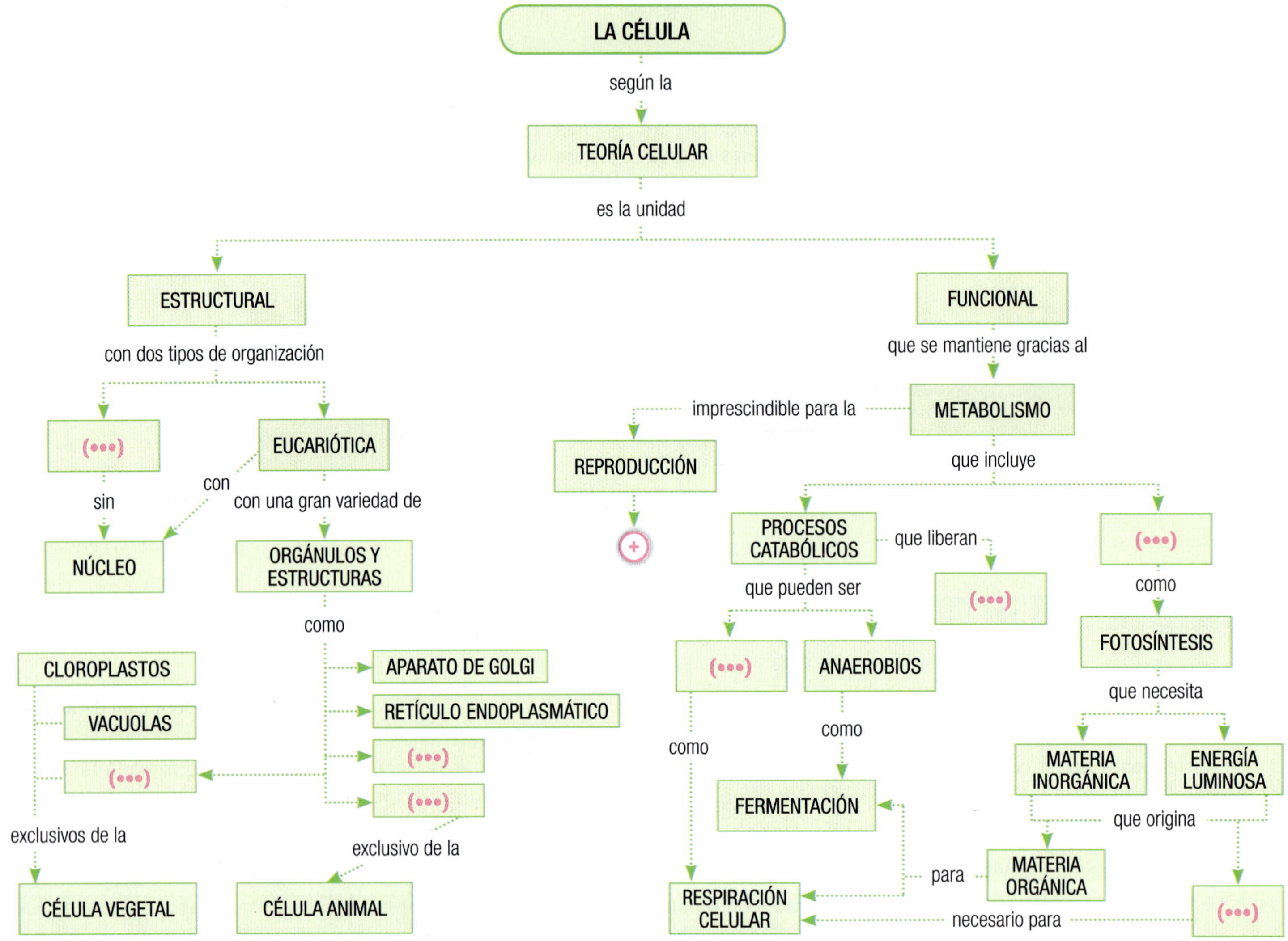

```
                            LA CÉLULA
                              según la
                          TEORÍA CELULAR
                            es la unidad
           ┌─────────────────────┴─────────────────────┐
       ESTRUCTURAL                                  FUNCIONAL
  con dos tipos de organización              que se mantiene gracias al
                                    imprescindible para la    METABOLISMO
       ┌──────┴──────┐              REPRODUCCIÓN                 que incluye
     (•••)      EUCARIÓTICA              ⊕             ┌────────┴────────┐
      sin  con                                     PROCESOS            (•••)
           con una gran variedad de              CATABÓLICOS   que liberan   como
    NÚCLEO    ÓRGANULOS Y                      que pueden ser    (•••)
              ESTRUCTURAS                                               FOTOSÍNTESIS
                 como                                                  que necesita
  CLOROPLASTOS   APARATO DE GOLGI      (•••)    ANAEROBIOS          ┌────┴────┐
  VACUOLAS    RETÍCULO ENDOPLASMÁTICO    como       como         MATERIA    ENERGÍA
    (•••)          (•••)                                       INORGÁNICA  LUMINOSA
                   (•••)                         FERMENTACIÓN       que origina
  exclusivos de la                                              MATERIA
              exclusivo de la                                  ORGÁNICA
                                       RESPIRACIÓN     para              (•••)
  CÉLULA VEGETAL  CÉLULA ANIMAL          CELULAR   necesario para
```

Aplicación y relación

24. Esta es la fotografía de una célula obtenida con un microscopio óptico sin utilizar ninguna técnica de tinción.

a) ¿Qué nos permite afirmar que aparecen células vegetales?

b) En estas células no se observan los cloroplastos, ¿por qué?

c) Elige una célula que esté completa. ¿Qué dimensiones reales tiene la célula? Exprésalas en micrómetros (μm).

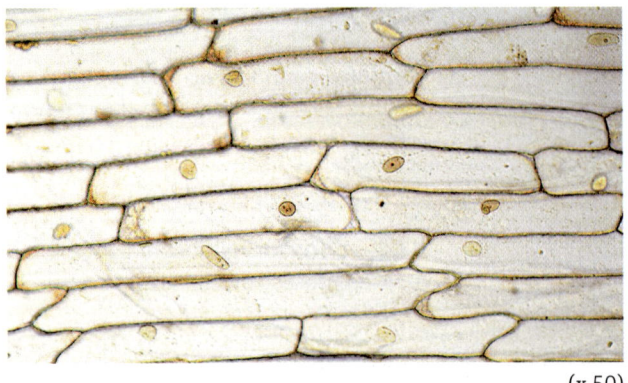

(x 50)

25. Observa las estructuras implicadas en la producción y expulsión fuera de la célula (exocitosis) de una proteína.

a) Pon nombre a las estructuras numeradas del 1 al 5.

b) Explica la función que desempeñan en el proceso cada una de las estructuras numeradas.

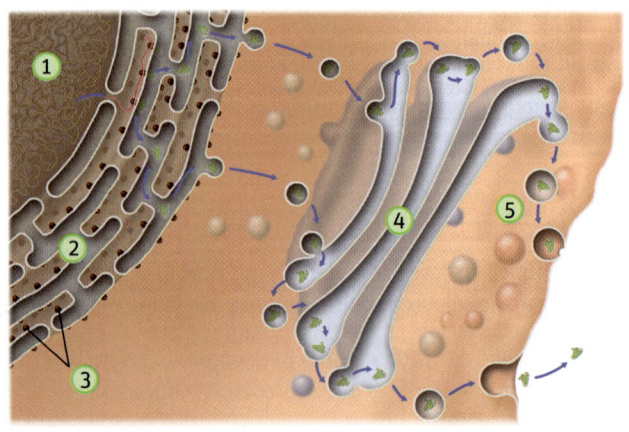

26. Razona si estas afirmaciones sobre células son o no correctas:
   a) Eucariótica heterótrofa con mitocondrias pero no cloroplastos.
   b) Eucariótica fotosintética tiene cloroplastos pero no mitocondrias.
   c) Procariótica fotosintética posee cloroplastos y mitocondrias.

27. Copia y competa la siguiente tabla.

Estructuras celulares		Descripción	Función
Exclusivas de la célula animal	Centriolos...	...	...
Exclusivas de la célula vegetal	Cloroplastos...	...	...
Comunes a ambas células	Mitocondria...	...	...

28. La leche contiene bacterias de forma natural. Se realizaron dos experiencias, una con leche no esterilizada (1) y otra con leche esterilizada (2). Los datos de la experiencia 1 están en la tabla (el número de signos + hace referencia a cantidad relativa).

EXPERIENCIA 1	Glúcidos	Ácido láctico	Cantidad de bacterias
Inicio de la experiencia	++++	−	+
A las 24 horas	+++	+	++
A las 48 horas	++	++	+++
A las 72 horas	+	+++	++++

   a) ¿Por qué los glúcidos van desapareciendo a lo largo de la experiencia? ¿De dónde surge el ácido láctico?
   b) Construye una tabla con los datos que esperas obtener de la experiencia 2. Explica por qué.
   c) Escribe un texto explicando cómo la experiencia nos muestra que el metabolismo de las bacterias de la leche lleva asociado intercambios con el medio.

29. Estas imágenes representan de forma esquemática tres tipos diferentes de metabolismo celular. Cópialos y complétalos colocando en los lugares señalados el compuesto correspondiente: ATP, MO (materia orgánica), CO_2, O_2 y H_2O.

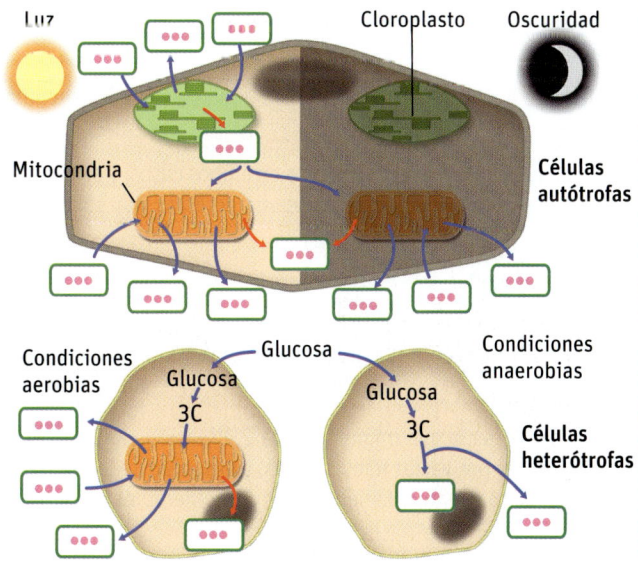

30. En las gráficas se muestran los cambios en la concentración de O_2 y de CO_2 obtenidos de tres cultivos de algas unicelulares mantenidos en medios diferentes. En todos los casos los cultivos se mantuvieron iluminados y a la misma temperatura.
   I. Agua destilada, materia orgánica y algas
   II. Agua destilada, sales minerales y algas
   III. Agua destilada y algas

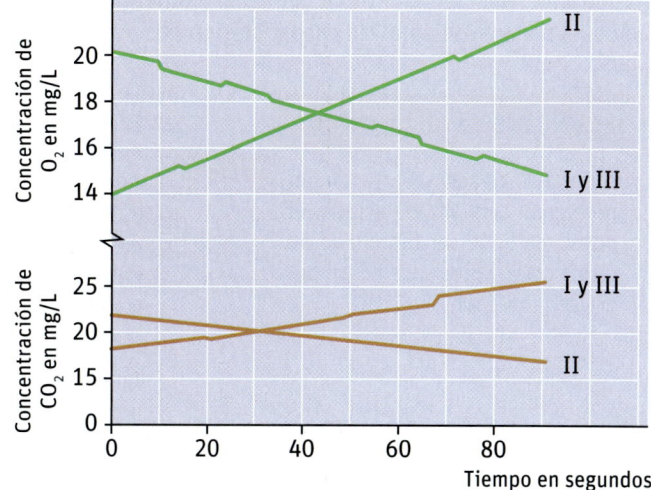

   a) Describe las gráficas.
   b) ¿Qué prueban los resultados de la experiencia?

31. Relaciona las fases, según se suceden en el ciclo celular, con los esquemas de la derecha y haz una breve descripción de lo que se representa en cada uno de ellos.

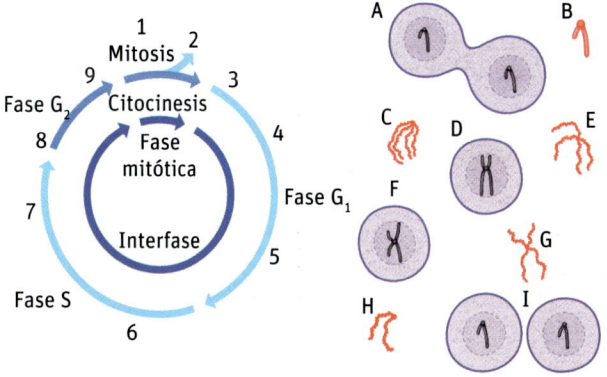

Biblioteca global

32. Un suicidio que nos da la vida

En torno a 3 000 000 de células mueren cada segundo en el organismo humano de manera natural. En su mayoría lo hacen por apoptosis, una muerte controlada que se conoce como "suicidio celular".

Por el contrario, ante una herida o una quemadura se produce una muerte totalmente diferente que se llama necrosis.

Busca información sobre la apoptosis para encontrar la respuesta a:
   a) ¿En qué se diferencia de la necrosis?
   b) ¿Qué relación tiene con el cáncer?

No olvides comprobar que las páginas web que consultas son fiables.

LA CIENCIA Y SUS MÉTODOS
El trabajo de los científicos

¿Qué es una investigación científica? ¿Cómo se construye una teoría? ¿Cómo trabajan los científicos?

Las respuestas a preguntas de este tipo no son simples. Los científicos no siempre trabajan igual ni siguen un único procedimiento porque no todos los problemas pueden abordarse de la misma forma. Por ejemplo, en una investigación sobre la nutrición de las plantas no pueden utilizarse los mismos procedimientos que en otra sobre el origen de los terremotos. Sin embargo, existen algunos elementos comunes entre las diversas formas de investigar científicamente.

El caso de las muertes posparto

Toda investigación científica comienza con el planteamiento de un problema y el trabajo de los científicos consiste en dar respuesta a ese problema. Un caso histórico nos ayudará a comprender cómo trabajan los científicos.

EL PROBLEMA

Toda investigación parte de un problema. Una vez detectado, el problema debe ser formulado de forma clara y precisa; solo así podrá ser abordado.

En 1844, en la sección 1.ª de maternidad de un hospital de Viena, murieron tras el parto 260 mujeres (el 8,2 % del total) como consecuencia de una enfermedad conocida como fiebre puerperal o fiebre posparto. En los dos años siguientes las muertes representaron el 6,8 % y el 11,4 %.

Ignaz Semmelweis, médico de ese hospital, estaba muy preocupado por la frecuencia de estos fallecimientos e intrigado por el hecho de que en otra sección de maternidad de ese mismo hospital (la sección 2.ª) el porcentaje de muertes por la fiebre posparto fuera mucho más bajo: 2,3 %, 2,0 % y 2,7 % en los mismos años.

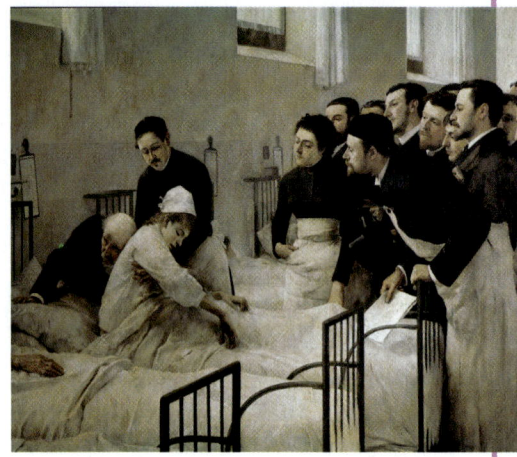

Personal sanitario atendiendo a un enfermo en el pasado.

Semmelweis se planteó el problema: ¿por qué eran más frecuentes las muertes en la 1.ª sección que en la 2.ª?

LA BÚSQUEDA DE INFORMACIÓN

Un paso necesario antes de iniciar la investigación, y a lo largo de todo el proceso.

Semmelweis indagó todo lo que se conocía sobre esta enfermedad, y buscó en libros y revistas científicas las informaciones publicadas. La opinión más generalizada era que se trataba de epidemias de origen desconocido que, en ocasiones, se extendían por algunas localidades. Si fuese así, pensó el científico, ¿cómo explicar que durante años la epidemia afectase más a la sección 1.ª que a la 2.ª? La explicación debía ser necesariamente otra.

LA FORMULACIÓN DE HIPÓTESIS

Una hipótesis es una **respuesta anticipada** al problema investigado; una respuesta que pudiera explicar los hechos.

Semmelweis **supuso** inicialmente que...

– Las diferencias podían deberse a la alimentación ofrecida a las pacientes o al cuidado con el que eran atendidas.

Comprobó que la alimentación que se les daba era idéntica en ambos casos, y el tratamiento recibido por las pacientes, muy similar. Así pues, ninguna de estas dos suposiciones iniciales resultaban válidas.

Otro médico de ese hospital **pensó** que...

– Las muertes podían estar influidas por razones psicológicas, ya que, para ofrecer los últimos auxilios a las moribundas, el sacerdote iba precedido de un acólito que hacía sonar una campanilla.

La distribución de las habitaciones hacía que mientras en la 2.ª sección el acceso era directo, en la 1.ª tenía que pasar antes por varias habitaciones, y el sonido de la campanilla, supuestamente, aterrorizaría a las pacientes haciéndolas más vulnerables a contraer la enfermedad.

LA CONSTATACIÓN DE LA HIPÓTESIS

La contrastación permite rechazar, refutar la hipótesis, o bien validarla.

Semmelweis decidió someter a prueba la hipótesis del miedo sugerida por su compañero.

Convenció al sacerdote para que no se tocase la campanilla y diera un rodeo para llegar hasta la enferma sin ser observado. Así se hizo, pero la mortalidad no decreció.

NUEVAS HIPÓTESIS Y NUEVAS CONSTATACIONES

Si una hipótesis es refutada deberá formularse otra, que tendrá que ser contrastada… Y así sucesivamente.

En 1847, un colega de Semmelweis se hirió en un dedo con un escalpelo que estaba siendo utilizado en una autopsia y murió tras una agonía en la que mostró los síntomas de la fiebre posparto. Aunque aún se desconocía el papel de los microorganismos en este tipo de infecciones, Semmelweis supuso que…

– El escalpelo había introducido en la sangre de su colega "algo" que procedía del cadáver y que denominó "materia cadavérica".

Como él y su equipo solían atender a las parturientas después de hacer autopsias, pensó que quizá también estas murieran como consecuencia de un "envenenamiento" similar de la sangre. Esta nueva hipótesis permitía explicar las diferencias de mortalidad entre las dos secciones, ya que en la 2.ª ni los médicos ni las demás personas que atendían a las parturientas realizaban autopsias. Si estaba en lo cierto, pensó que…

– "Bastaría con utilizar un procedimiento que permita eliminar cualquier resto de «materia cadavérica» para que no se produzca la infección".

Una vez más, decidió someter a prueba su hipótesis.

Ordenó que todas las personas que atendieran a las enfermas debían lavarse las manos con una solución de cal clorurada. El instrumental utilizado recibiría también el tratamiento químico adecuado.

CONCLUSIONES

Una investigación debe permitir alcanzar algunas conclusiones. Generalmente, estas conclusiones son provisionales.

La mortalidad por fiebre posparto en la sección 1.ª quedó reducida al 1,2 %, porcentaje inferior a la de la sección 2.ª. De esta manera Semmelweis validó su hipótesis y concluyó que…

– La fiebre posparto era producida por la contaminación con "materia cadavérica".

ACTIVIDADES

33. Del análisis de la investigación realizada por Semmelweis, y de otras muchas, pueden extraerse unas conclusiones generales sobre cómo trabajan los científicos que aparecen reflejadas en el mapa conceptual adjunto.

a) ¿Qué papel desempeña la búsqueda de información en una investigación?

b) ¿De qué formas diferentes se puede afrontar la contrastación de una hipótesis? ¿Utilizó Semmelweis alguna de ellas? ¿En qué caso? Justifica tu respuesta.

34. smSaviadigital.com INVESTIGA Las investigaciones de Semmelweis no fueron entendidas ni bien recibidas por la mayor parte de sus colegas y su vida tuvo un final trágico como cuenta este vídeo. ¿A qué pudo deberse?
Conocer algo más sobre la vida de Semmelweis y la época en la que vivió te ayudará a comprenderlo.

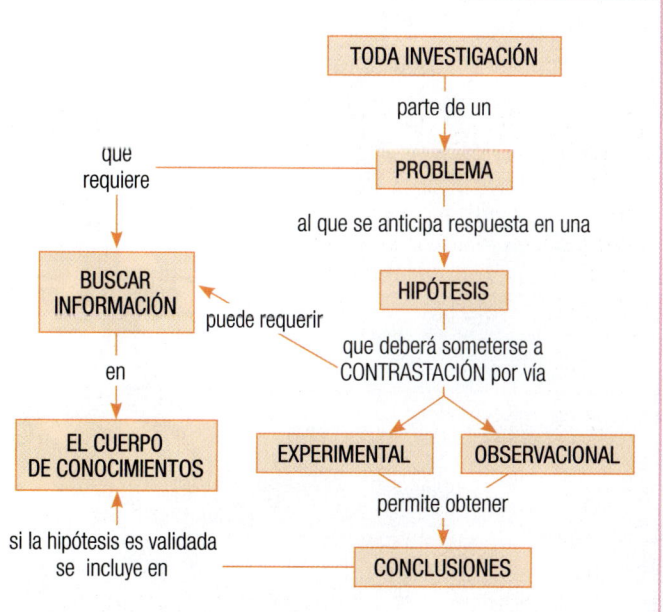

La organización celular de los seres vivos

3

1 De los organismos unicelulares a los pluricelulares

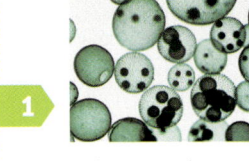
2 Los tejidos vegetales

3 Los tejidos animales

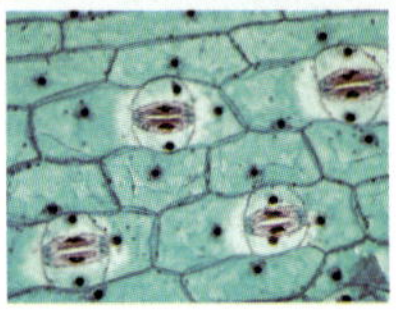

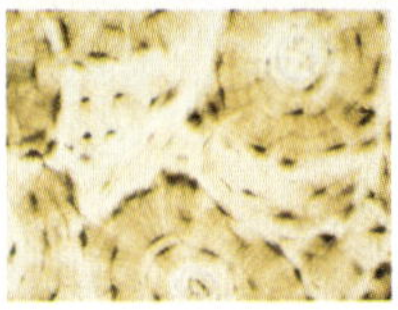

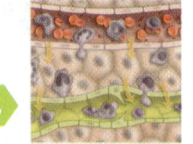
4 La sangre y la linfa. Unos tejidos especiales

La organización pluricelular de los seres vivos

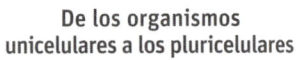

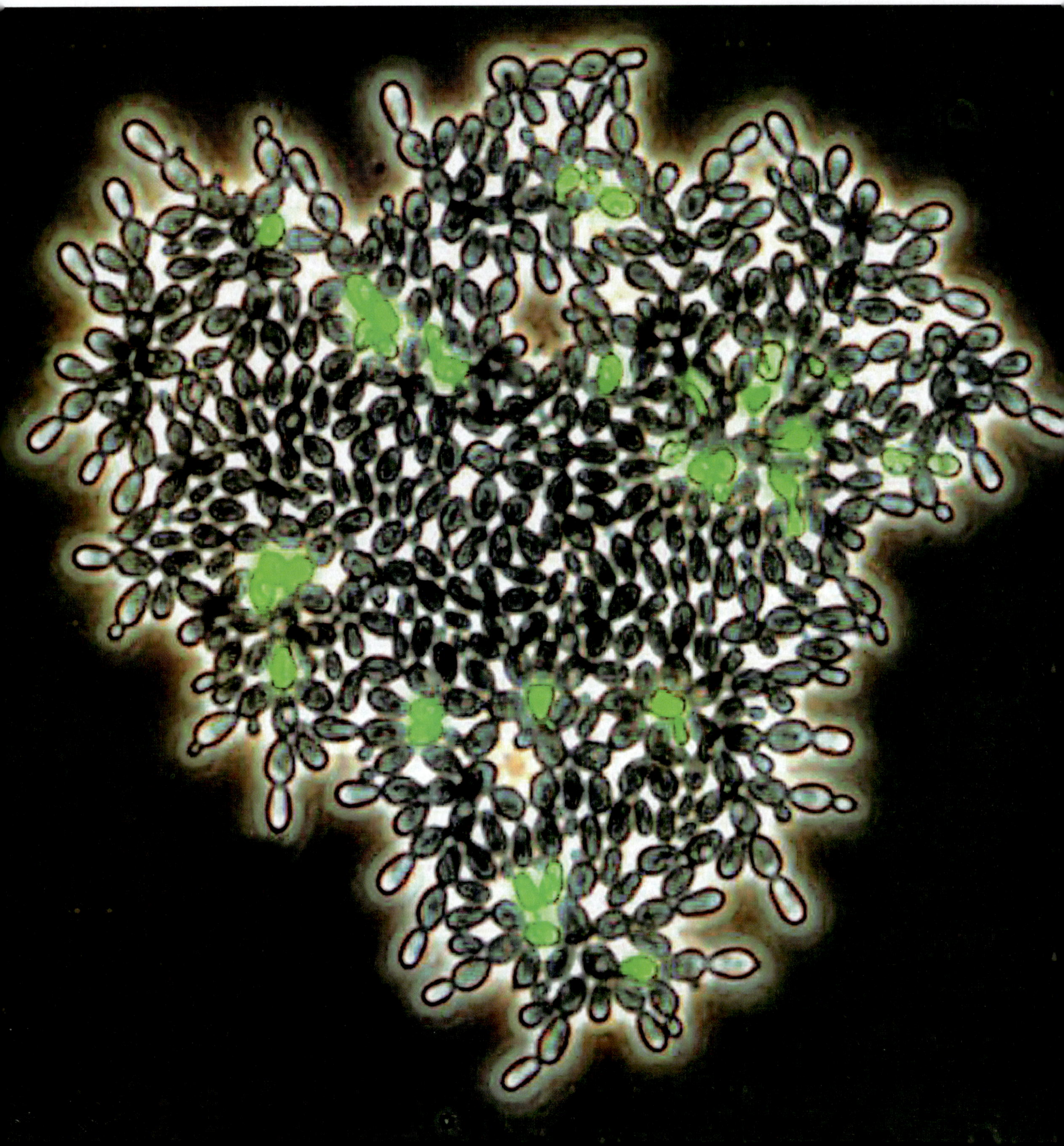

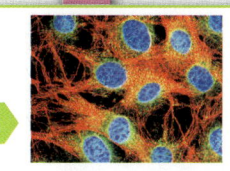   

5 Identificación de tejidos

6 El medio interno

7 Los niveles de organización

LA CIENCIA Y SUS MÉTODOS
Los límites de la ciencia

EN PORTADA

De unicelular a pluricelular en 60 días

¿Cómo se pasó de los organismos formados por una única célula a otros formados por billones de ellas, y bien avenidas? Este es un misterio que aún está por resolver. Lo que sí sabemos es que a la naturaleza le costó dar este paso unos 1000 Ma, algo que en el año 2012 un grupo de científicos de la Universidad de Minnesota (EE. UU.) parece haber conseguido en tan solo 60 días.

Las "cobayas" utilizadas fueron *Saccharomyces cerevisiae* (las levaduras que se usan en la fabricación de la cerveza y del pan), que fueron sometidas a la fuerza de la gravedad como presión evolutiva.

Los investigadores dejaron crecer las levaduras en un frasco con nutrientes y en agitación. A las 24 horas observaron que algunas células se habían organizado en grupos que, al pesar más, se hundían más rápidamente que el resto. Traspasaron las células del fondo a un frasco nuevo y las dejaron crecer 24 horas más. Este proceso lo repitieron 60 veces en 10 frascos distintos. A las pocas semanas se dieron cuenta de que la mayoría de las levaduras ya no crecía individualmente sino formando grupos que se comportaban como individuos.

Los grupos formados desarrollaban una cierta división del trabajo. Por ejemplo, para reproducirse, una o varias células se desgajaban del grupo parental y formaban otro individuo distinto. La rotura que permitió liberarse a algunas células se originó porque otras células morían, es decir, sufrían **apoptosis** (suicidio celular). ¡Unas células mueren para que otras puedan vivir!

La existencia de la vida multicelular se rige por las leyes de un "comunismo" biológico donde el interés del "pueblo" está claramente por encima de las necesidades individuales. Si no es así, el invento no funciona.

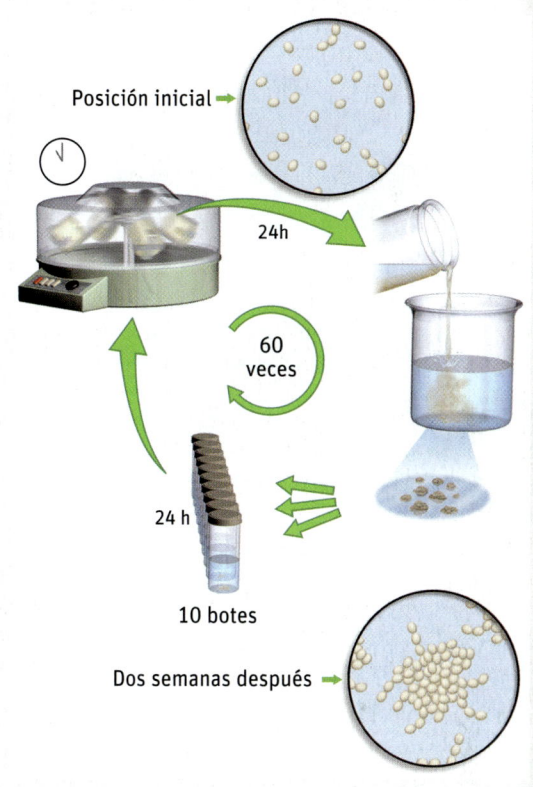

Figura 3.1. Experimento con levaduras de *Saccharomyces cerevisiae* sometidas a la acción de la gravedad.

• En la Web
Observa cómo la formación de cúmulos de levaduras puede suceder a gran velocidad.
• www.e-sm.net/svbg1bach03_01

1. Un grupo de células unidas no tiene por qué ser un organismo pluricelular. ¿Qué característica marca la transición hacia la pluricelularidad?

2. Utiliza los datos de la experiencia para justificar esta afirmación: "La existencia de la vida multicelular se rige por las leyes de un «comunismo» biológico".

3. ¿Qué ventajas y qué inconvenientes debió suponer el salto a la pluricelularidad en los seres vivos?

4. ¿Qué papel desempeña la apoptosis en la evolución del cúmulo de levaduras?

Cúmulo de levaduras *Saccharomyces cerevisiae* con células sufriendo apoptosis (color verde claro).

1. De los organismos unicelulares a los pluricelulares

Varias cosas a la vez...

Quizá te parezca de lo más normal, pero poder estar leyendo esta página al mismo tiempo que respiras, digieres la comida y se cicatriza esa pequeña herida que te hiciste no es nada sencillo.

De hecho, es el resultado de uno de los cambios más revolucionarios de la historia de la vida: la aparición de la pluricelularidad. ¿Cómo surgió? ¿Qué ventajas aportó este cambio?

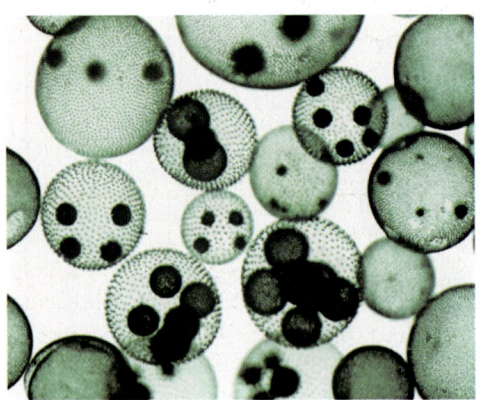

Figura 3.2. *Volvox* es un alga, con organización colonial compuesta de miles de células en las que solo unas pocas se reproducen.

En un **organismo unicelular**, todas las actividades vitales corren a cargo de una única célula; tras su división, las dos células resultantes inician una vida independiente.

Por el contrario, un **organismo pluricelular** o **multicelular** está constituido por varias células originadas por proliferación de una primera célula, el **cigoto**. Tras su división, las células se mantienen juntas, se reparten las actividades vitales y trabajan de forma coordinada para el mantenimiento de un único organismo.

Es probable que los primeros pluricelulares surgieran bien a consecuencia de una división celular incompleta, en la que las células hija no se separaron una vez formadas, o bien por la unión de diferentes organismos unicelulares. Estos organismos podrían ser de la misma especie, lo que formaría una colonia, o de especies diferentes.

1.1. Ventajas e inconvenientes de ser pluricelulares

El origen de la pluricelularidad aportó a los organismos beneficios como:

- **La división del trabajo.** Abrió la posibilidad de llevar a cabo simultáneamente varios procesos que en una sola célula resultan incompatibles. Así, un unicelular debe "escoger" entre moverse y dividirse, porque utilizan los mismos componentes del citoesqueleto. En cambio, un pluricelular puede tener unas células especializadas en el movimiento y otras en la división, y realizar a la vez ambas funciones.

- **El aumento del tamaño corporal.** Permitió colonizar un nicho ecológico hasta entonces no explotado, que es el de las formas de vida de mayor tamaño, y así resultar demasiado grande para ser comido por los unicelulares.

La pluricelularidad también acarreó inconvenientes derivados, fundamentalmente, del "conflicto de intereses" que surge entre células que trabajan para un único organismo. El principal reto que se planteó fue desarrollar **mecanismos de control** que asegurasen la comunicación y cooperación, y el buen funcionamiento del conjunto.

> **COMPARAR**
>
> **5. El tamaño sí importa**
>
> El ritmo al que los nutrientes necesarios entran en la célula y se expulsan los desechos depende, en gran medida, de su superficie.
>
> Sin embargo, el ritmo al que se usan los nutrientes y se producen desechos depende del volumen de la célula.
>
> a) Cuando se duplica el lado de un cubo, ¿cuánto aumenta su superficie? ¿Y su volumen?
>
> b) Redacta un texto para justificar la limitación del tamaño corporal en los organismos unicelulares.
>
>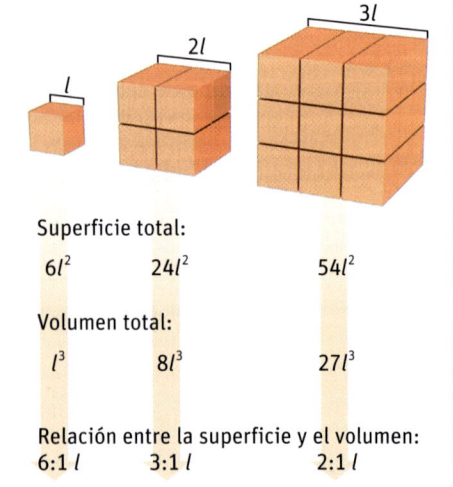
>
> Superficie total:
> $6l^2$ $24l^2$ $54l^2$
>
> Volumen total:
> l^3 $8l^3$ $27l^3$
>
> Relación entre la superficie y el volumen:
> $6:1\ l$ $3:1\ l$ $2:1\ l$

1.2. La diferenciación conduce a la especialización

Las células que forman un organismo proceden por división mitótica del cigoto y, por tanto, reciben copias idénticas de su ADN. ¿Cómo pueden llegar a ser tan diferentes?

El ADN de las células es comparable a un libro con instrucciones. En un pluricelular unas células "leen" y "ponen en marcha" las instrucciones contenidas en unos "capítulos" y, otras células, "leen" las contenidas en otros "capítulos". Así, cada célula expresa solo una parte de la información, mientras otra parte permanece inactiva. Esta es la base del proceso llamado **diferenciación** que conduce a la **especialización** celular.

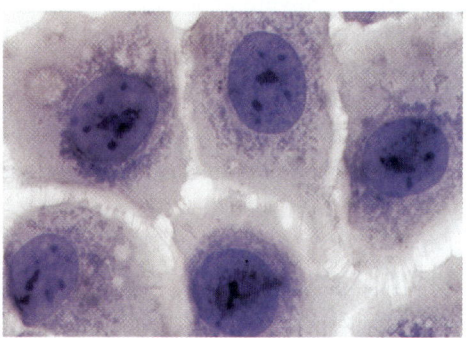

Figura 3.3. Microfotografía óptica de células epidérmicas (x 1000).

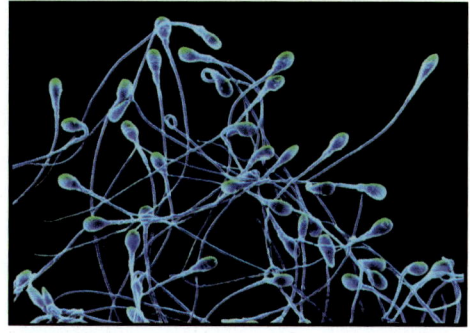

Figura 3.4. Microfotografía de espermatozoides humanos al MEB (x 800).

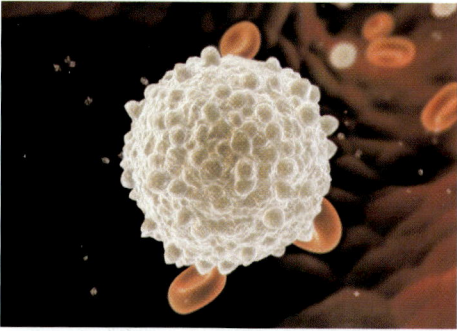

Figura 3.5. Microfotografía de glóbulo blanco al MEB (x 1000).

Una célula especializada, como por ejemplo una célula de la piel, se caracteriza por:

- **Hacer un trabajo determinado**. Recubren y protegen la superficie del cuerpo.
- **Desarrollar una forma característica**. Las células de la piel tienen forma poliédrica y se disponen como las losas de un pavimento.
- **Producir cambios en su citoplasma**. Estos cambios se relacionan con la diferente actividad de los distintos orgánulos. En las células de la piel se fabrica queratina, una proteína que da resistencia a las células y determina su función protectora.

A la vez que se especializan, las células **pierden la capacidad de realizar otras funciones** y, en último término, la capacidad de dividirse.

Reciben el nombre de **tejidos** los conjuntos de células especializadas, generalmente de un solo tipo, que se organizan para realizar una función común.

1.3. Células madre y meristemas

No todas las células de un organismo se especializan. Existen células no diferenciadas que mantienen la capacidad de dividirse y de originar células especializadas.

Las células animales indiferenciadas se conocen como **células madre** o **troncales**. Son células comunes en los embriones que también existen en los adultos, a pesar de que su capacidad de especializarse disminuye progresivamente durante el desarrollo.

En las plantas, las poblaciones de células no diferenciadas se llaman **meristemas** y dan lugar a las diversas estructuras formadas por células especializadas que se desarrollan a lo largo de la vida. A diferencia de lo que ocurre en los animales, la mayoría de las células vegetales especializadas son capaces de "desdiferenciarse".

ACTIVIDADES

6. ¿Qué puede llevar a vivir juntos a dos organismos unicelulares de diferentes especies?

7. ¿Por qué a pesar de que todas las células de tu cuerpo tienen la misma información genética pueden ser tan diferentes unas de otras?

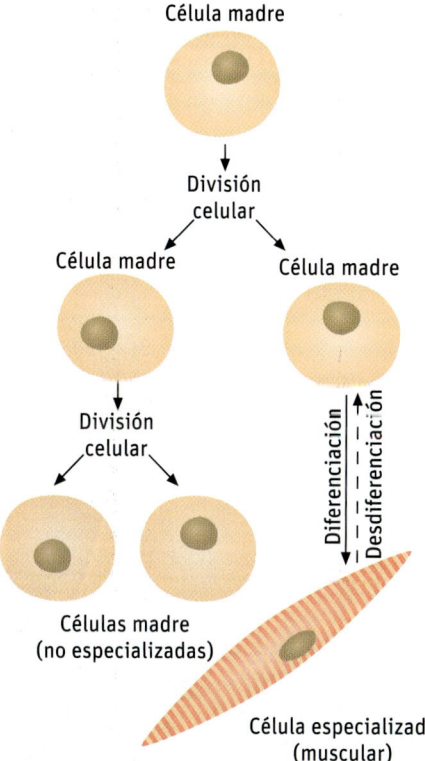

Figura 3.6. Las células madre pueden originar células que se mantengan indiferenciadas o que se diferencien y den lugar a células especializadas.

2 Los tejidos vegetales

En la Web
Esta dirección permite observar, ampliar y comparar tejidos vegetales.
www.e-sm.net/svbg1bach03_02

Inicialmente, un vegetal está formado únicamente por **células meristemáticas** o embrionarias. Cada vez que una de estas células indiferenciadas se divide, una de las hijas permanece en el meristema y la otra se diferencia. Las plantas crecen continuamente porque mantienen los **meristemas** durante toda su vida.

Las células de los meristemas son pequeñas, tienen forma poliédrica y poseen paredes finas y numerosas vacuolas. Existen dos tipos de meristemas:

- **Meristemas apicales**. Son responsables del crecimiento en longitud, o primario, de la planta. Se localizan en los extremos de la raíz y del tallo.
- **Meristemas laterales**. Son los responsables del crecimiento en grosor, o secundario. Están distribuidos por toda la planta. Hay dos tipos:
    - El **cámbium vascular** que produce tejido conductor.
    - El **cámbium suberoso** que da origen al súber o corcho.

Los meristemas dan lugar a tres grandes **grupos** o **sistemas de tejidos** que se extienden por todo el cuerpo de la planta: fundamental, vascular y dérmico.

2.1. El sistema de tejidos fundamentales

En los **tejidos fundamentales** sucede la mayor parte de la **fotosíntesis**, así como el almacenamiento de reservas. Este sistema lo componen tres tipos de tejidos:

- El **parénquima**. Las células parenquimáticas (Fig. 3.8) tienen una pared bastante delgada y son las más abundantes y versátiles en las plantas. Son **totipotentes**, lo que significa que pueden desdiferenciarse y recuperar la capacidad de dividirse y diferenciarse en todos los tipos celulares que forman un organismo completo (Fig. 3.7). Según el contenido de su citoplasma, desempeñan funciones diferentes, como la fotosíntesis, el almacenamiento de reservas o la secreción.
- El **colénquima**. Las células colenquimáticas (Fig. 3.9) están vivas, tienen forma alargada y paredes desigualmente engrosadas. Actúan como soporte de los órganos jóvenes en crecimiento.
- El **esclerénquima**. Las células esclerenquimáticas (Fig. 3.10) tienen una pared gruesa y dura. Suelen estar muertas y actúan como refuerzo y soporte de las partes del vegetal que han dejado de crecer. El esclerénquima incluye dos tipos celulares:
    - Las **fibras**, de forma alargada y dispuestas en cordones, son la materia prima para muchas fibras textiles, como el cáñamo o el lino.
    - Las **esclereidas**, de forma variable, se encuentran dispersas por el tejido fundamental. Abundan en las cubiertas de las semillas, como la cáscara de nuez, y dan su textura arenosa a algunas frutas, como la pera.

Figura 3.7. Las células de parénquima de una sección de tallo se dividen para dar una masa de células indiferenciadas de donde brotarán las raíces.

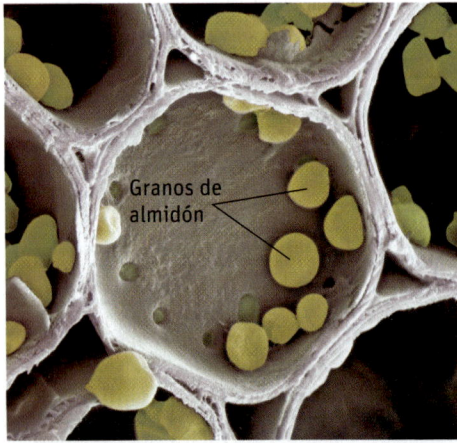

Figura 3.8. Microfotografía al MEB de parénquima (falso color) (x 300).

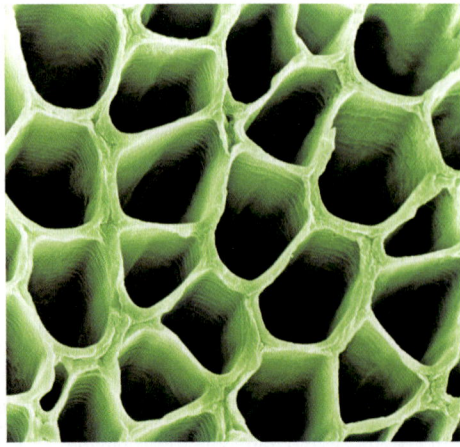

Figura 3.9. Microfotografía al MEB de colénquima, corte transversal (falso color) (x 225).

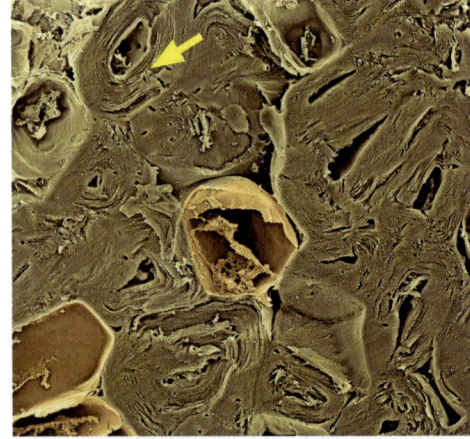

Figura 3.10. Microfotografía al MEB de esclerénquima (falso color) (x 320).

2.2. El sistema de tejido vascular

El tejido vascular desempeña funciones relacionadas con el transporte de larga distancia dentro de la planta. Lo forman dos tejidos conductores:

- El **xilema** conduce el agua y las sales minerales desde las raíces hasta el tallo y las hojas. La célula más característica del xilema es la **tráquea** o **elemento del vaso**.

  Las tráqueas son células alargadas, que se disponen una a continuación de la otra, cuyas paredes poseen engrosamientos discontinuos en forma de anillos o en espiral. En la madurez, pierden su citoplasma y disuelven sus paredes terminales formando tubos continuos llamados **vasos**.

- El **floema** transporta los productos de la fotosíntesis, las señales químicas y otras sustancias a todas las partes de la planta. La célula característica del floema es la **célula cribosa**.

  Al igual que los elementos del vaso, estas células son largas y delgadas y se encuentran, extremo con extremo, formando tubos. Los citoplasmas de las células vecinas se comunican a través de sus extremos perforados, las llamadas **áreas cribosas**.

  A pesar de carecer de la mayoría de los orgánulos propios de las células, las células cribosas se mantienen vivas. Su conexión a células parenquimáticas vecinas les aporta todo lo necesario.

2.3. El sistema de tejido dérmico

La función principal del tejido dérmico es proteger a la planta de la pérdida de agua, de agentes patógenos y de los herbívoros. Lo forman dos tipos de tejidos:

- La **epidermis**. Es la cubierta más externa del vegetal joven. Está formada por una sola capa de células, aplanadas y fuertemente unidas, cuyas paredes externas están recubiertas por una **cutícula**. La cutícula está formada por lípidos, similares a las ceras, que protegen de la pérdida de agua. Intercaladas entre las células epidérmicas aparecen otros tipos celulares que forman:

  – Los **estomas** o poros (Fig. 3.12). Están formados por una pareja de células clorofílicas con forma arriñonada, denominadas **células oclusivas** o **de guarda**. Los cambios de turgencia de estas células modifica el espacio que dejan entre ellas, el **ostiolo**. Así se regula el intercambio de gases entre el interior y el exterior de la planta.

  – Los **tricomas** o pelos poseen funciones muy diversas. Los pelos radicales facilitan la absorción de agua y sales del suelo; otros pelos tienen función secretora, protegen contra la pérdida de humedad o defienden a la planta del ataque de insectos.

- La **peridermis**. Reemplaza a la epidermis en los tallos y raíces con crecimiento secundario. Está formada fundamentalmente por **súber**, o corcho protector. Sus células, que están muertas, poseen paredes muy gruesas e impregnadas de lípidos similares a las ceras.

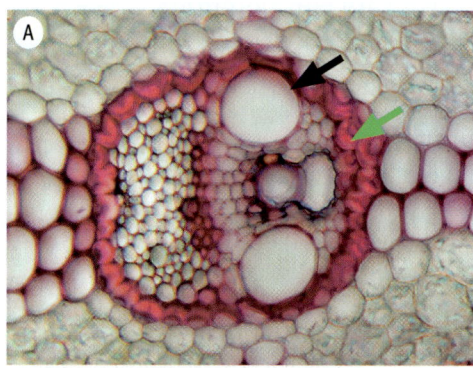
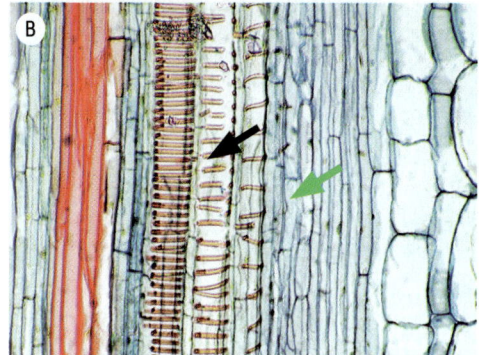

Figura 3.11. Microfotografías ópticas de un corte transversal (A) y un corte longitudinal (B) de un tallo en la que se observa el xilema (flecha negra) y el floema (flecha verde). (A, x 75; B, x 75).

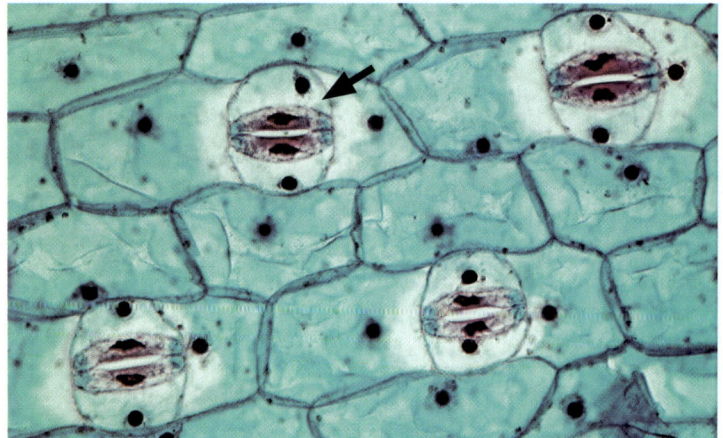

Figura 3.12. Microfotografía óptica de la dermis de una hoja, en la que se observan abundantes estomas (x 60).

ACTIVIDADES

8. Indica en qué lugares de una planta joven se localizan los meristemas.

9. Señala alguna de las características que permiten distinguir un vaso conductor de savia bruta de otro por el que circula savia elaborada.

10. ¿Qué es un estoma? ¿Cómo es su estructura? ¿Cuál es su función principal?

3. Los tejidos animales

Un reto con polémica

En 1998 James Thomson y su equipo de la Universidad de Wisconsin lograron por primera vez obtener células madre a partir de embriones de pocos días; cultivadas en condiciones adecuadas esas células mantienen *in vitro* su ilimitada capacidad de multiplicarse a la vez que su capacidad para diferenciarse en cualquier tipo de células del organismo humano.

Pronto los investigadores comprendieron la enorme utilidad potencial que tendría la combinación de esa técnica con la clonación. Si un paciente necesita un trasplante y el blastocito del que se obtienen las células madre fuera un clon del paciente, esos tejidos se le podrían trasplantar sin ningún riesgo de rechazo. Desde entonces los científicos trabajan por conseguirlo, no sin polémica.

En la sección final de "La ciencia y sus métodos" se profundiza en la postura de la ciencia frente a temas como este.

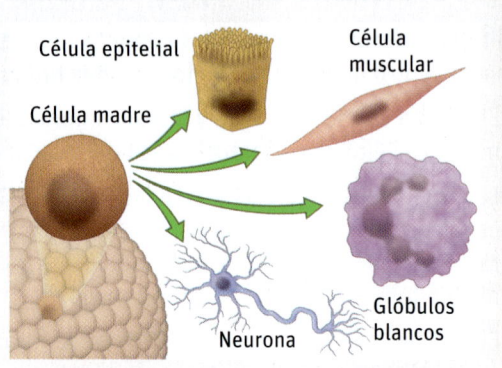

Las células madre del blastocito pueden diferenciarse en cualquiera de los tipos celulares.

En los animales la diversidad de especializaciones celulares es extraordinaria. En un vertebrado se pueden distinguir más de 200 tipos celulares que se agrupan en unos pocos tipos de tejidos: **tejidos epiteliales**, **tejidos musculares**, **tejido nervioso** y **tejidos conectivos**.

3.1. Los tejidos epiteliales

Los tejidos epiteliales cubren tanto la superficie corporal como los órganos internos y forman las glándulas. Según su función se clasifican en dos tipos:

▸ Epitelios de revestimiento

Sus células están fuertemente unidas entre sí formando una o más capas. Por ejemplo:

- La pared de los capilares y el epitelio que tapiza los pulmones, conocido como **endotelio**, está formado por **una sola capa** de **células aplanadas**. Los endotelios protegen pero, a la vez, permiten el intercambio de sustancias.

- El recubrimiento interno de la tráquea o del intestino lo compone **una capa** de células epiteliales con forma de prisma. En la cara que da a la luz del tubo, las células poseen, respectivamente, cilios o micropliegues conocidos como **microvellosidades**.

- La capa más externa de la piel, la **epidermis**, o la que tapiza cavidades como la boca, el esófago o la vagina (Fig. 3.13), está formada por **varias capas** de células estratificadas. Las de la capa más profunda están en continua división y las nuevas células empujan a las más antiguas que se van cargando de queratina y acaban por morir y desprenderse. De esta forma, proporcionan una gran resistencia a la abrasión mecánica.

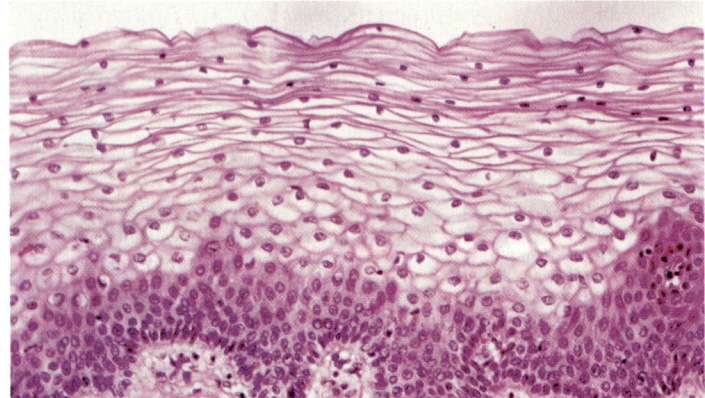

Figura 3.13. Microfotografía óptica de un epitelio estratificado de vagina (x 200).

▸ Epitelios glandulares

Las células epiteliales glandulares producen secreciones diversas, como enzimas u hormonas. Pueden encontrarse dispersas o asociadas formando **glándulas** de las que existen dos tipos:

- Las **glándulas endocrinas**, o de secreción interna, elaboran sustancias que se vierten directamente a la sangre.

- Las **glándulas exocrinas**, o de secreción externa, elaboran sustancias que se vierten al exterior, es decir, a la piel o al tubo digestivo (Fig. 3.14).

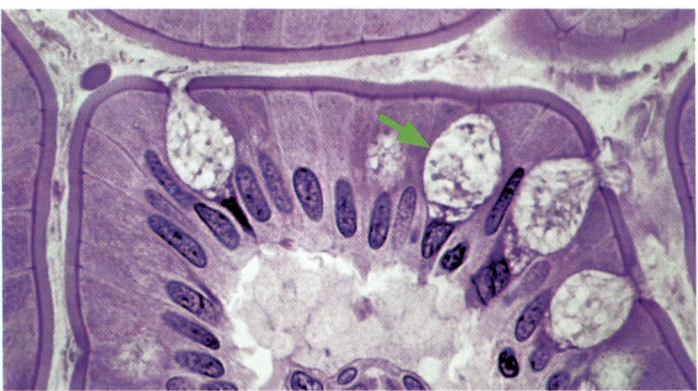

Figura 3.14. Microfotografía óptica de células epiteliales glandulares dispersas de intestino (x 250).

3.2. Los tejidos musculares

El tejido muscular es el responsable de los movimientos. Está formado por células alargadas, llamadas **fibras**, especializadas en la contracción. Hay tres tipos de tejidos musculares:

- El **muscular esquelético**. Sus células son muy largas, cilíndricas y plurinucleadas y muestran al microscopio un bandeado o estriación transversal. Cada fibra contiene en su citoplasma centenares o miles de elementos contráctiles llamados **miofibrillas**. Es responsable del movimiento del esqueleto y su contracción es voluntaria.

- El **muscular cardíaco**. Con células similares a las del esquelético, pero más cortas, uninucleadas y estrechamente conectadas unas a otras en forma de red. Es exclusivo del corazón de los vertebrados. Su contracción es involuntaria.

- El **muscular liso**. Sus células no presentan estriación transversal y terminan en punta. Es el tipo más común en los invertebrados. En los vertebrados forma parte de la pared de órganos como los vasos sanguíneos, el intestino o el útero. Su contracción se realiza sin control consciente.

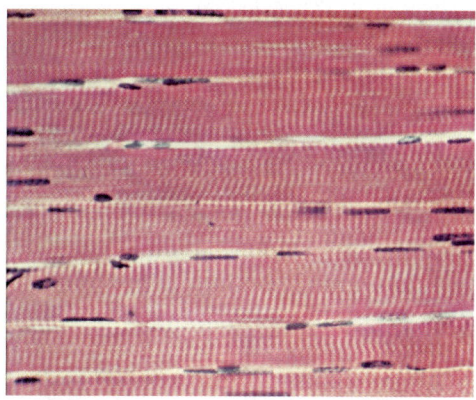

Figura 3.15. Microfotografía óptica de tejido muscular estriado (x 360).

DIFERENCIAR

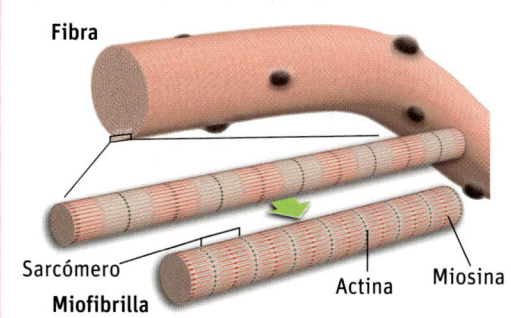

11. Cambios durante la contracción

Las miofibrillas contienen dos tipos de filamentos proteicos: los miofilamentos gruesos, de miosina, y los miofilamentos finos, de actina. Estos filamentos se disponen de manera ordenada en una sucesión repetida de unidades denominadas sarcómeros. El esquema muestra un fragmento de miofibrilla antes y después de su contracción.

a) Describe los cambios producidos en las miofibrillas durante el proceso de contracción y de relajación.

b) ¿A qué se debe la estriación transversal de este tipo de las fibras? ¿Tendrá el mismo aspecto cuando esté relajada que cuando esté contraída?

3.3. El tejido nervioso

Es un tejido especializado en la recepción de estímulos y en la conducción de estos estímulos de una parte del cuerpo a otra. Está formado por células nerviosas, conocidas como **neuronas**, y varios tipos de células de apoyo que forman la **neuroglia**.

- La **neurona**. Es la unidad funcional básica del sistema nervioso. Del cuerpo neuronal, o **soma**, se extienden una o más prolongaciones, denominadas **dendritas**, que son capaces de recibir estímulos.

  La neurona transforma los estímulos recibidos en impulsos nerviosos que son transportados a través de una larga prolongación, denominada **axón**, desde el cuerpo neuronal hasta otra célula nerviosa o un órgano efector, como una glándula o un músculo.

- La **neuroglia**. Es una variedad de células no nerviosas que desempeñan funciones metabólicas, de soporte y protección de las neuronas; por ejemplo, las **células de Schwann** que envuelven el axón de muchas neuronas.

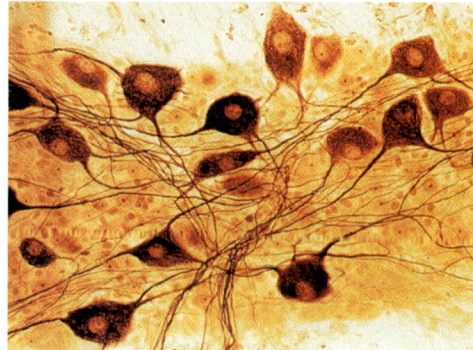

Figura 3.16. Microfotografía óptica de tejido nervioso.

ACTIVIDADES

12. ¿Qué función desempeñarán las microvellosidades del epitelio intestinal? ¿Y los cilios del epitelio de la tráquea?

13. ¿Qué orgánulos estarán especialmente desarrollados en las células del epitelio glandular? ¿Y en las fibras musculares?

14. Explica con ejemplos la diferencia entre una glándula endocrina y una exocrina.

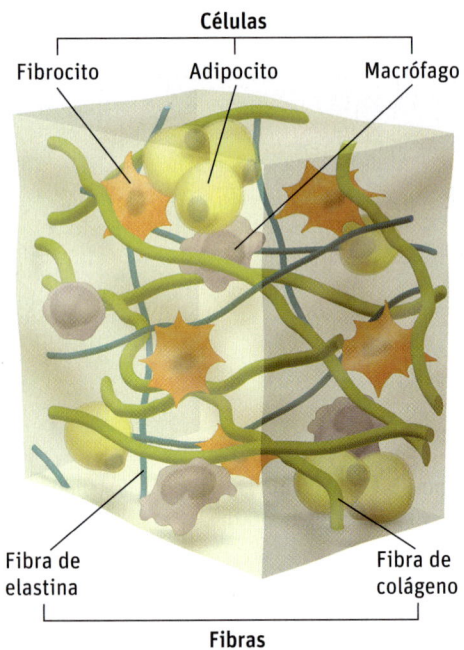

Figura 3.17. Modelo de tejido conectivo.

3.4. Los tejidos conectivos

Constituyen un conjunto variado de tejidos con funciones de unión y de soporte (Fig. 3.17). Todos ellos presentan algunas características comunes:

- Las **células** están dispersas, en número relativamente escaso y presentan gran variedad.

- El espacio entre las células lo ocupa una **sustancia intercelular** o **matriz**, producida por las propias células y formada por:
    - **Fibras de proteína**, que le confieren a la vez resistencia y elasticidad. Las más abundantes son las de **colágeno**, más resistentes, y las de **elastina**, más elásticas.
    - **Sustancia fundamental gelatinosa**, rica en polisacáridos, en la que se encuentran inmersas las fibras proteicas.

Son tejidos conectivos o conjuntivos: el tejido **conjuntivo** (propiamente dicho), el tejido **adiposo**, el **cartilaginoso** y el **óseo**. La sangre y la linfa también pueden considerarse tejidos conectivos pues están formados por diferentes tipos celulares inmersos en una matriz extracelular líquida, el plasma.

▶ El tejido conjuntivo

El tejido conjuntivo, o conectivo no especializado, incluye dos tipos de tejidos: el conjuntivo laxo y el conjuntivo denso.

- El **tejido conjuntivo laxo** (Fig. 3.18) es el material de relleno del cuerpo. Posee abundante sustancia fundamental gelatinosa en la que están inmersos nervios, vasos sanguíneos y órganos en general. Además, contiene varios tipos celulares característicos como:
    - Los **fibrocitos**. Son células fijas de forma estrellada o fusiforme responsables de la fabricación de la sustancia intercelular.
    - Los **macrófagos**. Son células errantes que proceden de un tipo de glóbulos blancos y fagocitan células dañadas y agentes patógenos.
    - Los **adipocitos**. Son células grandes, redondeadas y contienen una gota de grasa que ocupa todo su citoplasma. Si el tejido conjuntivo laxo es especialmente rico en adipocitos se denomina **tejido adiposo** (Fig. 3.19). El tejido adiposo forma el **panículo**, una capa situada por debajo de la piel, y la médula amarilla de los huesos que conocemos como tuétano.

En la Web

En esta dirección puedes encontrar un atlas histológico interactivo que permite la observación a diferentes aumentos.

www.e-sm.net/svbg1bach03_03

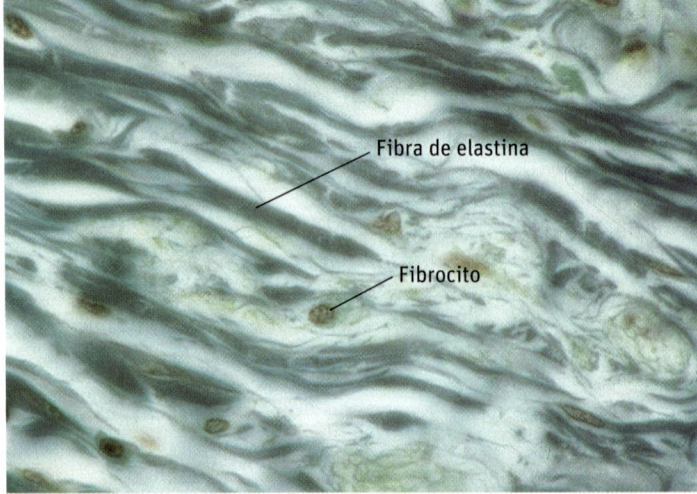

Figura 3.18. Microfotografía óptica de tejido conjuntivo laxo (x 240).

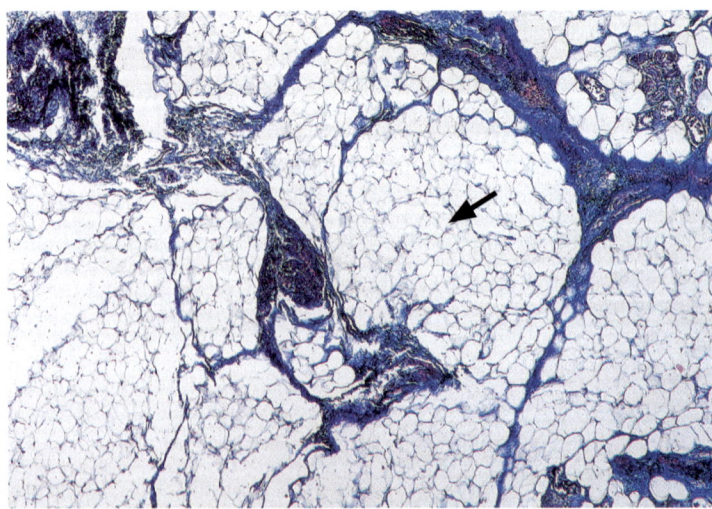

Figura 3.19. Microfotografía óptica de tejido adiposo (x 420).

- El **tejido conjuntivo denso** forma los tendones y ligamentos. Posee abundantes fibras colágenas muy largas y dispuestas de forma apretada.

El tejido cartilaginoso

El tejido cartilaginoso (Fig. 3.20) es blando y flexible y forma el esqueleto de algunos peces, como los tiburones, y de los embriones de todos los vertebrados. En los vertebrados adultos forma las superficies de articulación de los huesos y los anillos de soporte de la laringe, la tráquea y los bronquios.

Sus células características son los **condrocitos**. La sustancia intercelular contiene fibras proteicas inmersas en una sustancia fundamental semisólida que da consistencia al tejido. Los condrocitos forman grupos, originados a partir de la misma célula, que quedan atrapados en pequeños huecos o lagunas por la sustancia intercelular. Carece de vasos sanguíneos y nervios, por lo que su nutrición depende del tejido conjuntivo cercano.

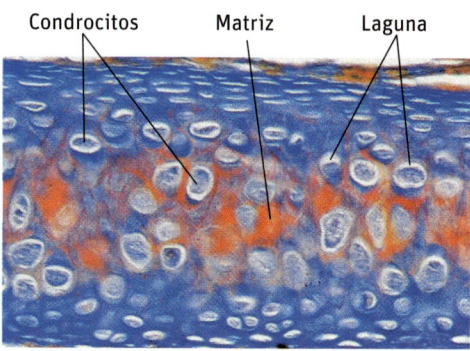

Figura 3.20. Microfotografía óptica de tejido cartilaginoso (x 400).

El tejido óseo

El tejido óseo (Fig. 3.21) es el más resistente de los tejidos conectivos de los vertebrados debido a que su sustancia intercelular está mineralizada por la deposición de sales de calcio. La mayoría de los huesos se desarrollan a partir del cartílago del embrión al que sustituyen para formar el esqueleto adulto. Hay dos tipos de tejido óseo:

- El **tejido óseo compacto** se encuentra fundamentalmente en la porción central, o diáfisis, de los huesos largos. Está formado por conjuntos de finas láminas de matriz calcificada dispuestas en forma de anillos concéntricos (Fig. 3.21). Estas laminillas están surcadas por pequeñas lagunas que contienen las células óseas u **osteocitos**. Las lagunas están comunicadas entre sí por finos canales.

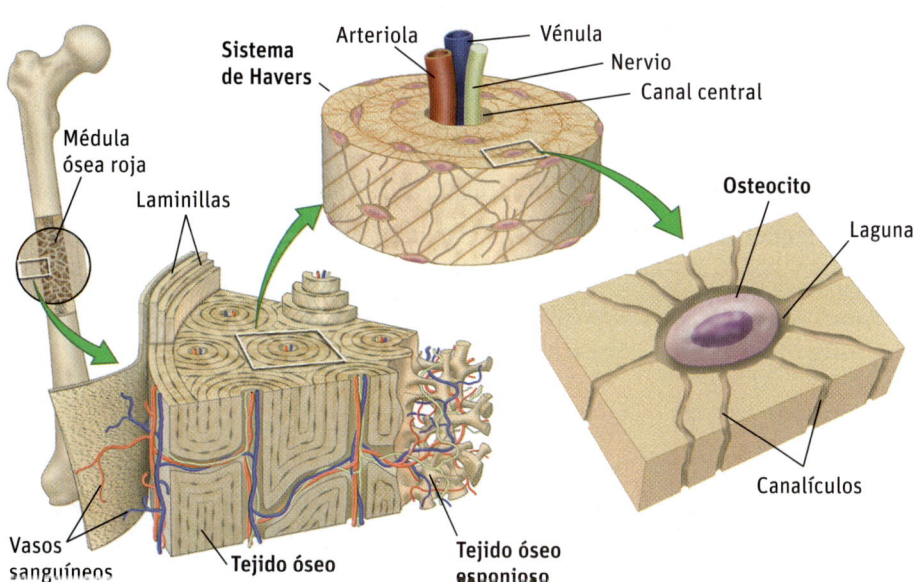

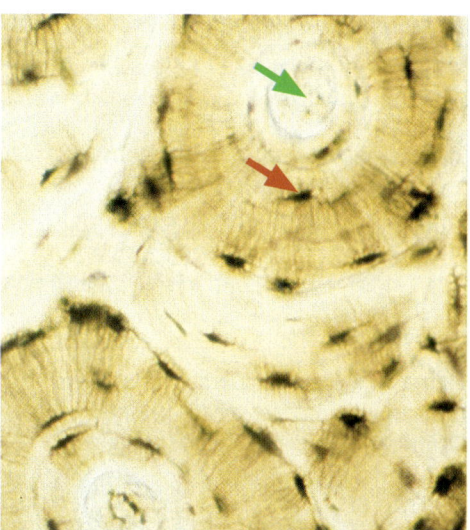

Figura 3.21. Microfotografía óptica de tejido óseo compacto (x 200).

Cada conjunto de laminillas forma una estructura cilíndrica llamada **sistema de Havers** por cuya parte central discurren vasos sanguíneos y nervios. Un hueso compacto está formado por conjuntos de sistemas de Havers fuertemente unidos entre sí y conectados por vasos y nervios.

El tejido óseo es un tejido vivo bien vascularizado. Los nutrientes llegan a las células a través de los canalículos y permiten su crecimiento y reparación incluso tras haber sufrido grandes daños.

- El **tejido óseo esponjoso** se encuentra fundamentalmente en los extremos, o epífisis, de los huesos largos y en los huesos planos. Está formado por placas de hueso compuesto por laminillas de matriz ósea, lagunas y osteocitos. Las placas se disponen dejando huecos interconectados ocupados por la **médula ósea roja**. Este tejido contiene células madre capaces de diferenciarse en todos los tipos de células sanguíneas.

ACTIVIDADES

15. ¿Qué características comparten los tejidos conectivos?

16. ¿Por qué los cartílagos son siempre de escaso grosor?

17. Indica a qué tejidos corresponden los siguientes tipos celulares: osteocitos, adipocitos, condrocitos y fibrocitos.

18. ¿Qué es la médula ósea roja?

4 La sangre y la linfa. Unos tejidos especiales

Fuente inagotable de células sanguíneas

Si la médula ósea roja deja de producir células sanguíneas, es necesario hacer un trasplante.

Según el Registro oficial de Donantes de Médula Ósea en España (REDMO), solo uno de cada cuatro pacientes que precisan de un trasplante tiene un donante familiar. Para el resto de pacientes, la donación de médula ósea a partir de un donante no emparentado es la única posibilidad de curación. Sin embargo, España no ocupa aún un lugar acorde con su nivel de desarrollo en lo que se refiere al número de donantes de médula. Solo el 20 % de los trasplantes de médula que se hicieron en 2012 en nuestro país procedía de donantes españoles.

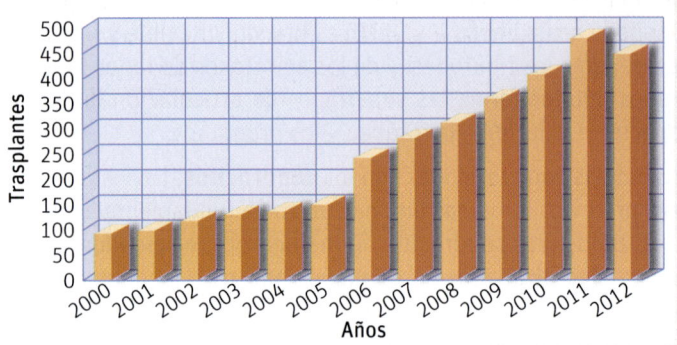

Evolución de los trasplantes de donantes no emparentados realizados en España (2000-2012).

La **sangre** y la **linfa** son tipos especiales de tejidos conectivos. Debido a que circulan por el interior de vasos se los conoce como **tejidos vasculares**.

4.1. La sangre

La sangre de los vertebrados está formada por una parte líquida, el **plasma sanguíneo**, y otra celular, los **elementos formes**.

- El **plasma** es un líquido de color amarillo claro. Está compuesto por un 90 % de agua, un 7 % de proteínas y el 3 % restante lo forman otros compuestos como: glucosa, sales minerales, lípidos, y gases como el oxígeno y el dióxido de carbono.

- Los **elementos formes** son:
  – Los **glóbulos rojos**, contienen hemoglobina, encargada del transporte del oxígeno.
  – Los **glóbulos blancos** o leucocitos. Realizan funciones defensivas.
  – Las **plaquetas** o trombocitos que inician la coagulación de la sangre.

Figura 3.22. Elementos formes de la sangre. El núcleo, la forma y el tamaño permiten identificar las diferentes células sanguíneas.

PRINCIPALES CARACTERÍSTICAS DE LAS CÉLULAS SANGUÍNEAS EN LOS HUMANOS					
Elementos formes		Diámetro	Número por mm³		Características
Glóbulos rojo o eritrocitos		7 µm	5 000 000		Células sin núcleo, de forma bicóncava
Leucocitos	Granulocitos	12-14 µm	6 000 a 8 000	70 %	Células con núcleo lobulado y numerosas granulaciones en el citoplasma
	Linfocitos	6-8 µm		24 %	Células con un gran núcleo esférico y sin granulaciones
	Monocitos	15 µm		4-8 %	Células con núcleo arriñonado y sin granulaciones en el citoplasma
Plaquetas o trombocitos		2-3 µm	300 000		Fragmentos celulares

4.2. La linfa

La parte líquida de la linfa de los vertebrados es prácticamente igual al plasma. Sus células son, solo, **linfocitos** que se fabrican en unos ganglios dispuestos a intervalos regulares a lo largo de los vasos linfáticos. La linfa ejerce importantes funciones:

- **Drena** el excedente del líquido intersticial y asegura el retorno de las proteínas a la sangre, ya que las paredes de los capilares linfáticos son muy permeables y permiten a las proteínas del líquido intersticial pasar a su interior.

- Colabora con sus linfocitos en la **defensa** del organismo.

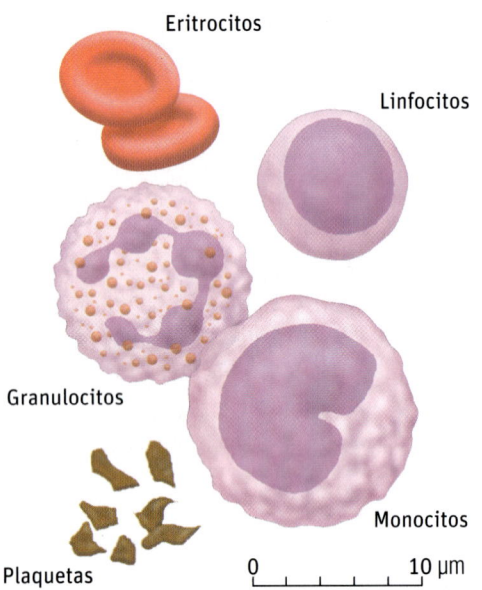

Figura 3.23. El plasma (flecha amarilla) escapa de los capilares sanguíneos y retorna a la circulación por los capilares linfáticos.

5 Identificación de tejidos

Las imágenes obtenidas con el microscopio óptico nos proporcionan información con la que podemos identificar el tejido de que se trata e incluso detectar algunas anomalías.

smSaviadigital.com PRACTICA
En esta animación podrás reconocer tejidos a través del microscopio.

LA CIENCIA Y SUS MÉTODOS

Cómo identificar tejidos animales

Identificar un tejido no siempre es fácil. Nos ayudará seguir algunas pautas antes y durante el procedimiento:

1.º **Antes de iniciar la identificación**, debemos prestar atención a los aumentos a los que se ha tomado la fotografía, ya que son el punto de referencia para comenzar el estudio.

2.º **Localizamos las células**. El **núcleo** es la estructura que suele resultar más patente y, normalmente, hay uno por célula. Localizar el núcleo nos ayudará a delimitar las células.

3.º **Identificamos la sustancia intercelular**. Descubrir la presencia o ausencia de **sustancia intercelular** es clave para hacer una primera selección del tipo de tejido. Por ejemplo, los tejidos conectivos poseen abundante sustancia intercelular mientras que en otros, como los epiteliales, las células están juntas.

4.º **Una vez finalizada la identificación**, es importante que realicemos un dibujo esquemático y situemos en él las estructuras más significativas.

Este sencillo diagrama nos puede ayudar a seguir estas pautas.

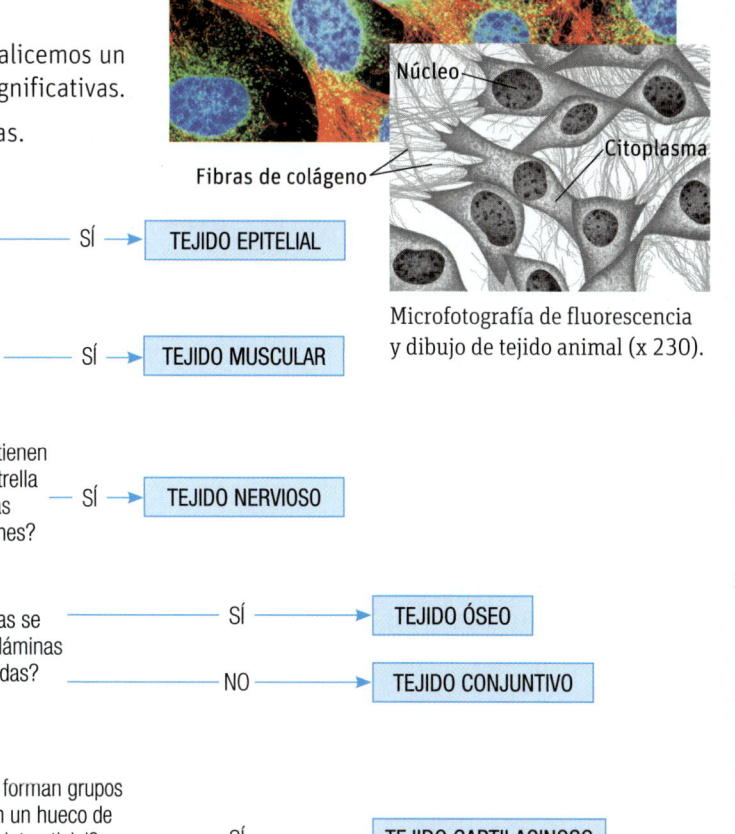

Microfotografía de fluorescencia y dibujo de tejido animal (x 230).

ACTIVIDADES

19. Utiliza el diagrama para identificar el tejido de esta figura.

20. Haz un dibujo esquemático a partir de la imagen microscópica de este tejido y localiza en él aquellas estructuras que te han servido para su identificación.

21. Incorpora en el diagrama anterior los tejidos vasculares.

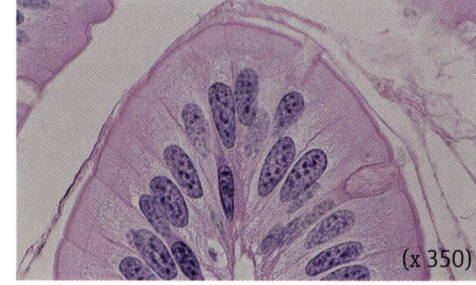

(x 350)

6 El medio interno

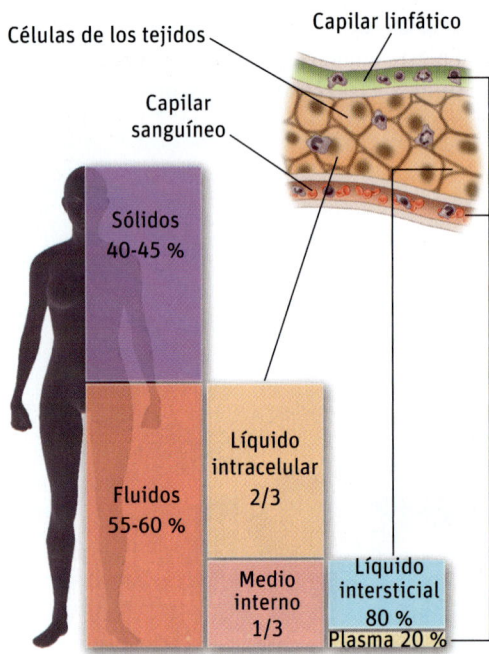

Figura 3.24. Distribución respecto a la masa de los fluidos corporales en un humano adulto.

Los organismos unicelulares realizan sus intercambios de sustancias directamente con el medio en el que viven, pero la mayor parte de las células de un organismo pluricelular no está en contacto directo con el medio externo.

La organización pluricelular hace indispensable la existencia de un medio líquido, denominado **medio interno**, que rodea a sus células y hace de intermediario entre el medio externo y el medio intracelular.

- **En los vegetales**, el medio interno está formado por líquidos que circulan a través de los espacios intercelulares y por el interior de los vasos del xilema y el floema. Así llegan a las células fotosintéticas, el agua y las sales minerales, y después se reparten por todo el vegetal los compuestos orgánicos resultantes de la fotosíntesis y otras sustancias.

- **En los animales** con un sistema circulatorio cerrado, el medio interno lo forman el **plasma sanguíneo** y el **líquido intersticial**. El plasma está en el interior de los vasos sanguíneos y linfáticos, y el líquido intersticial ocupa el espacio entre las células.

El poseer medio interno tiene enormes ventajas para los organismos pluricelulares ya que proporciona a las células un ambiente adecuado para su funcionamiento:

- Permite el **intercambio** de sustancias entre las diferentes células. Cada célula, o cada grupo de células, proporciona algo que todas las demás necesitan.

- Proporciona unas condiciones estables y por ello una relativa **independencia del organismo** con respecto a las variaciones que se producen en el medio exterior.

COMPARAR

22. La retroalimentación negativa

Al igual que un termostato en un sistema de calefacción, cada uno de los sistemas reguladores del medio interno tiene un punto de partida, un valor normal. Por ejemplo, en la mayoría de los mamíferos, el punto de partida para la temperatura corporal está entre 35 y 39 °C; este valor normal se mantiene con pequeñas variaciones a pesar de los cambios ambientales.

a) Describe el papel que desempeñan el sensor, el integrador y el efector en el mantenimiento de la temperatura corporal tras una brusca bajada de la temperatura.

b) ¿Por qué crees que se denomina "retroalimentación negativa" a este mecanismo de control?

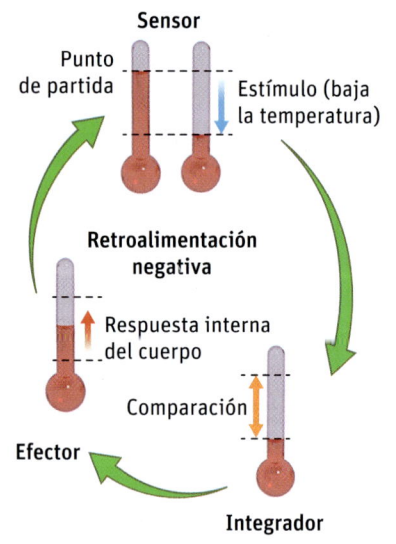

6.1. La homeostasis

El medio interno solo puede realizar adecuadamente sus funciones si sus características se mantienen de forma permanente dentro de unos límites estrechos.

La **homeostasis** es el conjunto de procesos fisiológicos que mantienen estables, dentro de unos límites, las características del medio interno.

En los animales, esta estabilidad se mantiene por la actividad coordinada de los sistemas circulatorio, nervioso y hormonal y, en particular, por órganos que realizan intercambios con el medio externo como los riñones, la piel, los pulmones o el tubo digestivo. Algunos de los parámetros controlados por la homeostasis son: la cantidad de glucosa, agua y sales minerales de la sangre y la temperatura corporal.

ACTIVIDADES

23. ¿Qué porcentaje de los líquidos corporales de una mujer adulta forman parte del medio interno? ¿Dónde se localizan?

24. ¿Qué es la homeostasis? Pon ejemplos de parámetros biológicos que están bajo control homeostático.

7. Los niveles de organización

En un organismo pluricelular, las **células** con funciones parecidas están organizadas formando **tejidos**.

A su vez, distintos tipos de tejidos se combinan formando unidades estructurales superiores llamadas **órganos** que cumplen funciones más especializadas que los tejidos. Por ejemplo, el corazón es un órgano formado por tejido muscular cardíaco, tejidos conectivos, epitelios y tejido nervioso, y su función es contraerse para impulsar la sangre a circular.

Los órganos, como el corazón o el estómago, forman parte de unidades más complejas denominadas **sistemas de órganos** o **aparatos**. Un sistema está formado por grupos de órganos que trabajan juntos para desarrollar una de las funciones básicas de un organismo, como la circulación o la digestión.

Los diferentes sistemas trabajan juntos para sostener la vida de un **organismo**.

Células, tejidos, órganos, sistemas de órganos y organismos son distintos **niveles**, o grados de complejidad, en los que se organiza la materia viva. Por debajo del nivel celular existen otros niveles de organización, abióticos, como el nivel atómico y el molecular. Del mismo modo, también los hay por encima del nivel de organismo, como el nivel de poblaciones y el de ecosistemas.

7.1. Una organización jerárquica

En la materia viva existe una organización jerárquica compleja y exclusiva. Esta organización se caracteriza por:

- **Cada nivel está formado por unidades del nivel inferior precedente**. En una célula, por ejemplo, las macromoléculas se organizan formando ribosomas, cromosomas o membranas. Estos complejos macromoleculares se combinan a su vez de diversas formas para constituir estructuras subcelulares, denominadas orgánulos, como los cloroplastos.

- **No todas las propiedades de un nivel pueden deducirse del conocimiento de las propiedades de las partes que lo componen**. Por ejemplo, la tensión arterial o la temperatura corporal son propiedades del nivel de organismo; es imposible predecir la presión sanguínea o la temperatura de una persona a partir del estudio de las características de los sistemas de órganos.

La aparición de nuevas características en un nivel de organización se conoce como **emergencia**. Tales características se denominan **propiedades emergentes** y surgen de las interacciones entre las partes componentes del nivel inferior. La tensión arterial o la temperatura corporal son propiedades emergentes del nivel de organismo. Así, podemos concluir que el todo es más que la suma de las partes.

> **En la Web**
> Aquí encontraras un sencillo recorrido por los sistemas humanos.
> www.e-sm.net/svbg1bach03_04

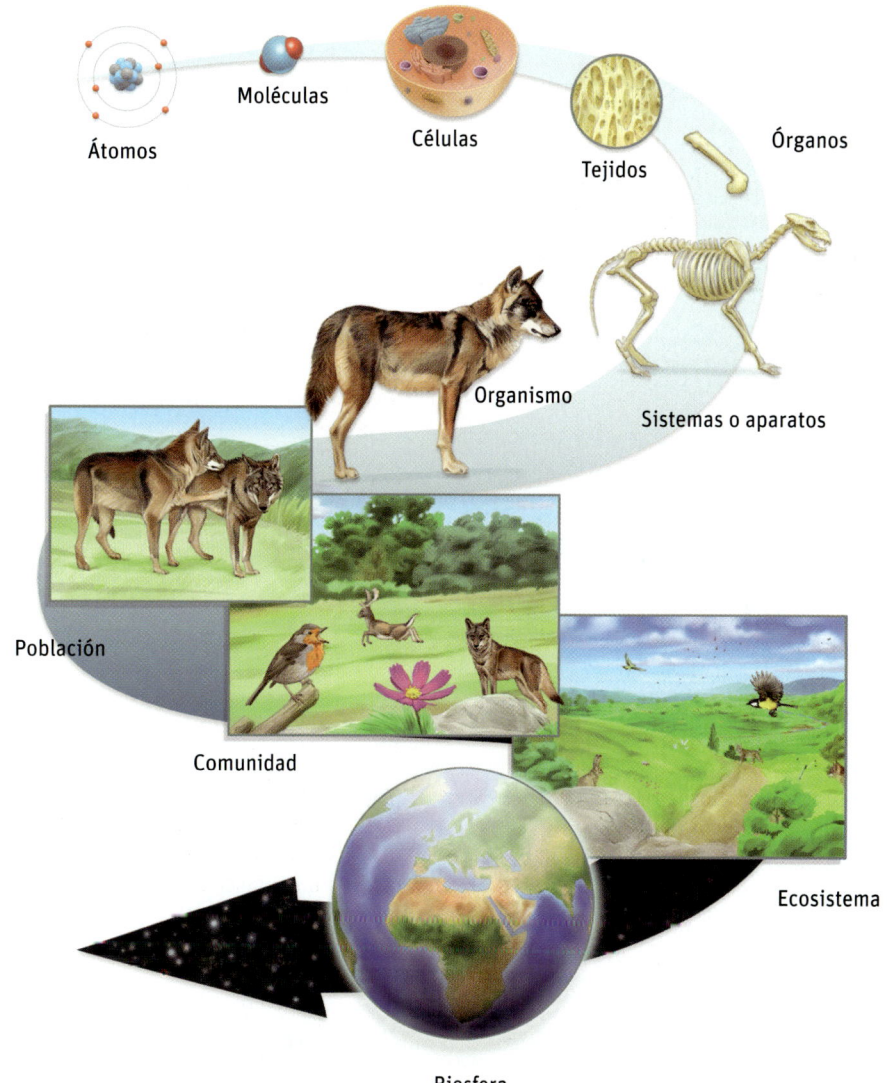

Figura 3.25. La organización jerárquica de la materia viva incluye niveles bióticos y abióticos.

ACTIVIDADES

25. ¿A qué se denominan propiedades emergentes? ¿Cómo surgen?

26. Nombra alguna propiedad emergente del nivel celular.

ACTIVIDADES

Síntesis

27. Completa en este mapa conceptual los términos que faltan (•••) y los fragmentos que debes desarrollar ⊕. Puedes realizar la actividad en tu cuaderno.

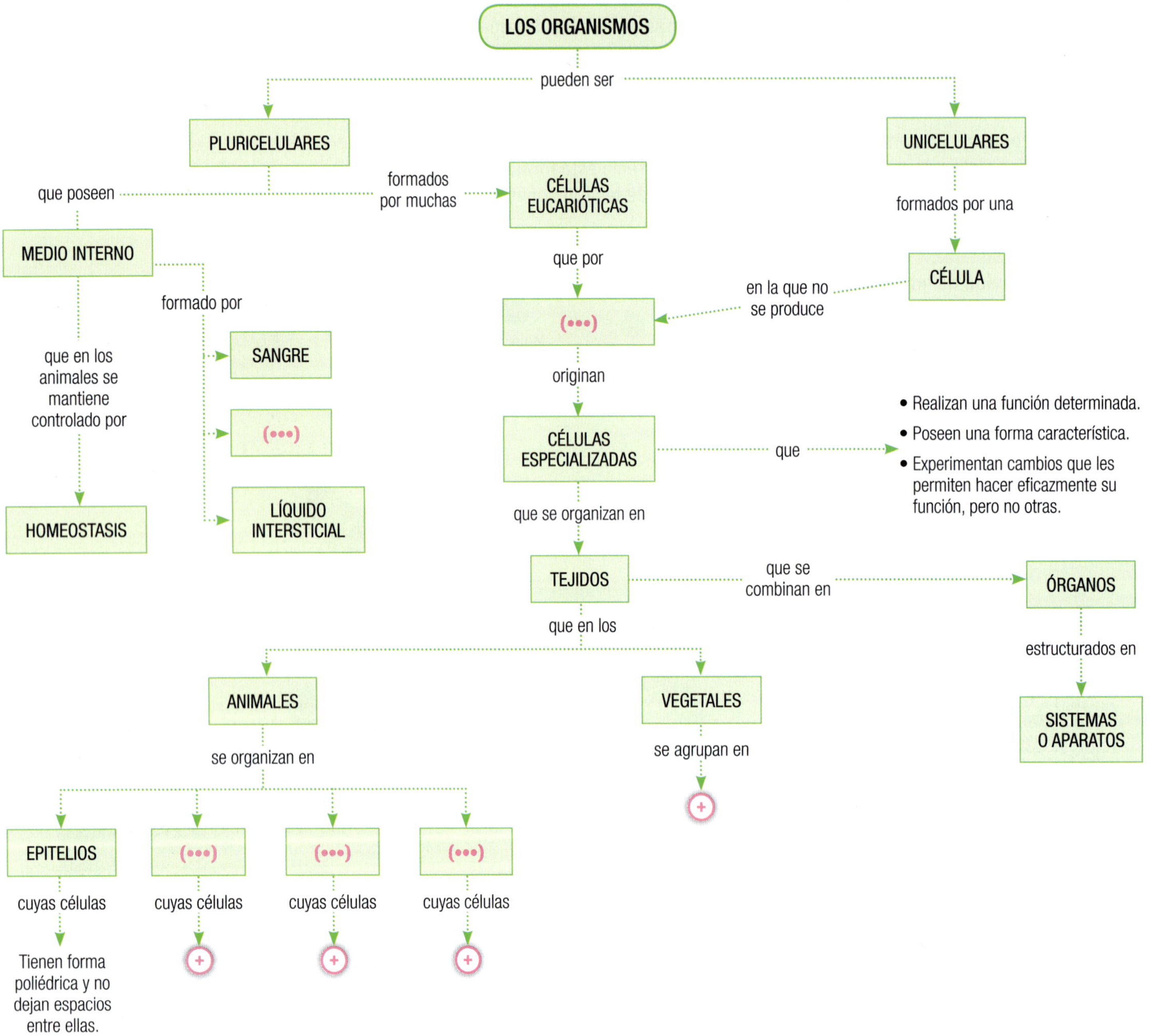

```
                            LOS ORGANISMOS
                               pueden ser
           ┌───────────────────────┴───────────────────────┐
      PLURICELULARES                                  UNICELULARES
  que poseen    formados
                por muchas →  CÉLULAS
                              EUCARIÓTICAS         formados por una
   MEDIO INTERNO                 que por           en la que no
                                   ↓               se produce → CÉLULA
   formado por                   (•••)
                                   ↓
   que en los      → SANGRE     originan
   animales se                    ↓
   mantiene       → (•••)       CÉLULAS            • Realizan una función determinada.
   controlado por                ESPECIALIZADAS  que  • Poseen una forma característica.
                  → LÍQUIDO                          • Experimentan cambios que les
   HOMEOSTASIS    INTERSTICIAL  que se organizan en   permiten hacer eficazmente su
                                   ↓                 función, pero no otras.
                                 TEJIDOS  que se combinan en → ÓRGANOS
                             que en los                         estructurados en
                    ┌──────────────┴──────┐                         ↓
                 ANIMALES              VEGETALES                SISTEMAS
            se organizan en           se agrupan en            O APARATOS
     ┌──────┬──────┬──────┐                ⊕
  EPITELIOS (•••) (•••) (•••)
  cuyas   cuyas   cuyas   cuyas
  células células células células
    ↓       ⊕       ⊕       ⊕
  Tienen forma
  poliédrica y no
  dejan espacios
  entre ellas.
```

Aplicación y relación

28. En 1966 el científico británico John Gurdon realizó una experiencia revolucionaria.

Sacó el núcleo a una célula de piel del intestino de un renacuajo y lo introdujo en el óvulo fecundado de una rana al que antes le había extraído su núcleo.

Tras el desarrollo, el óvulo modificado originó una rana completamente normal.

Gurdon había clonado una rana, aunque en aquella época nadie hablaba de clonación.

Explica qué prueban los resultados obtenidos en esta experiencia.

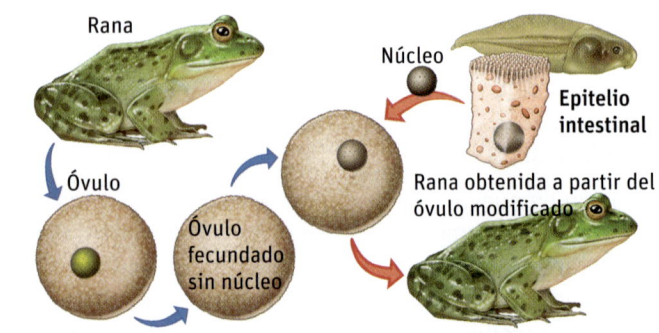

58 Unidad 3

29. Relaciona en el cuaderno los términos que figuran en las dos columnas. Cada término de una columna puede tener relación con uno o más de los términos de la otra columna.

Orgánulo •	• Gaviota
	• Fibra muscular
Célula •	• Paramecio
	• Parénquima
Tejido •	• Cloroplasto
	• Lisosoma
Órgano •	• Pulmón
	• Tallo
Organismo •	• Epidermis

30. Indica a qué tejido vegetal corresponde cada uno de los siguientes esquemas. Explica qué características te han permitido su identificación.

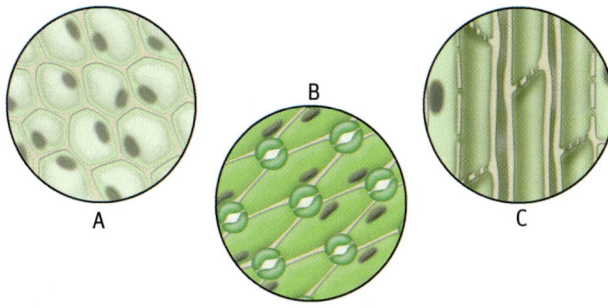

31. Dibuja un esquema a partir de la siguiente microfotografía de un tejido animal.

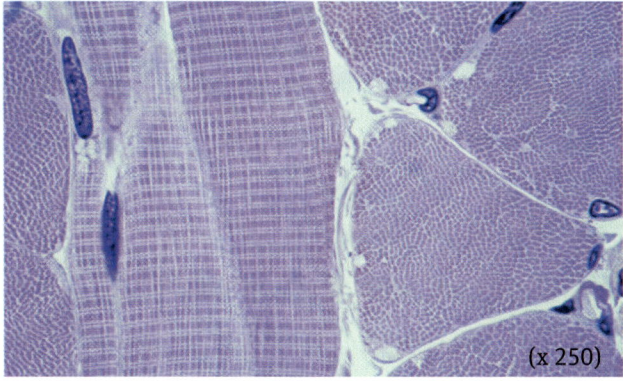

(x 250)

a) Nombra sobre el esquema los diferentes tipos celulares y aquellas estructuras que reconozcas.

b) Indica a qué tipo de tejido corresponde.

c) Explica los pasos que has seguido para su identificación.

32. Copia y completa el siguiente cuadro resumen de las características de los diferentes tejidos vegetales.

Tejido	Tipos	Tipo/s de células	Localización	Función
•••	•••	•••	•••	•••
•••	•••	•••	•••	•••
•••	•••	•••	•••	•••

33. En la figura aparece la imagen microscópica de una preparación de sangre.

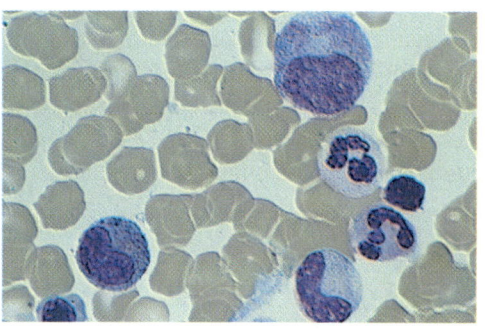

(x 1000)

a) Nombra los tipos celulares que aparecen en la preparación.

b) Describe las características de estas células.

c) ¿Qué estructura celular destaca más en la imagen?

d) Calcula el tamaño aproximado de un glóbulo rojo.

34. La glucemia es la tasa de glucosa en la sangre. Su valor medio es de 1 g/L y sus valores normales oscilan entre 0,8 y 1,2 g/L en ayunas.

En la gráfica se muestra la evolución de la glucemia de una persona tras haber ingerido una disolución concentrada de glucosa.

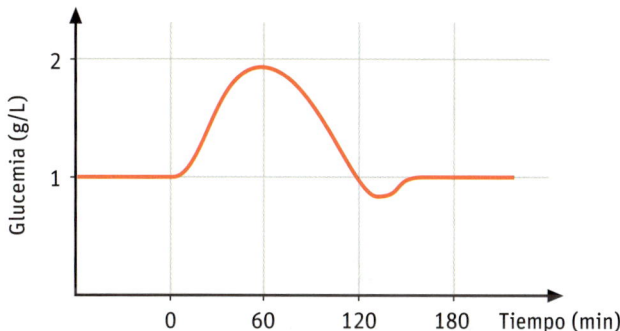

a) ¿Qué prueban los datos de la gráfica?

b) ¿Cuál puede haber sido el destino de la glucosa que ha "desaparecido" de la sangre?

Biblioteca global

35. Las células madre

La célula madre por excelencia es el cigoto, capaz de originar todas y cada una de las células de un nuevo individuo.

Aunque esta capacidad disminuye progresivamente durante el desarrollo del embrión, sigue manteniéndose en mayor o menor medida en determinadas células, tanto del embrión como del adulto.

a) Busca información sobre las células madre.

b) Haz una ficha que sintetice los conocimientos que en la actualidad tenemos sobre este tipo de células y su importancia. En todo caso, intenta encontrar las respuestas a las siguientes cuestiones:

- ¿De dónde se pueden obtener células madre? ¿Hay diferencias según su procedencia?
- ¿Cuántos tipos de células madre existen en función de sus capacidades?
- ¿Qué aplicación, presente o futura, tiene este tipo de células?

LA CIENCIA Y SUS MÉTODOS — Los límites de la ciencia

La ciencia se hace preguntas acerca del mundo natural y busca, y encuentra, respuestas a cuestiones tan importantes como:

¿Qué zonas pueden verse afectadas por el *tsunami* producido tras un terremoto?, ¿cómo podemos evitar el contagio de una enfermedad infecciosa? o ¿cuáles pueden ser las consecuencias del aumento del CO_2 atmosférico? Podría parecer que la ciencia puede darnos la respuesta a cualquier pregunta, pero no es así.

La ciencia no hace juicios morales, los hacemos las personas.

¿Qué opinas sobre la investigación con células madre?

Hay preguntas para las que la ciencia no tiene respuesta.

COSAS QUE LA CIENCIA NO PUEDE HACER:

La ciencia no hace juicios morales.

La ciencia nos ayuda a conocer mejor el mundo natural y proporciona argumentos sólidos a nuestras opiniones y decisiones. Pero la ciencia no emite juicios sobre si un asunto es correcto o incorrecto, o si es bueno o malo.

→ Una persona podrá considerar la investigación con células madre procedentes de embriones humanos correcta o incorrecta, buena o mala. Dependerá de la concepción que tenga de la naturaleza humana, es decir, de qué considere que es un ser humano y cuándo comienza a serlo.

La ciencia no nos dice cómo usar el conocimiento científico.

Aunque los científicos suelen preocuparse por la forma en que se utilizan sus descubrimientos, la ciencia no indica lo que debe hacerse, o no, con ellos.

→ La investigación de las células madre, junto a la técnica de la clonación, ha abierto la posibilidad de clonar embriones humanos. Pero la ciencia no nos dice si ese conocimiento lo debemos usar, o no, para hacer copias de una persona.

La ciencia no saca conclusiones acerca de asuntos sobrenaturales.

Hay creencias que por su propia naturaleza, como la existencia de fuerzas y seres sobrenaturales, que la ciencia no puede probar o refutar.

→ Una persona recuperada de una grave dolencia tras someterse a un trasplante de médula ósea puede creer que en su curación han intervenido entidades sobrenaturales. La ciencia no podrá ni probar ni refutar su creencia.

Conclusión: La ética o las creencias religiosas no son ciencia, pero poseen una gran influencia sobre las sociedades humanas y sobre cómo estas sociedades interactúan con la ciencia.

ACTIVIDADES

36. Busca ejemplos de descubrimientos científicos de los que se hayan derivado aplicaciones que consideres incorrectas.

37. Después de trabajar esta página ¿se te ocurre algún otro tipo de cuestiones sobre las que la ciencia no tenga respuestas?

38. Busca y explica algún ejemplo histórico sobre cómo la ética o la religión han influido sobre el progreso de la ciencia.

39. Dividíos en pequeños grupos, buscad información y debatid sobre el desarrollo de la energía atómica a la luz de lo expuesto en esta página sobre los límites de la ciencia.

El mismo conocimiento científico ha servido de base para fabricar la bomba atómica y para desarrollar terapias contra el cáncer.

EXPERIENCIAS QUE CAMBIARON EL MUNDO

Pasteur y el fin de la generación espontánea

> *"Ese agua, esa esponja, esas gasas con las que lavan y cubren ustedes una herida depositan en ella gérmenes que se propagan con extremada facilidad por los tejidos y matarían con toda seguridad a los operados…"*

Así se dirigía el químico francés Pasteur (1822-1895) a un atento público plagado de escépticos cirujanos, pero preocupados porque más del 50 % de sus pacientes morían tras una operación. ¿Qué había hecho este químico para ser escuchado por tan eminente auditorio?

Pasteur... ización

Aunque Pasteur era químico de formación, sus estudios sobre los problemas que afectaban a la industria de la fabricación del vino le acercaron al mundo de los seres vivos. Sus trabajos sobre las fermentaciones llevaron a Pasteur a plantearse cómo controlarlas y cuál era su origen.

El control de las fermentaciones acabó con la generalización de un proceso clave para la alimentación humana, cuyo nombre hoy vemos en las etiquetas de envases de los supermercados: pasteurización.

El descubrimiento de que las fermentaciones estaban producidas por microorganismos, frente a la idea dominante en la época de que se trataba solo de procesos químicos, le metió de lleno en la polémica de la generación espontánea.

Un experimento eficaz

La mayoría de los científicos de mitad del siglo XIX creía que los organismos surgían espontáneamente a partir de la materia no viva. La generación espontánea, parecía confirmada por la observación que permitía ver cómo aparecían gusanos en la carne o ranas en el barro tras una lluvia.

Entre 1860 y 1862 Louis Pasteur realizó una serie de experimentos con los que pretendía determinar si pueden surgir microorganismos espontáneamente en un caldo de nutrientes, o bien si solo aparecen cuando el caldo se expone a una fuente de células.

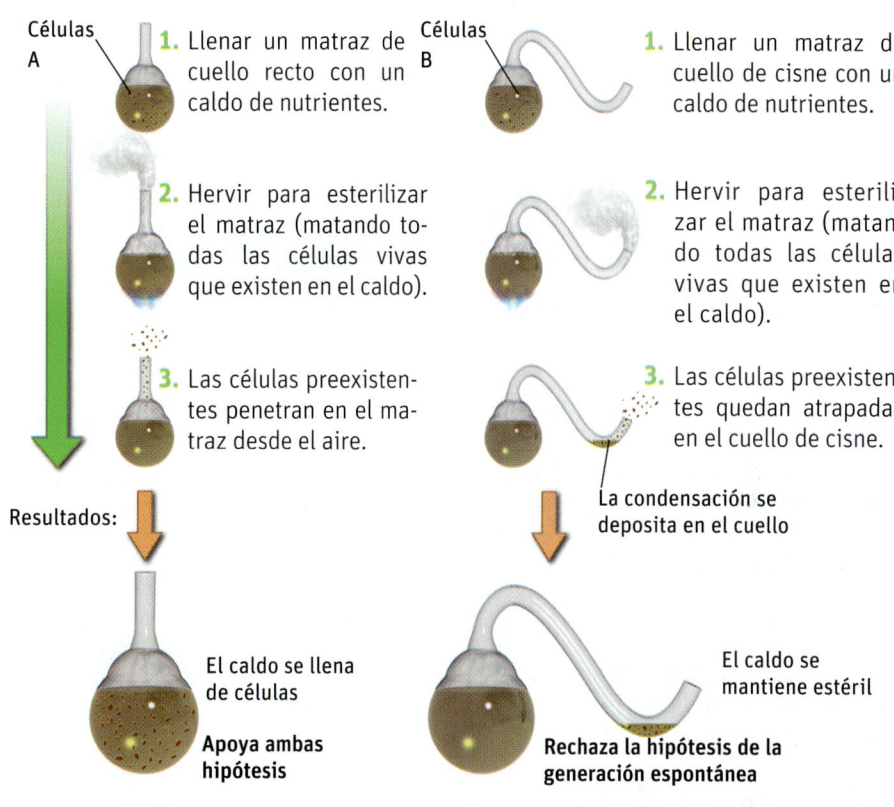

Experimentos de Pasteur en matraz de cuello recto (A) y cuello cisne (B).

Los resultados de sus experiencias permitieron desterrar de forma definitiva la idea de la generación espontánea. Aunque eso solo fue el principio.

La refutación de la teoría de la generación espontánea abrió el camino a la medicina moderna.

En beneficio de la humanidad

Muchos de los avances conseguidos durante los últimos cien años en medicina preventiva, en la higiene y la medicina social, en la vacunación y la quimioterapia, en definitiva, en la actitud ante el enfermo y su atención, tienen su origen en los hallazgos de Pasteur.

Pasteur poseía una fe inquebrantable en el progreso científico como motor del avance social y de mejora de la vida.

Pocos, muy pocos sabios han conseguido lo que Pasteur logró con su obra: aumentar de forma considerable nuestra esperanza de vida.

• **En la Web**

Biografía de Pasteur.

• www.e-sm.net/svbg1bach03_05

ACTIVIDADES

40. ¿En qué se diferencian los dos experimentos de Pasteur que aparecen en la imagen?

41. En experimentos anteriores, el tubo, en lugar de tener forma de S, estaba cerrado herméticamente. Aunque el resultado fue el mismo la comunidad científica lo censuró diciendo que no podía rechazarse la generación espontánea. ¿Cuál crees que pudo ser el motivo de su rechazo?

4

1.  ¿Qué es la biodiversidad?
2.   El origen de la biodiversidad
3. Cómo se originan nuevas especies 
4.  La adaptación de las especies

La biodiversidad: origen y conservación

| 5  La distribución geográfica de la biodiversidad | 6  Los grandes biomas | 7  La conservación de la biodiversidad | 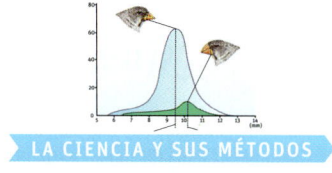 **LA CIENCIA Y SUS MÉTODOS** Experimentos en la naturaleza |

EN PORTADA

Las cuentas de la vida

En 1982 el entomólogo estadounidense Terry Erwin publicó un estudio sobre cómo estimar el número total de especies de artrópodos que existe.

Comenzaron estimando el número de especies de escarabajos que viven en la copa de un árbol tropical; el elegido fue el guácimo (*Luehea seemannii*) de las selvas de Panamá. Para ello, hicieron un muestreo de escarabajos en 19 ejemplares de guácimo. El método consistió en aplicar una nube de insecticida a la copa de los árboles y recoger los ejemplares en trampas con forma de embudo. Se encontró una media de 1200 especies de escarabajos por árbol.

Con sus conocimientos sobre trabajos anteriores, en particular sobre los artrópodos, propusieron la siguiente secuencia lógica:

– De las 1200 especies de escarabajos recogidos de las copas, 160 estarían ligadas exclusivamente a esa especie de árbol.

– Los escarabajos constituyen aproximadamente el 40 % de los artrópodos. Luego, en la copa de un árbol vivirían unas 400 especies de artrópodos.

– Del total de artrópodos que viven en un árbol, solo dos tercios viven en las copas. Luego, en el árbol completo habría unas 600 especies.

– Si cada una de las 50 000 especies diferentes de árboles tropicales acoge a un número similar de artrópodos, el resultado es que el número de especies de artrópodos en todo el mundo excede los treinta millones.

Estos cálculos llevaron a Erwin a estimar en unos cien millones el total de especies en la Tierra. Cifra que fue considerada exagerada por algunos de sus colegas.

Figura 4.1. Un grupo de entomólogos trabaja en la recogida de muestras en la selva.

• En la Web

Observa cómo trabajan y cuentan los científicos en el campo.

• www.e-sm.net/svbg1bach04_01

1. Algunos colegas de Erwin redujeron la cifra de 160 a 16 el número de especies de escarabajos exclusivas de una especie de árbol, aunque consideraron que solo un tercio estaba en la copa. ¿Cuál sería el número de especies de artrópodos según estas nuevas estimaciones?

2. ¿"Diversidad de vida" es sinónimo de "diversidad de especies"? ¿Por qué?

3. ¿Cómo crees que se ha originado la extraordinaria biodiversidad existente en el planeta?

4. ¿Qué tipos diferentes de artrópodos reconoces en la página anterior? ¿Por qué lo sabes?

Diversidad de artrópodos en el bosque panameño.

1. ¿Qué es la biodiversidad?

El término **biodiversidad** tiene el mismo significado que **diversidad biológica** y abarca conceptualmente toda la variedad de la vida. La idea que encierra este término es importante y compleja, como lo es la propia vida. Por eso, para explicar mejor su significado, los científicos suelen diseccionar la biodiversidad en tres componentes: **especies**, **genes** y **ecosistemas**.

1.1. La biodiversidad específica

La **diversidad específica** es la variedad de especies que existen en una región, o en toda la biosfera. Por ejemplo, en un bosque mediterráneo pueden encontrarse diferentes especies: la encina, el alcornoque, el olivo silvestre, el conejo, el lince, etc.

Con frecuencia, la idea de diversidad de especies se generaliza al concepto más amplio de **diversidad taxonómica**, es decir, a grupos más amplios de seres vivos como clases (mamíferos, aves, insectos, etc.) o reinos (animales, hongos, etc.).

¿Cuántas especies viven actualmente en la Tierra? Aunque esta sea aparentemente una de las preguntas más simples sobre biodiversidad, se desconoce la respuesta. Los biólogos son conscientes de que los **1,7 millones de especies catalogadas** hasta la fecha representan solo una pequeña parte del número que realmente existe.

Para hacer una estimación del número total de especies, se suelen utilizar dos métodos. Uno se basa en el estudio intensivo de grupos de especies en sitios pequeños, como lo hizo Erwin. El otro se basa en identificar todas las especies presentes en una región particular. La estimación actual está en torno a los **10 millones de especies**.

Figura 4.2. Las especies son grupos de poblaciones naturales que se pueden cruzar entre sí y no pueden hacerlo con otros grupos.

1.2. La biodiversidad genética

La **diversidad genética** es la variabilidad que existe en la información genética de los individuos de la misma especie. Hay conejos, por ejemplo, que poseen genes para pelaje claro y otros para pelaje oscuro, o encinas cuyas hojas tienen el borde prácticamente liso mientras otras poseen hojas de borde espinoso.

La diversidad genética se puede medir utilizando la diversidad de genes, la heterocigosidad, o el número de alelos por locus.

Figura 4.3. Entre los individuos de la misma especie existen diferencias genéticas que, en ocasiones, se reflejan en su aspecto externo.

> **INTERPRETAR**
>
> **5. Un cuello de botella genético**
>
> En 1962, una anormal estación de lluvias en el cráter del Ngorongoro (Tanzania) favoreció el desarrollo de una plaga de moscas mordelonas (*Stomoxys calcitrans*) que redujo a 15 individuos la población de leones (*Panthera leo*). De ellos desciende la actual población de leones del Ngorongoro, formada por unos cien individuos, que presenta graves problemas reproductivos y de supervivencia.
>
> Este es un ejemplo de lo que sucede cuando, de todos los genes de una población, solo se transmiten unos pocos. En la gráfica se representa qué sucede con la diversidad genética de una población cuando pasa por un "cuello de botella".
>
>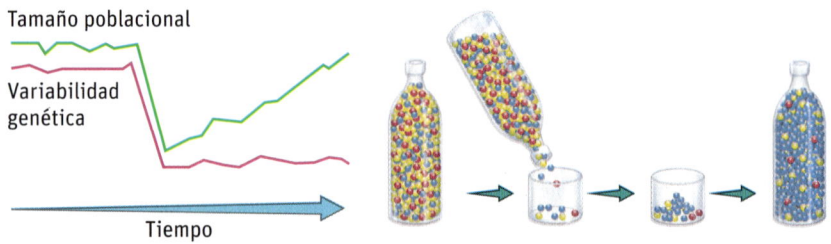
>
> a) Describe la gráfica y sitúa en ella el paso por el "cuello de botella".
> b) ¿Qué consecuencias tiene sobre la diversidad genética de la población de leones?

1.3. La biodiversidad ecológica

La **diversidad ecológica** es la variedad de comunidades biológicas que interactúan entre sí y con sus ambientes no vivos, es decir, la variedad de ecosistemas.

En un continente esta diversidad se refleja en la diversidad de bosques, praderas, desiertos o lagos. En una zona más limitada, como por ejemplo una montaña, la diversidad ecológica se manifiesta en los diferentes tipos de comunidades que se suceden, en este caso, conforme se asciende desde la base a la cima.

Es la más difícil de definir y medir porque los ecosistemas no tienen fronteras cerradas. Los intentos de medida se centran en calcular la variedad de comunidades bióticas de una región junto con la variación de las condiciones físicas presentes.

LA CIENCIA Y SUS MÉTODOS

Cómo calcular la diversidad de especies

La diversidad de especies es una propiedad emergente de las comunidades biológicas. Para determinarla se han desarrollado diferentes índices que miden, simultáneamente, el **número de especies**, su **riqueza** y la **abundancia relativa** de cada una de ellas.

Un índice de fácil aplicación es el índice de diversidad de Simpson que podemos representar de la siguiente manera:

$$D = 1/\Sigma p_i^2$$

Siendo $p_i = n_i/N$, donde n_i es el número de individuos de la especie i y N es el número total de individuos. Con otras palabras, p_i es la abundancia relativa de la especie i.

Cuanto mayor es el índice de Simpson, mayor es la diversidad de especies.

Utilizaremos un ejemplo teórico para medir, y poder comparar, la diversidad de especies de tres ecosistemas.

Para ello seguiremos los siguientes pasos:

1.º Completamos la tabla con los datos relativos a cada ecosistema.

2.º Calculamos el índice de Simpson en cada caso.

3.º Ordenamos los ecosistemas según su diversidad de especies.

- El **ecosistema 1** solo contiene dos especies (a y b), ambas con el mismo número de individuos.
- El **ecosistema 2** tiene tres especies (a, b y c), las tres con el mismo número de individuos.
- El **ecosistema 3** tiene tres especies (a, b y c) pero la especie a es muy abundante, el 80 %, y las otras dos especies, b y c, tienen solo el 10 % de individuos.

	Ecosistema 1			Ecosistema 2			Ecosistema 3	
	$p_1 = n_1/N$	p_1^2		$p_2 = n_2/N$	p_2^2		$p_3 = n_3/N$	p_3^2
a	0,5	•••	a	1/3 = 0,33	•••	a	0,8	•••
b	0,5	•••	b	0,33	•••	b	0,1	•••
c		•••	c	0,33	•••	c	0,1	•••
	$\Sigma p_1^2 =$ •••			$\Sigma p_2^2 =$ •••			$\Sigma p_3^2 =$ •••	
	$D_1 = 1/\Sigma p_1^2 =$ •••			$D_2 = 1/\Sigma p_2^2 =$ •••			$D_3 = 1/\Sigma p_3^2 =$ •••	

ACTIVIDADES

6. Antes de realizar los cálculos haz una predicción sobre cuál es el ecosistema con mayor diversidad de especies. ¿Y el de menor?

7. Utiliza la fórmula de Simpson para calcular la diversidad ecológica de los tres ecosistemas. ¿Cuál es el más diverso? ¿Y el menos diverso? ¿Coinciden estos resultados con tu estimación inicial?

2 El origen de la biodiversidad

La realidad no siempre es lo que parece

Si comparamos las especies actuales con las de hace más de dos mil años o las del antiguo Egipto, no es fácil encontrar diferencias.

La observación de la naturaleza constituye una fuente de información indiscutible para la ciencia. Sin embargo, en ocasiones esta observación se ha convertido en un obstáculo para el progreso científico. Es el caso de algunas falsas "evidencias de sentido común", observaciones que parecen tan obvias e indiscutibles que se considera innecesario comprobarlas.

Las especies permanecen inmutables, la Tierra es plana, el Sol gira alrededor de la Tierra, etc. En contra de estas observaciones ha tenido que luchar la ciencia para poder avanzar.

Detalle de una escena de caza de la tumba de Nabamun en Tebas.

En la Web

Observa cómo actúa la selección natural.

www.e-sm.net/svbg1bach04_02

¿Cómo se ha originado la extraordinaria diversidad de vida? Los científicos están de acuerdo en que todos los seres vivos tienen un origen común y que la biodiversidad que hay en la Tierra es el resultado de cuatro mil millones de años de evolución.

Sin embargo, la idea de cambio en los seres vivos no ha resultado tan obvia en todas las épocas. Hasta el siglo XIX predominaron las ideas **fijistas** que consideraban a las especies inmutables, fijas con el paso del tiempo. Las propuestas **evolucionistas**, primero de Lamarck y después de Darwin y Wallace, cambiaron para siempre nuestra visión del mundo y de nosotros mismos.

2.1. Un cambio lento y gradual

Las **teorías evolucionistas** proponen que las especies actuales descienden de antepasados comunes y que han cambiado, y siguen haciéndolo, con el paso del tiempo. Otra cosa es explicar cuál es el mecanismo que produce ese cambio.

▶ **La evolución por selección natural**

Charles Darwin (1809-1882) en su obra, *Sobre el origen de las especies*, publicada en 1859, propuso una explicación causal para la evolución: **la teoría de la selección natural**. Una propuesta similar fue planteada, de forma independiente, por el también británico **Alfred Russell Wallace** (1823-1913).

Darwin supuso que un mecanismo similar a la selección artificial, propia de los criadores, debía actuar sobre las poblaciones naturales en su medio ambiente. A este mecanismo lo denominó **selección natural**. La explicación darwinista de la evolución de los organismos por selección natural se basa en los siguientes principios:

- Los individuos que forman una población **varían en los rasgos que poseen**, como el tamaño o la forma.
- **Algunas de las diferencias o variaciones son hereditarias**, es decir, que se transmiten a la descendencia.
- **Nacen más seres vivos de los que pueden sobrevivir.** Así, solo algunos individuos sobreviven el tiempo suficiente para dejar descendencia y, entre los que lo hacen, unos dejan más descendencia que otros.
- El subconjunto de la población que sobrevive mejor y produce más descendencia, no es una muestra al azar de la población. La **selección natural** se produce cuando los individuos que poseen ciertas características, sobreviven y dejan más descendencia que otros individuos sin dichas características.

El resultado es que, a lo largo de sucesivas generaciones, se producirá un **cambio gradual** de aquellas variantes hereditarias ventajosas (aumentarán); como consecuencia, la población **evoluciona**.

Figura 4.4. Darwin utilizó los cambios en el tamaño del cuello y las patas de las jirafas como ejemplo para explicar cómo actúa la selección natural.

ACTIVIDADES

8. Darwin encontró en las islas Galápagos cormoranes que no podían volar, pues sus alas estaban muy reducidas. Utiliza los cuatro principios básicos de su teoría para explicar la evolución de estas aves.

El neodarwinismo y la teoría sintética

En 1900 se produjo un acontecimiento que cambió el rumbo, no solo el de la teoría evolutiva, sino el de toda la Biología del siglo XX. Se "redescubrieron" las leyes de la herencia propuestas por Mendel y, con ellas, la existencia de factores precisos (genes) que determinaban la herencia. La consecuencia, casi inmediata, fue la formulación de dos nuevas teorías:

- La **teoría cromosómica de la herencia**, sobre la localización de los factores hereditarios en los cromosomas.
- La **teoría de la mutación**, sobre los cambios que se producen en los factores hereditarios.

El descubrimiento de la mutación permitió explicar cómo se origina la variación que existe dentro de las poblaciones. Así, la diversidad de colores del iris de los humanos surgió por mutación del gen original de tonos marrones.

Saber que los factores hereditarios estaban en los cromosomas ayudó a comprender cómo esta variación se combina, incrementándose de forma considerable, por la reproducción sexual.

La casi olvidada teoría de Darwin recibió así un nuevo impulso: si hay factores hereditarios que determinan la herencia de los caracteres, los cambios en dichos factores originarán cambios heredables en los caracteres, es decir, **evolución**.

En el año 1937, Theodosius Dobzhansky recuperó en su obra *Genética y origen de las especies* las ideas de Darwin aunque con un mayor soporte científico. El resultado fue la denominada **teoría sintética**. Esta teoría se basa en que **la unidad evolutiva no es el individuo sino la población**. La selección actúa sobre el individuo pero es la población la que evoluciona.

- **La reproducción diferencial** es el mecanismo que produce la selección. Es decir, las condiciones ambientales favorecen la reproducción de aquellos individuos que están mejor adaptados a esas condiciones. Así, un determinado conjunto de genes irá constituyendo poco a poco el conjunto dominante.
- La evolución se produce por un **cambio gradual** en la constitución genética de las poblaciones.

smSaviadigital.com OBSERVA
La selección natural en acción.

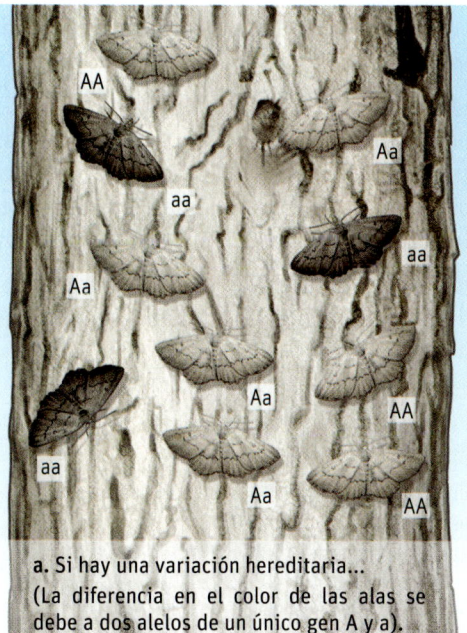

a. Si hay una variación hereditaria...
(La diferencia en el color de las alas se debe a dos alelos de un único gen A y a).

b. ... se traduce en diferente éxito reproductor... (Las aves encuentran y comen más mariposas oscuras que claras).

	Frecuencia del alelo A	Frecuencia del alelo a
Inicio	0,5 (10 de 20 alelos presentes)	0,5 (10 de 20 alelos presentes)
Final	0,625 (5 de 8 alelos presentes)	0,375 (3 de 8 alelos presentes)

c. ... entonces se produce evolución. (La frecuencia de los alelos ha cambiado en las polillas supervivientes).

Figura 4.5. Evolución por selección natural de una población de 10 polillas.

2.2. Saltacionismo frente a gradualismo

Tanto la teoría de Darwin como la teoría sintética son **teorías gradualistas**, es decir, sostienen que los cambios evolutivos se producen como consecuencia de la acumulación lenta y progresiva de pequeños cambios. Sin embargo, los datos que proporciona el registro fósil no siempre encajan con este modelo gradualista.

En la década de 1970, los paleontólogos estadounidenses Stephen Jay Gould y Niles Eldredge propusieron una alternativa al modelo gradualista que denominaron de los **equilibrios interrumpidos**. Esta teoría se basa en:

- El registro fósil no cuenta, salvo alguna excepción, con las **formas intermedias** que deberían aparecen si la evolución fuera lenta y gradual.

- **La evolución sucede de manera muy irregular**, con paradas y bruscos acelerones. Las nuevas especies resultan de momentos de explosión evolutiva a los que siguen largos períodos de estabilidad, o "estasis", en los cuales las especies permanecen prácticamente constantes.

Esta forma de pensamiento, opuesta al gradualismo, se conoce como **saltacionismo**.

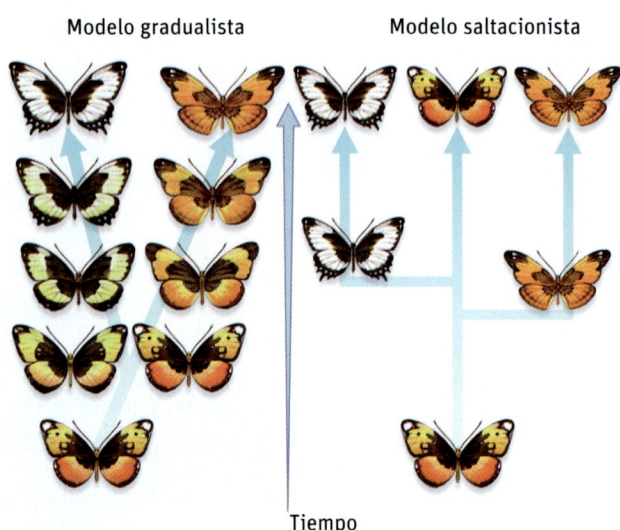

Figura 4.6. Comparación entre el gradualismo y el saltacionismo.

2.3. Evo-devo: ¿el nuevo paradigma?

El neodarwinismo explica muy bien el ajuste fino (microevolución) de los organismos a su medio. Pero ¿cómo explicar los grandes cambios (macroevolución) que están detrás del saltacionismo? La respuesta podría venir de una teoría evolutiva emergente que se conoce como **evo-devo** (de evolución y *development*, 'desarrollo' en inglés) y que relaciona los cambios que están en el origen de los grandes grupos de organismos con cambios en genes relevantes para el desarrollo embrionario.

Los estudios de finales del siglo XX sobre el control genético del desarrollo embrionario en los animales revelaron que el número de genes que determinan el diseño corporal de un individuo es increíblemente reducido y que, con frecuencia, son los mismos genes, o muy parecidos, en diferentes organismos.

Aún resultó más sorprendente comprobar que estos pocos genes pueden controlar procesos del desarrollo muy diferentes entre sí.

La conclusión es que la ingente diversidad morfológica de los animales está generada por un grupo muy pequeño de genes, lo que se conoce como "caja de herramientas genética"; a ella se recurre de forma reiterada para construir el cuerpo de cualquier animal. Esto implica que pequeñas variaciones en estas "herramientas" pueden ser el origen de importantes novedades morfológicas (Fig. 4.7).

La evo-devo, como los equilibrios interrumpidos, no refuta en modo alguno el neodarwinismo, sino que lo completa en el marco de una teoría evolutiva mucho más comprensiva.

Figura 4.7. Un solo gen es el causante de que en las moscas solo aparezca un par de alas. Una mutación de este gen origina moscas con cuatro alas.

ACTIVIDADES

9. Los darwinistas actuales resumen en una frase la esencia de su teoría: "La evolución por selección natural se produce cuando las variaciones heredables conllevan diferencias en el éxito reproductor". Utiliza esta frase para justificar en qué casos no se produciría evolución.

10. Entre las especies actuales hay algunas, como el *Nautilus*, que han permanecido estables durante muchos millones de años. ¿Qué teoría evolutiva explicaría mejor este hecho?

3. Cómo se originan nuevas especies

Todos los seres vivos de este planeta, con su extraordinaria diversidad, proceden de un único ancestro común. Si esto es así, la evolución no solo debe explicar cómo cambia una especie y se transforma en otra, sino también cómo a partir de una especie pueden formarse dos o más, y de ellas otras tantas, y así sucesivamente hasta poder alcanzar la biodiversidad actual. El proceso por el que a partir de una especie se forman dos o más se denomina **especiación**.

No existe un único modelo para explicar la especiación en el que todos los científicos estén de acuerdo. La gran diversidad de casos y las diferentes teorías sobre el mecanismo que explica la evolución han llevado a proponer modelos diferentes.

3.1. Modelo general de especiación

Se pueden establecer una serie de etapas que explican la formación de dos especies a partir de una especie original:

- **1.ª etapa.** Dos poblaciones ven interrumpido el intercambio de genes por algún motivo, como por ejemplo que una de ellas emigra a una isla mientras la otra se queda en el continente. A partir de ese momento, estas dos poblaciones evolucionarán de forma independiente.

- **2.ª etapa.** Con el tiempo, las diferencias genéticas se irán acumulando como consecuencia de la acción combinada de la mutación y la selección natural.

Si pasado ese tiempo se presenta la posibilidad de comprobar si ambas poblaciones pueden cruzarse porque, por ejemplo, desaparece su aislamiento geográfico, son posibles dos alternativas:

- Que los híbridos resultantes del cruce no presenten ninguna desventaja frente al resto de individuos de las dos poblaciones y se restablezca un único conjunto de genes. El proceso de especiación queda anulado o detenido.

- Que los híbridos manifiesten claras desventajas, suficientes como para que la selección natural favorezca mecanismos que impidan su formación. Así se completará el proceso de especiación.

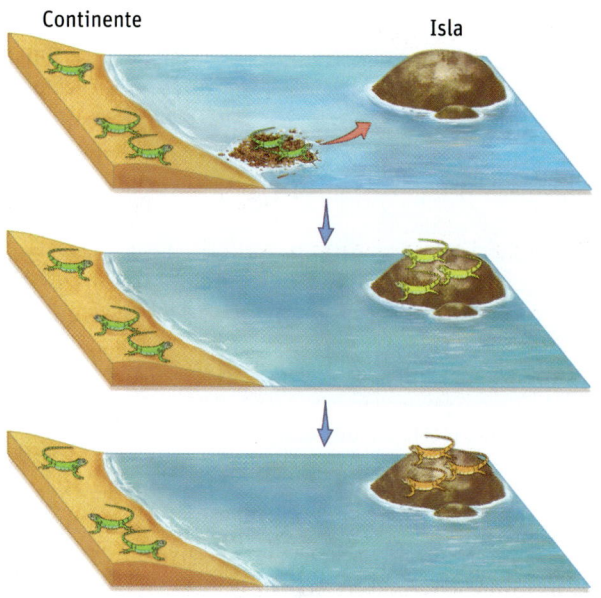

Figura 4.8. El aislamiento físico puede ser el inicio de un proceso de especiación.

INTERPRETAR

11. El caso de las iguanas balseras

En octubre de 1995 unos pescadores de la isla de Anguila, en el mar Caribe, contemplaron la llegada de una "balsa" formada por troncos desenraizados en la que viajaban 15 iguanas verdes (*Iguana iguana*), una especie de iguana desconocida hasta entonces en Anguila. El viaje de estos extraños balseros había comenzado un mes antes, cuando los huracanes Luis y Marilyn asolaron el Caribe. Las graves inundaciones produjeron el arrastre de la vegetación desde la isla de Guadalupe, donde las iguanas verdes habitan habitualmente.

A los biólogos evolutivos les gustaría saber qué va a pasar con este pequeño grupo de intrépidos colonizadores, pero aún no ha pasado suficiente tiempo como para estar seguros.

a) Sitúa las islas de Anguila y Guadalupe.
b) Formula alguna hipótesis sobre cuál puede ser el futuro de la pequeña población y justifica cada una de tus propuestas.

ACTIVIDADES

12. Además del aislamiento geográfico, ¿qué puede interrumpir el intercambio de genes entre dos poblaciones?

13. Utiliza el caso de los mulos para explicar algún aspecto de la especiación.

4. La adaptación de las especies

Figura 4.9. Las alas son una adaptación para el vuelo. A. Murciélago; B. Halcón.

En biología se entiende por **adaptación** cualquier característica o rasgo que mejore la capacidad del organismo para utilizar los recursos del medio con el fin de sobrevivir y reproducirse. Por ejemplo, suponemos que las alas son una adaptación para el vuelo o que la tela de una araña es una adaptación para la captura de insectos voladores. Adaptación también se utiliza para nombrar el proceso por el cual se adaptan los organismos.

4.1. La selección natural explica la adaptación

La selección natural promueve la adaptación de los organismos a los ambientes en que viven. Cualquier variante hereditaria que mejore la capacidad de sobrevivir y reproducirse en un ambiente aumentará de frecuencia a lo largo de las generaciones, ya que los organismos que llevan esa variante dejarán mayor descendencia.

Las variantes hereditarias surgen por **mutación**. Las que son **desfavorables** son eliminadas por selección natural; sus portadores dejan menos descendientes que los que portan variantes **favorables**. Las mutaciones favorables aumentan de frecuencia.

El proceso continúa de manera indefinida porque los ambientes también cambian. Los ambientes sufren modificaciones físicas, como variaciones climáticas, pero también biológicas, porque los depredadores, parásitos etc. también evolucionan.

4.2. Adaptación y aclimatación

El significado con el que los biólogos utilizan el término adaptación no coincide con su significado en el lenguaje corriente. En biología evolutiva un organismo no puede adaptarse, puesto que aunque actúe sobre él la selección natural no puede "cambiar la frecuencia de sus genes" con el paso del tiempo. La adaptación en sentido evolutivo es una propiedad de las poblaciones.

Sin embargo, los individuos sí cambian con frecuencia en respuesta a los cambios del medio; por ejemplo, ante los cambios de temperatura o de altitud. Aunque son cambios que solo afectan al fenotipo y no se transmiten a la descendencia. Los biólogos suelen utilizar el término **aclimatación** para describir este tipo de cambios.

> **INTERPRETAR**
>
> **14. Ineptos, aptos y más aptos**
>
> Un joven ingresó en un hospital con tos y fiebre y fue diagnosticado de tuberculosis (*Mycobacterium tuberculosis*). A los diez meses, y tras recibir tratamiento con varios antibióticos, el joven superó la enfermedad. Pasados dos meses volvió a ingresar aquejado de nuevo de tuberculosis. En este caso ningún antibiótico resultó eficaz.
>
> Los médicos compararon ambas muestras y detectaron la presencia de una mutación que permitía a las bacterias multiplicarse en presencia de los antibióticos. La ilustración muestra los cambios producidos en la población de bacterias.
>
> a) ¿Significa esta secuencia de acontecimientos que se había producido evolución por selección natural en la población de bacterias?
>
> b) ¿En qué momento se puede decir que la población de bacterias estaba bien adaptada a su medio?
>
>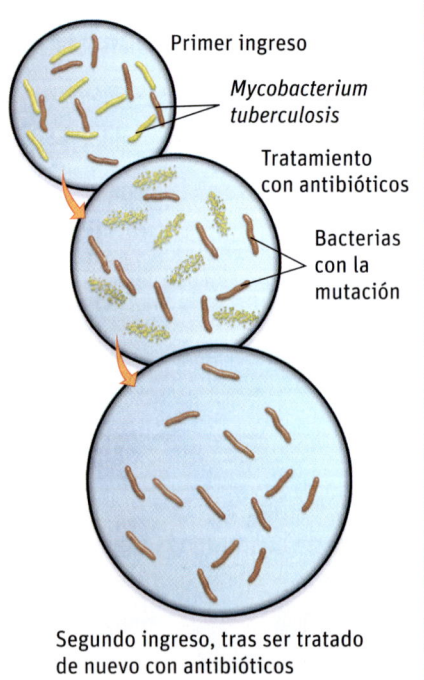

4.3. Tipos de adaptación

Las adaptaciones de los organismos al medio se agrupan en tres tipos:

- **Morfológica o estructural.** Estas adaptaciones están relacionadas con la forma del cuerpo o con la estructura de los órganos internos. Por ejemplo, entre las adaptaciones de los cactus al ambiente desértico se encuentran las espinas que son hojas modificadas. Las espinas protegen a la planta de la pérdida de humedad y de los ataques de los herbívoros. También se incluyen en las adaptaciones morfológicas el **mimetismo** y la **coloración críptica**, según se adopte un aspecto similar a otros seres vivos de su medio o al propio medio. (Fig. 4.10)

- **Fisiológica o funcional.** Este tipo de adaptaciones está relacionado con el funcionamiento de los órganos internos y con frecuencia va acompañado de adaptaciones morfológicas. Así, las glándulas de la sal de algunas aves y tortugas marinas son una adaptación que permite a estos animales, cuyos riñones no producen una orina concentrada, excretar el exceso de sal incorporado al tragar agua de mar. (Fig. 4.11)

- **Etológica o de comportamiento.** Estas adaptaciones están relacionadas con algún tipo de acción. Algunas aves tienen una espectacular exhibición de cortejo en la que machos y hembras se pavonean, se inclinan y saltan. El objetivo es el reconocimiento y la elección de potenciales parejas de la misma especie. (Fig. 4.12)

Figura 4.10. El insecto palo utiliza el mimetismo para pasar desapercibido.

Figura 4.11. El lirón hiberna como adaptación durante las épocas menos favorables.

Figura 4.12. Los charranes incas realizan un cortejo previo al apareamiento.

4.4. No todo es adaptación

No todos las características de un ser vivo son adaptaciones. **Una adaptación debe ser resultado de la selección natural** para su función actual. Por ejemplo, el color rojo de la sangre no es una adaptación sino que es un producto secundario de su composición química, que sí es una adaptación. Lo mismo podríamos decir de los órganos vestigiales, como el coxis humano o la piel de gallina; ninguno aumenta nuestra "capacidad para sobrevivir y dejar descendencia".

El japonés Motoo Kimura propuso en 1968 la **teoría neutral** (**neutralismo**) de la evolución molecular. Según Kimura, la mayoría de las mutaciones que se producen en los genes son neutras frente a la selección natural. Que se mantengan o desaparezcan no dependerá de la selección natural, sino del azar.

ACTIVIDADES

15. Pon un ejemplo de adaptación biológica, como el color de pelaje de los conejos, y señala en qué ambiente estaría seleccionada a favor y en cuál en contra. ¿En qué condiciones podría ser un rasgo neutro?

16. ¿Cómo podrías distinguir si la resistencia desarrollada por los piojos a los insecticidas es una adaptación biológica o una aclimatación?

5. La distribución geográfica de la biodiversidad

La vida no se distribuye de forma uniforme en la biosfera y conocer su distribución es un paso necesario para planificar su conservación.

La ciencia que estudia la distribución presente y pasada de los seres vivos en la Tierra se denomina **biogeografía** (del griego *bios*, 'vida', y *geo*, 'tierra').

Este estudio puede hacerse desde dos perspectivas diferentes que, con frecuencia, es difícil separar:

- **La distribución de una especie y sus poblaciones.** Se ocupa de estudiar el área geográfica que ocupa una especie (o cualquier otro taxón), determinar las causas de su distribución actual o pasada y prever su evolución futura. Esta disciplina se conoce como **corología**.

- **La distribución de comunidades o agrupaciones de diferentes especies.** En un mismo tipo de vegetación, como un bosque o un prado, a menudo se encuentran las mismas especies de plantas; cada una de estas comunidades de plantas alberga por lo general un grupo determinado de especies animales. La ciencia encargada de su estudio es la **biocenología**.

5.1. El área de distribución y los endemismos

El **área de distribución** de una especie es la superficie del planeta que contiene el conjunto de localidades donde las poblaciones de esa especie han sido observadas y registradas.

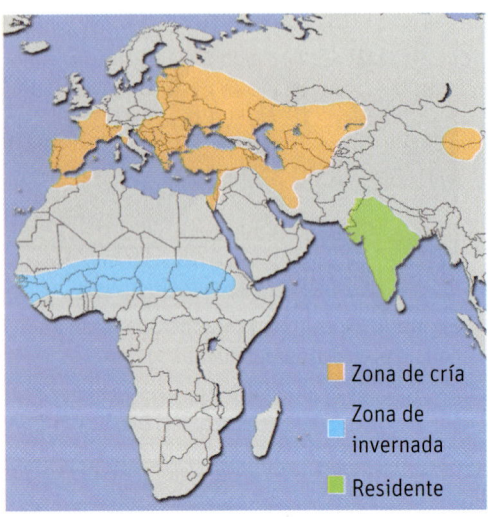

Figura 4.13. Áreas de distribución del águila culebrera (*Circaetus gallicus*) y de la cabra montesa (*Capra pyrenaica*), un endemismo.

En algunas especies, como es el caso de las que realizan grandes migraciones, es difícil delimitar su área de distribución. En esos casos, se suele utilizar como referencia las áreas de reproducción, donde la especie interactúa de forma más completa con el ecosistema.

La clasificación de los tipos de áreas de distribución se puede hacer teniendo en cuenta su ubicación geográfica, su continuidad, su tamaño, etc.

Así, por ejemplo, una especie se puede considerar:

- **Cosmopolita** o ubicuista, si se encuentra y ocupa hábitats apropiados en todos los continentes o en todos los océanos.

  La especie humana y sus acompañantes, como la mosca doméstica o el gorrión común, son ejemplos perfectos.

- **Endémica**, si se presenta en un área muy restringida.

  Los **endemismos**, ya sea una especie o cualquier taxón en general, son muy importantes en las islas y en los macizos montañosos, que se comportan como islas biogeográficas.

  En Canarias existen 520 especies de plantas vasculares endémicas (el 28 % del total) y en islas más incomunicadas, como Galápagos, el porcentaje de endemismos puede llegar a superar el 80 %.

5.2. Los factores que influyen

La distribución actual de los seres vivos es el resultado de la intervención de dos tipos de factores:

- **Factores internos.** Son los propios de cada organismo y están relacionados con su constitución genética. De ella dependerá su capacidad para propagarse y la posibilidad de conquistar nuevos territorios.

- **Factores externos.** Son propios del medio en que viven y expresan las limitaciones que impiden a los organismos moverse de unos lugares a otros. Los principales factores externos son:

  - **Históricos**, como la diferente disposición de tierras y mares a lo largo de la historia de la Tierra.
  - **Geográficos**, como la interposición de una cadena de montañas o de un río.
  - **Climáticos**, como la presencia de condiciones térmicas desfavorables.
  - **Edáficos**, como la existencia de un sustrato que impide el desarrollo una determinada especie.
  - **Bióticos**, como la presencia de parásitos o depredadores, o la intervención humana.

Figura 4.14. Factores de distribución geográfica.

5.3. La clasificación y la jerarquización de los territorios

Del mismo modo que los biólogos han clasificado los seres vivos en grupos jerarquizados, que van desde el reino a la especie, los biogeógrafos han realizado una clasificación y una jerarquización de los territorios en diferentes categorías: **reino**, **región**, **provincia**, **sector**, **distrito** y **tesela**.

El reino, llamado también ecorregión y ecozona, suele tener una extensión continental y para su determinación se tienen en cuenta, principalmente, la historia geológica de la Tierra y la evolución de la fauna y la flora. Los patrones de distribución de las plantas y animales en estas zonas se explican por el proceso de la tectónica de placas.

La **región** es un extenso territorio definido por una flora y una fauna características con elementos originales, es decir, con taxones endémicos. En cada una de estas regiones se incluyen diferentes **provincias** o **dominios** que, a su vez, incluyen territorios de orden menor.

ACTIVIDADES

17. ¿Qué significa que un ave es residente? ¿Cuál es el área de distribución del águila culebrera? ¿Por qué?

18. ¿Por qué abundan los endemismos en las islas?

19. ¿De qué dependerá la capacidad de una especie para conquistar nuevos territorios?

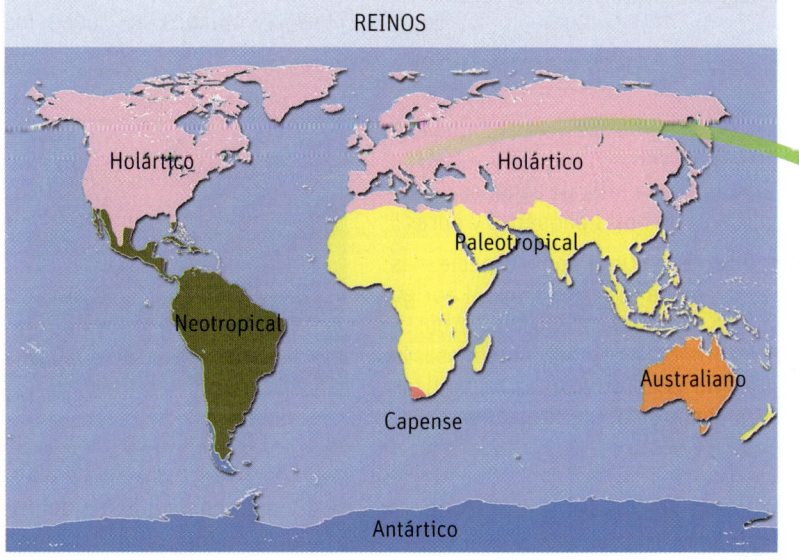
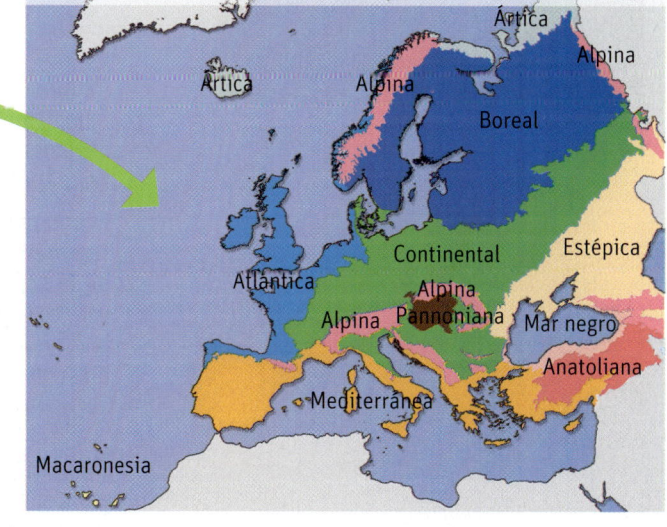

Figura 4.15. Los grandes reinos biogeográficos y las regiones biogeográficas de Europa.

La biodiversidad: origen y conservación

5.4. Las regiones biogeográficas de España

España pertenece biogeográficamente al reino Holártico y, de forma tradicional, se incluyen en ella tres regiones: **Mediterránea**, **Eurosiberiana** y **Macaronésica**.

LA REGIÓN EUROSIBERIANA

Ocupa la fachada norte de la península ibérica. La zona goza de un clima con temperaturas suaves y humedad abundante y bien distribuida a lo largo del año. Estas condiciones permiten el desarrollo de un **bosque caducifolio** frondoso en el que predominan el **haya** (*Fagus sylvatica*) y el roble carballo (*Quercus robur*); su degradación da paso a un **matorral** o **landa**, compuesto por **brezos** y otras especies arbustivas. En su zona más oriental la humedad disminuye y aparecen especies que son propias tanto de la región Eurosiberiana como de la Mediterránea.

Bosque de haya

LA REGIÓN MACARONÉSICA

Ocupa las islas Canarias. Situada en la zona climática tropical se encuentra bajo la influencia de, por un lado, las masas de aire frescas y húmedas aportadas por los vientos alisios y, por otro, los vientos saharianos secos y cálidos. Esta situación, añadida a su condición insular, la hace especialmente rica en especies endémicas.

En las laderas de sus montañas, que recogen la humedad de los alisios, se desarrolla el **bosque de laurisilva**, con árboles perennifolios de hojas lustrosas y fuertes, como el **laurel** o loro (*Laurus azorica*) y el **tilo** (*Ocotea foetens*). En las zonas bajas, con escasa humedad, predomina un **matorral** con plantas suculentas, el **cardón**.

Bosque de laurisilva

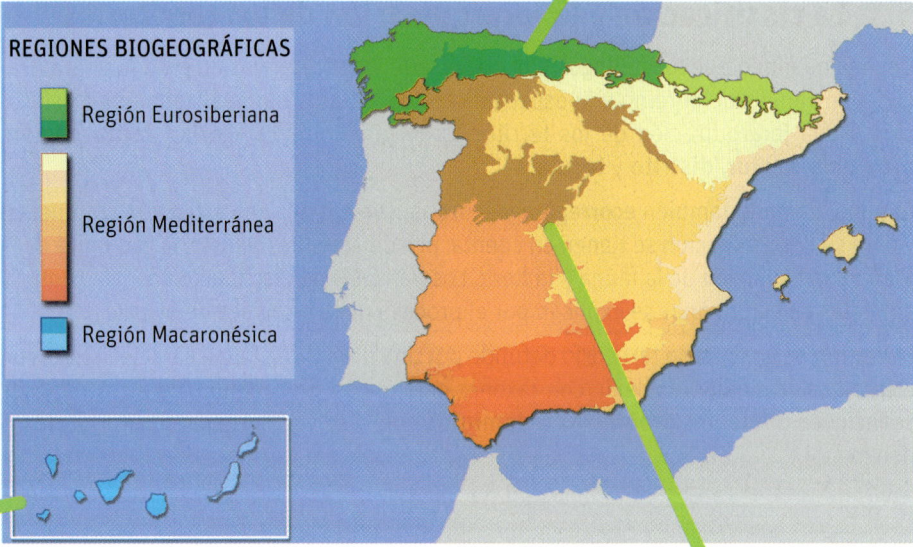
Figura 4.16. Las regiones biogeográficas de España.

LA REGIÓN MEDITERRÁNEA

Ocupa el resto de la península y el archipiélago balear. Su clima tiene veranos cálidos y secos. La vegetación, adaptada a la falta de agua, es de carácter perennifolio, con hojas pequeñas y duras.

El **bosque mediterráneo** tiene como especie más representativa la encina (*Quercus ilex*). Al abrigo de la esta, surgen multitud de especies arbustivas, como el madroño, la coscoja, el lentisco, la jara, y una gran variedad de plantas aromáticas que constituyen el **matorral mediterráneo**.

Encina

En la actualidad cada vez más autores consideran una división de España en cuatro regiones, en lugar de en tres, ya que la región Eurosiberiana la dividen en dos: la zona pirenaica, que se considera perteneciente a la región Alpina, y el resto, que se mantiene aunque ha pasado a denominarse región Atlántica.

5.5. Los pisos bioclimáticos y los pisos de vegetación

En cada región biogeográfica, la altitud y la cercanía a la costa determinan condiciones bioclimáticas diferentes que permiten definir **pisos bioclimáticos**. A cada piso le corresponden determinadas comunidades vegetales y pisos de vegetación.

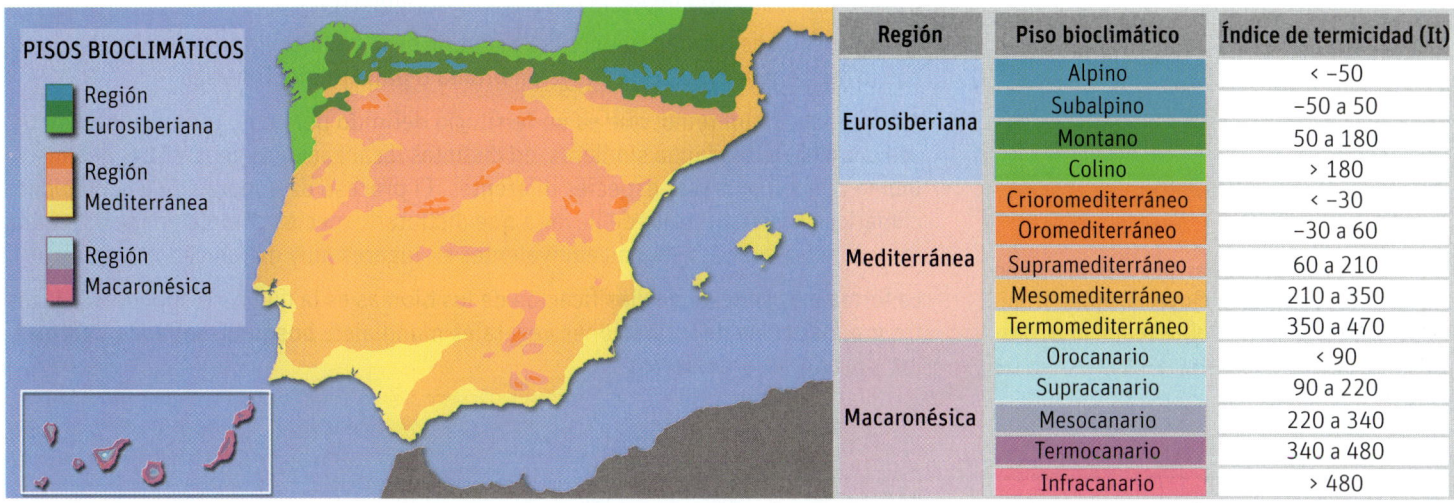

Figura 4.17. Pisos bioclimáticos.

Para determinar los pisos bioclimáticos se utilizan tres parámetros térmicos: la **temperatura media anual** (T), la **temperatura media de las mínimas del mes más frío** (m) y la **temperatura media de las máximas del mes más frío** (M). Sumando estos tres valores y multiplicando el resultado por 10 se obtiene el **índice de termicidad (It)**. El valor obtenido del It nos sitúa en un piso bioclimático determinado (ver tabla).

Los pisos bioclimáticos se suceden en altitud y se pueden representar como una **cliserie**.

LA CIENCIA Y SUS MÉTODOS

Cómo interpretar una cliserie

Una cliserie de pisos de vegetación es un gráfico que muestra los diferentes pisos de vegetación en una zona montañosa. Para interpretarlo:

1.º Describimos los elementos del gráfico. Estos son ejes de coordenadas, símbolos y colores utilizados.

2.º Lo situamos en la zona biogeográfica que corresponda.

3.º Determinamos los pisos que se aprecian. Indicamos, si es posible, los límites de altitud que ocupa cada uno.

4.º Describimos los cambios en las formaciones vegetales en función de la altura. Explicamos a qué pueden deberse.

5.º Hacemos constar las diferencias entre ambas vertientes. Diferenciamos solana de umbría en cuanto a la altura a la que se encuentra la misma formación vegetal o en cuanto a las distintas especies existentes.

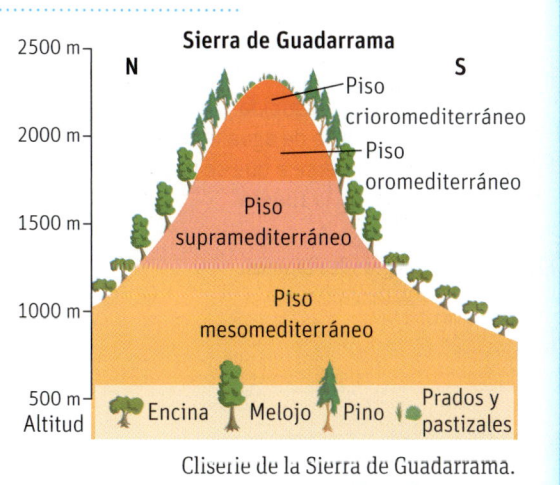

Cliserie de la Sierra de Guadarrama.

ACTIVIDADES

20. Interpreta la cliserie que aparece en la imagen siguiendo las pautas que se indican.

21. Si en una localidad de la Sierra de Guadarrama la T es de 6,4 °C, la m de enero, el mes más frío, es −3,1 °C y la M de ese mes es 2 °C, ¿cuál es su It? ¿En qué piso bioclimático está? ¿Qué formaciones vegetales podemos encontrar?

6. Los grandes biomas

La Tierra puede dividirse en zonas de características climáticas semejantes; la **latitud**, la **altitud**, la **orientación del relieve** o la **cercanía al mar** son los principales factores que influyen en su determinación. En cada una de esas zonas se desarrolla un mismo tipo de vegetación, es decir, con una estructura similar (árboles, arbustos y hierbas), un mismo tipo de hojas (hoja ancha y hoja acicular o agujas) y similar distribución o espaciado de las plantas (cerrado y abierto).

La comunidad de plantas característica que se desarrolla en un clima particular, junto con la fauna que acoge, constituye un **bioma** o **paisaje bioclimático**.

A diferencia de un reino, que es un territorio definido por su historia evolutiva y posee una flora y una fauna similares, en distintas localizaciones geográficas del mismo bioma pueden aparecer especies diferentes. El proceso de adaptación a condiciones climáticas semejantes puede llevar a que distintas especies cumplan papeles similares y construyan ecosistemas equivalentes en lugares muy distanciados.

La forma más sencilla de clasificación de los biomas es la que corresponde a los cuatro grandes tipos de formaciones vegetales mundiales: **bosques**, **sabanas**, **matorrales** y **praderas**, y **desiertos**.

Bosques
Formaciones dominadas por árboles y con elevada cobertura. Incluye bosques tropicales, bosques caducifolios templados, bosques esclerófilos mediterráneos, etc.

Sabanas
Formaciones que presentan la alternancia característica de árboles, con una cobertura reducida, y vegetación herbácea.

Matorrales y praderas
En los matorrales predominan los arbustos. Incluyen matorrales mediterráneos, landas o brezales, etc.

Las praderas están constituidas mayoritariamente por vegetación herbácea. Incluyen estepas, praderas de altura, etc.

Desiertos
De vegetación muy reducida como consecuencia de la ausencia de agua líquida. Esta ausencia puede deberse a que se encuentra congelada, como en la tundra.

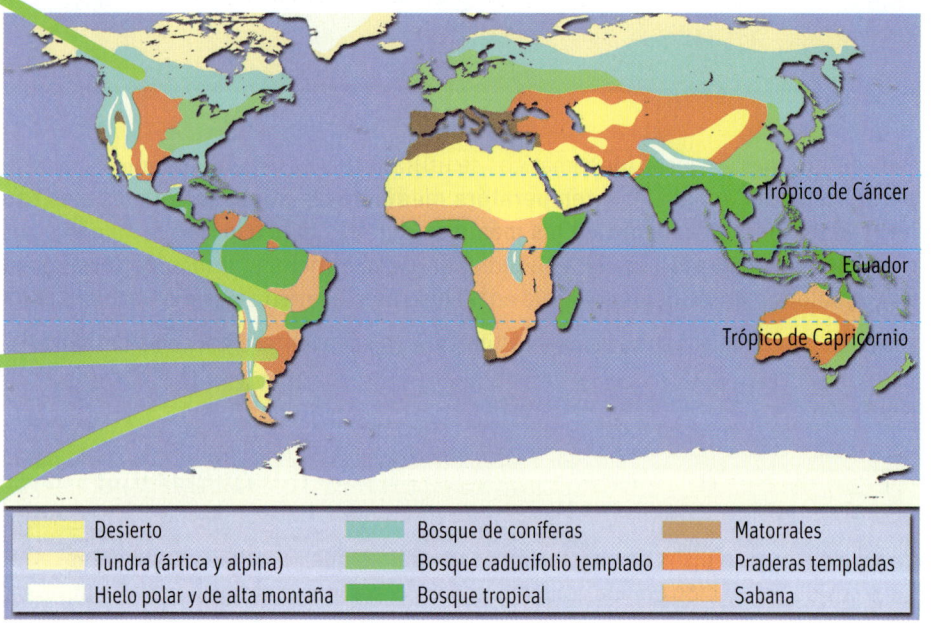

Leyenda: Desierto · Tundra (ártica y alpina) · Hielo polar y de alta montaña · Bosque de coníferas · Bosque caducifolio templado · Bosque tropical · Matorrales · Praderas templadas · Sabana

Figura 4.18. Los grandes biomas.

RELACIONAR

22. Climas y biomas

El diagrama muestra la relación entre el clima (medias anuales de temperatura y precipitación) y el tipo de formación vegetal.

a) ¿Qué tipo de formación vegetal se corresponde con una zona en la que la temperatura media anual es de 10 °C y la precipitación media de 150 cm? ¿Qué aspecto tendría?

b) Tanto si utilizamos los datos climáticos de una localidad del Mediterráneo como los de California, el tipo de formación que obtenemos es el matorral. ¿Qué encontraremos en común y qué será diferente si comparamos ambos?

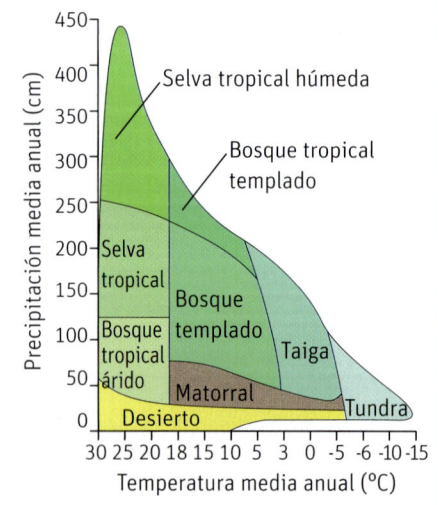

7 La conservación de la biodiversidad

Green Belt

Wangari Muta Maathai (1940-2011) recibió en 2004 el Premio Nobel de la Paz por "sus contribuciones al desarrollo sostenible, a la democracia y a la paz". Esta bióloga, ecologista y activista política keniata fue la primera mujer africana que recibió este galardón.

La doctora Maathai fundó el *Green Belt Movement* ("Movimiento Cinturón Verde"), responsable de la plantación de millones de árboles por todo el país, como si un cinturón cruzara África, y de mejorar la calidad de vida de las mujeres que trabajan en sus viveros. Esto le hizo merecer el apelativo afectuoso de "Mujer Árbol" (*Tree Woman*).

Wangari Muta Maathai, fundadora del Movimiento Cinturón Verde.

La extinción de las especies, como la muerte, es una consecuencia de la vida. Entonces, si la extinción es natural, ¿por qué los biólogos están comprometidos con la conservación de la biodiversidad? La respuesta es doble. En primer lugar porque la biodiversidad tiene un inmenso valor que es necesario preservar. En segundo lugar porque desde la aparición del ser humano se está extinguiendo a un ritmo más rápido que en prácticamente cualquier otra época de la historia de la Tierra.

•**En la Web**

Descubre la importancia de la biodiversidad.
•www.e-sm.net/svbg1bach04_03

7.1. ¿Por qué es importante la biodiversidad?

Cuando se habla del **valor de la biodiversidad** se tiene en cuenta tanto su valor económico como el papel que desempeña en el mantenimiento del bienestar de las todas las personas.

▶ Los servicios de los ecosistemas y el valor utilitario de la biodiversidad

La importancia de la biodiversidad reside en que es la base de los **servicios** y **bienes** que nos proporcionan los ecosistemas. Estos incluyen desde la provisión de alimentos hasta la de fibras para confeccionar ropa, pasando por el filtrado del aire o el agua, la protección contra desastres naturales, la formación de un suelo fértil o la regulación del clima.

La pérdida de la biodiversidad conlleva un deterioro de estos servicios que los ecosistemas prestan de forma gratuita. Como consecuencia se produce un empeoramiento de la salud humana, una mayor inseguridad alimentaria, una mayor vulnerabilidad ante catástrofes y cambios ambientales y, en definitiva, una disminución de nuestra calidad de vida.

Figura 4.19. Los servicios del ecosistema son recursos o procesos de los ecosistemas naturales que benefician a los seres humanos.

▶ El valor no utilitario de la biodiversidad

- La biodiversidad tiene un **valor intrínseco**, es decir, un valor en sí misma. La extinción de una especie, o la desaparición de un hábitat, es una pérdida irreparable de algo valioso y único.

- Por otra parte, desconocemos los **valores potenciales** de la biodiversidad descubierta y más aún de la no descubierta. ¿Cuántas personas hubieran muerto de haberse extinguido el tejo del Pacífico (*Taxus brevifolia*), un árbol que estuvo amenazado y del que se extrae el paclitaxel, un importante anticancerígeno?

- La biodiversidad tiene un **valor de herencia**. Las generaciones futuras tienen igual derecho que nosotros a disfrutar de los beneficios que la biodiversidad nos proporciona. Está en la esencia del concepto de desarrollo sostenible: "El desarrollo que satisface las necesidades de las generaciones presentes sin comprometer las posibilidades de las del futuro para satisfacer sus propias necesidades".

7.2. ¿Qué amenaza a la biodiversidad?

La mayoría de las extinciones ocurridas durante los últimos mil años tuvieron lugar en islas y tenían su raíz en la caza excesiva o en la introducción de especies exóticas.

Figura 4.20. Un efecto combinado de la caza y la introducción de especies foráneas provocaron la desaparición hace 400 años del último dodo de isla Mauricio.

Sin embargo, a comienzos del siglo XX la situación empezó a cambiar. Las especies en peligro que se extinguirán en el futuro, a menos que se pongan en marcha programas de conservación efectivos, vivirán seguramente en continentes y la causa estará en la destrucción de su hábitat.

Sea cual sea la principal causa de la pérdida de biodiversidad siempre habrá que contar con estos factores:

- **La destrucción, el deterioro y la fragmentación de hábitats.** El origen puede estar en la quema o tala de bosques con el fin de disponer de terrenos para la agricultura o la ganadería, la construcción de presas, el desarrollo urbano, la construcción de carreteras, gaseoductos, oleoductos, etc. Es probablemente el factor que en estos momentos más afecta a la pérdida de biodiversidad.

- **La sobreexplotación.** Es el resultado de la cosecha o destrucción de plantas o animales para alimento, materiales o medicina, a una tasa que supera la capacidad reproductiva de las poblaciones. Puede ser **directa**, legal e ilegal (como el tráfico ilegal de especies), e **indirecta** (como la pesca incidental).

- **La introducción de especies exóticas.** Estas especies son llevadas de una a otra parte del mundo, de forma deliberada o involuntaria, y se convierten en competidores, depredadores o parásitos de especies autóctonas. Son responsables de las disminuciones de muchas de las poblaciones de especies nativas. Esto reviste especial importancia en el caso de las islas y en los ecosistemas de agua dulce, donde estas especies invasoras son consideradas la principal amenaza para las especies endémicas.

- **La contaminación** generada, fundamentalmente, por el uso de combustibles fósiles y el consumo creciente de fertilizantes y plaguicidas en la agricultura. Afecta de forma particular a los ecosistemas acuáticos.

- **El cambio climático** es, potencialmente, la mayor amenaza para la biodiversidad en las próximas décadas. Su impacto se está sintiendo ya en los ecosistemas polares y de alta montaña así como en costeros y marinos, tales como los arrecifes coralinos.

Figura 4.21. Las actuales tasas de extinción son entre 100 y 1000 veces mayores que las registradas en los últimos 550 Ma. La foca monje es una de las especies en peligro.

INTERPRETAR

23. Múltiples factores

La gráfica muestra el resultado de un estudio sobre las causas de que estén en peligro 488 especies autóctonas de Canadá. Los científicos suponen que las conclusiones, con los cambios necesarios, pueden ser válidas para otras partes del mundo.

a) ¿Por qué crees que los datos para los distintos grupos de especies suman más del 100 % cada una?

b) ¿Cuál es el factor más importante en el declive de estas especies?

c) ¿Qué otro factor influye de forma decisiva en el declive de las especies marinas? ¿Y en el de las especies de agua dulce?

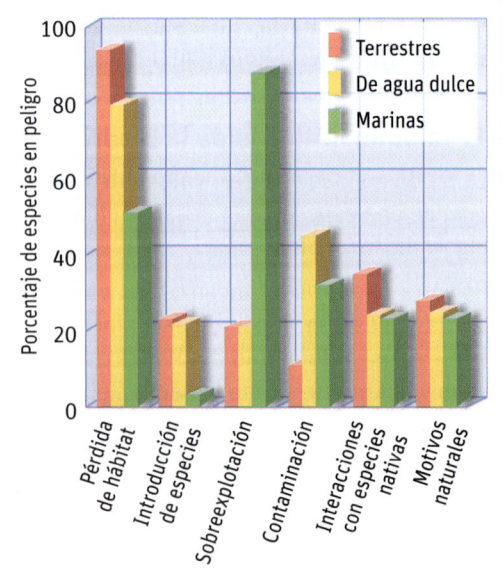

7.3. ¿Cómo proteger la biodiversidad?

El CDB

El Convenio sobre la Diversidad Biológica (CDB) es un tratado internacional firmado en la Conferencia de las Naciones Unidas sobre Medio Ambiente y Desarrollo en 1992, celebrada en Río de Janeiro y conocida como "la Cumbre de la Tierra".

El CDB tiene tres objetivos principales: la conservación de la biodiversidad, el uso sostenible de los componentes de la diversidad biológica y la participación justa y equitativa en los beneficios derivados del uso de los recursos genéticos.

Las intervenciones para la conservación de la biodiversidad pueden ser muy variadas. En la actualidad numerosas organizaciones se encargan de concienciar a la opinión pública y alertar a los gobiernos sobre la necesidad de potenciar este tipo de intervenciones que se agrupan en dos estrategias diferentes:

- La **conservación *ex situ*** trata de mantener a los seres vivos fuera de su hábitat natural, en lugares como centros de investigación, zoológicos, bancos de semillas, etc.
- La **conservación *in situ*** se pone en práctica con la conservación de áreas más o menos extensas, desde las reservas de la biosfera y los ***hotspots*** o 'puntos calientes' (Fig. 4.22) hasta las reservas locales para especies individuales, incluidos los parques nacionales y los paisajes protegidos.

El término **puntos calientes** (*hotspots*) o **puntos críticos de diversidad** fue introducido por el conservacionista Norman Myers en 1988 para describir las áreas del planeta con una biodiversidad sumamente elevada y sobre las que convenía centrar los esfuerzos conservacionistas. En la actualidad, para que una zona sea considerada un punto caliente debe cumplir dos criterios estrictos: primero, debe contener al menos 1500 especies de plantas endémicas (el 0,5 % del total) y, segundo, debe haber sufrido una pérdida de al menos un 70 % de su vegetación original.

> **En la Web**
> Conoce más acerca del desarrollo sostenible.
> www.e-sm.net/svbg1bach04_04

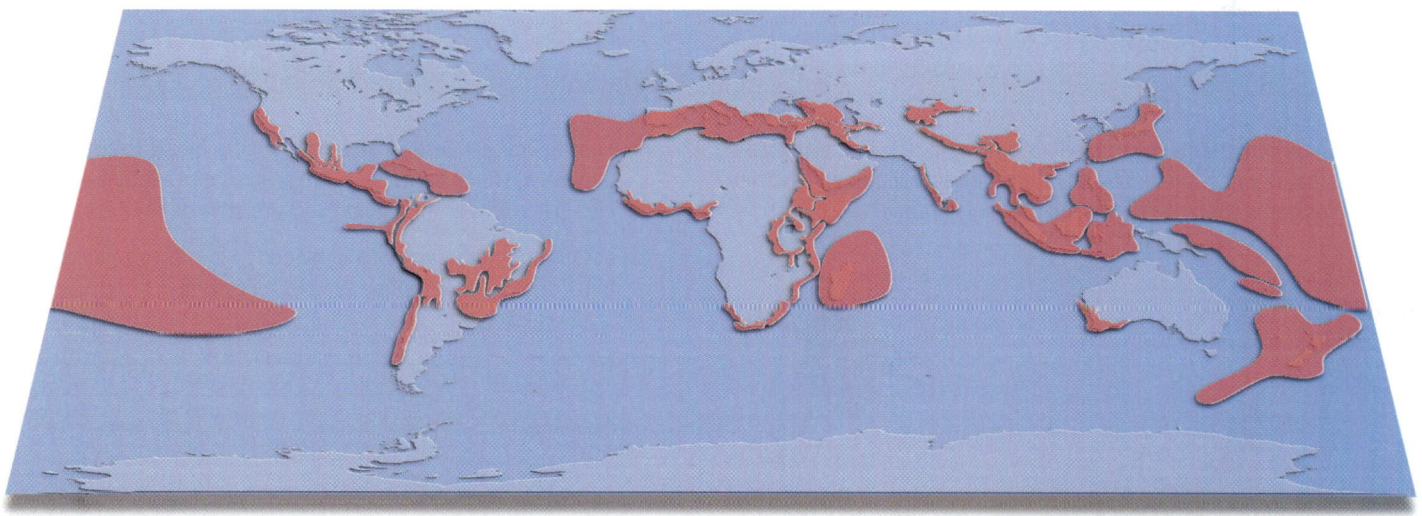

Figura 4.22. Mapa de distribución de puntos calientes. Actualmente hay descritos 34 *hotspots* y la situación empeora ya que el 86 % de su hábitat ha sido ya destruido.

ACTIVIDADES

24. Piensa en un paisaje natural que conozcas y nombra algunos de los servicios del ecosistema que te sugiere.

25. ¿Se incluyen algunas zonas de España en los puntos calientes de diversidad biológica?

26. ¿Qué estrategia conservacionista te parece más eficiente, *in situ* o *ex situ*? ¿Por qué?

ACTIVIDADES

Síntesis

27. Completa en este mapa conceptual los términos que faltan (•••) y los fragmentos que debes desarrollar (+). Puedes realizar la actividad en tu cuaderno.

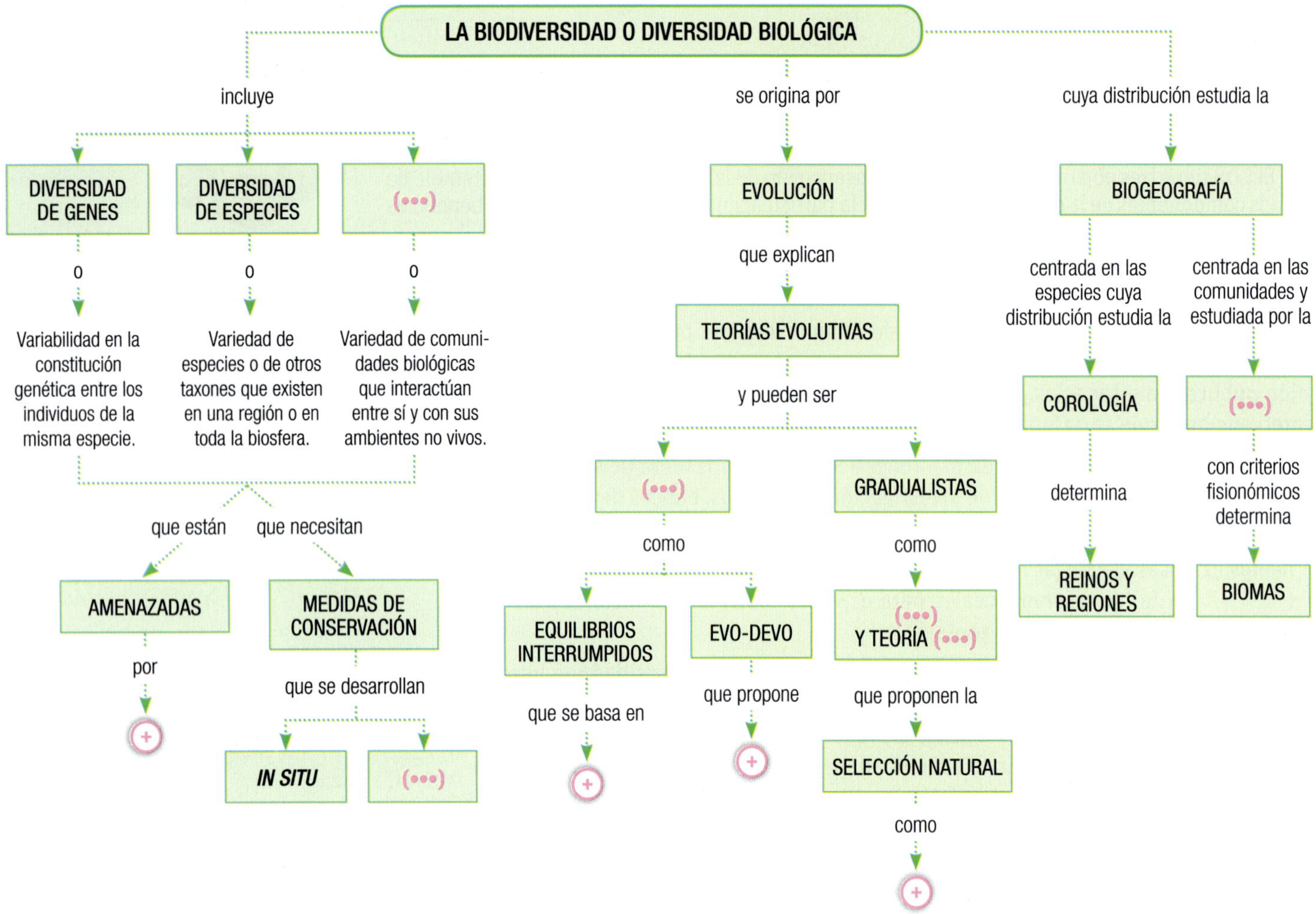

```
                        LA BIODIVERSIDAD O DIVERSIDAD BIOLÓGICA
        incluye                              se origina por              cuya distribución estudia la

DIVERSIDAD    DIVERSIDAD    (•••)          EVOLUCIÓN                      BIOGEOGRAFÍA
DE GENES      DE ESPECIES
    o             o           o            que explican             centrada en las      centrada en las
                                                                    especies cuya        comunidades y
Variabilidad   Variedad de    Variedad de   TEORÍAS EVOLUTIVAS      distribución estudia la   estudiada por la
en la          especies o     comuni-
constitución   de otros       dades          y pueden ser            COROLOGÍA            (•••)
genética       taxones que    biológicas
entre los      existen en     que inter-     (•••)    GRADUALISTAS    determina           con criterios
individuos     una región     actúan entre                                                fisionómicos
de la misma    o en toda la   sí y con sus   como      como                               determina
especie.       biosfera.      ambientes
                              no vivos.                                REINOS Y           BIOMAS
                                                                       REGIONES
   que están   que necesitan                          (•••)
                                                      Y TEORÍA (•••)
AMENAZADAS   MEDIDAS DE       EQUILIBRIOS   EVO-DEVO
             CONSERVACIÓN     INTERRUMPIDOS
 por                                         que       que proponen la
             que se desarrollan que se       propone
  (+)                         basa en                  SELECCIÓN NATURAL
             IN SITU  (•••)    (+)            (+)
                                                       como
                                                        (+)
```

Aplicación y relación

28. En un ecosistema se contabilizó el número de especies de escarabajos y el número de individuos de cada una de la especies. Los datos aparecen representados en la gráfica.

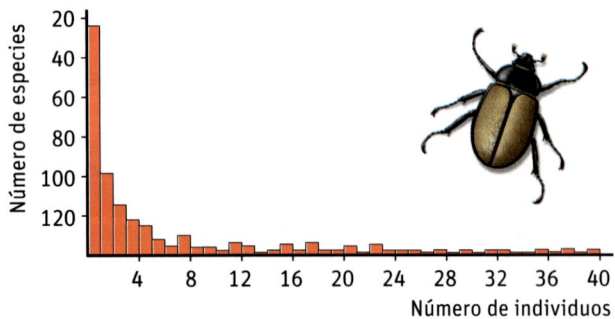

a) Observa y comenta los datos que aparecen en la gráfica y explica por qué conocer la riqueza específica no es suficiente para valorar la diversidad de especies de un ecosistema.

b) ¿Cómo hubiera sido la gráfica si en el ecosistema la riqueza de especies de escarabajos fuera la misma, pero también fuera semejante su abundancia relativa?

c) ¿Cuál de los dos tendría mayor diversidad de especies?

29. En la figura se muestran tres comunidades biológicas hipotéticas que son bastante parecidas entre sí en cuanto a riqueza de especies, pero difieren en la abundancia relativa de cada especie.

Los puntos corresponden a individuos y los del mismo color son individuos pertenecientes a la misma especie.

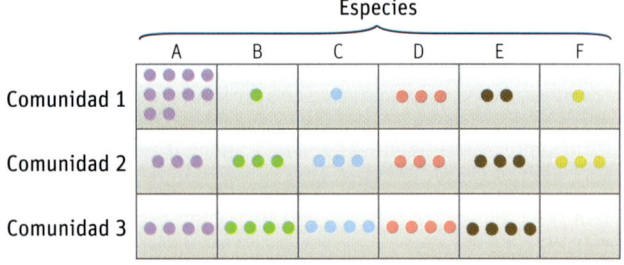

a) Indica la riqueza en especies de cada comunidad.

b) ¿Cuál de ella te parece que tiene más diversidad de especies? ¿Cuál menor?

c) Calcula el índice de Simpson $D = 1/\sum p_i^2$ para cada especie. (Siendo $p_i = n_i/N$ la abundancia relativa de cada especie). ¿Confirman estos resultados tus predicciones?

30. A semejanza de la división en biomas que se hace en la tierra, el medio marino se ha divido en zonas utilizando criterios como: la profundidad, la cercanía a la costa, la iluminación, etc.

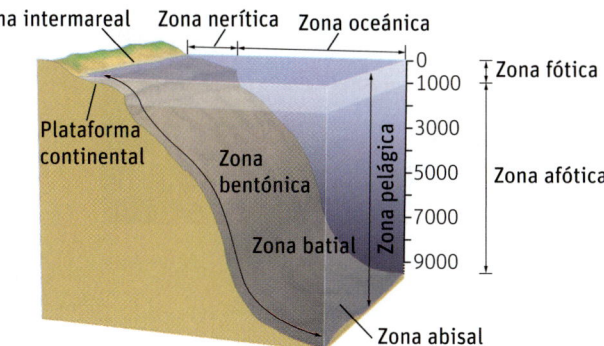

a) ¿Con que criterio se definen las zonas nerítica y pelágica?
b) ¿Cómo definirías la zona batial?

31. Interpreta la cliserie que aparece en la figura.

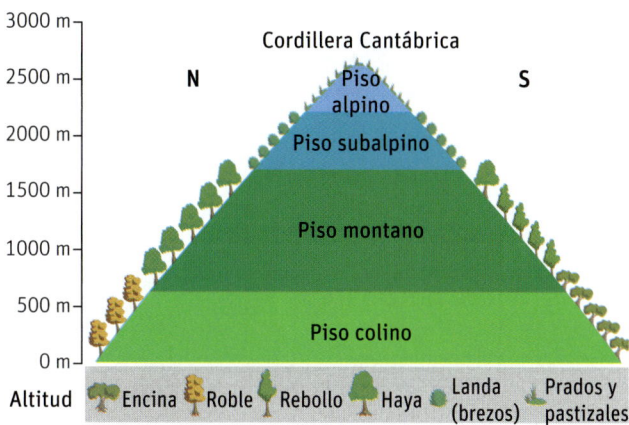

32. Durante los períodos de glaciación del Pleistoceno, las gaviotas argénteas (*Larus argentatus*) buscaron refugio al sur de los bordes del hielo. A partir de un grupo inicial distribuido desde Siberia al mar Caspio, varios grupos se separaron:

– Un grupo se asentó en Escandinavia (población A_1) y más al sur, en las islas Británicas y Francia (población A_2). Estas poblaciones pueden actualmente cruzarse entre ellas y su descendencia es fértil.

– Otro grupo emigró hacia la costa pacífica de Asia (B_1), y posteriormente pasó a Norteamérica (B_2). Las poblaciones B_1 y B_2, aunque presentan diferencias morfológicas, pueden cruzarse.

– Posteriormente una parte de B_2 pasó de nuevo a Europa y coexiste con la población A_2, pero sin cruzarse.

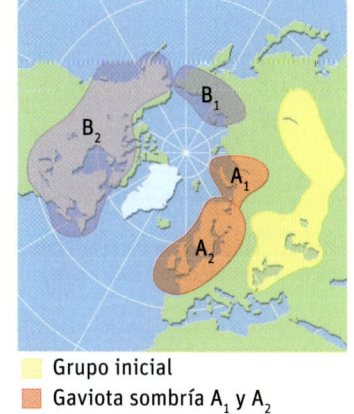

Grupo inicial
Gaviota sombría A_1 y A_2
Gaviota argéntea B_1 y B_2

Utiliza el modelo general de especiación para explicar el proceso que ha llevado a que:

a) Las poblaciones B_1 y B_2 pertenezcan a la misma especie.
b) Las poblaciones B_2 y A_2 pertenezcan a especies diferentes.

33. En los últimos años, los insecticidas usados para eliminar el piojo del pelo han perdido su eficacia. Los especialistas desaconsejan el uso de tratamientos preventivos ya que "ha propiciado que se exponga al piojo a pequeñas dosis de insecticida. Esta cantidad no logra erradicarlo, pero sí puede favorecer que se adapte a la sustancia".

¿Están hablando de adaptación biológica o de aclimatación? Justifica tu respuesta.

34. Un equipo de investigación restauró pequeñas áreas de bosque en medio de un área degradada muy pobre en especies. Algunas de las áreas restauradas fueron conectadas mediante "pasillos" que facilitaban el desplazamiento de los individuos, mientras otras permanecieron aisladas. La diferencia en la riqueza de especies entre ambos tipos de parcelas contabilizadas en años sucesivos aparece en la gráfica.

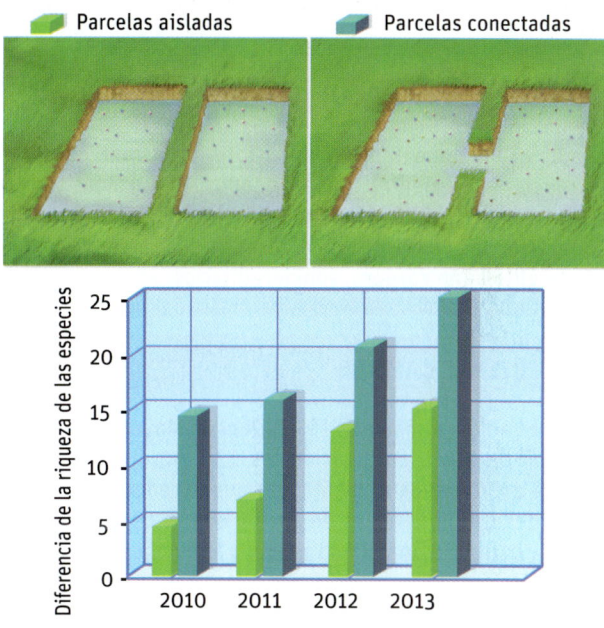

a) Comenta las diferencias que observas. ¿A qué pueden deberse?
b) ¿Qué enseñanzas pueden derivarse de estas experiencias para los responsables de la conservación de la biodiversidad?

Biblioteca global

35. La riqueza natural de nuestro país

La situación geográfica de España, unida a la gran variedad de climas, suelos y orografía, ha dado lugar a una gran diversidad de hábitats, a la que acompaña una gran riqueza específica. Aunque esa riqueza va más allá del número de especies.

El área de distribución de muchas de nuestras especies se restringe al territorio español, es decir, son especies endémicas.

Busca información que te permita:

a) Poner ejemplos de especies endémicas.
b) Brindar ejemplos de especies en peligro de extinción.
c) Localizar alguna zona cercana al lugar en el que vives que goce de especial protección a la biodiversidad y enumera sus especies más representativas.

LA CIENCIA Y SUS MÉTODOS > Experimentos en la naturaleza

En algunas ciencias, como la física mecánica, la experimentación en el laboratorio es un instrumento tan valioso para poner a prueba las hipótesis que durante mucho tiempo se consideró el único. Sin embargo, teorías básicas en ciencias tan diferentes como la biología, la geología o la astronomía, se contrastan y se validan o refutan haciendo observaciones que tienen poco que ver con la experimentación.

La evolución de los seres vivos puede considerarse el resultado de una "experimentación" que la naturaleza realiza de forma permanente. Son experimentos que no pueden ser reproducidos en el laboratorio sino que deben analizarse e interpretarse a partir de la observación del medio natural.

Evolución en acción: los pinzones de Darwin

Los biólogos Rosemary y Peter Grant han estado más de tres décadas estudiando los cambios en el tamaño y en la forma del pico, y del tamaño corporal que se han producido en los pinzones de la isla Daphne Mayor de las Galápagos.

En esta isla, un acontecimiento de selección drástico puso en marcha un experimento natural:

LOS ESTUDIOS PREVIOS

Dado el pequeño tamaño del islote, los Grant pudieron atrapar, pesar, medir y marcar a todos los pinzones terrestres de pico mediano (*Geospiza fortis*). El seguimiento de la población les confirmó que el tamaño y la forma de los picos y el tamaño corporal son hereditarios.

EL AMBIENTE CAMBIA

En la estación húmeda de 1977, Daphne Mayor recibió solo 24 mm de lluvia en lugar de los 130 mm habituales. La fuente principal de alimentación quedó reducida a los resistentes frutos, difíciles de abrir y que se desechan cuando hay otros, de una planta llamada *Tribulus cistoides*.

LA HIPÓTESIS

El grupo de los Grant planteó la hipótesis de que los ejemplares con picos especialmente grandes podrían abrir mejor esos frutos más duros, lo que incrementaría su posibilidad de sobrevivir.

LOS RESULTADOS

El 84 % de la población de pinzones desapareció. Como se esperaba, los supervivientes fueron los que tenían de media un pico mayor. En solo una generación los descendientes tenían picos medio milímetro más profundos de media que antes de la sequía.

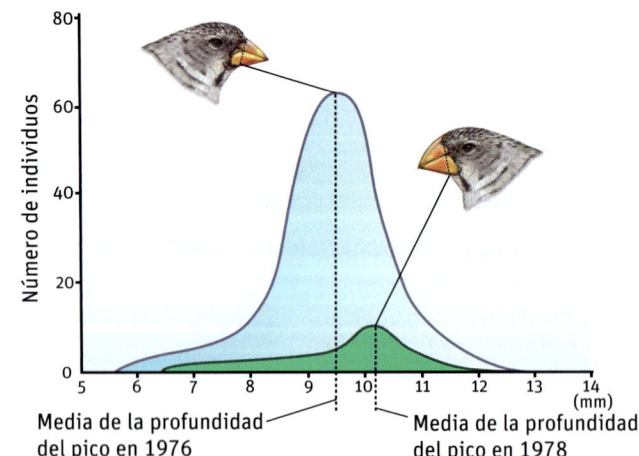

ACTIVIDADES

36. Observa las gráficas y justifica si es verdadera o falsa la siguiente afirmación: "Durante la sequía se produjo una mutación que aumentó en 0,7 mm el tamaño del pico".

37. En 1983, el ambiente volvió a cambiar. En siete meses cayeron un total de 1359 mm de agua de lluvia. El crecimiento de las plantas fue espectacular y los pinzones se alimentaron de las pequeñas y blandas semillas que se estaban produciendo en abundancia. ¿Qué supones que pasó en la población de *Geospiza fortis*? ¿Por qué?

EXPERIENCIAS QUE CAMBIARON EL MUNDO

La revolución de Darwin

Con Darwin los seres humanos dejamos de ser la especie elegida para convertirnos en una especie más, inmersa en un proceso general de cambio que afecta a todos los organismos.

Todo hubiera sido diferente, al menos para Darwin, sin esa tentadora oferta que recibió en 1831 para participar como naturalista en un viaje de cinco años alrededor del mundo; un viaje en el Beagle.

De los lugares que visitó el que más le impresionó fue las islas Galápagos. Los animales que allí encontró eran únicos, en particular sus extraordinarias tortugas gigantes. El gobernador de las Galápagos le comentó que podía identificar la isla de origen de cada tortuga por la forma y las marcas de su caparazón. Darwin tomó buena nota de este hecho pero tardaría años en encontrarle sentido.

El lugar que más impresionó a Darwin fue las islas Galápagos.

Examinar las cajas y cajas del material recogido por el Beagle y analizar la información de la que disponía bajo la nueva idea que ya bullía en su cabeza, no fue tarea fácil. Tuvieron que pasar siete años para que Darwin plasmara en un borrador de 230 páginas su teoría sobre la evolución. Aunque el manuscrito podría haber seguido guardado hasta su muerte si no hubiera recibido en 1858, quince años más tarde, el borrador de un artículo del joven naturalista Alfred Wallace. Wallace, con el que Darwin mantenía frecuente correspondencia, esbozaba en su escueta nota una teoría de la selección natural asombrosamente parecida a la que Darwin guardaba en su secreto manuscrito.

La publicación en 1859 de *El origen de las especies…* provocó una controversia sin precedentes en la historia de la ciencia. Desde las instancias más conservadoras se inició una campaña de desprestigio, incluso de mofa, de Darwin y sus seguidores.

El suceso más conocido tuvo lugar, en ausencia de Darwin, el 30 de junio de 1860 en una reunión de la Asociación Británica para el Progreso de la Ciencia en Oxford.

El obispo anglicano de Oxford y brillante orador, Samuel Wilberforce, le preguntó a Thomas Huxley* si él creía venir del mono por parte del abuelo paterno o del materno. Huxley le contestó que prefería declararse pariente de un humilde mono antes que de alguien que utilizaba sus conocimientos y su elocuencia en tergiversar las teorías de aquellos que dedican sus vidas a la búsqueda de la verdad. Semejante respuesta era una impertinencia escandalosa, así como una falta de respeto al cargo que ostentaba Wilberforce, y el acto se convirtió de inmediato en un tumulto.

Caricatura de Darwin publicada en su época.

La ocurrencia de Wilberforce revela lo mal que recibió el clero la obra de Darwin.

El caso es que, aunque pudiera parecerles una contradicción, lo que nos caracteriza como seres humanos y nos diferencia de otros seres vivos es, precisamente, resultado de la evolución.

*Thomas Henry Huxley: Científico británico especialista en anatomía comparada y firme defensor de Darwin, hasta el punto de ser conocido como "el bulldog de Darwin".

• En la Web
Repasa la biografía de Charles Darwin.
• www.e-sm.net/svbg1bach04_05

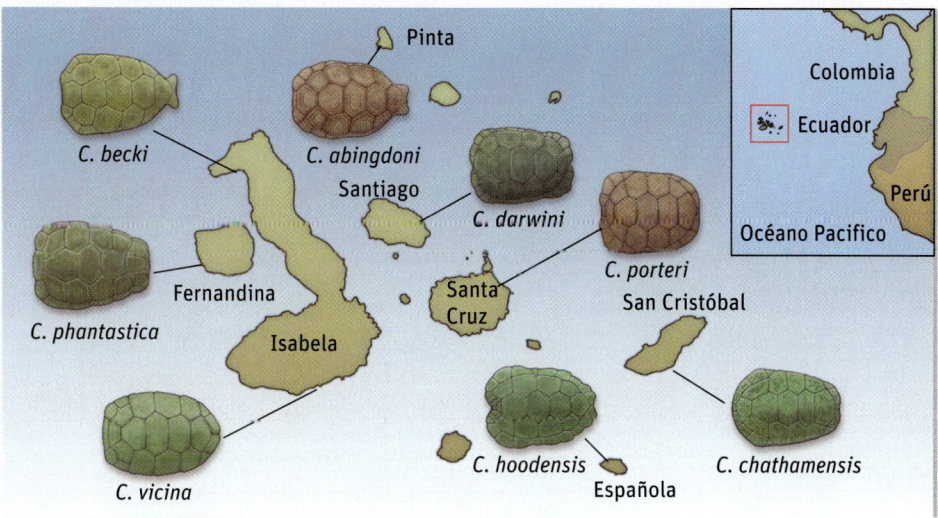

Distribución de las especies de tortugas en las islas Galápagos.

ACTIVIDADES

38. Sigue las etapas del viaje de Darwin en smSaviadigital.com AMPLIA y localiza las islas Galápagos.

39. ¿Qué opinas de las reacciones que se produjeron tras la publicación de la obra de Darwin? ¿Podría ocurrir algo así en la actualidad?

5

1  La clasificación de las especies

2  Reinos, dominios e imperios

3  El árbol de la vida

La clasificación de los seres vivos

4 La diversidad de las plantas

5 La diversidad de los animales

LA CIENCIA Y SUS MÉTODOS
Claves dicotómicas para identificar organismos

EN PORTADA

De nombres y falsos parientes

Los fenicios, un pueblo procedente del norte de África, se establecieron en el siglo IX a. C. en las costas mediterráneas de la península ibérica. El nombre que adoptaron para esas tierras fue el de *i-spn-ya* (*i-*: 'costa', 'isla' o 'tierra' y *-spn-*, que al leerlo suena como *saphan*, como 'damán'), es decir, "¡el país de los damanes!". Al parecer, los fenicios confundieron a los abundantes conejos de nuestras tierras con otros pequeños mamíferos muy frecuentes en tierras africanas: los damanes (*Procavia capensis*).

A pesar de su aspecto, los damanes no están emparentados con los conejos, y los manuales siempre han afirmado que son los parientes más cercanos de los elefantes. O, al menos, eso decían hasta que los recientes estudios morfológicos y moleculares han concluido que los parientes más cercanos de los elefantes son los manatíes, pertenecientes al orden de los sirénidos. Los damanes, aunque estrechamente relacionados tanto con los elefantes como con los sirénidos, forman un grupo que se separó de ellos en una época anterior.

Los sirénidos constituyen un grupo de mamíferos exclusivamente acuáticos. Las cuatro especies de sirénidos actuales están en peligro de extinción. Una quinta especie, la enorme vaca marina de Steller (*Hydrodamalis gigas*), se extinguió a mediados del siglo XVIII como resultado de la caza masiva a la que fue sometida.

El nombre de los sirénidos viene de su supuesta semejanza con las míticas sirenas, aunque el parecido no resulta tan evidente. El lento y sinuoso nadar de los sirénidos, unido a que amamantan a sus crías con un par de mamas situadas bajo las aletas, pudo hacer soñar a algún exhausto marinero.

Figura 5.1. El damán roquero es la especie de damanes más extendida.

• **En la Web**
Observa a los damanes en su hábitat.
www.e-sm.net/svbg1bach05_01

1. ¿Qué utilidad puede tener el que los científicos empleen esos términos, a veces tan extraños, como *Hydrodamalis gigas* o *Procavia capensis*, para nombrar a las especies?

2. ¿Cuál puede ser la causa de que los damanes tengan un aspecto más parecido a los conejos que a los elefantes con los que están más emparentados?

3. Observa el esquema adjunto en el que se muestran las relaciones de parentesco entre damanes, elefantes y sirénidos. ¿Con qué grupo de sirénidos actuales estaba más emparentada la extinta vaca marina de Steller? ¿Cómo lo has deducido?

Los manatíes y su relación de parentesco con otros animales.

1 La clasificación de las especies

El damán roquero o el conejo europeo son solo dos ejemplos del más de un millón setecientas mil especies descritas. ¿Cómo se puede poner un poco de orden en esta inmensa biodiversidad? A este reto se han enfrentado los **naturalistas** de todas las épocas y sus esfuerzos han quedado reflejados en los sucesivos intentos de clasificación de los organismos que aún hoy se producen.

El campo concreto de la ciencia que se ocupa de describir y clasificar la vasta diversidad de la naturaleza es la **taxonomía**.

Los taxónomos aún no se han puesto de acuerdo sobre el mejor método para clasificar la biodiversidad. En cualquier caso, una buena clasificación, como un buen sistema de ordenamiento de los libros en una biblioteca, debe cumplir tres principios básicos:

- Facilitar la recuperación de información. Es decir, que podamos encontrar con facilidad el libro que buscamos en una biblioteca.
- Servir de base para estudios comparativos. Agrupar, por ejemplo, la novela según el género, el origen del autor, etc. nos permite su estudio comparado.
- Permitir la incorporación de nueva información. Es decir, que exista el lugar adecuado para añadir un nuevo libro.

En la Web

Consulta información sobre la biografía de Linneo.

www.e-sm.net/svbg1bach05_02

1.1. Los primeros intentos de clasificación

El sistema de clasificación que dominó la taxonomía hasta finales del siglo XVIII procedía de la división de grupos grandes en subgrupos hasta llegar a la especie que se quería clasificar. Actualmente se sigue utilizando este sistema en las guías de campo (claves dicotómicas) pero no se considera un sistema de "clasificación" sino de identificación.

Carl Linneo (1707-1778) fue el primero en proponer un sistema totalmente diferente. Consiste en organizar las especies examinadas en grupos, llamados **taxones**, integrados por especies similares. Las especies se agrupan entre ellas, por criterios de semejanza, para formar grupos más grandes; entre los nuevos taxones, llamados **géneros**, se eligen los que muestran más semejanzas para formar nuevos grupos de un nivel superior. Y así sucesivamente hasta elaborar una **jerarquía** completa de taxones, en la que el último nivel de agrupamiento lo constituye el **reino**.

En la época de Linneo cada taxonomista utilizaba su propio criterio para seleccionar las características con las que establecía las semejanzas entre los taxones.

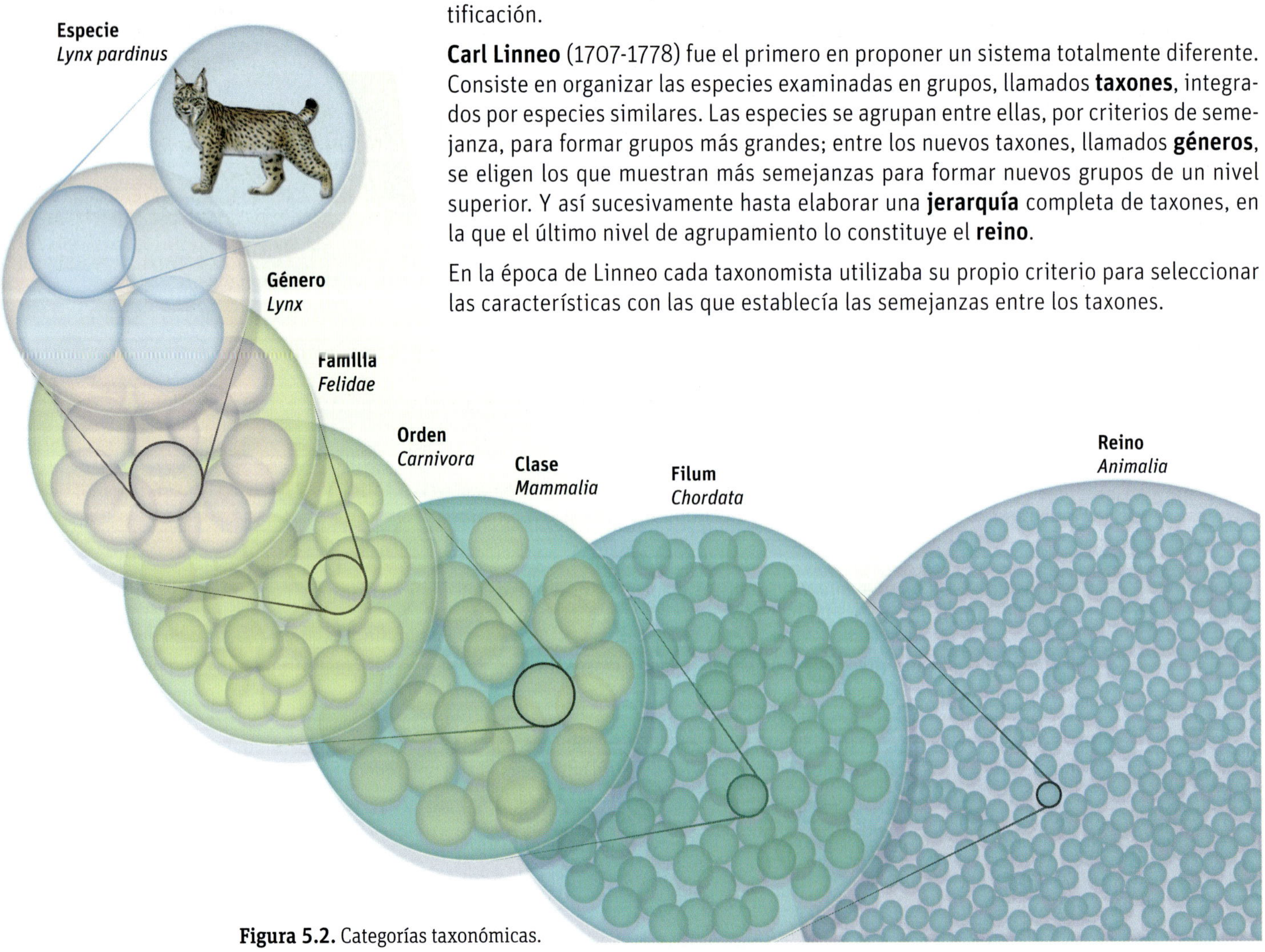

Figura 5.2. Categorías taxonómicas.

1.2. ¿Cómo se nombra a los grupos?

¿De qué sirve hacer una perfecta agrupación de los libros de la biblioteca si no asignamos nombres a los grupos? Dar nombre a los grupos es parte esencial de la clasificación, y cada sistema de clasificación tiene unas normas para decidir a qué grupos se les da nombre y cómo hacerlo.

La **nomenclatura linneana** asigna nombres a los diferentes taxones y cada especie recibe un nombre único. El **nombre científico** de una especie está compuesto por dos términos que se escriben en *cursiva*. El primero, con mayúscula inicial, corresponde al género y el segundo, en minúscula, a la especie. Ambos términos son palabras en latín o latinizadas y pueden hacer referencia a alguna característica de la especie, a su descubridor, a su nombre vulgar, a su localización, etc. Por ejemplo, *Trifolium repens* es una pequeña planta con tres hojas que crece pegada al suelo, es decir, el trébol.

1.3. La clasificación después de Darwin

Si existe una teoría que explica cuáles son las causas que están detrás de las semejanzas entre los organismos, estas deberán tenerse en cuenta a la hora de hacer los grupos. Según la teoría darwiniana de la evolución, un sistema de clasificación sólido tiene que basarse en dos criterios:

- La **genealogía**, es decir, la ascendencia común.
- El **grado de similitud**, es decir, la cantidad de cambios evolutivos acumulados desde que los grupos se separaron del antecesor común.

A este sistema de clasificación se le llama **evolutivo**, **darwiniano** u **ortodoxo**. Otros sistemas que utilizan solo uno de los dos criterios son:

- El **sistema cladístico**. Se basa exclusivamente en la genealogía. Los seres vivos que constituyen un grupo deben tener, todos, un **origen común**. Los grupos así formados, y a los que se da nombre, se denominan **clados**.
- El **sistema fenético** o **numérico**. Se basa en la **similitud**. Los seres vivos se agrupan según el número de características que comparten. Se tienen en cuenta el máximo de características y todas tienen la misma importancia.

CATEGORÍAS TAXONÓMICAS PARA UN ANIMAL Y UNA PLANTA

Conejo europeo	Nombre vulgar	Trébol blanco
Oryctolagus cuniculus	Especie	*Trifolium repens*
Oryctolagus	Género	*Trifolium*
Leporidae	Familia	Fabaceae
Lagomorpha	Orden	Fabales
Mammalia	Clase	Eudicotyledoneae
Chordata	Filum /División/ Tipo	Anthophyta o Angiospermae
Animalia	Reino	Plantae

COMPARAR

4. ¿Herederos de un antepasado común?

Los huesos de las alas de murciélagos y aves, y las extremidades superiores de los vertebrados, son estructuras homólogas, es decir, heredadas de un antecesor común. Sin embargo, las alas, en sí mismas, no son homólogas; es un carácter que evolucionó de forma independiente en estos dos grupos y que también ha surgido en otros, como los insectos, que no son vertebrados.

a) ¿Qué sistemas de clasificación utilizarían "tener alas" como característica para hacer grupos?

b) ¿Qué sistemas utilizarían la "estructura ósea de las patas" para agrupar?

ACTIVIDADES

5. Haz una lista con las diferentes categorías taxonómicas y ordénalas empezando por la que incluye a organismos más semejantes.

6. Según la teoría de la evolución por selección natural, ¿cuál debería ser el mejor criterio para establecer las semejanzas entre los grupos de organismos?

2. Reinos, dominios e imperios

En la Web

Con este vídeo de los cinco reinos de la vida podrás realizar un viaje a través del tiempo.

www.e-sm.net/svbg1bach05_03

En la jerarquía linneana, el taxón más general es el reino; Linneo propuso tres reinos: *Animale*, *Vegetabile* y *Lapidum* (minerales) que pronto quedaron reducidos a dos. Todos los seres vivos que no eran claramente animales se clasificaban como vegetales, y así se mantuvo la división en reinos hasta la segunda mitad del siglo XIX.

2.1. ¿Cuántos reinos hay?

En los últimos ciento cincuenta años, el avance de las ciencias biológicas ha obligado a introducir cambios drásticos tanto en el número de reinos como en los organismos que cada uno de ellos incluye. Estos cambios se resumen de la siguiente forma:

El reino **Protista** fue creado a finales del siglo XIX, por Ernst Haeckel, para separar a los organismos unicelulares de los vegetales y animales.

El descubrimiento a principios del siglo XX de los procariontes, unicelulares sin verdadero núcleo, hizo comprender a los taxonomistas que se trataba de organismos claramente diferentes y fueron incluidos en un nuevo reino, el reino **Monera**.

Los cambios también afectaron a los eucariontes. Los hongos, tradicionalmente considerados vegetales, se revelaron bastante más próximos a los animales que a los vegetales por ser heterótrofos. Así, en 1969 R. H. Whittaker los sacó del reino vegetal y creó para ellos uno nuevo, el reino **Fungi** o de los **Hongos**.

El reino **Protoctista** surgió a finales del siglo XX. La clasificación de Whittaker fue ligeramente modificada por la propuesta de las biólogas Lynn Margulis y Karlene Schwartz de cambiar el reino Protista por el Protoctista, para dar cabida en él a las algas pluricelulares.

Así quedaron establecidos cinco reinos: Monera, Protoctista, Planta, Hongos y Animal.

ALGUNAS CARACTERÍSTICAS DE LOS CINCO REINOS

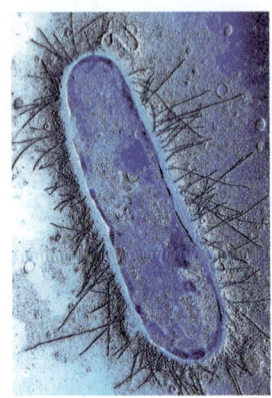
Bacteria (MET), reino Monera.

Paramecio (MO), reino Protoctista.

Amaranto globoso, reino Planta.

Seta blanca tropical, reino Hongos.

Rana de las flechas, reino Animal.

	MONERA	PROTOCTISTA	PLANTAS	HONGOS	ANIMALES
Organización celular	Procariótica	Eucariótica	Eucariótica	Eucariótica	Eucariótica
Núcleo	Ausente	Presente	Presente	Presente	Presente
Nutrición	Autótrofa o heterótrofa	Autótrofa o heterótrofa	Autótrofa	Heterótrofa	Heterótrofa
Pared celular	Presente	Variable	Presente	Presente	Ausente
N.º de células	Unicelular	Variable	Pluricelular	Variable	Pluricelular
Tamaño celular	1 a 10 µm	10 a 100 µm	10 a 100 µm	10 a 100 µm	10 a 100 µm

2.2. Los tres dominios

Un cobaya llamado ARN

Linneo, el padre de la taxonomía, se fijó en las flores para realizar su clasificación de las plantas. El microbiólogo estadounidense Carl Richard Woese (1927-2012) lo que hizo fue fijarse en algo que todos los seres vivos tienen: el ARN ribosómico (ARNr). A Woese se lo conoce como el padre de la taxonomía moderna.

¿Por qué se concentró precisamente en esa molécula? El ARN es una molécula grande y compleja pero su estructura básica es sencilla: tan solo utiliza cuatro tipos de nucleótidos que se unen linealmente como los vagones de un tren. Por otra parte, la función del ARNr es la misma en todas las especies, intervenir en la biosíntesis de las proteínas, aunque su secuencia de nucleótidos puede ser ligeramente distinta.

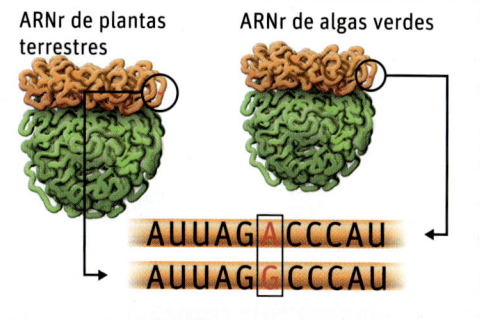

Comparación del ARNr.

Aunque aceptada por la comunidad científica, la división en cinco reinos no resuelve todas las contradicciones y es, como otras clasificaciones anteriores, muy discutible.

La hipótesis de partida de Woese y sus colaboradores fue que si la teoría de la evolución es correcta, las secuencias del ARNr deben ser muy parecidas en los organismos estrechamente emparentados y no tan parecidas en los menos emparentados. Para poner a prueba su hipótesis secuenciaron el ARN de muchas especies y con los datos obtenidos construyeron un diagrama que debería mostrar las relaciones evolutivas entre ellas.

Los resultados revelaron que la división fundamental de los seres vivos no es entre animales y plantas, ni siquiera entre procariontes y eucariontes, sino que aparecen tres grupos principales: dos de ellos son procariontes y el tercero, eucarionte.

Para incorporar esta nueva perspectiva de la biodiversidad, Woese creó un nuevo nivel taxonómico que denominó **dominio**. De manera que propuso tres dominios: *Bacteria*, *Archaea* y *Eukarya*.

Dentro del dominio *Eukarya* se podrían incluir cuatro de los antiguos reinos: Protoctista, Hongos, Planta y Animal.

	LOS TRES DOMINIOS		
	BACTERIA	**ARCHAEA**	**EUKARYA**
Células	Procarióticas		Eucarióticas
ADN con histonas	No	Sí	
Lípidos de membrana	Con ácidos grasos no ramificados	Con ácidos grasos ramificados	Con ácidos grasos no ramificados
Resistencia a determinados antibióticos	No	Sí	

2.3. Y los cambios continúan

El descubrimiento de las relaciones entre los hongos y los animales, o el descubrimiento de las arqueas, cambió la clasificación de los seres vivos durante el siglo XX. Del mismo modo, nuevos descubrimientos ayudarán a despejar las dudas que existen en la actualidad sobre las relaciones entre grupos, y la clasificación volverá a cambiar.

Entre las últimas propuestas, la que tiene algunos seguidores es la de Thomas Cavalier-Smith (1998). Propone **dos imperios** (*Prokaryota* y *Eukaryota*) y **seis reinos**: el reino *Bacteria* está dentro del imperio *Prokaryota*, y los cinco reinos restantes, dentro de *Eukaryota* (*Protozoa*, *Chromista*, *Fungi*, *Plantae* y *Animalia*), ya que propone la división en dos de los antiguos protistas.

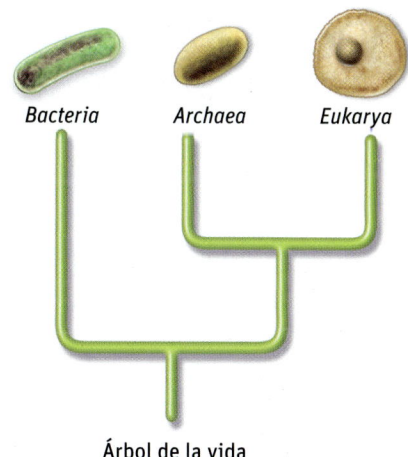

Árbol de la vida

Figura 5.3. Los tres dominios.

ACTIVIDADES

7. Si obtuviéramos la misma porción de ARNr que aparece en el dibujo de arriba pero, procedente de un hongo, la secuencia sería AUUAGACCGAU. Según ese dato, ¿con qué grupo de los representados en dicha figura estarían más relacionados los hongos?

8. ¿Qué criterios se utilizan para hacer la división en reinos? ¿Y para hacer la división en dominios?

9. ¿Con qué otro dominio parecen estar más relacionados los eucariontes?

3 El árbol de la vida

Los árboles genealógicos son una forma de representar la historia de una familia, en ellos se muestran las relaciones de parentesco entre las personas.

La historia evolutiva se puede representar con **árboles filogenéticos** o **filogenias**. La base del tronco representa a la especie ancestral común a todas las que se incluyen en el árbol. Las ramas, que se van dividiendo a medida que se alejan de la base, representan linajes de la evolución. Si el árbol incluye a todos los grupos de seres vivos se denomina **árbol universal** o **árbol de la vida**.

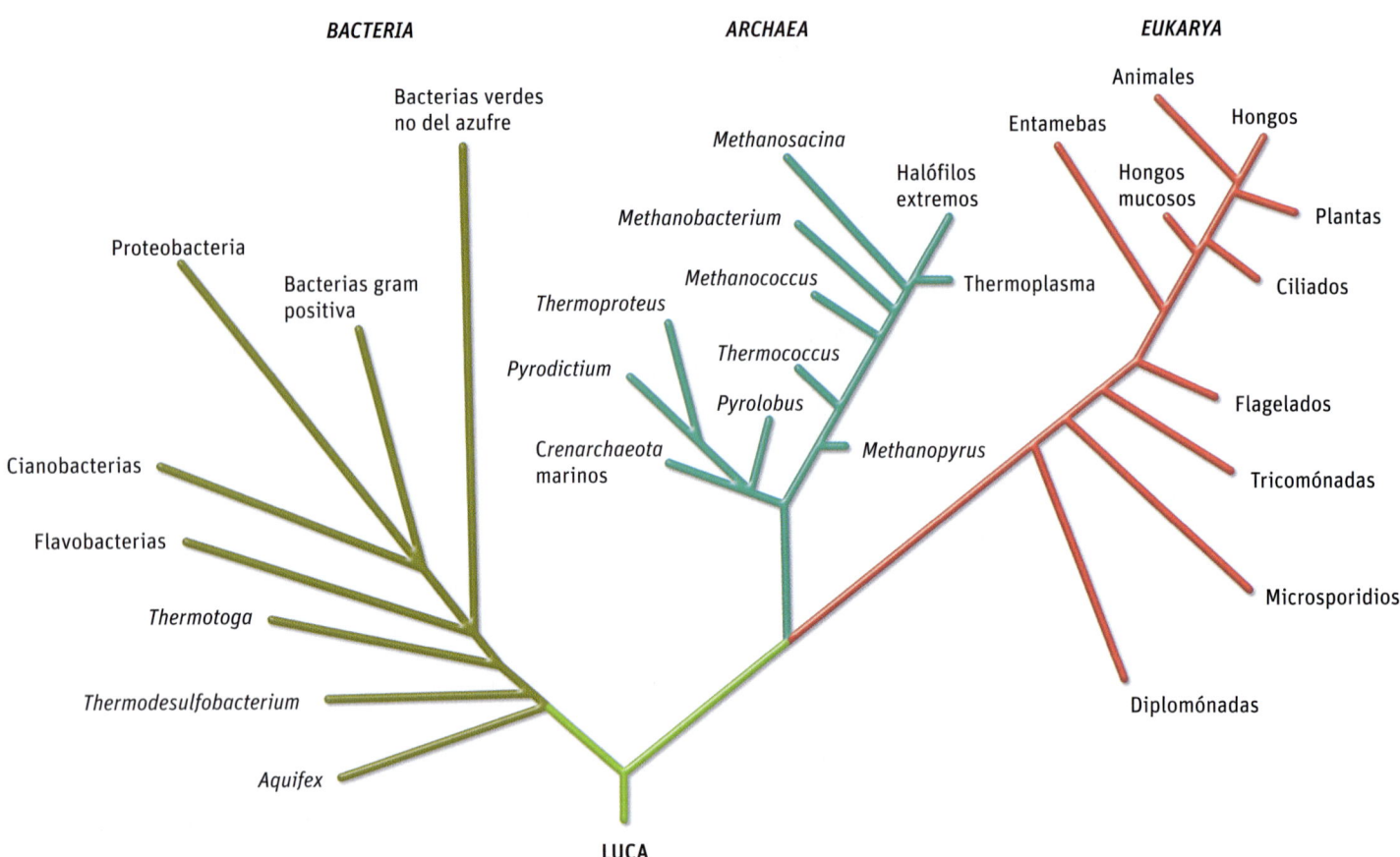

Figura 5.4. El árbol de la vida.

3.1. ¿Cómo se construyen los árboles filogenéticos?

La reconstrucción de una filogenia se basa en la búsqueda de caracteres compartidos por grupos de organismos; la idea básica de la que se parte es que dos grupos que están muy emparentados evolutivamente comparten muchas características mientras que los que están menos emparentados, comparten menos.

Los datos para construir una filogenia se obtienen de:

- El **estudio anatómico** de los organismos que se quiere relacionar, tanto si se trata de organismos vivos como de restos fósiles. Por ejemplo, para reconstruir el árbol filogenético de nuestra especie se trabaja con la información aportada por los fósiles.

- El **estudio de la edad de los restos fósiles**. Suministra datos sobre la sucesión de los organismos a lo largo del tiempo y ayuda a establecer relaciones de parentesco entre grupos diferentes.

- La **comparación de las secuencias moleculares** de las proteínas o de los ácidos nucleicos presentes en los grupos que se quiere relacionar. Por ejemplo, para establecer las relaciones de parentesco entre los humanos actuales se utiliza, fundamentalmente, la información aportada por su ADN. Es la técnica más utilizada en la actualidad y se considera la herramienta más potente para establecer parentescos.

ACTIVIDADES

10. Busca el árbol de la vida propuesto por Haeckel y señala alguna de las diferencias más llamativas con el actual.

11. ¿Qué encontramos en la base del árbol de la vida?

3.2. ¿Cómo se interpretan los árboles filogenéticos?

Existen muchas formas diferentes de dibujar estos diagramas ramificados o árboles y para interpretarlos necesitamos un poco de práctica.

LA CIENCIA Y SUS MÉTODOS

Cómo interpretar la filogenia de un grupo de vertebrados

Para entender cómo funciona un árbol filogenético vamos a utilizar como ejemplo el que representa las relaciones de parentesco entre diferentes vertebrados.

1.º **Reconocemos los elementos de un árbol filogenético.** Un árbol está formado por ramas, nudos u horquillas y puntas.

Las ramas (1) representan los grupos de organismos a lo largo del tiempo, los linajes.
Los nudos (2) aparecen cuando un grupo ancestral se divide en dos, o más, grupos de descendientes.
Las puntas (3) representan grupos de organismos, es decir, taxones, vivos actualmente o extinguidos.

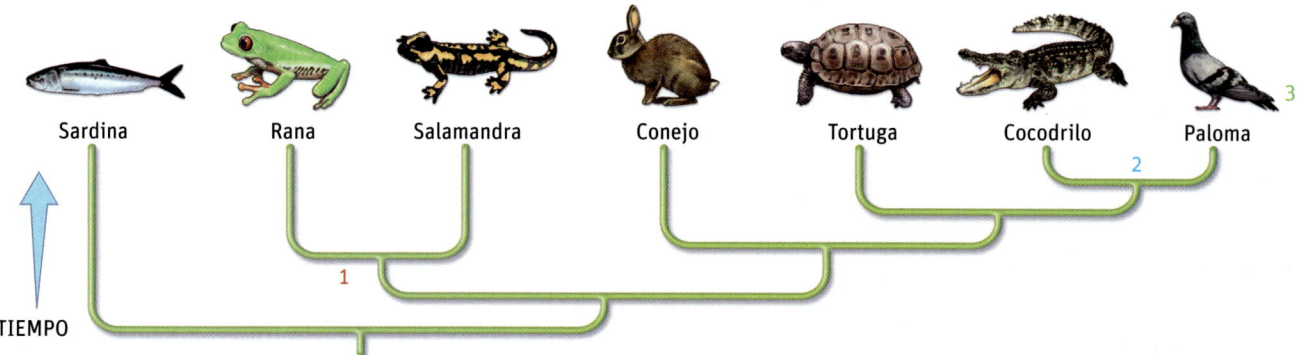

2.º **Observamos en qué sentido corre el tiempo.** El tiempo, en nuestro ejemplo, corre de abajo arriba, lo que significa que el nudo más antiguo está en la base del árbol.

3.º **Identificamos los clados.** Para reconocer si un grupo de organismos forman un clado, es decir, que todos sus linajes tienen un origen común, se utiliza la prueba de "un corte"; si se corta por una rama de un árbol, todas las que "caen" con él constituyen un clado. Por ejemplo, si cortas por (1), "caen" la rana y la salamandra que forman parte de un mismo grupo, los anfibios.

4.º **Leemos el árbol filogenético.** Los árboles se leen de la raíz a las puntas (de abajo arriba) y no de izquierda a derecha. Podríamos girar 180º en torno al nudo (2) y el árbol sería el mismo. Conforme ascendemos podemos seguir el orden en el que se van separando los grupos. Una forma sencilla de hacerlo es colocar el dedo en el nudo de la base del árbol, ahí el grupo ancestral se dividió en dos ramas o linajes. Una dio lugar al grupo de las sardinas y el otro, a los vertebrados con cuatro patas. Si se continúa por esta rama se llega a otro nudo del que salen dos ramas, una conduce a los anfibios y otra al resto de vertebrados, y así sucesivamente.

ACTIVIDADES

12. De los siguientes tres árboles, señala el que es diferente a los otros dos. ¿Por qué?

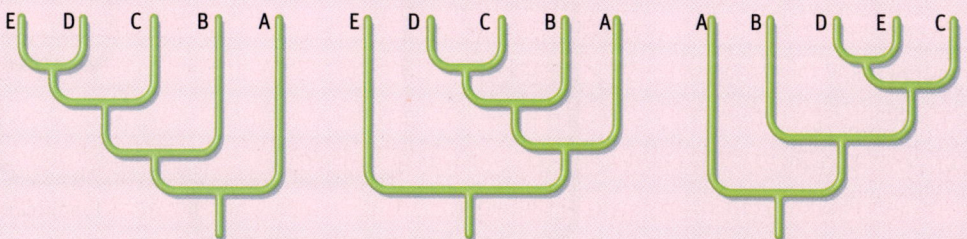

13. Copia el diagrama de los tres dominios (Fig. 5.3) y marca con una flecha la rama en la que surgió la estructura llamada núcleo. Razona tu respuesta.

4 La diversidad de las plantas

Los científicos están empezando a utilizar el nombre *Plantae* ('planta') para referirse a un amplio grupo de seres vivos que incluye las plantas terrestres, las algas verdes, las algas rojas y un pequeño grupo conocido como glaucófitos. Todos son fotosintéticos y poseen cloroplastos que evolucionaron a partir de una cianobacteria, lo que revela su origen común. Pero en este libro utilizaremos el término planta en su significado más clásico para referirnos, en particular, a las denominadas también plantas terrestres.

Las plantas son organismos **eucariontes pluricelulares** y cada una de sus células está recubierta de una pared cuyo componente principal es la **celulosa**. Poseen **cloroplastos**, en cuyo interior sucede la **fotosíntesis** y se almacena el almidón producido. Su **nutrición autótrofa** las convierte en piezas fundamentales para el mantenimiento de la vida en la Tierra. Aunque algunas viven en estanques, lagos o ríos, la mayoría viven en el medio aéreo al que están bien adaptadas.

4.1. Clasificación de las plantas

La clasificación de las plantas se hace teniendo en cuenta los siguientes criterios:

FORMULAR HIPÓTESIS

14. La conquista de la Tierra

En la gráfica se muestra la variación en el número de especies de los principales grupos de plantas.

a) ¿Cuál fue la época en la que las pteridofitas fueron grupo dominante?

b) ¿Cuándo aparecieron las angiospermas? ¿A qué puede deberse que sean en la actualidad el grupo dominante?

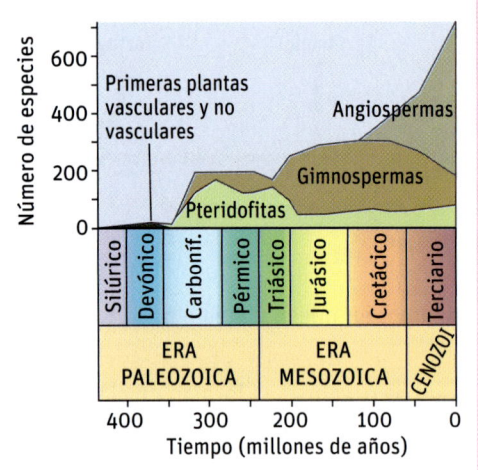

- **Presencia de células o vasos conductores.** Las plantas se dividen en **no vasculares**, como los **briofitas** o musgos, y **vasculares**, el resto.

- **Producción de semillas.** La producción de semillas se utiliza para dividir a las vasculares en dos grandes grupos: las plantas sin semillas, como las **pteridofitas** o helechos, y las que producen semillas o **espermatofitas**.

- **Formación de fruto.** Las **gimnospermas** (del griego *gymnos*: 'desnudo' y *sperma*: 'semilla') forman un grupo de plantas, como las cicas y los pinos, cuyas semillas no están encerradas en el interior de un fruto sino que son semillas desnudas. En las **angiospermas** (del griego *angeion*: 'receptáculo' y *sperma*: 'semilla') las semillas están en el interior de un fruto, como los castaños o las encinas.

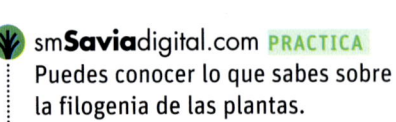

smSaviadigital.com PRACTICA
Puedes conocer lo que sabes sobre la filogenia de las plantas.

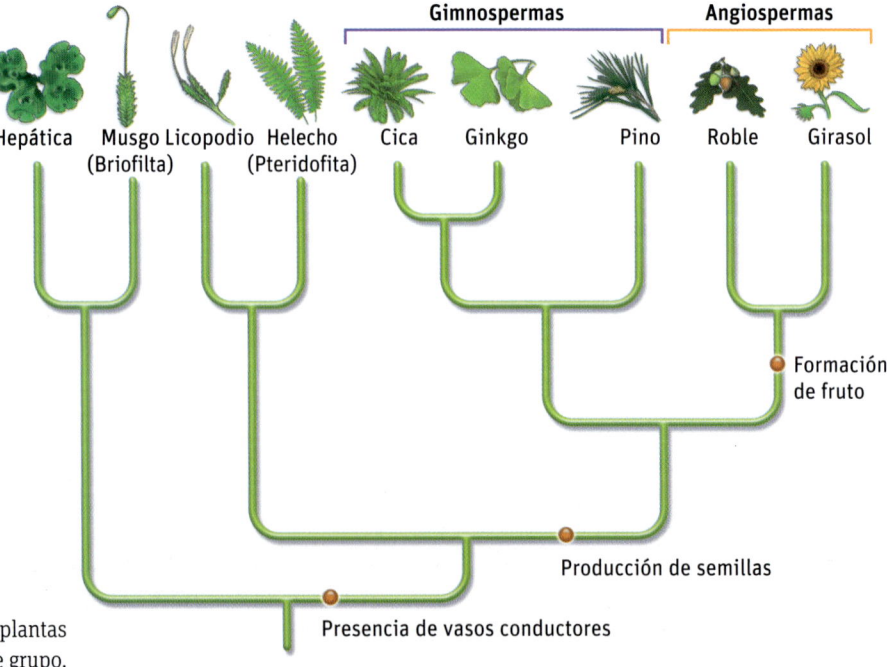

Figura 5.5. Filogenia de las plantas y principales innovaciones introducidas en este grupo.

4.2. De los musgos a las plantas con flores

Las adaptaciones que podemos reconocer en los grupos de plantas nos permiten seguir el paso de los organismos fotosintéticos del medio acuático al medio terrestre.

▶ Las plantas no vasculares: musgos y hepáticas

Las plantas no vasculares (Fig. 5.6) raramente superan los 10 cm de altura y se encuentran sujetas a la tierra, las rocas o la corteza de los árboles mediante estructuras llamadas rizoides. Los **musgos** pueden entrar en latencia y sobrevivir cuando el ambiente es seco. Las **hepáticas**, llamadas así porque sus falsas hojas tienen forma de hígado, viven siempre en lugares húmedos.

▶ Las plantas vasculares sin semillas: equisetos y helechos

Los **equisetos** o **colas de caballo** reciben este nombre por el aspecto de cepillo de sus tallos y ramas. Las especies actuales son de pequeño tamaño y pueden abundar en la orilla de arroyos o pantanos. Los **helechos** poseen hojas bien desarrolladas, denominadas **frondes**, que funcionan como órganos fotosintéticos y reproductores. Suelen vivir en ambientes húmedos y pueden ser de pequeño tamaño o del tamaño de un árbol.

Figura 5.6. Los musgos (alrededor) y las hepáticas (centro) son plantas no vasculares y viven en ambientes húmedos.

▶ Las plantas con semillas

La **semilla** es una estructura que protege el embrión y le permite mantenerse en reposo durante largos períodos. Esta y otras propiedades contribuyen al predominio de las plantas con semilla sobre la Tierra, en cualquier hábitat.

LAS PLANTAS CON SEMILLA

Gimnospermas

Son plantas leñosas. Sus hojas son pequeñas, generalmente perennes, en forma de aguja o de escama.

Tienen granos de polen muy abundantes, con flotadores que favorecen su dispersión por el viento.

Tienen óvulos no incluidos en carpelos y, en consecuencia, semillas no encerradas en un fruto.

Angiospermas

Son plantas leñosas o herbáceas. Sus hojas, normalmente caducas, tienen forma y tamaño variables.

Tienen granos de polen pegajosos o con pelos que favorecen su dispersión por los insectos.

Tienen óvulos incluidos en un carpelo que, tras la fecundación, originan los frutos.

- Las **gimnospermas** son plantas con semillas que no tienen flores típicas. Las más abundantes son las **coníferas**, portadoras de conos. Un cono es un eje que lleva un grupo apretado de escamas u hojas especializadas en la reproducción. Los conos femeninos o piñas, que llevan los óvulos, son mucho más grandes que los masculinos, que llevan el polen.

- Las **angiospermas** son plantas con semillas y flores típicas. En muchos casos las flores son hermafroditas y producen gametos masculinos y femeninos; en otros casos los sexos están separados en flores e incluso en plantas diferentes. Las más de 250 000 especies de angiospermas se han clasificado tradicionalmente en dos grandes grupos: las **monocotiledóneas**, como las orquídeas o las palmeras, y las **dicotiledóneas** en las que se incluyen, por ejemplo, las rosas o los robles. El nombre se refiere a si la primera hoja que se forma en el embrión de una planta, el **cotiledón**, es solo una o surgen dos a la vez.

ACTIVIDADES

15. ¿Por qué crees que las briofitas son siempre de escasa altura?

16. ¿Qué ventajas tuvo producir semillas para la evolución de las plantas?

17. ¿Cuáles son las principales características que diferencian un pino de un naranjo?

5. La diversidad de los animales

Los animales son organismos **pluricelulares eucariontes**. Sus células carecen de la pared característica de las células vegetales, pero suelen estar rodeadas de una **matriz extracelular** en la que abundan proteínas fibrosas como el colágeno. Además, sus membranas poseen estructuras especializadas, **uniones celulares**, que mantienen las células en estrecha relación. Su nutrición es **heterótrofa**; adquieren las moléculas orgánicas ingiriendo otros organismos, ya sean vivos o muertos, y digiriéndolos en su interior.

Poseen **estructuras sensoriales** muy desarrolladas que les proporcionan información detallada del medio y **sistemas nerviosos** y **hormonales** capaces de coordinar esta información. La motilidad y la sensibilidad, aunque presentes en otros grupos, son capacidades que han adquirido en los animales un desarrollo espectacular. Se encuentran distribuidos por todos los hábitats.

5.1. Clasificación de los animales

La clasificación de los principales taxones animales se hace teniendo en cuenta los siguientes criterios:

- **Diferenciación en tejidos y órganos.** La mayoría de los animales poseen verdaderos tejidos y órganos. Solo los poríferos o esponjas carecen de ellos. A diferencia de las colonias de protozoos estos animales multicelulares poseen células diferenciadas cuya actividad está coordinada.

- **Simetría corporal.** Los poríferos carecen de simetría corporal. En el resto de los animales se distinguen dos grupos: con **simetría radial** y con **simetría bilateral**. Algunos animales, cuyos antecesores poseían simetría bilateral, han desarrollado simetría radial como adaptación a la vida sedentaria, como ocurre en las estrellas de mar.

- **Características del desarrollo embrionario.** (Ver unidad 11). Se suelen utilizar:
  - Formación de dos o tres capas de células durante el desarrollo embrionario: **diblásticos** o **triblásticos**.
  - Presencia o ausencia de cavidades corporales cerradas o celoma: **celomados** o **acelomados**.
  - Lugar en el que se forma la boca durante el desarrollo embrionario: **protóstomos**, como los artrópodos, o **deuteróstomos**, como los vertebrados.

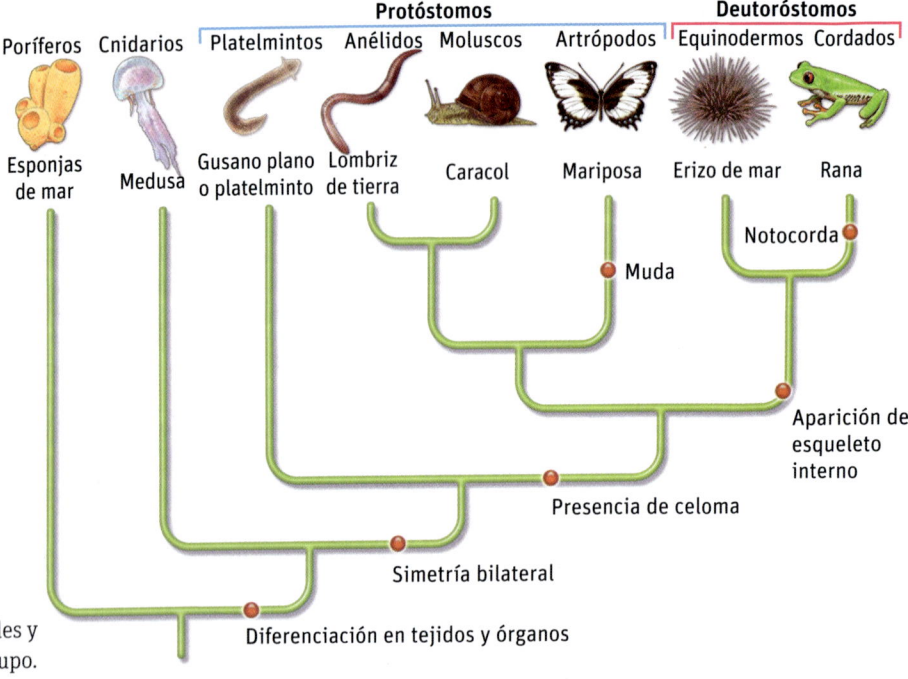

Figura 5.7. Filogenia de los animales y principales innovaciones introducidas en este grupo.

5.2. De las esponjas a los moluscos

Las características de los principales taxones animales revelan la enorme diversidad que existe dentro del grupo de seres vivos mejor conocidos.

▶ Poríferos o esponjas

Son acuáticos, la mayoría marinos, y viven fijos al sustrato. Su cuerpo es en realidad una agregación de células alrededor de un **sistema de canales**. El agua, que acarrea los alimentos, entra a través de los numerosos poros de la pared, fluye a través del cuerpo de la esponja y sale por una o más aberturas más grandes llamadas **ósculos**.

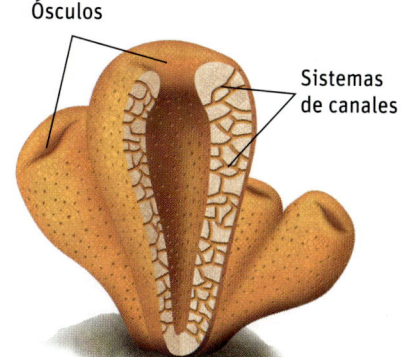

Figura 5.8. Esponja.

▶ Los cnidarios

La inmensa mayoría son marinos como, por ejemplo, los corales o la medusa; otros, como la hidra, viven en el agua dulce. La característica que da nombre al filo son sus tentáculos tapizados de **cnidocistos**, células especializadas que pueden descargar en las presas la toxina que contienen.

Su ciclo de vida se caracteriza por tener dos estadios distintos: el pólipo y la medusa, a pesar de que muchas especies carecen de uno de ellos.

- El **pólipo** tiene forma de cilindro fijo al sustrato. En el extremo opuesto tiene la boca rodeada de tentáculos. Algunos forman colonias.
- La **medusa** es de vida libre y tiene forma de paraguas. Flota con la boca y los tentáculos hacia abajo.

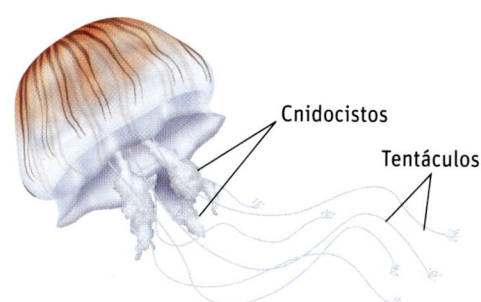

Figura 5.9. Medusa.

▶ Los anélidos

La mayoría vive en ambientes acuáticos; otros, como las sanguijuelas o las lombrices de tierra, viven en ambientes terrestres pero siempre húmedos.

Todos los anélidos tienen forma de gusano y cuerpo segmentado. Carecen de revestimiento protector rígido; su pared corporal es muy fina y su cuerpo, blando. De cada segmento salen pequeñas **cerdas** rígidas con las que se adhieren al sustrato.

▶ Los moluscos

Es un taxón muy próximo a los anélidos pero carecen de segmentación y poseen un plan corporal con tres componentes básicos: el **pie**, una estructura muscular relacionada con la locomoción, la **masa visceral** de los órganos internos y el **manto**, un pliegue de tejido que cubre la masa visceral y segrega el caparazón o concha. Las diferentes clases de moluscos actuales son variaciones de este plan corporal.

Figura 5.10. Lombriz de tierra.

CARACTERÍSTICAS DE LOS GRUPOS DE MOLUSCOS

Los **bivalvos**, como las almejas o los mejillones, tienen un pie en forma de hacha que utilizan para enterrarse. Su caparazón está formado por dos valvas unidas por una articulación.

Los **gasterópodos**, como los caracoles terrestres, los caracoles de mar o las lapas, tienen un largo pie sobre el que se arrastran por el sustrato. Su concha es única y en ocasiones, como en las babosas, no existe.

Los **cefalópodos**, como los pulpos o las sepias, tienen el pie modificado en forma de brazos y tentáculos alrededor de la cabeza. Carecen de concha o está muy reducida, como la pluma del calamar.

ACTIVIDADES

18. Pon dos ejemplos de animales con simetría bilateral y otros dos con simetría radial.

19. Señala algunas diferencias entre una esponja y un gusano marino.

20. Utiliza el diagrama de la clasificación de los animales para describir algunas características de un escarabajo y de una rana.

5.3. El grupo de los artrópodos

Más de las tres cuartas partes de las especies de animales conocidas son artrópodos y se encuentran representantes en todos los hábitats. El gran éxito del plan corporal de los artrópodos se basa en tres elementos:

INTERPRETAR

21. Plan corporal de un artrópodo

Para señalar o localizar regiones en el cuerpo de los animales se utilizan términos como anterior y posterior, o dorsal y ventral. En otros casos, cuando se hace referencia a diferentes partes de un órgano, se utilizan los términos distal o proximal en función de que esa parte se encuentre más lejos o más cerca del centro del cuerpo.

Observa el esquema y haz una descripción del plan de organización de un artrópodo.

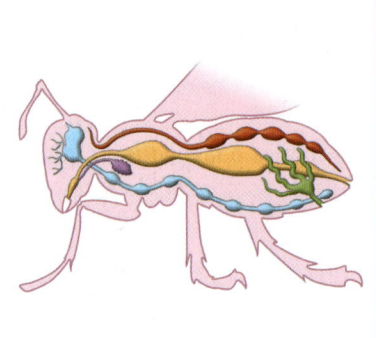

- **Cuerpo segmentado** cuyos segmentos se agrupan en **regiones**, como la cabeza o el abdomen.
- **Exoesqueleto** fuerte y flexible, gracias al polisacárido **quitina**, y que a veces está endurecido con carbonato cálcico. Mudan para crecer, es decir, se desprenden del exoesqueleto y aumentan de tamaño mientras secretan uno nuevo.
- **Apéndices articulados** especializados en diferentes funciones. Algunos son patas marchadoras mientras otros son apéndices sensoriales, como las antenas, o están modificados para la alimentación, como los quelíceros.

Estas características se utilizan para clasificar los grandes grupos de artrópodos.

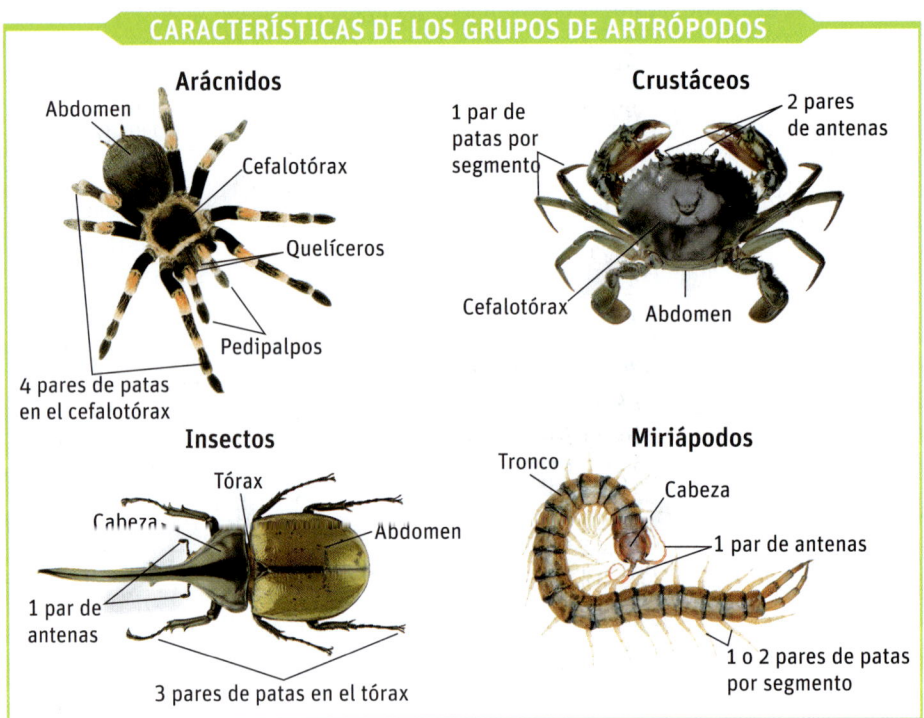

CARACTERÍSTICAS DE LOS GRUPOS DE ARTRÓPODOS

5.4. Los equinodermos

Todos los equinodermos son marinos, como las estrellas, los erizos o los pepinos de mar.

Constituyen, junto a los cordados, el grupo de los deuteróstomos por lo que, y aunque pueda parecer extraño, están más próximos evolutivamente a un vertebrado que a un artrópodo. Su **simetría radial** está relacionada con la adaptación a la vida sedentaria.

Sus principales características estructurales son las siguientes:

- **Esqueleto interno**, recubierto por la piel, formado por **placas calcáreas**.
- **Aparato ambulacral.** Es una característica única de este grupo que consiste en sistema de canales interno por los que circula el agua. De esta red interna salen pequeños tubos, los **pies ambulacrales**, que intervienen en la respiración, la locomoción y la alimentación.

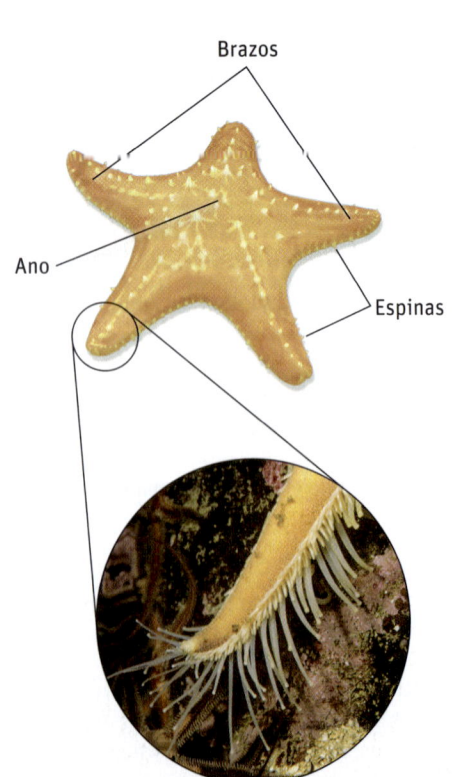

Figura 5.11. Estrella de mar y pies ambulacrales.

5.5. Los cordados

Las apariencias, a veces, engañan

Charles Darwin, en su libro *El origen del hombre*, incluyó un descubrimiento realizado por el embriólogo ruso Kowalevsky sobre las ascidias de mar. Estos pequeños animales marinos de vida sésil, cuyo aspecto nos recuerda a una esponja y que se clasificaban como moluscos, revelaron ser parientes próximos a los vertebrados, el grupo en el que estamos incluidos los humanos.

La clave estaba en el desarrollo embrionario. Los embriones de ambos grupos poseen una estructura flexible con forma de varilla que sirve como soporte, denominada notocorda (*notos*: 'dorso' y *chorde*: 'cuerda').

La notocorda se pierde en las ascidias adultas pero se mantiene, convertida en columna vertebral, en los vertebrados. Así, las semejanzas desaparecen.

Ascidias Rana

Embrión con notocorda

El rasgo más característico de los **cordados**, y del que deriva su nombre, es la **notocorda**. En el grupo se incluyen animales que nos resultan poco familiares como los gusanos bellota, que viven enterrados en el barro marino, o las ascidias de mar, cuyo cuerpo es parecido a una bolsa. Pero también son cordados todos los **vertebrados**. Los vertebrados se definen por dos rasgos:

- La **columna vertebral dorsal**. Es una estructura ósea o cartilaginosa que reemplaza en los adultos a la notocorda. Constituye el ancla de un esqueleto interno rígido y protege la espina dorsal.

- El **cráneo**. Es una carcasa ósea o cartilaginosa que encierra el cerebro.

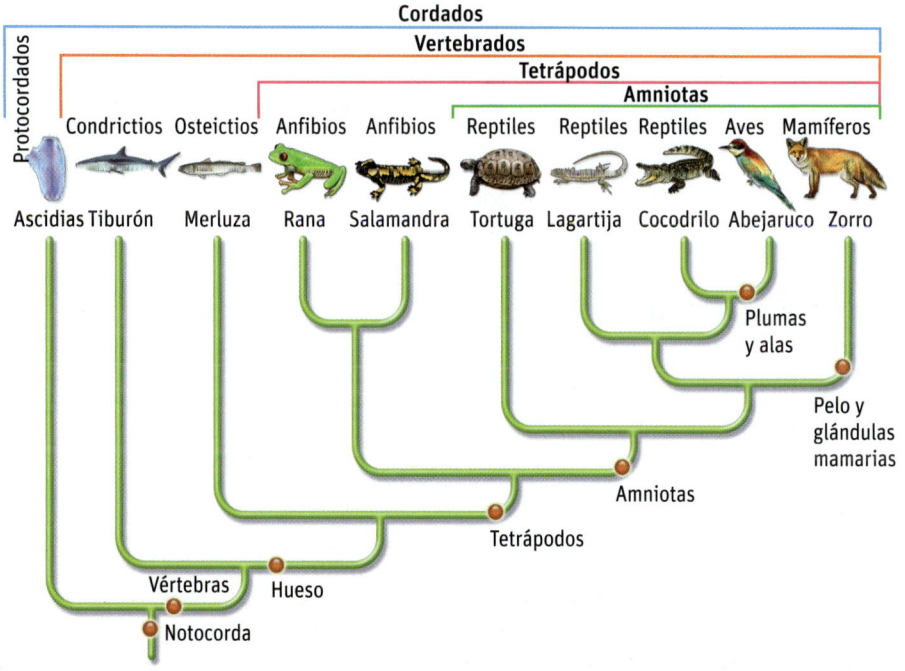

Figura 5.12. Filogenia de los animales cordados y principales innovaciones en este grupo.

ACTIVIDADES

22. Observa el esquema corporal de un vertebrado y haz una descripción del plan de organización de su cuerpo. Compárala con la del artrópodo y señala las principales diferencias.

23. ¿A qué vertebrados se denomina amniotas? ¿Por qué? ¿Qué ventajas tienen sobre los anamniotas?

24. Los cladistas consideran que las aves no constituyen un taxón y que deben ser incluidas dentro de los reptiles. ¿Por qué?

25. Marca en el diagrama la adquisición de la capacidad de controlar la temperatura corporal produciendo calor en el interior (homeotermia).

ACTIVIDADES

Síntesis

26. Completa en este mapa conceptual los términos que faltan (•••) y los fragmentos que debes desarrollar ⊕. Puedes realizar la actividad en tu cuaderno.

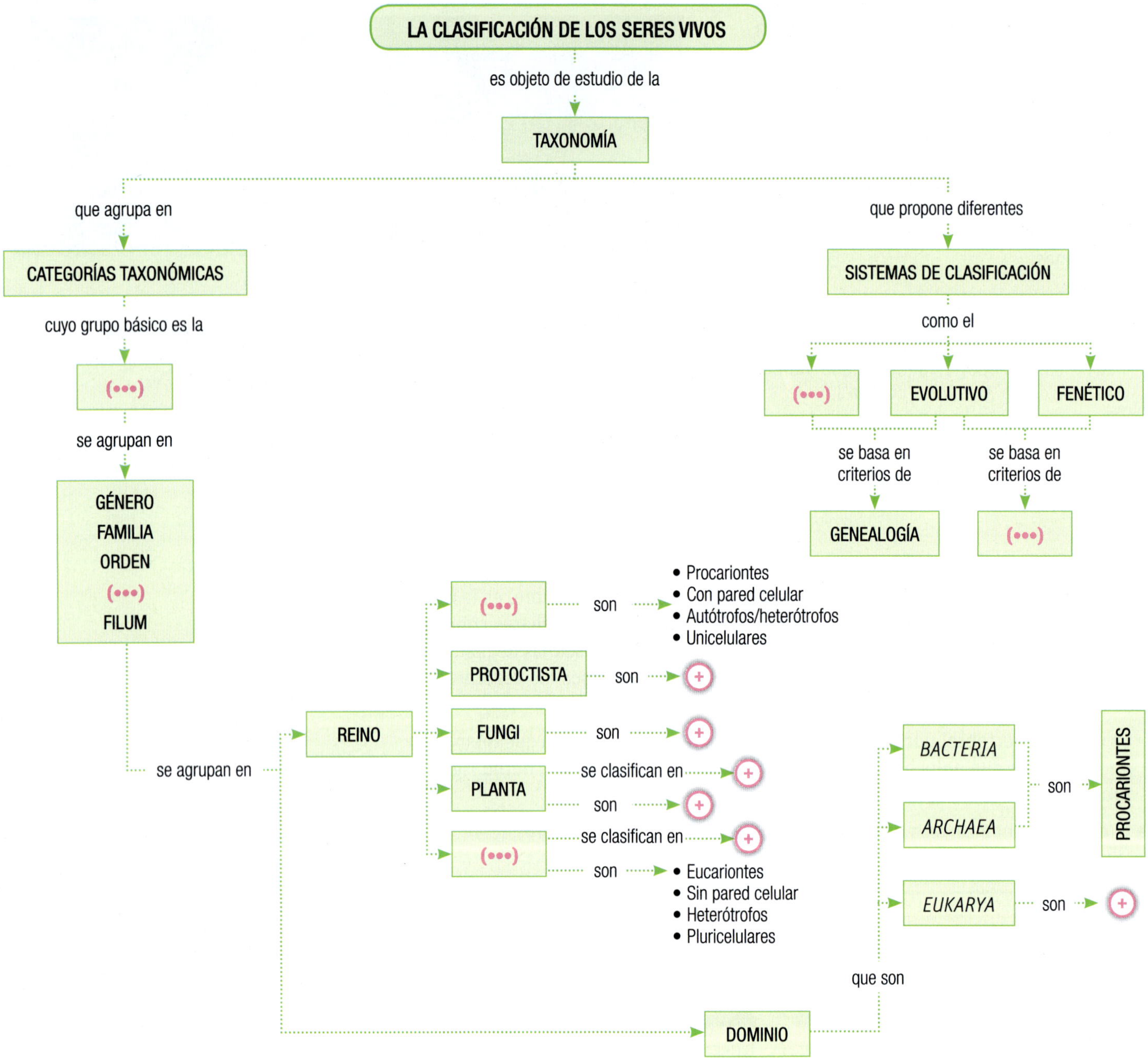

```
                    LA CLASIFICACIÓN DE LOS SERES VIVOS
                              │
                       es objeto de estudio de la
                              │
                          TAXONOMÍA
                ┌─────────────┴─────────────┐
          que agrupa en              que propone diferentes
                │                              │
      CATEGORÍAS TAXONÓMICAS          SISTEMAS DE CLASIFICACIÓN
                │                              │
       cuyo grupo básico es la               como el
                │                   ┌──────────┼──────────┐
              (•••)               (•••)    EVOLUTIVO   FENÉTICO
                │                              │           │
         se agrupan en                    se basa en   se basa en
                │                         criterios de criterios de
            GÉNERO                             │           │
            FAMILIA                       GENEALOGÍA     (•••)
            ORDEN
            (•••)
            FILUM
                │
         se agrupan en → REINO → (•••) son → • Procariontes
                                              • Con pared celular
                                              • Autótrofos/heterótrofos
                                              • Unicelulares
                        → PROTOCTISTA son → ⊕
                        → FUNGI son → ⊕
                        → PLANTA se clasifican en → ⊕
                                 son → ⊕
                        → (•••) se clasifican en → ⊕
                                 son → • Eucariontes
                                       • Sin pared celular
                                       • Heterótrofos
                                       • Pluricelulares
                              │
                           que son
                              │
                          DOMINIO → BACTERIA ┐
                                   ARCHAEA   ├ son PROCARIONTES
                                   EUKARYA   son → ⊕
```

Aplicación y relación

27. Utiliza la lista de nombres de estas cuatro plantas para responder a las siguientes cuestiones:

Endrino: *Prunus spinosa*

Romero: *Rosmarinus officinalis*

Almendro: *Prunus dulcis*

Adelfa: *Nerium oleander*

a) ¿A qué género pertenece el endrino?

b) Decide qué plantas comparten más características, ¿el endrino y el almendro o la adelfa y el almendro? ¿Por qué?

28. Indica algunas de las principales características de estos animales en función del grupo de animales (filum) en el que se incluyen.

A   B   C

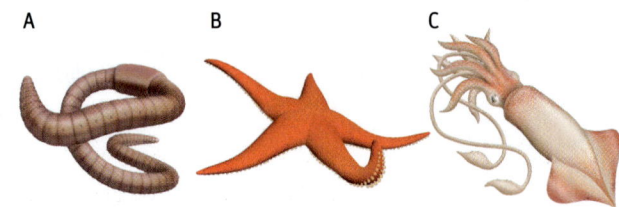

Unidad 5

29. Para construir la filogenia de varios vertebrados se utilizaron los datos anatómicos y morfológicos que aparecen en la tabla:

	VERTEBRADOS			
	Salmón	Cocodrilo	Pato	Mono
Coanas	–	+	+	+
Plumas	–	–	+	–
Pelo	–	–	–	+
Molleja	–	+	+	–

El árbol-diagrama construido con esos datos es el siguiente:

a) Sitúa las características estudiadas en cada rama del árbol.
b) Sitúa en el árbol el último antecesor común de cocodrilos y patos y cita las características.

30. En la tabla aparecen cinco características (a-e) que se han utilizado para establecer relaciones entre seis especies distintas (numeradas del 1 a 6). La presencia del rasgo se indica con un (+) y su ausencia, con un (–).

	CARACTERÍSTICAS				
Especies	a	b	c	d	e
1	+	–	–	–	–
2	+	+	–	–	–
3	+	+	–	+	–
4	+	+	–	+	+
5	+	+	+	–	–
6	–	–	–	–	–

Completa en tu cuaderno el diagrama situando al final de cada una de las ramas la especie correspondiente.

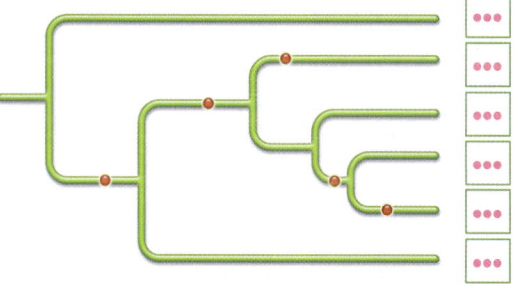

31. Construye una clave dicotómica para identificar las diferentes clases de artrópodos. Utiliza criterios relacionados con el número de patas y de antenas y las regiones en las que se distribuye su cuerpo.

32. Utiliza los datos de la tabla para construir un árbol filogenético que refleje las relaciones de parentesco entre estas especies.

	ESPECIES				
	Musgo	Helecho	Pino	Naranjo	Alga
Embrión protegido	+	+	+	+	–
Verdaderas raíces	–	+	+	+	–
Cloroplastos	+	+	+	+	+
Vasos conductores	–	+	+	+	–
Semillas	–	–	+	+	–
Frutos	–	–	–	+	–

33. smSaviadigital.com APLICA permite acceder a un "Paseo por un parque virtual". Utiliza las claves dicotómicas que aparecen para identificar el ciprés (*Cupressus sempervirens*) y el majuelo o espino albar (*Crataegus monogyna*).

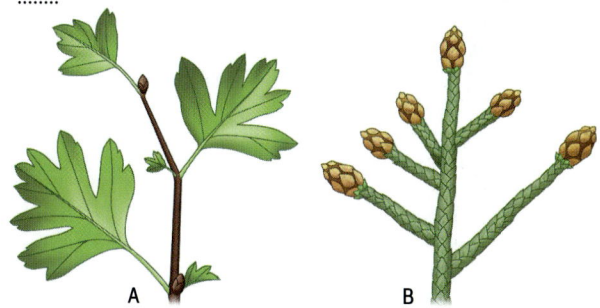

A   B

Biblioteca global

34. Nuestros extraños parientes

Las personas pertenecemos a la clase Mammalia, los mamíferos. Así que no es de extrañar que los integrantes de este grupo nos resulten muy familiares, aunque hay excepciones. Saber que el ornitorrinco o los equidnas son mamíferos no deja de producirnos cierta extrañeza.

Busca información sobre los mamíferos que te permita responder a las siguientes cuestiones:

a) ¿Cómo eran los primeros mamíferos y cuándo aparecieron?
b) ¿Qué características comparten todos los mamíferos y que no aparecen en otros grupos?
c) Dibuja una filogenia de los mamíferos que incluya a los equidnas, el ornitorrinco, los canguros y los conejos.

LA CIENCIA Y SUS MÉTODOS — Claves dicotómicas para identificar organismos

La identificación de organismos en el campo o en el laboratorio es una tarea imprescindible en muchos trabajos de investigación. Para los no especialistas puede ser una forma de disfrutar más y mejor de la naturaleza.

Las claves dicotómicas (de *di*: 'dos' y *tomía*: 'dividir') son herramientas necesarias para la identificación. Una clave dicotómica consiste en una serie de frases cortas y numeradas, ordenadas por pares. En cada par de frases se presenta una dicotomía o dilema; la elección de una de las dos alternativas marca el camino que conduce a la identificación del organismo-problema.

¿Se hacen las repoblaciones con pinos autóctonos?

La mayoría de los bosques de pinos españoles son, en mayor o menor grado, el resultado de repoblaciones forestales. ¿Se utilizaron en la repoblación alguna de nuestras siete especies autóctonas de pino? ¿Se incorporaron otras especies, como el pino de Monterrey, de origen americano y rápido crecimiento? Una sencilla clave dicotómica nos ayudará a descubrirlo.

Cómo utilizar la CLAVE DICOTÓMICA:

1. Antes de empezar, revisa tus conocimientos sobre la morfología de los pinos (gimnospermas): hojas, tronco, piñas masculinas y femeninas, etc.

   Si dispones del ejemplar de pino que deseas clasificar, utiliza una lupa de mano para poder observar mejor los detalles. En caso contrario, busca buenas fotografías, láminas o dibujos que muestren con detalle los rasgos morfológicos.

2. Muévete por la clave y ten en cuenta que:
   a) Cada par de frases, cada dicotomía, se encabeza con una letra o un número arábigo o romano.
   b) Al final de cada una de las frases aparece otra letra o número que te conduce a una nueva pareja de frases, otra dicotomía.

3. Repite el proceso las veces necesarias hasta que la especie de pino esté identificada.

CLAVE DE PINOS FRECUENTES EN ESPAÑA

1. Hojas agrupadas en fascículos de tres .... Ir a 2
   Hojas agrupadas en fascículos de dos .... Ir a 3

2. Piñas simétricas — *P. canariensis* (**pino canario**)
   Piñas asimétricas — *P. radiata* (**pino de Monterrey**)

3. Árbol adulto con copa aparasolada — *P. pinea* (**pino piñonero**)
   Árbol con copa piramidal o irregular .... Ir a 4

4. Piñas con claro pedúnculo; ramillas cenicientas — *P. halepensis* (**pino carrasco**)
   Piñas sin pedúnculo, o casi; ramillas amarillentas o castañas .... Ir a 5

5. Yemas no resinosas; piñas con ombligos punzantes — *P. pinaster* (**pino rodeno o marítimo**)
   Yemas resinosas; ombligos no punzantes .... Ir a 6

6. Hojas flexibles; de 8 a 16 cm — *P. nigra* (**pino laricio o negral**)
   Hojas rígidas; de 2 a 8 cm .... Ir a 7

7. Corteza rojiza o anaranjada en la parte superior del tronco — *P. sylvestris* (**pino albar o de Valsaín**)
   Corteza gris o pardo grisácea en la parte superior del tronco — *P. uncinata* (**pino negro o moro**).

ACTIVIDADES

35. Busca pinos próximos a tu localidad o tu lugar de vacaciones e identifícalos. ¿De qué especie son los ejemplares de pino que has identificado? ¿Son especies autóctonas?

36. Utiliza la clave para describir alguna de las características morfológicas del pino de Valsaín y del pino piñonero.

37. smSaviadigital.com **PRACTICA**
Utiliza esta clave general de las familias de la flora ibérica para descubrir la familia a la que pertenecen los pinos.
Si lo necesitas, busca un glosario de términos botánicos en internet.

Pino de valsaín (*Pinus sylvestris*)

Pino piñonero (*Pinus pinea*)

CIENCIA, TECNOLOGÍA Y SOCIEDAD

Una investigación arriesgada

En el verano austral 2011-2012, un equipo de científicos rusos alcanzó la superficie del lago Vostok, situado a 3766 metros de profundidad bajo el hielo antártico. La primera muestra obtenida contenía, según los propios científicos, una nueva forma de vida desconocida, aunque, por el momento, el hallazgo no ha podido ser confirmado.

El lago Vostok contiene agua subterránea que ha permanecido sellada durante más de 400 000 años en unas condiciones muy diferentes a las consideradas normales para el desarrollo de la vida. Si se confirma la presencia de alguna nueva forma de vida, se reforzarían las posibilidades de existencia de vida fuera de la Tierra, por ejemplo, bajo la corteza helada de Europa, la luna de Júpiter.

Ante esta interesante investigación, buena parte de la comunidad científica internacional consideraba que no debía realizarse la perforación antes de disponer de una tecnología que garantizara la toma de muestras del lago sin contaminarlas en el proceso.

Incluso algunos temían la posibilidad de que la posible vida albergada ahí abajo en forma de microorganismos hubiese evolucionado de tal modo que pudiera suponer una amenaza.

La perforación del lago Vostok había sido aplazada varias veces.

La muestra se obtuvo de la superficie congelada del lago mediante una broca.

Tras un primer análisis, los científicos rusos afirmaron haber encontrado ADN que asignaron a una bacteria.

Sin embargo, menos del 86 % de ese ADN era similar al de cualquier otra bacteria conocida. "Por tanto, se trata de un material sin identificar y sin clasificar", aseguró Sergey Bulat, autor principal de la investigación, del Instituto de Física Nuclear de San Petersburgo.

A lo que añadió: "Si se hubiera en-

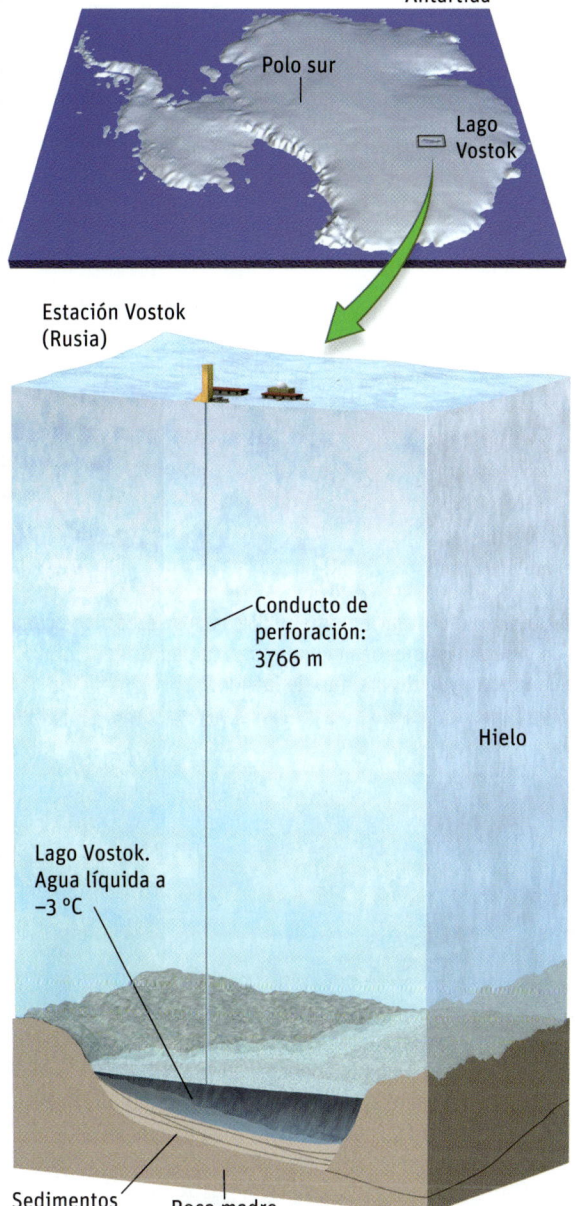

contrado en Marte, todo el mundo diría que hay vida en Marte".

"Por tanto, se trata de un material sin identificar y sin clasificar"

Sin embargo, el propio Bulat tuvo que admitir que "el agua estaba muy sucia, con igual proporción de fluido de la perforación que de queroseno". Lo que ha hecho pensar a muchos científicos que ese ADN encontrado pueda ser resultado de la contaminación producida por la propia perforación.

Las presuntas nuevas formas de vida del lago Vostok todavía necesitan de más pruebas que confirmen su existencia.

Rusia terminó en el verano de 2012-2013 una nueva campaña del Vostok en la que recogió una columna de 54 metros de agua del lago sin aparente contaminación.

Hasta que no se analicen en profundidad estas nuevas muestras es muy aventurado afirmar que se ha descubierto una nueva forma de vida. ∎

ACTIVIDADES

38. ¿Qué cambios crees que se pueden producir en la clasificación actual de los seres vivos si se demuestra que se trata de una nueva forma de vida?

39. Valora las actuaciones del equipo científico del Vostok durante las diferentes fases del proyecto.

40. Busca información sobre la situación en que se encuentra el proyecto del lago Vostok en este momento. ¿Se han producido cambios significativos desde 2013? ¿En qué sentido?

Cierre de bloque I

IDEAS CLAVE

Unidad 1

La materia viva comparte con la inerte los mismos elementos químicos, pero con ellos puede construir moléculas exclusivas: glúcidos, lípidos, proteínas y ácidos nucleicos.

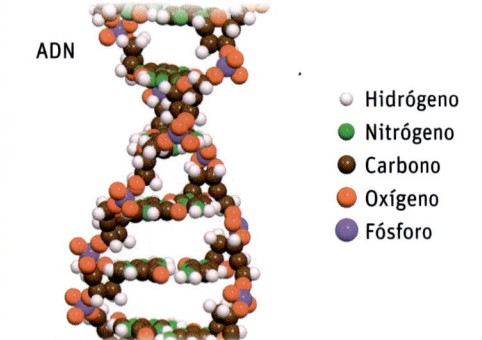

ADN

- Hidrógeno
- Nitrógeno
- Carbono
- Oxígeno
- Fósforo

Unidad 2

La célula es la mínima unidad de vida, capaz de llevar a cabo todas las funciones características de un ser vivo.

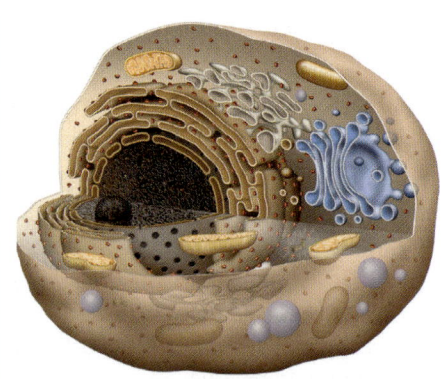

A la vez que extraordinariamente diversos, los seres vivos comparten una serie de características básicas que delatan su origen común. Hablamos así de la unidad y la diversidad de la vida.

Unidad 5

La taxonomía ordena la diversidad biológica en grupos jerarquizados y les da nombre. Los árboles filogenéticos reflejan las relaciones entre los diferentes grupos y su historia evolutiva.

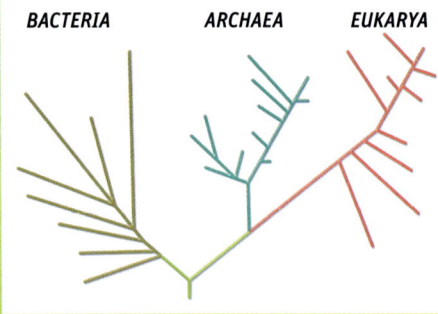

BACTERIA   ARCHAEA   EUKARYA

Unidad 4

La enorme biodiversidad existente tiene su origen en el proceso de la evolución. Conocer su distribución geográfica es un paso imprescindible para su conocimiento y conservación.

Unidad 3

En un ser pluricelular, las células especializadas se organizan constituyendo los tejidos. Estos, a su vez, forman órganos y sistemas de órganos que trabajan juntos para mantenerlo con vida.

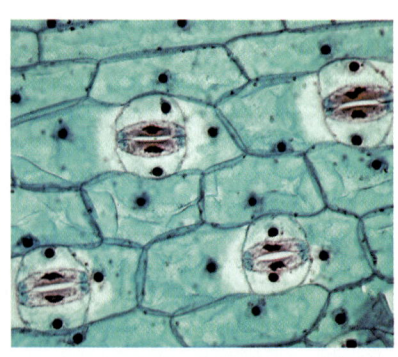

ACTIVIDAD resuelta

El metabolismo de las levaduras

En el laboratorio disponemos de dos cepas (A y B) de levadura de cerveza (*Saccharomyces cerevisiae*). Sembramos ambas cepas en una misma placa Petri, preparada con un medio de cultivo completo que contiene un 5 % de glucosa y abundante oxígeno. El cultivo se mantiene a temperatura constante. El resultado, tal y como aparece en la ilustración, muestra que las colonias, o clones, de la cepa B alcanzan un tamaño mucho mayor que las de la cepa A.

Los investigadores atribuyen la diferencia de tamaño de las colonias a diferencias en el metabolismo de las cepas. Para encontrar apoyos a su hipótesis, observan al microscopio electrónico de transmisión (MET) ejemplares de ambas cepas y encuentran que las levaduras de la cepa B contienen muchas más mitocondrias (de 15 a 20 por célula) que las de la cepa A (4 o 5 por célula).

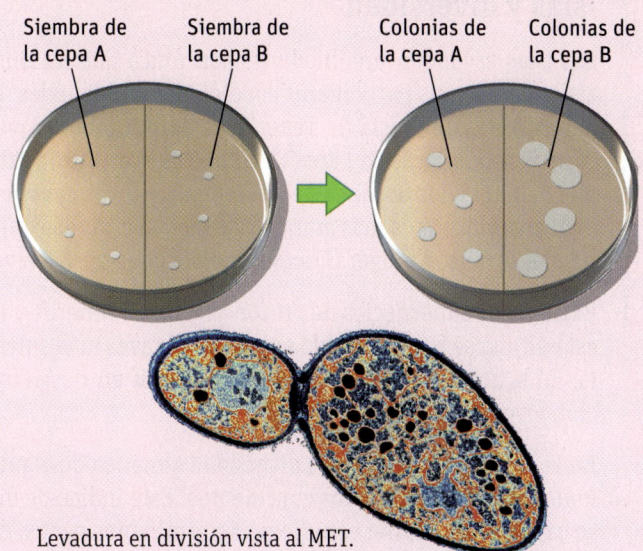

Levadura en división vista al MET.

a) ¿Qué ha podido llevar a los investigadores a relacionar la diferencia de tamaño entre los clones de levadura con su metabolismo? ¿Por qué una imagen al MET les puede ayudar a probar su hipótesis?

b) Tras su investigación, concluyen que las diferencias metabólicas se concretan en que las levaduras de la cepa A obtienen la energía por fermentación y las de la cepa B, por respiración oxidativa. ¿Estás de acuerdo? ¿Qué resultados esperarías si se repitiera la experiencia en condiciones anaerobias?

Comprender el enunciado

Comprueba que entiendes todos los términos utilizados y subraya algunas cuestiones clave:

- Las cepas son variedades de una misma especie: ... *disponemos de dos cepas (A y B) de levadura de cerveza*...

- Las levaduras son hongos microscópicos heterótrofos y anaerobios facultativos: ... *con un medio de cultivo completo que contiene un 5 % de glucosa y abundante oxígeno.*

- Las colonias son clones obtenidos por mitosis a partir de una célula inicial: ... *las colonias, o clones, de la cepa B*...

Elaborar la respuesta

a) Tu respuesta tendrá la máxima valoración si:

- Relacionas la multiplicación celular con la nutrición: *El tamaño de las colonias será mayor cuanto mayor sea el número de células y la reproducción celular necesita energía (ATP), que se genera en el metabolismo por la oxidación de los nutrientes.*

- Infieres que: *Si las condiciones en las que se cultivan las dos cepas son idénticas, la diferencia en la actividad de las levaduras tiene que deberse a factores internos (genéticos).*

- Relacionas la ultraestructura celular con sus funciones e infieres que: *Si hay diferencias en el metabolismo y este sucede en gran medida en las estructuras y orgánulos celulares, estas diferencias pueden quedar reflejadas en el desarrollo o en el aspecto de algunos de ellos.*

b) Tu respuesta será mejor valorada si:

- Argumentas que estás de acuerdo, ya que: *Las levaduras son anaerobias facultativas, pueden hacer respiración oxidativa o fermentación; en este caso, utilizar uno u otro mecanismo no depende de la disponibilidad de oxígeno; la cepa B es rica en mitocondrias, generadoras de energía, y en la A hay pocas, aunque haya oxígeno no habrá prácticamente respiración, solo fermentación; la fermentación es menos eficiente que la respiración y con iguales nutrientes se obtiene mucha menos energía.*

- Y concluyes que: *La diferencia en el metabolismo se debe al diferente número de mitocondrias, un carácter genético hereditario que tendrán todas las levaduras del mismo clon.*

- Y concluyes que: *Sin oxígeno ambas cepas obtendrán energía por fermentación y el tamaño de las colonias será el mismo.*

ACTIVIDAD resuelta

Islas y diversidad

Las islas esconden una biodiversidad única que ha sido modelada por el aislamiento y las particulares condiciones ambientales. Por ejemplo, en algunas zonas de la isla de Tenerife se han llegado a inventariar hasta 468 especies endémicas en 1 km². Una de ellas es el pinzón azul (*Fringilla teydea*) que habita en los bosques de pino canario (*Pinus canariensis*), especie también endémica, y es más grande y de pico más grueso que su pariente continental, el pinzón vulgar (*Fringilla coelebs*) que también vive en la isla.

Existen dos subespecies de pinzón azul, la de Tenerife y la de Gran Canaria; esta última se ha convertido en una de las aves más amenazadas del planeta. En la actualidad, el 39 % de las especies en riesgo inminente de extinción viven en islas.

En la gráfica se compara la diversidad genética de algunos grupos de animales en las islas y en los continentes. Este índice de diversidad genética se calcula a partir del estudio de determinados genes; cuanto mayor es el número de alelos diferentes en la población, mayor es el índice.

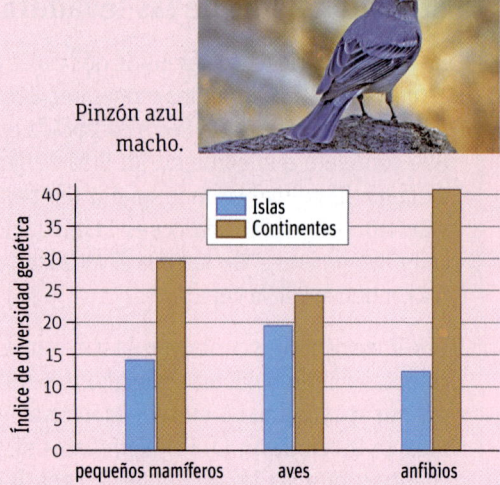

Pinzón azul macho.

Comparación de la diversidad genética de las poblaciones continentales e insulares.

a) Compara la diversidad genética en islas y continentes. ¿A qué atribuyes la diferencia? ¿En qué sentido las aves son un caso particular?

b) Propón una hipótesis para explicar el origen del pinzón azul y de sus dos subespecies. ¿Cuál puede ser la causa de que esta especie sea tan vulnerable?

Comprender el enunciado

Comprueba que entiendes todos los términos utilizados y subraya algunas cuestiones clave:

- La biodiversidad se origina por selección natural: ... *una biodiversidad única que ha sido modelada por el aislamiento y las particulares condiciones ambientales.*

- El aislamiento geográfico juega un papel esencial en muchos casos de especiación: ... *dos subespecies de pinzón azul, la de Tenerife y la de Gran Canaria.*

- La diversidad genética es la base necesaria sobre la que actúa la evolución: ... *el 39 % de las especies en riesgo inminente de extinción viven en islas.*

Elaborar la respuesta

a) Tu respuesta tendrá la máxima valoración si:

- Infieres que: *La diversidad genética es mayor en los continentes que en las islas, aunque en el caso de las aves las diferencias son mucho menores.*

- Relacionas la presencia de vida en la isla con la posibilidad de colonización desde el continente: *No todos los organismos tienen la misma facilidad para propagarse y las aves, en general, lo hacen con más facilidad.*

- Argumentas que: *La colonización de la isla solo la hará un número reducido de individuos de la especie, por lo que lo normal es que no represente al total de la población; la diversidad es menor.*

b) Tu respuesta será mejor valorada si:

- Analizas el caso particular de los pinzones desde la perspectiva del "modelo general de especiación": *Una primera etapa en la que se interrumpe el intercambio de genes entre la población original de pinzones y la pequeña población que coloniza una isla. Una segunda etapa en la que ambas poblaciones evolucionan por separado (acción combinada de la mutación y la selección). Pasado el tiempo, ambas poblaciones entran de nuevo en contacto pero ya no se cruzan, se ha producido la especiación. En algún momento del proceso, la nueva especie coloniza una isla vecina, en la actualidad ambas poblaciones (subespecies) siguen perteneciendo a la misma especie.*

- Argumentas que: *En las especies endémicas insulares coinciden, en mayor o menor grado, varios de los factores que intervienen en la extinción de especies. En este caso habría que destacar, además de la baja diversidad genética que suele acompañar a las especies insulares y que dificulta su adaptación a los cambios ambientales, su hábitat restringido y muy especializado (si se quema el bosque de pino canario desaparece el hábitat del pinzón azul).*

PRACTICA

El conejo himalaya

El conejo europeo o conejo común (*Oryctolagus cuniculus*) es de color pardo. Entre sus múltiples razas llama la atención el pequeño conejo ruso o himalaya cuyo pelaje es blanco excepto la cola, las orejas y el extremo final de las patas y el hocico. Como en las personas, el pigmento que da color a su pelaje es la melanina, una sustancia que se produce a partir del aminoácido tirosina (incoloro) por la acción de la enzima tirosinasa.

En el laboratorio se preparan cuatro tubos de ensayo con la misma cantidad de tirosina y de tirosinasa. En dos de ellos, la enzima procede de conejo común y en los otros dos, de himalaya. Las medidas se hacen a 30 °C y a 36 °C, la temperatura de las orejas y del cuerpo del conejo, respectivamente. Los resultados obtenidos aparecen en la tabla.

a) Describe los resultados de la experiencia. ¿Qué prueban estos resultados? ¿Qué nombre recibe el cambio experimentado por la tirosinasa con la temperatura? ¿En qué consiste?

b) Justifica la siguiente afirmación: "El metabolismo celular está controlado por la información genética y por las condiciones ambientales".

Conejo himalaya.

	Concentración de tirosina			
	Inicio		Final	
	30 °C	36 °C	30 °C	36 °C
Conejo común	•••	•••	•	•
Conejo himalaya	•••	•••	•	•••

Células para trasplantes

La médula ósea roja contiene células inmaduras, las células madre hematopoyéticas (CMH), que se dividen para formar más células madre o se especializan en uno de los tres tipos de células (glóbulos) sanguíneas. Algunas de estas células madre, llamadas células madre de sangre periférica (CMSP), pasan al torrente sanguíneo. Las células madre obtenidas de cualquiera de estas fuentes pueden usarse para trasplantes en pacientes de cáncer que deben recibir dosis muy elevadas de quimioterapia o de radioterapia.

Estas terapias afectan generalmente a las células que se dividen con rapidez y se usan para tratar el cáncer porque las células cancerosas se dividen con mayor frecuencia que la mayoría de las células sanas. Las células de la médula ósea también se dividen con mucha frecuencia y estos tratamientos pueden destruirlas. El trasplante reemplaza las células madre destruidas por el tratamiento.

a) Indica a qué número de la ilustración corresponden los siguientes elementos: granulocitos, célula madre hematopoyética, monocitos, hueso esponjoso (contiene médula roja), plaquetas, glóbulos rojos, hueso compacto, glóbulos blancos y linfocitos.

b) Una tercera fuente de células madre hematopoyéticas es la sangre del cordón umbilical. Señala qué aspectos convendría tener en cuenta para valorar cuál de las tres opciones es la más adecuada para hacer un trasplante.

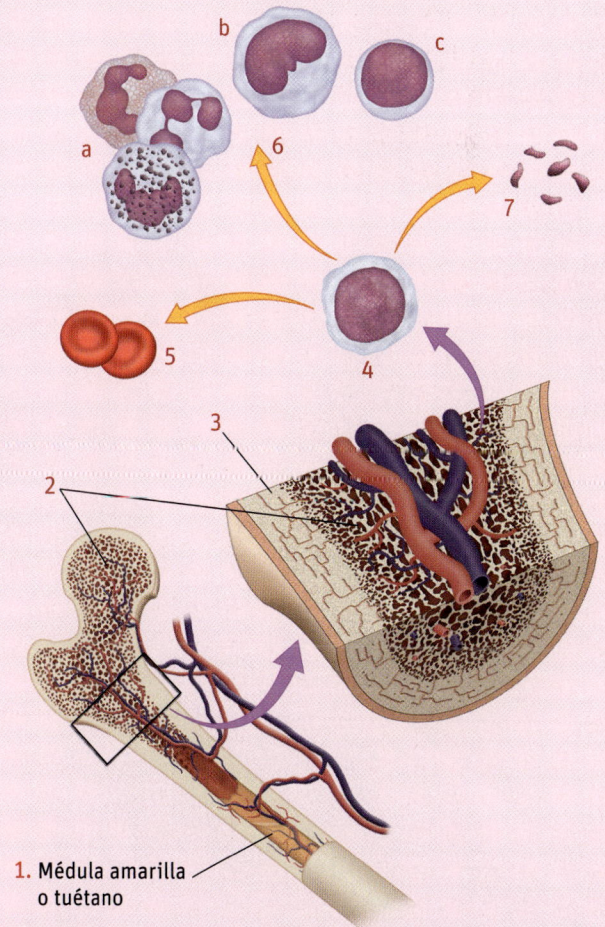
Origen de las células hematopoyéticas.

6

 **1** Funciones vitales en los organismos pluricelulares

 **2** Problemas relacionados con la nutrición

 **3** ¿Cómo incorporan las plantas el alimento?

 **4** ¿Cómo transportan los nutrientes por su interior?

 **5** Estructuras vegetales especializadas en la nutrición

La nutrición en las plantas

6 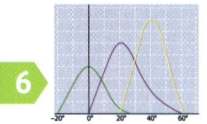	7 	8 	9 	10 	
La fotosíntesis como eje de la nutrición autótrofa	¿Cómo excretan los productos de desecho las plantas?	Visión general de la nutrición en las plantas	Adaptaciones nutricionales de algunas plantas	Importancia de las plantas en los ecosistemas	**LA CIENCIA Y SUS MÉTODOS** Identificar y controlar las variables

EN PORTADA

Una especie rara y perdida en un remoto desierto

En 1869, el austriaco Friedrich Welwitsch encontró en el desierto sudafricano del Namib, entre Angola y Namibia, una extraña planta que hoy lleva su nombre: *Welwitschia mirabilis*. Es la única especie de un grupo de gimnospermas que solo se encuentra en ese desierto, en un ambiente extremadamente seco y alejada de casi cualquier otra forma de vida.

Tan escasas que se consideran en peligro de extinción, estas plantas presentan características tan sorprendentes como su forma, con un tronco subterráneo de hasta un metro de diámetro que apenas sobresale de la arenosa superficie.

Poseen una raíz profunda que ancla la planta y busca agua en la profundidad del desierto. Del tronco salen dos hojas que se dividen en largas cintas que acaban deshilachadas y parecen servir para captar la escasa humedad del rocío de la madrugada.

Las plantas son dioicas: cada ejemplar produce solo flores masculinas o femeninas. El polen de las masculinas es transportado por insectos atraídos por una especie de miel que producen las flores. En ocasiones es el viento el que dispersa el polen.

Florecen casi todos los años, pero sus semillas raramente logran germinar, ya que necesitan de humedad continua durante una semana. Sin embargo, como algunos ejemplares viven más de mil años, encuentran muchas ocasiones para hacerlo.

Sin apenas agua, con suelos casi carentes de nutrientes, solitarias y bajo un sol abrasador de día y bajas temperaturas por la noche, *Welwitschia* es uno de los más asombrosos seres del planeta.

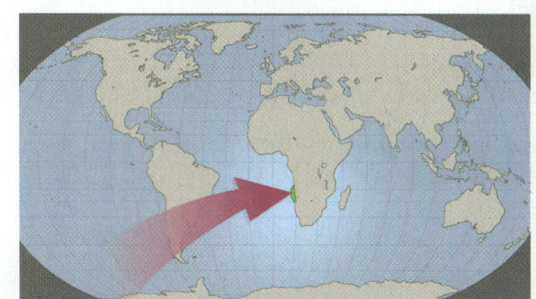

Figura 6.1. Esquema de la anatomía de *Welwitschia mirabilis* y distribución geográfica de la especie.

1. A pesar de lo extremo de su hábitat, *Welwitschia* realiza las tres funciones vitales de cualquier ser vivo. Recuerda esas funciones e identifica las especiales condiciones que presenta su medio para realizarlas. ¿Qué ventajas e inconvenientes crees que tendrá para esta especie la dureza de su entorno?

2. Trata de recordar las necesidades nutricionales de una planta y describe las limitaciones que encontrará *Welwitschia* para satisfacerlas en su entorno.

3. Algunas funciones vitales de *Welwitschia* le exigen establecer relaciones con otros seres vivos, lo que en un desierto resulta dificultoso. ¿Con qué otros seres vivos necesita relacionarse esta planta y para qué los necesita?

1. Funciones vitales en los organismos pluricelulares

¿Actúan los paramecios como organismos o como células?

Un paramecio es, a la vez, un organismo y una célula. Su nutrición, es, a la vez, el proceso de nutrición de un organismo y el de una célula.

Un ciervo realiza su proceso de nutrición como organismo, siendo diferente del que efectuarán cada una de sus células a partir de los nutrientes de la sangre. En el ciervo se distinguen la función de nutrición del organismo y la de sus células, procesos relacionados, pero diferentes. La nutrición de los organismos pluricelulares se "inventó" con el fin de proveer a cada una de las células del organismo de los nutrientes necesarios.

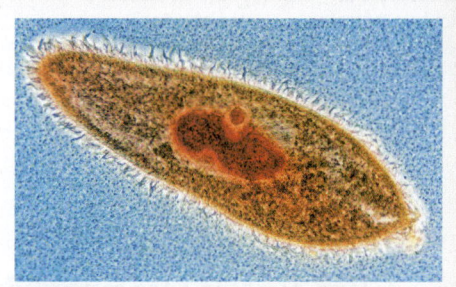

Con la aparición de los **organismos pluricelulares**, como son las plantas o los animales, surgieron nuevas características propias del nivel pluricelular.

Cada una de sus células sigue necesitando alimentarse, eliminar desechos, relacionarse con el entorno y dividirse. Pero a la escala del organismo aparecen necesidades semejantes que provienen, en parte, de la necesidad de facilitar a cada una de las células la forma de realizar sus funciones.

Además, el organismo pluricelular, como entidad, necesita reproducirse, relacionarse con su entorno, etc. Durante su evolución, los organismos pluricelulares han ido creando tejidos y sistemas para desempeñar las tres **funciones vitales**: **nutrición**, **relación** y **reproducción**; pero ahora a la escala del individuo pluricelular.

1.1. Distintas funciones para distintas necesidades

Las tres funciones vitales (Fig. 6.2) son las respuestas a las distintas necesidades que presenta el organismo.

La **nutrición** hace frente a la necesidad de construirse y repararse uno mismo. Para ello hay que tomar del medio los materiales y la energía necesarios, transformarlos en materiales propios y eliminar los que han quedado inservibles y son ya desechos.

La **relación** busca solucionar la necesidad de comunicarse, saber qué sucede en el interior y en el entorno del organismo y reaccionar en consecuencia.

Para relacionarse hay que poseer sensores internos y externos que capten información, canales para conducirla por el interior del organismo y mecanismos para generar respuestas, como la secreción de sustancias, los movimientos u otros.

La **reproducción** tiene como fin hacer copias iguales o muy parecidas a uno mismo. Para reproducirse hay que hacer copias de la información genética propia y llevarla a las células que generarán un nuevo organismo. En la reproducción asexual se hacen copias idénticas a uno mismo, mientras que en la reproducción sexual se combina la información genética de los dos progenitores, creando un tercer organismo genéticamente intermedio.

> **En la Web**
>
> Observa estos vídeos en los que se pueden ver paramecios realizando diferentes funciones biológicas.
>
> www.e-sm.net/svbg1bach06_01
> www.e-sm.net/svbg1bach06_02

Figura 6.2. Las funciones vitales de la célula surgen, a otra escala, también en el organismo pluricelular.

NIVEL CELULAR — NIVEL DEL ORGANISMO PLURICELULAR

ACTIVIDADES

4. Identifica una estructura para la nutrición y otra para la relación o la reproducción en un animal invertebrado, un vertebrado, una planta y un hongo.

2. Procesos relacionados con la nutrición

El intercambio de materia y energía es necesario para cualquier ser vivo y también para cada una de sus células. Dentro del organismo, las células transforman en estructuras propias la materia y la energía que han obtenido, devolviendo los desechos al medio interno del organismo, que a su vez debe expulsarlos al exterior. Por ello, además de los **sistemas de captura de materia y energía del exterior** (alimentos, luz, etc.), pueden necesitarse **mecanismos de circulación y distribución interna**, así como otros de **eliminación o excreción**.

El cuadro identifica los procesos implicados en la nutrición de los organismos, indicando las estructuras que han desarrollado las plantas y los animales más complejos (espermatofitas y vertebrados) para realizarlos.

SISTEMAS Y MECANISMOS UTILIZADOS POR LAS PLANTAS Y LOS ANIMALES PARA LA NUTRICIÓN

Procesos implicados en la nutrición	Plantas espermatofitas	Animales vertebrados
Captura de materia sólida o líquida	Pelos radicales (raíz)	Sistema digestivo
Captura de gases	Estomas, lenticelas y pelos radicales	Sistema respiratorio
Captura de energía	Directamente de la radiación solar	A través del alimento
Transformación de alimentos fuera de la célula	No hay	Sistema digestivo
Traslado de líquidos y sólidos capturados o elaborados hasta las células	Sistemas vasculares (floema y xilema) y a través del paso directo entre células	Sistema circulatorio
Traslado de los gases capturados hasta las células	A través de los espacios intercelulares	Sistema circulatorio
Metabolismo celular	Células autótrofas y heterótrofas	Células heterótrofas
Traslado de gases de desecho hasta el exterior	Por espacios intercelulares	Sistema respiratorio
Traslado de líquidos y sólidos de desecho al exterior	No hay estructuras especializadas. Algunas se almacenan.	Sistema excretor

INTERPRETAR

5. Autótrofos, heterótrofos y más

Los organismos pluricelulares son autótrofos o heterótrofos según necesiten o no tomar sustancias orgánicas para su metabolismo. Sin embargo, en los organismos autótrofos (las plantas) hay células autótrofas y heterótrofas. En realidad, los tipos de nutrición son más complejos, pues debemos considerar no solo la fuente de obtención de materia (de carbono) sino también la de energía. Así resultan 4 grandes grupos.

		OBTENCIÓN DE LA ENERGÍA	
		Fotótrofos (de la luz)	Quimiótrofos (de reacciones químicas)
OBTENCIÓN DEL C	Litótrofos (de materia inorgánica)	Fotolitótrofos o fotoautótrofos	Quimiolitótrofos o quimioautótrofos
		Plantas, bacterias verdes, cianobacterias	Bacterias nitrificantes, del S, Fe, H (quimiosintetizadoras)
	Organótrofos (de materia orgánica)	Fotoorganótrofos o fotoheterótrofos	Quimioorganótrofos o quimioheterótrofos
		Bacterias purpúreas fotosintéticas	Animales, Hongos

a) ¿Cómo serán, en cuanto a su nutrición, una célula del micelio de un hongo, una neurona de un invertebrado y la bacteria *Nitrosomonas*? ¿De qué obtendrán su materia y de dónde su energía?

b) ¿Y la célula de una hoja de una planta? ¿Y la de una raíz?

Figura 6.3. En las aguas termales de Yellowstone viven bacterias quimiosintetizadoras del azufre.

3. ¿Cómo incorporan las plantas el alimento?

Utilizamos el término **alimento** para referirnos a las sustancias que toman los organismos y **nutriente** para aquellas que incorporan las células. En realidad, los nutrientes son los componentes de los alimentos, que son más complejos. Al ser autótrofas, las plantas incorporan sustancias sencillas del medio, por lo que su alimento es de tipo nutriente: agua, sales minerales y gases.

3.1. Incorporación del agua y las sales minerales

El agua con sales minerales disueltas en forma de iones de K^+, Ca^{2+}, etc., tiene que **atravesar las membranas celulares** para pasar al interior de la planta, y lo hace de forma diferente según sea un tipo de planta u otro.

- Los **musgos** no tienen órganos especializados para esa absorción, por lo que esta se puede dar en toda la superficie de la planta.

- La mayoría de las **plantas vasculares (helechos y espermatofitas)** poseen unos órganos especializados para absorber el agua y las sales: las **raíces**. Las células epidérmicas de las raíces presentan unas prolongaciones denominadas **pelos radicales** que aumentan mucho la superficie de contacto con el suelo (Fig. 6.5).

El mecanismo de **entrada a las células** es diferente en función de la sustancia a incorporar:

- El **agua** entra al interior de la raíz a favor del denominado **potencial hídrico**, en el que intervienen varios procesos, siendo el más importante la **ósmosis** (el citoplasma está más concentrado que el agua del suelo).

- Muchas **sales**, en forma de iones, pasan a las células de la raíz mediante **transporte activo**. Esto le supone gasto de energía a las células y requiere la presencia en su membrana de proteínas transportadoras.

Una vez dentro de las células, **el agua con las sales debe llegar al resto de la planta**:

- En los **musgos**, al carecer de sistemas especializados para el transporte interno, el paso se hace de célula a célula o por capilaridad en el espacio intersticial.

Figura 6.4. Los musgos absorben agua y sales por todo su cuerpo. Los helechos poseen las raíces para ello.

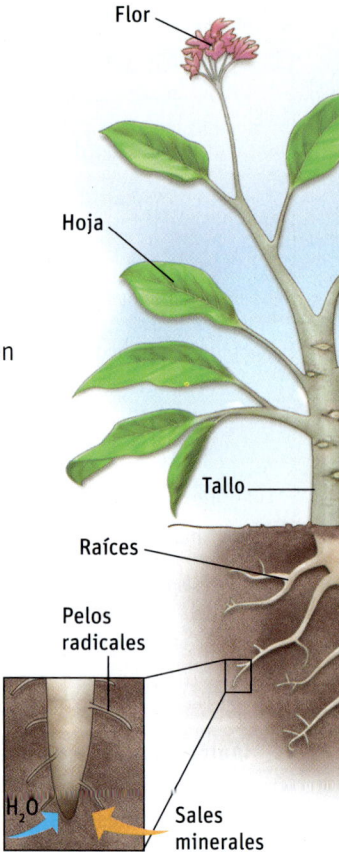

Figura 6.5. La nutrición en las planas espermatofitas.

DEDUCIR

6. Ventajas e inconvenientes de ser un musgo

Los musgos recubren rocas, suelos y troncos de árboles de ambientes húmedos, donde forman extensos tapices. En las temporadas secas, sus hojillas (llamadas filidios) y sus tallitos (caulidios) se secan y retuercen sobre sí mismos, pudiendo aguantar así bastante tiempo, hasta las siguientes lluvias.

a) Explica la razón y el sentido que tiene que los musgos vivos, al secarse, se retuerzan sobre sí mismos. ¿Qué pasará cuando se humedezcan?

b) ¿Por qué no existen musgos de gran tamaño?

- En los **helechos** y **plantas con semillas** hay **vasos especializados** en el transporte interior. El agua con las sales capturadas por los pelos radicales debe ir hasta el **xilema** o conjunto de los vasos leñosos, que está en la zona central de la raíz, para lo que debe atravesar otros tejidos. Para entrar en los citoplasmas, el agua atraviesa la membrana por ósmosis y los iones por transporte activo, igual que en la absorción desde el suelo.

Al pasar al xilema, el agua y las sales disueltas forman la llamada **savia bruta**.

3.2. El intercambio gaseoso en las plantas

Las plantas intercambian gases con el exterior. Son organismos autótrofos, pero sus células pueden ser autótrofas o heterótrofas. Todas respiran y solo las primeras hacen la fotosíntesis. Por eso las plantas necesitan tanto O_2 como CO_2 y emiten también ambos gases, aunque el balance de un día completo supone absorber CO_2 y emitir O_2.

Ninguna planta ha desarrollado un sistema respiratorio como tal; el metabolismo vegetal es poco activo y les es suficiente la difusión de los gases disueltos en agua por sus espacios intercelulares, de célula a célula, o por los vasos conductores de la savia. Por otra parte, el CO_2 solo es necesario para la fotosíntesis de las células verdes que, por lo general, se encuentran únicamente en las hojas.

En los **musgos**, el tamaño reducido y la facilidad de intercambio a través de las membranas celulares sin cutícula de su superficie hacen que no necesiten estructuras para el intercambio gaseoso; pero en **helechos** y **espermatofitas** sí, al presentarse la superficie exterior impermeabilizada y endurecida. En estas plantas, los mecanismos de entrada son:

- **Estomas**. Pequeños poros formados por células oclusivas que, en función de su turgencia, abren o cierran una abertura u ostiolo. Están en la epidermis de las hojas, generalmente en el envés o parte de abajo.
- **Lenticelas**. Protuberancias con huecos situadas en los tallos leñosos.
- **Pelos radicales**. Protuberancias de las raíces que absorben el agua con gases disueltos del suelo.

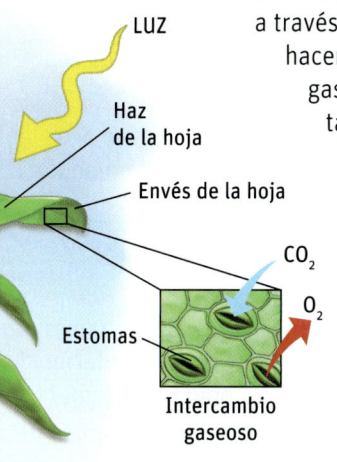

3.3. La captación de la luz

Las **hojas** de las plantas con semillas (espermatofitas) son los órganos especializados en la captación de la luz. En los helechos son los **frondes** y en los musgos, tanto los **filidios** u **hojillas** como el **caulidio** o **tallito**.

La captación de la luz se produce gracias a la **clorofila** que se encuentra en los cloroplastos de las células verdes. Debido a que la luz no puede transmitirse por el interior de la planta, las células fotosintéticas se sitúan cerca de la superficie de las hojas, que suelen ser finas y planas. Reciben la luz directa y el CO_2 del aire que entra en los espacios intercelulares a través de los múltiples estomas.

• **En la Web**

Observa en este vídeo cómo se abren y cierran los estomas de una hoja.

www.e-sm.net/svbg1bach06_03

Figura 6.6. En zonas muy húmedas el agua absorbida por las raíces puede salir por los estomas. Es la gutación y se da en hojas y tallos.

smSaviadigital.com COMPRENDE
¿Por dónde entran y salen los gases de las hojas?

RAZONAR

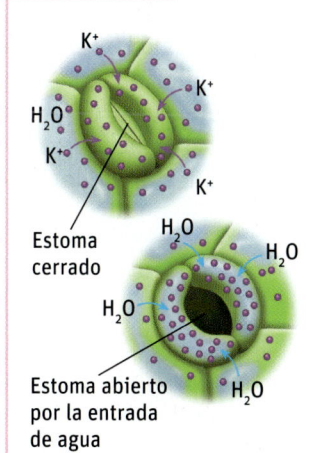

7. ¿Cómo funciona un estoma?

Gracias a la ósmosis, si las células de un estoma se hinchan de agua, adoptan una forma arriñonada o de judía, abriéndose el ostiolo. Para hincharse o no de agua utilizan el ion K^+, que toman o devuelven a las células vecinas.

a) ¿En qué sentido se producirá el movimiento de los iones K^+ en la apertura de un ostiolo?

b) La luz activa la pérdida de turgencia de las células de los estomas, sobre todo en climas secos. Considerando que a través de los ostiolos salen gases y también agua, ¿qué sentido tiene esta adaptación? Razónalo.

ACTIVIDADES

8. Identifica todos los órganos y estructuras relacionados con la captación de la luz y con el intercambio de gases con el exterior en musgos, helechos y espermatofitas.

4 ¿Cómo transportan los nutrientes por su interior?

Figura 6.7. Las plantas contienen partes autótrofas, como las hojas, y heterótrofas, como las raíces.

Los **helechos** y las **plantas con semillas** presentan un sistema de transporte de nutrientes sólidos y líquidos por su interior.

Estas plantas presentan dos tipos de células diferentes en cuanto a su nutrición: células verdes o autótrofas y células heterótrofas. Las primeras se suelen situar en hojas y frondes, y necesitan agua, CO_2, sales minerales y luz para sintetizar, a través de la fotosíntesis, moléculas orgánicas.

Las células heterótrofas requieren agua, O_2 y sustancias orgánicas de las que obtienen la energía y la materia para realizar su metabolismo. La materia orgánica que necesitan la obtienen de las células verdes.

Por tanto, existen **dos vías de comunicación** dentro de estas plantas:

- **Desde las zonas de captación de materia inorgánica en el exterior** (fundamentalmente las raíces) **hacia las células verdes** (en las hojas). Viaja agua con sales disueltas y algunos gases disueltos constituyendo la **savia bruta**. Los conductos son los **vasos leñosos** o **xilema**.

- **Desde las células verdes** (hojas) **hacia todas las células no verdes**. Llevan agua con gases disueltos y sustancias orgánicas producidas en la fotosíntesis, formando la **savia elaborada**. Los conductos son los **vasos cribosos** o **floema**.

4.1. Procesos que mueven la savia bruta

La savia bruta se mueve casi siempre contra la gravedad, pues va desde las raíces hacia las hojas. En un árbol puede recorrer varias decenas de metros por el interior del xilema, que son tubos huecos formados por células muertas. ¿Cómo lo consigue?

Hay varios procesos que colaboran en el cumplimiento de ese objetivo (Fig. 6.8):

- **En la raíz** se genera un aumento de **presión** debido a la absorción del agua que entra por los pelos radicales. Eso empuja la savia bruta hacia arriba, ya dentro del xilema, aunque esta presión resulta insuficiente para llevarla hasta las hojas.

- **En las hojas** se produce la **transpiración** de agua en los estomas. Supone un gasto importante de agua que la planta debe regular, pero disminuye la presión en el interior de la hoja, lo que motiva el ascenso de la savia bruta.

Los dos procesos anteriores generan una **tensión** o presión del líquido en sentido ascendente en los conductos huecos del xilema.

- Esa tensión, sumada a la **cohesión** entre las moléculas de agua por sus enlaces de puentes de hidrógeno y a su **adhesión** a las paredes de los finos vasos (**capilaridad**), motiva el ascenso de la savia bruta desde las raíces a las hojas a pesar de la distancia y la gravedad. Es la **teoría de la cohesión-adhesión-tensión**.

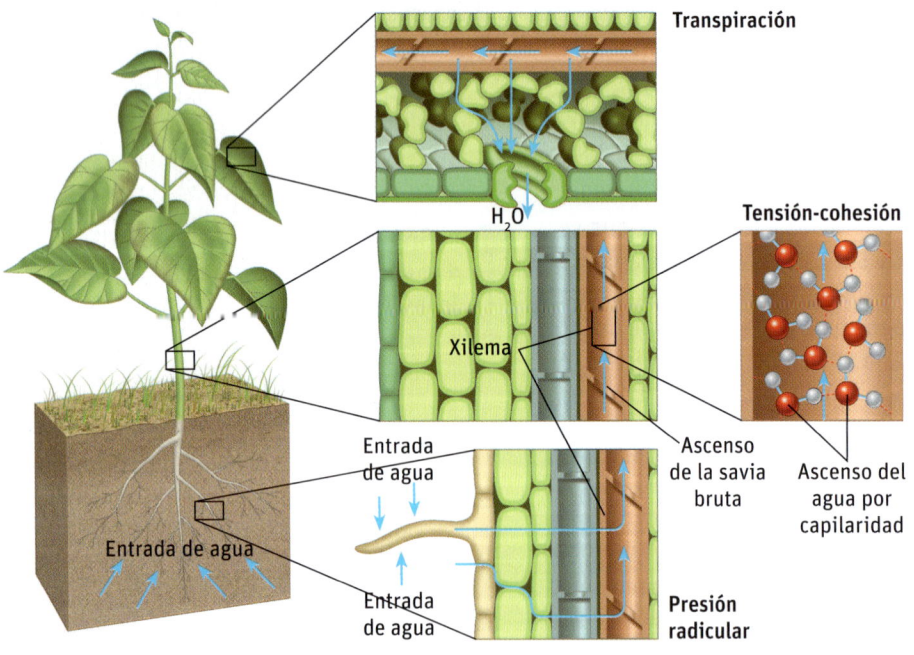

Figura 6.8. Ascenso de la savia bruta.

ACTIVIDADES

9. La transpiración de una planta contribuye al ascenso de la savia bruta. Sin embargo, este mecanismo no puede ser utilizado en todos los hábitats. ¿En qué tipo de plantas y medios resultará un proceso poco adecuado para el transporte de la savia?

4.2. Procesos que mueven la savia elaborada

La **savia elaborada** es un líquido más concentrado que la savia bruta. Contiene sacarosa (un glúcido), así como aminoácidos, iones y otras sustancias sintetizadas en la fotosíntesis.

Los conductos por donde discurre son los **vasos cribosos**, o **floema**, formados por células vivas comunicadas entre sí por placas perforadas que parecen cribas o filtros (Fig. 6.9).

El movimiento de la savia elaborada por el interior de las células del floema se conoce como **translocación** y se debe a la concentración de la sacarosa, a la que el agua sigue por ósmosis de acuerdo con la **hipótesis de la corriente de presión**.

Esta hipótesis se basa en la diferencia de presión que se crea en el floema entre las **zonas fuente** y los **sumideros** o **zonas de destino** de la savia elaborada.

- **Las zonas fuente** son las áreas de la planta por donde entra la savia elaborada al floema desde las células fotosintéticas de las hojas. En ellas, la sacarosa pasa al floema por transporte activo, con gasto de energía.

  Se forma así un líquido muy concentrado en el interior del floema, por lo que el agua, que en gran parte viene del xilema, entra también por ósmosis.

- **Los sumideros** son los lugares donde se trasvasa esa savia desde el floema a otras células (del tallo, los frutos o la raíz, por ejemplo).

  En ellos sucede lo contrario que en las zonas fuente: la sacarosa sale del floema por transporte activo y el agua la sigue por ósmosis.

El efecto combinado de áreas fuente y áreas sumidero crea una **diferencia de presión** en el floema que mueve la savia elaborada de las primeras a las segundas.

En ocasiones este movimiento es ascendente, cuando la savia tiene que llegar hasta las yemas o hasta los frutos, y en otras es descendente, cuando tiene que trasladar la savia hasta los troncos o las raíces.

RAZONAR

10. Pulgones y plantas

Un pulgón avanza sobre una hoja. Clava el estilete de su aparato bucal picador-chupador en el nervio de la hoja. Sin succionar, siente la presión de un líquido azucarado que entra con fuerza en su sistema digestivo y enseguida le sale una gotita dulce por su parte posterior.

a) ¿Qué crees que ha pasado?

b) ¿Qué relación tiene este suceso con el transporte de la savia elaborada en las plantas?

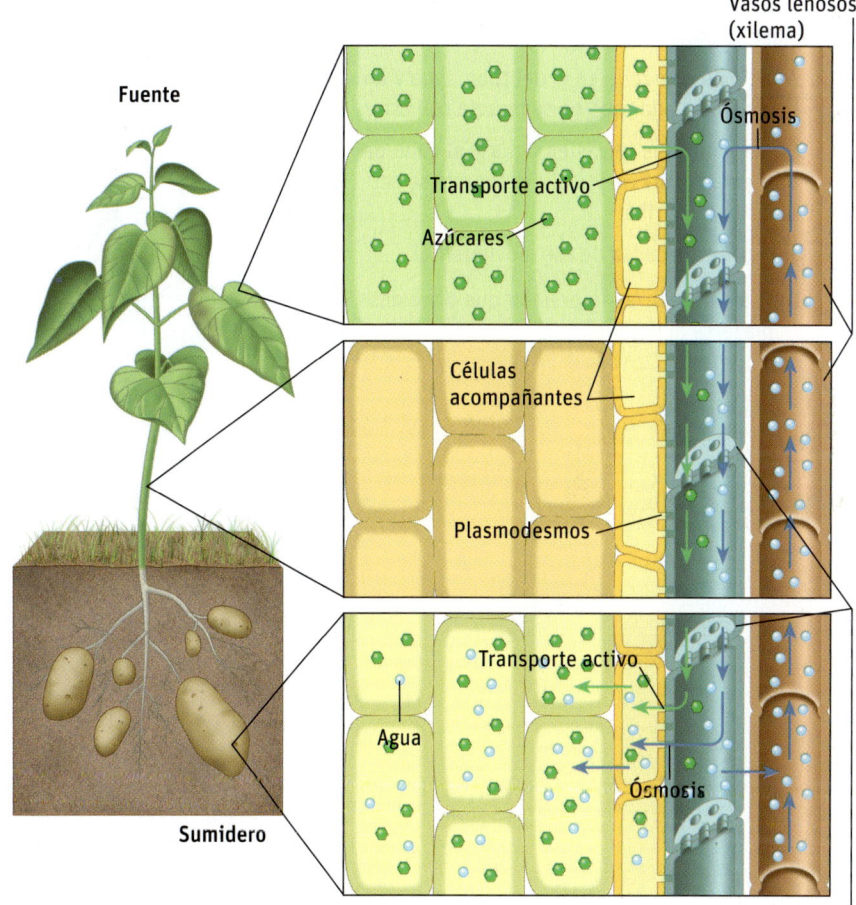

Figura 6.9. Flujo de la savia elaborada.

ACTIVIDADES

11. Un botánico pincha con una jeringuilla fina en varios puntos del tronco joven de un árbol. De uno de ellos extrae una muestra de un líquido acuoso azucarado y de otro obtiene agua con iones. ¿Qué puede ser cada uno de estos líquidos? ¿Dónde habrá pinchado en cada caso?

12. Explica las diferencias que hay entre el mecanismo de movimiento de la savia bruta y el de la savia elaborada.

En la Web

Observa estas animaciones acerca del transporte por el xilema y de savia elaborada.

www.e-sm.net/svbg1bach06_04

5. Estructuras vegetales especializadas en la nutrición

Para cumplir con las necesidades de incorporación de alimentos, síntesis de materia orgánica y transporte de los nutrientes por su interior, las plantas vasculares han desarrollado órganos y estructuras especializadas. Son las raíces, el tallo y las hojas.

5.1. Raíces: los órganos de absorción del agua y las sales

En las espermatofitas y los helechos, las raíces **absorben el agua y las sales minerales del suelo**. Además, cumplen la función de anclar la planta al sustrato.

La estructura de la raíz varía según los grupos de plantas y su edad, pero en términos generales presenta las siguientes partes, de fuera adentro (Fig. 6.10):

- **Epidermis** o **rizodermis**. Una capa de células, algunas de las cuales tienen pelos radicales como prolongaciones. A veces hay otra capa por dentro, la **exodermis**.

- **Córtex** o **corteza radical**, formado por:
  - **Parénquima**, con función de almacenamiento de sustancias, sobre todo almidón.
  - **Esclerénquima**, con función de sujeción.
  - **Endodermis**, formada por una fila de células con engrosamiento de la pared de suberina o corcho, que es impermeable al agua y se denomina **banda de Caspary**. Para atravesarla, el agua y las sales deben entrar en sus células: el agua entra por ósmosis y las sales por transporte activo.

- **Cilindro central** o **vascular**. Incluye el **xilema** y el **floema**, acompañados por el **parénquima** que suele formar una médula central.

EXPERIMENTAR

13. Una experiencia reveladora

Cortamos el tronco de una planta con raíces y lo acoplamos herméticamente a un tubo de plástico transparente en forma de S.

Añadimos a la zona en U del tubo agua y un líquido indicador que no se mezcle con esta.

Sumergimos las raíces en agua y al cabo de un tiempo observamos que el líquido se desplaza hacia arriba.

a) ¿Cuál es la causa de ese movimiento?

b) ¿Cómo medirías la presión que hace desplazarse al líquido?

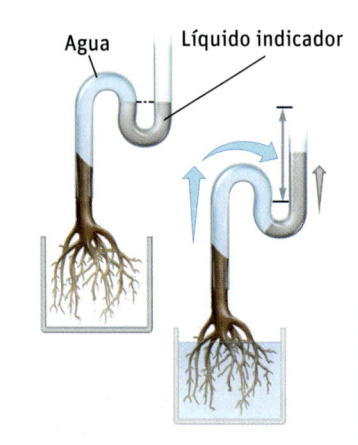

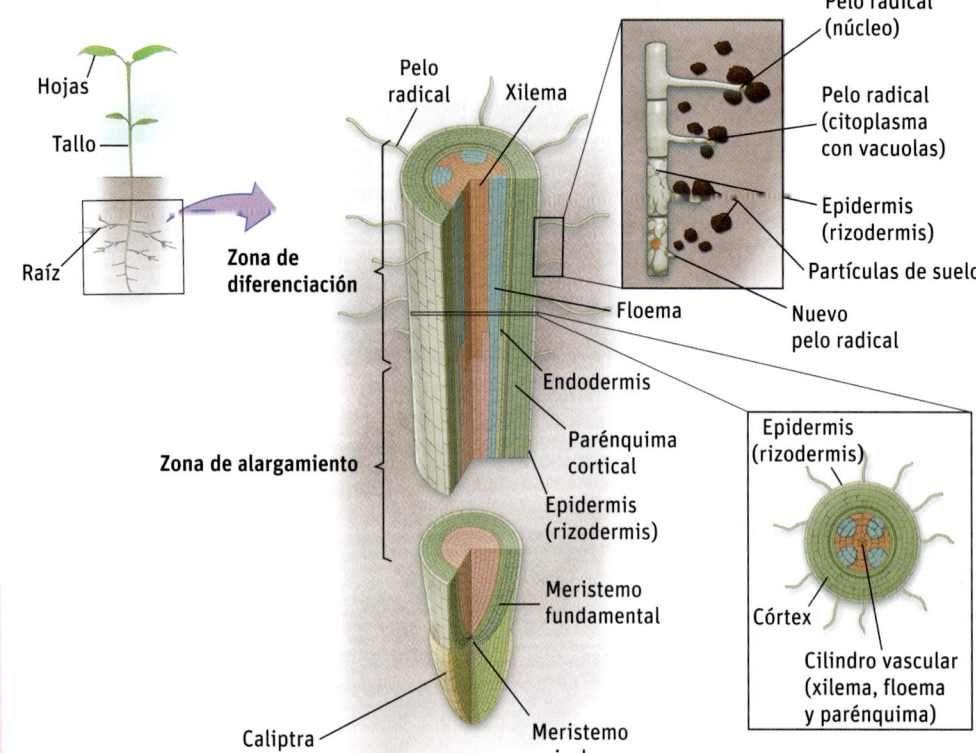

ACTIVIDADES

14. ¿Mediante qué proceso atraviesa el agua las membranas de la célula? ¿Y las sales minerales disueltas en forma de iones? ¿Cuál de ambas formas le supone gasto energético a la célula?

15. ¿Qué pasará en las raíces de una planta que se riega con agua salada?

Figura 6.10. Estructura de la raíz.

5.2. Tallo: la zona de transporte

Las plantas tienen alejados entre sí sus órganos captadores de agua y sales minerales, localizados en el suelo, y los captadores de luz, que se sitúan lo más alto posible. Por ello, disponen de un **tallo** que soporta el peso de la planta y **comunica ambos órganos captadores de nutrientes y de energía**. En los árboles y arbustos, el tallo principal se endurece y se lignifica formando un **tronco** leñoso.

El tallo cumple tres funciones: **sujeción** de la planta, **transporte** de la savia (Fig. 6.11) y **protección** del exterior. Todos los tallos presentan crecimiento en longitud, o **crecimiento primario,** y solo algunos tienen un crecimiento en grosor, o **crecimiento secundario**, generalmente a partir del segundo año de vida de la planta (Fig. 6.12).

- **Crecimiento primario**. La estructura de los tejidos es en capas más o menos concéntricas, con un modelo similar al de la raíz:
  - **Epidermis**. La epidermis se recubre con una cutícula protectora.
  - **Corteza o córtex**. Contiene fibras de **colénquima** y/o **esclerénquima** que dan firmeza, y **células parenquimáticas** con funciones de reserva y fotosintéticas.
  - **Cilindro central o médula**. Está formado por los vasos conductores (**xilema** y **floema**), que pueden tener disposición concéntrica o colocarse en haces. En la zona central y entre los haces (si existen) hay un **parénquima** medular.
- **Crecimiento secundario**. Al intervenir nuevos tejidos se complica la estructura interna del tallo. Además de las capas anteriores, aparecen:
  - El **cámbium vascular**, situado dentro del cilindro central, entre el xilema y el floema. Produce continuamente nuevo floema secundario hacia fuera y nuevo xilema secundario hacia dentro. El xilema secundario se va lignificando y sus células mueren, quedando como funcional solo el último producido. Si hay mucho xilema muerto y lignificado se generan **tallos leñosos**.
  - El **cámbium suberógeno** o **felógeno**, situado en la corteza. Produce hacia fuera **súber** o **corcho**, que son células muertas cubiertas de suberina. Hacia dentro da un tejido de tipo parenquimático llamado **felodermis**. El conjunto de corcho, felógeno y felodermis, llamado **peridermis**, puede terminar expulsando la epidermis, que se cae. Puede haber capas sucesivas de peridermis y la más externa caerse. Estas capas externas forman el corcho de los alcornoques.

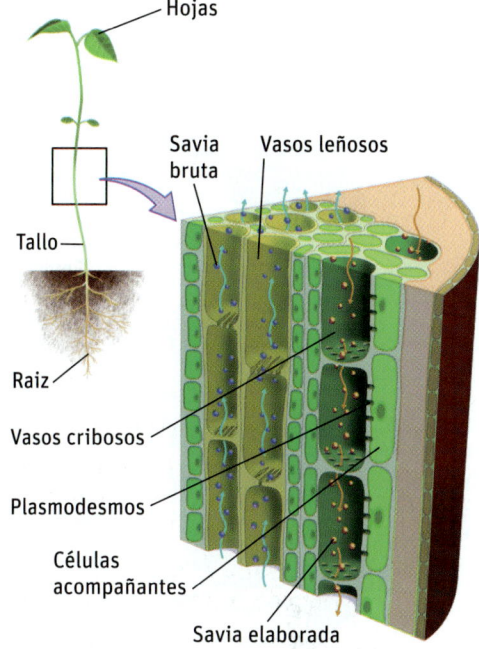

Figura 6.11. La función de transporte en el tallo.

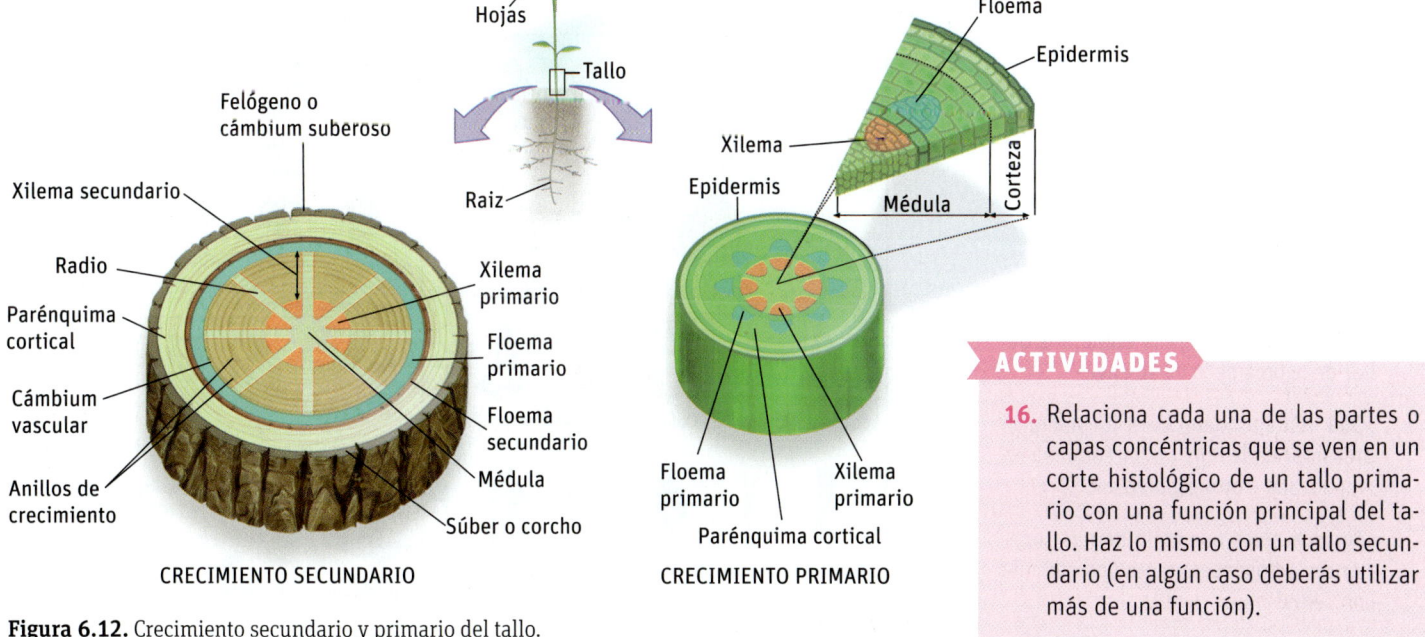

Figura 6.12. Crecimiento secundario y primario del tallo.

ACTIVIDADES

16. Relaciona cada una de las partes o capas concéntricas que se ven en un corte histológico de un tallo primario con una función principal del tallo. Haz lo mismo con un tallo secundario (en algún caso deberás utilizar más de una función).

5.3. Hojas: los órganos de captación de los gases y la luz

Las hojas son órganos laterales de crecimiento limitado que surgen de los tallos.

La estructura interna de la hoja revela su función principal como **órgano especializado en la fotosíntesis**. La forma, por lo general aplanada y de amplia superficie, permite captar la mayor cantidad de luz. No obstante, existen muchas formas diferentes de hojas.

En una hoja típica se diferencia el **peciolo** o tallito que la une a la rama o tallo y la lámina, **limbo** o zona plana especializada en la fotosíntesis. En el limbo, el engrosamiento del peciolo se continúa en los nervios o nervaduras, por donde discurren los vasos del xilema y floema.

Desde el **haz**, o parte de arriba, al **envés**, o superficie inferior, una hoja típica de espermatofita presenta la siguiente estructura (Fig. 6.13):

- **Epidermis superior** (**haz**), que presenta, por lo general, una cutícula cérea.
- **Parénquima** especializado en la fotosíntesis, que por ello se denomina también **clorénquima** (de cloroplastos). Puede tener dos capas:
  - **Parénquima en empalizada**, superior, con células juntas.
  - **Parénquima lagunar**, inferior, que deja espacios entre las células para favorecer el intercambio gaseoso.
- **Haces vasculares**, que constituyen la nervadura o conjunto de nervios, albergando el **xilema** y el **floema**.
- **Epidermis inferior** (**envés**), que contiene los **estomas** y sus ostiolos u orificios, que regulan el intercambio de gases con el exterior.

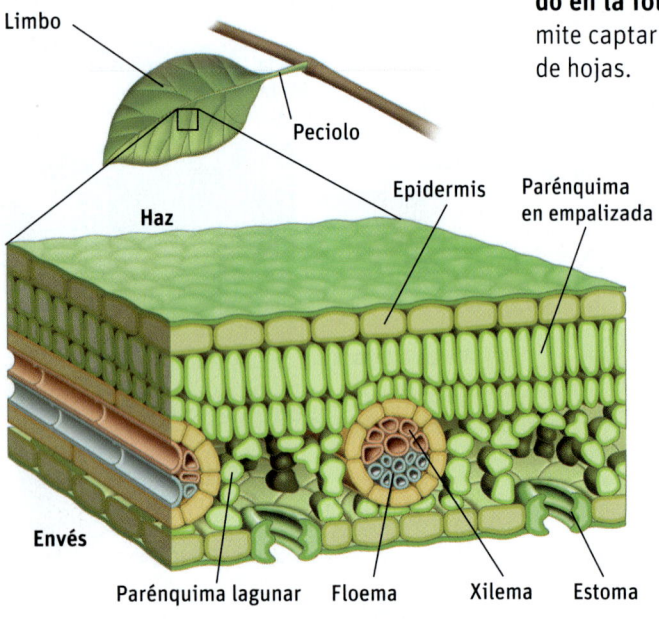

Figura 6.13. Estructura interna de una hoja.

En la Web

Puedes ver en esta animación cómo las hojas compuestas aparecen a partir de modificaciones evolutivas de las simples.

www.e-sm.net/svbg1bach06_05

ACTIVIDADES

17. ¿En qué se diferencia la epidermis del haz de la hoja de la de su envés?

18. ¿Qué ventajas tiene para la planta el presentar en la hoja un parénquima en empalizada y otro esponjoso?

19. ¿Por qué crees que la epidermis superior de la hoja suele tener una cutícula con ceras?

TIPOS DE HOJAS

Dadas las numerosas formas que pueden presentar, las hojas se usan a veces para identificar las plantas, sobre todo en el caso de los árboles.

Las clasificaciones por hojas se pueden basar en diferentes criterios: forma del limbo, borde del limbo, forma y número de nervios, disposición, etc.

Por su forma:

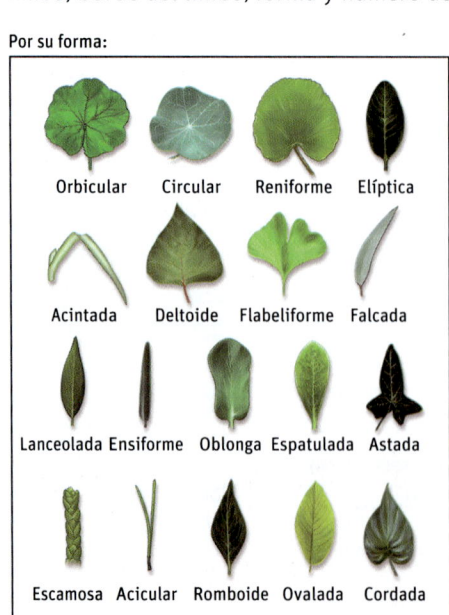

Por su borde:

6 La fotosíntesis como eje de la nutrición autótrofa

Hojas, tallo y raíces contribuyen a la nutrición vegetal, absorbiendo, transportando o metabolizando los nutrientes. Aunque en el conjunto del proceso también interviene la respiración celular, propia de la nutrición heterótrofa, la nutrición global del organismo descansa en la fotosíntesis, por lo que las plantas son organismos autótrofos.

La **fotosíntesis** es un proceso celular que tiene lugar solamente en las células de las partes verdes del vegetal. Sin embargo, la planta puede ser estudiada como organismo, analizando su captación total de CO_2, agua, luz y sales para sus necesidades nutricionales y observando su dependencia de la presencia de estos factores en el medio en el que vive.

> **En la Web**
> En este vídeo podrás encontrar una sencilla explicación de la relación entre la transpiración, el ascenso de la savia y la fotosíntesis.
> www.e-sm.net/svbg1bach06_06

LA CIENCIA Y SUS MÉTODOS

Cómo interpretar datos y gráficas sobre la nutrición de plantas

El CO_2 y la luz son dos factores esenciales para la fotosíntesis. También es necesaria una temperatura adecuada. Las siguientes gráficas muestran el rendimiento fotosintético de una planta en función del valor que adopta cada uno de estos tres factores.

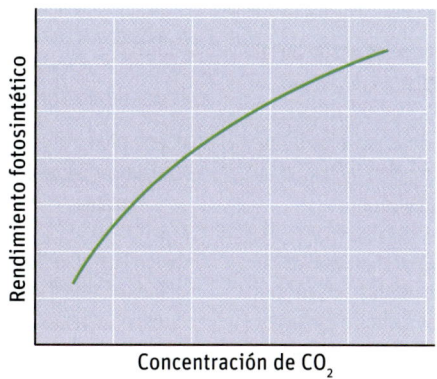
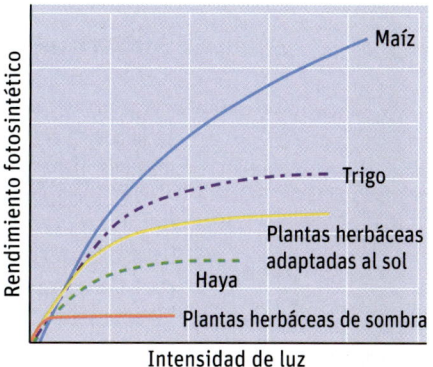
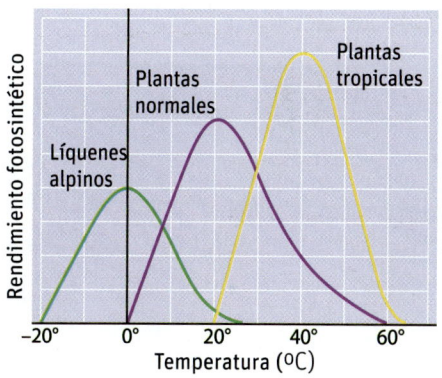

Para analizarlas utilizaremos el siguiente procedimiento:

1.º **Identificamos las variables.** En una gráfica debemos diferenciar la variable independiente (eje horizontal) de la variable dependiente (eje vertical), cuyo cambio está condicionado por la anterior. Por ejemplo, en la primera gráfica, el CO_2 es la variable independiente. De ella *depende* el rendimiento fotosintético o variable dependiente.

2.º **Analizamos el comportamiento de las variables dependientes.** Al modificar la variable independiente cambia el valor de la dependiente, pero no siempre lo hace del mismo modo. Así, en la primera gráfica, el aumento de la concentración de CO_2 produce un incremento rápido del rendimiento fotosintético, que se va suavizando poco a poco. En la tercera gráfica, el aumento de temperatura produce un rápido incremento inicial del rendimiento fotosintético, que luego se detiene. A partir de cierto valor, el aumento de temperatura reduce la fotosíntesis, quedando la gráfica con forma de campana.

3.º **Si hay varias líneas en una gráfica** es porque se refieren a diferentes casos. Debemos comprobar si los comportamientos son similares, aunque difieran en grado. Así, en la tercera gráfica cada planta tiene unas preferencias de temperatura, pero el comportamiento general es similar. En la segunda gráfica, el aumento de la intensidad de la luz produce en todas las plantas un incremento inicial de la fotosíntesis, pero en algunas la línea se estabiliza y finalmente desaparece. El maíz, el trigo y, en general, las plantas heliófilas o adaptadas a la luz, responden durante más tiempo al aumento de luz que otras como el haya o en general las plantas esciófilas o de sombra, cuyo crecimiento se detiene si hay excesiva intensidad lumínica.

ACTIVIDADES

20. De las gráficas de esta página se deduce que la temperatura óptima para la fotosíntesis de las plantas tropicales es de unos 40 ºC y para las normales es de 20 ºC. Sugiere algún otro aspecto que pueda responderse a partir de estas gráficas.

21. Si en tu invernadero hay plantas normales de sol y tropicales de sombra, ¿cuál es la combinación de temperatura y luz para el óptimo rendimiento fotosintético del conjunto?

7 ¿Cómo excretan los productos de desecho las plantas?

La nutrición autótrofa y el metabolismo menos activo de las plantas tienen como consecuencia una menor producción de sustancias de desecho que en los animales. Además, existe un cierto reciclaje de productos entre el catabolismo y el anabolismo vegetal. Finalmente, en las plantas muchos productos de desecho no son eliminados al exterior sino almacenados en las vacuolas de algunas células, en espacios intercelulares o en ciertas partes de la planta. Por ello no puede hablarse de sistemas excretores vegetales, aunque sí hay productos y mecanismos sencillos de excreción.

En las plantas, los procesos de excreción se relacionan con otros de liberación de sustancias, por lo que a menudo es difícil distinguir la expulsión de sustancias de desecho, o verdadera **excreción**, de la liberación de sustancias con un objetivo concreto, o **secreción**. En la tabla se recogen productos de excreción, tengan o no funciones útiles y que también puedan considerarse, por tanto, como secreción:

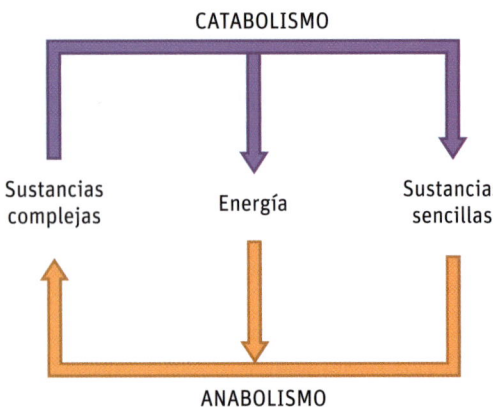

Figura 6.14. El catabolismo es la parte del metabolismo que reduce las sustancias complejas a simples, liberando su energía. El anabolismo es el proceso contrario.

	PRODUCTOS	CARACTERÍSTICAS	FORMA O LUGAR DE LIBERACIÓN
GASES	O_2	Se da en la fotosíntesis y, en balance, es el gas residual del metabolismo global de las plantas.	Mayoritariamente, en los estomas de las hojas.
GASES	CO_2	Se da en la respiración, pero es usado en la fotosíntesis.	Sobre todo en los estomas de las hojas, pero también en las lenticelas de algunos tallos.
GASES	Etileno	Es el que da el olor característico a los frutos maduros. Tiene también función fitohormonal (acelera la maduración).	Se puede producir y liberar en cualquier parte de la planta.
LÍQUIDOS	Aceites esenciales	Sustancias volátiles que dan olores característicos a ciertas partes de las plantas. Sirven para atraer insectos, ahuyentar a otros o proteger.	Pueden liberarse desde glándulas odoríferas especializadas.
LÍQUIDOS	Resinas	Sustancias viscosas grasas con función protectora contra insectos xilófagos (comedores de madera) y para evitar la pérdida de savia.	Están en los tubos resiníferos. Se vierten, como protección, en las heridas de algunas plantas.
LÍQUIDOS	Látex	Mezcla de grasas, ceras y resinas con función protectora. Suele tener color blanco. El de algunas especies es tóxico, pero en otras es comestible. En ocasiones contiene caucho.	Se forma en las células de los tubos laticíferos, que pueden liberar el látex al exterior.
SÓLIDOS	Oxalato de calcio	En forma de cristales. Regula el nivel de calcio en la planta y puede servir como defensa frente a herbívoros. Es tóxico para los animales.	Se suele almacenar en las vacuolas de algunas células.

Figura 6.15. Algunas plantas segregan látex para proteger una zona dañada.

En la Web

El látex de algunas plantas contiene caucho o hule. Este vídeo muestra la forma de obtenerlo en México.

www.e-sm.net/svbg1bach06_07

CALCULAR

22. Un residuo vital

La fotosíntesis es una larga ruta metabólica que puede ser resumida así:

$$CO_2 + H_2O + luz \rightarrow (CH_2O)_n + O_2$$

La materia orgánica $(CH_2O)_n$ la genera la planta; el oxígeno es producto de desecho.

Para la respiración, sin embargo, el oxígeno es un reactivo necesario:

$$C_6H_{12}O_6 + O_2 \rightarrow CO_2 + H_2O + energía$$

a) ¿Cuál es el balance neto gaseoso del metabolismo de una planta (entre respiración y fotosíntesis) y qué consecuencias tiene para la vida en el planeta?

b) ¿Existirá alguna diferencia entre la actividad metabólica de una planta de día y de noche? ¿Qué ocurrirá con los gases que libera en cada uno de esos períodos?

8. Visión general de la nutrición en las plantas

Aunque las plantas son organismos autótrofos, muchas de sus células son heterótrofas. Eso significa que precisan moléculas orgánicas de las que obtienen, por oxidación, la energía y los componentes necesarios para sintetizar sus propias moléculas orgánicas.

Para realizar el intercambio de sustancias, la planta necesita conectar sus células autótrofas con las heterótrofas. Dependiendo del tipo de plantas, los sistemas internos de transporte son más o menos complejos, e incluso pueden no existir, pero casi todas (con excepción de las carnívoras) carecen de sistemas digestivos extracelulares, por lo que su metabolismo es totalmente intracelular.

Finalmente, aunque el metabolismo vegetal es bajo, se producen sustancias de desecho, la mayor parte de las cuales se almacenan o se reciclan. El resto se elimina sin que existan estructuras propiamente excretoras.

8.1. La nutrición en musgos

El pequeño tamaño de los musgos y su dependencia de ambientes húmedos son la consecuencia de una **anatomía interna muy simple**: además de la ausencia general de sistemas digestivos o excretores, carecen también de sistemas de transporte, de forma que las sustancias pasan directamente de unas células a otras.

Tampoco tienen órganos especializados en la absorción de gases, luz, agua y sales, por lo que la similitud de filidios y rizoides con hojas y raíces no implica que compartan las mismas funciones.

La absorción se produce en toda la superficie del musgo, y los rizoides solo se especializan en la sujeción al sustrato.

8.2. La nutrición en plantas vasculares

Las plantas vasculares presentan sistemas de transporte interno con vasos especializados.

Aunque los helechos tienen una estructura interna más sencilla, siguen un esquema parecido al de las espermatofitas.

A la vez, **las diferentes partes de la planta están especializadas** en distintas funciones (Fig. 6.16): las hojas realizan la fotosíntesis y captan la mayor parte del CO_2 al tener las células autótrofas; las raíces realizan la absorción de agua y sales, y los tallos comunican los otros dos órganos.

En general, las plantas carecen de sistemas digestivos extracelulares y de verdaderos sistemas excretores, aunque pueden presentar glándulas y tubos con funciones secretoras y excretoras.

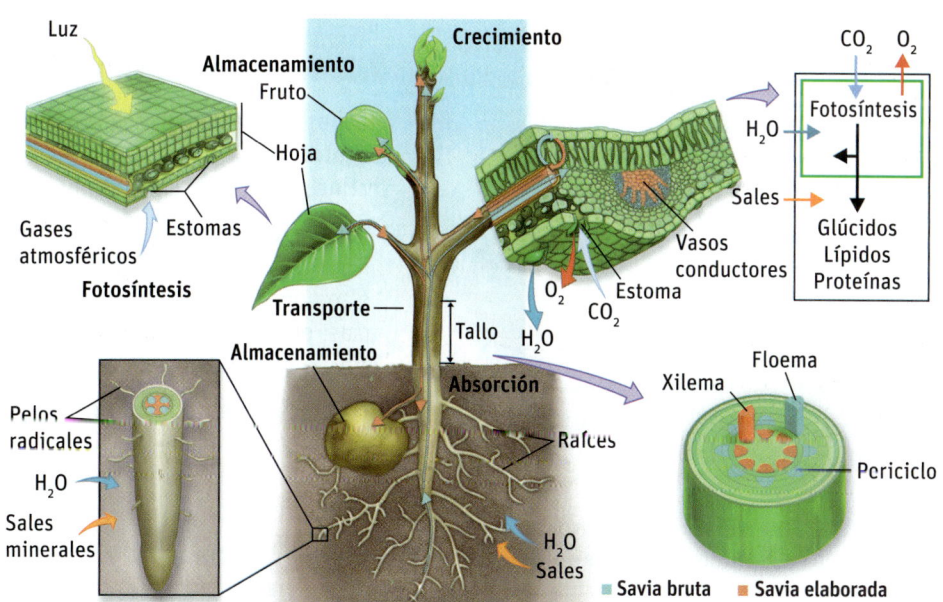

Figura 6.16. En las plantas vasculares existen órganos especializados en realizar las distintas etapas de la nutrición.

ACTIVIDADES

23. El intercambio de sustancias entre las células de los musgos se lleva a cabo célula a célula. ¿Por qué no es así en las otras plantas?

24. ¿Qué sistemas de digestión extracelular tienen las plantas? ¿A qué es debido?

25. ¿Cómo es el metabolismo vegetal comparado con el de los animales? ¿Por qué crees que es así?

9 Adaptaciones nutricionales de algunas plantas

En la Web

En este vídeo puedes ver cómo se cierran las valvas de una planta carnívora, atrapando a la mosca que está en su interior.

www.e-sm.net/svbg1bach06_08

Dependiendo del hábitat en el que vivan, la evolución de las plantas ha creado adaptaciones particulares. En general se trata de mecanismos para obtener nutrientes escasos. Destacan las basadas en relaciones de **predación**, **simbiosis** y **parasitismo**.

9.1. Predación: las plantas carnívoras

El hábito carnívoro en plantas es una rara **adaptación a ambientes con poco nitrógeno asimilable**. Suele darse en medios húmedos, donde escasea este elemento. Aunque la mayoría de las especies son tropicales, en España existen varias.

Estas plantas realizan la fotosíntesis para obtener el carbono y capturan insectos u otros artrópodos para obtener el nitrógeno. Tras capturar a sus presas, las digieren con sus enzimas digestivas. Para atraparlas emplean distintas tácticas o trampas.

TRAMPAS EMPLEADAS POR LAS PLANTAS CARNÍVORAS

Trampas en forma de urna. El animal cae en la urna, que tiene paredes deslizantes y puede o no presentar una tapadera.

Trampa de pinzas o valvas. Al tocarlas la presa, se cierran. Ese movimiento es uno de los más rápidos del reino de las plantas.

Sistema de pelos pegajosos. El animal queda pegado a ellos, que a veces se retuercen para sujetarlo mejor.

9.2. Relaciones simbióticas y parasitarias

Muchas plantas establecen relaciones nutricionales de tipo simbiótico o parasitario con otros organismos, generalmente bacterias, hongos u otras plantas. A veces es difícil distinguir estrictamente la simbiosis del parasitismo. Algunas de estas relaciones son:

- **Formación de micorrizas**. Es una relación entre un hongo y las raíces de una planta (Fig. 6.17). Las hifas del hongo se introducen en los espacios intercelulares de la raíz o se ponen en contacto con ella por fuera. En ambos casos se intercambian sustancias: el hongo aporta agua y minerales y la planta cede sustancias orgánicas. Gracias al hongo, la planta accede a una superficie mayor de suelo.

- **Formación de nódulos radicales**. Algunas plantas leguminosas forman nódulos en sus raíces para albergar bacterias del género *Rhizobium*, fijadoras del nitrógeno atmosférico. Así, la planta obtiene nitrógeno y la bacteria, glúcidos. También se da en plantas no leguminosas, como los alisos, con bacterias fijadoras del género *Frankia*.

- **Plantas holoparásitas y hemiparásitas**. Muestran adaptaciones en sus raíces, llamadas **haustorios**, con los que penetran en otras plantas y conectan con sus haces vasculares, absorbiendo su savia. Las hemiparásitas presentan clorofila y realizan la fotosíntesis, mientras que las verdaderas parásitas, las holoparásitas, carecen de clorofila, siendo organismos heterótrofos a pesar de ser plantas.

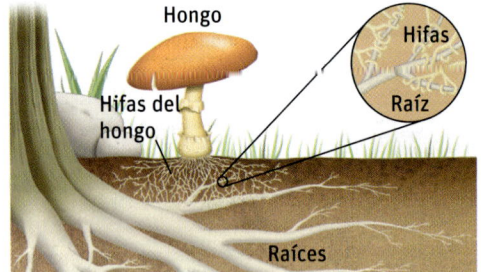

Figura 6.17. Las micorrizas resultan de la interacción entre los hongos y las raíces de muchas plantas.

ACTIVIDADES

26. Las leguminosas son muy apreciadas por los agricultores, ya que dicen que "mejoran" los suelos. ¿A qué se refieren con esto?

27. ¿Qué diferencia hay entre parasitismo, simbiosis y predación?

10 Importancia de las plantas en los ecosistemas

Las plantas cumplen papeles esenciales en los ecosistemas:

- Constituyen la **base fundamental de las pirámides tróficas de los ecosistemas terrestres**, aunque no tanto en los marinos donde esa función la suele cumplir el fitoplancton. Utilizando la luz, las plantas y los otros productores primarios son los únicos capaces de convertir el carbono inorgánico (CO_2) en materia orgánica indispensable para la alimentación del resto de los organismos vivos.

- Son el principal **factor biótico edafogenético o formador de suelos**, por la acción de las raíces y por el aporte de materia muerta (hojas, frutos, etc.). Las plantas generan la mayor parte de la materia orgánica de los suelos que, en los ecosistemas terrestres, constituyen el sustrato fundamental para el soporte de la vida y el reciclado de la materia.

- Constituyen un factor muy importante en la **definición del clima**. Las plantas humedecen el ambiente con su transpiración, detienen los vientos sobre la superficie del terreno evitando así su desecación, generan microclimas propios como en el interior del bosque (con menor radiación solar, más fresco), etc.

- Contribuyen al **incremento de la biodiversidad**, bien con su propia variedad de organismos y especies o bien favoreciendo la variedad de las otras formas de vida. Las plantas crean nuevos hábitats, producen distintos tipos de alimentos, crean y modifican los ambientes generando nuevos nichos ecológicos, etc. Además, favorecen la adaptación y la especialización de los otros organismos y, con ellas, su diversificación por evolución en nuevas formas vivas.

- Contribuyen a **regular el ciclo del agua**. Al formar y mantener suelos y actuar como auténticos filtros y bombas de extracción de agua, las plantas contribuyen a depurar los cauces, recuperar aguas del subsuelo, regular las avenidas de los ríos, etc.

INTERPRETAR

28. Plantas y ecosistemas

Ecosistema	Producción primaria anual (g C /m²)	Superficie (millones de km²)
Bosque	400	41
Estepas	200	30
Desiertos	50	40
Océanos	100	361
Aguas continentales	100	1,9

La tabla recoge la producción primaria anual de algunos ecosistemas, es decir, la cantidad de carbono que asimilan los productores primarios por unidad de superficie. De ella viven los demás seres vivos, que son consumidores. Además, incluye la superficie actual de esos ecosistemas.

Con estos datos, puedes calcular las cantidades totales de carbono que entran cada año en cada ecosistema y compararlas.

a) ¿Qué ecosistema de los indicados es más "productivo" en términos absolutos (producción total)? Explica por qué es así.

b) ¿Qué ocurrirá con la productividad del planeta si un cambio climático hace que la superficie de bosques se reduzca a la mitad al convertirse una cuarta parte en estepas y otra cuarta parte en desiertos?

c) Compara la productividad por superficie de los ecosistemas terrestres y acuáticos. ¿Qué conclusión puedes sacar de ello?

Figura 6.18. Los bosques tropicales húmedos son los ecosistemas más productivos. Albergan, además, más biomasa y biodiversidad que el resto.

Figura 6.19. Los cauces fluviales y lagunas con vegetación de ribera presentan una gran capacidad de autodepuración de sus aguas.

La nutrición en las plantas

ACTIVIDADES

Síntesis

29. Completa en este mapa conceptual los términos que faltan (•••) y los fragmentos que debes desarrollar (+). Puedes realizar la actividad en tu cuaderno.

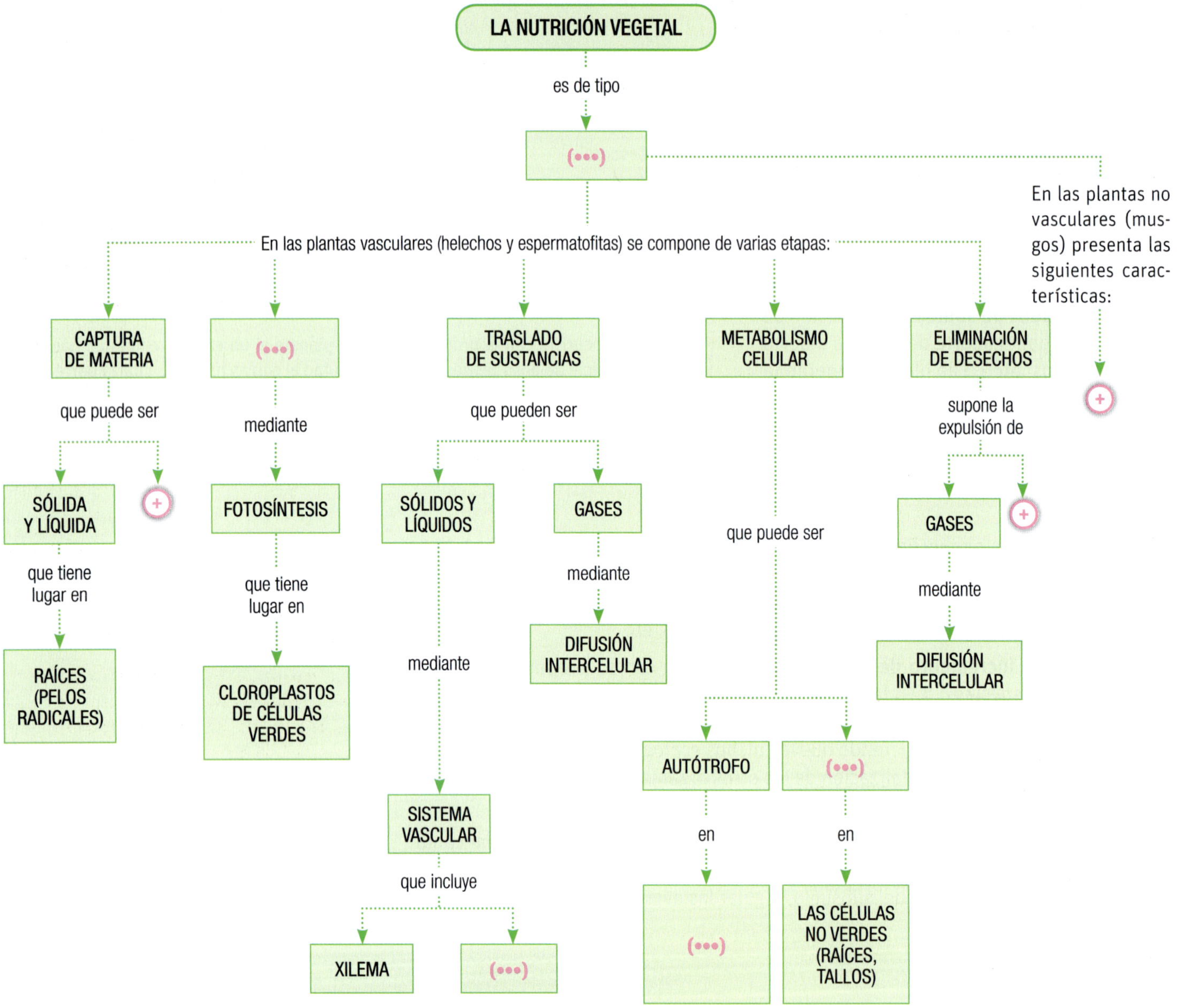

```
                           LA NUTRICIÓN VEGETAL
                                  es de tipo
                                      ↓
                                   (•••)
```

En las plantas vasculares (helechos y espermatofitas) se compone de varias etapas:

- **CAPTURA DE MATERIA** → que puede ser → **SÓLIDA Y LÍQUIDA** (+) → que tiene lugar en → **RAÍCES (PELOS RADICALES)**
- **(•••)** → mediante → **FOTOSÍNTESIS** → que tiene lugar en → **CLOROPLASTOS DE CÉLULAS VERDES**
- **TRASLADO DE SUSTANCIAS** → que pueden ser:
  - **SÓLIDOS Y LÍQUIDOS** → mediante → **SISTEMA VASCULAR** → que incluye → **XILEMA** y **(•••)**
  - **GASES** → mediante → **DIFUSIÓN INTERCELULAR**
- **METABOLISMO CELULAR** → que puede ser:
  - **AUTÓTROFO** → en → **(•••)**
  - **(•••)** → en → **LAS CÉLULAS NO VERDES (RAÍCES, TALLOS)**
- **ELIMINACIÓN DE DESECHOS** → supone la expulsión de → **GASES** (+) → mediante → **DIFUSIÓN INTERCELULAR**

En las plantas no vasculares (musgos) presenta las siguientes características: (+)

Aplicación y relación

30. Observa el siguiente corte histológico de una hoja:

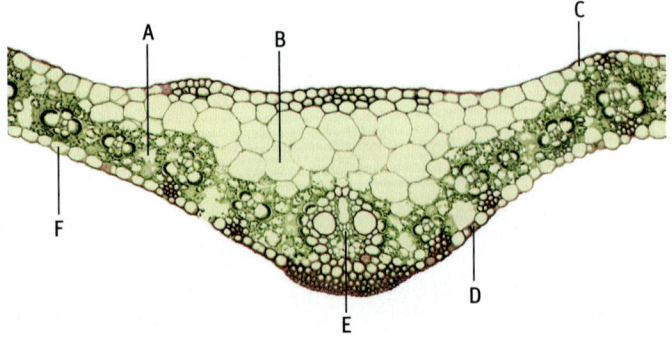

Identifica cada una de las estructuras indicadas con letras.

31. Observa el siguiente corte histológico de una raíz.

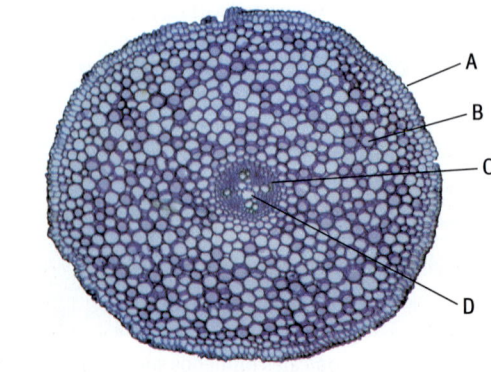

Identifica cada una de las estructuras indicadas con letras.

32. La fotosíntesis comprende dos etapas: una luminosa y otra oscura. Como su nombre indica, la luminosa requiere la presencia de luz y en ella se rompe la molécula de agua, liberándose oxígeno. La respiración, celular, sin embargo, no requiere luz, pero necesita oxígeno y libera dióxido de carbono.

   a) Teniendo en cuenta que el balance total en una planta es favorable a la fotosíntesis, ¿qué gases expulsará de forma neta una planta de noche y cuáles de día?

   b) ¿Qué gases absorberá, también de forma neta, en cada uno de esos períodos?

   c) ¿Qué consecuencias tiene esto para el resto de los seres vivos?

33. Observa los siguientes cortes histológicos de dos tallos.

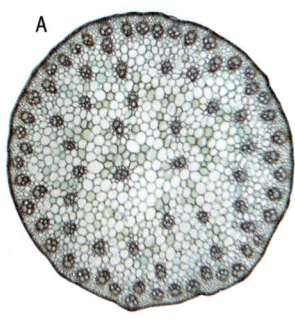

A   B

¿Qué diferencias hay entre ambos? ¿Por qué son distintos?

34. En muchos cultivos se busca la rotación, es decir, alternar de forma que, en un mismo campo, un año se cultiva una especie y al año siguiente, otra especie. Una de las rotaciones más utilizadas es alternar un cultivo con el de una planta leguminosa. ¿Por qué crees que será?

35. En los estudios sobre los cambios de clima y en los que buscan reconstruir el tiempo meteorológico de años pasados se utiliza una técnica denominada dendrocronología.

La técnica necesita de la extracción de cilindros pequeños del tronco leñoso de árboles muy viejos; a continuación, la herida se tapa y el árbol sigue viviendo.

   a) Explica en un breve texto cuál es la información que puede aportar esta técnica y en qué se basa.

   b) Piensa y expón también las limitaciones que crees que puede tener esta técnica para el estudio de climas pasados.

   c) ¿Conoces alguna otra técnica complementaria? ¿Cuál es y en qué consiste?

36. Una técnica para conservar más tiempo las flores cortadas consiste en meterlas en un jarro con agua azucarada. Explica la razón.

37. La evaporación está relacionada con la temperatura y el viento. Teniendo en cuenta esa relación, explica por qué crees que las plantas tienen sus estomas situados preferentemente en el envés de las hojas y con frecuencia están rodeados de tricomas o pelos.

La biblioteca global

38. La agricultura hidropónica

Todas las plantas requieren para su nutrición de una serie de factores básicos: luz, agua, aire y suelos nutritivos. Sin ellos no pueden vivir. ¿Seguro?

La agricultura hidropónica se basa en técnicas de cultivo de plantas sin utilizar suelo.

En los primeros años del siglo XX se desarrollaron en varias universidades de California estas técnicas, que consisten básicamente en hacer crecer a las plantas en soluciones acuosas minerales o sobre un medio inerte, como arenas o gravas lavadas, con tales soluciones.

   a) Busca información sobre la hidroponía o agricultura hidropónica y haz una ficha resumen en la que no debe faltar respuesta a las preguntas:
   - ¿Cuándo surge?
   - ¿En qué consiste?
   - ¿Qué efectos tiene?
   - ¿Cuáles son las ventajas y los inconvenientes si la comparamos con la agricultura convencional?

   b) ¿Crees que la hidroponía es una alternativa que podría sustituir en el futuro casi por completo a la agricultura convencional? Argumenta las razones en las que basas tu opinión.

Cultivo hidropónico

LA CIENCIA Y SUS MÉTODOS — Identificar y controlar las variables

Para comprender los procesos naturales, los científicos idean explicaciones racionales que llaman hipótesis. Estas deben ser luego contrastadas para ver si son válidas o no. Para ello se diseñan experimentos con los que se trata de determinar qué factores o variables resultan importantes y cómo se comportan al modificar las circunstancias. Este procedimiento se conoce como identificación y control de variables.

¿Qué señal indica a los árboles caducifolios que deben tirar la hoja?

En las zonas con climas templados abundan los árboles caducifolios, que pierden sus hojas en otoño. Es razonable pensar que este comportamiento está relacionado con la forma de pasar una época dura y fría como es el invierno. La ausencia de árboles caducifolios en los ambientes ecuatoriales, donde no hay invierno, parece confirmarlo.

Sin embargo, que nuestra hipótesis sea razonable no significa necesariamente que sea cierta. Para estar seguros debemos comprobarlo experimentalmente y necesitamos identificar las variables que intervienen en el problema investigado.

VARIABLE es:
"cualquier factor que admite diferentes valores o varía, de ahí su nombre".

En una investigación deben considerarse todas las posibles variables que pueden influir en el resultado. Hay tres tipos:
- **Variable dependiente**. Es el objetivo de la investigación, aquello que se mide. El nombre de la variable alude a que su valor depende de los otros factores.
- **Variable independiente**. Es el factor que se modifica en la investigación para ver qué efecto produce. En cada experiencia se modifica una sola variable.
- **Variables controladas**. Son los demás factores que podrían influir en la variable dependiente, por eso se mantienen fijos en la experiencia.

La especie arbórea, la temperatura, la luz, la humedad, el tipo de suelo y otras características ambientales son las variables que vamos a considerar. La variable dependiente va a ser la *caída de la hoja*.

EXPERIENCIA

En primer lugar se selecciona una variable independiente, que será el factor que se modifica. Todos los demás se mantienen exactamente igual: son las variables controladas.

Las siguientes experiencias buscan comprobar la influencia sobre la variable dependiente de los demás factores.

En primer lugar se busca comprobar la influencia de la *temperatura*, que es la variable independiente.

Se toman 10 ejemplares de la misma planta caducifolia. La mitad se ponen a 22 °C (la temperatura media del verano) y la otra mitad a 5 °C (la del invierno). Todos los demás factores se mantienen igual: son las variables controladas.

Se mantiene la situación durante unas semanas y se comprueba lo que ocurre.

Las siguientes experiencias buscan comprobar la influencia sobre la caída de la hoja de los demás factores considerados: la *luz*, la *humedad*, etc.

CONCLUSIÓN

Al final, se obtiene información de cómo responde la variable dependiente a las variaciones en cada uno de los factores.

Las experiencias realizadas nos dirán si quien determina la caída de las hojas es la temperatura, las horas de luz o la humedad (o varios de ellos) y, en su caso, a partir de qué valores.

ACTIVIDADES

39. ¿Por qué se han elegido 10 ejemplares de plantas?, ¿no hubiera bastado con 2?

40. ¿Por qué en cada experiencia se modifica una sola variable y mantenemos controladas todas las demás?

41. Para continuar con la investigación, se quiere conocer la influencia de las horas de luz en la caída de la hoja. Diseña una experiencia que permita comprobarlo e indica cuáles serán la variable dependiente, la independiente y las controladas. Considera que hay una media de 14 horas de luz durante el verano y unas 10 horas en el invierno.

42. En esta experiencia se ha considerado la especie arbórea una variable controlada. Diseña otra experiencia en la que la especie arbórea sea una variable independiente. ¿Se comportarán igual todas las especies caducifolias ante este experimento?

EXPERIENCIAS QUE CAMBIARON EL MUNDO

Entendiendo la nutrición vegetal

El progreso científico tiene lugar, en general, mediante ideas, observaciones y experiencias encadenadas, aunque normalmente solo sean conocidas las más llamativas, ingeniosas o eficaces. Esta es la historia de una serie de experiencias que permitieron conocer el mecanismo de la nutrición vegetal.

En la historia de la ciencia, uno de los primeros experimentos bien diseñados es el realizado en el siglo XVII por el médico belga Jan Baptista van Helmont.

El experimento de Van Helmont

Interesado por la forma de alimentarse de las plantas, ya que en su época se pensaba que lo hacían del suelo, hizo crecer un sauce en una maceta que regó solo con agua. Previamente había pesado tanto la tierra de la maceta como el propio árbol. Al cabo de cinco años volvió a pesar la tierra y el árbol y observó que mientras que la tierra pesaba casi lo mismo, el árbol pesaba 74 kg más. Dedujo que la materia que formaba la planta se originaba del agua y no del suelo.

Las plantas no se alimentaban como los animales

Van Helmont identificó algunas variables implicadas, como la materia vegetal, la del suelo y el agua, y diseñó con ellas un experimento sencillo, pero ingenioso. Su conclusión es solo parcialmente correcta, pero fue un importante avance.

El experimento de Priestley

Por entonces se sabía que la combustión "estropeaba" el aire: las velas se apagaban en un espacio cerrado y luego no podía vivir ningún animal. En 1711, el químico inglés Joseph Priestley colocó una planta de menta en el espacio cerrado en que se había consumido una vela y diez días después logró que volviera a arder. El experimento se interpretó como "la capacidad de las plantas para restaurar las condiciones del aire". Priestley dedujo que las plantas emitían un gas necesario tanto para la llama de la vela como para los animales, y que se consumía en la combustión.

Conocedor de estos y otros trabajos de la época, el francés Antoine Lavoisier identificó en 1777 los gases nitrógeno y oxígeno en el aire, deduciendo que el segundo era el que se consumía en la combustión y la respiración, sustituyéndose por el dióxido de carbono, un tercer gas. Lamentablemente, Lavoisier fue guillotinado en 1794, lo que impidió que continuara haciendo aportaciones a la ciencia.

Mientras tanto, Priestley no había logrado repetir su experimento. Fue el médico holandés Jan Ingenhousz quien descubrió que la "purificación" del aire por las plantas descubierta por Priestley solo tenía lugar en presencia de luz, hecho que parece que Priestley pasó por alto cuando trató de repetir su propio experimento. Se descubría así una nueva variable necesaria en el proceso: la luz.

Ya en el siglo XIX, el suizo Nicolas Théodore de Saussure descubrió que el intercambio de oxígeno y dióxido de carbono entre la planta y el aire era a partes iguales, incorporándose el carbono a la planta desde el dióxido de carbono del aire. También concluyó que la ganancia en peso de la planta era debida no solo al agua, como había sugerido Van Helmont, sino también al gas absorbido.

Así, paso a paso, se identificaron todas las variables o factores que intervenían en el proceso de la fotosíntesis y que son la base del metabolismo autótrofo de todas las plantas:

$$CO_2 + H_2O + luz \rightarrow C_6H_{12}O_6 + O_2$$

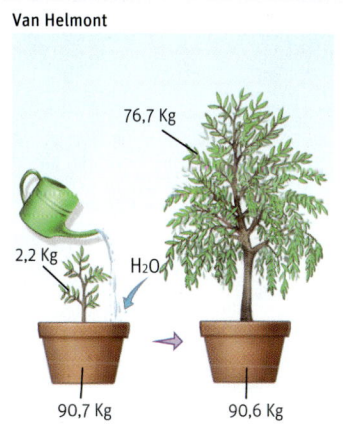
Van Helmont

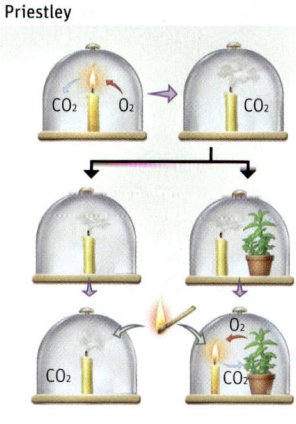
Priestley

Ingenhousz

N. T. Saussure

ACTIVIDADES

43. Si observas la fórmula general de la fotosíntesis, verás que el carbono y el hidrógeno de la materia orgánica (glucosa) solo pueden provenir, respectivamente, del dióxido de carbono y del agua. En cambio, el oxígeno gaseoso puede provenir de ambos. ¿Cuál es su origen en realidad?

44. Sabiendo que algunos átomos pueden ser marcados radiactivamente e identificarse luego su posición en una molécula, diseña un experimento para responder a la pregunta anterior.

7

1. ¿Cómo incorporan el alimento los animales?
2. ¿Cómo se produce el intercambio gaseoso?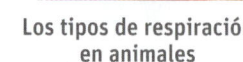
3. Los tipos de respiración en animales
4. Alimentos líquidos y sólidos: procesos digestivos

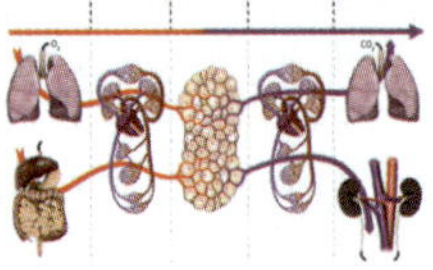

La nutrición en animales I: respiración y digestión

| 5  La captura de alimento | 6  La evolución de los sistemas digestivos | 7  La organización del tubo digestivo | 8 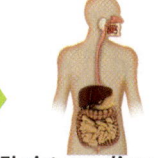 El sistema digestivo humano |  LA CIENCIA Y SUS MÉTODOS La disección como procedimiento científico |

EN PORTADA

¿Por qué no hay insectos gigantes?

Los insectos son artrópodos que existen desde hace unos 400 Ma. Actualmente, son los animales más diversificados y abundantes de la Tierra y sus tamaños son de unos pocos centímetros. Sin embargo, al final del período Paleozoico –hace 300 Ma– existieron insectos de gran tamaño: algunas libélulas alcanzaron hasta 75 cm de envergadura. Durante esa época, habitaron el planeta otros artrópodos de enormes proporciones, como algunos ciempiés y arañas.

Sabemos que durante el Carbonífero (hace 360 Ma) y el Pérmico (hace 290 Ma) la cantidad de oxígeno en el aire alcanzó el 30 %, un valor superior al 21 % que existe actualmente. ¿Guardará esto alguna relación con la aparición y desaparición de los insectos gigantes?

Evolutivamente, los insectos han reducido su tamaño y hoy día los más grandes son algunos escarabajos e insectos-palo que no alcanzan ni 20 cm de longitud. ¿Por qué ya no existen aquellos gigantes?

Recientemente, el investigador John Vanden Brooks, de la Universidad Estatal de Arizona (Estados Unidos), ha conseguido criar en su laboratorio libélulas gigantes de hasta 70 cm de envergadura, reproduciendo la atmósfera rica en oxígeno de hace 300 Ma.

La clave está en que el sistema respiratorio de los insectos, y en general el de los artrópodos terrestres, consiste en una serie de tubos ramificados, denominados tráqueas, que llevan el aire hasta cada célula del cuerpo sin la participación del líquido circulatorio.

Este sistema es poco eficiente, ya que es difícil renovar el aire de los pequeños tubos con rapidez, y a partir de un cierto tamaño del animal se necesita una gran cantidad de ramificaciones traqueales para suministrar el suficiente oxígeno a sus células. Esta es una de las razones por las que los insectos, y en general, los artrópodos terrestres, presentan hoy tamaños reducidos.

Figura 7.1. El cine de terror ha recurrido a la idea fantástica de insectos gigantes para asustarnos. Pero esos monstruos no son fisiológicamente posibles.

1. Los vertebrados terrestres superan con creces el tamaño de los insectos. ¿Qué tipo de respiración presentan? ¿Qué sistema utilizan para el transporte interior de los gases?

2. Los sistemas traqueales son una solución a la respiración en organismos con esqueleto externo. ¿Crees que los sistemas respiratorios de los vertebrados, basados en pulmones que se hinchan, se benefician de que sus sistemas esqueléticos sean internos? Argumenta tu respuesta.

3. Basándote en sus sistemas respiratorios, explica la divergencia hacia formas pequeñas en los insectos y hacia formas medias y grandes en los vertebrados.

1 ¿Cómo incorporan el alimento los animales?

Los animales somos seres heterótrofos, lo que significa que, además de sustancias inorgánicas, nuestra nutrición exige obtener sustancias orgánicas para mantener el medio interno. El alimento orgánico, sólido o líquido, lo utilizamos con dos finalidades:

- **Como materia** con la que construir nuestras propias biomoléculas para crecer, reparar tejidos y sustituir células.
- **Como energía** para contraer los músculos, sintetizar nuevas sustancias, generar calor interno, realizar transporte activo a través de membranas, etcétera.

El alimento está formado por biomoléculas orgánicas de gran tamaño (polisacáridos, lípidos, proteínas), e inorgánicas (agua y sales minerales). Para "desmontar" las grandes moléculas orgánicas es preciso realizar un primer proceso digestivo que las reduzca a sus componentes moleculares más sencillos, los **nutrientes**: monosacáridos, ácidos grasos y aminoácidos.

Con ellos, las células organizan sus propias biomoléculas, mientras que al romper los enlaces químicos obtienen la energía necesaria para llevar a cabo sus funciones vitales. Este proceso es el **catabolismo celular** y en los animales incluye las fermentaciones y la respiración celular. Dado que la respiración celular necesita oxígeno, es necesario llevarlo hasta la célula (Fig. 7.2).

Por todo esto, un animal, para alimentarse, debe obtener del exterior sustancias sólidas, líquidas y gaseosas. Para ello presenta dos sistemas o aparatos (Fig. 7.3):

- El **sistema digestivo**, con el que capta líquidos y sólidos.
- El **sistema respiratorio**, para captar gases.

Además, en la mayoría de los animales existe un mecanismo interno de transporte, el **sistema circulatorio**, que comunica los dos anteriores sistemas con todas las células del organismo.

Finalmente, las células devuelven al sistema circulatorio los productos de excreción de su metabolismo: el gas CO_2 viaja al exterior a través del **sistema respiratorio**, mientras que los sólidos –disueltos en agua– salen por el **sistema excretor**.

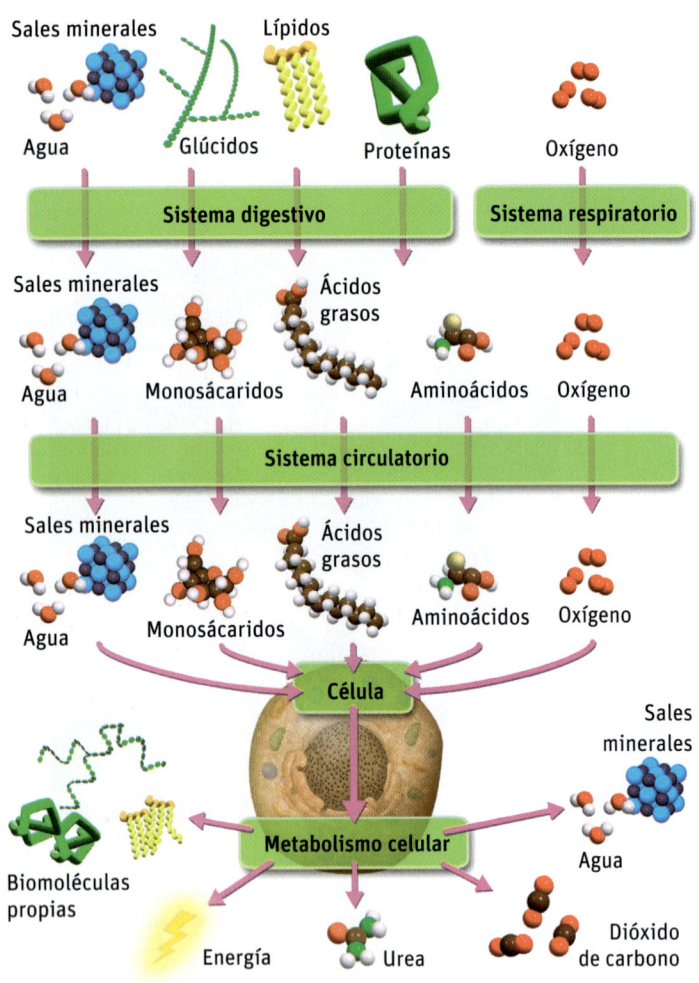

Figura 7.2. Los sistemas digestivo y respiratorio captan sustancias del exterior y el circulatorio las lleva a las células, donde se metabolizan.

ACTIVIDADES

4. Las células musculares pueden utilizar dos rutas catabólicas para obtener energía: la fermentación láctica y la respiración celular. ¿En cuál de estos casos es más probable que se produzca una u otra: al realizar un movimiento brusco o durante una carrera de fondo? ¿Por qué?

5. ¿En qué sentido puede decirse que el sistema respiratorio cumple funciones parecidas a las de los sistemas digestivo y excretor?

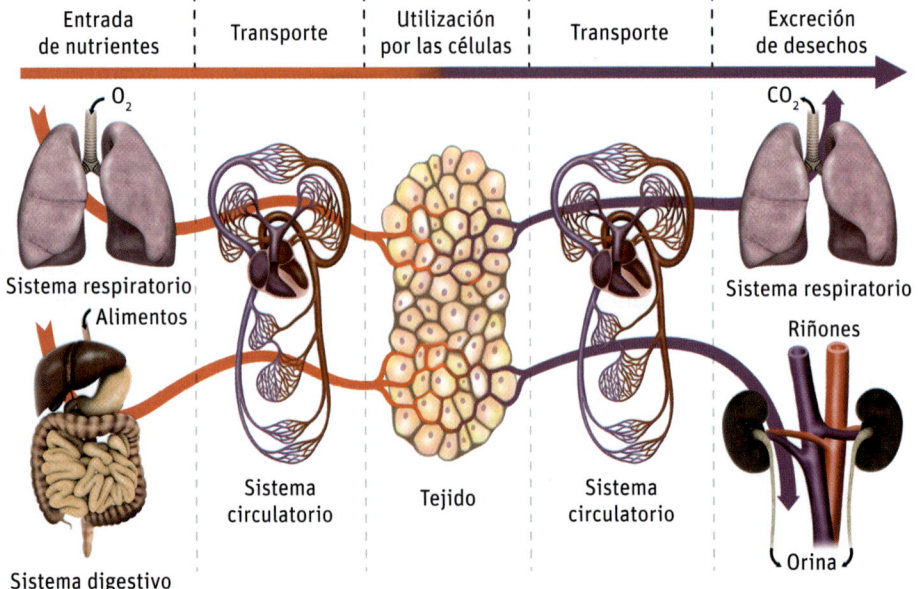

Figura 7.3. Esquema general de los sistemas implicados en la nutrición animal.

2. ¿Cómo se produce el intercambio gaseoso?

Los gases ejercen presión sobre las paredes del compartimento que los contiene y, en la atmósfera, sobre los objetos con los que están en contacto: es la llamada **presión atmosférica**. Como el aire es una mezcla de gases, cada uno de ellos ejerce una parte de la presión total de acuerdo a su proporción de volumen en la mezcla. Esa presión se llama **presión parcial**.

Si se ponen en contacto dos masas de aire de distinta composición, se produce un intercambio gaseoso: los gases pasan de la masa donde su presión parcial es mayor a la masa donde es menor. Esto mismo sucede cuando se ponen en contacto un gas presente en el aire y en una sustancia líquida como el agua o la sangre. Ese paso se denomina **difusión**.

En los animales con sistema circulatorio hay dos lugares en los que se produce un intercambio de gases (Fig. 7.4):

- En el **órgano respiratorio**, ya sean branquias o pulmones. Aquí el oxígeno pasa desde el aire o el agua al líquido circulatorio, mientras que el dióxido de carbono sigue el camino contrario.

- En la **zona de contacto entre el líquido circulatorio y las células del organismo**. Aquí el oxígeno sale del líquido circulatorio hacia el interior de las células y llega hasta sus mitocondrias. El dióxido de carbono hace el viaje en sentido contrario.

En ambos casos, los gases atraviesan finas láminas o **endotelios**, siempre cumpliendo la **ley general de difusión de los gases**: se mueven desde donde la presión parcial es mayor hacia donde es menor.

En los animales sencillos que no presentan sistema circulatorio, el intercambio de gases se produce directamente entre el aire o el agua y el medio interno o intercelular del animal.

> **• En la Web**
> Observa cómo se produce el intercambio de gases en los alvéolos.
> • www.e-sm.net/svbg1bach07_01

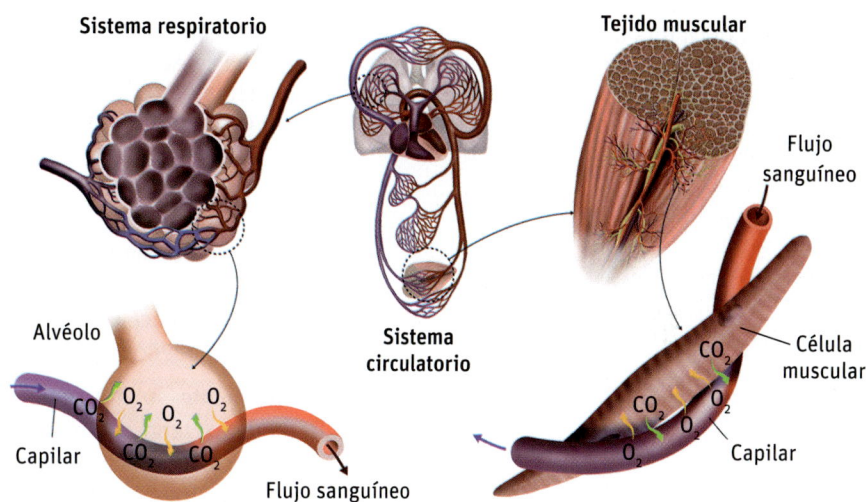

Figura 7.4. El intercambio gaseoso en un vertebrado terrestre tiene lugar en dos lugares: en el pulmón y entre la sangre y las células.

INTERPRETAR

6. La presión parcial explica casi todo

La presión parcial de los gases del aire viene determinada por su concentración en volumen. La tabla muestra valores en el aire inspirado y en el espirado.

Gas	Aire inspirado	Aire espirado
N_2	79 %	79 %
O_2	20,9 %	16,2 %
CO_2	0,04 %	4,1 %

a) La presión se puede medir en milímetros de mercurio (mmHg). La presión atmosférica normal es de 760 mmHg. ¿Qué presión parcial tendrá el oxígeno en el aire normal? ¿Y en el espirado?

b) Algunos alpinistas pueden presentar síntomas asociados a una deficiencia en el suministro de oxígeno (hipoxia). Para aliviar esta alteración se recurre a la oxigenoterapia: se suministra a estas personas aire enriquecido en oxígeno. ¿Por qué puede producirse hipoxia en estos deportistas?

c) Observa la tabla y responde: ¿por qué crees que un local público donde se detecta un 4 % de dióxido de carbono debe ser evacuado por riesgo para la salud?

ACTIVIDADES

7. Cuando una persona asciende una montaña por encima de cierta altura, experimenta cambios en su proceso de ventilación pulmonar. ¿En qué consisten esos cambios? ¿A qué son debidos?

3 Los tipos de respiración en animales

La respiración es un proceso indispensable en los animales. A lo largo de la evolución, los animales han dado respuesta a esa necesidad con distintos mecanismos y sistemas.

3.1. Animales sin sistema respiratorio

Medusa

¿Y cómo respiran?

Es fácil observar medusas en las costas. Son animales que hay que evitar al nadar, ya que tienen células urticantes, pero a veces quedan varadas en las playas, muertas, semejando un montón de gelatina.

Si lleváramos una medusa al laboratorio y la abriéramos con un bisturí, veríamos entre sus tentáculos una boca que comunica con el hueco que se extiende por el interior del animal, pero no encontraríamos ninguna estructura con la que pudiéramos pensar que respira. De hecho, carecen de sistema respiratorio. Sin duda, sus células necesitan oxígeno, como cualquier otro animal. ¿Qué hacen, pues, para respirar?

En los animales sin sistema respiratorio, las células obtienen el oxígeno directamente del disuelto en el agua, eliminando también su dióxido de carbono al agua. Eso es así porque ninguna célula de su organismo se encuentra alejada del exterior, ya que son animales pequeños y presentan estructuras corporales muy simples y de poco espesor.

Naturalmente, su intercambio gaseoso no es muy eficiente y disponen de menos cantidad de oxígeno que otros animales más complejos, por lo que su metabolismo es muy bajo y sus movimientos, lentos.

Además de las medusas y los pólipos, las esponjas también carecen de sistema respiratorio. De hecho, son el grupo de animales pluricelulares más sencillo y antiguo.

Sin embargo, en la gran diversificación de grupos animales que se produjo en la llamada "explosión cámbrica" –hace unos 540 Ma–, aparecieron grupos de animales con estructuras más complejas, entre ellas, los sistemas respiratorios.

En la Web

Observa un gusano tubícola que usa las branquias para respirar y para capturar alimento.

www.e-sm.net/svbg1bach07_02

3.2. La invención de las branquias externas

El agua es más viscosa que el aire, por lo que cuesta más moverla. Eso es un problema para un pequeño animal marino. Además, el oxígeno disuelto es escaso en el agua de mar, sobre todo en profundidad, debido a que procede en su mayoría del intercambio con la atmósfera, donde sí es abundante. Por ello, cuanto más oxígeno necesita un animal, más debe buscar aguas agitadas y poco profundas. Como muchos animales marinos viven sobre el fondo, (estrellas y erizos de mar, bivalvos, etc.), su hábitat se sitúa cerca de las costas, donde hay oleaje y poca profundidad.

Una forma de mejorar el intercambio gaseoso en el mar consiste en crear superficies corporales especializadas que se extiendan fuera del cuerpo y puedan agitarse. Aparecen así las **branquias externas**, que mejoran el intercambio gaseoso gracias a su gran vascularización. Pero esas expansiones blandas son también una atracción para los predadores. Para evitar riesgos, el animal puede retraerlas y esconderlas en caparazones, tubos o estructuras duras. Las branquias externas son frecuentes en invertebrados marinos como moluscos, gusanos (Fig. 7.5) y algunos crustáceos.

Figura 7.5. El gusano tubícola expande sus branquias externas para captar oxígeno del agua y las retrae ante cualquier amenaza.

ACTIVIDADES

8. Busca y cita ejemplos de especies de moluscos, anélidos y crustáceos con branquias externas.

9. ¿Qué ventaja tiene para la respiración el movimiento de las medusas, frente a la inmovilidad de los pólipos? ¿Mejora este movimiento su capacidad metabólica?

3.3. La solución de las branquias internas

Un paso más en la mejora evolutiva de los sistemas branquiales consiste en protegerlos permanentemente en alguna cámara del interior del cuerpo o taparlos con alguna estructura. Para que ese sistema funcione es necesario generar una corriente de agua constante que atraviese la cámara o cavidad.

Las **branquias internas** son frecuentes en moluscos y crustáceos. Al abrir un mejillón, por ejemplo, vemos unas expansiones laminares situadas entre la parte del manto que se une a las valvas y la masa visceral central: son las branquias (Fig. 7.6). Para respirar, entreabre las valvas y hace que el agua atraviese las branquias. Para favorecer el movimiento del agua, utiliza unos cilios que tienen las células branquiales.

Aún más protegidas están las branquias de los cangrejos y las langostas, ya que se sitúan dentro del caparazón.

Todos estos animales viven fijos al sustrato o se desplazan lentamente por los fondos, por lo que suelen vivir en aguas agitadas o usan mecanismos para mover el agua en su interior. El funcionamiento de las branquias internas mejora cuando lo que genera la corriente de agua en la cavidad branquial es el propio desplazamiento del animal: es lo que hacen las sepias y los calamares y, sobre todo, los peces.

Las branquias internas alcanzan su mayor grado de eficacia en los peces, y se encuentran en las **hendiduras branquiales**. En la mayoría de los peces, el agua penetra por la boca y sale por estas hendiduras. En los tiburones y rayas, se abren al exterior de forma independiente, mientras que en los peces óseos están protegidas debajo de un recubrimiento óseo llamado **opérculo**.

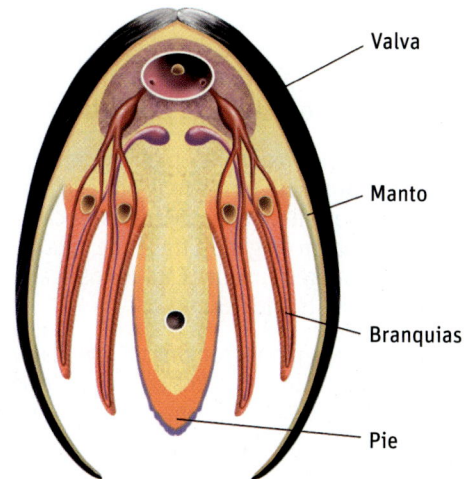

Figura 7.6. Corte transversal del cuerpo de un mejillón, donde se aprecian las branquias internas.

ARGUMENTAR

10. Intercambio contracorriente

En la mayoría de los peces, las branquias se disponen de tal modo que en el interior de cada una de las láminas, la sangre desoxigenada circula en sentido contrario a la corriente de agua, como puedes ver en este esquema:

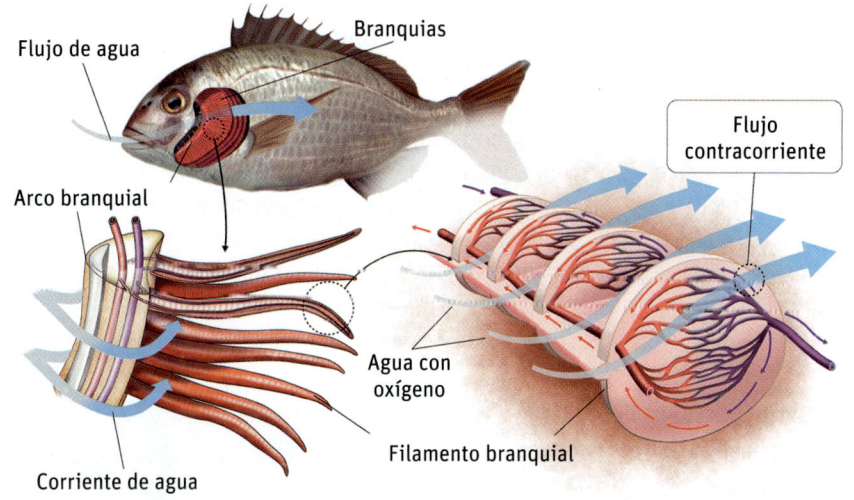

a) ¿Que ventaja adicional tiene el sentido de circulación de la sangre en la branquia?

b) En algunas charcas y estanques se pueden ver carpas que "boquean" en la superficie, abriendo la boca entre el agua y el aire. ¿Por qué hacen eso?

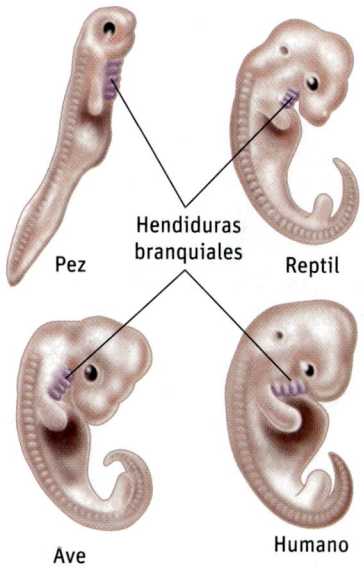

Figura 7.7. Hendiduras branquiales en embriones de algunos vertebrados. En los terrestres desaparecen de adultos, mientras que en los acuáticos alojarán las branquias.

ACTIVIDADES

11. ¿Qué relación puede existir entre la mejora de la capacidad de nadar velozmente y la capacidad de obtener más oxígeno y poseer un metabolismo más activo?

• En la Web

Observa el movimiento de los cilios de las branquias de un bivalvo.

• www.e-sm.net/svbg1bach07_03

Observa el funcionamiento de una branquia.

• www.e-sm.net/svbg1bach07_04

3.4. La conquista del medio terrestre: la respiración cutánea

Los primeros exploradores terrestres

Las planarias o gusanos planos fueron, con toda probabilidad, los pioneros en aventurarse al medio terrestre y, por ello, quienes primero se enfrentaron a la necesidad de respirar aire. Pero son animales carentes de un órgano respiratorio diferenciado: intercambian oxígeno a través de toda su superficie corporal, para lo cual su piel debe estar siempre húmeda. Esto les obliga a vivir en medios húmedos y, especialmente, en bosques tropicales.

Los gusanos planos, además, "inventaron" la cefalización en el proceso evolutivo, es decir, fueron los primeros en los que la porción anterior del cuerpo se dotó de órganos sensoriales, formando una cabeza, algo muy útil cuando se avanza y se necesita reconocer lo que hay delante.

Planaria terrestre

En la Web

Descubre cómo es una planaria.

www.e-sm.net/svbg1bach07_05

En algún momento de la historia de la vida, probablemente en el Devónico (408-360 Ma), unos gusanos planos de cuerpo blando comenzaron la invasión del medio terrestre, un escenario que les exigía respirar aire.

Esta nueva situación tenía una ventaja: el aire contiene mucha más cantidad de oxígeno que el agua. Pero requería una serie de adaptaciones anatómicas: una piel fina, permeable a los gases y siempre humedecida, un medio interno muy próximo al exterior, ausencia de protección de su superficie corporal, que debe ser muy amplia en relación con el volumen del animal.

La **respiración cutánea** supone que la piel es el órgano respiratorio. Respiran así algunos invertebrados acuáticos y este es el sistema que utilizan algunos de los primeros animales terrestres: las planarias y las lombrices de tierra, por ejemplo.

Entre los vertebrados, los anfibios adultos también presentan respiración cutánea (Fig. 7.8). De entre los vertebrados, fue este grupo el que inició la conquista de los medios aéreos, por lo que existe un cierto paralelismo con el caso de los gusanos planos. Sin embargo, los anfibios adultos complementan su respiración a través de la piel con la presencia de pulmones. Se trata de animales que mantienen una gran dependencia de los medios húmedos; de hecho, las crías de anfibios –los renacuajos– tienen vida acuática y presentan branquias externas.

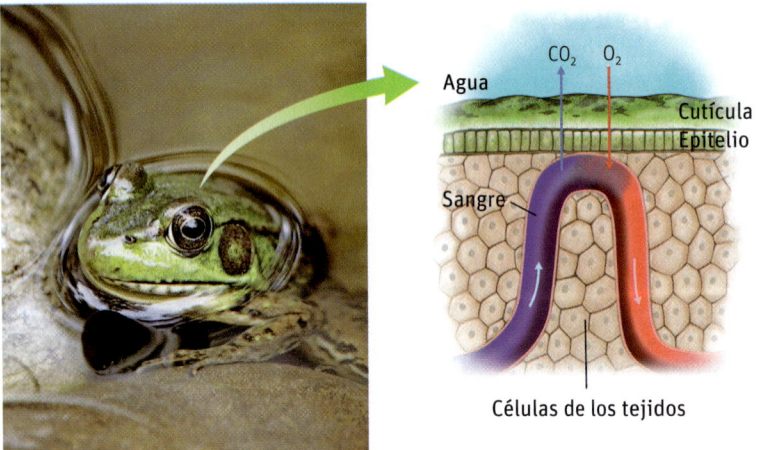

Figura 7.8. En los anfibios la respiración cutánea es un complemento de la pulmonar.

BUSCAR INFORMACIÓN

12. Como pez fuera del agua

Las anguilas son peces de piel mucosa y escamas muy pequeñas, que nacen en el mar y llegan a los ríos como alevines (en esta fase reciben el nombre de angulas). Remontan los ríos y, de adultos, pueden pasar de unos cauces a otros serpenteando por tierras húmedas incluso durante largos trechos.

a) ¿Cómo pueden desarrollar esa actividad fuera del agua si respiran por branquias?

b) Investiga y cita otros ejemplos de animales que utilizan sistemas complementarios de respiración en determinadas ocasiones.

3.5. Las tráqueas de los artrópodos terrestres

Los artrópodos se originaron en el mar, pero varios de sus grupos evolucionaron, luego, en ambientes terrestres. Mientras que los artrópodos acuáticos (crustáceos, fundamentalmente) presentan una respiración branquial, los terrestres (insectos, arácnidos, miriápodos) tuvieron que enfrentarse también al reto de la respiración aérea. Como los artrópodos basan su diseño corporal en un esqueleto externo, la solución de la respiración cutánea no es adecuada para ellos. Así, apareció en ellos un nuevo sistema de respiración: las **tráqueas**.

El sistema traqueal de insectos y arácnidos consiste en una serie de tubos reforzados con anillos endurecidos, que se abren al exterior por unos orificios llamados **espiráculos**, se ramifican por el interior del animal y llegan a todas sus células (Fig. 7.9).

En muchos insectos voladores, que necesitan gran cantidad de oxígeno, los movimientos musculares del vuelo contribuyen a la ventilación de las tráqueas.

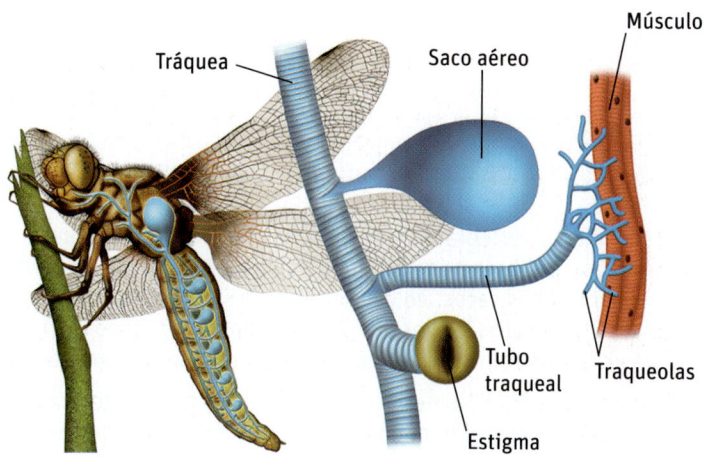

Figura 7.9. Sistema respiratorio traqueal de los insectos.

Sin embargo, los sistemas traqueales presentan una importante limitación debido a su poca eficiencia en la distribución de oxígeno a las células. Por este motivo, los insectos y los arácnidos no alcanzan el tamaño de la mayoría de los vertebrados.

FORMULAR UNA HIPÓTESIS

13. Una sangre extraña

Los insectos presentan un sistema circulatorio con un líquido denominado hemolinfa que carece de pigmentos respiratorios, ya que el oxígeno llega a las células a través del sistema traqueal.

a) ¿Para qué crees que les sirve, entonces, el sistema circulatorio representado en el dibujo?

b) Justifica por qué el sistema traqueal de los insectos es un impedimento para alcanzar un tamaño corporal grande.

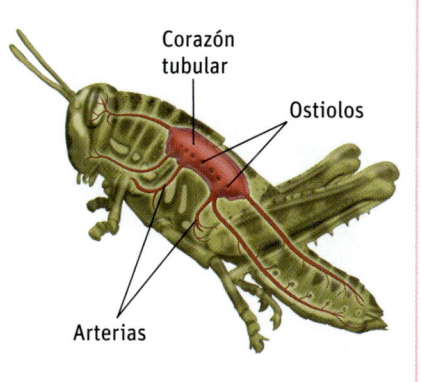

3.6. Los pulmones de los invertebrados

Algunos otros invertebrados limitaron su superficie de intercambio gaseoso al interior de una cavidad protegida dentro del cuerpo y comunicada con el exterior a través de algún orificio (Fig. 7.10). Dicha cavidad debe mantener cierta humedad para favorecer el intercambio y evitar que se pierda demasiada agua, por lo que está semicerrada. Además, al contrario de lo que ocurre con las tráqueas de los insectos, la superficie de intercambio cede el oxígeno a un sistema circulatorio que lo distribuye por las células.

Este sistema, propio de los caracoles terrestres y las babosas, entre los moluscos, es de tipo pulmonar, aunque muy sencillo. También las arañas complementan su sistema traqueal de los artrópodos con unos pequeños pulmones que se sitúan en el abdomen y se denominan "en libro", por su parecido a las hojas de un libro.

• **En la Web**

Observa el pneumostoma de un caracol.
• www.e-sm.net/svbg1bach07_06

Figura 7.10. El pneumostoma es el orificio de salida que presenta el pulmón de los gasterópodos terrestres, como esta babosa.

ACTIVIDADES

14. ¿Qué sistemas respiratorios pueden presentar los artrópodos? ¿De qué depende que tengan unos u otros? ¿Por qué no pueden presentar una respiración cutánea?

La nutrición en animales I: respiración y digestión

3.7. Los pulmones de los vertebrados

De entre los animales terrestres, fueron los vertebrados los que perfeccionaron el modelo pulmonar como mecanismo de intercambio de gases con el aire. Este hecho, junto a otros avances, les permitió alcanzar los mayores tamaños y los metabolismos más activos de todos los organismos del reino animal.

LOS PULMONES EN LA EVOLUCIÓN

Los primeros vertebrados con sistemas pulmonares fueron un grupo de peces que respiraban por branquias de forma habitual. A partir de las paredes de su faringe desarrollaron unos sacos, en cuya superficie interior se podía producir el intercambio gaseoso con el aire. Eso les permitía resistir algún tiempo fuera del agua, lo que es útil para vivir en medios que se desecan temporalmente y para atravesar zonas entre ríos.

Hoy existen descendientes de esos peces, que siguen presentando pulmones. Son los **dipnoos** o **peces pulmonados**, un grupo reducido de especies que habitan en medios tropicales.

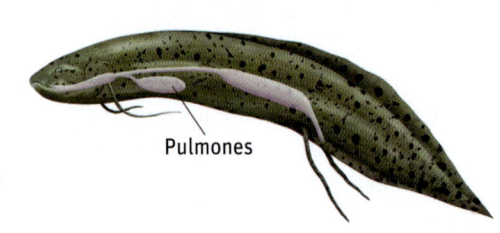
Pulmones

Anfibios. Fueron los primeros vertebrados terrestres. Sin embargo, continúan dependiendo de medios húmedos o de la presencia de agua, especialmente las larvas, que viven en el agua y tienen respiración branquial. Tras la metamorfosis, los adultos (ranas, sapos o tritones) desarrollan un sistema pulmonar que complementan con respiración cutánea, lo que les permite intercambiar oxígeno por la piel bajo el agua.

Los pulmones de los anfibios son simples sacos que apenas contienen repliegues interiores, por lo que su superficie de intercambio gaseoso es reducida. Además, el mecanismo de ventilación de una rana se basa en movimientos de la boca, como si tragaran aire, un método poco eficiente.

Reptiles. Surgieron evolutivamente de los anfibios. Presentan mejoras en los sistemas pulmonares y en la ventilación o forma de inspirar y soltar el aire. Sus pulmones tienen repliegues internos que aumentan la superficie de intercambio. La ventilación depende de movimientos torácicos que la hacen mucho más eficiente. La respiración es plenamente aérea y no hay ya dependencia de medios húmedos o acuáticos.

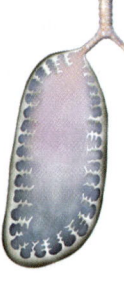

Aves. Presentan sacos aéreos comunicados con los pulmones y situados entre las vísceras y dentro de los huesos. Se consigue así un flujo unidireccional de aire en los pulmones desde los sacos posteriores hacia los anteriores. Esto, y la gran superficie de intercambio –a pesar del reducido tamaño de los pulmones–, permite a las aves mantener el elevado gasto metabólico del vuelo y aligerar peso.

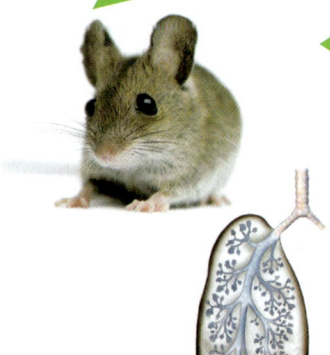

Mamíferos. Tenemos un sistema de bronquiolos ramificados que finaliza en cientos de alvéolos, pequeños sacos donde se produce el intercambio gaseoso. En el pulmón humano, por ejemplo, hay unos 300 millones de alvéolos.

La ventilación se realiza por la musculatura torácica y abdominal, lo que permite forzar la inspiración y la espiración.

ACTIVIDADES

15. Muchos vertebrados terrestres de respiración pulmonar (aves y mamíferos, sobre todo) han vuelto a colonizar el medio acuático como predadores de peces. ¿Qué ventajas e inconvenientes tiene esa adaptación?

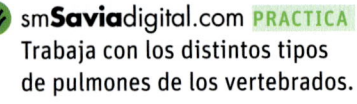
smSaviadigital.com PRACTICA
Trabaja con los distintos tipos de pulmones de los vertebrados.

La ventilación pulmonar

Existen dos procesos o momentos en la ventilación pulmonar (Fig. 7.11):

- **La inspiración.** En reposo, se observa que la inspiración es un proceso activo: los músculos amplían el volumen de la caja torácica y, en consecuencia, el de los pulmones. El aire entra por la nariz o la boca y recorre las vías respiratorias (faringe → laringe → tráquea → bronquios → bronquiolos) hasta llegar a los alvéolos.

  Para ampliar la caja torácica, hay dos mecanismos de actuación sobre los pulmones: el movimiento del **diafragma**, un músculo que se sitúa por debajo de los pulmones y delimita la cavidad abdominal por arriba, y el de los **músculos intercostales**, que separan las costillas entre sí.

- **La espiración.** Se trata, por lo general, de un mecanismo pasivo: al relajarse los músculos, el volumen pulmonar se reduce por la flexibilidad de la caja torácica y el aire sale fuera, aunque siempre queda dentro una cantidad importante. Se puede forzar la espiración actuando sobre la musculatura intercostal o sobre la del diafragma. No obstante, siempre queda aire en los pulmones, pues si no fuera así, las mucosas de los alvéolos se adherirían entre sí.

La ventilación pulmonar responde a las necesidades de oxígeno de las células, por lo que es lenta y calmada en reposo, mientras que durante el ejercicio físico, o en ambientes con poco oxígeno, se vuelve profunda y aumenta la frecuencia respiratoria.

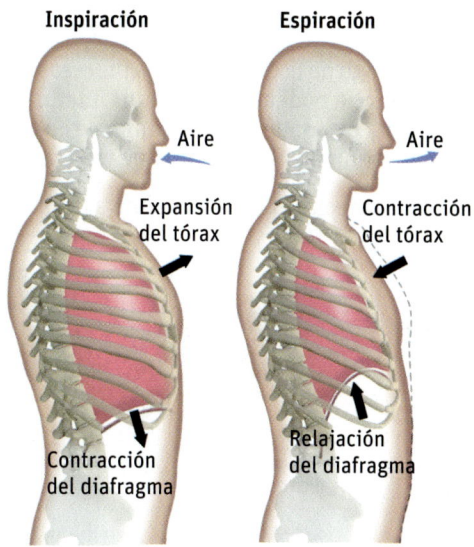

Figura 7.11. Etapas de la ventilación pulmonar.

LA CIENCIA Y SUS MÉTODOS

Cómo interpretar una gráfica sobre la capacidad respiratoria

La gráfica muestra la secuencia respiratoria de una persona, medida con el **espirómetro**, un aparato que mide la cantidad de aire que entra y sale de los pulmones.

1. Observamos que ningún valor desciende de una cierta cantidad mínima. Se trata de la cantidad de aire que nunca llega a salir de los pulmones, por más que lo intentemos con una expiración máxima. Ese valor es conocido como **volumen residual**.

2. Observamos un valor máximo que se alcanza forzando la inspiración. Es la **capacidad vital** es la máxima cantidad de aire que se puede espirar tras una inspiración forzada.

3. La mayor parte de los valores oscilan entre dos volúmenes: el del aire inspirado y el del aire espirado de forma normal. Se trata de las inspiraciones y espiraciones no forzadas, y constituye el **volumen corriente**.

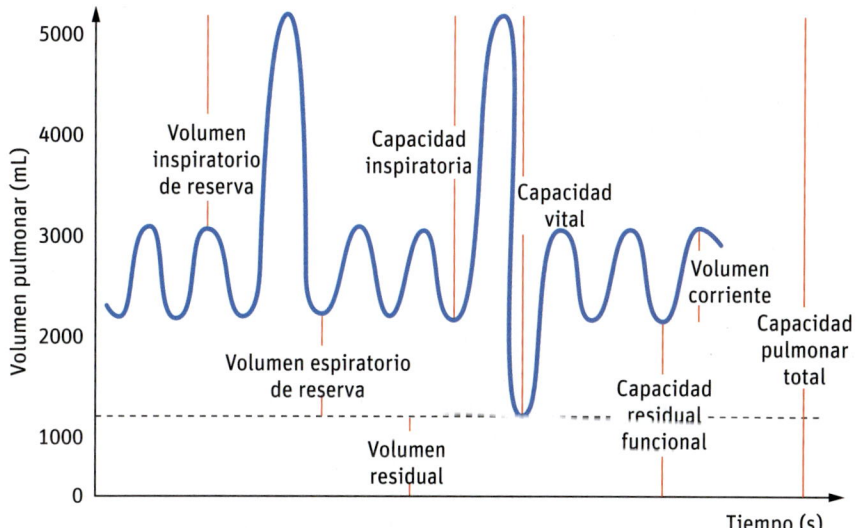

Analiza la gráfica, y define los **volúmenes inspiratorio de reserva** y el **volumen espiratorio de reserva**.

ACTIVIDADES

16. A partir de la gráfica, establece la fórmula para calcular la capacidad inspiratoria.

17. Estima el valor aproximado de la capacidad inspiratoria y de la total.

18. Recuerda las proporciones de oxígeno en el aire inspirado y en el espirado. Si una persona mantiene un ritmo respiratorio constante de 16 veces por minuto durante cinco horas, ¿qué cantidad aproximada de oxígeno habrá consumido?

4 Alimentos líquidos y sólidos: procesos digestivos

La evolución y la alimentación

A lo largo de la evolución, los procesos digestivos han ido necesitando una serie de estructuras progresivamente más complejas, cuya secuencia podemos reconstruir interpretando los sistemas digestivos de los animales actuales. Pero la evolución no siempre va en la misma dirección: algunos animales han perdido estructuras y órganos que tenían sus antepasados, por no resultarles útiles en sus nuevos ambientes o formas de vida, y han desarrollado otros para adaptarse a los nuevos medios.

Observa esta secuencia evolutiva de diversas adaptaciones para conseguir el alimento:

Pez agnato → Reptil terápsido → Insectívoro primitivo → Ballena franca

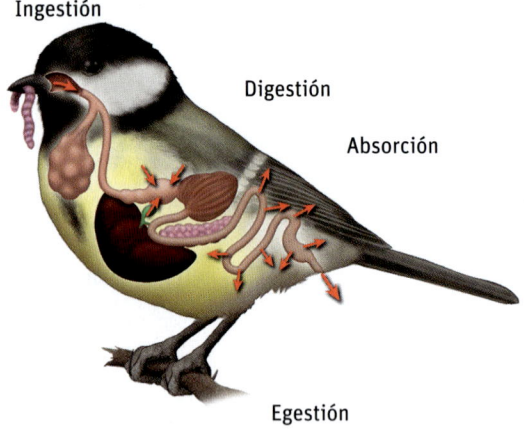

Figura 7.12. Funciones digestivas.

En los animales, los alimentos líquidos y sólidos suelen ingresar a través de sistemas diferentes a los que utilizan los gases. Son los **sistemas digestivos**. Dependiendo de la complejidad del organismo y de su alimentación, el sistema digestivo puede cumplir todas o algunas de las siguientes funciones (Fig. 7.12):

- **Captura e ingestión.** Incluye los mecanismos de obtención del alimento y su incorporación al organismo. Pueden ser estructuras propias del digestivo (boca, lengua, dientes, etc.) o de otras partes del cuerpo (garras, apéndices, etc.).

- **Digestión.** Supone la reducción extracelular del alimento a porciones menores y a sus moléculas componentes, lo que incluye procesos mecánicos y químicos: masticación, insalivación, liberación de ácidos, actuación de enzimas digestivas, etc.

- **Absorción.** Es el paso de los nutrientes al medio interno del organismo. Puede producirse bien desde el exterior –cuando no hay un sistema digestivo propiamente dicho– o más frecuentemente desde el interior del sistema digestivo.

- **Egestión.** Consiste en la expulsión del alimento o de nutrientes no absorbidos fuera del digestivo, estén o no totalmente digeridos. Por lo general, se hace a través de una abertura diferente a la de la boca, el ano, aunque existen animales sencillos con un único orificio para las dos funciones.

BUSCAR INFORMACIÓN

19. Los picos de los pinzones: para comer mejor

Cuando Charles Darwin visitó las islas Galápagos, quedó sorprendido por la variedad de picos que tenían los pinzones. En su *Viaje de un naturalista alrededor del mundo* dejó escrito: "El fenómeno más curioso es la perfecta gradación en el grueso de los picos en las diferentes especies de *Geospiza* que varía entre el tamaño de un picogordo y el de un pinzón".

Los pinzones fueron uno de los argumentos que llevaron a Darwin a pensar en la diversificación de las especies a partir de una original. Pero ¿por qué la variación gradual de picos? Sin duda, los diferentes tipos de semillas e insectos de las islas determinaron las distintas adaptaciones de los instrumentos de captura e ingestión de las aves e impulsaron, así, la diferenciación evolutiva de la especie original.

a) Cita casos de variación gradual de un órgano de captura del alimento entre diferentes especies cercanas evolutivamente.

b) Busca y lee el párrafo citado en el libro de Darwin. ¿Qué te sugiere sobre la captura e ingestión de alimento y la evolución de las especies?

Geospiza magnirostris — *Geospiza fortis*
Geospiza parvula — *Geospiza olivacea*

5. La captura de alimento

Gigantes pacíficos

A pesar de que sus poblaciones están amenazadas, no es raro que cerca de algunas costas de aguas frías aparezca un enorme pez cartilaginoso: un tiburón de 6 a 8 metros de longitud. Son inofensivos y nadan de forma pausada con su enorme boca abierta, en cuyo interior, en vez de las filas de dientes de sus parientes predadores, se pueden ver las hendiduras branquiales. Se trata del tiburón peregrino, *Cetorhinus maximus*.

La boca abierta en forma de embudo hace las veces de gigantesco filtro con el que criba el agua, atrapando en sus hendiduras branquiales el plancton y los pequeños invertebrados que constituyen su alimento.

Este sistema de alimentación es también el que mantiene a los organismos más grandes que hayan existido nunca: la ballenas o rorcuales azules, *Balaenoptera musculus*. Estos enormes mamíferos marinos llegan a superar los 25 metros de longitud y se han especializado en el consumo de los pequeños crustáceos del llamado krill, a los que atrapan con sus barbas sustitutivas de los dientes. Todos estos gigantes pacíficos del mar se alimentan de pequeños animales mediante la técnica de filtrar toneladas de agua marina.

Los animales utilizan estrategias muy diferentes para alimentarse. Para ello, han creado evolutivamente una gran variedad de estructuras diferentes y especializadas en cada forma de alimentación.

Se suele distinguir entre **formas selectivas** y **no selectivas** de ingestión del alimento, dependiendo de si el alimento es seleccionado individualmente, como hace un león con una gacela, o si forma parte de una gran cantidad de materia ingerida, como hace el tiburón peregrino al filtrar el agua marina.

Otro criterio de clasificación de la alimentación animal distingue entre **microfagia** y **macrofagia**, según sea el tamaño del alimento en relación al del animal. Entre las formas de macrofagia, se pueden diferenciar:

- Los **fitófagos**, que se alimentan de vegetales. Reciben distintos nombres según el producto vegetal que ingieran: los herbívoros comen hierbas; los frugívoros, frutos; los xilófagos, madera; los folífagos, hojas, etc.
- Los **zoófagos**, que se alimentan de otros animales. Los carnívoros comen carne; los ictiófagos o piscívoros, peces; los insectívoros, insectos, etc.
- Los **omnívoros**, que se alimentan tanto de otros animales como de plantas.

5.1. Filtradores de agua

Una de las estrategias de alimentación que ensayaron los primeros animales acuáticos fue filtrar agua para extraer las diminutas partículas y los organismos más pequeños que constituyen el alimento. Los mejillones, las almejas y numerosos crustáceos se alimentan así, pero, como hemos visto, muchos de los mayores animales del planeta también filtran agua para alimentarse.

Para filtrar son precisas estructuras que cumplan esa misión, como laminillas, filamentos, barbas, etc. La evolución reutiliza estructuras y las modifica para adaptarlas a nuevas funciones: los cirros filtradores de los percebes fueron apéndices locomotores, que les permitían moverse por los fondos. Otras estructuras que se adaptaron a la filtración fueron las branquias, las patas, los dientes, etc.

Figura 7.13. Los percebes filtran el agua mediante los cirros, unos antiguos apéndices locomotores.

ACTIVIDADES

20. Busca ejemplos sobre los distintos tipos de alimentación: selectiva/no selectiva y microfágica/macrofágica con sus diferentes tipos. Explica brevemente cada caso.

21. Investiga: También existen aves que se alimentan filtrando agua. Cita algún ejemplo y explica cómo lo hacen.

5.2. Capturadores selectivos de alimentos pequeños

Los primeros pluricelulares

Los animales más sencillos, las esponjas, ni siquiera filtran en un sentido estricto, sino que crean pequeñas corrientes de agua por el interior de los numerosos tubos que recorren su cuerpo. En esos tubos se encuentran unas células llamadas **coanocitos**, dotadas de un flagelo con el que mueven el agua y de una corona de microvellosidades con la que atrapan pequeñas partículas y microorganismos. En ellos no existe un sistema digestivo propiamente dicho ni digestión extracelular: los coanocitos absorben el alimento y lo digieren; luego, transfieren nutrientes a las otras células del cuerpo del animal, que apenas supera el estado de colonia de células, el tipo de organismo pluricelular más sencillo.

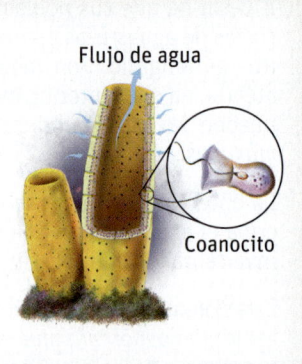

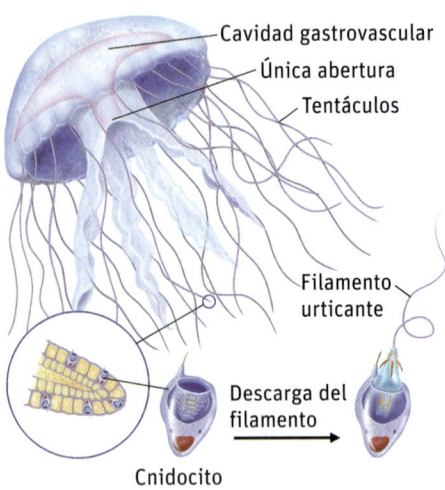

Figura 7.14. Los pólipos y las medusas presentan cnidocitos, unas células que utilizan para atrapar presas y como defensa.

El filtrado constituye una forma de alimentación que exige pasar grandes cantidades de agua por los sistemas de filtrado. Los animales con pocas capacidades motrices y los que viven en aguas pobres en nutrientes obtienen de esta forma poco alimento, motivo por el cual la evolución favoreció a los que se dotaron de mecanismos de captura selectiva. Entre estos destacan los pólipos y las medusas, que presentan unas células urticantes especializadas denominadas **cnidocitos** (Fig. 7.14) que disparan pequeños arpones con un veneno paralizante. Tras capturar una presa, los tentáculos la dirigen hacia la boca del animal.

5.3. Raspadores de superficies

Tanto en animales acuáticos que viven desplazándose sobre el fondo, como en otros terrestres, aparecieron adaptaciones para raspar el sustrato y obtener alimento de él. Se alimentan así los erizos de mar y muchos moluscos que, como los caracoles terrestres, usan una estructura en forma de lengua dentada, denominada **rádula**, con la que raspan las superficies e ingieren los microorganismos y los vegetales adheridos a ellas.

5.4. Deglutidores de suelos y sedimentos

Una forma parecida a la filtración consiste en ingerir suelos o sedimentos y hacerlos pasar por el sistema digestivo, donde las partículas y los organismos nutritivos son seleccionados, digeridos y absorbidos. Las lombrices de tierra obtienen el alimento de esta forma y, al remover grandes cantidades de suelo, contribuyen a su fertilidad. Algo parecido hacen sus parientes costeros, los gusanos poliquetos, que deglutén el sedimento que luego expulsan, dejando acumulaciones de barro en las marismas litorales (Fig. 7.15).

Figura 7.15. Deposiciones de sedimentos de los gusanos marinos.

En la Web

Observa la rádula de un caracol.

www.e-sm.net/svbg1bach07_07

ACTIVIDADES

22. ¿En qué categorías de tipo de alimentación clasificarías los siguientes animales: estrella de mar, gorila, araña, gusano arenícola, ciervo, erizo de mar, anémona, pulgón, berberecho y sanguijuela?

5.5. Macrófagos seleccionadores de alimento

Los macrófagos seleccionan sus presas y se alimentan de ellas atrapándolas y devorándolas, arrancándoles trozos o picándolas y succionando sus jugos. Son animales con numerosas adaptaciones que incluyen dientes, garras, picos, aparatos bucales picadores, mandíbulas, lenguas, etc. Entre ellos está la casi totalidad de los vertebrados, con la excepción de los grandes filtradores marinos.

6. La evolución de los sistemas digestivos

Los primeros animales carecían de sistema digestivo. Sus herederos directos actuales, las esponjas, siguen presentando esas características simples: células que atrapan el alimento directamente del medio y lo digieren en sus lisosomas sin que haya digestión extracelular. Sin embargo, esa situación pronto se modificó con la aparición de estructuras anatómicas especializadas en la captura y el procesamiento del alimento. Aparecieron así los sistemas digestivos.

6.1. La aparición de la cavidad gastrovascular

Algo antes de los comienzos del Cámbrico (570-505 Ma) aparecieron nuevas formas animales algo más complejas que las esponjas. Una de las novedades fue una invaginación corporal que formó una cavidad interior del cuerpo. Las paredes de esa cavidad se tapizaron con células especializadas que vertían enzimas digestivas a su interior y absorbían luego el alimento digerido. La cavidad presentaba inicialmente solo una abertura de entrada y salida, que ha recibido el nombre genérico de **boca**. Esa **cavidad gastrovascular** constituye el primer y más sencillo tipo de sistema digestivo. Esta es la estructura digestiva que presentan los pólipos y las medusas (Fig. 7.16).

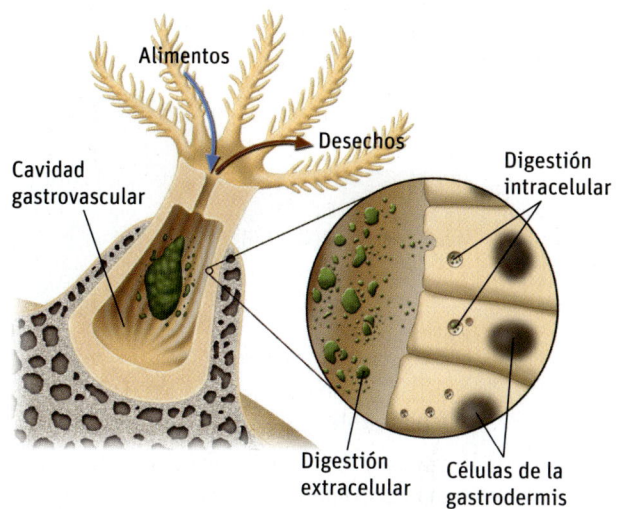

Figura 7.16. En los pólipos y las medusas la cavidad gastrovascular está tapizada por células digestivas que forman la gastrodermis.

La cavidad gastrovascular supone un avance evidente sobre la forma de alimentarse de las esponjas, al representar ya una digestión extracelular. Sin embargo, es un método poco eficiente, ya que en esta cavidad se mezcla el alimento recién ingerido con el que ya está en avanzado estado de digestión. Además, se ingiere el alimento y se expulsan los desechos por la misma abertura.

6.2. La invención del tubo digestivo

El siguiente y definitivo paso en la evolución del sistema digestivo es la aparición de una abertura de salida, o **ano**, para la expulsión de los desechos o **egestión**. Esto permite que el alimento siga una sola dirección y que se puedan diferenciar tramos digestivos con distintas funciones, fundamentalmente **digestión** y **absorción**. Además, la cavidad se hace más estrecha y alargada, formando un tubo que, al plegarse, puede llegar a tener una longitud muy superior al tamaño del animal: el intestino humano, por ejemplo, puede alcanzar los ocho metros.

FORMULAR UNA HIPÓTESIS

23. Sin sistema digestivo

Tanto las esponjas como las tenias o solitarias carecen de sistema digestivo y, por tanto, de digestión extracelular. Las esponjas son los primeros seres pluricelulares y están en la base evolutiva de los animales, mientras que las tenias son gusanos planos (platelmintos) que se adaptaron a la vida parásita y se alimentan absorbiendo los nutrientes ya digeridos que encuentran en el intestino de su hospedador, al que se aferran mediante un sistema de ventosas y garfios.

a) ¿Por qué crees que las esponjas carecen de sistema digestivo? ¿Lo tenían sus antecesores?

b) ¿Por qué las tenias no poseen sistema digestivo?

c) Redacta un texto argumentando, con un enfoque evolutivo, las razones por las que estos dos grupos de animales carecen de digestivo y pueden vivir sin él.

Esponja

Tenia

ACTIVIDADES

24. Busca cinco nombres de especies de diferentes grupos de animales para cada una de estas características:

a) Ausencia de tubo digestivo.

b) Digestivo de tipo cavidad gastrovascular o similar.

c) Tubo digestivo con boca y ano.

7 La organización del tubo digestivo

El tubo digestivo permite diferenciar diversos tramos, de forma que las funciones digestivas se ordenen secuencialmente. Se pueden distinguir los siguientes tractos o tramos, que en cada grupo animal presentan diferencias y especializaciones.

TRES TRAMOS DIGESTIVOS

Tracto anterior

Realiza la ingestión y la recepción del alimento, así como los primeros procesos digestivos, generalmente de tipo mecánico, como la masticación, la trituración, etc.

La **boca** suele presentar diferentes estructuras a su alrededor, especializadas en la captura del alimento, la trituración, el desgarre, el troceamiento, etc. Aparecen así los diversos apéndices bucales de los insectos, los picos de las aves y las tortugas, las mandíbulas y los dientes de los mamíferos, etc.

La abertura o cavidad bucal se continúa por la **faringe** y el **esófago**, conductos que pueden variar en forma y características en los diferentes grupos. Algunos animales presentan partes que pueden salir al exterior para contribuir a la captura del alimento.

Tracto medio

Corresponde al primer tramo de digestión, que suele ser mecánica y química, generalmente con secreciones ácidas y enzimas digestivas. Este tramo contiene un órgano en forma de saco que se denomina **estómago**, aunque en muchos grupos se compone de varias estructuras con funciones diferenciadas (almacenamiento, trituración o digestión), que reciben distintos nombres según los grupos: buche, molleja, redecilla, cuajar, etc.

Este tramo realiza tanto una **digestión mecánica** o de trituración en los animales que carecen de estructuras que cumplan esa función en la boca, como las aves; como una **digestión química**, mediante enzimas que actúan en ambientes ácidos, logrados, generalmente, al segregar ácido clorhídrico al interior del estómago.

Tracto posterior

En él finaliza la digestión y continúa la absorción o paso de los nutrientes al medio interno o al sistema circulatorio.

En este tramo desembocan unas **glándulas anejas** que vierten enzimas digestivas y secreciones, generalmente básicas, al tubo, y que reciben diferentes nombres según los distintos grupos animales: hígado, páncreas, hepatopáncreas, etc.

En algunos animales existen ramificaciones en forma de tubos sin salida o "**ciegos**". El apéndice humano, por ejemplo, es el vestigio de un ciego que perdió su función.

Puede presentar partes diferenciadas con funciones distintas, como el **intestino delgado** y el **grueso**. Este tramo finaliza en el **recto**, que desemboca en el **ano**, por donde se produce la **egestión** o **defecación**.

RELACIONAR

25. Asegurar la comida

Los rumiantes son grandes herbívoros que cortan rápidamente la hierba y la almacenan en un gran compartimento llamado panza o rumen. Después, relajadamente, realizan la "rumia", que consiste en devolver ese alimento semidigerido a la boca, donde lo mastican e insalivan para pasar luego al resto de los compartimentos estomacales y, finalmente, al intestino.

a) Busca información sobre esta forma de digestión y, con la ayuda de la ilustración, construye un esquema explicativo.

b) ¿Qué ventajas adaptativas tiene este sistema digestivo tan particular?

c) Explica la relación entre este tipo de digestión y la condición de los rumiantes como presas de depredadores.

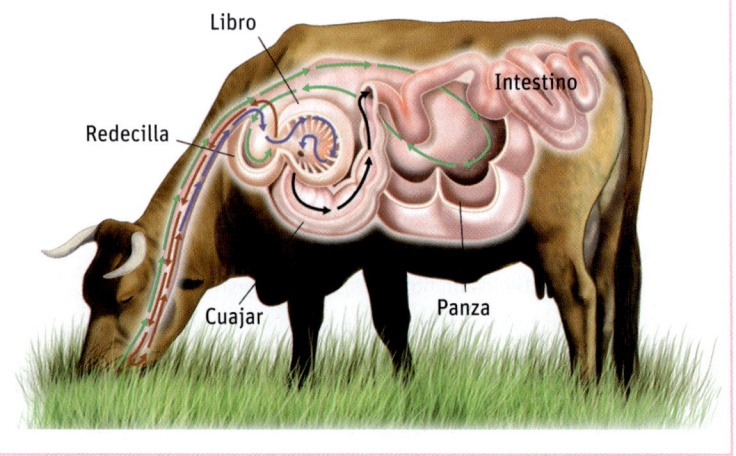

8 El sistema digestivo humano

La digestión humana es la de un mamífero omnívoro. Incluye gran número de procesos realizados por los diferentes órganos y estructuras que forman nuestro sistema digestivo. El siguiente esquema resume nuestra digestión:

Boca
Mediante la masticación, los dientes trituran el alimento que, gracias a la lengua, se mezcla con la saliva, iniciando la digestión. Se forma el **bolo alimenticio**. La lengua, además, facilita la **deglución**.

Glándulas salivales
Segregan la saliva, que vierten a la boca e inicia la digestión de glúcidos; acaba con bacterias y facilita el paso del bolo hacia la faringe.

Esófago
Conducto musculoso cuyas contracciones o movimientos peristálticos impulsan el bolo alimenticio hasta el estómago.

Hígado
Órgano que forma la bilis, cuyos ácidos y sales emulsionan las grasas, facilitando su digestión.

Vesícula biliar
Almacena la bilis y la libera cuando los alimentos llegan al intestino.

Intestino delgado
Tubo muy plegado formado por tres tramos: **duodeno**, **yeyuno** e **íleon**. En la primera parte se produce jugo intestinal que completa la digestión. A través de las vellosidades tiene lugar la absorción de los nutrientes, que pasan a la sangre.

Faringe
Recibe el bolo alimenticio y mediante movimientos musculares lo dirige al esófago.

Estómago
Dilatación musculosa cuyas contracciones completan la digestión mecánica. Su jugo gástrico contiene pepsina (comienza la digestión de las proteínas) y ácido clorhídrico (activa la pepsina y tiene poder bactericida). Se forma el **quimo**.
Sus capas musculares contribuyen a amasar el quimo.

Páncreas
Órgano que segrega al intestino delgado el jugo pancreático, con enzimas digestivas y con sales que neutralizan la acidez del quimo.

Intestino grueso
Se absorbe agua y se compactan los residuos de la digestión que forman las heces. Hay bacterias que realizan importantes reacciones metabólicas. Se distinguen tres tramos: **ciego, colon** (ascendente, transverso y descendente) y **recto**.

Apéndice   Ano

ACTIVIDADES

26. ¿A qué órgano llegan los nutrientes que ingresan en la sangre desde el intestino?

27. Si te introduces en la boca una miga de pan –alimento con mucho almidón– y lo mantienes un rato, percibirás un sabor dulce. ¿A qué es debido?

28. Construye y completa una tabla de cuatro columnas: Órganos digestivos, Actividades digestivas, Sustancias en digestión y Enzimas digestivas.

ACTIVIDADES

Síntesis

29. Completa en este mapa conceptual los términos que faltan (•••) y los fragmentos que debes desarrollar (+). Puedes realizar la actividad en tu cuaderno.

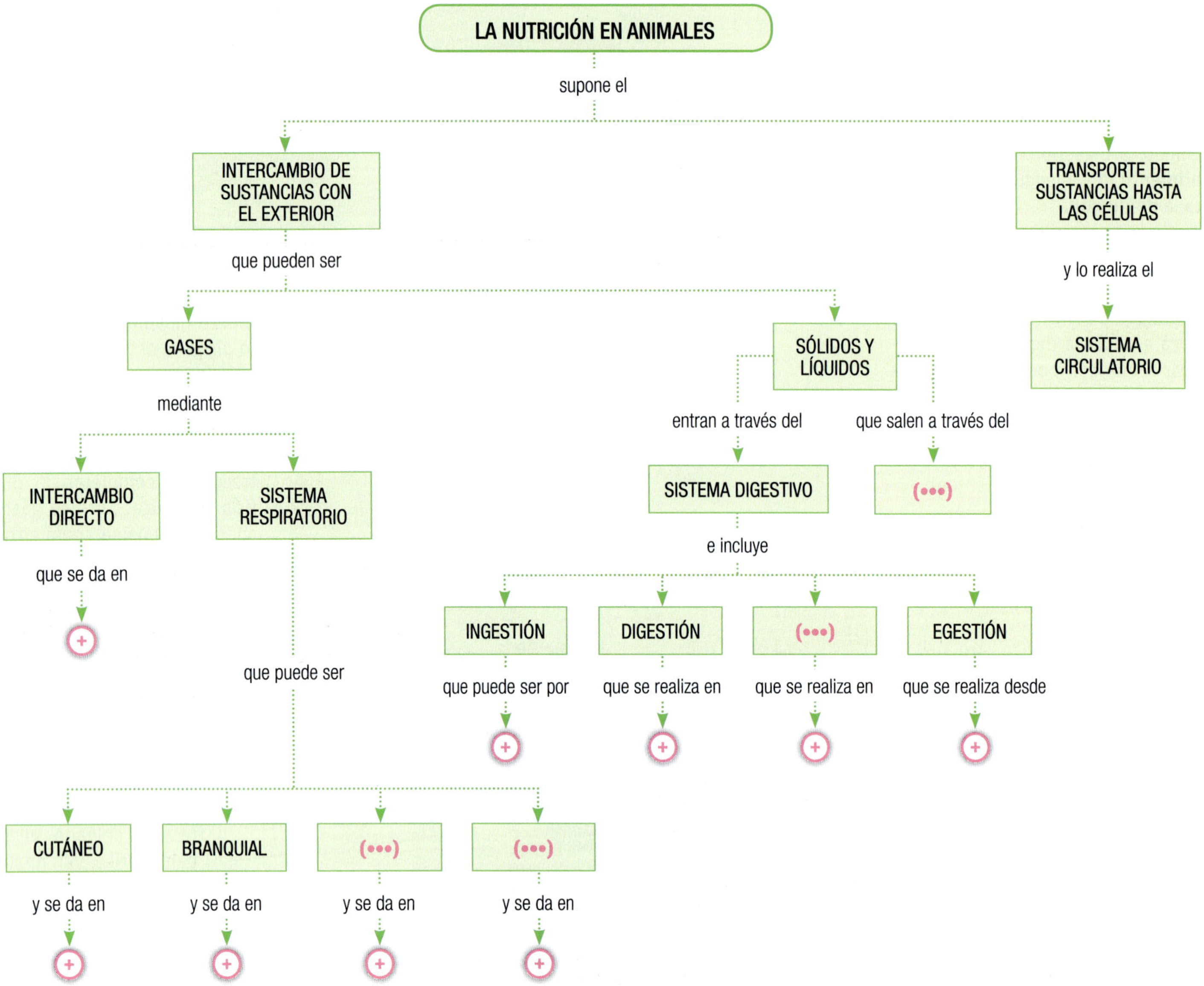

```
                          LA NUTRICIÓN EN ANIMALES
                                   │
                                supone el
                  ┌────────────────┴─────────────────┐
                  │                                  │
         INTERCAMBIO DE                      TRANSPORTE DE
         SUSTANCIAS CON                     SUSTANCIAS HASTA
          EL EXTERIOR                          LAS CÉLULAS
                  │                                  │
            que pueden ser                      y lo realiza el
           ┌──────┴──────┐                           │
         GASES      SÓLIDOS Y                    SISTEMA
                    LÍQUIDOS                    CIRCULATORIO
          mediante       │
                 entran a través del / que salen a través del
         ┌────┴────┐         │                │
  INTERCAMBIO   SISTEMA   SISTEMA           (•••)
   DIRECTO   RESPIRATORIO DIGESTIVO
      │          │           │
   que se      que      e incluye
   da en       puede  ┌────┬────┬────┐
    (+)        ser  INGESTIÓN DIGESTIÓN (•••) EGESTIÓN
                      que      que      que      que
                    puede ser se realiza se realiza se realiza
                     por     en       en       desde
                     (+)     (+)      (+)      (+)
         ┌────┬────┬────┐
      CUTÁNEO BRANQUIAL (•••) (•••)
         │    │    │    │
     y se da y se y se  y se
       en   da en da en da en
       (+)  (+)   (+)   (+)
```

Aplicación y relación

30. El siguiente esquema muestra los datos de las presiones parciales de O_2 y CO_2 en la sangre y en un alvéolo pulmonar.

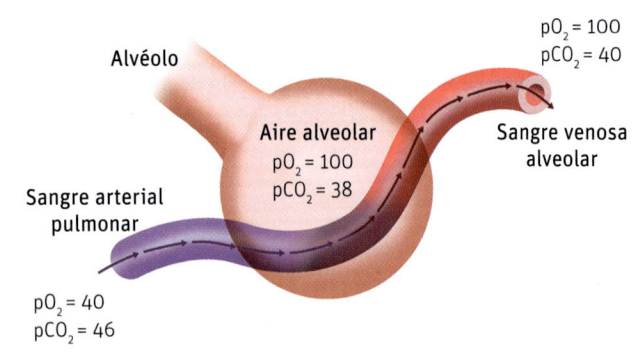

Alvéolo
$pO_2 = 100$
$pCO_2 = 40$

Aire alveolar
$pO_2 = 100$
$pCO_2 = 38$

Sangre venosa alveolar

Sangre arterial pulmonar
$pO_2 = 40$
$pCO_2 = 46$

Explica cuál es la dirección del intercambio gaseoso entre el alvéolo y el capilar. Justifícalo mediante los datos expuestos.

31. Observa distintos tipos de pulmones de vertebrados:

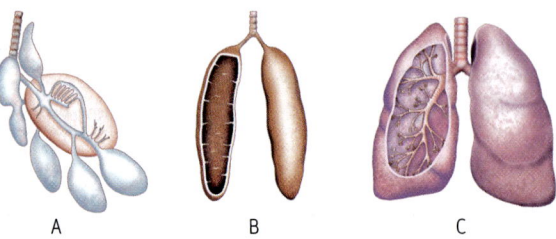

A   B   C

a) Identifica el grupo de vertebrados al que puede pertenecer cada uno. Justifica tus respuestas.

b) Describe las características que diferencian, anatómica y fisiológicamente, cada uno de esos pulmones.

c) Ordena los tres pulmones en función de su eficiencia para el intercambio gaseoso.

32. En el siguiente diagrama ramificado se representan algunas relaciones evolutivas simplificadas.

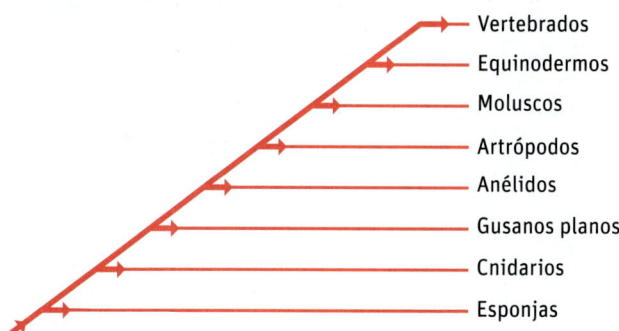

Copia el esquema en tu cuaderno, identifica los puntos de bifurcación en los que aparecieron las siguientes características y sitúalos en el esquema:

- Las cavidades gastrovasculares o digestivas con una sola comunicación al exterior.
- Los tubos digestivos con dos orificios: boca y ano.

33. Observa el siguiente dibujo:

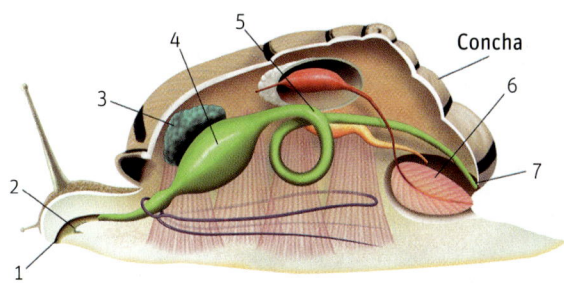

a) Identifica el grupo animal representado. ¿Qué tipo de sistema digestivo presenta? Explica brevemente cómo funciona su sistema respiratorio.

b) Los números señalan órganos de su sistema digestivo o del sistema respiratorio. Identifícalos.

34. El dibujo representa el sistema digestivo humano:

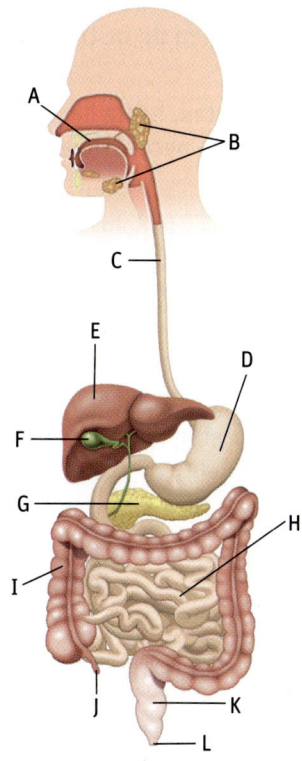

a) Nombra cada una de las estructuras indicadas con letras.

b) Para cada uno de los siguientes términos, describe brevemente qué es o qué relación tienen con el digestivo humano e indica los órganos en los que estará presente:

- Quilo
- Ácido clorhídrico
- Polisacáridos
- Heces fecales
- Bolo alimenticio
- Ptialina
- Proteínas
- Quimo
- Bilis
- Peristaltismo
- Microvellosidades
- Absorción

Biblioteca global

35. Los pulmones de un grupo muy especial de peces

El grupo de los dipnoos o peces pulmonados presenta pulmones, además de branquias. En algunos de ellos, las branquias están reducidas y la respiración aérea es esencial. Las pocas especies que existen se agrupan en tres géneros.

a) Busca información sobre el grupo de los peces pulmonados y obtén el nombre de los tres géneros y su ámbito geográfico de distribución. Busca, además, si todos tienen el mismo número de pulmones y las características de su respiración.

b) Haz una ficha donde resumas la información básica del grupo y otra para cada uno de los tres géneros: área de distribución, hábitos de vida y sistema respiratorio. En todo caso no deben faltar respuestas a las siguientes cuestiones:

- ¿Para qué usan sus pulmones estos peces? ¿Dependen todos por igual de ellos?
- ¿De dónde proceden embrionariamente sus pulmones? ¿Y los nuestros? ¿Y las vejigas natatorias de los otros peces?
- ¿Qué relación evolutiva parece haber entre estos peces, el resto de peces y los vertebrados terrestres?

Dipnoo

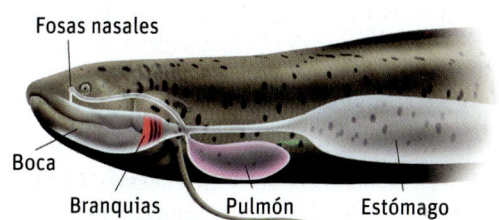

LA CIENCIA Y SUS MÉTODOS — La disección como procedimiento científico

En cualquier investigación científica es necesario observar y contrastar. Además del uso de nuestros sentidos, con frecuencia se requiere el empleo de instrumentos y diversos procedimientos.

En las ciencias naturales, hasta hace poco, para conocer el interior de un animal era necesario abrirlo, es decir, realizar su disección.

Al menos desde la Grecia y la Roma clásicas, las disecciones de animales fueron una práctica habitual entre los naturalistas que querían conocer su anatomía interna. La disección humana, sin embargo, estuvo prohibida durante siglos, lo que retrasó el avance de la medicina.

Muchos historiadores de la ciencia opinan que las disecciones de cadáveres iniciadas en el siglo XIV convirtieron finalmente la medicina en una ciencia natural.

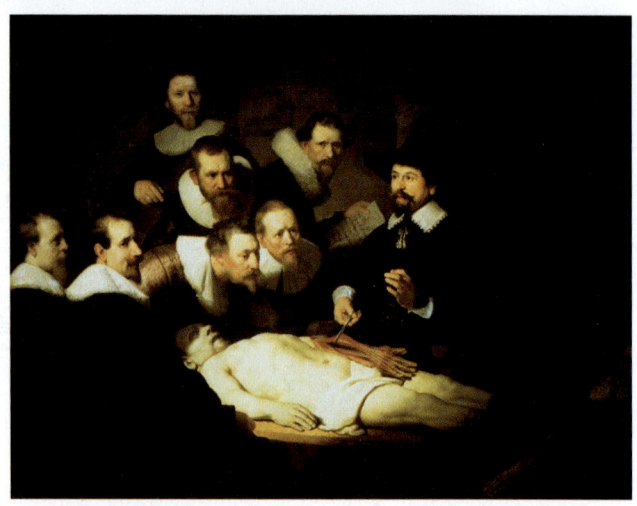

Lección de anatomía, de Rembrandt, ilustra los inicios de la anatomía médica humana.

¿Cómo es el interior de un pez óseo?

PROCEDIMIENTO Y MATERIALES

Las disecciones consisten en abrir un organismo muerto, utilizando diversos utensilios, para estudiar su interior de forma ordenada.

1.º Primero hay que asegurarse de que el organismo, sobre todo si es pequeño, está sujeto a la lámina o sustrato de corcho o plástico sobre el que actuamos.

2.º A continuación, con un bisturí o con unas tijeras, se secciona la piel siguiendo unas líneas de apertura que dependerán de cada tipo de animal. Los vertebrados y muchos invertebrados se abren por la parte ventral o lateral, algunos crustáceos por la parte dorsal, etc.

3.º Paso a paso se van levantando las capas de tejidos u órganos internos, separándolas para ir observando lo que hay debajo. Para ello se utilizan pinzas, tijeras y bisturí. Se suelen usar alfileres para sujetar los tejidos u órganos a los lados.

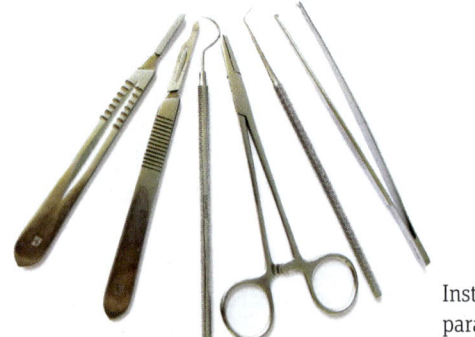

Instrumentos básicos para una disección.

Un ejemplo: DISECCIÓN DE UN PEZ ÓSEO

Se empieza cortando con tijeras y con cuidado desde la cloaca, tal como indica el dibujo. Luego, con unas pinzas y manejando un bisturí con la otra mano, se levanta la capa de piel y músculos para dejar al aire las vísceras.

Manejando con cuidado las pinzas y el bisturí se van separando los órganos y quitando los tejidos conjuntivos que los unen.

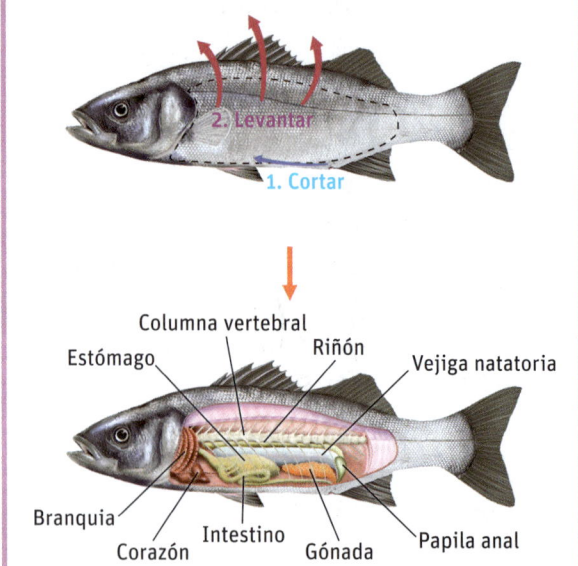

ACTIVIDADES

36. Argumenta los aspectos positivos de la práctica de la disección en el avance de la anatomía animal y humana y describe los inconvenientes éticos que le veas a dicha práctica. ¿En qué circunstancias crees que son o no justificables las disecciones?

37. Obtén información sobre diversas técnicas radiológicas alternativas a la disección y haz una pequeña ficha con cada una de ellas que incluya el nombre, su fundamento físico y su utilidad concreta.

38. En internet existen aplicaciones informáticas que simulan de un modo bastante realista las disecciones en el ámbito escolar. Puedes comprobarlo en: smSaviadigital.com PRACTICA

EXPERIENCIAS QUE CAMBIARON EL MUNDO

La anatomía comparada

Hoy nos asombra que los paleontólogos puedan decirnos tantas cosas sobre la anatomía de los neandertales a partir de sus restos fosilizados; o que a partir de unas huellas fósiles, se pueda conocer la forma de un dinosaurio, su altura y hasta la velocidad a la que marchaba. Las bases de todo ello se pusieron en el siglo XIX, el momento en que nació la anatomía comparada.

Owen, discípulo de Cuvier

Georges Cuvier (1769-1832) trabajó en el Museo de Historia Natural de París donde alcanzó una enorme fama como anatomista: fue conocido como el "mago del osario" por su habilidad para identificar y reconstruir los restos fósiles.

Fue el primero en comparar las estructuras de los fósiles con las de los organismos actuales. Estableció la "ley de la correlación", según la cual todas las estructuras del cuerpo de un animal son dependientes entre sí. Aplicando esta ley podemos deducir unas partes del cuerpo de un animal a partir de otras, algo muy útil en paleontología, donde los restos fósiles son incompletos.

Cuando el joven Darwin volvió a Inglaterra tras su viaje de seis años alrededor del mundo, trajo una impresionante colección de ejemplares, rocas y fósiles que debía ser estudiada y catalogada. Los fósiles de vertebrados fueron encargados a Richard Owen (1804-1892), un zoólogo y paleontólogo que estudió con Cuvier.

Richard Owen muestra los huesos de la pata de una moa, un ave gigante fósil de Nueva Zelanda.

Homología y analogía

Owen es un destacado y controvertido personaje de la historia de la ciencia. A él le debemos el vocablo "dinosaurio", que significa 'lagarto terrible', o varias de las primeras reconstrucciones de grandes vertebrados a partir de sus restos fósiles, así como algunas reglas fundamentales de la anatomía comparada.

Gracias a las experiencias y trabajos de Owen, hoy sabemos que una misma función puede ser desempeñada por órganos semejantes o diferentes en organismos distintos. Así, los pulmones, las branquias o las tráqueas de los insectos son estructuras distintas que realizan la misma función respiratoria.

También diferenció los órganos **análogos**, que presentan una semejanza solo funcional (por ejemplo, las alas de los insectos y las de las aves), de los órganos **homólogos**, con una semejanza anatómica (por ejemplo, las alas de las aves y las patas anteriores de los mamíferos).

Owen distinguió entre órganos análogos y órganos homólogos

Pero Owen también fue arrogante y envidioso. Antidarwinista recalcitrante, no supo o no quiso entender la grandeza de la teoría de Darwin y destinó sus esfuerzos a denostarle, a menudo de forma anónima o a través de terceros.

Paradójicamente, las aportaciones de Owen sobre la anatomía comparada y los conceptos de analogía y homología cobran un especial interés con las relaciones evolutivas que descubre Darwin: las branquias de los peces y los pulmones de los vertebrados terrestres son órganos análogos, ya que realizan la misma función respiratoria, pero no proceden de las mismas estructuras de sus antepasados.

La homología de los pulmones tiene más que ver con la vejiga natatoria de los peces, mientras que los arcos branquiales de los peces se relacionan evolutivamente con los huesecillos de nuestro oído interno, que serían, por tanto, sus estructuras homólogas.

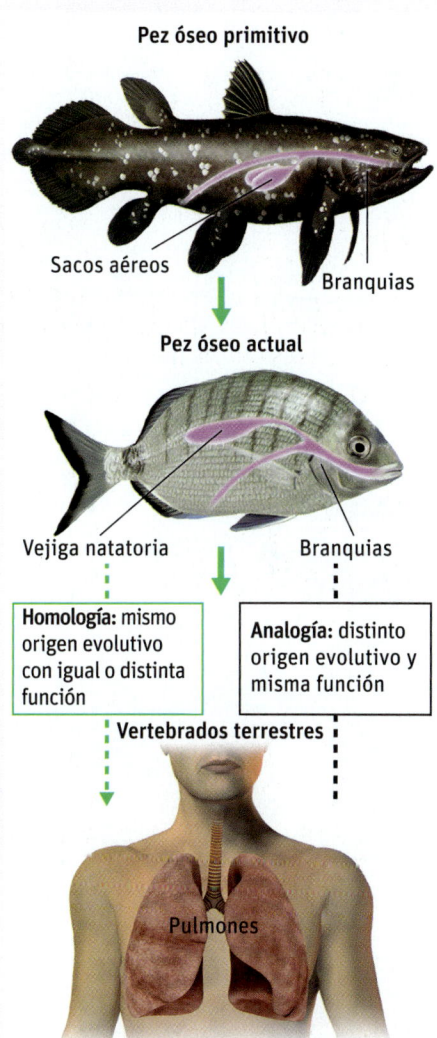

Origen y relaciones de homología y analogía de los pulmones de vertebrados.

ACTIVIDADES

39. Identifica relaciones de analogía u homología entre estos órganos: dientes de mamíferos y de tiburones, pulmones de anfibios y de mamíferos, branquias de peces y de crustáceos.

40. Investiga sobre la disección humana como procedimiento científico en la historia. Busca información sobre las aportaciones de Andrea Vesalio, Leonardo da Vinci y Miguel de Servet y escribe un breve texto con todo ello.

8

 **1** El medio interno y los sistemas circulatorios

 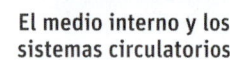 **2** Funcionamiento básico de un sistema circulatorio

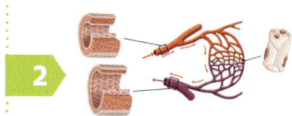 **3** Las funciones del sistema circulatorio

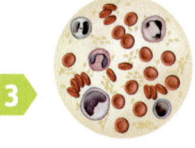 **4** Los tipos de sistemas circulatorios

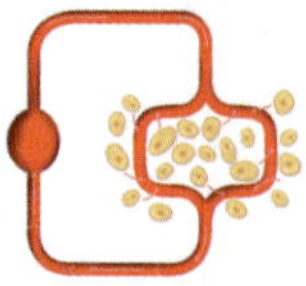

La nutrición en animales II: circulación y excreción

5 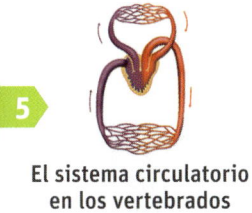	6 	7 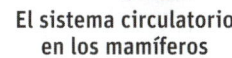	8 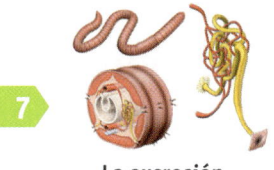 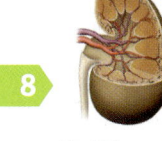	
El sistema circulatorio en los vertebrados	El sistema circulatorio en los mamíferos	La excreción animal	El riñón en los mamíferos	LA CIENCIA Y SUS MÉTODOS El análisis de la sangre

EN PORTADA

Los problemas fisiológicos de vivir en el mar

Los peces son un grupo muy heterogéneo de animales del que procedemos el resto de los vertebrados. Sus antecesores surgieron en el mar, un medio con una alta concentración en sales, lo que provoca en sus habitantes una pérdida constante de agua debido a la ósmosis. ¿Cómo resuelven los peces este problema?

¿Has comido alguna vez carne de tiburón o de raya? En ocasiones, al abrirlos, emiten un fuerte olor a amoniaco que procede de la transformación de la urea. ¿Por qué ocurre esto?

Los condrictios o peces cartilaginosos (los tiburones y las rayas actuales) son un grupo marino que ha resuelto el problema osmótico acumulando urea en su medio interno y elevando su concentración hasta hacerla similar (isotónica) a la marina. Para ello, han tenido que salvar alguna dificultad, ya que la urea es una sustancia tóxica.

El otro gran grupo de peces actuales, los osteictios o peces óseos, viven en medios dulces y marinos, pero sabemos que, evolutivamente, todos proceden de especies adaptadas al agua dulce. Por este motivo, su medio interno es hipotónico con respecto al agua del mar.

Este hecho no supone problema alguno para los peces de agua dulce, pero sí para los marinos, que pierden agua por las branquias y a través de cualquier superficie permeable. Para no morir de sed en el mar, estos peces beben agua marina y expulsan por las branquias las sales obtenidas, lo que conlleva un gasto energético. Además, poseen riñones –como todos los vertebrados– y concentran su orina.

Figura 8.1. Pez luna, el mayor pez óseo del océano. Los peces óseos marinos proceden de ancestros adaptados al agua dulce.

1. Hay pocas especies de peces capaces de vivir en medios marinos y continentales. Entre ellos figuran algunos tiburones, que suben los grandes ríos, y algunas especies óseas, como los salmones y las anguilas. ¿Por qué hay tan pocas especies capaces de adaptarse a estos dos hábitats acuáticos?

2. ¿Cuántas adaptaciones en sentidos opuestos han debido experimentar los peces óseos marinos en sus medios internos y sistemas excretores a lo largo de su evolución? ¿Y las ballenas?

3. Las ballenas no son peces, sino mamíferos, y como tales respiran por pulmones. Investiga: ¿cómo regulan estos animales marinos la concentración salina de su medio interno?

4. Los peces óseos marinos de la fotografía de la página anterior están expuestos a una pérdida constante de agua. ¿Por qué? ¿Cómo resuelven ese inconveniente?

Figura 8.2. Ballena jorobada.

1 El medio interno y los sistemas circulatorios

Claude Bernard y el medio interno

Claude Bernard fue un biólogo y médico francés que vivió entre 1813 y 1878. Sus trabajos fueron especialmente fecundos en el campo de la fisiología. A él le debemos el término "medio interno" con el que definió el líquido extracelular en el que viven inmersas las células del organismo. Bernard se dio cuenta de que las características físico-químicas principales de ese medio (la temperatura, el pH, la densidad o la concentración salina) debían mantenerse constantes. Esa idea de constancia es lo que hoy conocemos como homeostasis.

Una lección de Claude Bernard, de León Lhermitte.

Salvo las células animales que están en contacto directo con el exterior del cuerpo, el resto solo mantienen contacto con otras células adyacentes o con un fluido compuesto por agua y sales minerales, con el que se comunican e intercambian sustancias: es el **medio interno**. Las células toman de este medio interno las sustancias nutritivas y el oxígeno que necesitan para su respiración celular y expulsan a él los desechos. Del medio interno depende el equilibrio acuoso de las células, que obtienen o pierden agua según sea la relación entre las concentraciones del citoplasma y del medio extracelular.

Esto es suficiente para algunos animales marinos de estructura sencilla y tamaño reducido, como las esponjas y los cnidarios, formados por unos pocos tipos de células. Algunas de ellas obtienen su alimento directamente del exterior o bien de la cavidad gastrovascular: lo capturan, lo digieren intracelularmente y transfieren los nutrientes a otras células, bien de forma directa o a través del medio interno.

Los primeros invertebrados terrestres también presentan este sencillo esquema: pocos tipos celulares y un medio interno que resuelve sus problemas de intercomunicación.

Según se hacían más complejos, los organismos fueron necesitando un sistema especializado de transporte de nutrientes, gases y residuos. Un sistema fluido que, al moverse, trasladara todo lo necesario de unas partes del cuerpo a otras. De este modo, la mayoría de los animales desarrollaron **sistemas circulatorios**.

ARGUMENTAR

5. Homeostasis y regulación

Los organismos más complejos presentan mecanismos para mantener constantes las características del medio interno. Es la homeostasis. La mayor parte de estos procesos reguladores son mecanismos de realimentación negativa, en los que la respuesta se dirige a contrarrestar el sentido del cambio percibido.

Un ejemplo es el mantenimiento de la temperatura corporal: si las condiciones ambientales alteran la temperatura óptima del cuerpo, se ponen en marcha unos mecanismos fisiológicos para recuperar y estabilizar los valores adecuados. Así, en los mamíferos, si la temperatura interior desciende, el organismo comienza a tiritar o a contraer los músculos para generar calor, y si la temperatura interior aumenta, el organismo produce sudor que, al evaporarse, absorbe calor del cuerpo y lo refresca.

a) Explica el funcionamiento de un mecanismo de control por realimentación negativa de la homeostasis interna referido al balance de agua del organismo. Ten en cuenta el mecanismo de formación de la orina en el riñón y la sensación de sed.

b) Haz lo mismo con el oxígeno de la sangre en relación con la frecuencia de la respiración o el ritmo de los latidos del corazón.

ACTIVIDADES

6. ¿Qué tres sistemas del cuerpo participan fundamentalmente en el mantenimiento de la homeostasis? Establece una relación entre ellos.

2. Funcionamiento básico de un sistema circulatorio

En los organismos pequeños y sencillos el transporte de sustancias se lleva a cabo por simple **difusión** o mezcla de las sustancias con el fluido que hay entre las células; sin embargo, eso no es suficiente cuando el organismo presenta cierto tamaño o mayor complejidad. Para mejorar el transporte aparecen los sistemas circulatorios.

En la mayor parte de los animales, además del circulatorio, aparecen otros sistemas que se comunican con el exterior: el sistema digestivo, el respiratorio y el excretor. El circulatorio se encarga del intercambio entre las células y esos otros sistemas. Así, el líquido circulatorio transporta sustancias entre ellos y las células.

Para que un sistema circulatorio funcione, son necesarios los siguientes elementos: un **fluido**, una **red de conductos** o **vasos** y una o varias **bombas propulsoras** (corazones o vasos contráctiles).

Para que desempeñe correctamente su función es necesario que la corriente circule en un solo sentido, lo que se logra gracias a la contracción de la bomba propulsora y a la existencia de **válvulas** que permiten el paso del fluido solo en ese sentido.

2.1. El líquido circulatorio

Se trata de un fluido en el que van disueltos o en suspensión tanto los nutrientes como los productos de excreción, ya sean gases, líquidos o sólidos. Aunque está constituido por agua con sales minerales, su composición depende de cada grupo animal y puede contener células, **pigmentos respiratorios** para transportar gases, etc.

Este líquido recibe diferentes nombres según sus características. Los principales son los siguientes (Fig. 8.3):

- **Hidrolinfa.** Se encuentra en algunos animales marinos, como las estrellas y los erizos de mar. Su composición es muy similar a la del agua marina, pero puede contener células transportadoras o fagocíticas.

- **Hemolinfa.** Es el fluido circulatorio de moluscos y artrópodos, parecido a la sangre de los vertebrados. Contiene células y puede presentar pigmentos respiratorios.

- **Sangre.** Es el fluido circulatorio presente en anélidos y vertebrados. Está formado por un líquido llamado plasma y contiene varios tipos de células y pigmentos respiratorios y circula por el sistema circulatorio.

- **Linfa.** Es un líquido circulatorio exclusivo de los vertebrados, encargado del transporte de lípidos. Deriva de la sangre –aunque no contiene glóbulos rojos– y circula por el sistema linfático, comunicado con el sanguíneo.

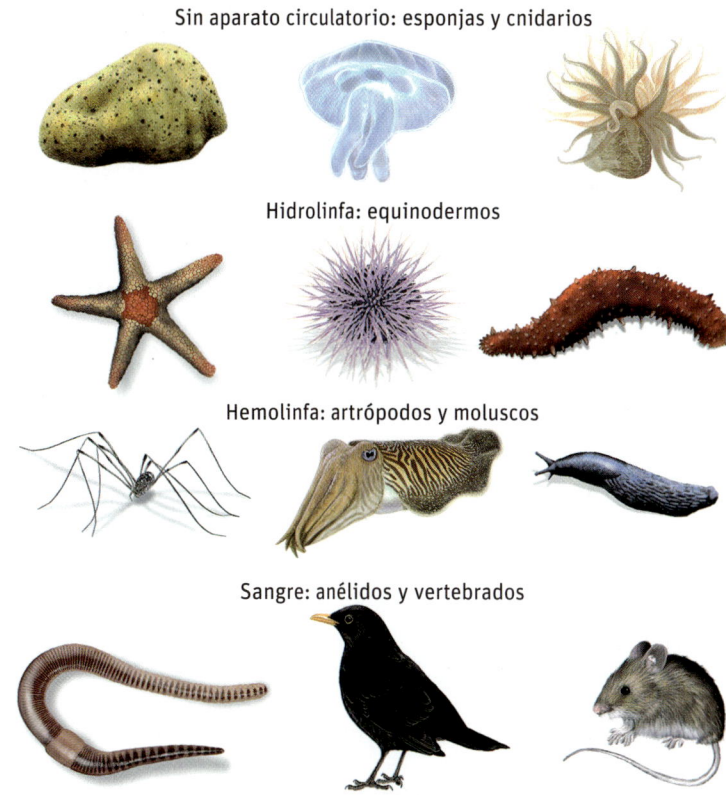

Figura 8.3. Líquidos circulatorios en los animales.

Los pigmentos respiratorios son proteínas unidas a un átomo metálico (Fe o Cu). Los más abundantes son las **hemoglobinas**, que contienen Fe, en vertebrados y muchos anélidos y las **hemocianinas**, que contienen Cu, en muchos moluscos y artrópodos.

ACTIVIDADES

7. La salinidad del medio interno y del líquido circulatorio de los animales acuáticos depende del agua en el que viven. Por ello, son incapaces de regular su homeostasis salina y se los conoce como "conformistas". Las estrellas de mar pertenecen a este tipo de animales. Si sumergimos una estrella de mar en el agua de un río, durante un largo tiempo, ¿qué le sucederá a su hidrolinfa? ¿Y a sus células?

8. ¿Por qué crees que la hemolinfa de los insectos carece de pigmentos respiratorios?

2.2. El sistema de conductos o vasos

Se trata de los conductos por los que viaja el líquido circulatorio. En muchos animales la red de vasos se extiende solo por una parte del cuerpo (**sistemas abiertos**); en otros, canalizan el fluido por todo el cuerpo (**sistemas cerrados**).

Los vasos reciben distinto nombre según la dirección del líquido: **arterias** son los que se dirigen desde el corazón hacia otros órganos; **venas** son los que van de retorno al corazón, y **capilares**, que son conductos muy finos a través de los cuales el fluido sale hacia el espacio intercelular o a las mismas células (Fig. 8.4).

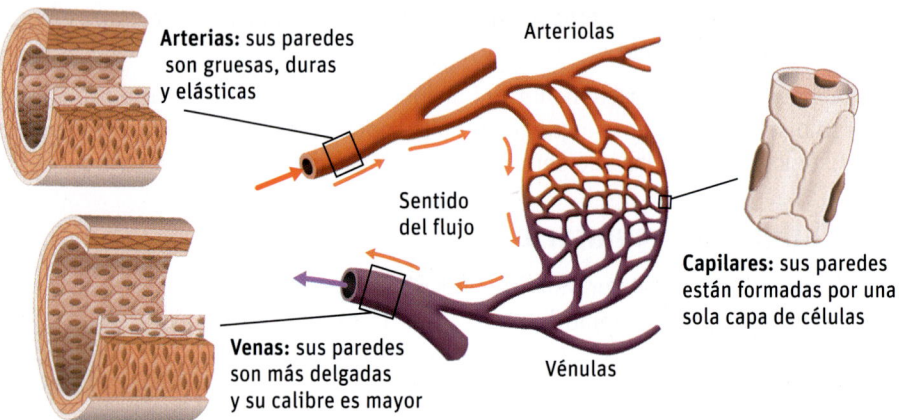

Figura 8.4. Tipos de vasos sanguíneos.

2.3. Bombas propulsoras, contráctiles o corazones

El elemento propulsor del circulatorio puede presentar diferentes formas:

- **Vasos contráctiles.** Son vasos con propiedades de contracción. Se presentan en anélidos.

- **Corazón tubular.** Constituido por una sola cámara contráctil en forma de tubo. Es característico de los artrópodos.

- **Corazón tabicado.** Está dividido en cámaras separadas. Las cámaras que reciben la sangre se denominan **aurículas** y aquellas desde las que sale, **ventrículos**. Es propio de los vertebrados, pero existe también en moluscos.

Los elementos propulsores presentan válvulas para dirigir el sentido del líquido.

UTILIZAR UN MODELO

9. Construimos sistemas circulatorios

Conseguid perillas pulsátiles con válvula, un rollo de tubo flexible y piezas para hacer bifurcaciones. Construid modelos de sistemas circulatorios cerrados, introducid agua en la red de tubos y pulsad la perilla.

a) Si los tubos del circuito A se abrieran a espacios de los que partieran nuevos tubos de retorno hacia la perilla, ¿mejoraría el funcionamiento del sistema? ¿Qué tipo de sistema circulatorio sería?

b) ¿Qué ventajas supone el circuito B? Cita algún organismo donde exista algo parecido. ¿Están las dos "perillas" separadas o forman parte de un mismo órgano común?

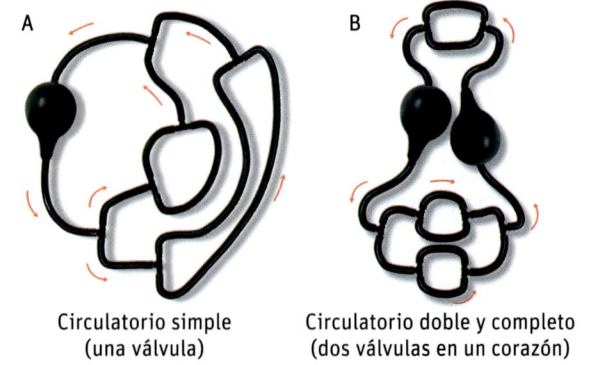

ACTIVIDADES

10. ¿Puede un sistema circulatorio carecer de corazones o mecanismos de contracción? Justifica tu respuesta.

3 Las funciones del sistema circulatorio

Trampas con la sangre

El ciclista estadounidense Lance Armstrong ganó siete Tours de Francia entre 1999 y 2005. Sin embargo, en 2012 se demostró que durante aquellos años se había dopado sistemáticamente y fue desposeído de sus triunfos. Más tarde, reconoció haberse realizado transfusiones de sangre e inyectado hormonas, entre ellas testosterona y eritropoyetina (EPO), para mejorar su rendimiento.

Las transfusiones de sangre y la EPO provocan un aumento de la cantidad de glóbulos rojos y hemoglobina. Las transfusiones como técnica de dopaje suelen hacerse utilizando la propia sangre del deportista: una vez extraída y almacenada se inyecta antes de las pruebas. Las mejoras de las marcas deportivas se alcanzan pocos días después de las transfusiones, aunque el efecto desaparece al poco tiempo.

¿Ganaba Armstrong los Tours de Francia?

En los vertebrados más complejos los sistemas circulatorios pueden cumplir las siguientes funciones:

- **Transporte de nutrientes líquidos o sólidos** procedentes del sistema digestivo. En los vertebrados existe un sistema de transporte general, la sangre, y un sistema de transporte de grasas, el **sistema linfático**.

- **Transporte de gases.** Lleva el oxígeno del sistema respiratorio a las células y el dióxido de carbono de las células al respiratorio. Los gases suelen ir disueltos en el líquido circulatorio, pero algunos sistemas mejoran esta función mediante pigmentos respiratorios que se combinan con los gases y que pueden ir dentro de células. Este es el caso de la hemoglobina de los glóbulos rojos.

- **Transporte de sustancias de desecho** procedentes de las células y que son filtradas en los sistemas excretores que las expulsan al exterior.

- **Control de la homeostasis interna.** Las células necesitan unas condiciones estables de temperatura, concentración de sustancias o salinidad. Esa homeostasis se logra mediante mecanismos de control en los que el sistema circulatorio tiene un papel destacado.

- **Distribución de mensajes químicos u hormonas**, que participan en el control de las funciones del organismo.

- **Transporte y comunicación del sistema inmunitario.** Los elementos defensores del organismo son células (linfocitos) y moléculas (anticuerpos) que viajan por el interior del cuerpo a través del sistema circulatorio.

- **Cicatrización y cierre de heridas.** Los sistemas circulatorios complejos presentan mecanismos de taponamiento de las heridas, en los que intervienen la **vasoconstricción**, o estrechamiento de los vasos, y la **coagulación**, o solidificación de la sangre por formación de una red de proteínas fibrilares que atrapan plaquetas, proteínas y células.

> **En la Web**
> Observa el funcionamiento del sistema circulatorio de un pez.
> www.e-sm.net/svbg1bach08_01

> **RELACIONAR**
>
> **11. Células sanguíneas**
> Relaciona las funciones generales de los sistemas circulatorios complejos con cada uno de componentes de la sangre representados en el dibujo. Justifica cada una de las respuestas.
>
>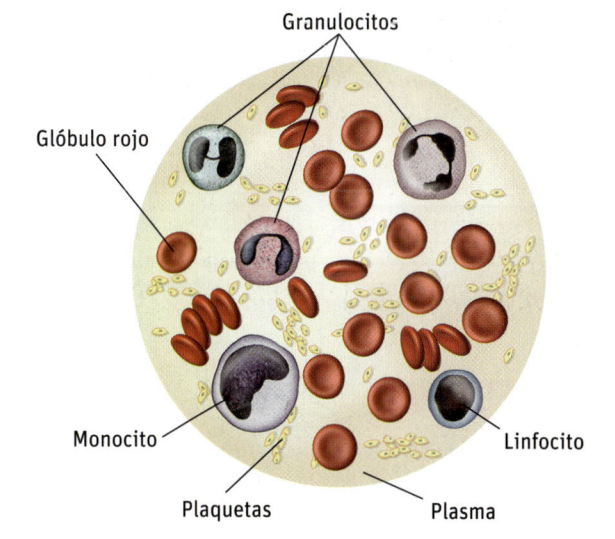

ACTIVIDADES

12. ¿De qué forma la testosterona y la EPO pueden aumentar el rendimiento deportivo? ¿Por qué crees que el ciclismo es uno de los deportes en los que este tipo de dopaje es más frecuente?

13. Investiga: ¿cómo se puede detectar este tipo de dopaje? ¿Qué pruebas son las indicadas para ello?

14. ¿Qué puede ocurrir cuando los microorganismos patógenos consiguen llegar a los vasos sanguíneos?

4. Los tipos de sistemas circulatorios

Los animales marinos más sencillos y los primeros invertebrados terrestres carecen de circulatorio y respiratorio. Sus células obtienen el alimento y los gases del exterior y los intercambian directamente entre ellas o a través de los fluidos intercelulares. Estos mecanismos presentan unas limitaciones que les obligan a la inmovilidad o a movimientos lentos, a dimensiones reducidas y a un metabolismo poco activo.

La aparición de sistemas circulatorios estuvo asociada al surgimiento de la respiración branquial, en los animales acuáticos, y traqueal o pulmonar, en los terrestres.

En los animales se consideran dos tipos de sistemas circulatorios: abiertos y cerrados.

4.1. Sistemas abiertos

El líquido sale en algunas zonas del cuerpo desde los vasos a las cavidades internas. Impulsado por el corazón, viaja en un sentido, con lo que aumenta su eficacia aunque su flujo es lento (Fig. 8.5). Lo presentan la mayoría de los artrópodos y moluscos.

En los artrópodos el sistema está en posición dorsal e impulsa la hemolinfa hacia delante. Los insectos, al presentar respiración traqueal, no necesitan pigmentos respiratorios, y su circulatorio solo transporta nutrientes y sustancias de desecho.

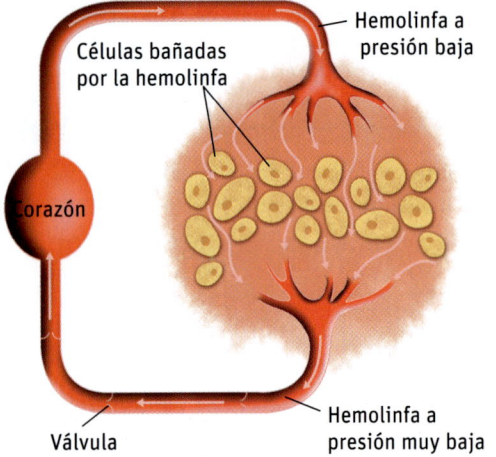

Figura 8.5. Esquema de circulación abierta.

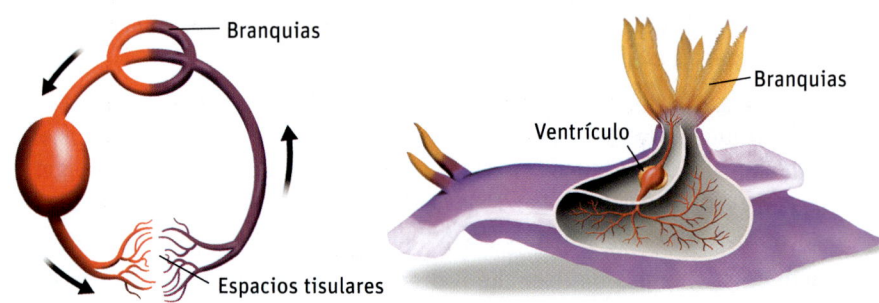

Figura 8.6. Sistema circulatorio abierto de un molusco no cefalópodo.

Salvo bivalvos y cefalópodos, cuyos sistemas son casi cerrados, el resto de moluscos presenta circulatorios abiertos. En los acuáticos, como caracolas marinas, mejillones y calamares, los vasos conducen la hemolinfa hasta las branquias, ya que su circulatorio sí transporta gases. Algo parecido sucede en los terrestres, como caracoles y babosas, aunque, en estos casos, son los pulmones los que se irrigan.

4.2. Sistemas cerrados

El líquido circulante se mueve dentro de un circuito cerrado de vasos (Fig. 8.7). Está presente en anélidos, algunos moluscos y vertebrados.

En la mayoría de los anélidos existen dos grandes vasos, uno dorsal y otro ventral, comunicados por asas laterales contráctiles que funcionan como corazones. La sangre discurre hacia delante por el vaso dorsal y en sentido inverso por el ventral.

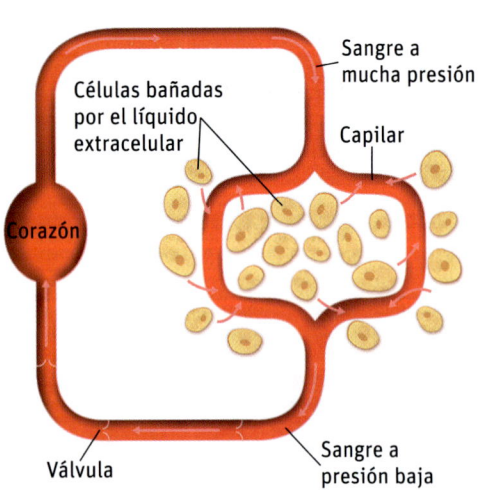

Figura 8.7. Esquema de circulación cerrada.

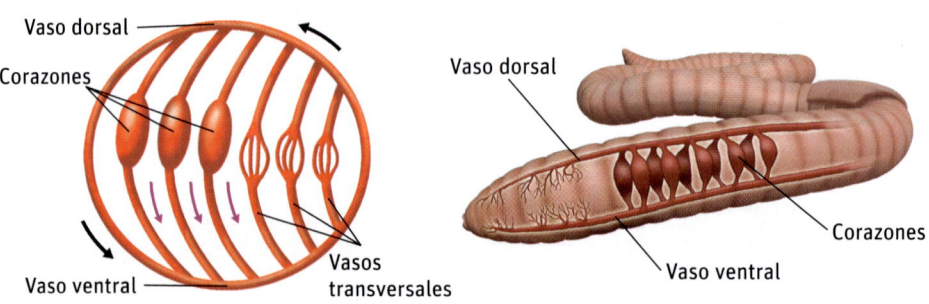

Figura 8.8. Sistema circulatorio cerrado de una lombriz de tierra.

En los vertebrados, los sistemas circulatorios se hacen más complejos y eficaces, lo que les permite un metabolismo mucho más activo y tamaños corporales mayores.

ACTIVIDADES

15. ¿En qué tipo de sistema circulatorio la sangre circula con una presión más alta? Justifica tu respuesta.

5. El sistema circulatorio en los vertebrados

Los vertebrados presentan dos sistemas circulatorios comunicados entre sí:

- **Sistema sanguíneo.** Es el sistema principal. Contiene la **sangre**, que se mueve impulsada por un corazón tabicado. Aunque se considera cerrado, parte de los componentes de la sangre (no los glóbulos rojos) pueden salir de los vasos al espacio intercelular. Con ello se controlan los líquidos intercelulares, su concentración molecular y la homeostasis interna.

- **Sistema linfático.** Es un sistema subsidiario. Conduce la linfa de retorno al corazón. La linfa se forma a partir del plasma y los glóbulos blancos de la sangre que se extravasan en los capilares sanguíneos; circula por los vasos linfáticos y recoge la mayor parte de los lípidos absorbidos en el intestino. Este sistema está conectado con los ganglios y órganos linfáticos y tiene un importante papel inmunitario. El sistema linfático desemboca en las venas de retorno al corazón.

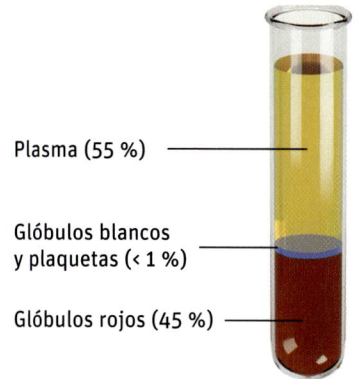

Figura 8.9. Composición de la sangre en vertebrados.

5.1. Tipos de circulación

En los vertebrados, este sistema se ha ido complicando evolutivamente. Como sus principales funciones son transportar gases, por un lado, y nutrientes y desechos, por otro, se diferencian dos tipos de circulación, según cómo realizan esa doble tarea:

- **Circulación sencilla.** Solo hay un circuito, aunque está ramificado, de forma que cada bombeo del corazón impulsa la sangre tanto hacia el sistema respiratorio como hacia el resto de los órganos y sistemas.

- **Circulación doble.** Hay dos tipos de circuitos. Uno va desde el corazón al sistema respiratorio y otro se dirige hacia los demás órganos y sistemas del cuerpo. Estos dos circuitos pueden presentar una separación completa o incompleta en el corazón. En la circulación **doble incompleta** la sangre de ambos circuitos se mezcla en el corazón, ya que el ventrículo no está tabicado –o lo está de forma incompleta–, mientras que en la circulación **doble completa**, la sangre de los dos circuitos no se mezcla en el corazón, pues las dos cámaras anteriores o aurículas y las dos posteriores o ventrículos están tabicadas.

> **INTERPRETAR UN DIBUJO**
>
> **16. Circulación en vertebrados**
> Estos esquemas representan los tipos de circulatorio en vertebrados:
>
>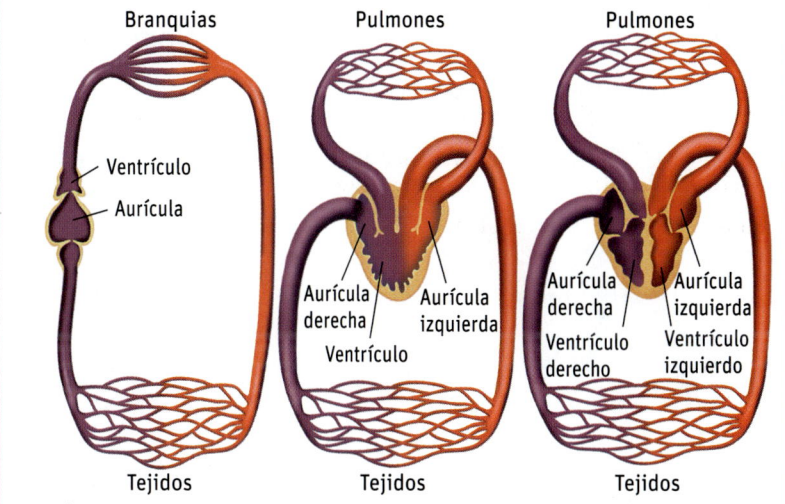
>
> a) Indica la dirección y sentido del flujo de la sangre en cada uno.
> b) Señala las ventajas e inconvenientes de cada tipo de circulación.

5.2. El sistema circulatorio en los peces

Los peces presentan un **sistema circulatorio sencillo**. Su corazón es lineal y bicameral, con una sola aurícula y un único ventrículo. La sangre se dirige desde el corazón hacia las branquias para oxigenarse y luego continúa al resto del cuerpo (Fig. 8.10). Es un sistema menos eficaz que el de los vertebrados terrestres, de circulación doble.

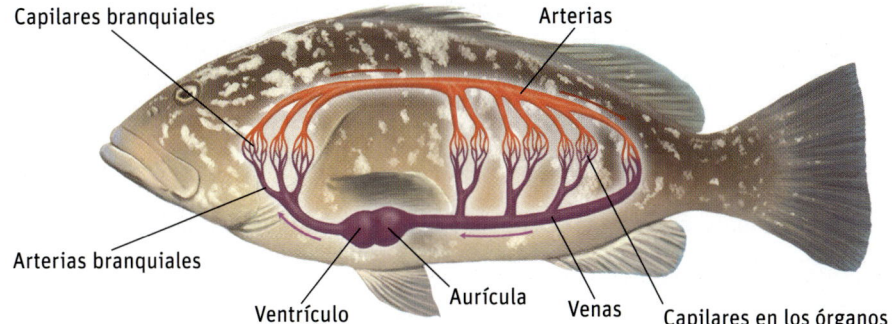

Figura 8.10. Sistema circulatorio sencillo en peces.

> **ACTIVIDADES**
>
> **17.** ¿Cuál es la principal diferencia celular entre la sangre y la linfa?
>
> **18.** De acuerdo con esa diferencia, ¿qué función sanguínea no cumplirá la linfa en ningún caso?

5.3. Anfibios y reptiles no cocodrilianos

Los anfibios son el primer grupo de vertebrados terrestres, derivado de los peces. En ellos, la circulación es **doble**, con un **circuito pulmonar** o **menor** y otro **general** o **mayor** (Fig. 8.11).

El corazón presenta una tabicación interna con dos aurículas y un ventrículo de paredes musculosas. Es, por tanto, un corazón tricameral.

Debido a la ausencia de tabicación completa del ventrículo, la sangre de ambos circuitos puede mezclarse en el corazón, por lo que se trata de una **circulación doble incompleta**. Para evitar que haya mucha mezcla, las aurículas se contraen de forma sucesiva.

Es un sistema presente también en los reptiles (excepto en los cocodrilos), grupo de vertebrados derivado de los anfibios.

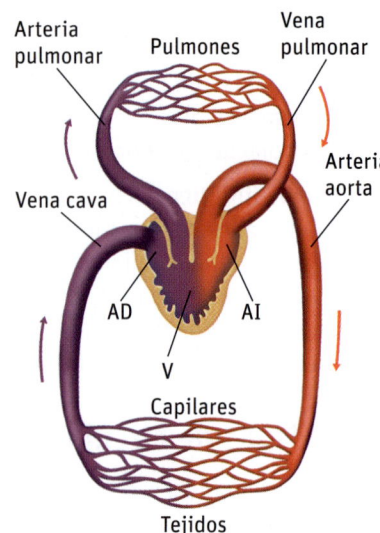

Figura 8.11. Circulación doble incompleta de anfibios.

5.4. Cocodrilos, aves y mamíferos

Presentan una **circulación doble completa**, con un circuito menor pulmonar y otro general. Su corazón está completamente tabicado, con cuatro cámaras: dos aurículas y dos ventrículos. Cada aurícula se comunica solo con el ventrículo de su lado, por lo que existen válvulas entre ellos para impedir el retorno de la sangre. Funciona como si hubiera dos corazones, uno para cada circuito (Fig. 8.12).

Los cocodrilos son el grupo de reptiles actuales más relacionado con los dinosaurios y las aves. Aunque no se conoce bien cómo era el corazón de los dinosaurios, el grupo del que proceden las aves, se especula que también era tetracameral.

Figura 8.12. Circulación doble completa de cocodrilos, aves y mamíferos.

RELACIONAR

19. El corazón de los dinosaurios

En el año 2000, varios paleontólogos encontraron en el resto fósil de un dinosaurio del género *Thescelosaurus* una estructura con cuatro cámaras que interpretaron como un corazón con dos aurículas y dos ventrículos, lo que supuso una novedad en los estudios sobre estos animales.

En 2011, un nuevo trabajo sobre los mismos restos, con otras técnicas más avanzadas, puso en duda que dicha estructura fuese el corazón. La cuestión, pues, no está clara.

a) Si la primera interpretación fuera correcta, ¿a qué tipo de corazón de vertebrados actuales se asemejaría el de *Thescelosaurus*?

b) Ya que los dinosaurios son el grupo del que surgen las aves, escribe un texto sobre la relación evolutiva entre los reptiles actuales, aves, mamíferos y dinosaurios.

ACTIVIDADES

20. Consideremos un glóbulo rojo de la sangre de un mamífero que viaja por una arteria. ¿Irá o no su hemoglobina cargada de oxígeno? Justifica tu respuesta.

21. Un glóbulo rojo de la sangre de un ave acaba de regresar al corazón desde una vena que viene de una extremidad. ¿A dónde se dirigirá una vez que salga del corazón?

En la Web

Observa distintos sistemas circulatorios y corazones en diferentes grupos animales.

www.e-sm.net/svbg1bach08_02

6 El sistema circulatorio en los mamíferos

El corazón es el órgano propulsor de la sangre. Su funcionamiento exige la coordinación de su sistema de contracción y un ritmo constante. Sin embargo, el impulso del corazón con sus contracciones no es suficiente para que la sangre llegue a todos los órganos y retorne de nuevo, sobre todo en el caso de la circulación mayor. Los vasos sanguíneos contribuyen también al movimiento del flujo de la sangre.

6.1. El corazón

El corazón de los mamíferos consta de dos aurículas de paredes finas y dos ventrículos, más musculosos. Cada aurícula se comunica con el ventrículo de su lado a través de una abertura regulada por una **válvula auriculoventricular**: la **mitral** y la **tricúspide**. A la salida de los ventrículos están las **válvulas sigmoideas**: la **aórtica** y la **pulmonar**. El sistema de válvulas impide el retorno de la sangre (Fig. 8.13).

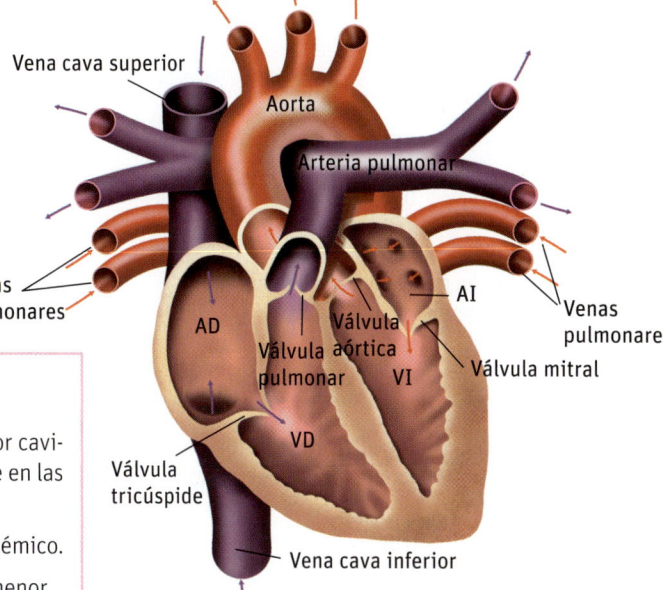

Figura 8.13. Corte transversal del corazón de los mamíferos.

INTERPRETAR UN DIBUJO

22. La importancia de las válvulas

Observa el dibujo del corazón y describe secuencialmente el paso de la sangre por cavidades y válvulas a través de este órgano y su salida por la arteria correspondiente en las dos situaciones posibles:

a) Cuando la sangre entra en el corazón por las venas cavas, desde el circuito sistémico.

b) Cuando la sangre entra en el corazón por la vena pulmonar, desde el circuito menor.

▶ El latido cardiaco

Se denomina **sístole** a la contracción muscular de las paredes del corazón y **diástole** a su relajación. Aunque el impulso fundamental es el del ventrículo, existen sístoles (y diástoles) auricular y ventricular. Para que el mecanismo del latido funcione es necesario que las sístoles auriculares y las diástoles ventriculares coincidan.

PROPAGACIÓN DEL LATIDO CARDIACO

1. En la pared muscular de la aurícula derecha existe una zona denominada **nódulo senoauricular** que genera los impulsos eléctricos rítmicos causantes de la contracción del músculo cardiaco. Se trata de un auténtico "marcapasos" y es una característica exclusiva de este tipo de músculo.

2. El impulso se propaga a ambas aurículas, que se contraen simultáneamente, y llega al **nódulo auriculoventricular**, donde la transmisión se retiene 0,1 segundos.

3. Al instante, el impulso avanza muy rápido por unas fibras musculares especializadas, o **fascículo de Hiss**, y alcanza la parte distal de los ventrículos, desde donde se reparte al conjunto de los músculos que los tapizan, consiguiendo una sístole ventricular simultánea y distanciada de la auricular.

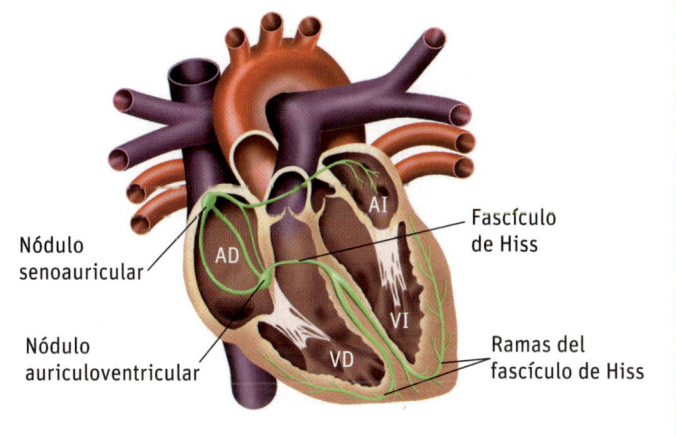

ACTIVIDADES

23. ¿Qué ocurriría si no se produjese el retraso en el impulso eléctrico que determina la contracción cardiaca a la altura del nódulo auriculoventricular?

24. Busca información sobre estas dolencias cardiacas y explica en qué consisten: infarto de miocardio, arritmia, insuficiencia cardiaca y paro cardiaco.

• En la Web

Observa el recorrido de la sangre en el interior de un corazón y el funcionamiento de las válvulas.

www.e-sm.net/svbg1bach08_03
www.e-sm.net/svbg1bach08_04

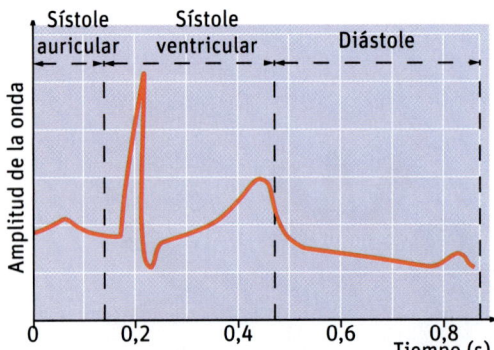

Figura 8.14. El electrocardiograma es la representación gráfica de la actividad eléctrica del corazón.

En la Web

Observa cómo se dibuja el electrocardiograma en relación con el funcionamiento del latido cardiaco.

www.e-sm.net/svbg1bach08_05
www.e-sm.net/svbg1bach08_06

Observa la complejidad y coordinación del ciclo cardiaco.

www.e-sm.net/svbg1bach08_07

▶ Regulación y frecuencia cardiaca (pulsaciones)

El funcionamiento rítmico del nódulo senoauricular determina la frecuencia cardiaca, es decir, el número de latidos por minuto. Su valor es bastante variable, dependiendo de la edad, el sexo y, sobre todo, de la actividad. En condiciones normales, con una frecuencia cardiaca en reposo, el corazón humano bombea unos 4-6 litros de sangre por minuto; sin embargo, en condiciones de ejercicio intenso puede aumentar hasta seis veces.

La frecuencia cardiaca está también bajo control del sistema nervioso autónomo o no voluntario. Eso quiere decir que determinados estímulos pueden acelerar o reducir el ritmo cardiaco actuando sobre el nódulo senoauricular. Esos estímulos pueden ser internos, como la presión sanguínea, la temperatura, el pH o el CO_2 de la sangre; y externos, como el estrés, la ansiedad o los estados de alerta o miedo.

La alteración de la frecuencia cardiaca se conoce como **arritmia**; cuando hay un aumento de la frecuencia se habla de **taquicardia**, y si se trata de una reducción, de **bradicardia**.

6.2. La presión sanguínea

La sangre, como cualquier fluido, ejerce una presión sobre las paredes del conducto que lo contiene. Debido a las contracciones de los ventrículos, la sangre sale impulsada a las arterias en forma de onda que aumenta la presión sobre las paredes elásticas de los vasos. Así, en una arteria se pasa de un momento de máxima presión –cuando llega la onda de flujo debida al impulso cardiaco– a un período de mínima presión, en el momento entre dos ondas. Son la **tensión máxima** y **mínima**.

Para conseguir que la sangre llegue a los capilares son suficientes el impulso de la contracción ventricular y el carácter elástico de las paredes arteriales. Sin embargo, en los capilares la presión es ya muy débil y el impulso cardiaco apenas tiene efecto. ¿Qué impulsa a la sangre a retornar al corazón por las venas, a veces en contra de la gravedad, como desde nuestros pies o desde las patas de las jirafas?

Para facilitar el retorno de la sangre, las venas se localizan entre los músculos de las piernas, de modo que la contracción muscular ejerce una compresión constante sobre estos vasos. Además, en las venas existe un sistema de pequeñas válvulas, que impiden el retroceso de la sangre.

INTERPRETAR UNA GRÁFICA

25. La presión de la sangre en los vasos

La presión que ejerce la sangre en los diferentes vasos varía considerablemente.

El gráfico muestra algunos valores de la presión sanguínea. Puede observarse que la fluctuación entre las máximas y las mínimas se produce solo en algunas partes del sistema circulatorio y, además, de forma diferente.

a) Explica las fluctuaciones en unas partes del sistema de vasos y su ausencia en otras.

b) ¿Qué zonas son las mejores para tomar el pulso?

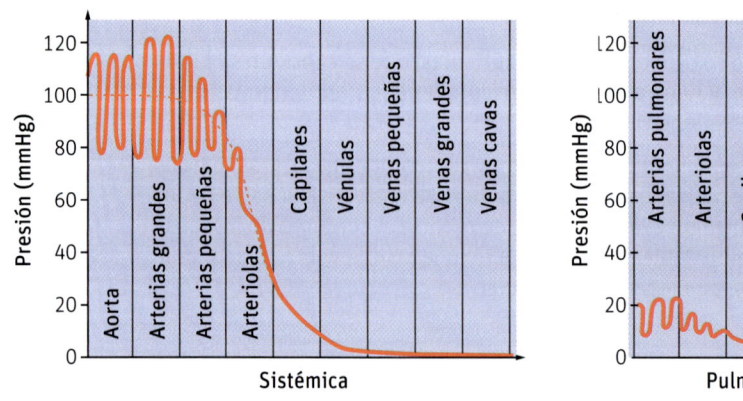

ACTIVIDADES

26. ¿Por qué crees que no es conveniente permanecer de pie sin moverse durante mucho tiempo, mientras que es beneficioso caminar o hacer ejercicio?

6.3. La circulación y la salud

La frecuencia y la tensión muestran valores bastante variables en función del sexo, la edad, la actividad o el estado de alerta del organismo. Además están relacionadas con la salud y la forma física general. Por ello, estos dos parámetros son habitualmente medidos en los análisis médicos y deportivos.

LA CIENCIA Y SUS MÉTODOS

Análisis de pruebas médicas (frecuencia cardiaca y tensión)

La frecuencia cardiaca

Se puede medir con un **fonendoscopio**, escuchando los latidos del corazón o tomando el pulso. Los valores normales están entre 60 y 100 latidos por minuto, pero la práctica habitual de ejercicio físico suele reducirlos. Para tomar el pulso se debe proceder del siguiente modo:

1º. Se elige una arteria que pueda presionarse sobre cartílago o hueso. Suele hacerse sobre la parte interior de la muñeca o bajo el pulgar. También se puede medir en el cuello, sobre la arteria carótida, aunque ahí debe presionarse muy ligeramente para evitar cortar el riego a la cabeza o que se reduzca el latido.

2º. Se utilizan los dedos índice y corazón para sentir el pulso. Para medir la pulsación de otra persona se desaconseja utilizar el pulgar, ya que se puede confundir con la pulsación propia, que se percibe bastante en ese dedo.

3º. Se cuentan los impulsos en un minuto (o medio minuto y se multiplica el valor por dos).

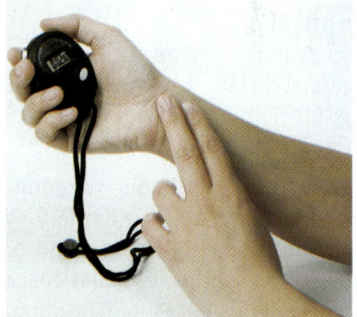

Las pulsaciones tomadas inmediatamente tras un ejercicio físico muy intenso dan una idea de la frecuencia cardiaca **máxima**, que suele ser de 226 menos la edad, en el caso de las mujeres, y de 220 menos la edad, en el caso de los hombres. Si se espera un minuto y se vuelven a tomar, habrán bajado bastante: esta diferencia es el **índice de recuperación cardiaca** y suele estar entre 30 y 50 pulsaciones.

La tensión

La tensión se mide en mmHg con un **tensiómetro** automático. Este aparato dispone de un brazalete que se ajusta a la muñeca y, al pulsar un botón, se infla oprimiendo las arterias. Luego se desinfla lentamente. El tensiómetro toma los valores de presión máxima y mínima. La medición es similar a la que realizan los médicos con el **esfigmomanómetro**. En ambos casos el procedimiento supone una secuencia de pasos:

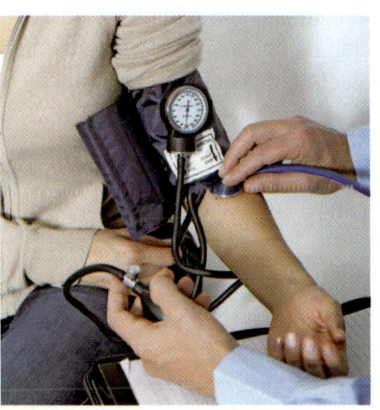

1º. Se aumenta la presión del brazalete sobre el brazo o la muñeca hasta unos 200-220 mmHg, presión a partir de la cual se cortan las pulsaciones arteriales. En el método manual esto se detecta auscultando con un fonendoscopio en el antebrazo.

2º. Se libera lentamente la presión del brazalete, de modo manual o automático hasta que se detectan las pulsaciones o se oyen a través del fonendoscopio, respectivamente. El valor en el que reaparecen es la **presión sistólica** o **máxima**.

3º. Se continúa aflojando poco a poco la presión del brazalete hasta que las pulsaciones o sonidos se desvanecen por completo cuando la arteria recupera su calibre normal. Ese es el valor de la **presión diastólica** o **mínima**.

Son valores normales, para las máximas, 100-140 mmHg y para las mínimas, 60-90 mmHg.

ACTIVIDADES

27. ¿Qué relación existe entre el índice de recuperación cardiaca y el estado físico de una persona?

28. ¿Qué presión mide el tensiómetro cuando llega el flujo de la sístole ventricular?

29. Investiga sobre las causas y los efectos de la hipertensión arterial.

7. La excreción animal

El metabolismo animal genera productos de desecho. Algunos son utilizados como sustratos de otras rutas metabólicas, pero siempre hay sustancias de las que es preciso deshacerse.

Dependiendo del medio de vida del animal y de su metabolismo existen diferentes sistemas excretores que han ido perfeccionándose a lo largo de la evolución.

7.1. Productos de excreción animal

Entre las sustancias de desecho hay dos especialmente importantes:

- **El dióxido de carbono.** Es transportado por el sistema circulatorio hasta el respiratorio, desde donde sale, por difusión, al aire o al agua circundante. De este modo, el respiratorio ejerce la función de excreción de gases.

- **Los productos nitrogenados.** Derivan fundamentalmente del catabolismo de las proteínas y los ácidos nucleicos y presentan cierta toxicidad. Entre ellos destacan el amoniaco, la urea y el ácido úrico:

DESECHOS NITROGENADOS

Amoniaco. Es el producto inicial de la degradación de los aminoácidos.

Es muy tóxico, por lo que se requiere gran cantidad de agua para diluirlo y eliminarlo. Es un producto de excreción presente solamente en animales acuáticos, como la mayoría de los peces e invertebrados marinos. Estos animales se denominan **amoniotélicos**.

Urea. Es un producto de la transformación del amoniaco. Menos tóxico que este, también requiere su disolución en la sangre y en la orina, lo que implica pérdida de agua.

La urea es el producto de excreción de anfibios y mamíferos. Los animales que eliminan urea se denominan **ureotélicos**.

Ácido úrico. Procede también del amoniaco. Es poco tóxico y precipita en forma de cristales o sales poco solubles, por lo que se elimina en forma semisólida.

El ácido úrico es el producto de excreción de insectos, reptiles terrestres y aves. Se llaman animales **uricotélicos**.

7.2. Balance hídrico y control osmótico del medio interno

La dilución de los productos nitrogenados en agua, así como la necesidad de regular la cantidad de este líquido y de las sales disueltas, hacen que el balance hídrico y el control osmótico del organismo estén muy relacionados con el sistema excretor.

Básicamente existen tres situaciones al respecto:

- **Los animales acuáticos marinos.** Muchos invertebrados no tienen problema alguno, ya que su medio interno tiene la misma concentración osmótica que el mar, y sus superficies corporales son permeables.

  Los peces óseos, sin embargo, tienen un medio interno menos salino que el mar, lo que les hace perder agua y ganar sales constantemente. Reponen el agua bebiendo del mar y eliminan el exceso de sales gastando energía y expulsándolas activamente por las branquias, en el intestino y en el riñón. Los peces cartilaginosos presentan un medio interno isotónico respecto al agua del mar.

- **Los animales de agua dulce.** Tienen el problema inverso: ganan agua constantemente y deben evitar perder sales. Para ello, los peces dulceacuícolas absorben activamente iones por sus branquias y se deshacen del exceso de agua generando una orina muy diluida en su riñón.

- **Los animales terrestres.** Su problema fundamental es la pérdida de agua por la orina y por evaporación a través de las superficies del cuerpo. La solución radica en beber agua o generarla metabólicamente a partir de la oxidación del alimento (de hecho, algunos animales del desierto no beben nunca agua líquida).

ACTIVIDADES

30. ¿Qué ventajas e inconvenientes fisiológicos presentan las tres formas de excreción del nitrógeno?

31. ¿En qué se diferencia la orina de los peces de agua dulce de la de los peces de agua salada en cuanto a cantidad de agua y concentración de sales?

32. Investiga: ¿qué es el guano y para qué lo utilizamos?

7.3. Evolución de los sistemas excretores

Los sistemas excretores presentan una complicación evolutiva que podemos resumir en tres fases:

- **Animales sin sistema excretor.** Los animales más sencillos (esponjas y cnidarios) carecen de sistema excretor, por lo que la eliminación de desechos se produce directamente desde las células al exterior.

- **Sistema excretor de invertebrados.** En la evolución de los invertebrados aparecen los **nefridios**, un sistema sencillo constituido por pequeños túbulos que comunican con el exterior por un poro. La innovación de los sistemas excretores en los artrópodos contribuyó a su notable éxito evolutivo.

SISTEMAS EXCRETORES EN INVERTEBRADOS

Protonefridios. Es propio de los gusanos planos. Los desechos pasan desde el medio interno a unos túbulos ramificados que terminan en unas células ciliadas (**células flamígeras**) o flageladas (**solenocitos**). El movimiento de los cilios y los flagelos impulsa el líquido excretor por el sistema de tubos hacia los poros excretores.

Metanefridios. En los invertebrados más complejos, como los anélidos o los moluscos, el nefridio se vuelve más sofisticado: el extremo interior se abre en un embudo a la cavidad general del cuerpo, mejorando, así, la salida de fluido; además, el túbulo se rodea de un sistema de vasos circulatorios para reabsorber agua y sales, y formar la orina.

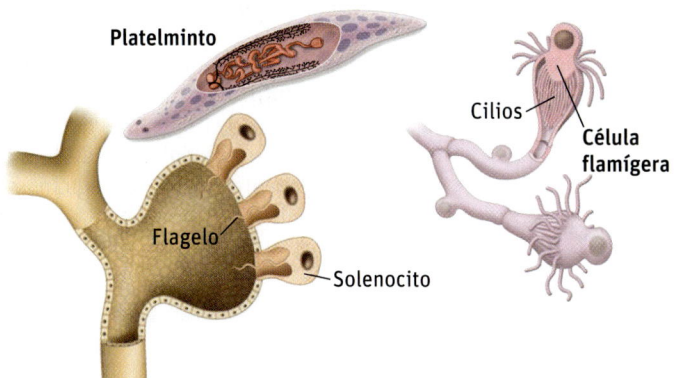
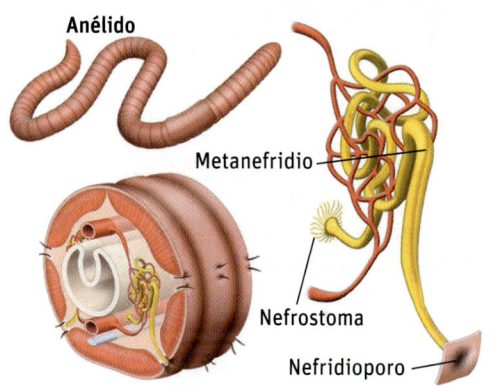

Glándulas verdes. Los crustáceos tienen un par de glándulas situadas en la base de sus antenas, en la cabeza. Constan de un saco ciego esponjoso que filtra el líquido del medio interno, al que sigue un túbulo para la reabsorción de agua, sales y sustancias aprovechables, y una vejiga con un orificio de salida situado en la base de las antenas.

Tubos de Malpighi. Los insectos y las arañas presentan tubos ciegos ramificados, sin vascularización, que desembocan en el tubo digestivo. Sus paredes capturan iones y moléculas del medio interno por difusión y transporte activo, arrastrando agua por ósmosis. Ya en el intestino se reabsorbe agua y precipita el ácido úrico, que se elimina.

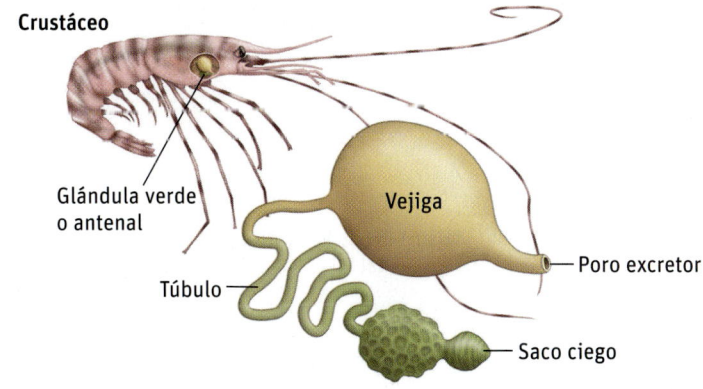
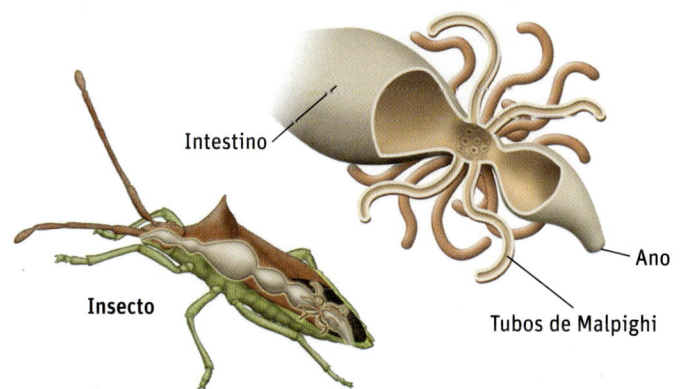

- **Sistema excretor de vertebrados.** Los vertebrados presentan un sistema excretor basado en un par de **riñones**, en los que se forma la orina por filtrado y reabsorción de la sangre. En reptiles, aves y mamíferos, la orina va por los uréteres hasta una vejiga, desde donde sale al exterior por la uretra. Además, existen otros sistemas de excreción: las branquias en los peces, las glándulas de la sal en algunas aves y reptiles, y el hígado y las glándulas sudoríparas en los mamíferos.

8. El riñón en los mamíferos

Además de los riñones, el sistema excretor de los mamíferos incluye los tubos de salida (**uréteres** y **uretra**) y una **vejiga** de almacenamiento temporal de la orina.

Los riñones están formados por unos dos millones de **nefronas**, unidades anatómicas y funcionales donde se forma la orina, además de los tubos de salida de esta y las arterias y las venas renales que transportas la sangre hacia y desde estos órganos. Estas estructuras se disponen de forma ordenada en capas observables en el corte longitudinal de un riñón (Fig. 8.16):

- **Corteza.** De un centímetro de grosor y aspecto granuloso. Presenta prolongaciones hacia el interior denominadas columnas renales.
- **Médula.** De aspecto estriado, se divide en secciones de forma cónica, llamadas pirámides renales o de Malpighi.
- **Pelvis renal.** Formada por la salida del uréter, es la zona por donde se expulsa la orina y confluyen la arteria renal y la vena renal.

8.1. La nefrona

La nefrona es un tubo sinuoso rodeado de un capilar sanguíneo, encargado de filtrar la sangre y producir la orina. En ella se distinguen varias partes: la cápsula de Bowman, el túbulo contorneado proximal, el asa de Henle y el túbulo contorneado distal.

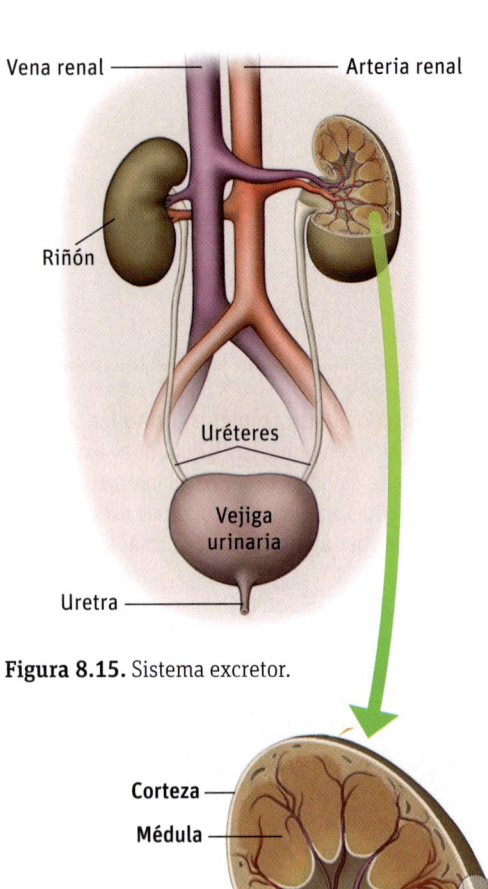

Figura 8.15. Sistema excretor.

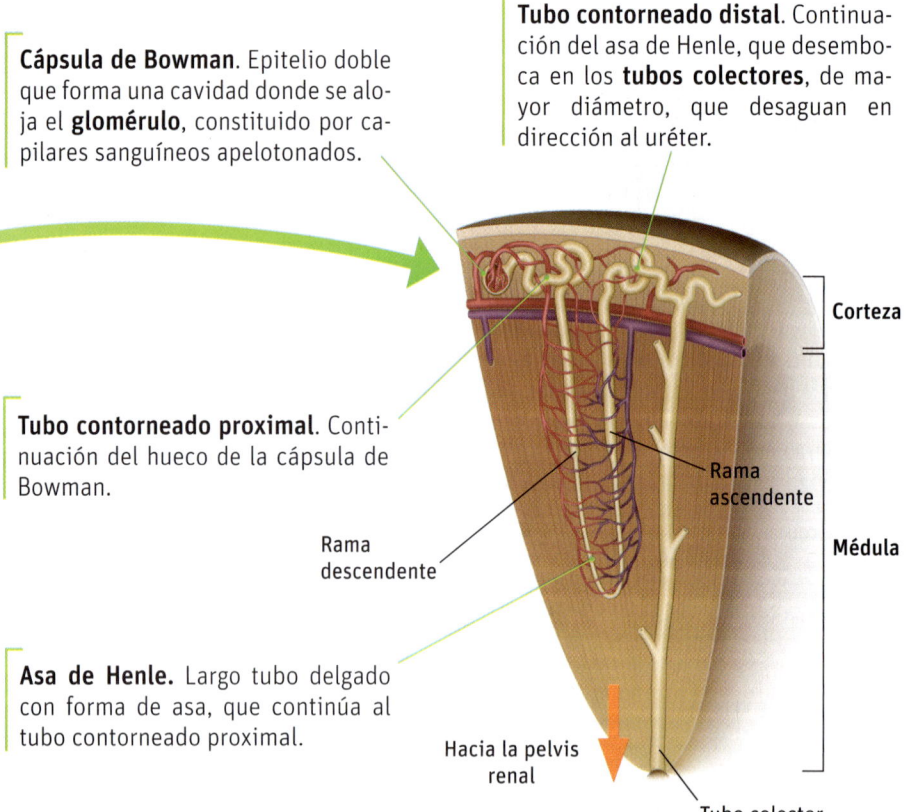

Cápsula de Bowman. Epitelio doble que forma una cavidad donde se aloja el **glomérulo**, constituido por capilares sanguíneos apelotonados.

Tubo contorneado proximal. Continuación del hueco de la cápsula de Bowman.

Asa de Henle. Largo tubo delgado con forma de asa, que continúa al tubo contorneado proximal.

Tubo contorneado distal. Continuación del asa de Henle, que desemboca en los **tubos colectores**, de mayor diámetro, que desaguan en dirección al uréter.

Figura 8.16. Sección longitudinal de un riñón con la localización y la estructura de una nefrona.

ACTIVIDADES

33. La vena cava inferior se ramifica en las venas renales, y la aorta se ramifica en las arterias renales. ¿Cuáles de estos vasos entran a los riñones y cuáles salen de ellos?

34. Relaciona cada una de las zonas del riñón con los diferentes conductos y elementos de las nefronas y los tubos renales.

En la Web

Observa esta animación interactiva sobre la nefrona.

www.e-sm.net/svbg1bach08_08

8.2. El funcionamiento del riñón

Cada nefrona es una unidad formadora de orina. El mecanismo se basa en la filtración de la sangre y la posterior reabsorción de todo lo que es útil al organismo. Se pueden diferenciar los siguientes procesos (Fig. 8.17):

- **Filtración glomerular.** La sangre llega al riñón por la arteria renal, que se ramifica y entra en la cápsula de Bowman de cada nefrona por una arteriola aferente. Dentro, el capilar forma el glomérulo. La diferencia de presión entre la sangre del glomérulo y la del espacio de la cápsula de Bowman origina el ultrafiltrado de un líquido parecido al plasma (sangre sin eritrocitos ni proteínas), que pasa al túbulo contorneado proximal.

- **Reabsorción tubular.** El filtrado glomerular contiene iones y moléculas de interés que no conviene eliminar. Para recuperarlos, se produce una reabsorción en los túbulos proximal y distal, mediante transporte activo y difusión.

  La reabsorción tubular recupera la práctica totalidad de la glucosa de la orina, mientras que los iones minerales se reabsorben en función de su cantidad en la sangre en ese momento. La reabsorción presenta una regulación hormonal.

- **Secreción tubular.** Consiste en el paso activo de sustancias desde la sangre de los capilares hasta el túbulo contorneado distal que rodean. Esto aumenta la concentración en la orina de sustancias que interesa eliminar. Así, se eliminan hidrógeno, potasio, sustancias tóxicas, etc.

- **Recuperación de agua.** En nuestros riñones, los glomérulos filtran unos 200 L de sangre al día. La pérdida de agua que esto supone no es tolerable, por lo que debe recuperarse en su mayoría.

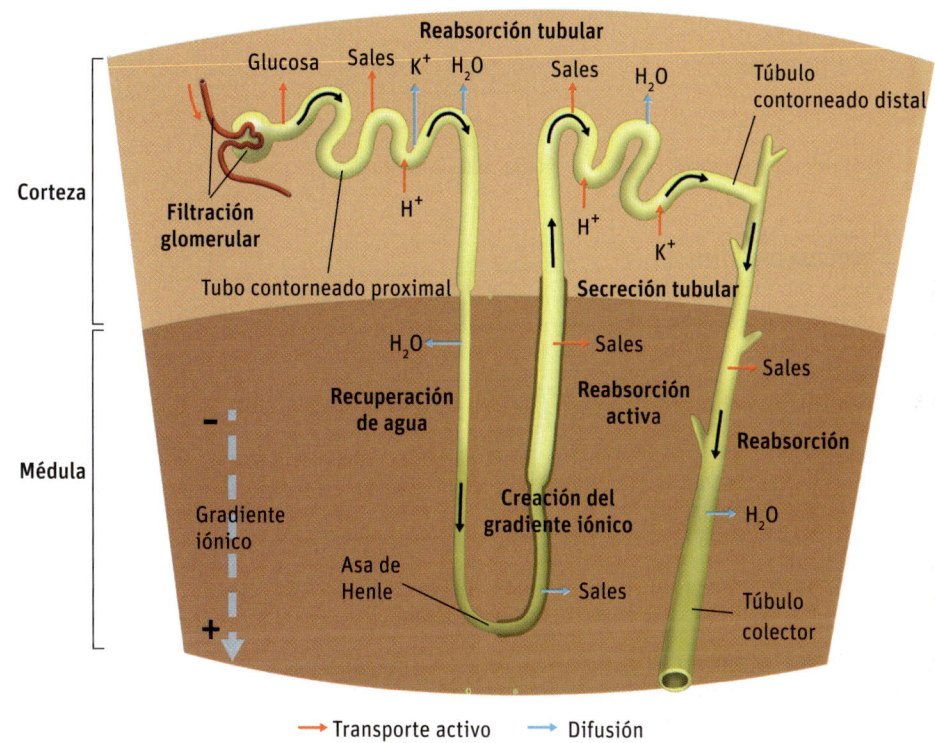

Figura 8.17. Mecanismo de la formación de la orina en la nefrona.

Esta recuperación de agua tiene lugar por ósmosis: las paredes de la rama descendente del asa de Henle son semipermeables y las de la rama ascendente son impermeables, pero sacan activamente NaCl de la orina en formación. Esto genera un gradiente de concentración salina en la médula, que aumenta con la profundidad. En consecuencia, el agua sale por ósmosis de la rama descendente, según se introduce en la zona hiperosmótica, y pasa a la sangre.

Los tubos colectores, al entrar en la médula, camino del uréter, recuperan más agua (y otras moléculas, como urea) por ósmosis.

Las necesidades corporales en cada momento exigen eliminar más o menos agua, por lo que el balance hídrico corporal se controla desde el riñón mediante regulación hormonal.

ACTIVIDADES

35. ¿Qué ocurriría si las paredes de la rama descendente del asa de Henle fueran impermeables?

36. ¿Cómo afecta el control hormonal de las permeabilidad de las pareces del tubo colector a la orina formada?

ACTIVIDADES

Síntesis

37. Completa en este mapa conceptual los términos que faltan (•••) y los fragmentos que debes desarrollar ⊕. Puedes realizar la actividad en tu cuaderno.

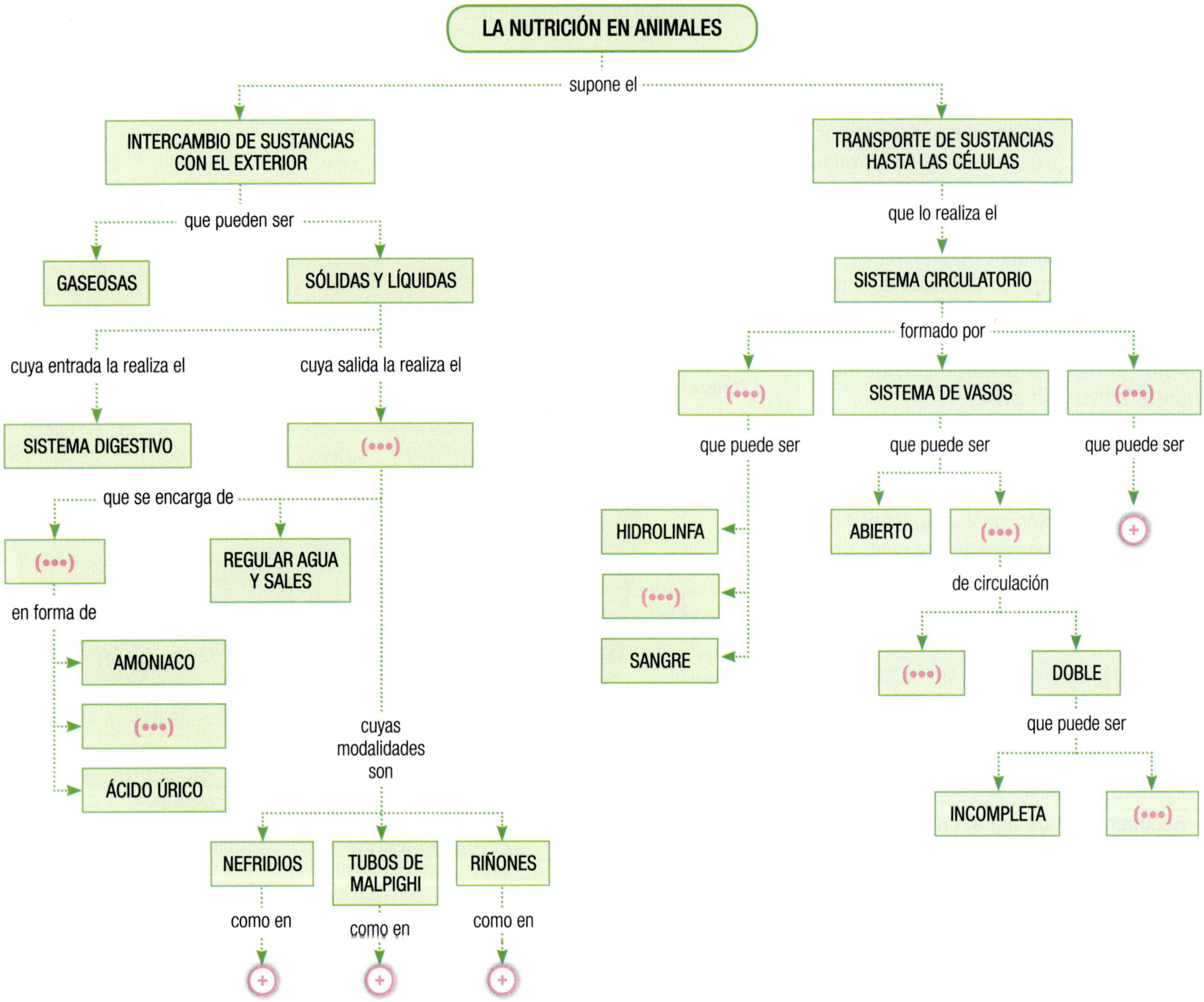

```
                            LA NUTRICIÓN EN ANIMALES
                                    supone el
         ┌──────────────────────────────┴──────────────────────────────┐
    INTERCAMBIO DE SUSTANCIAS                              TRANSPORTE DE SUSTANCIAS
       CON EL EXTERIOR                                       HASTA LAS CÉLULAS
         que pueden ser                                       que lo realiza el
     ┌──────┴──────┐                                        SISTEMA CIRCULATORIO
  GASEOSAS    SÓLIDAS Y LÍQUIDAS                               formado por
     │              │                              ┌──────────────┼──────────────┐
cuya entrada   cuya salida                       (•••)      SISTEMA DE VASOS   (•••)
la realiza el  la realiza el                   que puede ser   que puede ser   que puede ser
     │              │                              │          ┌─────┴─────┐        │
SISTEMA        (•••)                          HIDROLINFA   ABIERTO     (•••)      ⊕
DIGESTIVO                                          │                     │
 │                                              (•••)              de circulación
que se encarga de                                  │             ┌────────┴────────┐
 │         REGULAR AGUA                         SANGRE          (•••)            DOBLE
(•••)      Y SALES                                                          que puede ser
en forma de                                                              ┌────────┴────────┐
 ├── AMONIACO              cuyas                                    INCOMPLETA         (•••)
 ├── (•••)                modalidades
 └── ÁCIDO ÚRICO            son
              ┌─────────────┼─────────────┐
          NEFRIDIOS   TUBOS DE        RIÑONES
                      MALPIGHI
           como en       como en       como en
              ⊕            ⊕             ⊕
```

Aplicación y relación

38. El esquema ilustra el sistema circulatorio de una almeja.

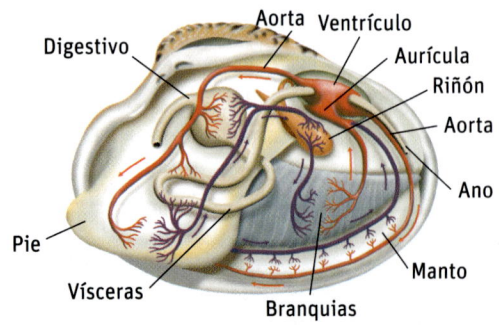

a) Describe el recorrido de la hemolinfa a partir del corazón.

b) Explica lo que ocurre en cada una de las zonas por las que pasa la hemolinfa a lo largo de los circuitos representados.

39. Observa el sistema circulatorio de un molusco cefalópodo.

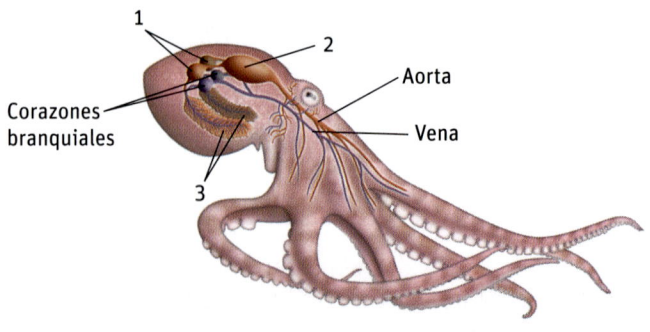

a) Describe este sistema y define el tipo al que corresponde.

b) Identifica las estructuras señaladas con números y explica cómo llega la sangre a todas las células y vuelve al corazón.

40. Recuerda los sistemas circulatorios de los distintos tipos de vertebrados. Supón que, como se cree, el corazón de los dinosaurios era de tipo aviar.

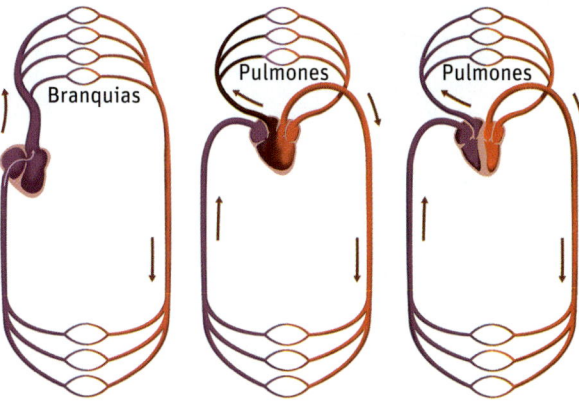

Construye un diagrama evolutivo basado en los sistemas circulatorios y relaciónalo con la evolución de estos grupos.

41. Observa las fases evolutivas previas al metanefros (nefronas) de los mamíferos:

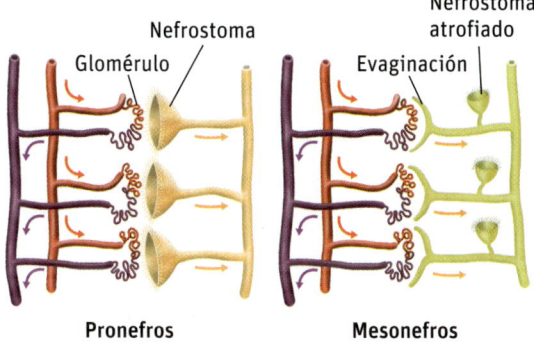

Dibuja la tercera secuencia (metanefros) y explica el proceso evolutivo hasta alcanzar esa estructura.

42. Identifica estos animales y clasifícalos en función del producto nitrogenado que excretan:

43. ¿Qué representan las siguientes ilustraciones?

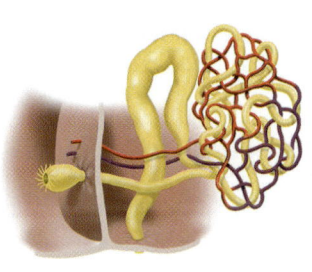
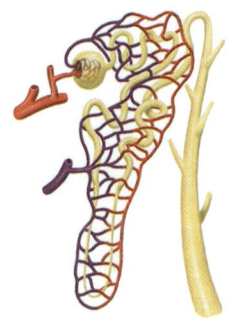

¿Qué semejanzas y diferencias anatómicas y fisiológicas encuentras entre ellas?

Biblioteca global

44. Las adaptaciones al desierto

A pesar del nombre, las ratas canguro no tienen mucho que ver con los canguros, ya que son roedores. Se llaman así por sus grandes patas traseras, adaptadas al salto. Viven en los desiertos mexicanos y presentan importantes adaptaciones a ese ambiente.

Observa la tabla sobre algunas de las entradas y salidas de agua en el organismo de estos animales en comparación con el ser humano:

		Rata canguro	Humano
Entradas	Agua bebida	0 %	50 %
	Agua con alimento	10 %	40 %
Salidas	Orina	25 %	60 %
	Evaporación en piel y pulmones	70 %	35 %

Como puedes ver, las ratas canguro no beben agua en toda su vida; sin embargo, un 90 % de sus fuentes de agua no aparece en la tabla.

a) ¿De dónde obtienen estas ratas la mayor parte del agua?

b) Compara el porcentaje de agua que esta rata elimina en su orina con la que expulsamos nosotros. ¿Dónde radica la capacidad del roedor para perder menos agua en su orina?

c) Investiga sobre las capacidades de dromedarios y camellos para resistir sin beber y describe los mecanismos metabólicos que les permiten vivir en desiertos y prescindir durante mucho tiempo de agua. Busca otros vertebrados adaptados a sequías extremas y describe sus sistemas para lograrlo.

LA CIENCIA Y SUS MÉTODOS — El análisis de la sangre

Para adoptar medidas de curación ante una enfermedad es necesario realizar un diagnóstico, para lo cual es imprescindible conocer el estado del organismo. Para ello existen técnicas que nos permiten "ver" el interior del cuerpo sin abrirlo; una de ellas nos proporciona mucha información sobre el estado de salud: el análisis de sangre.

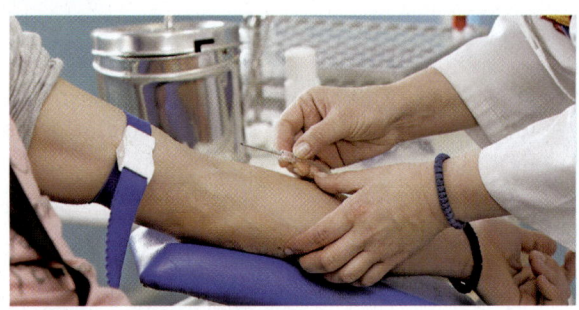

La sangre es un líquido que recorre todo el cuerpo, transporta nutrientes, distribuye energía térmica, lleva mensajes y sirve de soporte a las células de defensa del organismo. Los análisis de sangre nos permiten conocer su composición y nuestro estado de salud.

¿Cómo interpretar un análisis de sangre?

La información que aporta un análisis de sangre depende de lo que haya solicitado el médico (en función de la finalidad del estudio), pero en general contiene varios tipos de datos que pueden resumirse en dos grupos: el **hemograma** y los **datos bioquímicos**.

¿Qué nos dice el HEMOGRAMA?

Los datos del hemograma ofrecen información sobre el total de células de cada tipo y algunos datos más:
- La **serie roja** (los glóbulos rojos, hematíes o eritrocitos).
- La **serie blanca** (los glóbulos blancos o leucocitos).
- La **serie plaquetaria** (los fragmentos celulares llamados plaquetas o trombocitos).
- La cantidad de **hemoglobina**.
- El **hematocrito** o porcentaje de la sangre ocupado por los glóbulos rojos.
- El tamaño de los eritrocitos medido por el volumen corpuscular medio (VCM).

VALORES MEDIOS
- Hematíes: 4-6 millones/mL
- Leucocitos: 3000-15 000/mL
  De ellos: Neutrófilos: 37-72 %
  Linfocitos: 20-50 %
- Plaquetas: 120-455 mL
- Hemoglobina: 11-18 g/dL
- Hematocrito: 26-54 %
- VCM: 85-110 fL (1 fL = 10^{-15} L)

¿Qué nos dicen los DATOS BIOQUÍMICOS?

Aportan información sobre la cantidad de moléculas presentes en la sangre. Los datos bioquímicos más frecuentes son los siguientes:
- La **glucosa**, cuyos valores altos se relacionan con la diabetes.
- La **creatinina**, un compuesto procedente de las células musculares que se elimina en el riñón e informa de su funcionamiento y del estado muscular.
- La **urea** y el **ácido úrico**, ambos productos de degradación del metabolismo del nitrógeno. Informan sobre el funcionamiento del sistema excretor.
- Algunos tipos de **grasas** como el **colesterol**, del que se mide en realidad la cantidad de lipoproteínas que se le unen para transportarlo en la sangre; o los **triglicéridos** de las grasas digeridas con el alimento.
- **Enzimas** como las **transaminasas** procedentes de las células hepáticas, de las que hay tres tipos: GOT, GPT y Gamma GT. Informan sobre el hígado.
- **Elementos químicos** como el calcio, el fósforo, el sodio, etc.

VALORES MEDIOS
- Glucosa: 60-110 mg/dL
- Creatinina: 0,7-1,2 mg/dL
- Urea: 10-40 mg/dL
- Ácido úrico: 3,4-7 mg/dL
- Colesterol total: 100-200 mg/dL
- Triglicéridos: 35-200 mg/dL
- Transaminasa GOT: 0-37 UI/L
- Transaminasa GPT: 0-41 UI/L
- Calcio: 8,5-10,2 mg/dL
- Fósforo: 2,7-4,5 mg/dL
- Sodio: 130-150 mEq/L

ACTIVIDADES

45. Cita alguna patología que provoque cambios en la composición de la sangre.

46. Estudia estos datos procedentes de un análisis de sangre:
leucocitos: 2000/mL; plaquetas: 100 mL; hemoglobina: 15 g/dL; glucosa: 140 mg/dL; colesterol: 245 mg/mL; triglicéridos: 175 mg/mL; GPT: 30 UI/L. Señala los valores anormales y explica su posible causa.

47. En un análisis de sangre se obtienen valores muy altos de glucosa, hemoglobina y glóbulos rojos, así como valores anómalos de GOT. ¿Qué posibles problemas puede tener el paciente?

48. Examina un análisis de sangre que guardes en casa e interprétalo.

49. ¿Crees que los análisis de orina pueden revelar alteraciones del organismo? ¿Por qué?

EXPERIENCIAS QUE CAMBIARON EL MUNDO

El descubrimiento de los grupos sanguíneos

En la actualidad las transfusiones de sangre salvan muchas vidas. Pero para ello hay que tener en cuenta los grupos sanguíneos, dado que algunas transfusiones producen rechazo inmunitario. El conocimiento de la existencia de los grupos sanguíneos se inició en 1901 y abrió las puertas al éxito de las transfusiones.

Karl Landsteiner

Aunque las transfusiones de sangre ya se habían intentado desde el siglo XVII, no tuvieron éxito hasta finales del XIX, en que Karl Landsteiner, catedrático de Anatomía Patológica en la Universidad de Viena inició experimentos con sangre humana.

Karl Landsteiner (1868-1943).

Landsteiner comprobó que cuando mezclaba sangres de dos personas, a menudo aparecían grumos por aglutinación de sus glóbulos rojos. Obtuvo sangre de una veintena de individuos y separó el suero de los glóbulos rojos, lavándolos y llevándolos a una disolución acuosa con la concentración salina de la sangre, lo que se conoce como **suero fisiológico**. Tras realizar todo tipo de mezclas, en 1901 descubrió que había tres tipos de glóbulos rojos a los que denominó **A, B** y **0** (cero). Unos discípulos suyos descubrieron posteriormente el tipo **AB**. Este sistema se denominó "AB0".

El sistema AB0

Los glóbulos rojos pueden llevar en su superficie dos tipos de sustancias proteicas: A o B. A este respecto hay cuatro tipos de personas: aquellas cuyos eritrocitos carecen de cualquiera de ellas (grupo 0), personas cuyos eritrocitos presentan una (grupo A) u otra (grupo B) y personas cuyos eritrocitos presentan las dos (grupo AB). De este modo se originan los cuatro tipos de sangres de este sistema.

Los glóbulos rojos pueden llevar en su superficie dos tipos de sustancias proteicas A o B.

La presencia de sustancias extrañas (**antígenos**) al organismo genera una respuesta inmune: los linfocitos fabrican sustancias químicas (**anticuerpos**) contra ellas. La aglutinación de la sangre de diferentes personas que investigó Landsteiner se debe a este fenómeno. Así, si una persona del grupo A recibe una transfusión de sangre del grupo B o AB, la sustancia B que va en esa sangre actuará para él como un antígeno, lo que desencadenará la respuesta inmune en el individuo: sus linfocitos fabricarán anticuerpos anti-B que aglutinarán los glóbulos rojos transfundidos, formando grumos y haciendo inviable la transfusión.

El sistema Rh

Posteriormente, en 1940, Landsteiner descubrió un segundo sistema sanguíneo al que denominó sistema Rh, por haberlo encontrado cuando realizaba experimentos con sangre de monos Rhesus (*Macaca mulatta*). En este caso, hay un antígeno denominado factor Rh, que determina la existencia de dos grupos sanguíneos: Rh positivo (Rh+) y Rh negativo (Rh−). La sangre de las personas Rh−, al carecer del factor Rh, reaccionan inmunitariamente contra la transfusión de sangre Rh+. ∎

	Grupo A	Grupo B	Grupo AB	Grupo 0
Glóbulos rojos	(con antígenos A)	(con antígenos B)	(con antígenos A y B)	(sin antígenos)
Antígenos	A	B	AB	Sin antígenos
Anticuerpos en plasma	Anti-A	Anti-B	Sin anticuerpos	Anti-B y anti-A

ACTIVIDADES

50. ¿Qué tipos de sangre del sistema ABO pueden utilizarse en una transfusión a una persona del grupo B? ¿Y si es B−?

51. En el sistema ABO, existe un grupo sanguíneo denominado "receptor universal" porque puede recibir sangre de cualquier grupo de este sistema. ¿Cuál es? Justifica tu respuesta.

52. ¿A quiénes pueden donar sangre los receptores universales?

53. Otro grupo sanguíneo se denomina "donante universal". ¿Cuál es? ¿De quiénes puede recibir sangre? ¿Y si consideramos, además, el sistema Rh?

54. ¿Cuál es tu grupo sanguíneo? ¿A qué personas podrías donar y de quiénes podrías recibir sangre?

9

 **1** Las plantas se relacionan con su entorno

  **2** Las hormonas vegetales

 **3** Las plantas se reproducen

 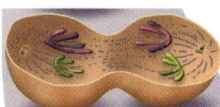 **4** La meiosis

La relación y reproducción en las plantas

 **5** Los ciclos biológicos

 **6** La reproducción sexual en espermatofitas

 **LA CIENCIA Y SUS MÉTODOS** La experimentación en genética vegetal

EN PORTADA

Una relación estrecha en la que también hay engaños

Las angiospermas, plantas con flores y frutos, dominan la vegetación de nuestro planeta. Una de las claves de su éxito es utilizar a los animales para transportar el polen o dispersar los frutos en cuyo interior se encuentran las semillas. Muchas han establecido una estrecha relación con ciertas especies de insectos, que se especializan en polinizar determinadas especies de plantas. Esto tiene sus riesgos, ya que si desaparece el insecto, puede desaparecer la planta, pero también ventajas: se ahorra mucho polen y se asegura que el polen que se lleva el insecto llegará a una planta de la misma especie. De esta manera, la evolución dependiente entre dos especies, o **coevolución**, ha determinado los cambios y las adaptaciones mutuas de muchas plantas con flores e insectos.

Para lograr que un insecto se sienta atraído por una flor, las plantas desarrollan formas y colores llamativos, pero sobre todo ofrecen néctar, un líquido azucarado que le sirve de alimento. Los nectarios están dispuestos de forma que el insecto debe tocar los estambres con polen y los estigmas donde depositarlo. Además, la forma de la flor debe ser especialmente adecuada para la anatomía del polinizador y no para otros.

Pero también valen los engaños, pues hay plantas que imitan la forma del insecto haciéndole creer que puede aparearse. Estas trampas, frecuentes a lo largo de la evolución, se han perfeccionado de una forma asombrosa en el caso de las orquídeas.

Figura 9.1. Las formas y los colores de algunas flores son auténticos reclamos para sus insectos polinizadores.

1. La coevolución de insectos y plantas con flor constituye un buen ejemplo de simbiosis. ¿Qué otros casos de simbiosis conoces que hayan llevado a una evolución conjunta entre especies o grupos de especies?

2. Un estudio reciente valoraba el beneficio económico global de los insectos polinizadores en 265 000 millones de euros en el sector de la agricultura. ¿Qué te sugiere este dato?

3. El abuso de plaguicidas e insecticidas constituye en la actualidad un problema ambiental, ya que la pérdida de diversidad de insectos repercute en la diversidad de plantas. Busca información sobre ambos procesos, relaciónalos y valora la importancia de conservar las interrelaciones entre especies animales y vegetales.

La relación entre especies de plantas con flores y especies animales que contribuyen a su polinización y reproducción ha condicionado la evolución conjunta de muchas de ellas.

1 Las plantas se relacionan con su entorno

En la Web

Observa en este vídeo cómo se relacionan y se mueven las plantas.

www.e-sm.net/svbg1bach09_01

La **relación** de un organismo con su entorno consiste en ser capaz de obtener información sobre lo que ocurre a su alrededor y responder en consecuencia. También puede implicar la capacidad de transmitir mensajes a otros organismos con alguna finalidad. Se trata de una función propia de todos los seres vivos, junto con la nutrición y la reproducción.

La información en la naturaleza puede proceder de un ser vivo o de un factor abiótico, como la luz o la temperatura. La respuesta puede ser el movimiento, el crecimiento, el cambio de forma o color, etc. Asimismo, pueden ser respuestas rápidas, lentas, inmediatas, retardadas, etc.

BUSCAR INFORMACIÓN

4. ¿Saben las plantas dónde viven?

El dondiego de noche (*Mirabilis jalapa*) es una planta cuyas flores se abren al atardecer y se cierran al amanecer. Por la noche permanecen abiertas y exhalan un intenso aroma. Muchas plantas hacen lo contrario: cierran sus pétalos de noche y los abren de día.

Aunque a menor escala que los animales, las plantas también son capaces de recibir información del entorno en el que viven y reaccionar a cambios que perciben en él.

a) ¿A qué estímulos externos crees que responde el dondiego de noche?

b) ¿Qué otras respuestas a cambios del medio conoces en plantas? ¿A qué estímulos responden?

Estas respuestas son fácilmente observables en los animales, pero no en las plantas. Esto se debe, fundamentalmente, a que las plantas no han desarrollado órganos sensoriales ni sistemas de comunicación nerviosa capaces de captar sensaciones sutiles y elaborar respuestas complejas; tampoco poseen sistemas musculares para realizar movimientos rápidos y complejos.

Sin embargo, las plantas tienen células capaces de captar estímulos externos, disponen de sistemas químicos de comunicación interna y algunas poseen mecanismos para moverse, incluso de forma rápida, o crecer diferencialmente y adoptar comportamientos fisiológicos distintos en respuesta al ambiente.

Aunque carezcan de órganos sensoriales, las plantas pueden captar estímulos externos a través de algunas de sus células individuales. Entre los estímulos a los que responden están la luz, la temperatura, la humedad, la gravedad, el contacto físico e incluso algunas sustancias químicas.

Un ejemplo destacado de sistema receptor de las plantas son los **fitocromos**, proteínas sensibles a la luz (fotorreceptores) que activan o inhiben determinados procesos vegetales, como la germinación de la semilla, la floración, los crecimientos diferentes de partes de la planta o las respuestas fisiológicas de tipo noche-día.

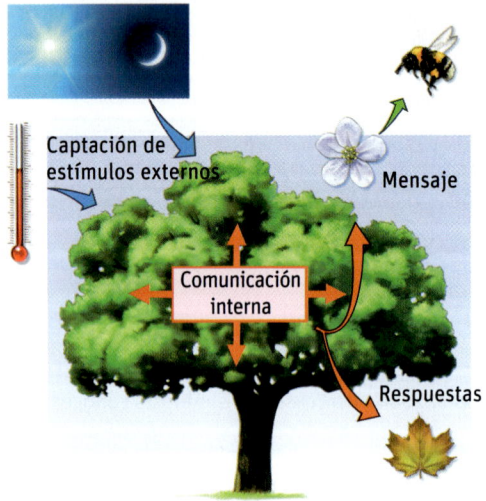

Figura 9.2. La relación en las plantas implica flujo de información.

ACTIVIDADES

5. ¿A qué tipo de receptores animales equivalen los fitocromos?

6. Las plantas carecen de sistemas nerviosos. ¿Poseen algún otro sistema de comunicación interna de señales?

1.1. Respuestas a los estímulos externos

¿Es la luz o es la oscuridad?

Desde hace más de 70 años se sabe que la floración se activa por el fotoperíodo o relación entre las horas de luz y oscuridad en un día. Pero ¿qué es lo que mide la planta para florecer, las horas continuas de luz o las de oscuridad?

Karl Hammer y James Bonner encontraron la respuesta en 1938 con la experiencia realizada con la bardana o cadillo, planta que florece cuando el número de horas continuadas de luz en un día es menor de 16 y, por tanto, las horas de oscuridad son al menos 8. Una sola exposición a ese fotoperíodo es suficiente para que se inicie la floración. Pero si el período de oscuridad de 8 horas se interrumpía con luz artificial, aunque fuera solo durante un minuto, la floración no se daba.

Es el período de oscuridad continuada (y no el de iluminación) el desencadenante de la floración en esta planta, lo cual se ha comprobado posteriormente en más especies.

Bardana o cadillo.

Las respuestas a estímulos externos pueden clasificarse en dos grandes categorías:

- Respuestas fisiológicas en el desarrollo de estructuras de la planta o **morfogénesis**. Suponen la activación de procesos como la caída de las hojas, la floración, la maduración de los frutos, la germinación de las semillas, etc. La mayoría de los estímulos desencadenantes están relacionados con el fotoperíodo, es decir, la proporción de horas de luz y oscuridad del día.

- Respuestas en forma de **crecimiento dirigido** o de **movimiento** de la planta. Los estímulos desencadenantes pueden ser variados, por ejemplo, luz, gravedad, humedad, contacto físico o ciertas sustancias químicas.

CONTRASTAR UNA HIPÓTESIS

7. Los experimentos de Darwin

En 1881 Charles Darwin y su hijo Francis, interesados por el hecho de que las plantas crecían curvando el tallo hacia una luz lateral, realizaron unos experimentos y comprobaron que se debía a que el lado alejado de la luz crecía más y provocaba la curvatura.

Pero ¿qué era lo que informaba al tallo de que debía crecer más por un lado que por otro? Los Darwin pensaron que se debía al ápice del tallo. Para comprobarlo, colocaron sobre el ápice de las plantas en crecimiento unas pequeñas caperuzas de cristal negruzco para que no pasara la luz. Vieron que ya no se encorvaban los tallos con la luz lateral.

Luego colocaron anillos metálicos que cubrían el tallo, pero no su ápice: los tallos sí se curvaban. Dedujeron que en el ápice se formaba una sustancia, que se trasladaba a otras partes del tallo y regulaba su crecimiento. Habían descubierto la respuesta a estímulos y la posible existencia de hormonas vegetales.

a) Darwin y su hijo experimentaron también con caperuzas transparentes. ¿Qué crees que pasó con las plantas?

b) ¿Para qué crees que hicieron ese experimento?

La relación y reproducción en las plantas

Figura 9.3. Tipos de tropismos.

1.2. Crecimiento direccional y movimiento

Las respuestas en forma de crecimiento diferenciado o de movimiento de partes de la planta son de dos tipos: tropismos y nastias.

- **Tropismos:** respuestas permanentes en forma de crecimiento lento y direccional con respecto al estímulo. Pueden ser positivos o negativos, dependiendo de si el crecimiento se dirige hacia el estímulo o en dirección contraria. Hay cinco tipos:
  - **Fototropismo:** el estímulo es la luz. El ápice del tallo presenta fototropismo positivo y las raíces, fototropismo negativo.
  - **Quimiotropismo:** el estímulo es una sustancia química. El tubo polínico crece hacia el ovario atraído por glúcidos.
  - **Hidrotropismo:** el estímulo es la presencia de agua. Las raíces presentan hidrotropismo positivo.
  - **Tigmotropismo:** el estímulo es el contacto físico. Los zarcillos de las plantas trepadoras presentan tigmotropismo al contactar con un soporte.
  - **Geotropismo:** el estímulo es la gravedad. La raíz tiene geotropismo positivo y el tallo, geotropismo negativo.

- **Nastias:** respuestas temporales en forma de movimiento rápido y no direccional. Las principales son las determinadas por el tacto o la luz:

Figura 9.4. Ejemplos de nastias en la *Mimosa pudica* y el girasol.

- **Sismonastia:** el estímulo es el contacto físico. Es la respuesta de cierre de los foliolos de algunas plantas como la *Mimosa pudica* o el movimiento que realizan las trampas móviles de las plantas carnívoras.
- **Fotonastia:** el estímulo es la luz. Determina la apertura o el cierre de pétalos de algunas flores o la orientación de las flores del girasol, por ejemplo.

DISEÑAR UNA EXPERIENCIA

8. Experimentos con estímulos contrarios

Existen estímulos contrarios como la gravedad y la luz. En la raíz, provocan geotropismo positivo y fototropismo negativo y la hacen crecer en la misma dirección. Para conocer el efecto de los estímulos hay que experimentar, diseñando un experimento que diferencie la acción de cada variable, a fin de determinar su efecto. Hay que ver qué sucede cuando actúan otras variables, para aislar el efecto de la que buscamos. Si las variables tienen un efecto similar, es preciso hacer todas las combinaciones posibles para diferenciar sus efectos.

a) Diseña un experimento para contraponer la acción de dos estímulos de tipo tropismo que puedan tener efectos contrarios y explica cómo podemos conocer qué efecto tiene cada uno.

b) Haz lo mismo con tres estímulos.

En la Web

Observa en este vídeo el movimiento defensivo de una planta de *Mimosa pudica*.

www.e-sm.net/svbg1bach09_02

2. Las hormonas vegetales

La planta que recibe el estímulo transmite internamente, mediante sustancias químicas, la información para generar una respuesta en otra parte de su organismo. Dichas sustancias se denominan **hormonas vegetales** o **fitohormonas** y sus características principales son las siguientes:

- Son sintetizadas por la propia planta en respuesta a algún estímulo.
- Funcionan a muy bajas concentraciones.
- Pueden tener carácter activador o inhibidor de un determinado proceso o respuesta.

Existen cinco tipos principales de fitohormonas que tienen composiciones químicas distintas y ejercen función activadora o inhibidora. Se sintetizan en diferentes partes de la planta y pueden actuar en zonas distantes.

TIPOS DE HORMONAS VEGETALES

Activadoras

Auxinas: Se sintetizan sobre todo en el ápice del tallo, desde donde se distribuyen por el resto de la planta. Estimulan el crecimiento de la planta e intervienen en la floración y la fructificación.

Giberelinas: Se sintetizan en el ápice del tallo, los frutos y las semillas. Estimulan el crecimiento de la planta, la germinación y la fructificación.

Citoquininas o citocininas: Se sintetizan en cualquier tejido de la planta e inducen la división celular y retardan el envejecimiento y la caída de las hojas.

Inhibidoras

Ácido abscísico: Se sintetiza en diversas partes de la planta y tiene un efecto inhibidor del crecimiento.

Etileno: Al igual que el ácido abscísico tiene efecto inhibidor del crecimiento. Interviene en la maduración de flores y frutos, así como en el envejecimiento y la caída de las hojas.

Otras sustancias: Además, recientemente se han descubierto otros tipos de sustancias con características fitohormonales, como poliaminas, brasinoesteroides, etc.

ACTIVIDADES

9. ¿Qué tipo de movimiento es el que permite a las hiedras trepar por las paredes o los troncos de los árboles? ¿A qué estímulo responde dicho movimiento?

10. Algunos frutos disparan sus semillas al contacto con un animal que pasa y les roza. ¿Qué tipo de movimiento es?

11. Los azúcares o glúcidos de las plantas pueden activar determinados procesos vegetales; sin embargo, no se consideran fitohormonas. ¿Cuál crees que es la razón?

3. Las plantas se reproducen

Posidonia oceanica

Más grande que la ballena azul

En 2006 se encontró en aguas de la isla de Formentera (Islas Baleares) una planta acuática de la especie *Posidonia oceanica*, con una longitud de 8 km y 100 000 años de edad. La planta tiene un crecimiento clonal, con largos tallos subterráneos de los que salen las hojas que pueden llegar a medir 1 m.

Es un caso de reproducción asexual que genera individuos idénticos al progenitor y que no se separan de él, por lo que se forma un continuo pluricelular.

La reproducción es una función vital por la cual se forman nuevos individuos a partir de células o estructuras especializadas. Puede ser asexual o sexual:

- La **reproducción asexual o vegetativa**: supone la formación de un nuevo individuo a partir de un solo progenitor sin que exista intercambio genético con otro individuo. El nuevo organismo es idéntico genéticamente al progenitor (clon).

- La **reproducción sexual**: la formación del nuevo individuo supone la fusión de dos células sexuales (gametos) producidas por los progenitores. El nuevo organismo es una combinación genética de ambos.

3.1. Reproducción asexual o vegetativa en plantas

Una célula o una parte de la planta se independiza y da origen a un nuevo organismo genéticamente idéntico al progenitor. Se denomina **propágulo** a la porción de la planta capaz de separarse y generar un nuevo individuo. Este puede ser pluricelular o unicelular. La reproducción asexual puede ser por fragmentación o por esporulación.

Figura 9.5. Reproducción asexual en plantas.

Estolón

Rizoma

Tubérculo

Bulbo

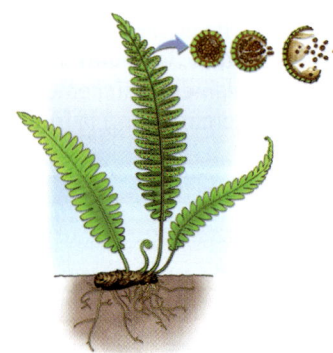
Esporulación

ACTIVIDADES

12. ¿Conoces alguna utilidad de la reproducción asexual por fragmentación en agricultura o jardinería?

13. En el siglo XIX se liberaron en Gran Bretaña algunos pies femeninos de la planta acuática norteamericana *Elodea canadensis*, la cual acabó extendiéndose por numerosos cauces de la isla. ¿A qué crees que se debe el éxito colonizador de esta especie?

- **Fragmentación.** Una porción pluricelular de la planta madre origina el nuevo individuo. Por lo general, el propágulo se termina independizando de la planta madre. Si no se separa, se forman colonias clonales. La fragmentación puede ser:

  – Por **estolones**, ramas laterales que emiten raíces y originan una nueva planta, como las fresas.

  – Por **rizomas**, tallos alargados subterráneos que desarrollan yemas que dan lugar a nuevas plantas, como los lirios.

  – Por **tubérculos**, tallos subterráneos engrosados cuyas yemas originan nuevas plantas, como la patata.

  – Por **bulbos**, yemas foliares que originan plantas, como la cebolla.

- **Esporulación asexual.** El propágulo es una célula denominada **espora** y generada por mitosis (mitospora). Entre las plantas se da en musgos y helechos.

3.2. Sexualidad y reproducción

El concepto de **sexualidad** tiene en biología el significado de intercambio genético entre dos organismos. En origen, la sexualidad no estaba unida a la multiplicación del individuo o reproducción.

Encontramos un ejemplo de esto en las bacterias, que tienen reproducción asexual por división celular, y, de modo independiente, intercambio genético entre dos bacterias sin reproducción.

A lo largo de la evolución, la sexualidad y la reproducción se unieron en el proceso de **reproducción sexual**: cada individuo fabrica una célula especial o **gameto**, que se une con otra de otro individuo para formar la **célula huevo** o **cigoto** que, por divisiones sucesivas, formará el nuevo organismo.

Este organismo es el resultado de una combinación única de genes de sus progenitores y, por tanto, es un ser genéticamente distinto. De este modo, aumenta la diversidad genética de la especie y hay más oportunidades para conseguir nuevas adaptaciones y formas.

En los primeros organismos unicelulares sexuales los gametos eran morfológicamente iguales (**isogamia**). Con el tiempo, se diferenciaron en dos tipos (**anisogamia**), distinguiéndose el gameto masculino, generalmente móvil y más pequeño, del femenino, habitualmente mayor e inmóvil.

En las plantas, los gametos masculinos se denominan **anterozoides** y los femeninos, **oosferas**.

La formación de los gametos (**gametogénesis**) en los organismos pluricelulares tiene lugar en órganos especializados, denominados **gametangios** en las plantas, equivalentes a las gónadas de los animales.

Dependiendo de si cada individuo produce un tipo de gameto o ambos, la especie puede ser de las siguientes formas (Fig. 9.6):

- **Unisexual**, con dos tipos de individuos: masculinos y femeninos. En las plantas se denominan **dioicas**. Un ejemplo lo constituyen el acebo o el sauce.

- **Hermafrodita**, con un único tipo de individuo. En estas especies, cada órgano reproductor puede tener los dos sexos (gametangios masculinos y femeninos) o solo uno. En este segundo caso, habrá órganos masculinos y femeninos en la misma planta. Estas plantas reciben el nombre de **monoicas**. El pino o el maíz son un ejemplo.

Desde el punto de vista biológico, la reproducción sexual supone la fusión de dos células en el proceso de la **fecundación**. Esa fusión es desigual, ya que el gameto masculino solamente suele aportar su núcleo, es decir, su material genético, mientras que el gameto femenino aporta su núcleo y además su citoplasma y sus orgánulos. Por tanto, el cigoto está constituido por el gameto femenino más el material genético del gameto masculino.

Como el genoma del cigoto procede de la suma de los genes de los dos gametos, antes de la fecundación es preciso reducir los genes de cada gameto a la mitad, ya que de lo contrario cada nueva generación duplicaría los genes de la anterior.

Ese proceso previo a la formación de los gametos se lleva a cabo por un tipo especial de división celular llamado **meiosis**.

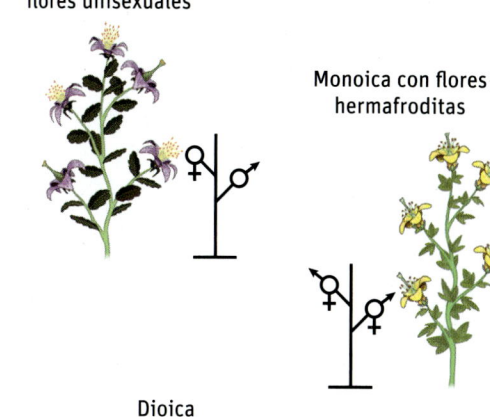
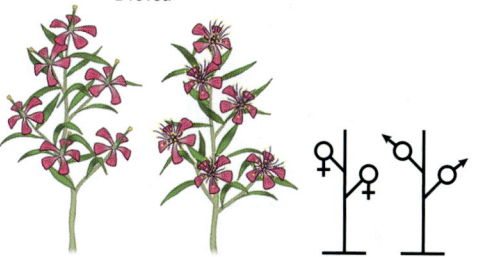

Figura 9.6. Tipos de plantas según su sexualidad.

Figura 9.7. Planta de maíz con flor masculina y femenina.

ACTIVIDADES

14. Las mitocondrias y los cloroplastos son orgánulos procedentes de bacterias simbiontes que quedaron como residentes en la formación de las células eucariotas. Ambos orgánulos conservan su propio ADN, independiente del ADN de la célula. De acuerdo a cómo sucede el proceso de fecundación, los genes del núcleo son una mezcla de genes paternos y maternos. Pero ¿de cuál procede el ADN mitocondrial y el cloroplástico?

4. La meiosis

La **meiosis** es un proceso de división celular que solo experimentan las células que van a dar origen a los gametos. Por lo tanto, solo tiene lugar en los órganos reproductores. Aunque la estudiamos en la unidad de la reproducción de las plantas, la meiosis es un tipo de división que existe en todos los seres vivos con reproducción sexual.

Consta de dos divisiones seguidas (meiosis I y meiosis II), por lo que a partir de una célula se originan cuatro.

Estas divisiones siguen un patrón muy parecido al de la mitosis y, por ello, las diferentes etapas o fases de cada una de ellas reciben los mismos nombres que en aquella: **profase, metafase, anafase** y **telofase**.

Sin embargo, algunos procesos concretos de reparto de cromosomas y cromátidas son diferentes.

4.1. Función y sentido biológico de la meiosis

La función de la meiosis es formar los nuevos núcleos de los gametos, es decir, crear la dotación genética que tendrán los futuros gametos, lo que implica reducir el número de cromosomas a la mitad y mezclar genes paternos y maternos entre los cromosomas homólogos.

Figura 9.8. Metafase I y anafase I en la meiosis.

A continuación, las células resultantes de la meiosis experimentarán una transformación que afecta fundamentalmente al citoplasma, se conoce como **gametogénesis**.

Por tanto, la meiosis tiene un doble objetivo:

- **Reducción de la dotación cromosómica diploide** (2n) de las células somáticas o no reproductoras de la planta a la dotación haploide (n) de los gametos. Esta reducción se consigue en la primera división meiótica, que por eso recibe el nombre de "división reduccional".

  Para ello, en vez de separarse las cromátidas de los cromosomas, como ocurría en la mitosis, en la metafase I y en la anafase I meióticas se separan cromosomas homólogos completos, yendo uno a cada polo o futuro núcleo (Fig. 9.8). Así, tras esta división, cada nuevo núcleo tiene ya solo n cromosomas.

- **Intercambio de genes entre las parejas de cromosomas homólogos.** Este proceso, que se denomina **entrecruzamiento** o **sobrecruzamiento**, tiene lugar en la profase I y produce la **recombinación genética** o mezcla de los genomas de los progenitores (Fig. 9.9). El entrecruzamiento, que se produce con bastante frecuencia, aumenta la mezcla de genes y la posible variabilidad genética de la descendencia.

  Para que pueda tener lugar el entrecruzamiento, durante la profase I los cromosomas homólogos se disponen unidos entre sí en paralelo (sinapsis). Esta disposición se denomina "en tétrada" (4 cromátidas) o "bivalente" (2 cromosomas) y se observan formas en X, que reciben el nombre de **quiasmas**, en los puntos de intercambio cuando empiezan a separarse los cromosomas homólogos, llevándose cada uno fragmentos del otro cromosoma (recombinación genética).

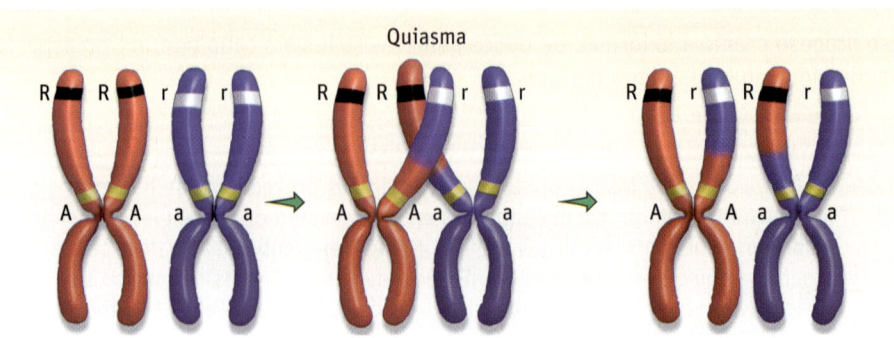

Figura 9.9. Entrecruzamiento de cromosomas.

PRIMERA Y SEGUNDA DIVISIONES MEIÓTICAS

La **primera división meiótica** es una división reduccional en la que se producen la reducción cromosómica y la recombinación genética, o intercambio de genes, entre cromosomas homólogos.

Profase I

Desorganización de las envolturas nucleares, condensación de cromosomas, formación del huso.

Los cromosomas homólogos se juntan y realizan entrecruzamientos con recombinación genética o intercambio de trozos de cromátidas.

Metafase I

Los cromosomas se disponen en la **placa ecuatorial**, entre los dos polos, pero aparecen emparejados los homólogos. Los centrómeros se unen con los filamentos del huso, pero cada cromosoma homólogo se une a los filamentos originados en polos opuestos.

Anafase I

Empiezan a desplazarse los cromosomas homólogos (con sus dos cromátidas) a los polos.

Telofase I

Se agrupa el material genético de cada futuro núcleo, con (n) cromosomas de dos cromátidas en cada caso (haploide). Comienza así la desaparición de los cromosomas, que se desenrollan y convierten en cromatina.

Reaparecen las envolturas nucleares y sucede una citocinesis o separación de citoplasmas.

La **segunda división meiótica** es similar a una mitosis en una célula haploide y tiene lugar inmediatamente después de la formación de las dos células hijas, que no entran en interfase (no hay duplicación del ADN).

Profase II

Condensación y reaparición de los cromosomas (n). Reabsorción de las envolturas nucleares y formación del huso.

Metafase II

Alineamiento de los cromosomas en la placa ecuatorial. Se enlazan filamentos del huso a ambos lados de cada centrómero.

Anafase II

Separación de las cromátidas y desplazamiento de estas a cada polo.

Telofase II

Desaparición del huso, reconstrucción de los núcleos y desenrollamiento de los cromosomas que se convierten en cromatina.

La relación y reproducción en las plantas

5 Los ciclos biológicos

Los seres vivos que utilizan la reproducción sexual alternan fases haploides y diploides, separadas por los procesos de meiosis y fecundación. Estas fases pueden estar representadas por entidades más o menos independientes con duración y características muy distintas. Hay tres tipos de ciclos biológicos:

CICLOS BIOLÓGICOS

Ciclo diplonte

La meiosis tiene lugar para formar los gametos (unicelulares), que son la fase haploide, mientras que a partir de la fecundación, el cigoto y el organismo pluricelular que se forman desde él son la fase diploide. Es típico de animales y muchas algas.

Ciclo haplonte

La meiosis tiene lugar en el cigoto (unicelular) que es la única fase diploide, ya que el organismo pluricelular resultante por crecimiento y desarrollo es haploide. Los gametos que forman son también haploides. Es típico de muchos hongos y protistas.

Ciclo diplohaplonte o haplodiplonte

Se alternan fases haploide y diploide pluricelulares, con un tiempo de vida similar. La fase diploide se denomina **esporofito** y la haploide, **gametofito**. Es típico de las plantas, en las que la fase del gametofito se ha ido reduciendo evolutivamente.

En la Web
Observa esta animación sobre el ciclo de los musgos.
www.e-sm.net/svbg1bach09_03

5.1. Ciclo biológico de los musgos

Los musgos presentan un ciclo biológico con predominio de la fase del gametofito.

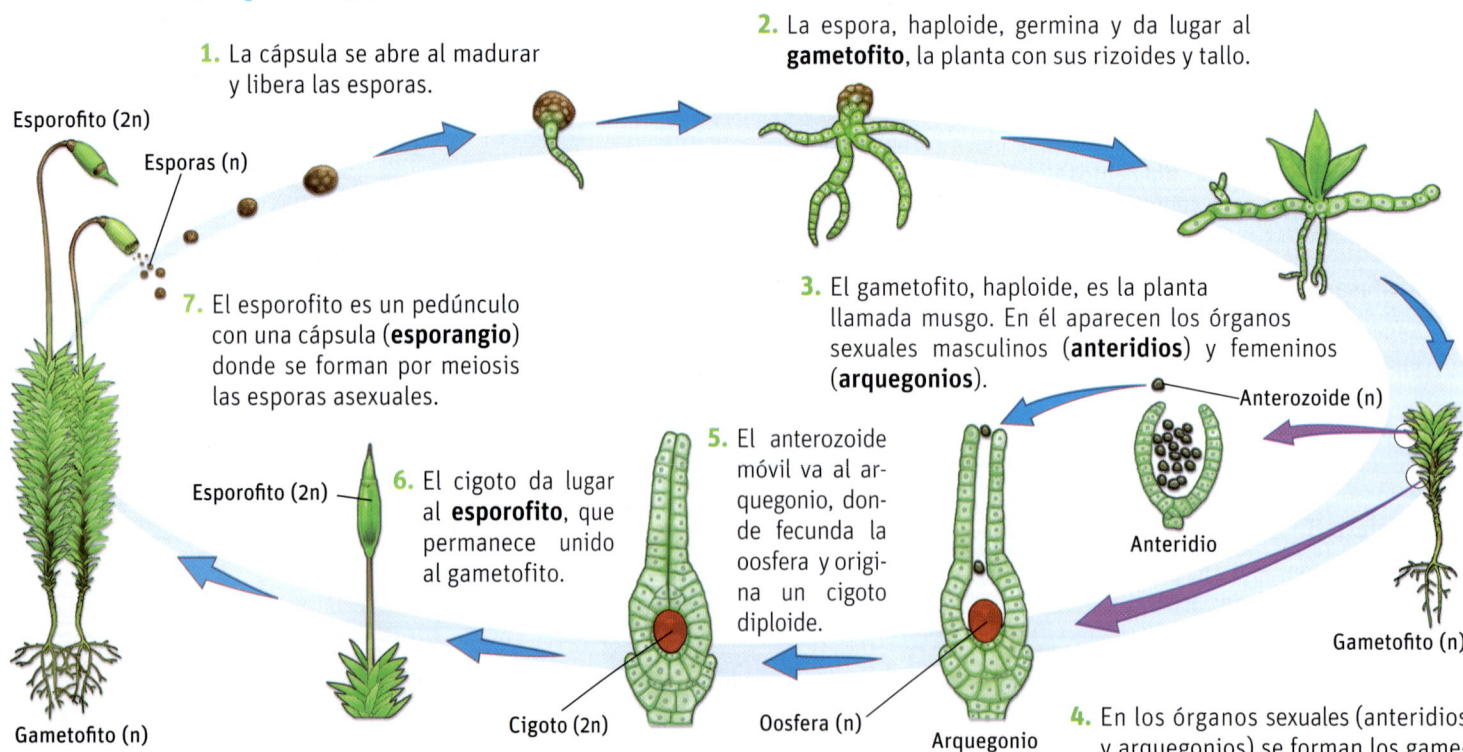

1. La cápsula se abre al madurar y libera las esporas.
2. La espora, haploide, germina y da lugar al **gametofito**, la planta con sus rizoides y tallo.
3. El gametofito, haploide, es la planta llamada musgo. En él aparecen los órganos sexuales masculinos (**anteridios**) y femeninos (**arquegonios**).
4. En los órganos sexuales (anteridios y arquegonios) se forman los gametos (**anterozoides** y **oosferas**).
5. El anterozoide móvil va al arquegonio, donde fecunda la oosfera y origina un cigoto diploide.
6. El cigoto da lugar al **esporofito**, que permanece unido al gametofito.
7. El esporofito es un pedúnculo con una cápsula (**esporangio**) donde se forman por meiosis las esporas asexuales.

5.2. Ciclo biológico de los helechos

En el ciclo biológico de los helechos la fase de esporofito es más visible.

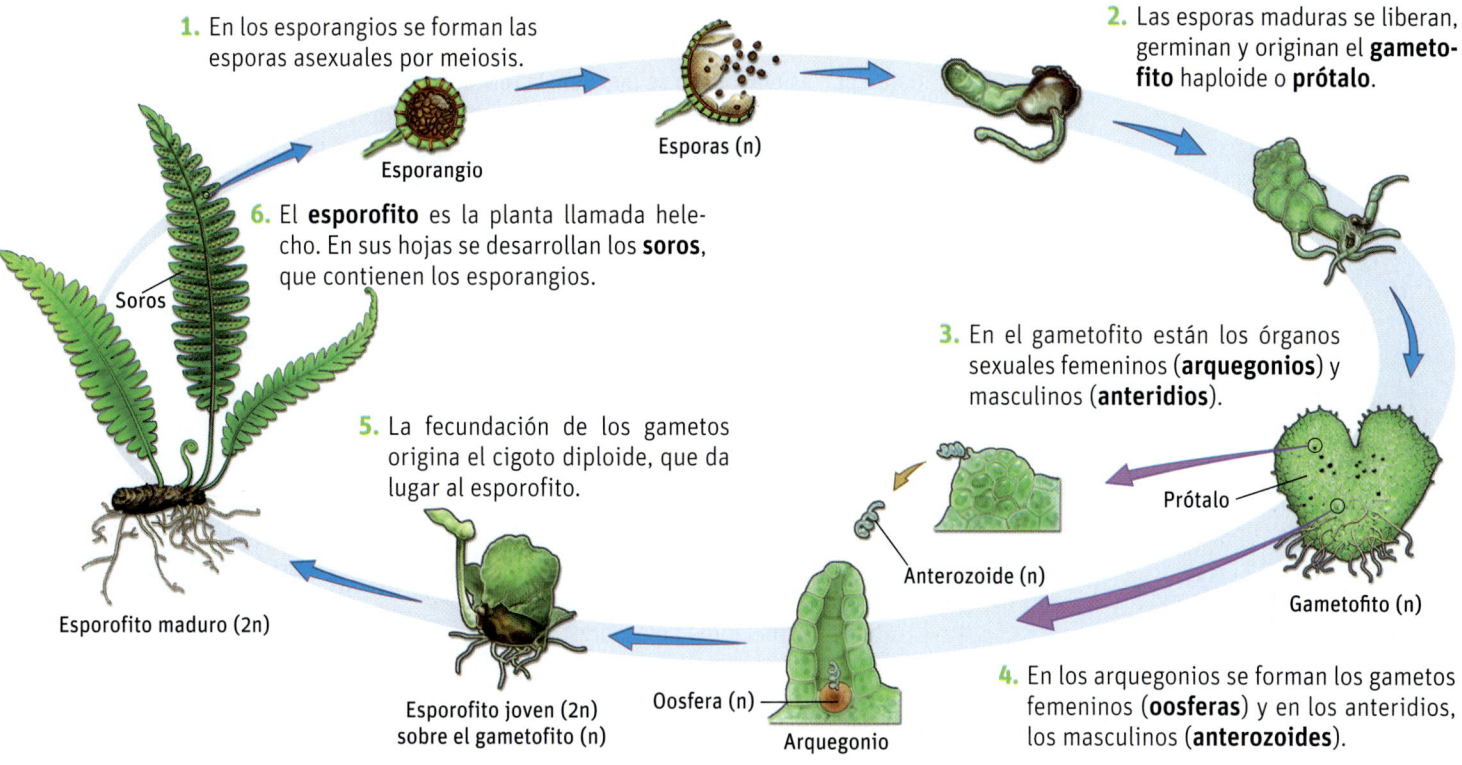

1. En los esporangios se forman las esporas asexuales por meiosis.
2. Las esporas maduras se liberan, germinan y originan el **gametofito** haploide o **prótalo**.
3. En el gametofito están los órganos sexuales femeninos (**arquegonios**) y masculinos (**anteridios**).
4. En los arquegonios se forman los gametos femeninos (**oosferas**) y en los anteridios, los masculinos (**anterozoides**).
5. La fecundación de los gametos origina el cigoto diploide, que da lugar al esporofito.
6. El **esporofito** es la planta llamada helecho. En sus hojas se desarrollan los **soros**, que contienen los esporangios.

5.3. Ciclo biológico de las espermatofitas

En las plantas con semillas, la reducción de la fase del gametofito alcanza su mayor grado.

1. El **esporofito** es la planta adulta tal como la conocemos.
2. El **gametofito masculino** es el grano de polen que se forma en la parte masculina de la flor.
3. En el gametofito están los esporangios masculinos (microsporangios), en los que por meiosis se forman los granos de polen haploides.
4. Uno de los núcleos del grano de polen actúa de gameto masculino.
5. El **gametofito femenino** se forma en el ovario, donde está el saco embrionario o megasporangio (esporangio femenino).
6. El megasporangio produce megasporas por meiosis, en las que se forman varios núcleos por división.
7. Uno de los núcleos, la ovocélula, actúa de gameto femenino.
8. La fecundación de los gametos origina el cigoto.
9. El cigoto genera el embrión, que permanece dentro de la semilla hasta formar el esporofito.

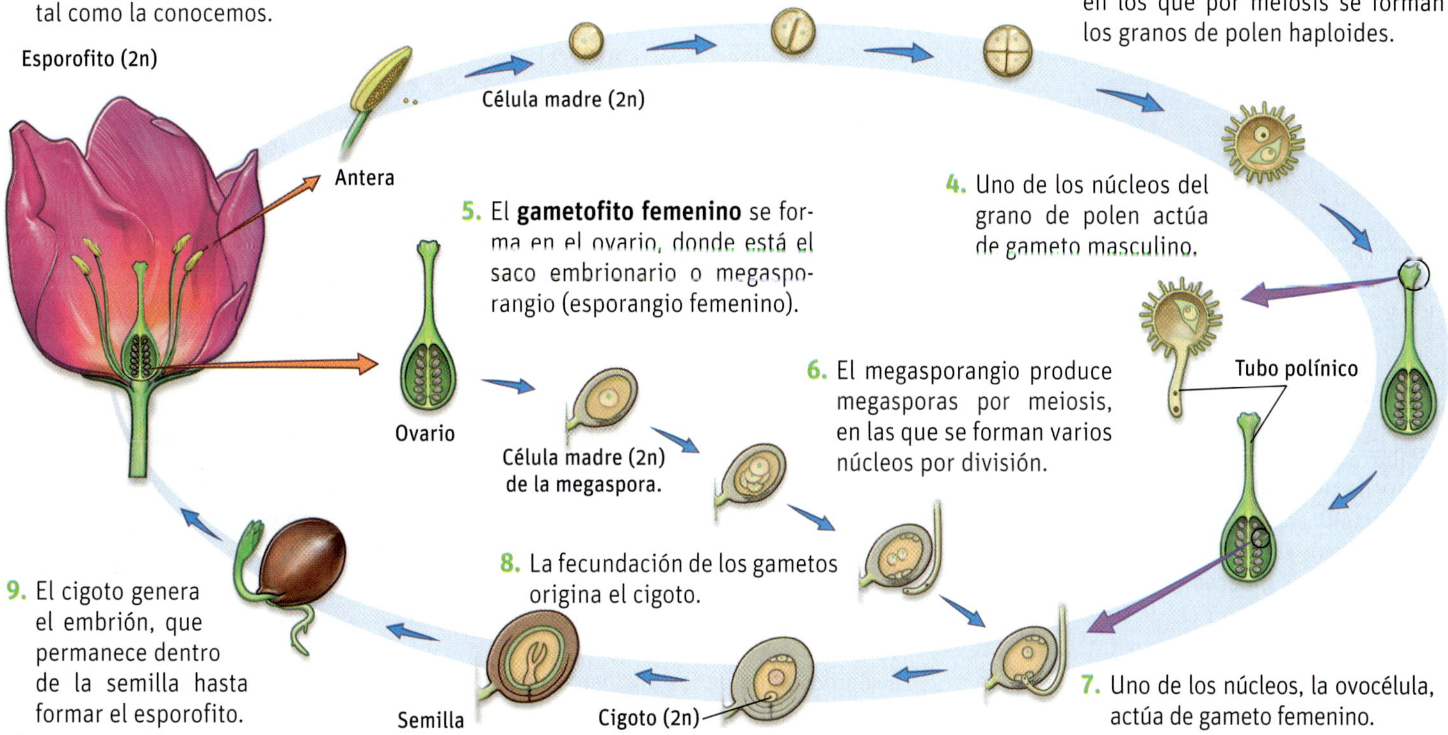

La relación y reproducción en las plantas 177

6. La reproducción sexual en espermatofitas

Durante casi 200 millones de años (Ma), los ambientes terrestres estuvieron dominados por helechos y gimnospermas, pero en el Carbonífero, hace más de 100 Ma, se produjo en ambientes ecuatoriales otra explosión evolutiva de un nuevo tipo de plantas con semillas: las angiospermas. Estas presentaban una innovación exitosa: flores con hojas transformadas que protegen los órganos sexuales y ovarios cerrados.

Dado que las plantas no se mueven, la reproducción sexual de las espermatofitas necesita aliados que lleven los gametos de una planta a otra y dispersen las semillas para su germinación. El proceso es especialmente complejo en el caso de las angiospermas, que forman fruto y han desarrollado sistemas de **polinización** muy sofisticados.

6.1. La flor de las espermatofitas

La flor es una estructura propia de las espermatofitas, formada por los órganos sexuales rodeados de unas hojas transformadas denominadas **brácteas**. Existen dos tipos, según sea de gimnospermas o de angiospermas.

FLOR DE GIMNOSPERMA

La flor de las gimnospermas consiste en un eje terminal de una rama del que salen brácteas o escamas que protegen a los órganos formadores de esporas (esporangios), donde se formarán los gametos (núcleos de los granos de polen y del óvulo).

Esta flor recibe el nombre de **estróbilo**, **cono** o **piña**.

FLOR DE ANGIOSPERMA

Periantio
Formado por el **cáliz** (conjunto de sépalos) y la **corola** (conjunto de pétalos), dos verticilos exteriores estériles.

Androceo
Verticilo interior sexual, formado por los **estambres**, que constan de filamento y antera, donde se encuentran los sacos polínicos.

Gineceo
Verticilo interior sexual, formado por el **carpelo**, que consta del ovario (en cuyo interior están los óvulos), el estilo y el estigma.

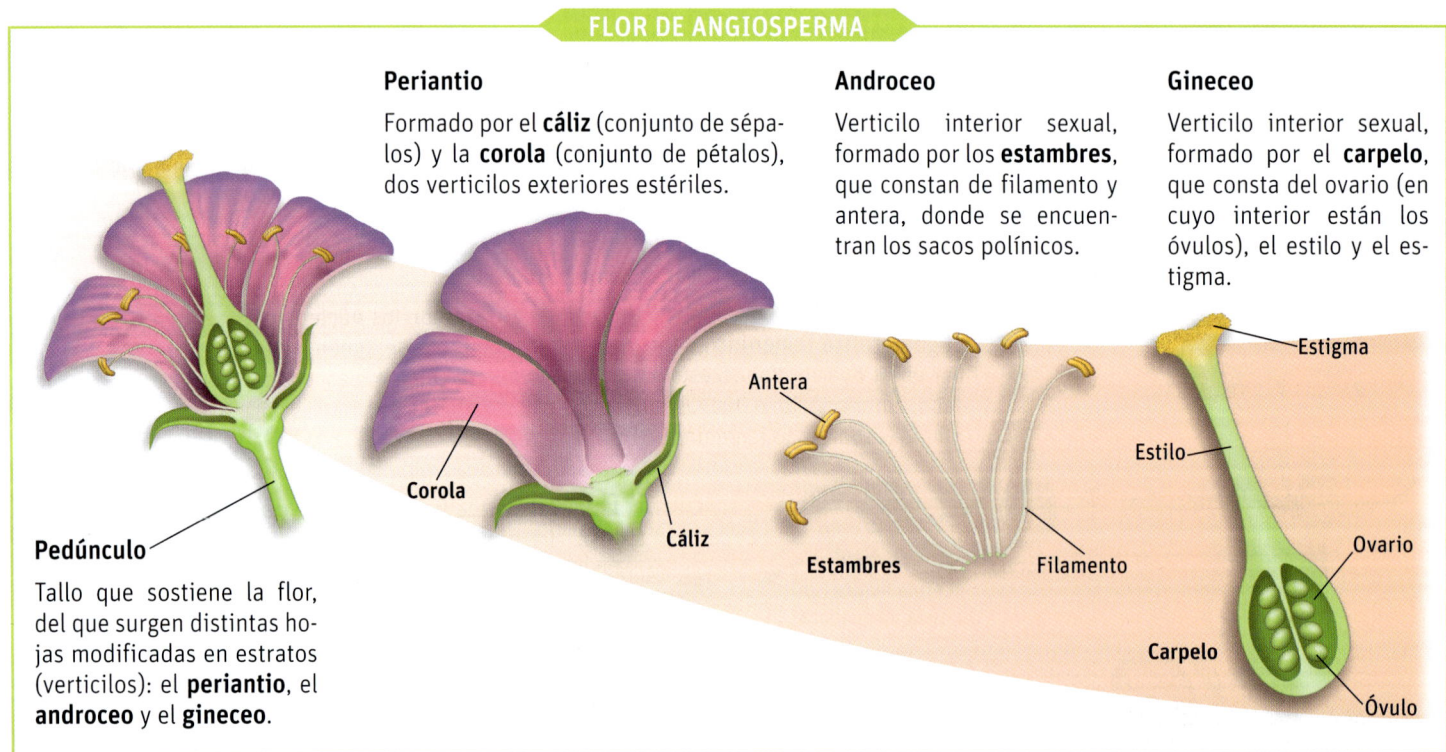

Pedúnculo
Tallo que sostiene la flor, del que surgen distintas hojas modificadas en estratos (verticilos): el **periantio**, el **androceo** y el **gineceo**.

La reproducción de las angiospermas sigue varios pasos: polinización, fecundación, formación de la semilla y del fruto, dispersión del fruto y germinación de la semilla.

6.2. La polinización

La polinización es el mecanismo por el que el polen llega desde el estambre de una flor al carpelo de otra. Las plantas han desarrollado sistemas para evitar la **autofecundación** en flores hermafroditas y en plantas con flores unisexuales de los dos sexos (plantas monoicas), ya que reduce la variabilidad que da la reproducción sexual al intercambiar genes con otro individuo. Entre estos sistemas se encuentra la **heterostilia**, o diferencia de altura entre los estambres y los carpelos de una flor, así como la distinta maduración de estambres y carpelos en el tiempo.

Las plantas con flores necesitan agentes que transporten el polen. Según cuál sea este agente, la polinización puede ser de distintas maneras:

- Polinización **anemógama** o **anemófila**: el agente transportador es el viento. Es un sistema poco eficiente que requiere la producción de gran cantidad de polen y la reducción de las cubiertas protectoras de la flor para favorecer la acción del viento.

- Polinización **zoógama** o **zoófila**: el agente transportador es un animal. Pueden ser aves, murciélagos o, sobre todo, insectos (**polinización entomógama** o **entomófila**). La polinización por insectos ha llevado a plantas e insectos a un grado de coevolución e interdependencia muy alto. Las plantas que usan esta polinización poseen nectarios que secretan azúcares en zonas internas de la flor para atraer a los insectos y lograr que se lleven, de paso, el polen. La disposición de estambres, carpelos y pétalos ha coevolucionado hasta dar formas muy elaboradas. Los colores de los pétalos y sus formas son también parte del mecanismo evolutivo de atracción de insectos.

- Polinización **hidrógama** o **hidrófila**: es propia de plantas acuáticas. En ellas, el agente transportador del polen es el agua. Es muy similar a la anemógama, pero en medio acuático.

Figura 9.10. Dispersión de polen de pino por el viento.

• En la Web

Observa la polinización artificial en este vídeo.

• www.e-sm.net/svbg1bach09_04

Mira en esta animación las diferentes formas de polinización en plantas.

• www.e-sm.net/svbg1bach09_05

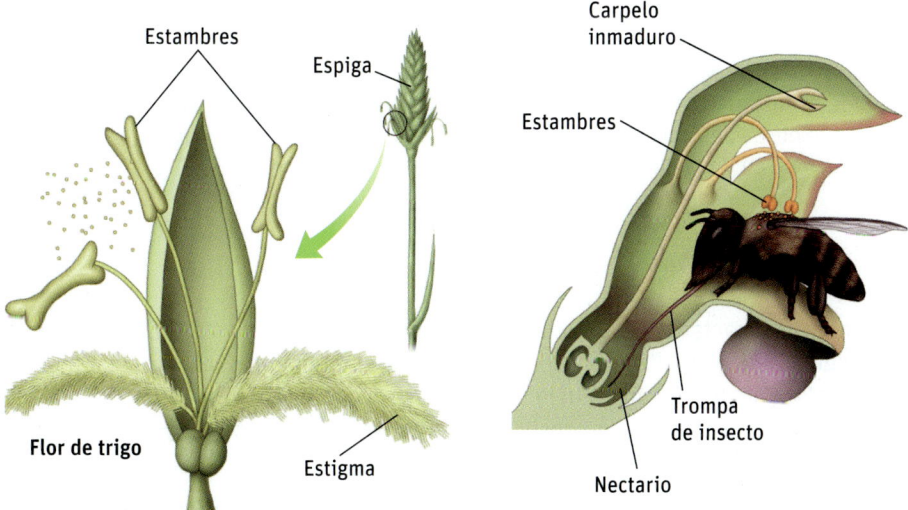

Figura 9.11. Polinización anemógama y zoógama.

ACTIVIDADES

15. Indica las principales diferencias entre la flor de un pino y la de un rosal.

16. Explica las ventajas evolutivas de que las plantas hayan desarrollado mecanismos para evitar la autofecundación.

17. ¿Qué ventajas y qué inconvenientes crees que presenta la polinización anemógama frente a la entomógama?

6.3. La fecundación

La fecundación es la unión de los gametos para formar el **cigoto** que dará lugar al nuevo organismo. El grano de polen no es el gameto, sino una espora que contiene el verdadero gameto, que es uno de los núcleos. En realidad, los granos de polen suelen contener dos células en su interior, una vegetativa y otra generativa.

LA FECUNDACIÓN

1. El grano de polen llega hasta el estigma de un carpelo y genera un **tubo polínico**, que se abre camino entre las células del carpelo para llegar al ovario.

2. El núcleo de la célula generativa se divide en dos núcleos, llamados **espermáticos**, que descienden por el tubo polínico.

3. En el interior del óvulo, el saco embrionario se divide tres veces, dando un total de ocho núcleos haploides repartidos en siete células, ya que la más grande contiene dos núcleos llamados polares o secundarios. Una de las células es el óvulo u oosfera.

4. Al llegar el tubo polínico a la entrada del saco embrionario, los dos núcleos espermáticos entran uno en la oosfera (donde se fusiona con su núcleo) y otro en la célula mayor que posee dos núcleos secundarios, con los cuales se fusiona en un núcleo triploide (3n).

5. Así, en el saco embrionario se produce una **doble fecundación**. De una resulta el cigoto, que dará el futuro embrión, y de la otra, un tejido triploide que se denomina albumen o **endospermo** y que formará también parte de la semilla como reserva alimenticia.

6.4. La semilla

La semilla es característica de todas las espermatofitas. Tiene unas **cubiertas** formadas a partir de tegumentos del saco embrionario; el **embrión**, que dará lugar a la futura planta, y un tejido alimenticio llamado albumen o **endospermo**. En algunas semillas, el embrión absorbe el endospermo y lo almacena en su cotiledón o cotiledones. En otras semillas el endospermo rodea al embrión.

El embrión desarrolla una pequeña raicilla o **radícula**, un tallito o **plúmula** y una o dos hojas embrionarias denominadas **cotiledones**.

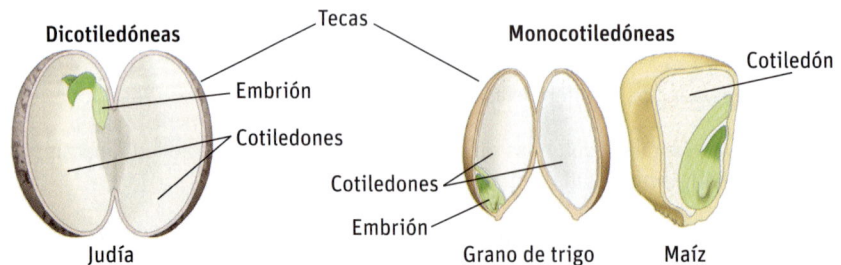

Figura 9.12. Semillas de espermatofitas. Se diferencian los dos grandes grupos de angiospermas.

6.5. El fruto

Las gimnospermas carecen de verdadero fruto y las semillas están, en ocasiones, protegidas por escamas o brácteas duras del cono (seudofruto).

En las angiospermas, las cubiertas del carpelo se desarrollan como estructuras de protección de la semilla, dando lugar al **fruto**. El resto de la flor suele marchitarse y caer y el pedúnculo floral, que mantiene al fruto unido a la planta hasta su maduración, acaba rompiéndose y liberándolo.

El fruto presenta una pared que protege a la semilla, denominada **pericarpio**, constituida por tres partes, de fuera adentro: **exocarpo**, **mesocarpo** y **endocarpo**.

De la consistencia, la dureza, el grosor y el carácter jugoso o seco de estas cubiertas protectoras dependen los distintos tipos de frutos que, en general, se suelen clasificar en **secos** o **carnosos**. Los secos pueden abrirse espontáneamente para liberar o no las semillas, denominándose, respectivamente, **dehiscentes** o **indehiscentes**.

6.6. La diseminación, la dispersión y la germinación

Para no competir con la planta madre y favorecer que la especie se extienda, es importante que la nueva semilla germine lejos. Es lo que se conoce como **diseminación**. Para ello se utilizan agentes externos: los animales, el agua o el viento. En muchas plantas, la semilla viaja encerrada en el fruto, por lo que quien se dispersa es este.

Existen las siguientes formas de diseminación de semillas o dispersión del fruto:

- **Zoócora:** mediante animales. Las semillas o frutos se dispersan enganchados al exterior del animal (pelo, plumas, etc.) por estructuras diversas; o en el interior del tubo digestivo, en cuyo caso la semilla suele presentar cubiertas resistentes a las enzimas digestivas para salir intacta con las heces, como sucede en las fresas.
- **Hidrócora:** mediante el agua. Son frutos o semillas resistentes al agua que se dispersan por corrientes fluviales o marinas como los cocos de las palmeras.
- **Anemócora:** mediante el viento. Deben ser frutos o semillas muy ligeros que, en ocasiones, presentan estructuras aladas o penachos denominados vilanos, que los ayudan en el vuelo. Es el caso de los arces o los dientes de león.
- **Autócora:** algunas plantas presentan sistemas propios de dispersión del fruto o de la semilla mediante propulsión, como el "pepinillo del diablo" (*Ecballium elaterium*).

Cuando la semilla se dispersada puede permanecer mucho tiempo en estado latente hasta que las condiciones de temperatura y humedad sean propicias. Entonces, absorbe agua y el embrión rompe las cubiertas en el proceso de **germinación**, creciendo a costa de los tejidos nutritivos de reserva hasta que empieza a realizar la fotosíntesis.

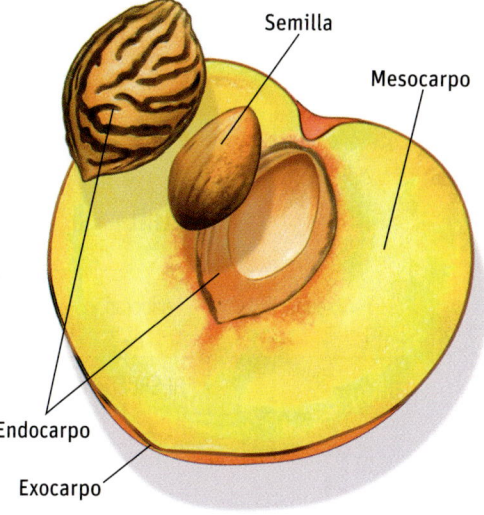

Figura 9.13. Partes del fruto.

smSaviadigital.com OBSERVA
La formación del fruto y la germinación.

• En la Web
En este vídeo se aprecia el sistema autopropulsor del pepinillo del diablo.
• www.e-sm.net/svbg1bach09_06

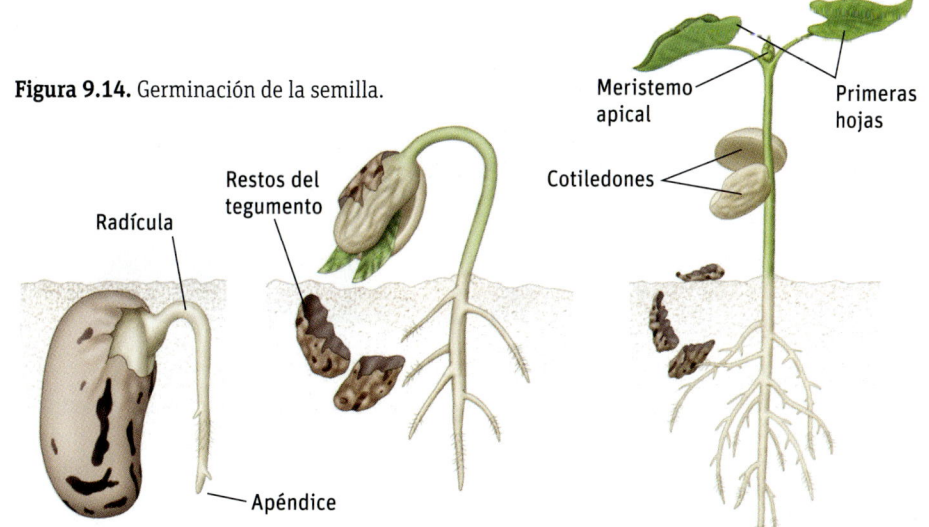

Figura 9.14. Germinación de la semilla.

ACTIVIDADES

18. Explica las características de las tres capas del pericarpio de los siguientes frutos: naranja, tomate, avellana y manzana.

19. Busca ejemplos (diferentes a los que aparecen en el texto) de sistemas de dispersión de frutos en plantas. Explica cada caso.

ACTIVIDADES

Síntesis

20. Completa en este mapa conceptual los términos que faltan (•••) y los fragmentos que debes desarrollar ⊕. Puedes realizar la actividad en tu cuaderno.

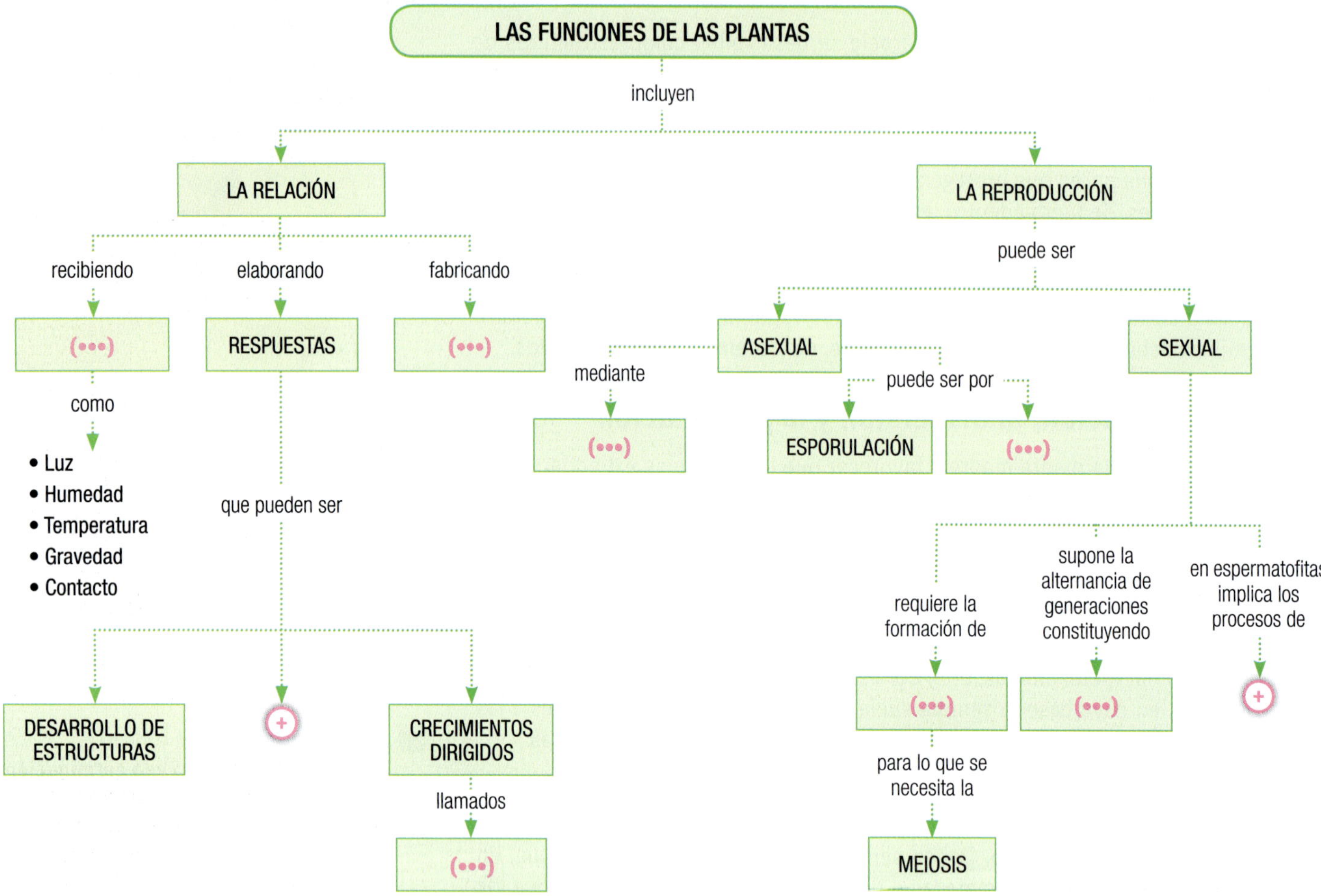

```
                        LAS FUNCIONES DE LAS PLANTAS
                                 incluyen
              ┌────────────────────┴────────────────────┐
          LA RELACIÓN                              LA REPRODUCCIÓN
    ┌─────────┼─────────┐                              puede ser
recibiendo elaborando fabricando                    ┌──────┴──────┐
    │         │         │                        ASEXUAL        SEXUAL
  (•••)   RESPUESTAS  (•••)                mediante   puede ser por
    │         │                               │           │
   como    que pueden ser                   (•••)   ESPORULACIÓN  (•••)
    │                                                              
  • Luz                                                 supone la     en espermatofitas
  • Humedad                                         alternancia de    implica los
  • Temperatura                                   generaciones        procesos de
  • Gravedad                       requiere la    constituyendo
  • Contacto                       formación de
    │         │         │              │              │              │
DESARROLLO DE  ⊕   CRECIMIENTOS      (•••)          (•••)            ⊕
ESTRUCTURAS       DIRIGIDOS
                  llamados       para lo que se
                                   necesita la
                    (•••)          MEIOSIS
```

Aplicación y relación

21. El dibujo siguiente muestra el interior de una caja donde se ha hecho germinar una planta.

a) Explica qué ha motivado la forma tan particular que presenta la planta.
b) ¿Cómo se denomina el tipo de respuesta que ha experimentado esta planta?
c) ¿Cuál es el estímulo determinante del proceso?

22. Hay un dicho que afirma: "Una manzana podrida pudre el cesto". Y, efectivamente, el hecho de que haya una manzana madura que comienza a pudrirse suele activar la maduración de las que están cerca.

a) ¿A qué crees que puede deberse ese proceso?
b) ¿Puede tener que ver algo el olor típico que emana de la fruta podrida?
c) Diseña un sencillo experimento para demostrar que existe contagio a través de alguna sustancia química.

23. Las siguientes anafases pertenecen a células de una planta 2n = 6. Identifica a qué tipo de división corresponde cada una: mitosis, meiosis I o meiosis II.

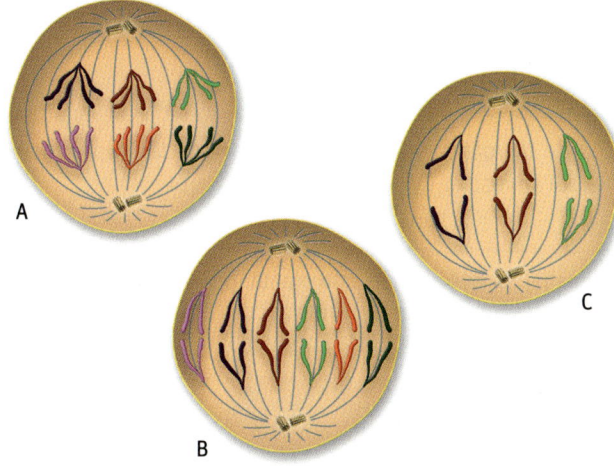

24. Observa la siguiente imagen.

a) ¿Qué estructura representa y qué indican las letras?
b) ¿A qué estructura equivaldría si fuera de un musgo?
c) ¿Y de una planta con semilla?

25. ¿Puede una espora de un musgo tener un número impar de cromosomas? Justifica tu respuesta.

26. De las especies estudiadas, la que presenta el mayor número de cromosomas es el helecho *Ophioglussum reticulatum*, con 1269 cromosomas. ¿Cuántos cromosomas tiene un anterozoide de esta especie? ¿Y una espora de uno de sus soros?

27. El grano de polen ¿puede considerarse un gameto o una espora? Razona tu respuesta.

28. Los árboles cítricos (naranjeros, limoneros) tienen unas flores completas muy bonitas que emiten un intenso aroma. Sus frutos tienen una pulpa rica en nutrientes que ha sido hiperdesarrollada por la selección artificial en los cultivos humanos.

¿Qué tipo de polinización y de dispersión del fruto crees que tienen las variedades silvestres de estas plantas? Razona tu respuesta.

29. En agricultura se utiliza desde hace siglos la técnica del injerto: se hace encajar una porción de una planta que se quiere cultivar sobre una rama cortada de otra que hace de pie. Pueden ser especies distintas (aunque, en general, próximas genéticamente), como una rama de melocotonero sobre un pie de almendro.

a) Si en un injerto de melocotonero sobre almendro se producen flores en la parte injertada, ¿de qué tipo serán?
b) Si se deja crecer una rama del pie de almendro y esta genera flores, ¿podrán fecundarse entre sí las flores del pie y las del injerto?

Biblioteca global

30. Ligamiento y entrecruzamiento

Los organismos diploides poseen en sus células somáticas dos cromosomas de cada tipo, denominados homólogos. Uno procede del padre y otro, de la madre. Por eso, en un cromosoma todos los genes proceden del mismo progenitor. Como cada gameto recibe solo uno de cada dos cromosomas homólogos, si no hubiera entrecruzamiento o intercambio de trozos entre ellos, todos los genes ligados del mismo cromosoma irían juntos sin separarse.

a) Si se dan intercambios de trozos entre los cromosomas, como sucede en la meiosis, ¿cambiaría la proporción 50 % / 50 % entre genes paternos y maternos que recibe en promedio un gameto? Razona tu respuesta.

b) La tercera ley de Mendel nos permite predecir qué descendientes pueden tener dos organismos heterocigotos para dos genes distintos (AaBb x AaBb). ¿Se cumpliría la tercera ley si no hubiera entrecruzamiento?

c) Busca información sobre la relación entre la tercera ley de Mendel y la forma de medir distancias entre genes de un mismo cromosoma en función de los mapas de ligamiento.

F1 AaBb	X	AaBb	
	AB	Ab	aB	ab
AB	AABB	AABb	AaBB	AaBb
Ab	AABb	AAbb	AaBb	Aabb
aB	AaBB	AaBb	aaBB	aaBb
ab	AaBb	Aabb	aaBb	aabb
F2	9/16 AB	3/16 Ab	3/16 aB	1/16 ab

LA CIENCIA Y SUS MÉTODOS — La experimentación en genética vegetal

Gregor Mendel inició la experimentación científica en plantas controlando los cruzamientos de unas flores con otras. De este modo, desentrañó las bases del funcionamiento de la genética, representadas por sus tres leyes.

Mendel decidía los cruzamientos que le interesaban, llevando el polen de una planta hasta el estigma de otra y evitando que interfirieran los pólenes de otras plantas. Las técnicas de polinización artificial que utilizó ya eran conocidas en agricultura y se han seguido empleando en la llamada mejora vegetal.

¿Qué es la mejora genética vegetal?

Se conoce como mejora vegetal toda técnica que modifica la genética de las plantas para obtener variedades o productos de utilidad o interés para los seres humanos. Un ejemplo lo tenemos en la col silvestre.

MÚLTIPLES VARIEDADES

La col silvestre (*Brassica oleracea*) es una planta que vive dos años. Durante el primero se desarrolla como una roseta de hojas carnosas que almacenan nutrientes y en el segundo gasta gran parte de sus nutrientes en crear una larga inflorescencia o pedúnculo con muchas flores para reproducirse.

La mejora genética de esta planta, por generaciones de agricultores interesados en potenciar sus propiedades, ha conducido a una amplia variedad de versiones.

¿CÓMO SE CONSIGUIERON ESTOS CAMBIOS?

El sistema más antiguo es la **selección artificial**: un procedimiento que interesó mucho a Darwin cuando investigaba la evolución de las especies y que le llevó a definir el proceso básico por el que cambian las especies en la naturaleza: la evolución natural.

La **evolución artificial** opera del siguiente modo:

1. De una generación de individuos de una especie cultivada se identifican los ejemplares que presentan mayor interés desde el punto de vista de alguna utilidad humana.
2. De esos individuos seleccionados se obtienen sus semillas y se realiza la plantación para obtener la generación futura con ellas.
3. Se vuelve a realizar la misma selección de ejemplares, obtención de semillas y plantación de las seleccionadas generación tras generación.

Al cabo del tiempo, la variedad gana en las características que hemos seleccionado, hasta generarse cambios muy marcados.

LA HIBRIDACIÓN

La mejora vegetal conseguida mediante las técnicas de selección artificial se puede acelerar utilizando otra técnica muy antigua que en el siglo pasado experimentó un gran avance tecnológico: la **hibridación**.

La hibridación consiste en cruzar artificialmente variedades diferentes de una planta o de especies muy cercanas evolutivamente. Con ello se consigue potenciar ciertas características, pero pueden aparecer otras no deseadas, por lo que puede ser preciso realizar selección artificial con los descendientes. Gran parte de los cultivos actuales son variedades híbridas.

Finalmente, se pueden aplicar otras técnicas como los **retrocruzamientos**, consistentes en cruzar los híbridos con alguna de las variedades paternas que presente la característica que más queremos potenciar de la combinación y repetirlo varias veces.

ACTIVIDADES

31. Busca información sobre variedades de plantas cultivadas y las especies silvestres de las que proceden.

32. Averigua el lugar geográfico del que proceden esas variedades silvestres.

CIENCIA, TECNOLOGÍA Y SOCIEDAD

Plantas transgénicas

En la revolución de la genética vegetal, el último paso ha sido la aplicación de técnicas de ingeniería vegetal conocidas como transgénesis.

Estas técnicas tienen como objetivo la transferencia de genes de un organismo a otro de distinta especie.

La transgénesis en plantas consta de los siguientes pasos:

1. Determinar una característica interesante de un organismo que queramos incorporar a una planta.

    Esa característica debe ser el resultado de la acción de un solo gen.

    Generalmente, el organismo que se utiliza es una bacteria, pero puede ser otro.

2. Identificar en el genoma de dicho organismo el gen responsable de la característica de interés.

3. Aislar el gen, cortarlo y separarlo del cromosoma en el que se encuentra.

4. Unir el gen, ahora denominado transgén, a un vector que sea capaz de introducirlo en el interior del núcleo de una célula de la planta que nos interesa que lo contenga.

    El vector puede ser un virus o una micropartícula metálica (tungsteno), que se "dispara" con una "pistola de genes" hacia las células aisladas de la planta y cultivadas en un medio de cultivo adecuado.

5. Incorporar el gen al núcleo de una célula y cultivarla hasta generar un organismo completo por regeneración de brotes.

6. Obtener la multiplicación de los brotes en los medios de cultivo adecuados para su posterior crecimiento.

Con la transgénesis se pueden conseguir mejoras que con los métodos tradicionales se tardaría mucho tiempo o incluso sería imposible lograr.

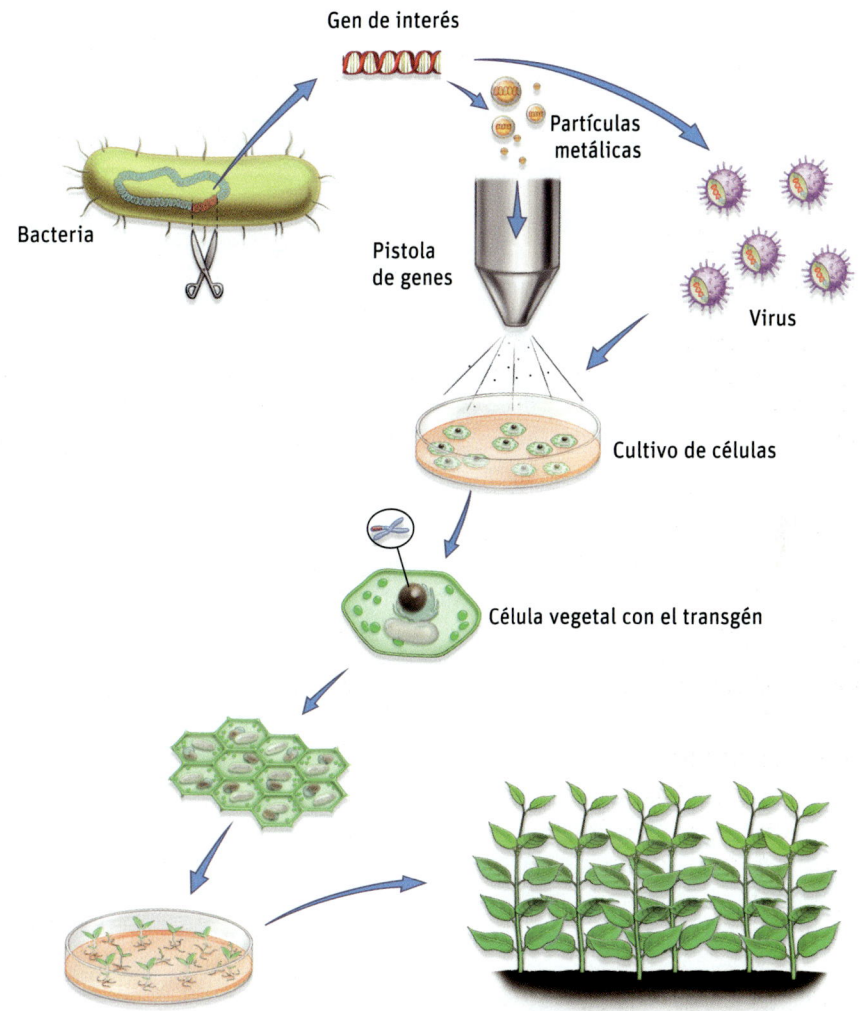

Cultivo de plantas con la característica deseada.

Pero también presenta desventajas. Algunos transgénicos producen sustancias que pueden provocar respuestas inmunológicas; otros, pueden mezclarse con las poblaciones silvestres o con cultivos ecológicos de la planta y contaminarlas con el transgén; y todos han de ser investigados antes de su uso masivo ya que se desconocen los efectos que el gen de una especie puede tener al insertarse en el genoma de otra.

ACTIVIDADES

33. Uno de los criterios útiles para valorar los riesgos asociados a un avance tecnológico es tener en cuenta el grado de riesgo existente y compararlo con el beneficio del nuevo uso. Eso hace que la consideración de si es asumible un transgénico que nos permita producir medicamentos más baratos o más rápidos en la seguridad de un laboratorio tenga un nivel distinto de decisión que otro que permite acelerar la producción de un producto hortofrutícola y cuyo desarrollo implica la existencia de muchos ejemplares transgénicos en el campo.

- Investiga sobre algunos de los varios ejemplos que ya existen de organismos vegetales transgénicos y escribe un texto argumentando los riesgos y ventajas existentes en cada caso.

10

 1  La relación en animales

 2 La evolución de la coordinación hormonal

 3 La evolución del sistema nervioso

 4  La estructura celular del sistema nervioso

La relación y coordinación en animales

| 5  Organización y funcionamiento de las neuronas | 6 Integración y control de la coordinación | 7  El comportamiento animal |  **LA CIENCIA Y SUS MÉTODOS** Cómo estudiar el cerebro en acción |

La comunicación para colaborar

En África existe un ave, el indicador grande (*Indicator indicator*), que se alimenta de la cera de las colmenas y las larvas de las abejas. Tiene una gran facilidad para localizar los panales, pero no puede abrirlos y, además, es vulnerable a las picaduras de esos insectos.

¿Qué hacen, entonces, los indicadores para obtener su preciado alimento?

Estas aves atraen con sus cantos y revoloteos a un ratel (*Mellivora capensis*), un animal parecido al tejón, al que guían hasta el panal de las abejas. El ratel sigue al indicador hasta la colmena y, una vez allí, se come la miel y abandona los restos de las celdas con la cera y las larvas, que sirven de alimento al ave.

El comportamiento cooperativo de los indicadores va más allá de su relación con los rateles. Diversas etnias de África llevan colaborando durante muchas generaciones con estas aves y beneficiándose de su capacidad para localizar panales y de guiarlos hasta ellos.

La comunicación que establecen los indicadores con los rateles y con los seres humanos nos muestra que especies diferentes pueden compartir mensajes en un proceso adaptativo que beneficia a ambas. La permanencia en el tiempo de esta colaboración puede originar procesos coevolutivos que afecten a las dos especies.

Figura 10.1. Pájaro indicador y ratel.

• **En la Web**

Observa la curiosa colaboración entre los masáis y los pájaros indicadores de la miel.

• www.e-sm.net/svbg1bach10_01

1. Comenta algún otro caso de relación entre dos especies animales que implique comunicación y en la que ambas salgan beneficiadas.

2. La comunicación entre individuos de la misma especie es un fenómeno frecuente. Cita ejemplos de comunicación intraespecífica en los que se utilice el lenguaje corporal.

3. Muchos insectos se comunican entre sí gracias a unas sustancias químicas llamadas feromonas. Las utilizan como atractivo sexual, para identificar a los individuos de su colonia, para transmitir mensajes de alarma, etc. Los seres humanos nos servimos de sus feromonas para el control de plagas. ¿Sabes cómo? Investiga acerca de ello.

4. Observa la fotografía de la izquierda: ¿hasta qué punto crees que podemos comunicarnos los seres humanos con otros primates como los chimpancés? ¿Y con especies animales menos emparentadas evolutivamente con nosotros?

1 La relación en animales

La comunicación entre las hormigas

Cuando una hormiga tejedora africana se encuentra con otra de su especie, deposita una sustancia química en el suelo como mensaje para su compañera y realiza un movimiento que puede consistir en una pequeña danza o en un toque en las antenas de la otra.

Los entomólogos Bert Hölldobler y Edward Wilson descubrieron al menos cinco mensajes diferentes posibles entre las hormigas; entre ellos: "¡Sígueme!, he encontrado comida", "¡Ven!, sé de un buen lugar para construir un nido", "¡Alarma!, hay hormigas enemigas cerca".

Hormigas tejedoras construyendo un nido.

Al igual que en las plantas y otros organismos, la función de relación en los animales consiste en un proceso que implica varias fases:

- La **recepción** de estímulos o señales a través de receptores.
- La **coordinación**, que implica integrar la información y elaborar la respuesta.
- La **respuesta** a través de los efectores, que pueden ser músculos o glándulas.

Los receptores sensoriales de los animales son más sofisticados que los de las plantas, y su grado de elaboración de respuestas, así como la complejidad de estas, es también mayor.

Estímulo visual (insecto) → Receptor (ojo) → Impulso nervioso → Vía sensitiva → Centro nervioso (médula o encéfalo) → Elaboración de respuesta → Vía motora → Efectores (músculos de la lengua) → **Respuesta**: caza.

Figura 10.2. Del estímulo a la respuesta.

1.1. Tipos de estímulos y de receptores

Los estímulos son las señales a las que son sensibles los animales. Dentro de su amplia variabilidad, los estímulos pueden ser externos o internos:

- **Estímulos externos.** Son la luz, vibraciones como el sonido, el contacto físico, la temperatura, el campo magnético, etc. Son detectados por órganos sensoriales que se denominan **exterorreceptores** o **exteroceptores**.

- **Estímulos internos.** Se trata de señales internas originadas en el propio cuerpo. Pueden distinguirse dos grandes grupos:

    – Estímulos de variables físico-químicas, como la presión, la temperatura, el pH, las sustancias químicas, etc. Son detectados por **interorreceptores** o **interoceptores**.

    – Estímulos que informan sobre la posición relativa de las partes del cuerpo. Los receptores que los detectan se sitúan en los músculos, las partes esqueléticas y las articulaciones, y se denominan **propiorreceptores** o **propioceptores**.

Dependiendo del estímulo que perciban, los receptores tienen nombres específicos: los **fotorreceptores** captan la luz, los **quimiorreceptores** detectan olores y sabores, los **mecanorreceptores** captan presión, tacto y vibraciones, los **termorreceptores** captan cambios de temperatura, etc.

Los receptores de los órganos sensoriales transforman los estímulos que reciben en **impulsos nerviosos**.

5. Demuestra con una experiencia sencilla que las hormigas se comunican e intercambian información ente ellas.

6. Si recibimos un golpe en un ojo "vemos las estrellas", algo así como luces. ¿Por qué?

7. ¿Qué ocurriría si se secciona el nervio óptico (vía sensitiva) que va desde la retina de los ojos del camaleón hasta su cerebro? ¿Qué demuestra eso?

1.2. Los sistemas de coordinación

La **coordinación** implica interpretar la señal recibida por un receptor e integrarla en un sistema de toma de decisiones que emitirá una orden a un efector para responder mediante un movimiento muscular o una secreción glandular.

En relación con la transmisión de la información, en animales existen dos mecanismos de coordinación:

- **Sistemas de transmisión química u hormonal.** Una serie de **glándulas endocrinas** (de secreción interna) especializadas producen y liberan sustancias químicas mensajeras u **hormonas**.

  Aunque son liberadas a los espacios intercelulares y circulatorios y se extienden por el interior del organismo, las hormonas solo tienen efecto sobre determinadas células u órganos "blanco", específicos para cada hormona y que reaccionan mediante una secreción o una contracción.

  Al utilizar el sistema circulatorio, este sistema no precisa de un "cableado" específico y determina una respuesta general, pero su transmisión es más lenta que los impulsos nerviosos y el control de su señal es más difícil y precario.

- **Sistemas de transmisión nerviosa.** La información es transmitida por vía eléctrica. Consiste en el cambio de polaridad o diferencia de carga eléctrica a ambos lados de la membrana de unas células especializadas y comunicadas entre sí llamadas **neuronas**.

La coordinación hormonal y nerviosa produce las respuestas ante un estímulo de peligro; entre otras:
- Dilatación de las pupilas.
- Dilatación de los conductos respiratorios.
- Aumento de la frecuencia cardiaca.
- Levantamiento sobre las patas.
- Elevación de las orejas.
- Activación muscular (preparación para la huida).

Figura 10.3. El estado de alerta es una respuesta a un estímulo amenazador.

El **impulso nervioso** se transmite de forma muy rápida a través de **nervios**. Este sistema de "cables" está constituido por la interconexión de células nerviosas. La señal se puede dirigir al punto deseado, pero requiere de un "cableado" muy extendido para llegar a todas las zonas del cuerpo.

SISTEMAS DE COORDINACIÓN EN ANIMALES		
	Sistema hormonal	Sistema nervioso
Vía utilizada	Medio interno	Nervios
Velocidad de la respuesta	Lenta	Rápida
Duración de la respuesta	Duradera	Poco duradera
Especificidad de la respuesta	Poco específica	Muy específica
Funciones que coordinan	Las que exigen una acción lenta continuada.	Aquellas que precisan respuestas rápidas.

En la Web
Las endorfinas son hormonas relacionadas con los estados de placer.
www.e-sm.net/svbg1bach10_02

1.3. Los tipos de respuesta animal

Al existir solo dos tipos de órganos efectores, las respuestas directas ante un estímulo pueden ser de dos tipos:

- **Movimiento muscular.** El órgano efector es un músculo. La respuesta es de contracción o relajación. El movimiento puede implicar desplazamiento del animal.
- **Secreción de una sustancia líquida.** El órgano efector es una glándula, que puede ser **exocrina**, si vierte su secreción al exterior (por ejemplo, las lacrimales o las sudoríparas), o **endocrina**, si la vierte al interior, en cuyo caso, la secreción puede ser, a su vez, una señal hormonal.

ACTIVIDADES

8. ¿Cuál de los sistemas de coordinación de los animales está presente también en las plantas?

9. Cita las ventajas y las desventajas de los sistemas de transmisión endocrino y nervioso.

10. ¿Qué diferencia funcional existe entre una glándula endocrina y una exocrina?

2. La evolución de la coordinación hormonal

En la Web
Observa el ciclo de vida de las mariposas.
www.e-sm.net/svbg1bach10_03

Los sistemas de coordinación hormonal en animales han experimentado importantes cambios a lo largo de la evolución. Posiblemente, los primeros sistemas hormonales fueron las **células neurosecretoras**, es decir, células del sistema nervioso que, además, segregaban mensajeros químicos.

Posteriormente, aparecieron las glándulas endocrinas independientes, que, en muchos casos, tienen un control nervioso a través de hormonas de neurosecreción.

La integración de señales químicas y nerviosas ha ido aumentando con la aparición de glándulas endocrinas reguladas por vía nerviosa y órganos nerviosos influidos por vía hormonal, lo que ha constituido un verdadero **sistema neuroendocrino**.

2.1. Sistemas hormonales en invertebrados

Muchos invertebrados presentan sistemas hormonales, por lo general de tipo neurosecretor, es decir, son neurohormonas segregadas por células nerviosas.

En anélidos, artrópodos y moluscos se conocen sistemas de regulación hormonal sobre aspectos como la reproducción, el crecimiento, la muda, la metamorfosis, el control del metabolismo, etc. Algunos son bastante complejos e implican una intensa relación con el sistema nervioso. Uno de los más estudiados ha sido el control de la **muda** o **ecdisis** en los insectos.

CONTROL DE LA MUDA EN LOS INSECTOS

La muda es una característica de los animales con esqueleto externo, que necesitan deshacerse de él para crecer y adaptarse al cambio de forma que supone la **metamorfosis** (transformación de larva a adulto) experimentada por algunos de estos organismos. La ecdisis o muda de los insectos presenta una regulación neurohormonal.

1. Un estímulo ambiental hace que el cerebro del insecto segregue una hormona que activa una glándula situada en el protórax, detrás de la cabeza.

2. La glándula protorácica libera la hormona **ecdisona**, que provoca la reabsorción parcial de la cutícula vieja y la formación de un nuevo exoesqueleto.

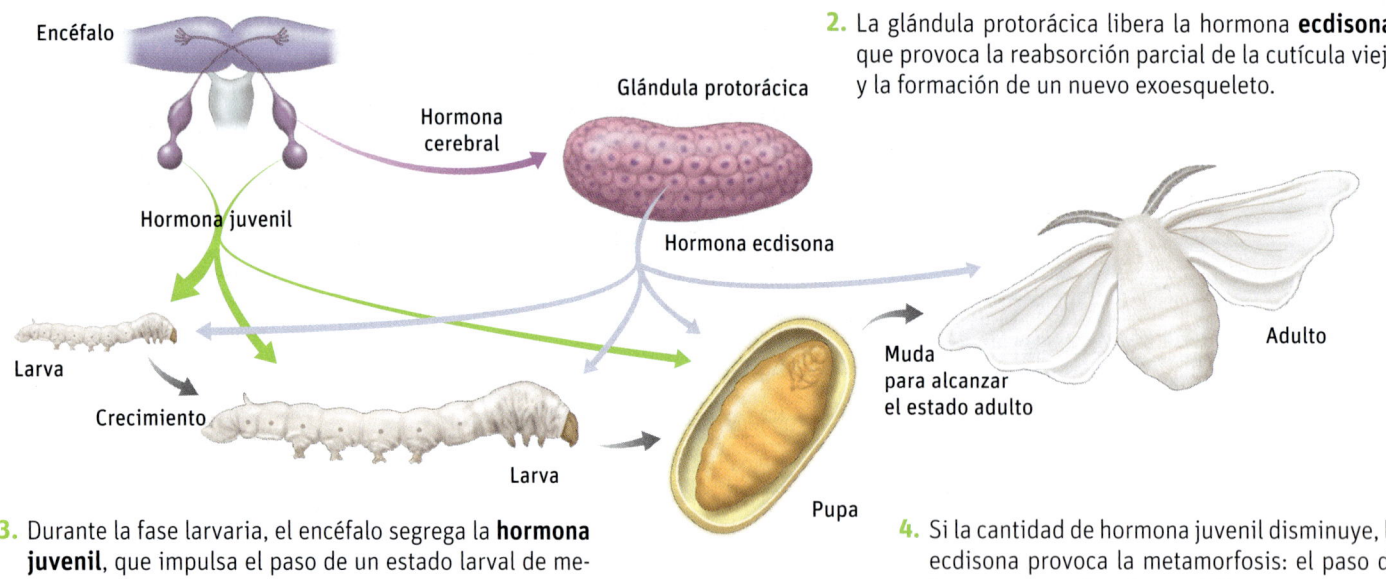

3. Durante la fase larvaria, el encéfalo segrega la **hormona juvenil**, que impulsa el paso de un estado larval de menor tamaño a otro mayor.

4. Si la cantidad de hormona juvenil disminuye, la ecdisona provoca la metamorfosis: el paso de larva a pupa y de esta, a adulto.

ACTIVIDADES

11. ¿Qué le sucederá a una larva de un gusano de seda (*Bombyx mori*) a la que se le inyecta una sustancia que inhibe su hormona juvenil?

12. ¿Qué consecuencias podríamos esperar al aumentar la concentración de hormona juvenil en las últimas etapas larvarias de un insecto?

2.2. Sistema hormonal en vertebrados

En los vertebrados, el sistema hormonal es muy complejo y su funcionamiento está relacionado con el sistema nervioso, con el cual constituye un **sistema neuroendocrino.**

Presenta una serie de células neurosecretoras y glándulas endocrinas que segregan hormonas reguladoras de otras glándulas o que producen efectos de activación o inhibición sobre procesos metabólicos, fisiológicos, de crecimiento, desarrollo, etc. Las principales glándulas en mamíferos son las siguientes:

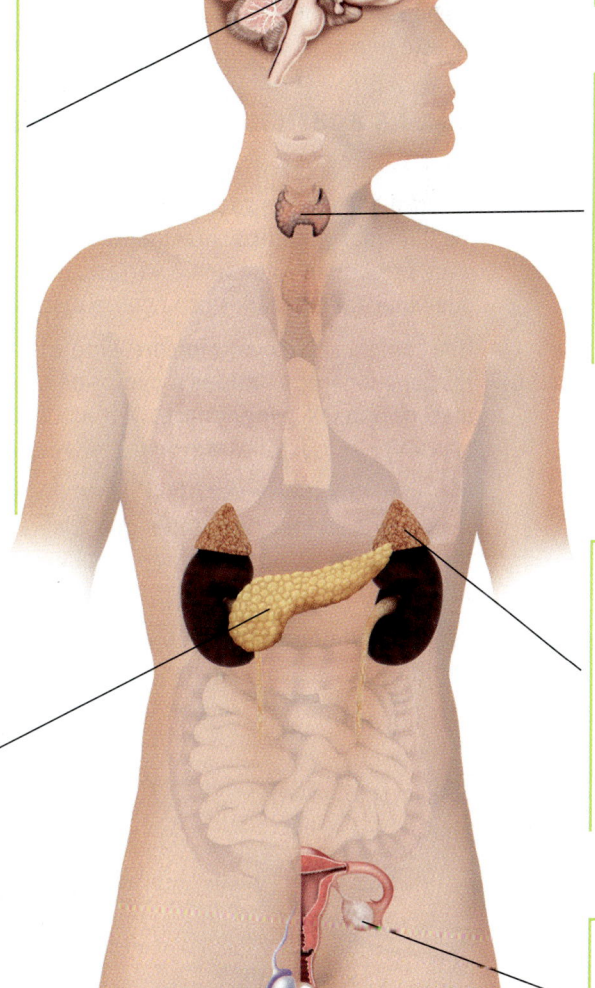

Complejo hipotálamo-hipófisis

El **hipotálamo** pertenece al cerebro y controla casi todo el sistema hormonal. Presenta grandes células neurosecretoras productoras de **neurohormonas**, que controlan la liberación de hormonas por la **hipófisis**, como:

Somatotropina: controla el crecimiento.

Prolactina: activa la secreción de leche.

Vasopresina: favorece la reabsorción en las nefronas.

Oxitocina: facilita la expulsión de la leche y estimula las contracciones del útero.

Tirotropina: regula la secreción de tiroxina por el tiroides.

Adrenocorticotropina (ACTH): controla la secreción de cortisol por las glándulas suprarrenales.

Gonadotropinas: estimulan las gónadas.

Páncreas

Controla la concentración de glucosa en la sangre, al actuar sobre la síntesis o hidrólisis del glucógeno. La **insulina** reduce la concentración de glucosa en sangre y el **glucagón** la incrementa.

Testículos

Producen **testosterona**, la hormona que determina las características sexuales masculinas secundarias.

Glándula pineal

Controla los ritmos diarios en función de los ciclos de oscuridad-luz mediante la liberación de **melatonina**.

Tiroides y paratiroides

Glándulas independientes, situadas entre la laringe y la tráquea. Desde el tiroides, mediante la **tiroxina**, se regulan muchos aspectos del metabolismo celular, y desde ambas glándulas se controla el nivel de calcio de los huesos: la **calcitonina** del tiroides inhibe su liberación y la **parathormona** del paratiroides la activa.

Glándulas suprarrenales

En su corteza se forman el **cortisol**, que actúa sobre el metabolismo de muchas biomoléculas, y la **aldosterona**, que interviene en el balance de agua y sales. En su médula se producen la **adrenalina** y la **noradrenalina** que responden a los estados de alerta del organismo.

Ovarios

Producen **estrógenos**, que determinan las características sexuales femeninas, y **progesterona**, que prepara el útero para el embarazo.

Figura 10.4. Sistema endocrino en el ser humano.

ACTIVIDADES

13. ¿Qué glándula y qué hormona intervienen cuando una persona no está tomando alimentos que contengan suficiente calcio?

14. ¿Qué hormona está implicada en la activación del estado de alerta de una liebre que acaba de escuchar un movimiento extraño entre los matorrales?

3. La evolución del sistema nervioso

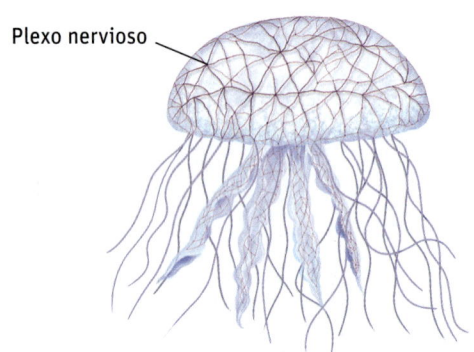

Figura 10.5. Plexo nervioso en una medusa.

El sistema nervioso se basa en la capacidad de las células para responder individualmente a un estímulo.

La especialización de algunas células en la recepción de estímulos y en la conducción de impulsos eléctricos a lo largo de una red de células conectadas constituye la base evolutiva del sistema nervioso de los animales, que alcanza su mayor desarrollo en los vertebrados.

3.1. El comienzo: las redes o plexos nerviosos

Los cnidarios presentan células nerviosas interconectadas que forman una red difusa o **plexo nervioso** (Fig. 10.5). La transmisión nerviosa se produce en todas direcciones y no existen centros de control. Enlazados a la red puede haber receptores sensoriales, como los fotorreceptores de las medusas, y células epiteliomusculares asociadas. Con ello se consiguen respuestas a diversos estímulos. En los vertebrados permanecen estructuras de este tipo en el control de los movimientos intestinales.

3.2. La aparición de centros nerviosos o ganglios

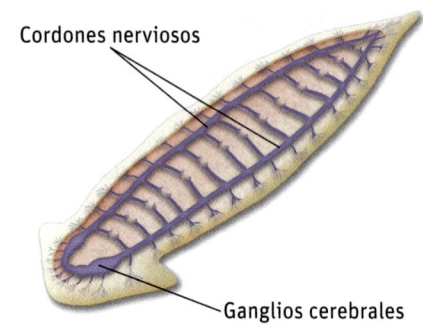

Figura 10.6. Sistema ganglionar de platelmintos.

El proceso de cefalización o formación de una cabeza surge en los platelmintos y provoca que en esta zona las neuronas se agrupen formando estructuras más complejas llamadas **ganglios**, precursores de los cerebros de los vertebrados. A esos ganglios cerebrales sigue una o varias cadenas de nervios que recorren el cuerpo y que pueden estar enlazados cada cierta distancia, formando una especie de escalera.

Una complicación posterior, presente en anélidos, es la aparición de nuevas estructuras ganglionares en **nodos** o puntos de conexión de los nervios, que forman así **sistemas nerviosos ganglionares**. En estos sistemas, las neuronas se especializan en transmitir sensaciones y órdenes: aparecen las vías sensoriales y las vías motoras.

Este modelo está presente también en los artrópodos, aunque sus ganglios son mayores y hay sistemas receptores más elaborados. Algunos insectos sociales, como las hormigas, las abejas y las avispas muestran comportamientos complejos, pero con importantes limitaciones.

Los equinodermos también presentan un sistema nervioso de tipo ganglionar, aunque debido a su particular simetría radial se conocen como **sistemas nerviosos radiales**.

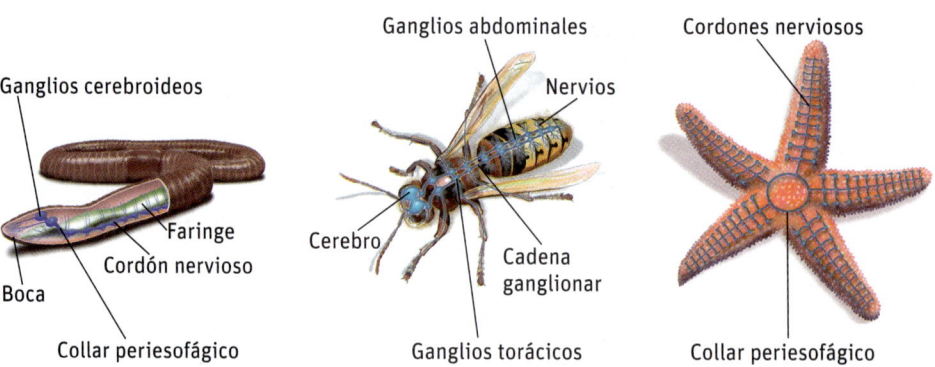

Figura 10.7. Sistemas ganglionares de anélidos, artrópodos y equinodermos.

3.3. Aumento de la complejidad de las estructuras cerebrales

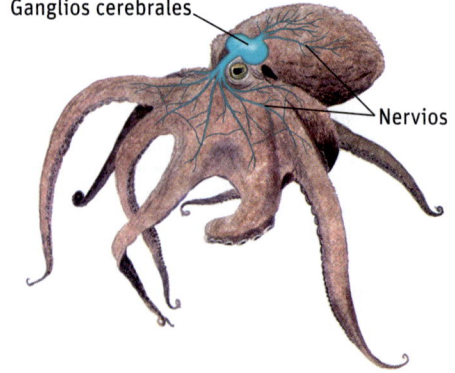

Figura 10.8. Sistema nervioso de un cefalópodo.

El conjunto de ganglios cerebrales experimenta una mayor concentración y un incremento neuronal notable en los artrópodos y, sobre todo, en los cefalópodos (Fig. 10.8). Este grupo de invertebrados presenta el mayor grado de **cefalización cerebral**, lo que les permite una conducta compleja que incluye cierta capacidad de aprendizaje. A ello se añade la presencia de órganos sensoriales muy sofisticados, como los ojos de los pulpos y los calamares.

3.4. El sistema nervioso de los vertebrados

En los vertebrados, el sistema nervioso deriva de un cordón nervioso dorsal en forma de tubo hueco presente en los embriones. Con el desarrollo, la parte anterior se ensancha en una masa ganglionar o **encéfalo** y el resto origina la **médula espinal**, todo ello protegido por el sistema óseo. Del encéfalo y la médula parten fibras que van a músculos y glándulas o vienen desde los órganos sensoriales y receptores.

El sistema nervioso de los vertebrados se puede organizar en dos partes (Fig. 10.9):

- **Sistema nervioso central (SNC).** Está formado por el **encéfalo** y la **médula espinal**.

- **Sistema nervioso periférico (SNP).** Está integrado por las **neuronas** y sus prolongaciones (**nervios**) que quedan fuera del eje dorsal del SNC. Según su función, el SNP puede subdividirse en dos ramas: las **aferentes** o **sensoriales**, que transmiten información de los órganos sensoriales hacia el sistema central, y las **eferentes** o **motoras**, que llevan órdenes hacia los órganos efectores. Estas últimas pueden conformar, a su vez, dos sistemas:

    – **Sistema nervioso somático.** Está formado por neuronas motoras que llegan a fibras musculares esqueléticas. Su control es voluntario, aunque también puede generar movimientos automáticos, denominados **actos reflejos**.

    – **Sistema nervioso autónomo.** Controla las funciones involuntarias del cuerpo que escapan a la influencia consciente del cerebro. Sus nervios se originan también a partir del encéfalo o la médula, pero establecen uniones o sinapsis fuera de ellos, en aglomeraciones de cuerpos neuronales llamados **ganglios nerviosos**. Existen dos tipos de fibras autónomas, las simpáticas y las parasimpáticas, con funciones antagónicas, de forma que si una activa un órgano, la otra lo inhibe.

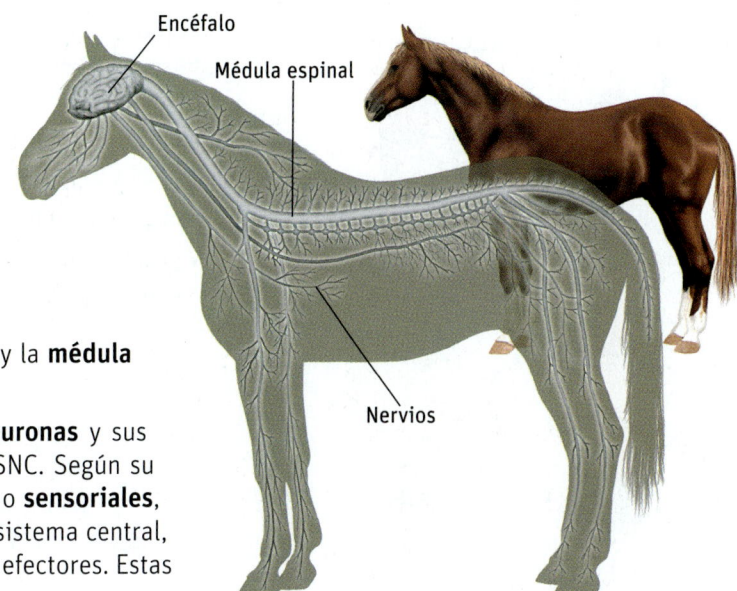

Figura 10.9. Organización del sistema nervioso de un vertebrado.

SISTEMAS ANTAGÓNICOS

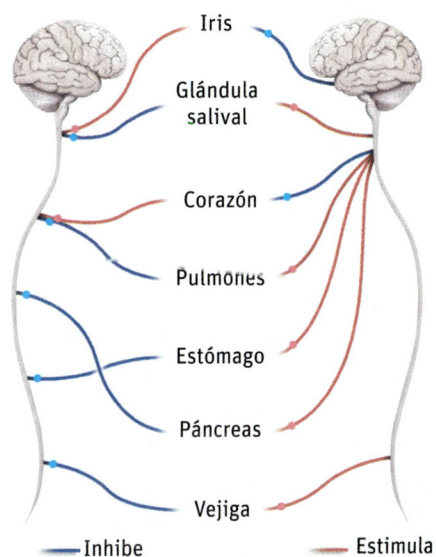

Sistema simpático

Sus nervios salen de las regiones torácica y lumbar de la médula. Los ganglios, localizados entre las fibras pre y posganglionares, están cerca de la médula, por eso las fibras preganglionares son cortas y las posganglionares, largas.

Este sistema acelera la frecuencia cardiaca, dilata la pupila, inhibe la musculatura del estómago y relaja la vejiga urinaria, entre otros efectos.

Estas funciones tienen que ver con la reacción ante situaciones de alerta o miedo, similar a la que provocan las hormonas de la médula suprarrenal, con la que estos nervios comparten un mismo origen embrionario.

Sistema parasimpático

Sus nervios salen de la base del encéfalo y de la parte final, sacra o pelviana, de la médula. Los ganglios autónomos están cerca o dentro de los órganos efectores, de ahí que las fibras preganglionares sean largas y las posganglionares, cortas.

Tienen un comportamiento de excitación-inhibición antagónico al del sistema simpático. Así, retarda la frecuencia cardiaca, contrae la pupila, estimula la actividad estomacal, contrae la vejiga urinaria, etc.

Prepara al organismo para situaciones de reposo, disminuyendo la intensidad funcional de los órganos del cuerpo.

ACTIVIDADES

15. Si una glándula es activada por un nervio del sistema simpático, ¿a través de qué recibirá las órdenes de inhibición de su actividad? ¿Tendrá un control voluntario?

3.5. El encéfalo de los vertebrados

El tubo neural hueco de los embriones de los vertebrados experimenta un desarrollo en su parte anterior y origina tres protuberancias, con diferentes grados de modificación (Fig. 10.10):

- Encéfalo anterior o **prosencéfalo** (1). Relacionado con el sentido olfativo, se dividirá en dos partes: el **telencéfalo** (4) y el **diencéfalo** (5).
- Encéfalo medio o **mesencéfalo** (2). Relacionado inicialmente con la vista.
- Encéfalo posterior o **rombencéfalo** (3). Relacionado con el sentido del oído y el equilibrio, se dividirá en el **metencéfalo** (6) y el **mielencéfalo** (7).

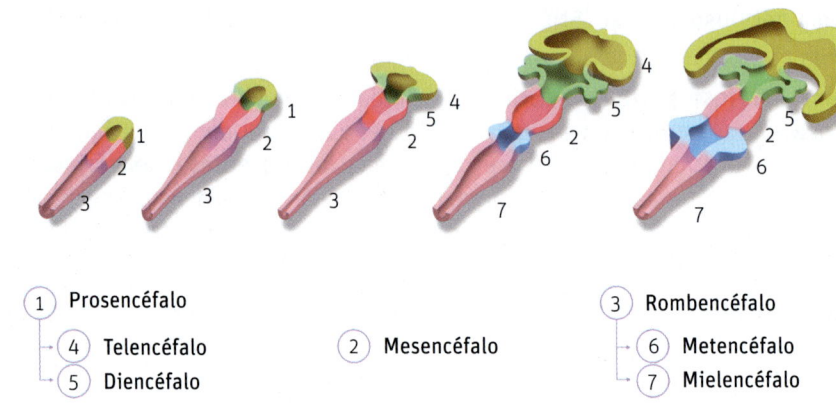

① Prosencéfalo
  → ④ Telencéfalo
  → ⑤ Diencéfalo

② Mesencéfalo

③ Rombencéfalo
  → ⑥ Metencéfalo
  → ⑦ Mielencéfalo

Figura 10.10. Desarrollo embrionario desde el tubo neural hasta el cerebro complejo.

La complicación de las estructuras del encéfalo derivadas de ese encéfalo embrionario o primitivo aumenta de acuerdo con la escala evolutiva de los vertebrados (Fig. 10.11). En los mamíferos, la evolución del encéfalo llega a su grado máximo al potenciar las áreas de interconexión neuronal y, particularmente, la zona del cerebro.

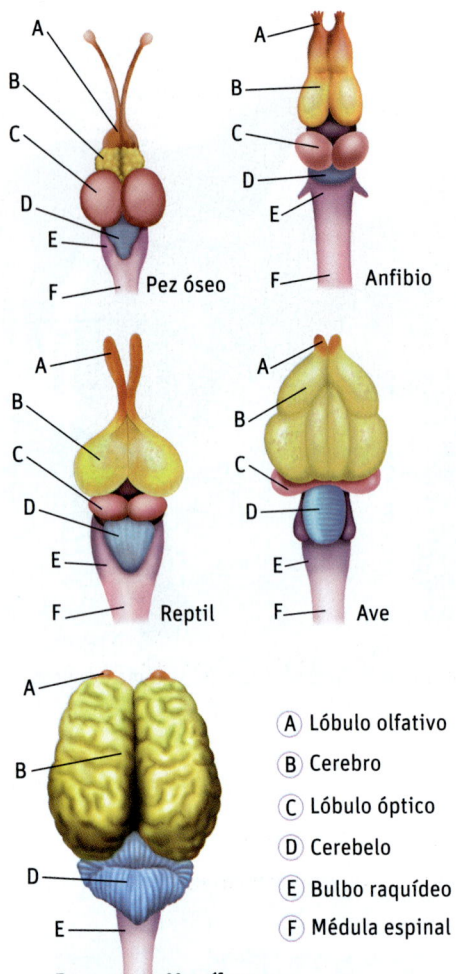

(A) Lóbulo olfativo
(B) Cerebro
(C) Lóbulo óptico
(D) Cerebelo
(E) Bulbo raquídeo
(F) Médula espinal

Figura 10.11. Comparación del encéfalo en cinco tipos de vertebrados.

De cada área del encéfalo primitivo se originan diferentes estructuras del moderno:

- Telencéfalo → corteza cerebral, lóbulos olfativos y sistema límbico.
- Diencéfalo → tálamo, hipotálamo e hipófisis.
- Mesencéfalo → lóbulos ópticos.
- Metencéfalo → cerebelo.
- Mielencéfalo → bulbo raquídeo.

En los mamíferos, la parte anterior del encéfalo, el **cerebro**, se hiperdesarrolla y recubre la mayor parte de las otras estructuras encefálicas (Fig. 10.12). En él permanecen dos partes:

- Una pequeña, primitiva desde el punto de vista evolutivo, el **paleocórtex**, relacionada originalmente con funciones olfativas y que gobierna funciones básicas automáticas.
- Otra más desarrollada, moderna, el **neocórtex,** con funciones diferenciadas y sede de la consciencia.

El cerebro humano es la estructura de mayor complejidad conocida. Cada una de sus neuronas (entre 10 000 y 100 000 millones) establece miles de conexiones con otras neuronas.

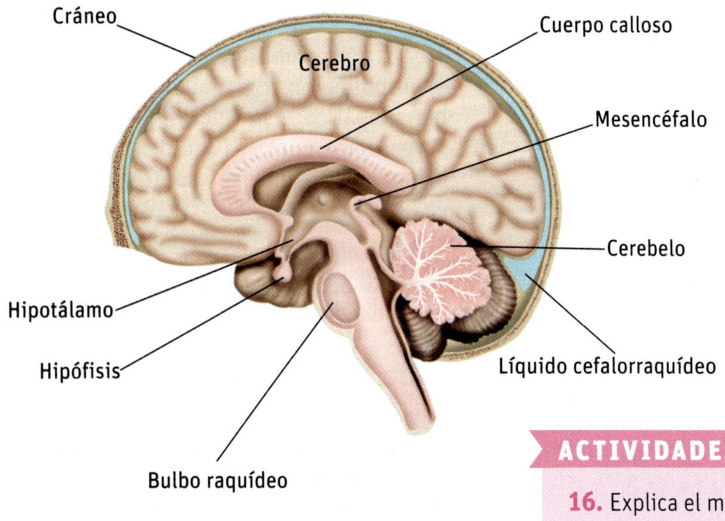

Figura 10.12. Estructura del encéfalo.

ACTIVIDADES

16. Explica el motivo por el cual se pliega la superficie del cerebro en los mamíferos.

4. La estructura celular del sistema nervioso

La unidad funcional del sistema nervioso es la célula especializada llamada **neurona**, que está acompañada de otro tipo de células, denominadas gliales o **glía**.

4.1. La neurona, unidad funcional del sistema nervioso

Las neuronas presentan formas muy variadas, pero su estructura básica consiste en un cuerpo celular o **soma** y una serie de prolongaciones o **neuritas**, en ocasiones muy largas, de las que existen dos tipos: **dendritas** y **axones** (Fig. 10.14).

- **Cuerpo neuronal** o **soma**. Contiene el núcleo y las estructuras citoplasmáticas típicas de cualquier célula, aunque la cantidad de algunas revela las especiales funciones de la neurona: una alta concentración de retículo endoplásmico rugoso, aglomeraciones de ribosomas llamadas **cuerpos de Nissl**, un voluminoso aparato de Golgi y una tupida red de citoesqueleto.

- **Dendritas.** Son prolongaciones citoplasmáticas, a veces muy ramificadas, encargadas de recibir la información.

- **Axón.** Es una prolongación en forma de fibra larga de diámetro constante. Puede estar rodeada por una vaina aislante. Por él salen los impulsos nerviosos de la neurona. Por lo general, los axones constituyen las **fibras nerviosas**.

4.2. Las células gliales o neuroglía

Forman parte del tejido nervioso, pero su origen es distinto al de las neuronas. Existen varios tipos células gliares: **astrocitos**, **oligodendrocitos**, **microglía** (Fig. 10.15), **células ependimarias** y **células de Schwann**. Realizan funciones de soporte, defensa, reparación, nutrición del tejido nervioso y control del medio, así como control de las migraciones de neuronas para formar redes neuronales y regulación de los neurotransmisores (intervienen, así, en la transmisión del impulso).

En el SNC, los oligodendrocitos aíslan los axones de algunas neuronas, formando una vaina discontinua de mielina a su alrededor. En los nervios periféricos, las fibras mielínicas están formadas por células de Schwann enrolladas alrededor del eje neuronal. Los espacios que dejan los bloques de mielina (**nódulos de Ranvier**) aceleran la velocidad y la fiabilidad del impulso nervioso (Fig. 10.16).

Figura 10.13. Santiago Ramón y Cajal (1852-1934) formuló la teoría neuronal, al establecer el carácter celular de las neuronas.

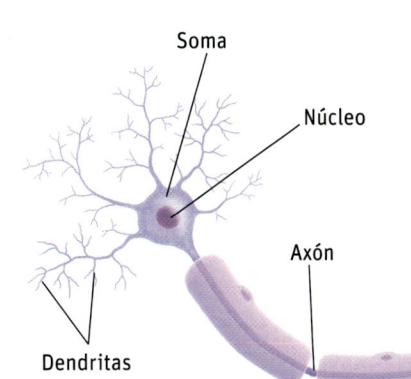

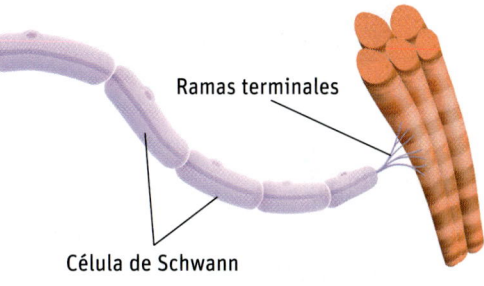

Figura 10.14. Estructura de una neurona.

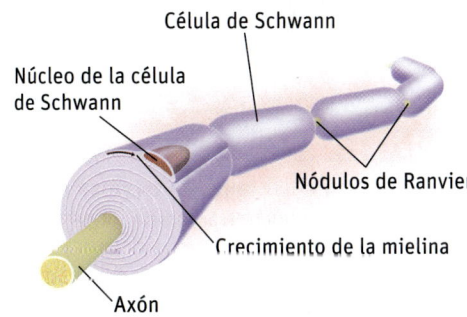

Figura 10.16. En las neuronas del SNP, las vainas de mielina están formadas por las células de Schwann.

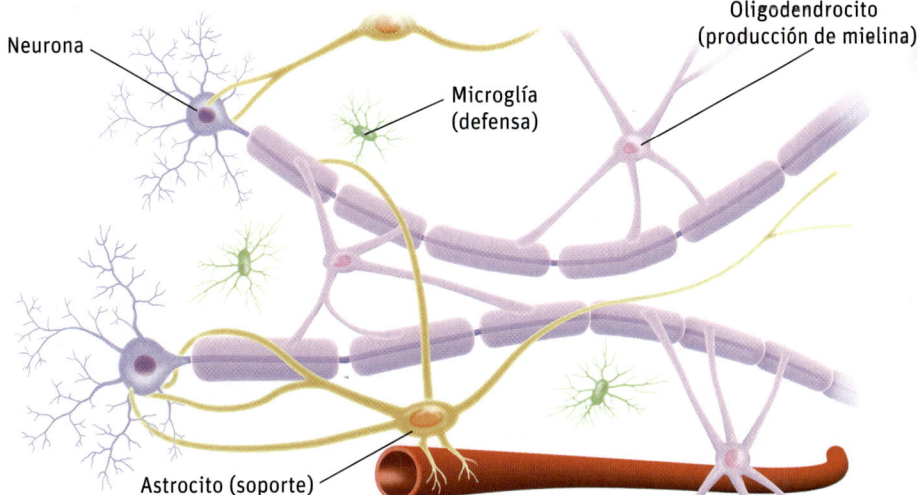

Figura 10.15. Células gliales.

ACTIVIDADES

17. ¿A qué crees que se debe la alta concentración de ribosomas y de retículo endoplásmico rugoso en las neuronas?

5. Organización y funcionamiento de las neuronas

Un axón gigante y dos premios nobel

En 1952, los investigadores Alan Hodgkin y Andrew Huxley detectaron en algunas especies de calamar un axón de enormes dimensiones que conecta la parte posterior del cuerpo del animal con el cuerpo neuronal, situado en su cabeza. Este axón puede alcanzar 1 mm de diámetro, el equivalente al ocupado por cientos de axones en otros animales. Este gran axón les permitió insertar electrodos y medir los cambios eléctricos en su interior. El calamar les ayudó a conocer cómo se transmite la información en las neuronas y a obtener el Premio Nobel en 1963.

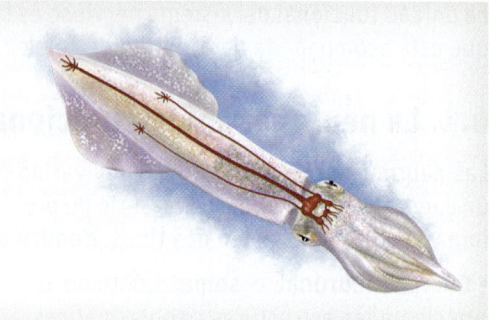

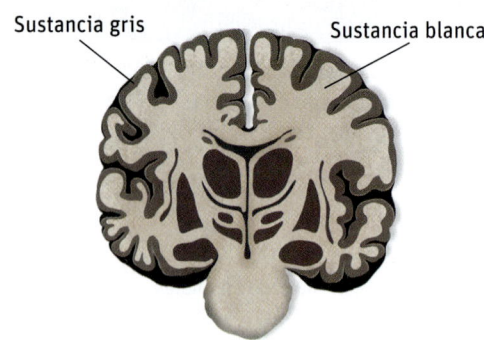

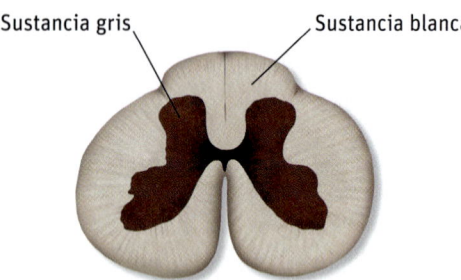

Figura 10.17. Distribución de las sustancias blanca y gris en el cerebro y en la médula.

La concentración de cuerpos neuronales y dendritas determina estructuras masivas como el encéfalo y la médula. Por su parte, los axones se agrupan en haces de fibras que originan el "cableado" de los nervios, los cuales enlazan las zonas centrales con órganos receptores y efectores (músculos y glándulas).

En el SNC, el tejido nervioso se puede subdividir en dos tipos de zonas:

- **La sustancia gris.** Está integrada por cuerpos neuronales y en ella se producen la mayor parte de las conexiones entre neuronas. La velocidad de transmisión de los impulsos nerviosos es aquí más lenta, aunque las distancias a recorrer son pequeñas. Estas áreas se relacionan con la asociación y la coordinación nerviosa y, por tanto, con la toma de decisiones, la consciencia y otras funciones superiores.

- **La sustancia blanca.** Está constituida, sobre todo, por fibras formadas por axones, la mayoría recubiertos de mielina, lo que permite una transmisión rápida de la información entre zonas alejadas del sistema nervioso.

En el encéfalo, la sustancia gris se encuentra en la corteza y en algunos núcleos interiores, y la blanca, en el interior; en la médula, ocurre al revés (Fig. 10.17).

5.1. El impulso nervioso

El impulso nervioso es la transmisión de la señal que llega a las neuronas. Se trata de un proceso electroquímico.

PROPAGACIÓN DEL IMPULSO NERVIOSO

La transmisión del impulso nervioso en la neurona tiene carácter eléctrico debido a diferencias de concentración de iones a ambos lados de la membrana de estas células.

Las neuronas en estado de reposo mantienen una diferencia de concentración iónica entre el exterior y el interior de su citoplasma debido a la actividad de una proteína de membrana, la **bomba de Na$^+$-K$^+$**, que impulsa activamente iones Na$^+$ hacia el exterior y K$^+$ hacia el interior en una proporción de 3 a 2. Eso hace que se cree una diferencia de carga eléctrica o **potencial de reposo** de –70 mV, con el interior negativo respecto al exterior.

Al llegar un impulso nervioso (**A**), otras proteínas de la membrana abren unos canales que dejan salir K$^+$ y entrar Na$^+$, de tal modo que, durante unos milisegundos, la diferencia de potencial a ambos lados de la membrana se invierte y alcanza 40 mV, que es el **potencial de acción**. Este proceso se llama **despolarización** (**B**).

La despolarización afecta a la zona adyacente de la membrana, por lo que el impulso se transmite (**C**) a gran velocidad a lo largo de la neurona.

Cuando el potencial de acción ha recorrido algunos milímetros, tiene lugar la **repolarización** (**D**): los canales se cierran y la bomba de Na$^+$-K$^+$ vuelve a restablecer el potencial de reposo, en espera de un nuevo impulso.

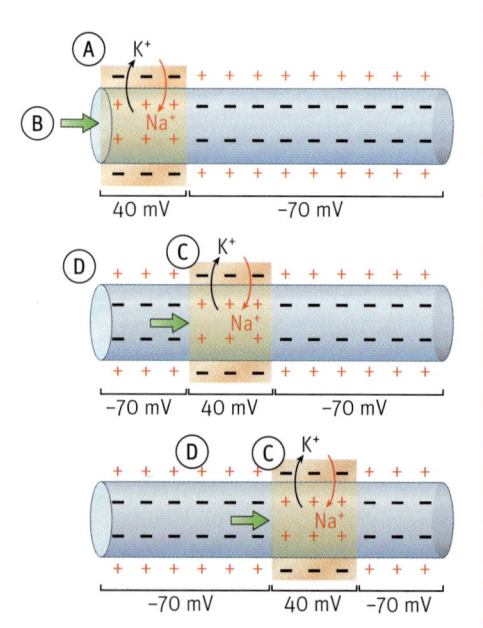

5.2. La sinapsis

El paso del impulso nervioso de una neurona a la siguiente tiene un carácter químico y se conoce como **sinapsis** nerviosa (Fig. 10.18). Entre la membrana presináptica del axón de una neurona y la membrana postsináptica de una dendrita de la neurona siguiente, existe un pequeño espacio o **hendidura sináptica**.

Al llegar el impulso nervioso al botón final del axón, desde la membrana presináptica se liberan unas moléculas químicas, llamadas **neurotransmisores**, englobadas en vesículas del citoplasma. Una vez en la hendidura sináptica, los neurotransmisores contactan con la membrana postsináptica de la otra célula e inducen en ella una despolarización o potencial de acción, es decir, un nuevo inicio de impulso nervioso.

La sinapsis también se produce entre neuronas motoras y órganos efectores: músculos o glándulas, que responden contrayéndose o secretando sustancias.

Existen sistemas complejos de regulación de la sinapsis, con activadores e inhibidores.

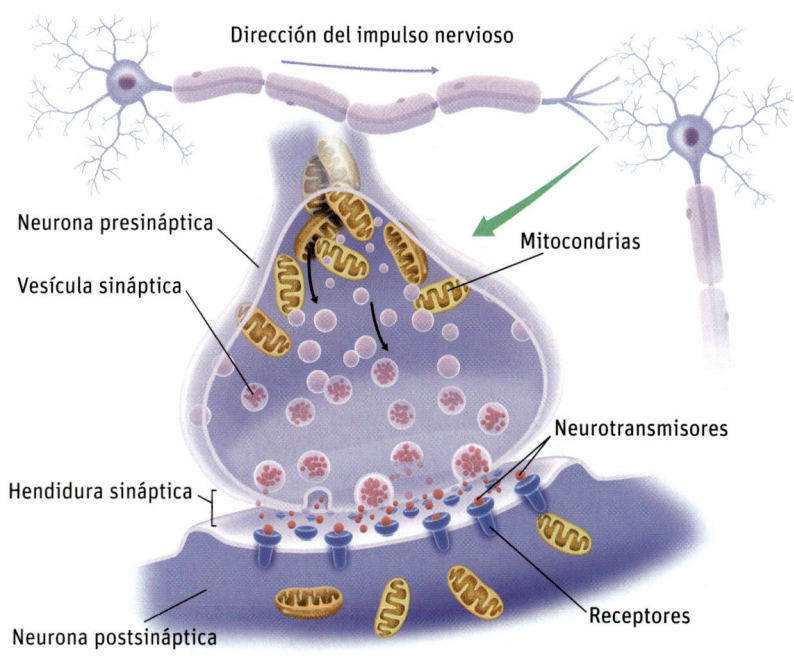

Figura 10.18. Elementos de una sinapsis.

INVESTIGAR

18. Drogas y sinapsis nerviosa

Muchas drogas funcionan como neurotransmisores que activan o inhiben las sinapsis o actúan sobre el impulso nervioso.

a) Investiga y explica desde el punto de vista de la neurotransmisión y de la consciencia cómo actúan los siguientes tipos de drogas sobre el sistema nervioso: los depresores del SNC, como el alcohol y los fármacos ansiolíticos; los estimulantes, como la nicotina o la cocaína, y las sustancias psicotrópicas, como las drogas de síntesis.

b) ¿Por qué el consumo de drogas provoca serios daños en el SNC?

smSaviadigital.com **PRACTICA**
¿Cómo afectan las drogas a la sinapsis?

• **En la Web**
¿Cómo se produce la sinapsis?
• www.e-sm.net/svbg1bach10_04

ACTIVIDADES

19. Con la ayuda de la gráfica de la derecha explica cómo ocurre la propagación del impulso nervioso.

20. Define los siguientes conceptos: potencial de reposo, potencial de acción, despolarización y repolarización.

21. El dolor es una sensación que se interpreta en el cerebro a partir de los impulsos que llegan desde receptores de diferentes partes del cuerpo. ¿A través de qué mecanismos calma el dolor un fármaco analgésico? ¿Resuelven estos medicamentos la causa del dolor?

22. Algunas serpientes tropicales pueden acabar con la vida de un animal mediante asfixia, o al morderlo e inyectarle un veneno neurotóxico. ¿De qué manera ocurre esto?

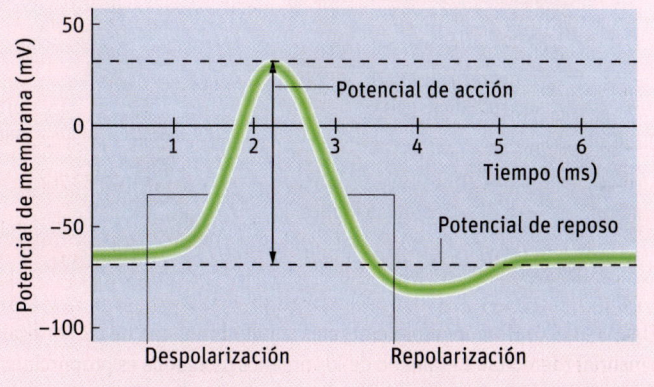

La relación y coordinación en animales

6. Integración y control de la coordinación

Un cortocircuito

Si nos golpeamos suavemente en el tendón situado bajo la rótula, inmediatamente extendemos la pierna (**reflejo rotuliano**). Es una respuesta rápida e **involuntaria,** sin embargo, los músculos que se mueven tienen una inervación **voluntaria.** ¿Cómo se explica esto?

Se trata de un **acto reflejo**, y es debido a un cortocircuito en el camino "vía sensorial → cerebro → vía motora":

Los receptores sensoriales reciben el estímulo (golpe). Las neuronas sensitivas llevan el impulso hasta la médula y establecen sinapsis con neuronas de asociación que envían la orden de contracción al nervio motor que sale de la médula. El impulso también viaja desde la médula hasta el cerebro, donde la sensación se hace consciente, pero para entonces el movimiento se ha realizado.

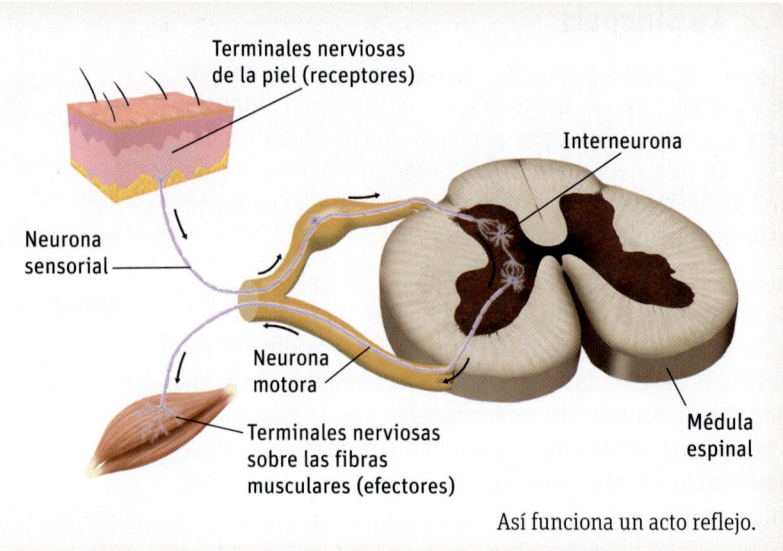

Así funciona un acto reflejo.

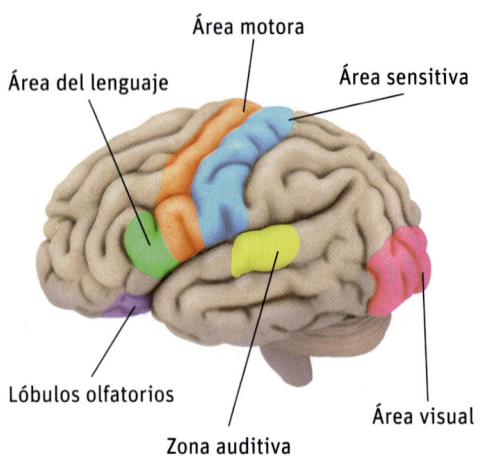

Figura 10.19. Centros motores y sensitivos en el cerebro.

La mayoría de los aspectos fisiológicos y metabólicos del organismo de los vertebrados están regulados por complejos sistemas neurohormonales que mantienen un control voluntario o involuntario, según el tipo de actividad.

- La **regulación voluntaria** o **consciente** supone que la información se procesa en la corteza cerebral, donde reside la capacidad consciente.

- La **regulación involuntaria** o **automática** corre a cargo del sistema hormonal o del sistema nervioso autónomo a través de un mecanismo doble de activación o de inhibición del proceso regulado.

El mecanismo básico de "estímulo → coordinación → respuesta" es similar en ambos casos; solo varía la elaboración de las respuestas, dependiendo del centro coordinador.

6.1. La percepción y los actos o movimientos voluntarios

Los órganos sensoriales captan la información de los estímulos externos y la convierten en impulsos nerviosos que, por vía sensorial, llegan al cerebro. La vía nerviosa concreta que siga un impulso nervioso hasta el cerebro es la clave para su interpretación: si llega por el nervio óptico, se interpretará como una imagen; si lo hace por el nervio auditivo, como un sonido, etc.

Las conexiones nerviosas internas del cerebro llevan cada tipo de información hasta zonas concretas de la corteza cerebral, donde se procesa. Muchas de estas zonas ya se han identificado, por lo que disponemos de mapas sensoriales de la corteza cerebral (Fig. 10.19).

Desde esas zonas, a través del complejo entramado de conexiones neuronales del cerebro, la información viaja a otras áreas de asociación donde es interpretada como una **percepción**, es decir, una información consciente sobre el medio.

En otras zonas se decide la respuesta, que será llevada a un área motora de la corteza y, por los nervios correspondientes, hasta los órganos efectores que realizarán el acto o movimiento voluntario.

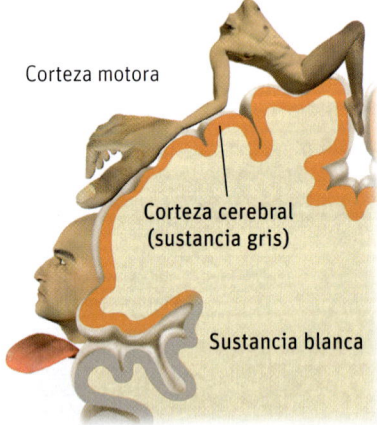 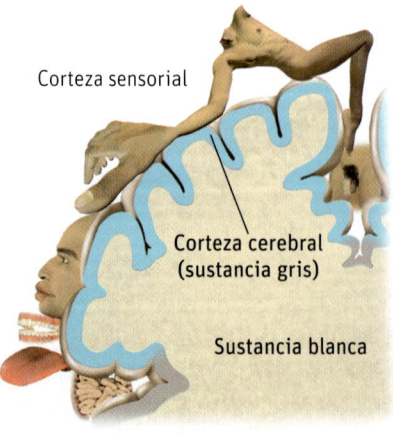

Figura 10.20. Homúnculos cerebrales izquierdos: mapa de las cortezas motora (izquierda) y sensorial (derecha). El tamaño de los órganos dibujados es proporcional al área que ocupa la zona responsable de su sensibilidad o de su movimiento.

6.2. Regulación involuntaria: estados de estrés y alerta

La regulación **involuntaria** o **automática** es una parte esencial de la coordinación animal. El sistema neurohormonal de los vertebrados activa o inhibe acciones metabólicas o fisiológicas que no pasan por el control consciente.

El ritmo respiratorio o cardiaco, la digestión o el balance hídrico del cuerpo de un animal responden de forma diferente a situaciones distintas, como son el reposo o la actividad física intensa, un ambiente frío o cálido, etc. De ello se encarga el sistema nervioso autónomo y el endocrino, que actúan coordinadamente.

La complejidad de las funciones reguladas es alta, pero puede entenderse analizando un ejemplo concreto, como es el estado de alarma o alerta en un mamífero.

LA REGULACIÓN DE LOS ESTADOS DE ESTRÉS Y ALERTA

El estado de alarma o alerta es una cuestión vital, ya que de él puede depender la supervivencia del individuo. Podemos comprobar algunas de las reacciones fisiológicas de este estado cuando vemos una película de miedo o si llevamos un tiempo sometidos a una tensión emocional intensa o a estímulos externos impactantes: ruido, luces, etc. Dilatación de las pupilas, aceleración del ritmo cardiaco y de la ventilación pulmonar, sudoración o constante tensión muscular son algunas respuestas de estrés o alerta.

¿Cómo se producen y regulan estos estados?

Los órganos sensoriales captan los estímulos alarmantes y transmiten la información al sistema neurohormonal que activa un mecanismo de actuación: "hipotálamo → hipófisis → corteza adrenal":

1.º El hipotálamo recibe directamente la información sensitiva y segrega CRH, una hormona que estimula a la hipófisis para que libere otra hormona a la sangre, la ACTH.

2.º Esta segunda hormona llega a las glándulas suprarrenales y estimula en su corteza la liberación del cortisol u "hormona del estrés", que dispara en el organismo algunas respuestas relacionadas con el estrés.

3.º A la vez, la médula de las glándulas suprarrenales, tanto por la activación debida al cortisol como por vía nerviosa a través del sistema simpático, libera adrenalina y noradrenalina a la sangre, hormonas que activan una serie de respuestas orgánicas que ponen al organismo en alerta.

4.º Las tres hormonas adrenales ejercen una autorregulación sobre su síntesis: si el estímulo no sigue actuando, la inhiben para que el proceso se anule al poco tiempo.

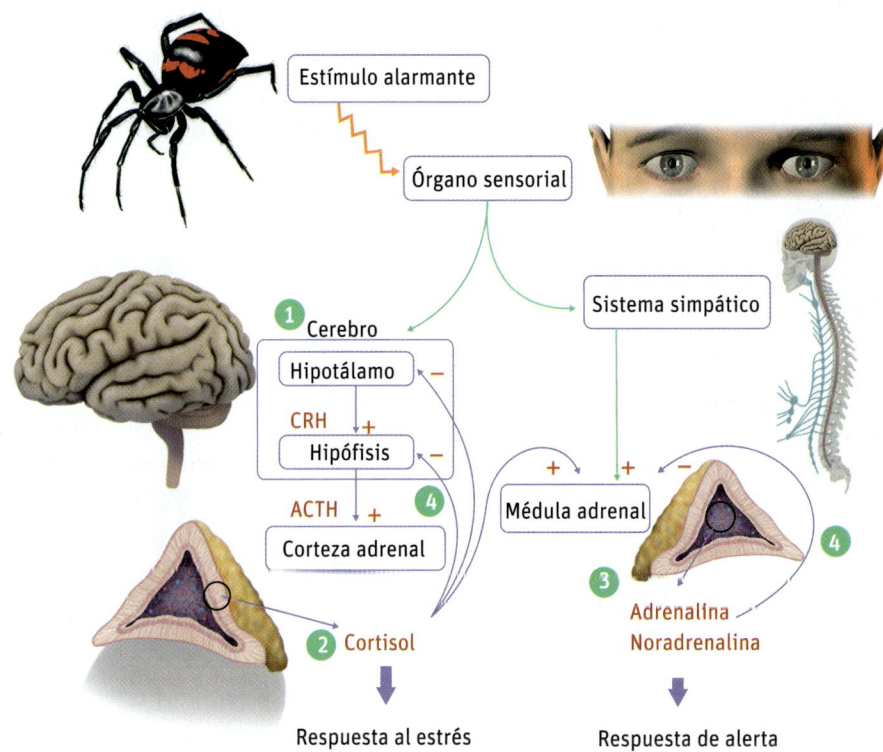

ACTIVIDADES

23. Los actos reflejos tienen un sentido adaptativo. Pon un ejemplo para explicar este hecho y justifica la existencia de estos mecanismos tan sencillos en animales con un sistema nervioso consciente tan complejo como el de los vertebrados.

24. Se sabe que el mantenimiento de estados de estrés sin realizar actividad física genera importantes problemas cardiovasculares. De acuerdo con el mecanismo de regulación del estrés y de la alerta, razona a qué puede ser debido.

7. El comportamiento animal

El comportamiento animal es estudiado por la **etología**, una disciplina basada en la observación, el registro y la catalogación de las pautas de comportamiento y la indagación de sus relaciones con el ambiente y el conjunto de estímulos o situaciones que afectan al animal. El comportamiento tiene un importante sentido adaptativo: está sometido a la selección natural y ha evolucionado en respuesta a ella. Podemos señalar dos tipos de pautas de conducta: **innata** y **adquirida**.

7.1. La conducta innata o instintiva

Constituye una respuesta automatizada y preprogramada del individuo ante un **estímulo desencadenante**. Tiene una base genética muy marcada y responde al beneficio de actuar de la misma manera ante una situación, sin necesidad de aprender de la experiencia. Un ejemplo es la conducta de los pollos de muchas aves de agacharse sobre el nido cuando detectan la silueta de una rapaz en el cielo.

Las conductas innatas pueden modificarse en función de la experiencia: si se reducen se habla de **habituación**; si se incrementan, de **sensibilización**.

La reacción al estímulo desencadenante puede variar. Esto se conoce como **propensión** y depende de estímulos externos que la activen o la inhiban y de las circunstancias del individuo. Por ejemplo: el vencedor en una lucha puede mostrar una propensión agresiva hacia otro individuo no implicado en la contienda.

Se conoce como **impronta** o **troquelado** al proceso por el que la conducta innata depende de una experiencia o impresión determinante. Suele originarse en una etapa sensible de la vida. Es el caso de los polluelos de ganso que, al salir del huevo, siguen a la primera figura móvil que ven, a la que identifican como su madre.

Figura 10.21. De manera innata, los alimoches utilizan piedras para romper los huevos de los que se alimentan.

7.2. El comportamiento adquirido

Supone la existencia de una capacidad de **aprendizaje** o modificación de la conducta por experiencia, imitación u otros factores ambientales. El aprendizaje existe en unos pocos grupos de invertebrados y en bastantes vertebrados, sobre todo en aves y mamíferos. Las especies sociales que viven en grupos, como los cánidos, cetáceos o primates, suelen mostrar una capacidad de aprendizaje mayor.

Un caso de aprendizaje muy simple es el conocido como **aprendizaje condicionado** o **reflejo condicionado**. Se trata de actos reflejos –por tanto, involuntarios–, que vienen determinados por la repetición de experiencias.

Este aprendizaje se logra mediante buenas experiencias, que generan **apetencias condicionadas**, o malas experiencias, que motivan conductas de **aversión condicionada**. Esto constituye la base del aprendizaje mediante recompensa/castigo, tan utilizado en animales domesticados.

El comportamiento social puede generar aprendizaje por **incitación** o **mímesis**, frecuente en el comportamiento gregario de migraciones, y aprendizaje por **exploración**, **curiosidad** o **juego**. Estos aprendizajes son la base de la cultura humana.

BUSCAR INFORMACIÓN

25. El experimento de Pávlov

La salivación es el acto reflejo que se produce de forma innata como respuesta al estímulo "comida".

El fisiólogo ruso Iván P. Pávlov observó que la simple presencia del alimentador desencadenaba la insalivación en los perros en las perreras. Demostró que esta respuesta se producía ante el sonido de una campana, si durante un tiempo se hacía sonar antes de alimentar a los animales.

Busca ejemplos de reacciones pavlovianas o de aprendizaje condicionado y resúmelos en un esquema.

ACTIVIDADES

26. Identifica conductas instintivas animales ante estímulos desencadenantes.

7.3. Sociobiología y cultura social

En 1971, el biólogo Edward Wilson sentó las bases de la **sociobiología**, la ciencia que estudia la evolución de los comportamientos animales desde una perspectiva tanto genética como adaptativa. La sociobiología investiga la explicación evolutiva de comportamientos como la competencia, la territorialidad, la cooperación, el emparejamiento o el altruismo, y se muestra especialmente interesada por el comportamiento social de algunos animales.

Entre los animales sociales, Wilson destaca los que denomina **eusociales**. Son especies que viven en sociedades que incluyen varias generaciones y están formadas por animales capaces de realizar actos altruistas, es decir, que benefician a la sociedad aun cuando les puede causar un perjuicio individual. Además de la humana, son especies eusociales algunos insectos (termitas, hormigas, abejas, etc.) y las ratas-topo africanas, además de algunas aves y varias especies de primates.

7.4. La cultura social en los animales

La **cultura**, entendida como los comportamientos adquiridos por aprendizaje a través de la interacción social, no es un fenómeno exclusivamente humano. A escala mucho menor, chimpancés, gorilas, macacos y diversos cetáceos, por ejemplo, presentan este rasgo social: los individuos aprenden conductas de otros individuos del grupo que las "inventaron" (Fig. 10.22). Así, aparecen diferencias "culturales" entre grupos distintos y entre animales de la misma especie.

Figura 10.22. Los chimpancés aprenden a romper las nueces con piedras. Los grupos que conocen la técnica aprendieron por interacción social.

LA CIENCIA Y SUS MÉTODOS

¿Cómo estudiar el comportamiento de los animales?

El comportamiento de una especie animal puede estudiarse mediante su observación sistemática, catalogando las conductas e interpretando su relación con los estímulos que las desencadenan. El listado completo de comportamientos observados constituye un **etograma** de la especie, aunque este también puede aplicarse solo a un aspecto concreto de su conducta: el apareamiento, la agresividad, etc.

Para hacer un etograma, debes seguir los siguientes pasos:

1.º Observa ejemplares en libertad o en un recinto en el que muestren comportamientos no condicionados.

2.º Identifica actos, pautas o acciones concretos y busca su relación con estímulos ambientales.

3.º Describe esas pautas o acciones. Dales un nombre para luego poder usarlas fácilmente en posteriores observaciones. Enuméralas y asócialas a un tipo de comportamiento: agresivo, reproductor, de relación social, etc.

4.º Elabora listas de observación con secuencias de pautas o unidades de comportamiento. Registra su orden, el elemento desencadenante, el tiempo de duración, la respuesta en otros individuos, etc.

Con todo ello, se puede elaborar el modelo de comportamiento de la especie en respuesta a situaciones diversas.

ACTIVIDADES

27. Elabora una hipótesis para explicar el sentido adaptativo del comportamiento altruista que muestran algunos animales.

ACTIVIDADES

Síntesis

28. Completa en este mapa conceptual los términos que faltan (•••) y los fragmentos que debes desarrollar (+). Puedes realizar la actividad en tu cuaderno.

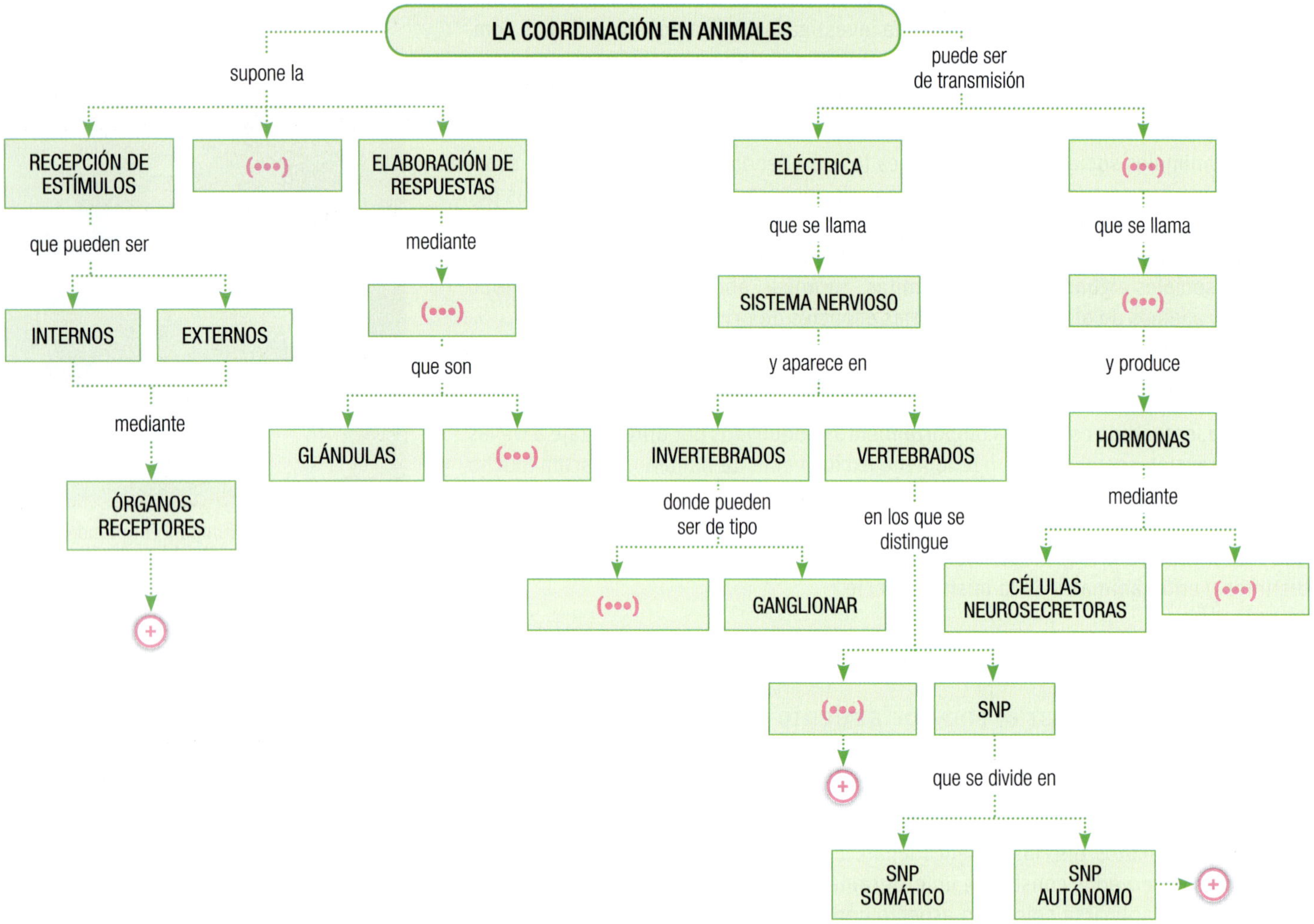

```
                    LA COORDINACIÓN EN ANIMALES
         supone la                          puede ser
                                            de transmisión

  RECEPCIÓN DE    (•••)    ELABORACIÓN DE      ELÉCTRICA         (•••)
  ESTÍMULOS                RESPUESTAS
                                               que se llama      que se llama
  que pueden ser           mediante
                                               SISTEMA NERVIOSO  (•••)
  INTERNOS  EXTERNOS       (•••)
                                               y aparece en      y produce
                           que son
  mediante                                                       HORMONAS
                   GLÁNDULAS   (•••)    INVERTEBRADOS  VERTEBRADOS
  ÓRGANOS                                                        mediante
  RECEPTORES                              donde pueden  en los que se
                                          ser de tipo   distingue
                                                                 CÉLULAS
    (+)                                                          NEUROSECRETORAS   (•••)
                                          (•••)    GANGLIONAR

                                                    (•••)     SNP
                                                      (+)     que se divide en

                                                         SNP          SNP
                                                         SOMÁTICO     AUTÓNOMO   (+)
```

Aplicación y relación

29. La incorporación de los conocimientos endocrinos a la ganadería llevó a usar hormonas para acelerar el crecimiento, aumentar el engorde o conseguir que el celo de todas las hembras fuera simultáneo. Posteriormente, ha habido una regulación estricta del uso de hormonas en ganadería.

¿Cuáles son las razones para limitar el uso de hormonas, como los estrógenos o las hormonas del crecimiento en la ganadería?

30. El esquema muestra el funcionamiento regulador de dos hormonas pancreáticas (la insulina y el glucagón) sobre la glucosa en sangre. Ambas tienen efectos contrapuestos y se liberan a la sangre en situaciones opuestas.

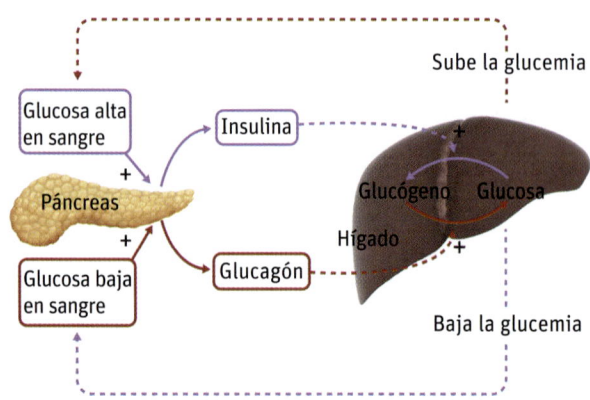

La insulina es una proteína, por lo que se fabrica a partir de un gen. Las personas que carecen de ese gen padecen diabetes. ¿Qué ocurre en el metabolismo de la glucosa en esas personas?

31. Una lesión medular en la columna vertebral de un vertebrado puede producir la parálisis de la parte posterior de su cuerpo e impedirle mover las patas traseras; sin embargo, es posible que sea capaz de realizar actos reflejos.

   a) Explica a qué puede deberse esto.

   b) Además de la capacidad motora, ¿verán afectada estos animales su capacidad sensorial? ¿Por qué?

32. El miocardio es la musculatura del corazón y está formado por fibras de músculo cardiaco, que funciona como el músculo esquelético, es decir, con contracciones rápidas y enérgicas. Aunque el ritmo cardiaco está determinado por una zona del miocardio, hay otra inervación de este músculo mediante el sistema autónomo. ¿Para qué sirve?

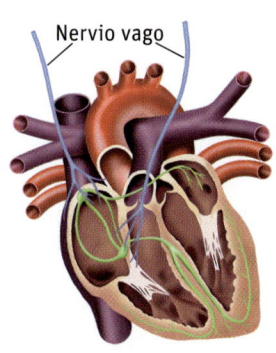

33. Describe lo que ocurre en cada uno de los dos esquemas que representan la membrana del axón neuronal:

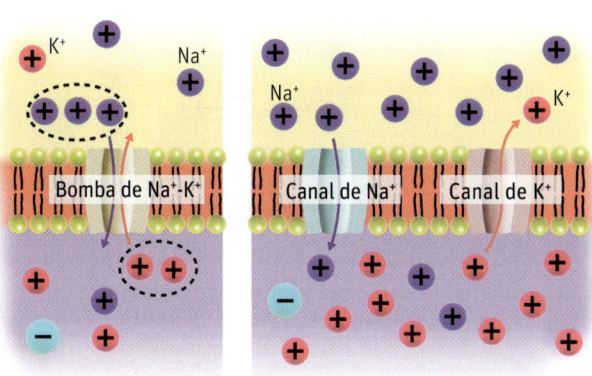

34. Investiga y responde:

   a) ¿Depende la velocidad de propagación del impulso nervioso de la naturaleza o de la intensidad del estímulo?

   b) ¿Existe relación entre el diámetro de una fibra nerviosa y la velocidad del impulso?

   c) ¿Por qué se dice que la transmisión del impulso nervioso sigue la "ley del todo o nada"?

35. Cuando están empollando, los patos y los gansos atraen con el pico hacia el nido los huevos que hubieran rodado fuera. Lo hacen también si el huevo no es suyo e, incluso, si no se trata de un huevo, pero se le parece. Además, si una vez iniciada la acción se les quita el huevo, continúan actuando como si el huevo estuviera allí.

Puedes verlo en: sm**Savia**digital.com PRACTICA

   a) ¿Qué tipo de conducta es esta y qué sentido adaptativo tiene?

   b) ¿Crees que puede modificarse por aprendizaje?

36. Busca información y realiza tres dibujos: un ojo, un oído y una terminación táctil.

   Indica en ellos la localización de las células receptoras y la salida de la vía sensorial en cada caso.

Biblioteca global

37. De la imitación a la empatía

En humanos y en algunos monos, se han descubierto neuronas que se activan tanto al realizar una acción como cuando se observa realizar dicha acción a otro individuo. Eso significaría que al ver realizar una acción a otro, mi cerebro experimenta, en cierto modo, la sensación de estar realizándola yo mismo. Esto indica que estas neuronas deben de ser importantes en el aprendizaje por imitación. Al parecer, estas neuronas también están implicadas en la capacidad de la **empatía**.

Los animales tienen capacidad de imitación.

a) ¿Qué entiendes por empatía? ¿Y por compasión? ¿Crees que son capacidades innatas o aprendidas?

b) Escribe un texto en el que expliques, usando situaciones concretas que conozcas, las capacidades de la imitación y la empatía.

c) Busca información sobre las **neuronas espejo** y relaciónalas con la imitación y la empatía.

d) Además de en humanos, las neuronas espejo se han encontrado en macacos y otros monos. Se sabe que estos animales –especialmente, las crías– tienen capacidad de aprender por imitación. ¿Significa esto que sienten empatía? Diseña un experimento para mostrar la capacidad de empatía en un mono.

e) Algunos estudios indican que las mujeres muestran en tests psicológicos mayor capacidad empática, como media, que los hombres. Existen dudas sobre que esto sea producto de la genética o de la educación. Investiga y escribe un texto en el que reflejes tu opinión razonada sobre la relación que esta cuestión pudiera tener con las neuronas espejo en los cerebros masculino y femenino.

LA CIENCIA Y SUS MÉTODOS — Cómo estudiar el cerebro en acción

En 1848, Phineas Gage, un obrero estadounidense de la construcción, sufrió un accidente. Una explosión inesperada lanzó una barra de hierro sobre su cara: entró por la mejilla y salió por la parte superior del cráneo. El boquete y la pérdida de masa cerebral fueron impresionantes, pero Gage salvó la vida.

Sin embargo, desde entonces, su carácter cambió radicalmente: del hombre trabajador y amable que era, quedó un ser irreverente, inconstante y caprichoso. Nunca volvió a ser el mismo: la zona afectada estaba relacionada con la determinación del carácter.

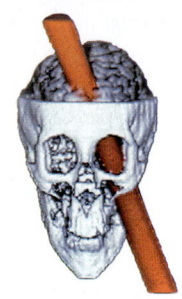
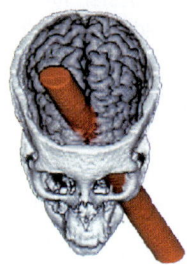

Reconstrucción en ordenador de la lesión sufrida por Phineas Gage.

Las técnicas modernas no invasivas

Antes de las técnicas modernas de investigación cerebral, el conocimiento de las funciones de cada parte del cerebro provenía del estudio de accidentes o lesiones cerebrales: se relacionaba la zona afectada con la pérdida de una capacidad funcional.

Lesiones en la zona occipital generaban pérdidas de visión; lesiones frontales y temporales, en el lado izquierdo, originaban problemas de lenguaje; afecciones en los lóbulos temporales provocaban problemas de aprendizaje y memoria, etc. De este modo se elaboraron **los primeros** mapas de funciones en el cerebro.

El estudio del cerebro en vivo no fue posible hasta que no aparecieron técnicas de estudio no invasivas, que permiten detectar las zonas que se activan al realizar determinadas actividades, sin que sea preciso abrir el cráneo. Las principales son:

- **Electroencefalograma.** Registra la actividad de grupos de miles de neuronas por el cambio de voltaje local que genera su actividad. Se mide colocando electrodos sobre la cabeza.
- **Magnetoencefalograma.** Mide el campo magnético que genera toda corriente eléctrica.
- **Tomografía por emisión de positrones (TEP).** Mide la actividad cerebral a través del flujo sanguíneo en el cerebro. Requiere inyectar en la sangre un indicador radiactivo que emite positrones que son detectados por una cámara especial. Un ordenador interpreta los datos y construye imágenes tridimensionales por tomografía computarizada, como el TAC o el escáner.
- **Resonancia magnética (RM).** Crea un campo magnético de gran intensidad ante el que las distintas partes del cerebro se comportan de forma diferente, lo que se detecta por sensores que elaboran imágenes muy precisas. La **resonancia magnética funcional (RMf)** responde al oxígeno de la sangre y mide la actividad del cerebro funcionando.
- **Estimulación magnética transcraneana (EM).** Zonas concretas del cerebro se someten a impulsos débiles de un campo magnético que provocan trastornos locales y temporales. Se puede identificar la zona afectada al pedir la realización de determinadas tareas.

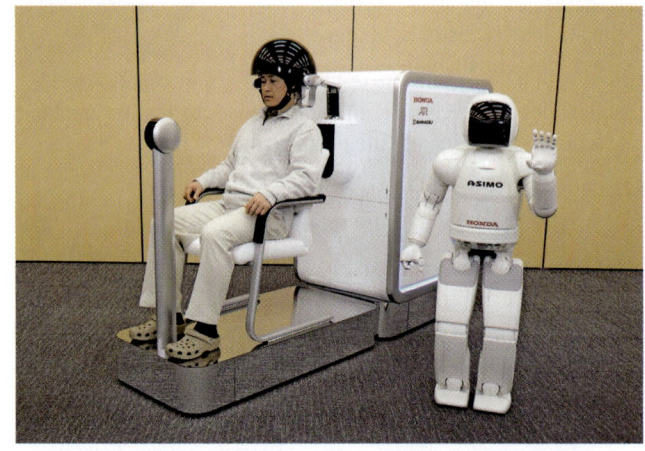

Las gorras de encefalografía se usan para guiar mentalmente un robot conectado al cerebro.

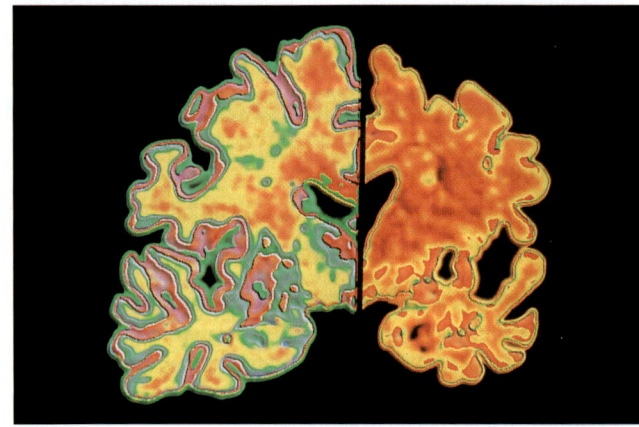

La TEP muestra un cerebro sano (izquierda) y uno enfermo de Alzheimer (derecha).

ACTIVIDADES

38. Además del cerebro, la neurología estudia los otros elementos del sistema nervioso central, periférico y autónomo. Busca información sobre técnicas de estudio que emplee la neurología, diferentes a las vistas en esta página.

39. Realiza un dibujo de un corte del cerebro humano con sus partes principales y relaciónalas con algunas de sus funciones.

40. Investiga: realiza un informe sobre la lobotomía cerebral, una práctica cruenta que se popularizó a mediados del siglo XX para tratar algunas enfermedades psicológicas.

CIENCIA, TECNOLOGÍA Y SOCIEDAD

Neurociencia y parapsicología

El mago y escapista Houdini aprovechó sus conocimientos y habilidades para desenmascarar a los farsantes del espiritismo desde que una médium aseguró contactar con su madre fallecida. La supuesta médium habló por la madre en inglés, llamando a su hijo "Harry". Pero, en vida, ella siempre le hablaba en una mezcla de alemán y húngaro y le llamaba Erik.

¿Qué es una ciencia?

La **ciencia** es un empeño intelectual dirigido a comprender racionalmente el mundo.

Engloba conocimientos estructurados obtenidos por observación, el uso de la razón y la experimentación. Con ellos se elaboran hipótesis, se usan sistemas de comprobación y refutación y se deducen principios y leyes.

La ciencia es un empeño intelectual dirigido a comprender racionalmente el mundo

Las **neurociencias** reúnen las disciplinas científicas que estudian el sistema nervioso: la neurología médica, la neurobiología y la psicología cognitiva, entre otras.

¿Qué se entiende por seudociencia?

La **seudociencia** es una creencia o práctica que pretende presentarse como ciencia.

No sigue una metodología científica, carece de suficientes evidencias racionales o experimentales y no puede ser verificada de forma fiable.

La **parapsicología** estudia los llamados fenómenos "paranormales", como la telepatía, la videncia y la telekinesia, fenómenos que no han sido verificados de forma rigurosa.

La seudociencia carece de evidencias racionales y no puede ser verificada de forma fiable

Un desafío de la ciencia

Diversas organizaciones científicas estudian y desenmascaran los supuestos fenómenos paranormales. La más importante es el estadounidense *Comité para la Investigación Escéptica*, que funciona desde 1976 y defiende que cualquier afirmación extraordinaria debe ser probada.

En 1996, uno de sus miembros, James Randi, mago e ilusionista profesional, creó la Fundación Educativa James Randi, que ofrece un millón de dólares a quien demuestre cualquier tipo de poder paranormal bajo criterios científicos controlados.

Aunque no han faltado quienes se sometan al reto, nadie lo ha superado todavía. El premio sigue esperando al poseedor de un don paranormal. ■

	Neurociencias	Parapsicología
Fenómenos estudiados	Estudian procesos de naturaleza física, química o biológica observables y reproducibles por otros investigadores.	Estudia supuestos fenómenos paranormales, es decir, aquellos que la ciencia no ha descrito en cuanto a sus causas y procesos.
Explicación de los fenómenos	Se usa el pensamiento racional para crear hipótesis científicas que se someten a experimentación para poder entenderlos.	Los sucesos se atribuyen a capacidades "supranormales" y se dan acríticamente por ciertos, por lo que no necesitan explicación.
Experimentación y verificación probatoria	Los experimentos deben ser repetibles por otros científicos y los resultados se contrastan y se someten a los métodos de verificación científicos.	Los experimentos no son repetibles, contrastables ni comprobables. No se sigue el proceso completo de verificación lógica y probatoria de la ciencia.

ACTIVIDADES

41. Busca más ejemplos de seudociencias y relaciónalas con algunas ciencias verdaderas, explicando las diferencias de proceder.

42. Algunas personas presentan capacidades extrañas, como la sinestesia que consiste en "ver colores" al oír música, por ejemplo. La ciencia ha descubierto que son debidas a conexiones neuronales diferentes a las habituales. Investiga y trata de explicar la base de estos mecanismos perceptivos.

43. ¿En qué crees que consisten esas condiciones controladas que exige la fundación de James Randi para entregar el millón de dólares a quien pretenda demostrar un don paranormal?

44. ¿Por qué crees que a pesar de su absoluta falta de evidencias probatorias mucha gente cree en la veracidad de los fenómenos paranormales?

La reproducción de los animales

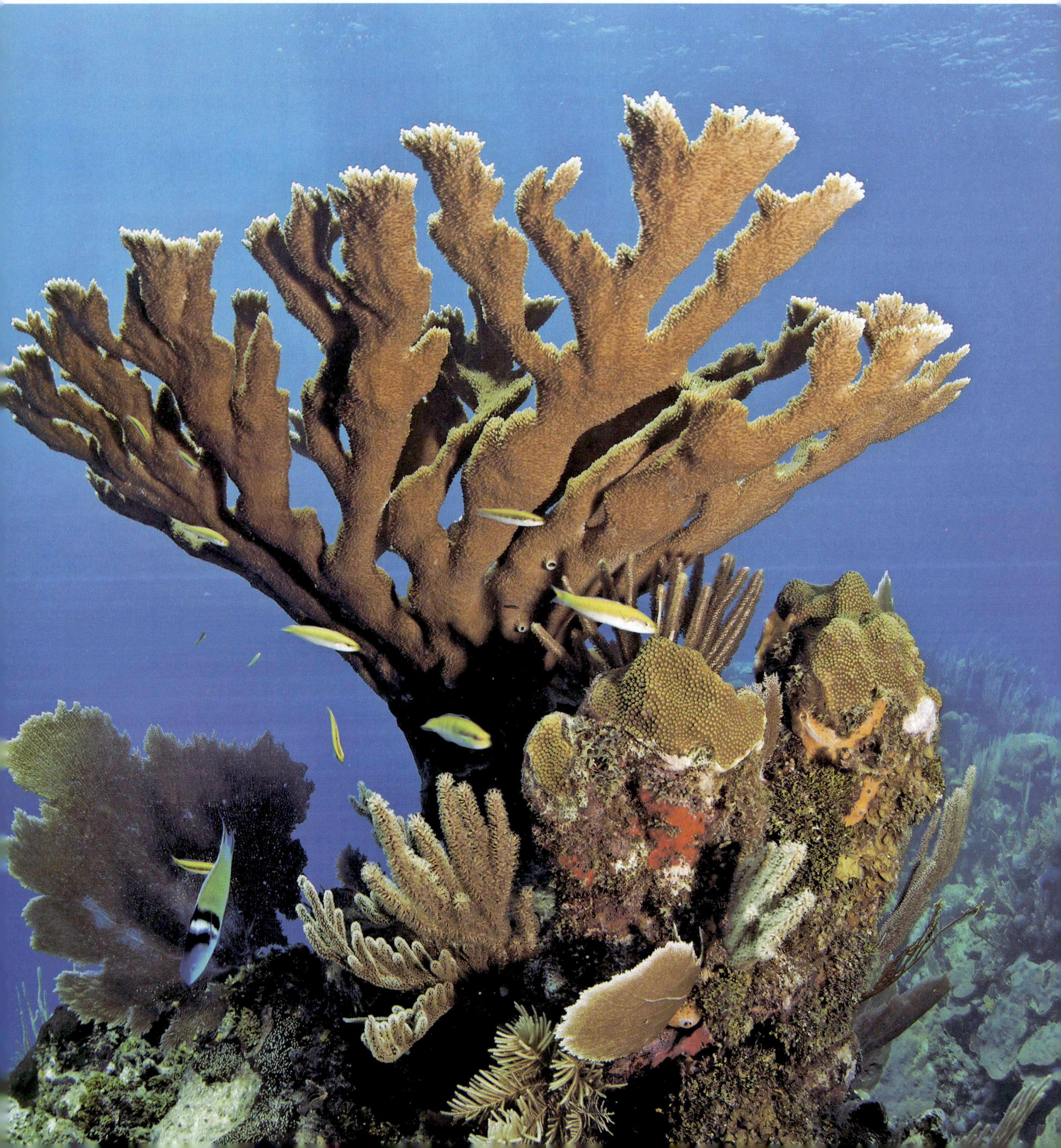

5	6	7	LA CIENCIA Y SUS MÉTODOS
El desarrollo embrionario	El desarrollo posembrionario	La intervención humana en la reproducción animal	Experimentos: una estrategia para probar ideas

EN PORTADA

Puntualidad absoluta

Atrapados en el interior de su propio esqueleto, los diminutos pólipos que forman los corales no pueden salir en busca de pareja. Para reproducirse, desprenden millones de espermatozoides y de óvulos que son arrastrados hacia la superficie del océano, donde se fecundan. Del huevo surgirá una larva móvil que se fijará de nuevo al sustrato.

Los pólipos asumen un elevado riesgo liberando sus gametos en un medio tan extenso y agitado por las corrientes, pero lo compensan con una puntualidad absoluta. Todos los pólipos de un arrecife de coral liberan simultáneamente sus gametos. El momento elegido es el crepúsculo de los días siguientes a una luna llena de verano. Pero ¿cómo saben que ha llegado ese momento?

La bióloga Alison Sweeney, de la Universidad de California, se propuso encontrar la respuesta. Su idea de partida fue que los pólipos utilizan como señal para la freza (desove o suelta de huevos) los cambios que se producen durante esos días en los tonos rojizos del cielo crepuscular. El rojo de las puestas de sol se debe al mayor recorrido de sus rayos a través de la atmósfera; en el trayecto, los rayos azules son dispersados y los rayos rojos, los que menos se desvían, son los únicos que consiguen llegar hasta nosotros. Antes de la luna llena, los atardeceres son aún más rojos porque la luna alcanza el cielo antes de la puesta de sol y refleja los rayos solares; así se potencia el rojo. Justo después de la luna llena, cuando la puesta de sol precede a la salida de la luna, el crepúsculo se hace más azul.

Sweeney puso a prueba su hipótesis midiendo los cambios de color del océano cada atardecer en un arrecife de coral de astas de alce (*Acropora palmata*) en las islas Vírgenes. El coral no faltó a la cita y frezó durante los crepúsculos más azules: las noches tercera y cuarta después de la luna llena, entre las 21.20 y las 21.50 horas.

Figura 11.1. Distribución de *Acropora palmata*.

Clasificación del coral de astas de alce	
Reino	Animal
Filo	Cnidaria
Clase	Anthozoa
Orden	Scleractinia
Familia	Acroporidae
Género	Acropora
Especie	Acropora palmata

• En la Web

Observa la freza de los corales.
• www.e-sm.net/svbg1bach11_01

1. Solo una vez al año, el coral de astas de alce se reproduce de forma sexual. El resto del año los pólipos se reproducen de forma asexual. ¿Qué ventajas puede aportar al coral alternar las dos formas de reproducción?

2. ¿Qué función desempeñan las larvas? ¿Pasan todos los animales por la fase de larva en su ciclo vital?

3. En la imagen aparece un arrecife de coral en el que *Acropora palmata* comparte hábitat con otros corales. ¿Cómo puede asegurarse que sus gametos no se fusionarán con los de otras especies?

Los corales son colonias de pólipos que se mantienen unidos por el duro esqueleto que secretan.

1. La reproducción asexual y sexual

Figura 11.2. El mimetismo es una adaptación que permite al insecto hoja sobrevivir y dejar descendencia.

Las branquias de los peces, las barbas de las ballenas, el axón gigante de los calamares y las glándulas adrenales de los mamíferos son adaptaciones que ayudan a estos animales a sobrevivir el tiempo suficiente y reunir los recursos necesarios para reproducirse. Producir crías es la razón por la que tienen lugar todas las adaptaciones (Fig. 11.2). La evolución por selección natural nos da una explicación del porqué los animales se reproducen, pero ¿cómo lo hacen?

La reproducción sexual es un rasgo casi universal de los animales, aunque muchas especies también se reproducen de forma asexual.

1.1. ¿Cómo se realiza la reproducción asexual?

En muchas especies animales, los individuos pueden clonarse, es decir, pueden producir copias idénticas de sí mismos de forma asexual, y en grandes cantidades. Puede realizarse de diferentes modos:

- **Gemación.** En algunos animales, como las esponjas y los pólipos, un grupo de células del cuerpo del progenitor se divide por mitosis y forma una yema, o brote, de la que se origina una cría (Fig. 11.3). En unos casos, la yema se desprende del progenitor y se establece como individuo independiente; en otros, permanece adherida al organismo materno y se convierte en un nuevo miembro, más o menos independiente, de una colonia.

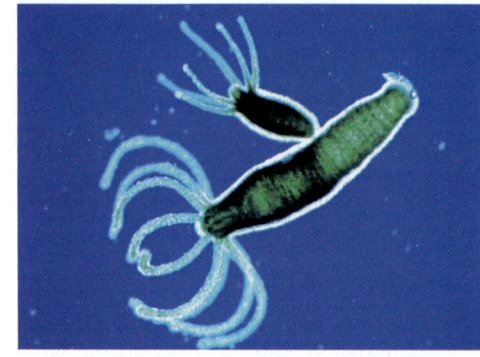

Figura 11.3. Hidra de agua dulce con una yema.

Figura 11.4. Las anémonas son pólipos que se reproducen por escisión.

- **Escisión** o **fragmentación**. Consiste en la rotura espontánea del organismo progenitor en dos o más fragmentos, cada uno de los cuales dará lugar a un individuo completo. Así ocurre en algunos animales de organización sencilla como las anémonas de mar (Fig. 11.4) o algunos gusanos marinos.

Algunos animales son capaces de volver a formar las partes perdidas como consecuencia de una lesión. Salamandras, lagartijas, estrellas de mar y cangrejos pueden adquirir una nueva cola, pata, brazo o algunos otros órganos cuando han perdido el original. En estos casos se habla de **regeneración** y no se considera un mecanismo de reproducción. Aun así, la capacidad de regeneración puede llegar a ser extrema en algunos casos: unos pocos segmentos de lombriz o un solo brazo de una estrella pueden regenerar el animal completo.

RELACIONAR

4. Un ciclo vital con alternancia

Los machos y las hembras de la medusa común (*Aurelia aurita*) vierten los gametos al medio. Allí se fecundan y originan larvas móviles que se fijan al sustrato y dan origen a pólipos. Los pólipos maduros se dividen en discos superpuestos que se van liberando y se transforman en nuevas medusas.

a) ¿Por qué se califica como alternante el ciclo vital de la medusa *Aurelia*?

b) ¿Qué ventajas tiene este ciclo vital en comparación con el de sus parientes, los corales de astas de alce?

c) Compara este ciclo biológico con el de los helechos (véase página 179). ¿En qué se parecen? ¿En qué se diferencian?

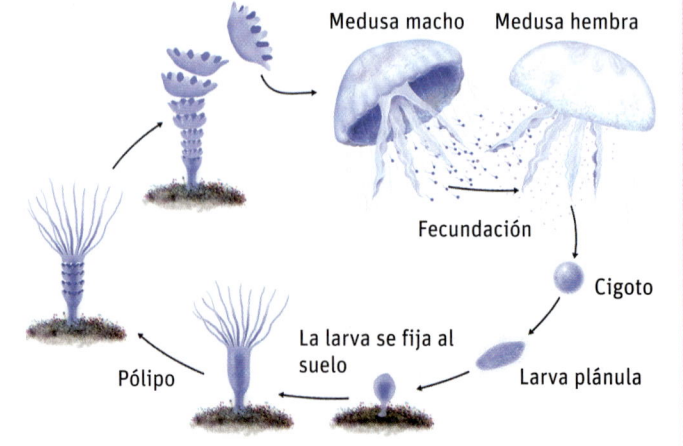

1.2. Mecanismo de reproducción sexual

El doble coste del sexo

En la imagen aparece la evolución de dos poblaciones: una con reproducción asexual (A) y otra sexual (B), en las que suponemos que las hembras dan lugar a solo dos descendientes. La consecuencia es que mientras en el primer caso la población se duplica en cada generación, en el segundo caso la población permanece con un tamaño constante.

La eficiencia de la reproducción asexual es evidente: no es necesario crear machos y una hembra produce el doble de hijas. Además, en la reproducción sexual la búsqueda de pareja y los riesgos asociados al apareamiento (exposición a depredadores, enfermedades de transmisión sexual, etc.) suponen un coste adicional.

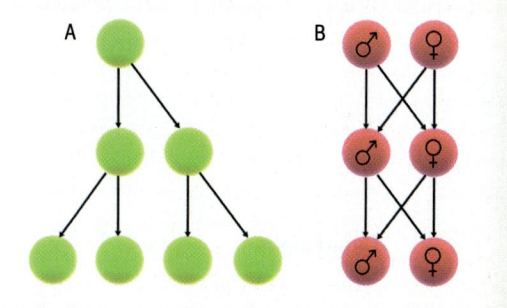

En la reproducción sexual intervienen los siguientes procesos:

- **Formación de gametos**, es decir, de células especializadas que son el vehículo de transporte de la información genética de los progenitores. Los gametos (espermatozoides y óvulos) son células haploides (n) que se originan por meiosis.
- **Formación del cigoto** mediante la unión de los gametos y la fusión de sus núcleos. De este modo, se restaura el número de cromosomas característico de la especie.
- **Desarrollo del cigoto.** El cigoto se divide por mitosis de acuerdo con las instrucciones genéticas y origina un individuo con caracteres de ambos progenitores.

1.3. La partenogénesis

En algunas especies animales, las hembras producen huevos que se desarrollan sin haber sido fecundados. Esta forma de reproducción se denomina **partenogénesis**, y sucede en algunas especies de insectos, crustáceos, peces, reptiles e incluso aves.

Por su frecuencia en el ciclo biológico de la especie puede ser:

- **Partenogénesis obligatoria.** Los óvulos se desarrollan normalmente por partenogénesis, aunque, en condiciones adversas, puede intercalarse una generación con reproducción sexual. Así sucede, por ejemplo, en los pulgones.
- **Partenogénesis accidental.** La reproducción normal es sexual y presentan partenogénesis en un momento dado. Sucede en el tiburón martillo, en ausencia de machos.
- **Partenogénesis facultativa.** Los óvulos pueden desarrollarse con fecundación (nacen hembras) o sin ella (nacen machos), como sucede en las abejas.

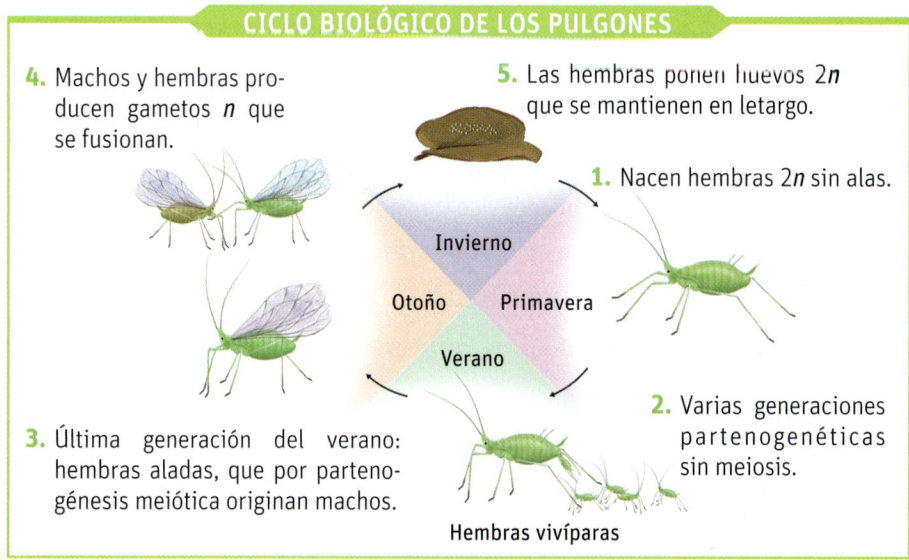

CICLO BIOLÓGICO DE LOS PULGONES

4. Machos y hembras producen gametos n que se fusionan.

5. Las hembras ponen huevos $2n$ que se mantienen en letargo.

1. Nacen hembras $2n$ sin alas.

2. Varias generaciones partenogenéticas sin meiosis.

3. Última generación del verano: hembras aladas, que por partenogénesis meiótica originan machos.

Hembras vivíparas

ACTIVIDADES

5. Si tantas ventajas tiene la reproducción asexual, ¿por qué casi todos los animales se reproducen, al menos ocasionalmente, de forma sexual?

6. La partenogénesis, ¿es un tipo de reproducción sexual o asexual? ¿Por qué?

2. La formación de los gametos

La **gametogénesis**, o formación de los gametos, tiene lugar en los órganos reproductores o **gónadas** de los individuos adultos. En las gónadas femeninas u **ovarios** se forman los **óvulos** y en las masculinas o **testículos**, los **espermatozoides**.

2.1. Ovogénesis y espermatogénesis

Las divisiones celulares mitóticas y meióticas y los procesos de desarrollo que se suceden en la gametogénesis se pueden resumir, en el caso de los seres humanos, en las siguientes fases (Fig. 11.5):

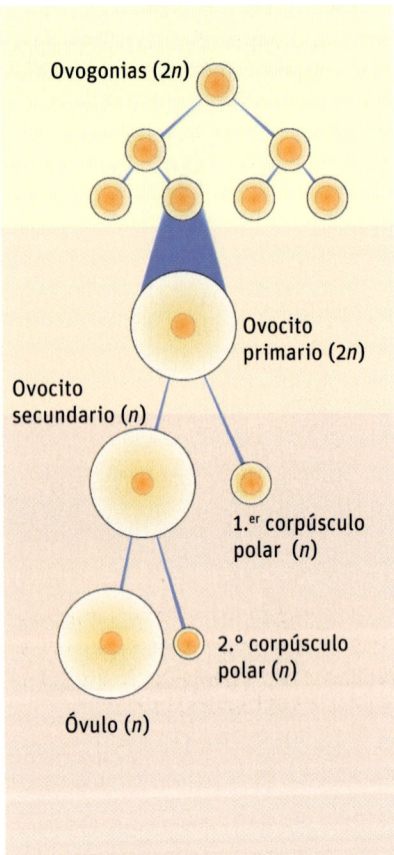
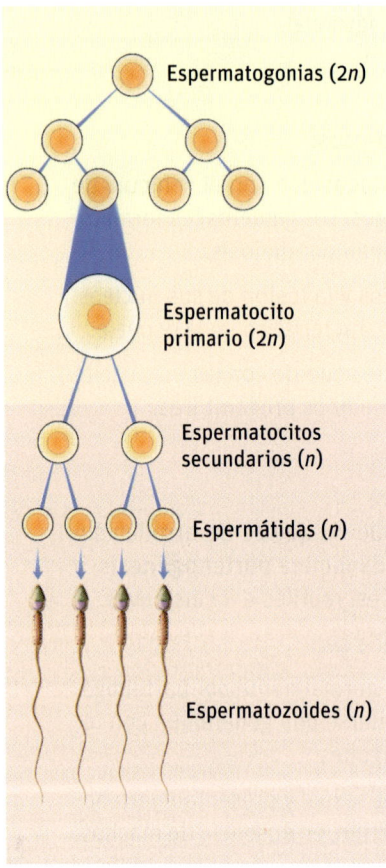

- **Fase de multiplicación.** En las gónadas femeninas y masculinas, las células diploides conocidas, respectivamente, como **ovogonias** (u **oogonias**) y **espermatogonias** se multiplican por mitosis. Solo algunas de las células hijas inician el proceso de formación de los gametos.

- **Fase de crecimiento.** Algunas ovogonias y espermatogonias crecen y se transforman en **ovocitos** (u **oocitos**) **primarios** y **espermatocitos primarios**, todavía diploides.

- **Fase meiótica.** Los ovocitos y espermatocitos primarios entran en meiosis:

  – En las mujeres, solo uno de los productos haploides resultantes de la meiosis de un ovocito primario se convierte en un **ovocito secundario**, madura y da lugar a un óvulo. Las otras células, llamadas **corpúsculos polares**, poseen una cantidad muy pequeña de citoplasma y no originan óvulos.

  En la mayoría de las especies, la producción de ovocitos primarios cesa muy pronto (en los seres humanos, antes del nacimiento). Los ovocitos primarios entran en la profase de la meiosis durante el desarrollo embrionario y quedan detenidos durante meses o años. En las mujeres, a partir de la pubertad y de forma periódica, un ovocito primario completa su transformación en un óvulo.

Figura 11.5. Gametogénesis en los seres humanos.

  – En los hombres, los espermatocitos primarios completan la primera división de la meiosis y producen, cada uno de ellos, dos **espermatocitos secundarios**. Tras la segunda división se obtienen cuatro células haploides denominadas **espermátidas**. Las espermatogonias y los espermatocitos se producen continuamente durante la vida adulta.

- **Fase de diferenciación.** El óvulo apenas sufre modificaciones; en cambio, las espermátidas cambian profundamente y se transforman en **espermatozoides**.

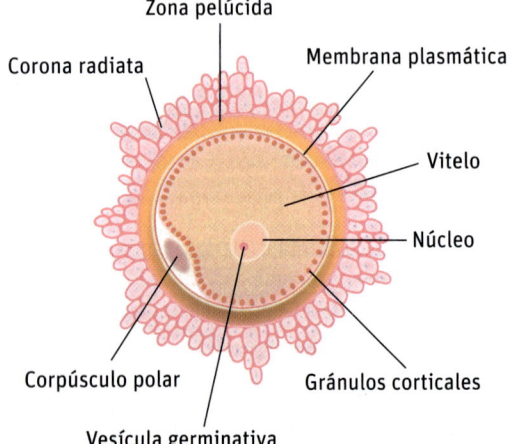
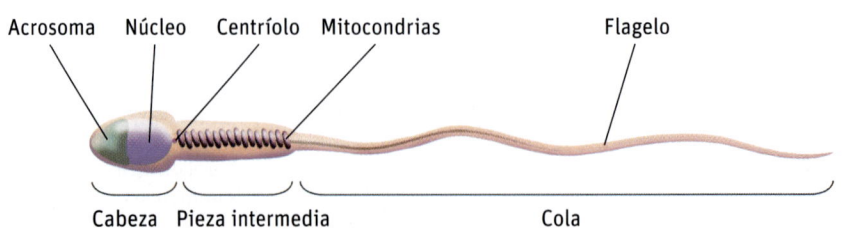

Figura 11.6. Gametos del ser humano: óvulo y espermatozoide. El diámetro del óvulo es unas tres veces la longitud del espermatozoide.

3 La fecundación

La **fecundación** es el proceso de fusión de un espermatozoide y un óvulo para formar una célula diploide conocida como **cigoto**.

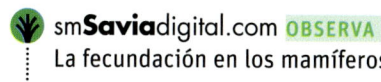
smSaviadigital.com OBSERVA
La fecundación en los mamíferos.

3.1. El mecanismo de la fecundación

Para que se produzca la fecundación, un espermatozoide y un óvulo tienen que coincidir, reconocerse como pertenecientes a la misma especie y unirse. Esa unión desencadena el inicio del desarrollo.

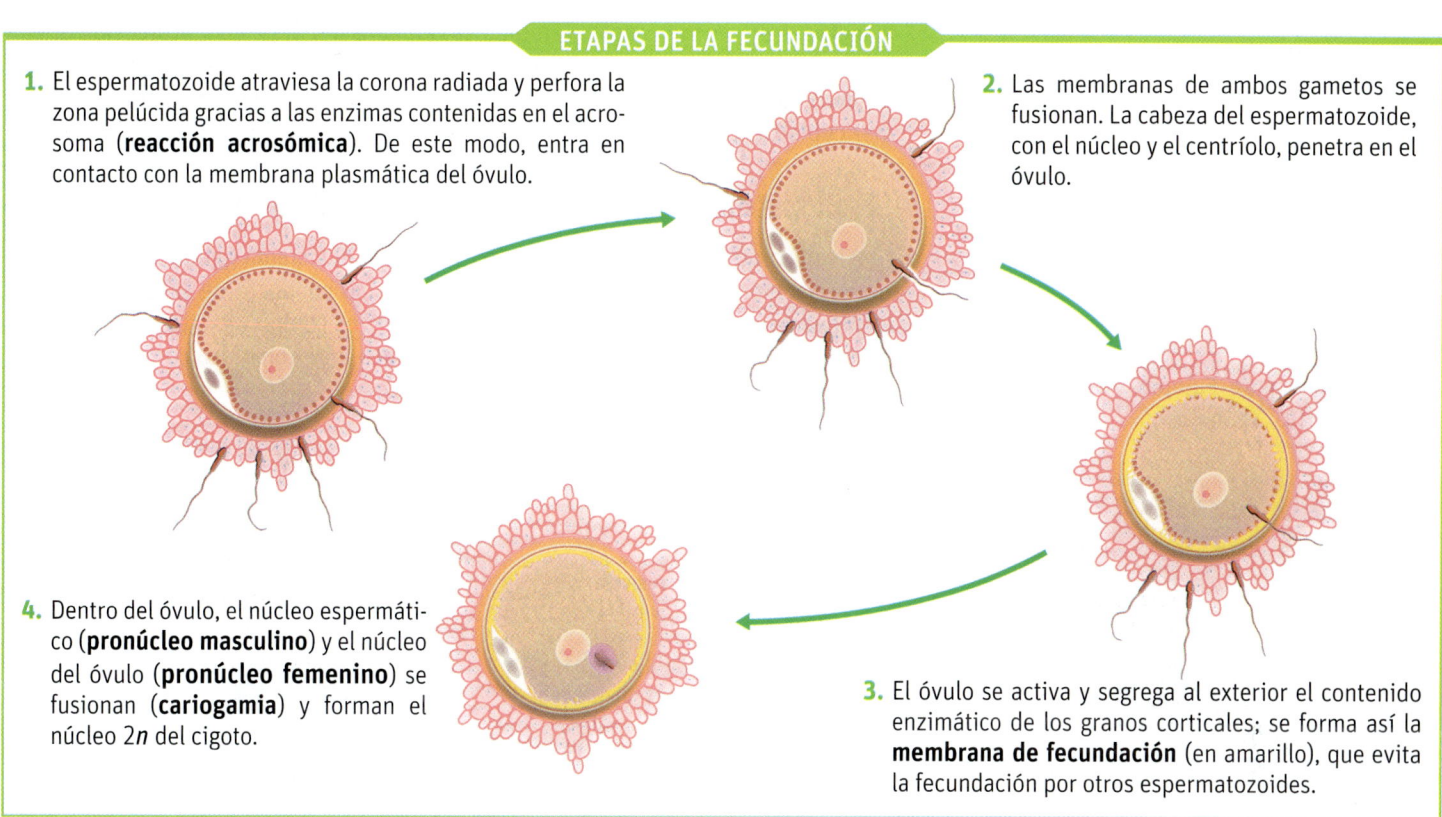

ETAPAS DE LA FECUNDACIÓN

1. El espermatozoide atraviesa la corona radiada y perfora la zona pelúcida gracias a las enzimas contenidas en el acrosoma (**reacción acrosómica**). De este modo, entra en contacto con la membrana plasmática del óvulo.

2. Las membranas de ambos gametos se fusionan. La cabeza del espermatozoide, con el núcleo y el centríolo, penetra en el óvulo.

3. El óvulo se activa y segrega al exterior el contenido enzimático de los granos corticales; se forma así la **membrana de fecundación** (en amarillo), que evita la fecundación por otros espermatozoides.

4. Dentro del óvulo, el núcleo espermático (**pronúcleo masculino**) y el núcleo del óvulo (**pronúcleo femenino**) se fusionan (**cariogamia**) y forman el núcleo 2n del cigoto.

3.2. Tipos de fecundación

Según el lugar donde ocurra, se distinguen dos tipos de fecundación:

- **Fecundación externa.** Es frecuente en animales acuáticos (con las excepciones del pulpo, algunos peces y los mamíferos acuáticos). Los óvulos sin fecundar son expulsados por la hembra y, posteriormente, el macho libera los espermatozoides que fecundarán a dichos óvulos en el medio acuoso exterior (Fig. 11.7).

- **Fecundación interna.** Es característica de los animales terrestres. Para ello, es necesario el apareamiento entre macho y hembra. Los machos de muchos invertebrados, reptiles, aves y todos los mamíferos poseen un órgano copulador para introducir los espermatozoides en las vías genitales femeninas donde tiene lugar la fecundación. Otras especies liberan paquetes de espermatozoides, denominados **espermatóforos**, que son transferidos a las hembras.

Figura 11.7. Fecundación externa de la trucha.

ACTIVIDADES

7. ¿Qué función puede desempeñar el vitelo o yema del óvulo?

8. ¿Cómo se evita la fecundación de un óvulo por más de un espermatozoide (polispermia)?

9. Explica por qué no existe fecundación externa en los vertebrados terrestres.

4. Los sistemas reproductores

Los **sistemas reproductores** tienen por misión la formación de las células reproductoras o **gametos**. En los animales con fecundación interna deben garantizar, además, la unión entre los gametos procedentes de organismos diferentes.

En la mayoría de los animales, los sistemas reproductores están constituidos por los siguientes órganos sexuales:

- **Primarios o gónadas.** Allí se forman los gametos y se producen las hormonas sexuales. Las gónadas masculinas se denominan **testículos** y las femeninas, **ovarios**.

- **Accesorios.** Ayudan a las gónadas en los procesos de formación y liberación de los gametos y, en muchos casos. También sirven para dar acogida y protección al embrión. Pueden ser muy variados y entre ellos se encuentran las vías genitales, los órganos copuladores, los órganos dedicados a almacenar espermatozoides o a formar cubiertas protectoras para los huevos, etc.

4.1. El sistema reproductor de los vertebrados

En los vertebrados –en particular, en los machos–, el sistema genital está estrechamente relacionado con el excretor: tienen un mismo conducto de salida al exterior. Excepto en la mayoría de los mamíferos, los conductos genital y excretor y el intestino desembocan en una cámara común, llamada **cloaca**, que comunica con el exterior.

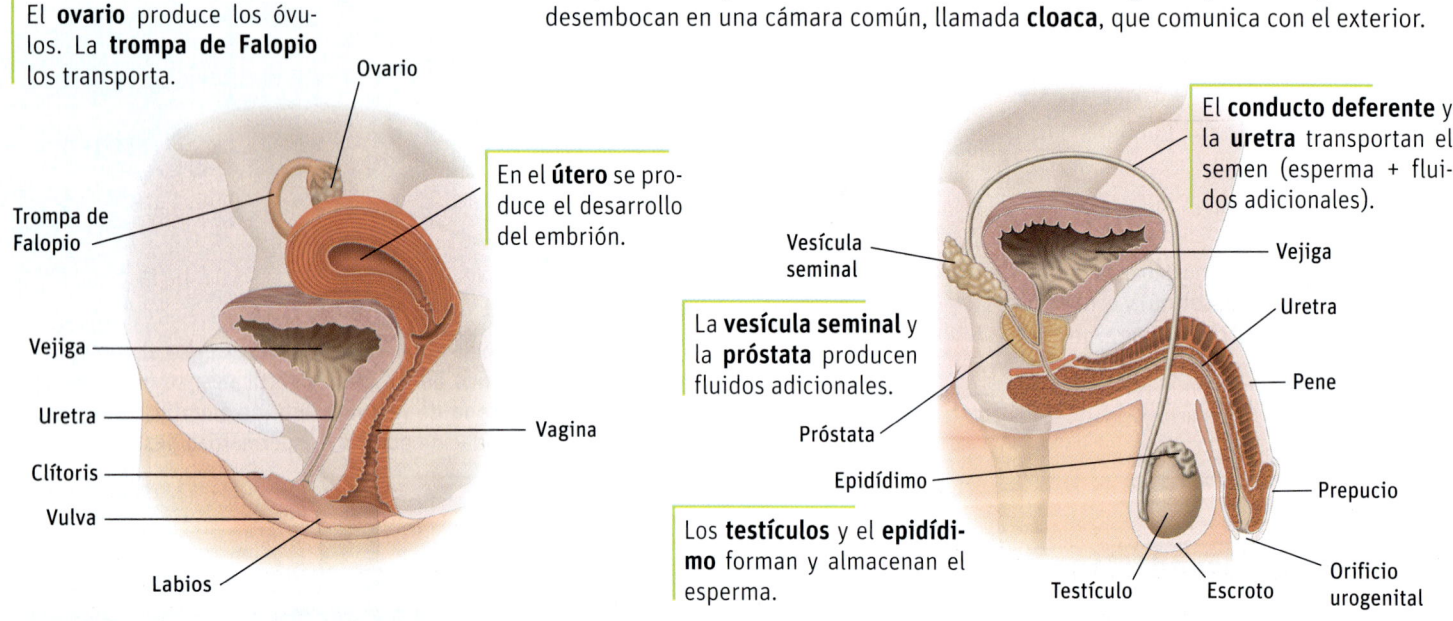

Figura 11.8. Sistema reproductor femenino.

Figura 11.9. Sistema reproductor masculino.

INTERPRETAR

10. La formación de un huevo de gallina

El dibujo representa el sistema reproductor de una hembra de ave.

a) Localiza la cloaca y nombra los conductos que desembocan en ella.

b) En las aves, de las dos ramas del sistema reproductor solo una es funcional. Localiza la rama vestigial en el dibujo.

c) ¿Un huevo de gallina es un óvulo o un cigoto? Razona tu respuesta.

4.2. El sistema reproductor de los invertebrados

En algunos invertebrados de vida acuática, como las medusas o ciertos anélidos, las gónadas son los únicos órganos sexuales (Fig. 11.10). Los gametos son liberados al medio externo tras la rotura de las paredes del propio organismo.

Sin embargo, en la mayoría de los invertebrados el sistema reproductor es más complejo y dispone de estructuras con función similar a las que aparecen en los vertebrados. En algunos casos, como en muchos artrópodos terrestres, las hembras disponen, además, de un **receptáculo seminal** o **espermateca** al que emigran los espermatozoides tras la cópula. Allí quedan almacenados y se liberan a medida que la hembra expulsa sus óvulos.

Figura 11.10. Las cuatro masas que se transparentan son las gónadas de la medusa.

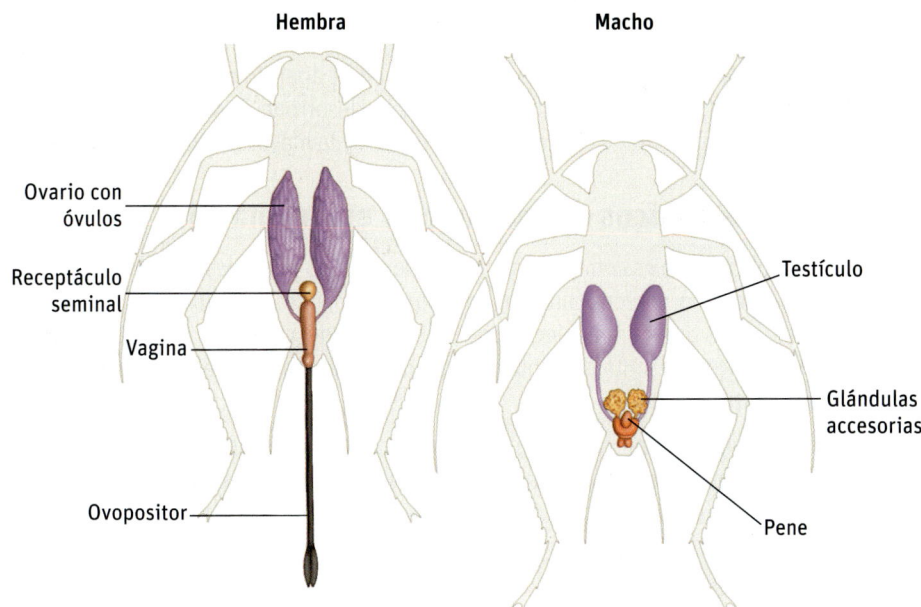

Figura 11.11. Sistema reproductor de un insecto.

4.3. Unisexualidad y hermafroditismo

La mayoría de las especies animales son **unisexuales** o **dioicas**. Los sexos están separados en individuos distintos, de forma que existen dos tipos de individuos según posean gónadas femeninas o masculinas. En estos casos, es frecuente el **dimorfismo sexual**, es decir, la diferencia morfológica entre individuos de uno y otro sexo (Fig. 11.12).

En las especies **hermafroditas** o **monoicas**, los individuos son portadores de ambos tipos de gónadas y producen los dos tipos de gametos. Así ocurre en algunas especies de anélidos y moluscos. En los animales hermafroditas, los gametos se forman en órganos sexuales llamados **ovotestis**.

El hermafroditismo es frecuente en organismos que viven fijos o son de movimiento lento o que, como ocurre con algunos parásitos, viven aislados. No obstante, la autofecundación se evita siempre que es posible mediante la fecundación cruzada en la que dos individuos hermafroditas se aparean y se fecundan mutuamente.

Figura 11.12. En las aves, el dimorfismo sexual es muy acusado: arriba, pato mandarín macho; abajo, la hembra.

ACTIVIDADES

11. ¿Cuál es la función esencial del sistema reproductor en todos los seres vivos?

12. ¿Por qué razón en muchos insectos es suficiente con que la hembra sea fecundada una sola vez en su vida?

13. Elabora una hipótesis para explicar el valor adaptativo del dimorfismo sexual.

5. El desarrollo embrionario

Figura 11.13. La mayoría de los peces son ovíparos.

El **desarrollo embrionario** es el proceso por el cual se forma un nuevo individuo a partir de la célula huevo. El organismo en desarrollo se denomina **embrión**.

5.1. ¿Dónde sucede el desarrollo embrionario?

Según el lugar en que se produce el desarrollo embrionario, se distinguen tres tipos de reproducción:

- **Ovípara.** Los óvulos o los huevos ya fecundados son expulsados al medio externo. Esta modalidad se presenta en todos los animales con fecundación externa (Fig. 11.13) y en algunos con fecundación interna, como las aves.
- **Ovovivípara.** Los huevos fecundados se desarrollan dentro del aparato reproductor materno, donde reciben protección y se alimentan del vitelo del propio huevo. Algunas especies de fecundación interna, como ciertos peces y reptiles, son ovovivíparos.
- **Vivípara.** Los huevos fecundados se desarrollan en el aparato reproductor materno, que contribuye a la nutrición del embrión durante su desarrollo. Todos los vivíparos son de fecundación interna, como ciertos peces y reptiles y la mayoría de los mamíferos.

5.2. Procesos básicos del desarrollo embrionario

El desarrollo embrionario es como un concierto interpretado por miles de músicos que se mueven en el escenario, a veces cambian de instrumento, pero no equivocan ni una sola nota durante los días que dura la ejecución. La dirección del concierto está a cargo de la información genética, presente en el núcleo del huevo, de donde se lee una partitura escrita con solo cuatro letras.

El patrón que se sigue, la pieza que se interpreta, es muy variable dependiendo de las especies, pero en todas las secuencias de desarrollo se repiten estos procesos:

En la Web

Sigue las etapas del desarrollo embrionario de una rana.

www.e-sm.net/svbg1bach11_02

FORMULAR HIPÓTESIS

14. Una sustancia gobierna el patrón

Un embrión de mosca origina durante su desarrollo una larva normal que presenta las partes características del cuerpo (c: cabeza, t: tórax y a: abdomen) a lo largo del eje antero-posterior.

En una experiencia (1), se trasplantó material de la región anterior (A) de un embrión a la región posterior (P) de otro distinto. El resultado fue una larva con estructuras típicas de la cabeza en sus dos extremos.

a) Propón una hipótesis que explique lo sucedido.
b) Interpreta lo sucedido en la experiencia 2.

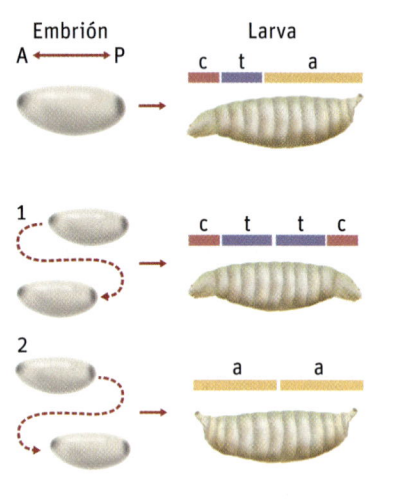

- **Multiplicación celular y muerte celular programada (apoptosis).** Para que el embrión se desarrolle, sus células tienen que dividirse y fabricar nuevas células. Al mismo tiempo, cuando los tejidos y los órganos toman forma, hay células que deben morir y sufren apoptosis.
- **Movimientos celulares.** Las células del embrión pueden moverse unas entre otras causando importantes cambios de forma. Incluso grupos de células pueden emigrar de un lugar a otro en el embrión, donde originan tipos de células diferentes.
- **Diferenciación celular.** Las células indiferenciadas se especializan en lugares y momentos concretos, de forma escalonada. Las que no se diferencian reciben el nombre de **células madre**.
- **Interacciones intercelulares.** Las células embrionarias se multiplican, se mueven o se diferencian en respuesta a señales que proceden de otras células.

El desarrollo embrionario se divide en tres etapas o fases durante las que se desarrollan procesos del mismo tipo: **segmentación**, **gastrulación** y **organogénesis**.

ACTIVIDADES

15. ¿Qué significa que la "partitura" que se lee durante el desarrollo embrionario está escrita con solo "cuatro letras"?

5.3. La segmentación: multiplicación sin crecimiento

El caviar del Pacífico Sur

Los adultos del gusano palolo (*Eunice viridis*) viven en cuevas o sobre el fondo oceánico del Pacífico Sur. Los predadores no les permiten abandonar sus escondites en busca de pareja, por lo que para reproducirse sueltan los segmentos posteriores de su cuerpo (zona epítoca) cargados de gametos. Estos fragmentos emigran hacia la superficie del océano donde los gametos se liberan, se produce la fecundación y los huevos, provistos del vitelo necesario, inician su desarrollo.

Pero los habitantes de Samoa y Fiji saben cuándo y dónde se reunirán estos transportadores y los recolectan como alimento. Durante el último cuarto de la luna de noviembre salen a la captura de este "caviar" rico en proteínas, grasas, minerales y vitaminas.

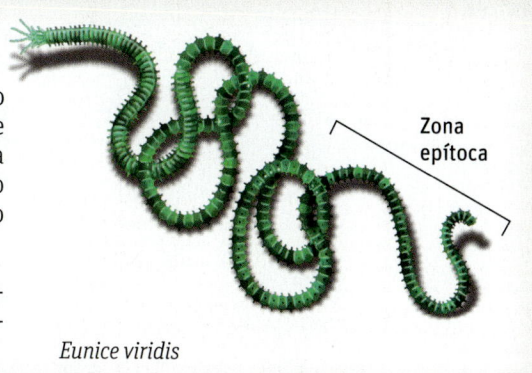

Eunice viridis

El desarrollo embrionario se inicia con una serie de rápidas divisiones celulares por mitosis, entre las cuales no hay crecimiento celular. El proceso, denominado **segmentación** o **clivaje**, está muy influido por la cantidad de vitelo y su distribución en el huevo. Los huevos con poco vitelo, como los de los erizos de mar y los de los mamíferos, se dividen por completo, mientras que los que poseen gran cantidad de vitelo, como los de las aves, solo lo hacen parcialmente; la parte en la que se acumula el vitelo permanece sin segmentar.

La segmentación da origen a una masa esférica de células, cada vez más pequeñas, denominada **mórula**. Conforme progresa la segmentación, las células, denominadas **blastómeros**, forman una capa en la superficie del embrión que deja una cavidad en el interior, el **blastocele**. Este estado embrionario recibe el nombre de **blástula** (Fig. 11.14).

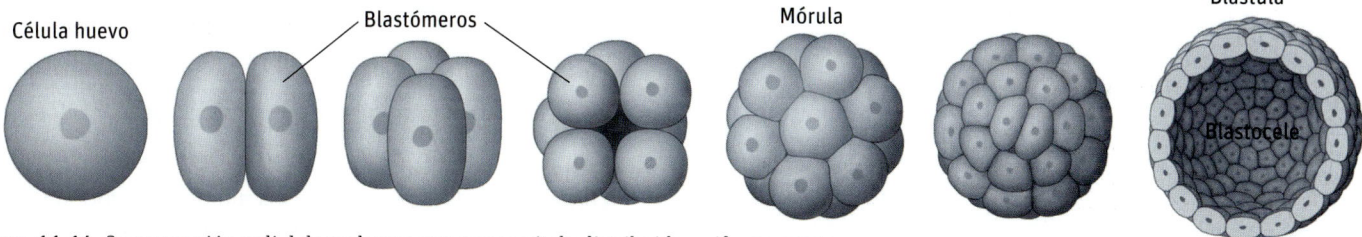

Figura 11.14. Segmentación radial de un huevo con escaso vitelo distribuido uniformemente.

En los mamíferos placentarios, como los seres humanos, se forma una blástula especializada, el **blastocito**, con dos grupos diferenciados de células. De ellos se formarán, por un lado, el embrión y, por otro, las complejas estructuras extraembrionarias que se disponen entre el embrión y el útero materno (Fig. 11.15).

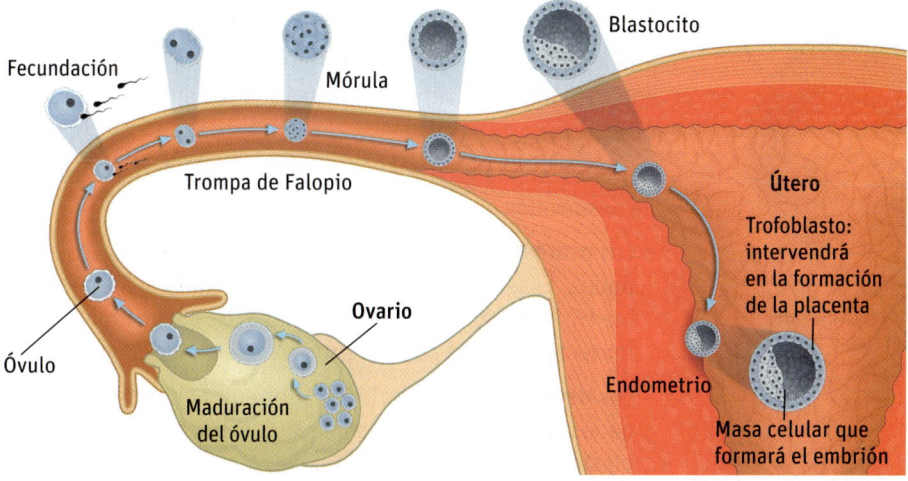

Figura 11.15. La segmentación en los humanos sucede antes de la implantación en el útero.

ACTIVIDADES

16. ¿Cómo influye la cantidad de nutrientes (vitelo) que lleva un huevo en su segmentación?

17. ¿Qué características especiales tiene la blástula de los mamíferos placentarios? ¿Por qué?

> **En la Web**
> Observa cómo la blástula se transforma en gástrula.
> www.e-sm.net/svbg1bach11_O3

5.4. La gastrulación: producción de un plan corporal

Durante la **gastrulación**, la multiplicación celular se hace mucho más lenta y deja paso a un nuevo proceso: el movimiento celular. Una serie de movimientos bien organizados reordenan las células embrionarias en una estructura denominada **gástrula**.

En esta etapa se forman las capas de tejido embrionario, o **capas germinativas**, de las que resultarán los tejidos y los órganos del adulto. Además, quedan definidos los ejes principales del cuerpo (anterior-posterior, dorsal-ventral y derecho-izquierdo).

Según el número de capas germinativas de la gástrula, los animales pueden diferenciarse de la siguiente manera:

- **Diblásticos.** Son los animales cuya gástrula posee solo dos capas embrionarias, como las esponjas y los cnidarios. La capa externa de la gástrula se denomina **ectodermo** y la capa más interna, **endodermo**.

Al inicio de la gastrulación, las células se mueven hacia el hueco (blastocele) de la blástula, de forma similar a cuando se mete un dedo en un globo poco hinchado. La nueva capa, el endodermo, delimita una cavidad, el **arquenterón** o intestino primitivo, que comunica con el exterior por un único orificio o poro de la blástula, el **blastoporo**, que hará en el adulto de boca y de ano (Fig. 11.16).

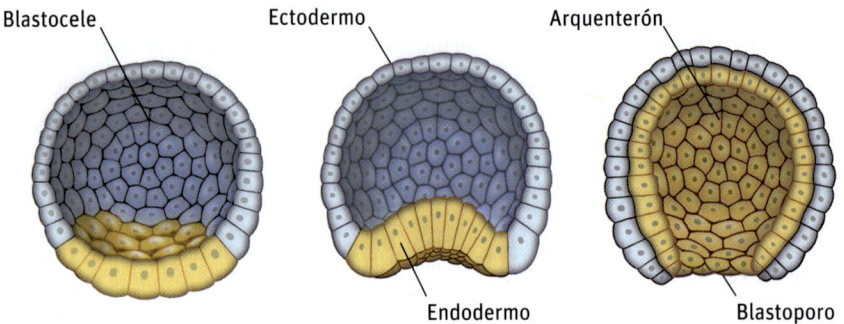

Figura 11.16. La formación de la gástrula (sección transversal) en los animales diblásticos.

- **Triblásticos.** En la mayoría de los animales se forma una tercera capa embrionaria, el **mesodermo**, entre el ectodermo y el endodermo.

A los animales que alcanzan este estadio durante su desarrollo embrionario se les llama triblásticos, porque presentan tres capas de tejido embrionario.

En muchos triblásticos, en el interior del mesodermo se forma una cavidad llena de fluidos llamada **celoma** (Fig. 11.17). Esta cavidad crea un contenedor para la circulación de nutrientes, a la vez que un espacio en el que los órganos internos del adulto podrán moverse de manera independiente unos de otros.

Entre los animales triblásticos existen dos modelos básicos de desarrollo:

- Los **protóstomos**. Son los anélidos, los moluscos y los artrópodos. El término protóstomos, que significa "la boca primero", hace referencia a que la boca del nuevo individuo se forma a partir del poro, la primera abertura del embrión.

- Los **deuteróstomos**. Incluyen a los equinodermos y los cordados. En los deuteróstomos o "de boca secundaria", el blastóporo se convierte en el ano y la boca se abre posteriormente en un lugar diferente.

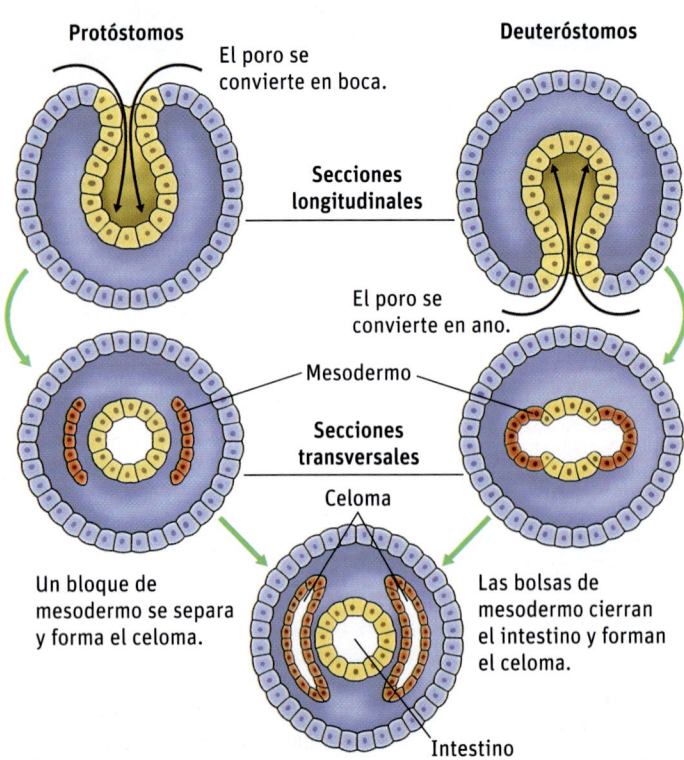

Figura 11.17. La formación del mesodermo y el celoma.

5.5. La organogénesis: formación de tejidos y órganos

El desarrollo embrionario se completa con la formación de los órganos a partir de las capas embrionarias. En este proceso, las células embrionarias más o menos uniformes se diferencian y adquieren formas y estructuras específicas adecuadas a la función que van a desempeñar. De esta manera, se forman los tejidos, que se organizan para constituir los órganos en el proceso denominado **organogénesis** (Fig. 11.18). El destino de las hojas embrionarias es el siguiente:

- A partir del **ectodermo** se forman la epidermis de la piel y sus órganos anejos (pelos, plumas, glándulas cutáneas, etc.), el tejido nervioso y las células receptoras de los órganos sensoriales.

- A partir del **endodermo** se originan el revestimiento epitelial del tubo digestivo y respiratorio, las glándulas digestivas y la vejiga urinaria.

- A partir del **mesodermo** se forman la capa dérmica de la piel, el revestimiento de las cavidades internas, el corazón y los demás órganos del aparato circulatorio, los riñones, las gónadas y el sistema esquelético y muscular.

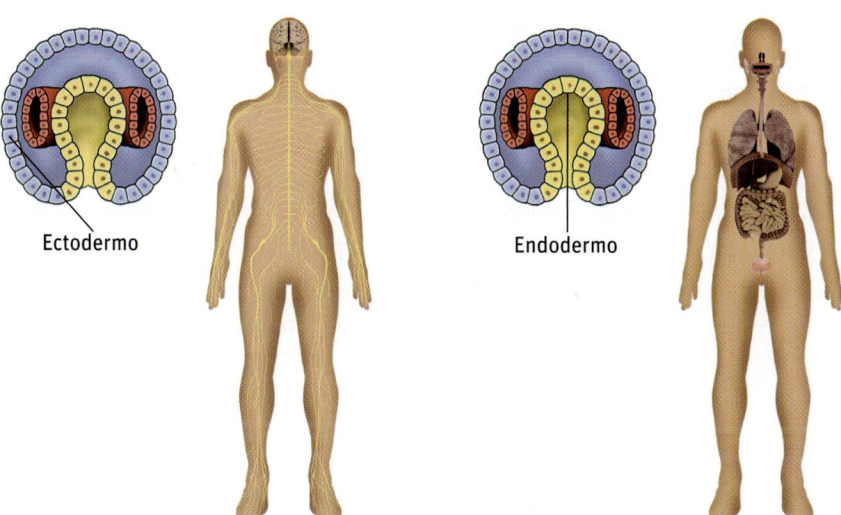
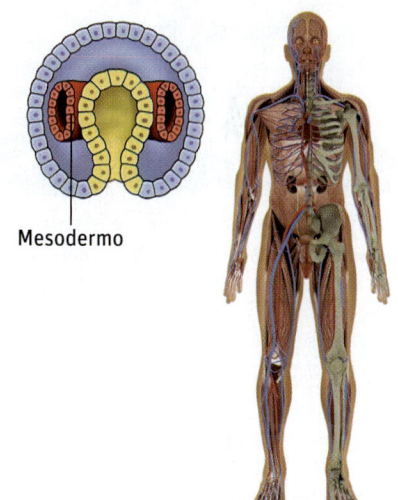

Figura 11.18. Los tres tejidos embrionarios dan lugar a los distintos tejidos y órganos adultos.

5.6. Las membranas extraembrionarias

El embrión de los reptiles, las aves y los mamíferos está rodeado de varias **membranas extraembrionarias**, que se originan a partir del embrión, pero no son parte de él (Fig. 11.19). Estas membranas se forman con la contribución de todas las capas embrionarias y desempeñan papeles importantes en el desarrollo:

- El **saco vitelino** es la primera membrana embrionaria y se forma a partir del endodermo. Rodea a la masa del vitelo del huevo, cuando existe.

- El **amnios** y el **corion** se forman a parir del mesodermo. El amnios rodea al embrión y secreta un líquido, el **líquido amniótico**, que rellena la cavidad amniótica y proporciona un ambiente acuoso al embrión. El corion es una membrana que envuelve al amnios y al saco vitelino, limita la pérdida de agua del embrión y controla el intercambio gaseoso entre este y el medio externo.

- El **alantoides** se forma a partir del endodermo y crea una bolsa para el almacenamiento de los desechos metabólicos.

En la mayoría de los mamíferos, estas membranas extraembrionarias cumplen una función muy particular ya que, junto con los tejidos de la pared del útero, forman la **placenta**, el órgano responsable de la nutrición del embrión, y el **cordón umbilical**, que une el embrión a la placenta.

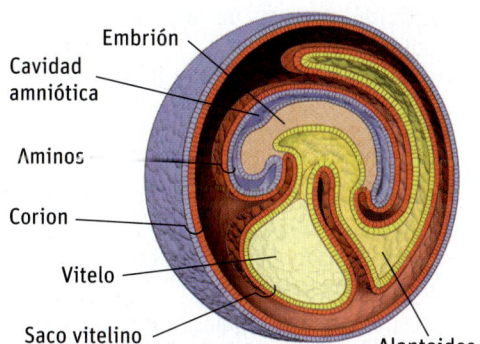

Figura 11.19. Embrión humano de nueve días con las membranas extraembrionarias.

ACTIVIDADES

18. En las mujeres, durante el parto se rompe "la bolsa de las aguas". ¿A qué membrana extraembrionaria corresponde?

6 El desarrollo posembrionario

En la Web

Sigue el ciclo biológico de una sepia.

www.e-sm.net/svbg1bach11_04

El desarrollo posembrionario comienza con el **parto** en los animales vivíparos o con la **eclosión** del huevo en los ovíparos. El nuevo individuo inicia un período de crecimiento que prosigue hasta alcanzar el estado adulto y la madurez reproductora. El desarrollo posembrionario puede ser directo o indirecto:

- El **desarrollo directo** es típico de animales ovíparos con abundantes reservas vitelinas y consiste tan solo en un proceso de crecimiento mediante el cual se alcanza el tamaño del adulto y la madurez sexual. Así ocurre en los reptiles, las aves y los insectos más primitivos. Los mamíferos placentarios, a pesar del escaso vitelo de sus cigotos, presentan un desarrollo directo gracias a que el embrión recibe el alimento de la madre a través de la placenta.

- El **desarrollo indirecto** se produce cuando las reservas vitelinas del huevo son escasas; entonces, el embrión no puede completar el desarrollo en el interior del huevo y da lugar a un organismo juvenil de vida libre. En los casos en que la fase juvenil es bastante diferente del adulto, se denomina **larva** (Fig. 11.20). Las larvas son sexualmente inmaduras, es decir, sus órganos reproductores no están desarrollados y no pueden engendrar. Los adultos son la etapa reproductora de su ciclo vital. La transformación del organismo juvenil en el adulto se realiza mediante una serie de cambios que constituyen la **metamorfosis** ('cambio de forma').

Figura 11.20. En los animales sedentarios, como los percebes, las larvas móviles colaboran en la dispersión de la especie.

6.1. La metamorfosis en los anfibios

Las ranas, los sapos y las salamandras reciben el nombre de anfibios ('doble vida') porque los individuos jóvenes viven en el agua y los adultos en tierra. El proceso de transformación que sigue el **renacuajo** (la larva) acuático para convertirse en el adulto terrestre y madurar sexualmente es un ejemplo de metamorfosis.

La metamorfosis de los anfibios es un proceso continuo y gradual en el que el renacuajo se mantiene en todo momento activo y alimentándose. El grupo de anfibios en el que estos cambios son más evidentes es el formado por sapos y ranas.

Ranas adultas
- De vida terrestre.
- No tienen cola. Se desplazan caminando o saltando.
- Respiran a través de la piel y mediante pulmones.
- Son carnívoras y presentan un intestino corto.
- Excretan urea.

Renacuajos
- De vida acuática.
- Se desplazan nadando mediante movimientos de la cola.
- Respiran por branquias, por la piel y mediante pulmones.
- Son herbívoros y su intestino es largo.
- Excretan amoniaco.

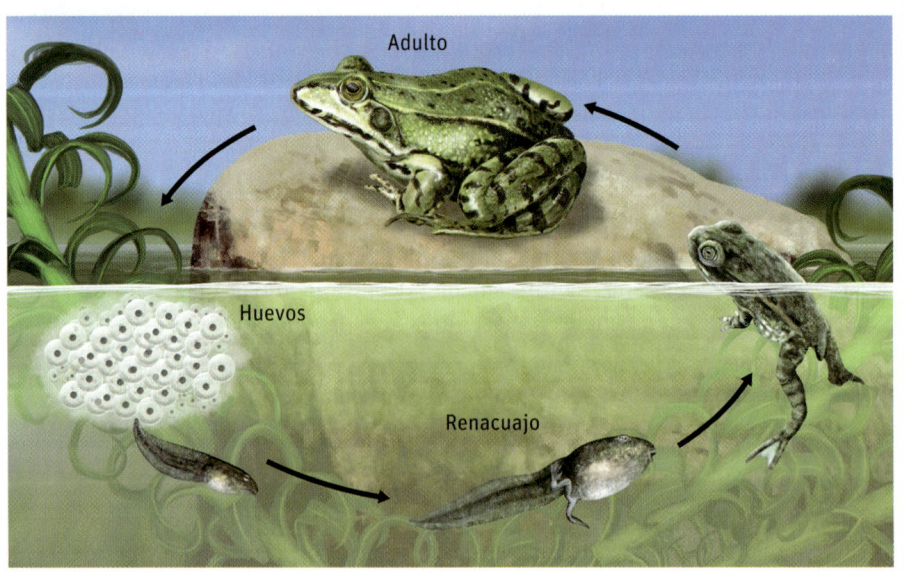

CICLO DE LA RANA

ACTIVIDADES

19. ¿Qué ventajas evolutivas supone la fase larvaria en el ciclo vital de un animal?

20. Justifica los cambios experimentados por el renacuajo durante la metamorfosis.

6.2. La metamorfosis en los insectos

La metamorfosis es frecuente en invertebrados como los anélidos, moluscos, equinodermos y muchos artrópodos. En los insectos tiene lugar de dos formas básicas:

- **Metamorfosis hemimetabólica** ('medio cambio') o **incompleta**. La forma juvenil es como una versión en miniatura del adulto y se denomina **ninfa**. La ninfa cambia gradualmente de forma hasta transformarse en el adulto y permanece activa y alimentándose durante todo el proceso. Los cambios coinciden con cada desprendimiento (**muda**) de la dura cubierta externa. Los saltamontes o las libélulas tienen metamorfosis incompleta (Fig. 11.21).

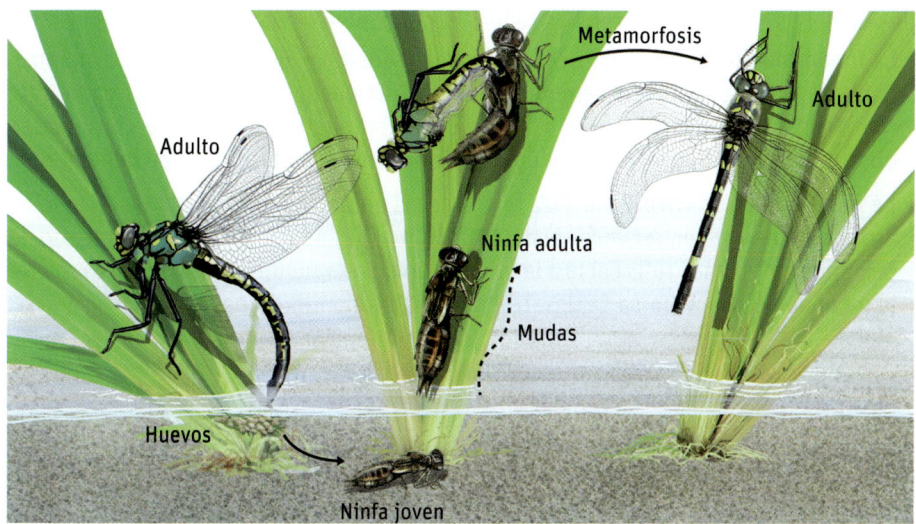

Figura 11.21. Metamorfosis incompleta de la libélula *Aeshna cyanea*.

- **Metamorfosis holometabólica** ('cambio completo') o **completa**. La forma juvenil es una larva, sustancialmente diferente de la forma adulta. Si la larva tiene forma de gusano se denomina **oruga**. La larva experimenta una serie de mudas hasta alcanzar su máximo desarrollo. Llegado a este punto, deja de alimentarse y moverse y segrega una funda protectora transformándose en una **pupa** o **crisálida**. En esta fase se produce una remodelación completa de la larva que se transforma en un individuo adulto. Es el tipo de metamorfosis más frecuente en los insectos (Fig. 11.22).

Figura 11.22. Metamorfosis completa de la mariposa monarca (*Danaus plexippus*).

INTERPRETAR GRÁFICAS

21. Control hormonal de la metamorfosis

En los insectos, los procesos de muda y metamorfosis están controlados por dos hormonas de acciones antagónicas: la hormona juvenil y la ecdisona.

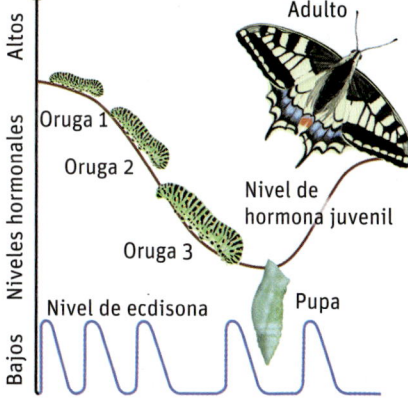

a) Describe las curvas de la gráfica.

b) ¿Qué condiciones deben darse para que se produzca una muda?

c) ¿Qué condiciones requiere la larva para transformarse en pupa?

c) Elabora una hipótesis para explicar la voracidad de las orugas de las mariposas, que a menudo las hace convertirse en plagas.

ACTIVIDADES

22. ¿Qué diferencia hay entre una ninfa y una larva? ¿Y entre una metamorfosis completa y una incompleta?

7 La intervención humana en la reproducción animal

Desde el inicio de la domesticación, el objetivo de la especie humana ha sido sacar el máximo provecho del resto de seres vivos y, en particular, de los animales. Ha obtenido nuevas razas seleccionando los caracteres más provechosos, ha hecho extensiva su cría (piscifactorías, estabulación, etc.), ha variado su ciclo de reproducción, etc.

En la actualidad el objetivo se mantiene, pero las técnicas que se utilizan son cada vez más sofisticadas como, por ejemplo la fecundación *in vitro*, la transferencia de embriones, la transgénesis o la clonación.

En la Web
Observa cómo se lleva a cabo la punción folicular en humanos.

www.e-sm.net/svbg1bach11_05

7.1. La reproducción asistida y la transferencia de embriones

Las siguientes técnicas se utilizan en mamíferos en general, pero pueden ser aplicadas igualmente a la propia especie humana para paliar casos de infertilidad.

- **La inseminación artificial.** Es el método más sencillo y antiguo y consiste en introducir de forma artificial el semen procedente de machos seleccionados en el interior de las vías genitales de la hembra. El semen puede congelarse y conservarse durante largo tiempo y ser utilizado en el momento de la ovulación de la hembra.
- **La fecundación *in vitro*.** Se utiliza en los casos en que no funciona la inseminación artificial. Consiste en fecundar el óvulo con un espermatozoide en el laboratorio. El término *in vitro* hace referencia a la utilización de recipientes de vidrio para realizar la fecundación. La técnica se desarrolla en las siguientes etapas:

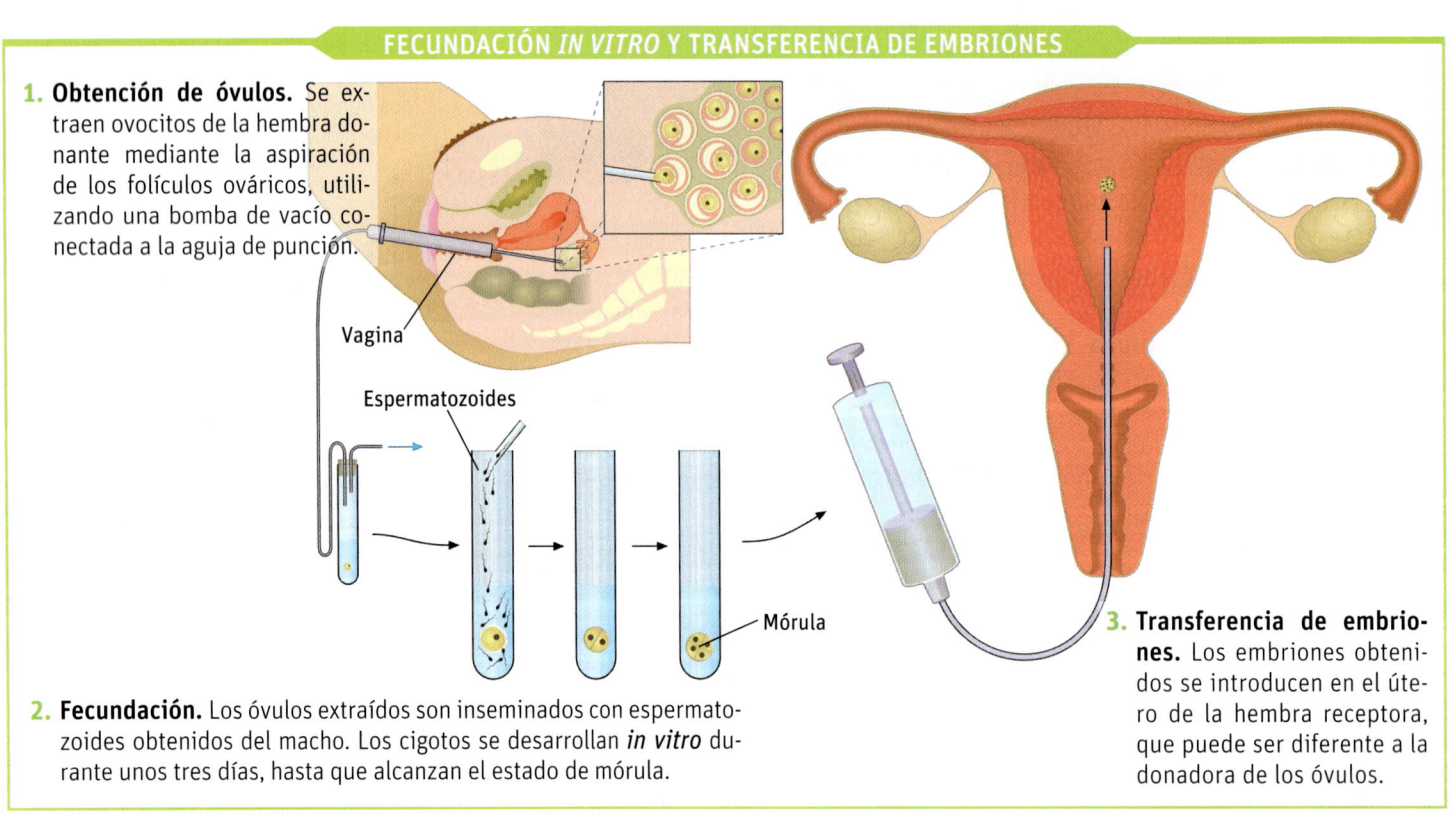

FECUNDACIÓN *IN VITRO* Y TRANSFERENCIA DE EMBRIONES

1. **Obtención de óvulos.** Se extraen ovocitos de la hembra donante mediante la aspiración de los folículos ováricos, utilizando una bomba de vacío conectada a la aguja de punción.

2. **Fecundación.** Los óvulos extraídos son inseminados con espermatozoides obtenidos del macho. Los cigotos se desarrollan *in vitro* durante unos tres días, hasta que alcanzan el estado de mórula.

3. **Transferencia de embriones.** Los embriones obtenidos se introducen en el útero de la hembra receptora, que puede ser diferente a la donadora de los óvulos.

En la Web
La fecundación *in vitro*, en imágenes.

www.e-sm.net/svbg1bach11_06

ACTIVIDADES

23. ¿Por qué en la fecundación *in vitro* la hembra de la que se obtienen los óvulos suele requerir un tratamiento hormonal previo?

24. ¿Qué se hace con los embriones humanos "sobrantes" de una fecundación *in vitro*?

25. ¿Cuál puede ser la razón de que en ganadería se utilicen dos hembras diferentes: una como donadora de óvulos y otra como receptora?

7.2. La manipulación de los embriones

Antes de ser transferidos a la hembra portadora, los embriones pueden ser manipulados con fines diversos.

- **Transgénesis.** La tecnología del **ADN recombinante** se utiliza tanto en plantas como en animales. Sin embargo, frente a la gran cantidad de plantas transgénicas que ya están en el mercado, aún no han llegado animales transgénicos a nuestros platos. El salmón transgénico (Fig. 11.23), que crece el doble de rápido que el salvaje, puede ser el primero en superar todos los escollos previos a su comercialización.

- **Clonación.** De forma tradicional, la clonación de animales se ha hecho separando las células de un embrión temprano –que aún no se han diferenciado– para transferirlas a hembras en las que continúa la gestación. Al proceder de la misma célula huevo, los individuos que se obtiene son idénticos. Sin embargo, en la actualidad, el término clonación se reserva para referirse, en particular, al método que permite clonar un animal a partir de una célula somática, es decir, diferenciada de su núcleo.

La clonación de animales a partir de células diferenciadas experimentó un cambio revolucionario a finales de la década de 1990, cuando científicos escoceses clonaron una oveja. En la actualidad la técnica es aplicable al resto de mamíferos.

Figura 11.23. Un salmón transgénico comparado con un salmón salvaje de su misma edad.

LA CIENCIA Y SUS MÉTODOS

¿Cómo obtener un mamífero clónico?

Se utilizan dos métodos ligeramente diferentes:

- **La transferencia nuclear.** Consiste en eliminar el núcleo de un ovocito y sustituirlo por el de una célula somática.
- **La fusión nuclear.** Consiste, básicamente, en fusionar una célula somática a un ovocito al que se le ha eliminado el núcleo.

Las etapas que se siguen son:

1.ª Se extraen células somáticas del individuo que se desea clonar.
2.ª Estas células se cultivan en el laboratorio en un medio adecuado que logra detener el ciclo celular en la fase G_1.
3.ª Se obtiene un ovocito de una hembra de esa especie.
4.ª Se extrae el núcleo del ovocito.
5.ª Se fusionan una célula somática y el ovocito enucleado (o se introduce el núcleo de una célula somática en su interior).
6.ª Se estimula la división de la nueva célula formada para que inicie la segmentación.
7.ª Se trasplanta el joven embrión a la hembra receptora.
8.ª Si el embrión se desarrolla con normalidad, se habrá obtenido un **clon** del individuo donante de la célula somática.

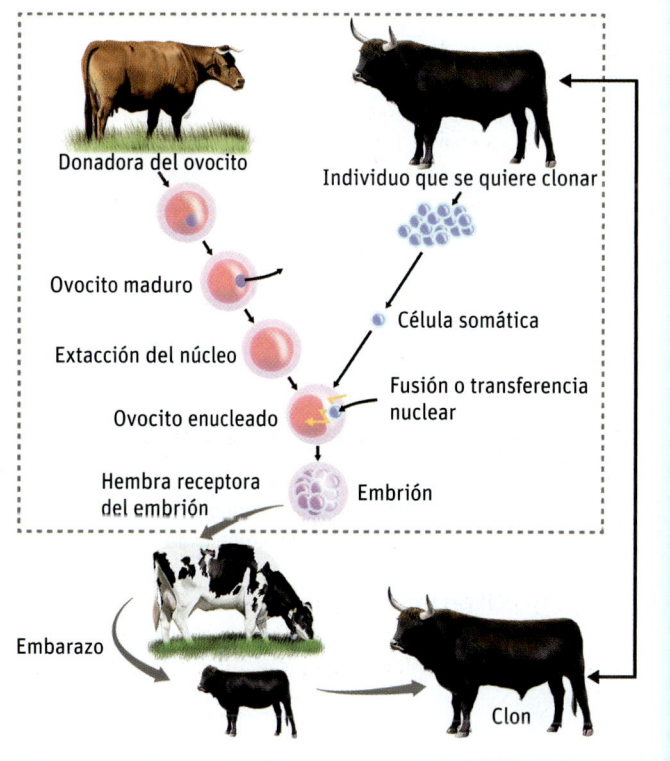

ACTIVIDADES

26. ¿El dibujo representa el método de clonación por transferencia o por fusión nuclear?

27. ¿Heredará el clon alguna característica de la hembra que aporta el ovocito? ¿Por qué?

28. ¿Se modifica la información genética durante la clonación? ¿Y en la transgénesis?

• **En la Web**

La clonación animal se lleva a cabo en varias etapas.

• www.e-sm.net/svbg1bach11_07

ACTIVIDADES

Síntesis

29. Completa en este mapa conceptual los términos que faltan (•••) y los fragmentos que debes desarrollar ⊕. Puedes realizar la actividad en tu cuaderno.

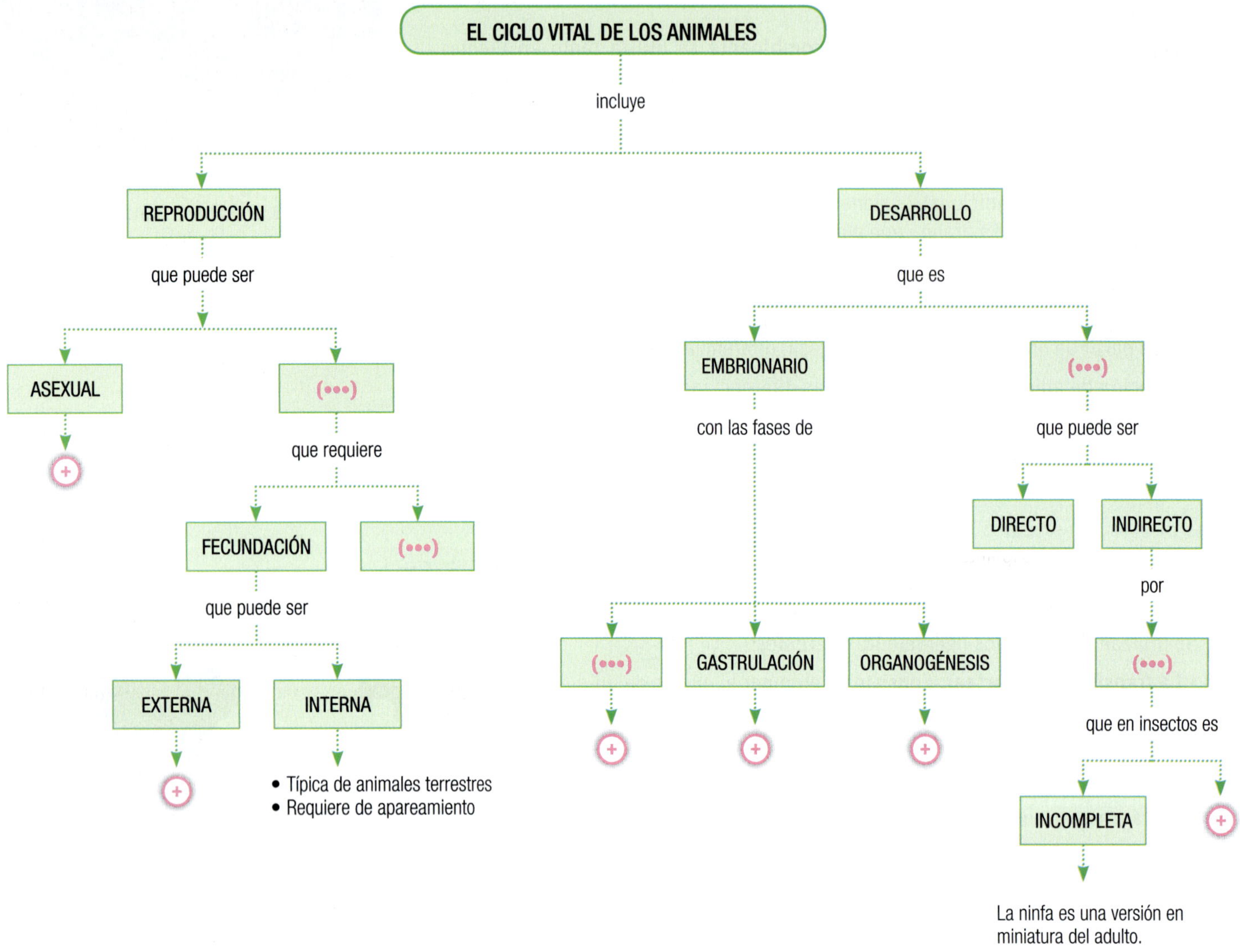

EL CICLO VITAL DE LOS ANIMALES

incluye

- **REPRODUCCIÓN**
  - que puede ser
    - **ASEXUAL** ⊕
    - **(•••)**
      - que requiere
        - **FECUNDACIÓN**
          - que puede ser
            - **EXTERNA** ⊕
            - **INTERNA**
              - Típica de animales terrestres
              - Requiere de apareamiento
        - **(•••)**

- **DESARROLLO**
  - que es
    - **EMBRIONARIO**
      - con las fases de
        - **(•••)** ⊕
        - **GASTRULACIÓN** ⊕
        - **ORGANOGÉNESIS** ⊕
    - **(•••)**
      - que puede ser
        - **DIRECTO**
        - **INDIRECTO**
          - por
            - **(•••)**
              - que en insectos es
                - **INCOMPLETA**
                  - La ninfa es una versión en miniatura del adulto.
                - ⊕

Aplicación y relación

30. En el esquema se representa la reproducción de las abejas en la que sucede tanto la fecundación como la partenogénesis.

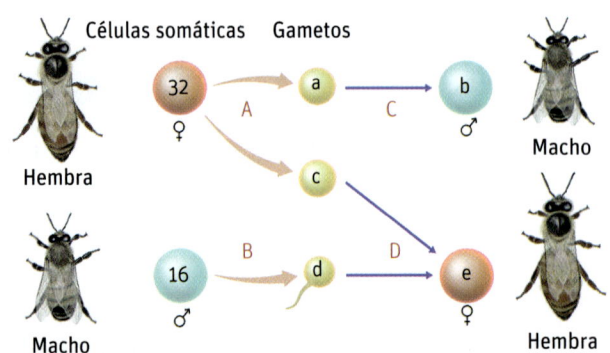

a) ¿Cómo se llama este tipo de partenogénesis?
b) ¿Qué procesos representan las flechas A, B, C y D?
c) ¿Qué dotación cromosómica existe en las células a, b, c, d y e?

31. Observa el siguiente esquema en el que se ha representado la espermatogénesis en el hombre.

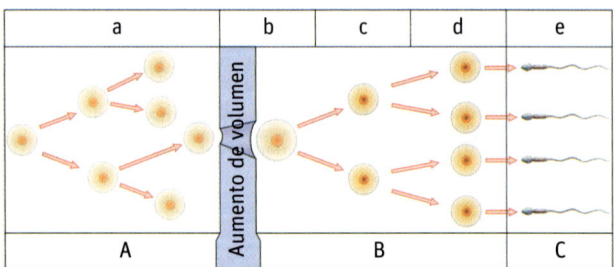

a) ¿Qué fases representan las letras A, B y C?
b) ¿Nombra las células que se corresponden con las letras a, b, c, d y e?
c) ¿Cuál es la dotación cromosómica de estas células? ¿Tienen los espermatozoides el mismo número de cromosomas que el resto de las células del cuerpo?

32. Los esquemas representan un proceso que tiene lugar en una etapa de la reproducción sexual en los animales:

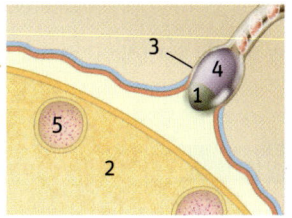 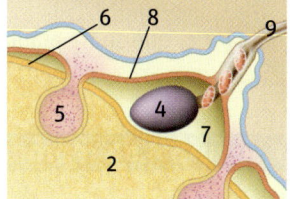

a) ¿Cuál es esta etapa?
b) ¿Qué ocurre en cada uno de los esquemas?
c) Indica el nombre de las estructuras numeradas.
d) ¿Qué significado tiene la estructura 8? ¿Cómo surge?
e) ¿Cuál es el destino de la estructura 4?

33. En una especie cuya dotación cromosómica es $2n = 22$, ¿cuantos cromosomas tienen las siguientes células?

a) Una ovogonia.
b) Un ovocito primario.
c) Un ovocito secundario.
d) Un óvulo.

34. A principios del siglo XX, Hans Spemann y su colaboradora Hilde Mangold trasplantaron la zona dorsal del blastoporo de una gástrula de rana al blastocele de otro embrión (A). El resultado fue un embrión doble (B). Al analizar las células del embrión adicional, comprobaron que procedían, en su mayor parte, del embrión receptor. Estos trabajos le valieron a Spemann el Premio Nobel en 1935.

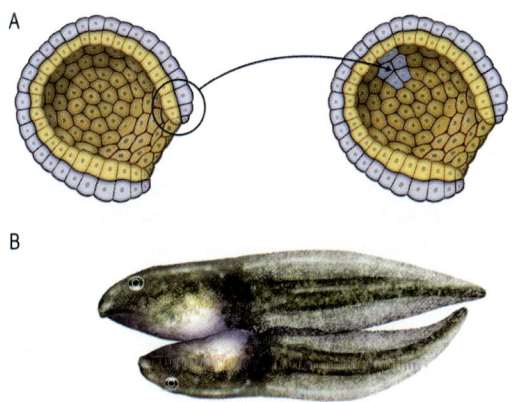

a) ¿Qué conclusiones se pueden extraer de la experiencia de Spemann y Mangold?
b) Los resultados de esta experiencia no se repetirían si se cambiara la zona de la gástrula de donde se extraen las células o si la fase de gástrula estuviera más avanzada. ¿Por qué?

35. La poliembrionía consiste en la producción de varios embriones a partir de uno inicial que se estrangula y se divide repetidamente. Cada uno de estos nuevos embriones formará un individuo.

La poliembrionía se da en muchos insectos parásitos (himenópteros) y en los algunos mamíferos, como en los armadillos.

a) ¿Cómo calificarías el tipo de reproducción que tienen estos animales?
b) ¿Podrán aparecer en la camada armadillos macho y armadillos hembra? ¿Por qué?
c) También en la especie humana puede darse este fenómeno, aunque lo normal es que solo se formen dos embriones. ¿Cómo se llama a los descendientes en este caso?

36. En la imagen aparece el desarrollo posembrionario de tres especies de insectos:

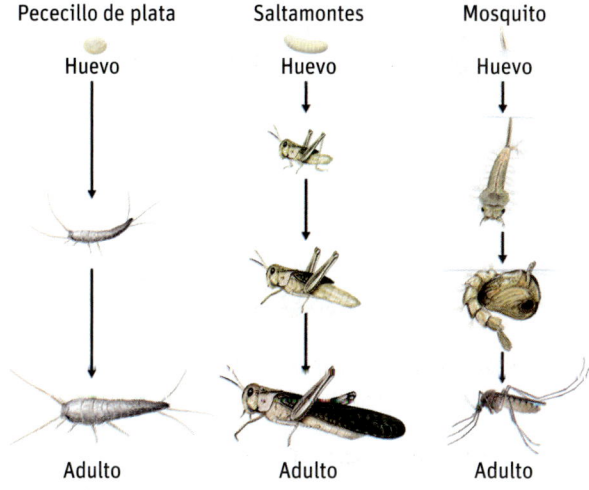

a) Señala las diferencias que observas.
b) Indica el tipo de desarrollo embrionario de cada una de las especies representadas.

Biblioteca global

37. Clonación en humanos

En mayo de 2013 el investigador Shoukhrat Mitalipov y su equipo de científicos de la Oregon Health & Science University obtuvieron por primera vez células madre embrionarias humanas mediante clonación. El método de clonación fue similar al que se usó para crear la famosa oveja Dolly, en 1996.

Busca información sobre esta noticia y responde:

a) ¿Por qué se consideró en su día un acontecimiento científico?
b) ¿Qué aplicaciones se pueden derivar del descubrimiento?
c) ¿Qué debate bioético reabrió?

LA CIENCIA Y SUS MÉTODOS — Experimentos: una estrategia para probar ideas

La experimentación es la forma preferida por los científicos para poner a prueba sus hipótesis. A diferencia de otras pruebas, en la experimentación los factores se mantienen bajo control o se modifican intencionadamente con el fin de ver la forma en que afectan al resultado.

Un buen experimento es el que permite obtener respuesta al problema para el que se ha planteado y puede ser repetido por otras personas, y obtener los mismos resultados.

¿Qué impulsa a *Daphnia* a cambiar su forma de reproducción?

La pulga de agua, *Daphnia*, es un crustáceo que vive en hábitats de agua dulce de todo el mundo. Durante la primavera y el verano, *Daphnia* solo produce hembras diploides por partenogénesis. Cuando llega el otoño, de los óvulos no fecundados nacen machos y hembras que se reproducen de forma sexual. A la primavera siguiente, de los huevos fecundados emergerán de nuevo hembras partenogenéticas. ¿Qué le hace a *Daphnia* cambiar de forma de reproducción? Puesto que el cambio a la reproducción sexual se produce al final del verano, cuando la densidad de población es más alta, ¿influirá el aumento de la densidad de pulgas en ese cambio?

Montar un buen experimento nos ayudará a encontrar la respuesta.

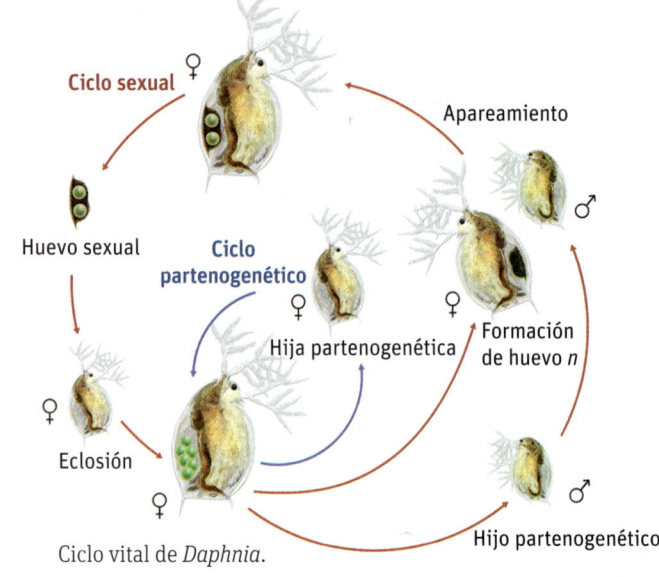
Ciclo vital de *Daphnia*.

GUÍA PARA MONTAR UN BUEN EXPERIMENTO

DEFINIR LAS VARIABLES

Determinamos cuál será la variable independiente, es decir, el factor que modificaremos a voluntad. También definiremos las variables controladas, es decir, los otros factores que puedan influir en el resultado de la prueba y que deberemos mantener constantes.

→ La variable independiente es la densidad de población, de la que suponemos que influirá en el cambio a la reproducción sexual (variable dependiente). Las horas de luz, la temperatura del agua y la cantidad y tipo de alimento serán nuestras variables controladas.

CONTROLAR LAS VARIABLES

Para estar seguros de que existe una relación causa-efecto entre nuestra intervención y los resultados obtenidos, debemos controlar el valor de las variables durante todo el proceso.

→ En el laboratorio mantenemos diez cultivos de *Daphnia* con densidades de población definidas y diferentes. En todos ellos mantendremos constantes la temperatura, las horas de luz y la cantidad de alimento.

EVITAR LOS FACTORES ALEATORIOS

Algunos factores que desconocemos o que no podemos controlar pueden afectar al resultado de la prueba. La mejor forma de minimizar su efecto es utilizar un tamaño de muestra adecuado.

→ Para cada valor de la densidad de población disponemos varios cultivos. Así, podemos hacer un tratamiento estadístico de los resultados y distinguir entre las diferencias reales y las producidas por azar.

ACTIVIDADES

38. Con los resultados obtenidos de los diferentes cultivos de *Daphnia* se ha construido la gráfica de la derecha (cada punto es un cultivo). ¿Qué información nos proporciona? ¿Hemos conseguido responder a nuestro problema?

39. ¿Podemos concluir tras este experimento que la densidad de población es la causa de que *Daphnia* cambie a la forma sexual de reproducción?

40. La teoría de la evolución nos dice que *Daphnia* cambia de forma de reproducción porque obtiene ventaja con ello. ¿Cuál puede ser esa ventaja?

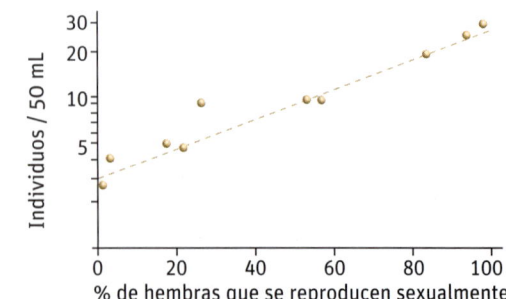

CIENCIA, TECNOLOGÍA Y SOCIEDAD

La bioética

El Diccionario de la Real Academia Española define la bioética como la "aplicación de la ética a las ciencias de la vida", es decir, la reflexión crítica sobre los valores y los principios que guían nuestras decisiones y comportamientos con respecto a los asuntos relacionados con las ciencias de la vida.

Aunque la bioética nació en la segunda mitad del siglo XX como ética médica, en la actualidad incluye todos los problemas éticos que tienen que ver con la vida en general. Así, su campo de actuación abarca también cuestiones relacionadas con la investigación y la aplicación tecnológica, el medioambiente y el desarrollo sostenible, y el trato debido a los animales.

El criterio bioético fundamental es el respeto a los derechos inalienables del ser humano y, por tanto, a la **dignidad de la persona**. Cuatro principios básicos pretenden dar contenido a esta declaración:

Principio de no maleficencia o de no hacer daño

Es relevante ante el avance de la ciencia y la tecnología, porque algunas técnicas pueden acarrear daños o riesgos y no siempre es fácil valorar si los beneficios justifican los posibles perjuicios.

Principio de beneficencia o de hacer el bien

Este principio no puede entrar en colisión con el anterior porque no se puede buscar un bien a costa de provocar daños. Por otra parte, este principio está matizado actualmente por el principio de autonomía, ya que no es lícito imponer a otro nuestra propia idea de bien.

Principio de autonomía o de libertad de decisión

Se puede definir como la obligación de respetar los valores y las opciones personales de cada individuo en aquellas decisiones básicas que le atañen vitalmente. Supone el derecho incluso a equivocarse a la hora de hacer uno mismo su propia elección. De aquí se deriva el consentimiento libre e informado de la ética médica actual.

La ciencia tiene al alcance de la mano la viabilidad de obtener clones humanos, pero ¿qué consecuencias tendría eso para nuestra especie?

Principio de justicia

Consiste en el reparto equitativo de cargas y beneficios en el ámbito del bienestar vital, evitando la discriminación en el acceso a los recursos sanitarios. Este principio impone límites al de autonomía, ya que pretende que la autonomía de cada individuo no atente contra la vida, la libertad y demás derechos básicos de las otras personas.

El interés creciente por la bioética ha llevado a la creación de comisiones para asesorar a las autoridades políticas en su función de legislar. El **Comité de Bioética de España** es un órgano colegiado cuyas funciones principales se basan en analizar, emitir informes, propuestas y recomendaciones sobre asuntos con implicaciones éticas relevantes en biomedicina y ciencias de la salud.

El criterio bioético fundamental es el respeto a los derechos inalienables del ser humano.

En la mayoría de los países la clonación humana con fines reproductivos está prohibida por ley.

ACTIVIDADES

41. Reunidos en pequeños grupos, elegid algún asunto de los que puedan crear controversia en la actualidad, como el cultivo de organismos genéticamente modificados, la utilización de técnicas de reproducción asistidas, los tratamientos con terapias génicas, etc.

42. Reflexionad de forma crítica sobre los valores y principios que guían vuestra posición al respecto del tema elegido.

43. Intentad alcanzar un acuerdo de mínimos aceptados por todos.

Cierre de bloque II

IDEAS CLAVE

Unidad 6
La nutrición de las plantas requiere obtener sustancias inorgánicas del medio y captar energía de la luz. Además, deben transportar sustancias por su interior de unas células a otras.

Unidad 7
La nutrición de los animales implica captar sustancias gaseosas, líquidas y sólidas del medio y transformarlas. Para ello, surgen en la evolución los sistemas respiratorio y digestivo.

Unidad 11
Los animales se pueden reproducir asexual o sexualmente. La reproducción sexual va seguida de procesos de desarrollo embrionario y posembrionario que pueden llegar a ser muy complejos.

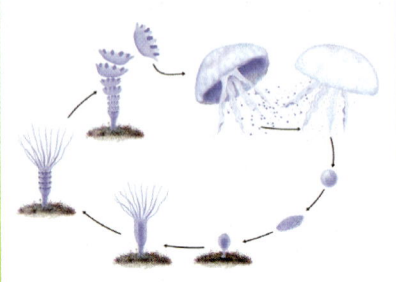

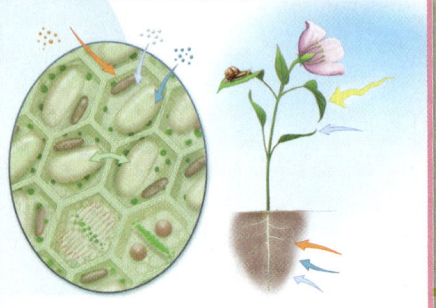

Las plantas y los animales, al igual que todos los otros seres vivos, necesitan cumplir tres funciones vitales esenciales: intercambiar sustancias con el medio (nutrición), comunicarse y coordinarse (relación) y hacer copias de sí mismos (reproducirse).

Unidad 8
La nutrición de los animales requiere transportar las sustancias, una vez transformadas, por el interior del organismo y eliminar las residuales. Para ello, surgen en la evolución los sistemas circulatorio y excretor.

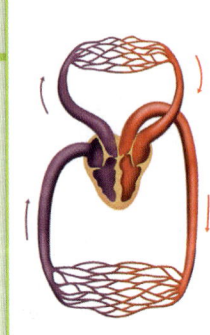 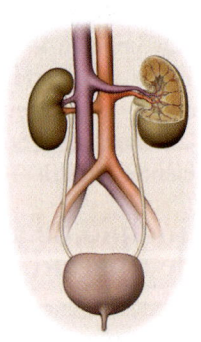

Unidad 10
Los animales necesitan coordinarse internamente y relacionarse con el exterior. Para ello utilizan los sistemas hormonal y nervioso.

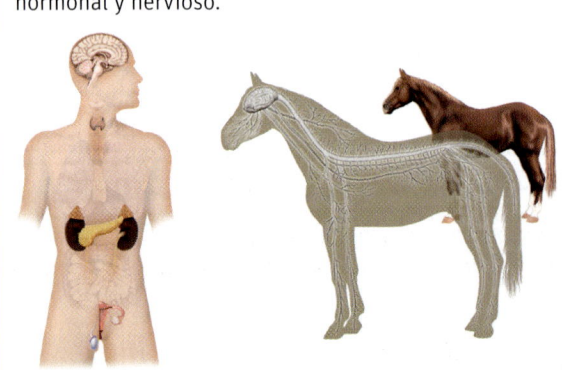

Unidad 9
Las plantas responden a estímulos externos y elaboran hormonas como mensajeros químicos internos. Además, se reproducen sexual y asexualmente. En la reproducción sexual se identifican ciclos haplodiplontes.

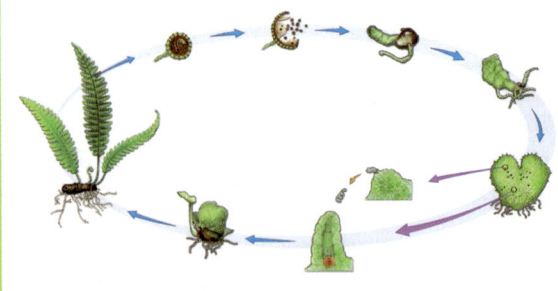

ACTIVIDAD resuelta

Experimentando en fisiología vegetal

Las plantas utilizan sus estomas para intercambiar los gases que intervienen en la fotosíntesis y para transpirar agua. En un experimento se utilizan cuatro plantas en macetas de iguales características y cuya tierra, sellada superficialmente para evitar la evaporación, ha sido regada en abundancia antes de empezar. Las macetas se someten a diferentes condiciones:

1. 22 °C, luz y aire en reposo (condiciones estándar).
2. 32 °C, luz y aire en reposo.
3. 22 °C, luz y una corriente de aire continuo.
4. 32 °C, luz y una corriente de aire continuo.

Cada maceta se coloca sobre una balanza de precisión que mide la pérdida de peso, atribuida a la transpiración foliar.

a) ¿Cómo crees que se producirá la pérdida de peso de cada maceta en relación con la que está en condiciones estándar? ¿Por qué?

b) En la planta sometida a condiciones estándar se obtienen dos muestras de su epidermis foliar por el envés, en dos momentos diferentes: nada más empezar la experiencia y hacia el final de esta, cuando se ha perdido mucho peso y ya no queda apenas agua en el suelo. Se observan al microscopio para ver el grado de apertura de los estomas. ¿Cuál tendrá los estomas más abiertos? ¿Por qué?

Comprender el enunciado

Comprueba que entiendes todos los términos utilizados y subraya algunas cuestiones clave:

- La relación entre los estomas y el intercambio de gases y agua: ... *para intercambiar los gases que intervienen en la fotosíntesis y para transpirar agua.*
- El diseño experimental: ... *cuatro plantas en macetas de iguales características y cuya tierra...*
- Las variables diferentes de cada caso: ... *la primera, a 22 °C y luz, consideradas las condiciones estándar; la segunda...*
- La toma de datos y la variable medida: ... *una balanza de precisión que mide la pérdida de peso, atribuida a la transpiración...*

Elaborar la respuesta

a) Tu respuesta tendrá la máxima valoración si:

- Observas: *La necesidad de que las macetas sean exactamente iguales, se rieguen con idéntica cantidad de agua y diferencias las condiciones experimentales de cada maceta (una variación de situaciones en relación con dos temperaturas diferentes y aire quieto o corriente de aire) y las relacionas con el proceso que estás valorando (pérdida de peso por transpiración).*

- Relacionas la variación de la variable medida (pérdida de peso) con cada condición que pueda explicarla en cada situación: *La mayor temperatura produce una mayor evaporación y consiguiente pérdida de agua por transpiración, al igual que el movimiento del aire alrededor de la planta.*

- Infieres que: *La mayor temperatura del aire producirá mayor transpiración y consiguiente pérdida de peso mayor, así como la corriente de aire frente al aire quieto. La planta sometida a las dos condiciones de mayor temperatura y aire en movimiento será la que mayor transpiración manifieste.*

- Argumentas que: *No es posible, a priori, conocer qué condición contribuye más a la transpiración (la diferencia de temperatura o el movimiento del aire); será el resultado del experimento lo que permita comprobarlo.*

b) Tu respuesta será mejor valorada si:

- Relacionas la apertura de los estomas con el grado de transpiración y la respuesta de la planta a la disponibilidad de agua: *Los estomas estarán más abiertos cuando la planta disponga de mucha agua y se cerrarán cuando escasee.*

- Deduces que: *En las condiciones iniciales el suelo recién regado permite a la planta una gran disponibilidad de agua; mientras que hacia el final de la experiencia la mayor parte del agua se habrá perdido por transpiración, por lo cual es de esperar que la planta tenga poca disponibilidad de agua.*

- Concluyes que: *Los estomas se verán abiertos en la muestra tomada al inicio de la experiencia y cerrados en la tomada al final.*

Cierre de bloque II

ACTIVIDAD resuelta

Formas de sobrevivir

Los vertebrados denominados homeotermos o endotermos (aves y mamíferos) presentan mecanismos para mantener la temperatura corporal relativamente constante e independiente del exterior. Los poiquilotermos o ectotermos (peces, anfibios, reptiles) dependen de la temperatura ambiente.

Un mamífero expuesto a altas temperaturas pone en marcha mecanismos de refrigeración (los perros jadean, los humanos sudamos, los elefantes irrigan las orejas y las mueven, etc), mientras que ante el frío, aparecen mecanismos de autocalentamiento (tiritar...). Si las condiciones no son drásticas, la temperatura corporal se mantendrá constante. Un reptil, sin embargo, presentará una respuesta de variación de su temperatura corporal, por lo que se activará o se aletargará o morirá.

Oso pardo ibérico.   Oso grizzly de Norteamérica.

a) Los mamíferos de zonas muy frías suelen tener un volumen corporal mayor que los similares de zonas cálidas, ya que la pérdida de calor aumenta cuanto mayor es la superficie corporal respecto al volumen. Pero ¿qué ocurre con el metabolismo basal o consumo de energía medio en ambos casos? ¿Hay alguna respuesta relacionada por parte del sistema respiratorio?

b) Los desiertos cálidos son algunas de las zonas terrestres en las que la temperatura alcanza, de día, un mayor valor. ¿Qué problemas presentan algunos mecanismos de termorregulación homeoterma para representar una adaptación al medio desértico? Los desiertos son un ejemplo de medio geográfico, pero ¿qué consecuencias tendrán los diferentes mecanismos de adaptación homeoterma o poiquiloterma para la distribución geográfica de las especies en general?

Comprender el enunciado

Comprueba que entiendes todos los términos utilizados y subraya algunas cuestiones clave:

- La homeotermia y la poiquilotermia como sistemas de adaptación al medio: *... presentan mecanismos para...*
- Las diferentes condiciones ambientales generan respuestas adaptativas en los homeotermos: *... observaremos que...*
- Y también en los poiquilotermos, aunque diferentes: *Un reptil, sin embargo, presentará...*

Elaborar la respuesta

a) Tu respuesta tendrá la máxima valoración si:
- Relacionas la respuesta habitual de los homeotermos al frío (generar calor), con el consumo energético que esa generación de calor supone: *Las temperaturas frías exigen en los homeotermos la autoproducción de calor para mantener la temperatura interna. Esa generación de calor se produce quemando nutrientes y, por tanto, aumentando el metabolismo.*
- Relacionas el aumento del metabolismo con la respiración celular, es decir, que además de precisar más nutrientes para "quemar" se necesita más oxígeno para dicha combustión: *El incremento en el metabolismo basal supone también un aumento de las necesidades de oxigeno, por lo que se advertirá un incremento de la ventilación respiratoria.*
- Argumentas que: *Los animales homeotermos de climas fríos presentarán un metabolismo más activo que los similares de climas cálidos, lo cual requiere, además, consumir una mayor cantidad de oxígeno.*

b) Tu respuesta será mejor valorada si:
- Identificas muchas formas habituales de refrigeración en homeotermos con el gasto de agua: *En el caso del jadeo de los perros y en la sudoración, el mecanismo de refrigeración se basa en la evaporación de agua y, por tanto, en su consumo.*
- Argumentas que: *En medios secos y cálidos, los sistemas de refrigeración basados en el consumo de agua tienen el problema de la baja disponibilidad de esta, por lo que no son los más habituales entre los homeotermos adaptados a los desiertos.*
- Concluyes que: *La mayor independencia de las condiciones del medio que supone la homeotermia permite la adaptación a más ambientes, por lo que la distribución geográfica mundial de aves y mamíferos es mayor que la de anfibios y reptiles.*
- Argumentas que: *En contraposición a lo anterior, los homeotermos presentan mayores necesidades nutricionales que los poiquilotermos, lo que representa una desventaja relativa de aquellos en los ambientes en los que estos pueden sobrevivir.*

La reproducción en los himenópteros

Observa el esquema de la derecha que representa cómo se lleva a cabo el proceso reproductivo y de diferenciación de las distintas castas en una colonia de hormigas.

Al igual que sucede entre las abejas, los individuos haploides son machos y los diploides, hembras. Estas, dependiendo del tipo de alimentación que reciban, darán lugar a una casta u otra. De ellas, solo los machos y las reinas son fértiles.

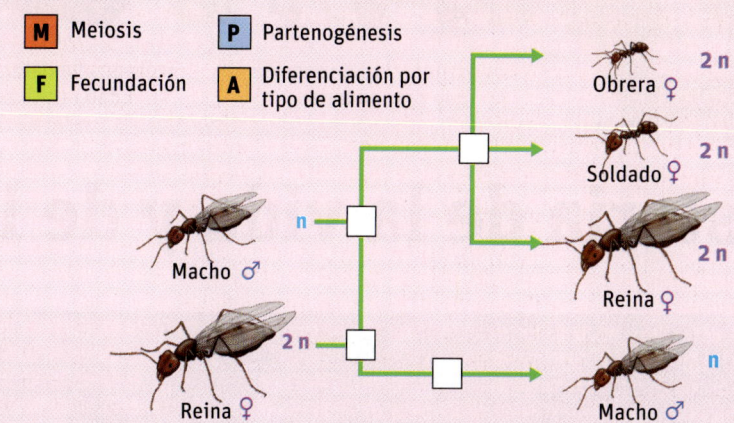

a) Copia el esquema de diferenciación de castas y rellena cada cuadro en blanco con una de las opciones de procesos que tienes a la izquierda de este. Describe a continuación, mediante un texto breve, como es el sistema de reproducción de estos insectos sociales.

b) En una determinada especie de hormiga australiana (*Myrmecia pilosula*), las reinas tienen solo dos cromosomas. ¿Cuántos cromosomas presentan sus machos? ¿Y las obreras o las soldados, que son hembras, pero a diferencia de las reinas, son estériles?

c) ¿Qué porcentaje del genoma compartirá una reina con su hija obrera? ¿Y el macho? ¿Y una obrera y una soldado de la misma colonia entre sí?

d) ¿Recuerdas algunos otros mecanismos de determinación del sexo en animales?

La doble fecundación de las angiospermas

Observa el esquema de la derecha que representa la doble fecundación de las plantas angiospermas.

Uno de los dos núcleos haploides que contiene el grano de polen se une al núcleo de la oosfera para dar lugar al cigoto y futuro embrión de la semilla.

Mientras, el otro núcleo polínico se une a los dos núcleos secundarios del ovario para originar el endospermo, que se convertirá en el tejido nutricio de la semilla denominado albumen.

Los otros núcleos restantes del saco embrionario, productos de la meiosis, degenerarán durante la formación de la semilla.

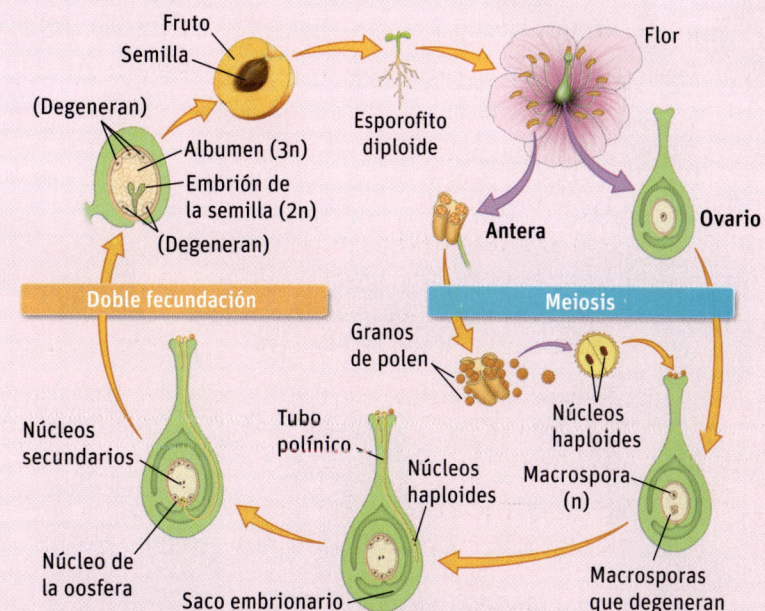

a) Considerando un momento en el que la semilla en formación contenga aún núcleos no degenerados y no fecundados procedentes del saco embrionario, ¿cuántos tipos de células habrá, desde el punto de vista de la dotación genética, en esa semilla?

b) Dado que el fruto procede de las paredes externas del ovario, ¿qué relación genética habrá entre el pericarpio o cubiertas del fruto y el embrión de la semilla?

c) Algunas variedades cultivadas de plantas, como los plátanos y algunas variedades de sandía, presentan dotaciones triploides. ¿Cómo serán sus frutos? (piensa en los casos mencionados). ¿Qué forma de reproducción pueden presentar estas plantas?

12

1. Los fósiles y la información que proporcionan

2. Métodos de datación. Edad relativa

3. Métodos de datación. Edad absoluta

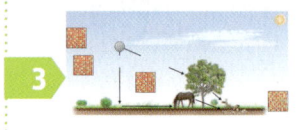
4. El tiempo geológico y su división

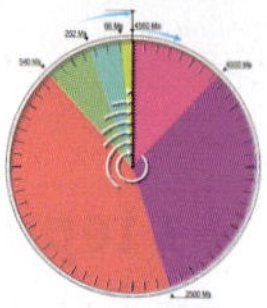

Historia de la vida y de la Tierra

5 El Precámbrico, un comienzo difícil

6 El Paleozoico, una explosión de vida

7 Mesozoico y Cenozoico: los últimos 250 Ma

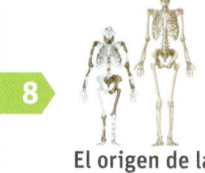
8 El origen de la especie humana

LA CIENCIA Y SUS MÉTODOS
Diferencias entre describir e interpretar

Rinocerontes y tigres dientes de sable caminando por la península

Hace 9 millones de años (Ma), mucho antes de que apareciese la especie humana, el centro de la península ibérica tenía un clima similar al de la sabana africana. En la región había un gran lago y abundaban las praderas húmedas en las que pastaban rinocerontes, mastodontes, jirafas de cuello corto y otros herbívoros más pequeños. El paisaje estaba salpicado de pequeños bosques.

Entre los mamíferos carnívoros dominaban dos especies de "tigres dientes de sable". La más pequeña era del tamaño de un leopardo, y la mayor y más abundante tenía la talla de un tigre de Siberia actual. Los dientes de sable se caracterizaban por el gran desarrollo de sus caninos superiores, unas poderosas armas para matar a sus presas. No las asfixiaban, como hacen los felinos actuales, sino que seccionaban la yugular y la tráquea de su presa una vez que la inmovilizaban. Había también otro gran carnívoro, *Amphicyon*, una extraña especie a mitad de camino entre un lobo y un oso.

Todo ello ha podido saberse gracias a los más de 10 000 fósiles encontrados en el Cerro de los Batallones, en la provincia de Madrid. El excelente estado de conservación de estos fósiles lo convierte en uno de los yacimientos paleontológicos más importantes de Europa para ese período de tiempo.

Además de la calidad de los fósiles y de su concentración, llamó la atención de los investigadores el extraordinario número de carnívoros hallados, muy superior al de herbívoros. ¿Cómo explicar que tantos organismos quedasen sepultados? Y, sobre todo, ¿cómo justificar ese predominio de los carnívoros?

Figura 12.1. Cráneo de tigre dientes de sable.

• En la Web
En este vídeo puedes ver una recreación animada de este ecosistema del centro de la península ibérica hace 9 Ma.
• www.e-sm.net/svbg1bach12_01

1. ¿Cómo crees que se han conocido el clima y la vegetación de la península ibérica de hace 9 millones de años?

2. ¿Hay más individuos herbívoros o carnívoros en un ecosistema?, ¿por qué? ¿Debería mantenerse esa proporción en los fósiles?

3. Los investigadores consideran que este yacimiento es una trampa natural en la que los carnívoros habrían penetrado atraídos por la presencia de agua o de otros animales. Describe una secuencia de sucesos que pueda explicar la presencia de varios carnívoros diferentes y de un herbívoro.

4. Observa la imagen de la página anterior, ¿qué especies de las descritas en este texto aparecen?

Figura 12.2. Trampa natural.

1. Los fósiles y la información que proporcionan

En la Web
Observa en esta animación cómo se produce el proceso de fosilización.
www.e-sm.net/svbg1bach12_02

smSaviadigital.com **OBSERVA**
El proceso de fosilización.

Si podemos conocer los organismos que vivían hace 9 millones de años (Ma) en la península ibérica es gracias a fósiles como los del Cerro de los Batallones, y si resulta posible reconstruir la historia de la vida en nuestro planeta es gracias a los millones de fósiles hallados y por hallar en todo el mundo.

Un **fósil** es cualquier resto de un organismo del pasado o de su actividad (pisadas, galerías, excrementos) que se ha conservado hasta nuestros días. Por convención, se considera fósil si su antigüedad es superior a 12 000 años.

1.1. Fosilización

Lo habitual es que los organismos, tras morir, sean eliminados por carroñeros, por descomposición, disolución, etc. Por eso la mayoría de los individuos que han poblado la Tierra no han fosilizado. No obstante, el elevado número medio de ejemplares de cada especie es suficiente para que resulte probable la preservación de algunos de ellos.

PROCESO DE FOSILIZACIÓN

1. Un organismo, por ejemplo un *ammonites*, muere y queda enterrado por los sedimentos.

2. Las partes blandas se pudren, pero la concha permanece mucho más tiempo.

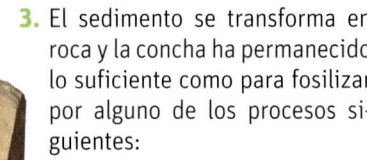

3. El sedimento se transforma en roca y la concha ha permanecido lo suficiente como para fosilizar por alguno de los procesos siguientes:

4a. A veces, se produce una lenta modificación mineralógica; por ejemplo, el aragonito de la concha pasa a calcita o es sustituido por pirita.

4b. Más frecuentemente, la concha se disuelve y el hueco es rellenado por minerales aportados por las aguas circulantes. Se forma así el **molde externo** del organismo.

4c. En otras ocasiones, el sedimento que cubrió la concha también se introdujo en su interior, originándose un **molde interno**.

1.2. Momificación

La fosilización es un proceso lento y en él suelen conservarse solo las partes duras (esqueletos, caparazones, etc.). Sin embargo, hay otros más rápidos en los que permanecen las partes blandas; son los procesos de **momificación**, como:

- **Conservación en ámbar.** El ámbar es la resina fósil de coníferas. En ocasiones algunos organismos, especialmente los insectos, han quedado atrapados en ella y preservados de la descomposición bacteriana y la depredación.

- **Conservación en asfalto.** A veces el petróleo escapa del subsuelo hacia la superficie, y tras su oxidación y evaporación, deja un residuo de asfalto. El asfalto inhibe la acción bacteriana, y un animal que caiga en él se conservará.

- **Conservación en hielo.** En el suelo helado de Siberia se han encontrado mamuts tan bien conservados que ha podido conocerse el contenido de su aparato digestivo y especularse con la causa de su muerte.

Figura 12.3. Mamut conservado en hielo.

1.3. ¿Qué información proporcionan los fósiles?

Los fósiles son una fuente de información insustituible, no solo para reconstruir la historia de la vida sino también la de la Tierra. Así, su estudio permite conocer:

- **La vida en el pasado.** Los fósiles son las únicas evidencias que poseemos sobre los organismos que poblaron la Tierra en otras épocas. Analizándolos pueden conocerse su anatomía, su modo de vida, el ambiente en que vivieron, su distribución geográfica, etc.

- **El medio en que se formó la roca que lo contiene.** Habitualmente, el sedimento que enterró al organismo se transformó en la roca que hoy contiene al fósil. Por esta razón, conocer el hábitat del organismo permite saber el medio en que se formó la roca.

- **La edad de la roca que lo contiene.** Como los seres vivos que han poblado la Tierra han cambiado de unos períodos a otros, si conocemos cuándo vivió una determinada especie podremos saber la edad de la roca en la que fosilizó.

No todos los fósiles son igualmente útiles para **datar** una roca, es decir, para determinar su edad. Los mejores reciben el nombre de **fósiles característicos** o **fósiles guía** y deben reunir tres características:

– Haber vivido durante un período de tiempo geológicamente corto, de manera que permitan precisar la edad de la roca.

– Haber tenido amplia distribución geográfica, para que su interés no sea solo local.

– Ser abundantes en las rocas sedimentarias, para que se hallen con frecuencia.

Figura 12.4. Las icnitas, como estos rastros de dinosaurio, son fósiles que nos informan sobre su actividad vital.

1.4. El principio del actualismo

El análisis de un fósil, por ejemplo, el esqueleto de un tigre dientes de sable, permite inferir el peso que tendría el organismo vivo, su modo de desplazamiento, su alimentación, etc. Para llegar a estas conclusiones los paleontólogos utilizan su conocimiento de organismos actuales, con ellos los comparan y establecen similitudes y diferencias.

Este método de análisis se denomina **principio del actualismo**. De acuerdo con él, conocer los procesos que ocurren en la actualidad es clave para interpretar lo que sucedió en el pasado. El actualismo no solo se utiliza para interpretar los fósiles sino que constituye un método fundamental en cualquier estudio geológico.

INFERIR

5. ¿Las primeras huellas de nuestros antepasados?

En 1978, en Laetoli (Tanzania) se encontraron unas huellas grabadas en unas cenizas volcánicas. Su edad es de 3,6 Ma, y los investigadores las han atribuido a tres individuos de la especie *Australopithecus afarensis*. Uno de los conjuntos de huellas, de tamaño mayor, correspondería a un macho; otro, dispuesto en paralelo al anterior, es más pequeño, quizá de una hembra; el tercero, el más pequeño de los tres, se superpone sobre las pisadas del mayor.

a) ¿Por qué se han atribuido a un homínido?, ¿no podrían ser de un simio antropoide similar al chimpancé?

b) ¿Dirías que se trata de una especie bípeda? Argumenta tu afirmación.

c) De las conclusiones a las que has llegado, ¿cuáles crees que se basan en el principio del actualismo?

ACTIVIDADES

6. Dos linajes de organismos de similares características evolucionaron, muy rápidamente uno, y el otro con gran lentitud. ¿Cuál de ellos es más probable que genere fósiles guía?, ¿por qué?

7. Se llaman icnofósiles a los rastros dejados por la actividad de un organismo del pasado. ¿Dirías que las huellas de Laetoli son icnofósiles?

2. Métodos de datación. Edad relativa

Para reconstruir la historia de la vida y de la Tierra no basta con saber qué organismos existieron en el pasado o qué sucesos geológicos ocurrieron, es necesario ordenarlos temporalmente. Existen dos formas de hacerlo:

- Mediante una **datación relativa**, que consiste en establecer qué ocurrió antes y qué después, sin ofrecer cifras numéricas.
- Mediante una **datación absoluta**, que supone indicar con números cuántos años, o millones de años, hace que vivió un organismo u ocurrió el suceso analizado.

2.1. Principios fundamentales de la datación

En el siglo XVII Nicolás Steno, uno de los padres de la geología, formuló tres principios que se consideran básicos para ordenar una serie de estratos según su edad:

- **Principio de horizontalidad original de los estratos:** los sedimentos se depositan formando capas horizontales. De acuerdo con este principio, si hallamos un conjunto de estratos que no están horizontales se concluirá que, después de su formación, han sido sometidos a algún tipo de esfuerzo que ha cambiado su disposición original.
- **Principio de continuidad lateral de los estratos:** originalmente, los estratos se extienden lateralmente y terminan adelgazándose en sus bordes. En toda la superficie de un estrato la edad es la misma.
- **Principio de superposición de los estratos:** los sedimentos se depositan unos sobre otros, de tal manera que en una serie que se encuentre en su disposición original el estrato situado más abajo es el más antiguo y el de arriba, el más moderno.

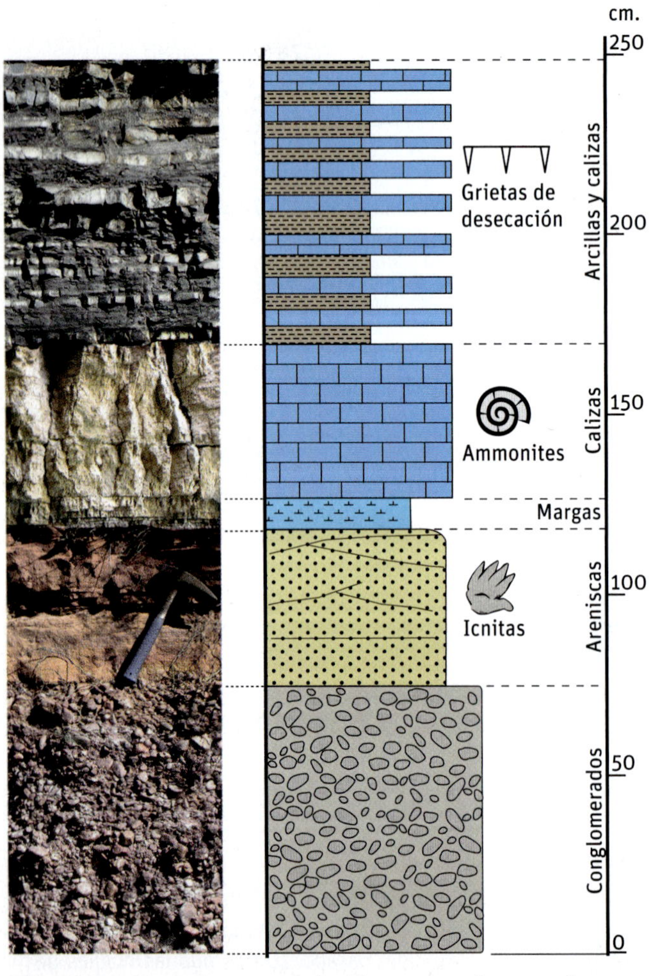

2.2. La columna estratigráfica

Las superficies que limitan un estrato reciben el nombre de **planos de estratificación**.

La parte más alta y moderna de un estrato se denomina **techo**. La base de un estrato será su **muro**. Los mismos términos se utilizan para referirse a la parte superior y más moderna de una serie de estratos, sería su techo, mientras que la parte más baja y más antigua correspondería al muro de la serie. La distancia medida en vertical entre el techo y el muro de un estrato recibe el nombre de **potencia**.

Para representar por orden cronológico los materiales existentes en una zona se utiliza la **columna estratigráfica**. En ella se representan horizontalmente los materiales, abajo los más antiguos, arriba los más modernos y, además de los tipos de rocas, se indica la presencia de fósiles y otras características.

Figura 12.5. Una columna estratigráfica presenta las rocas de una zona ordenadas cronológicamente.

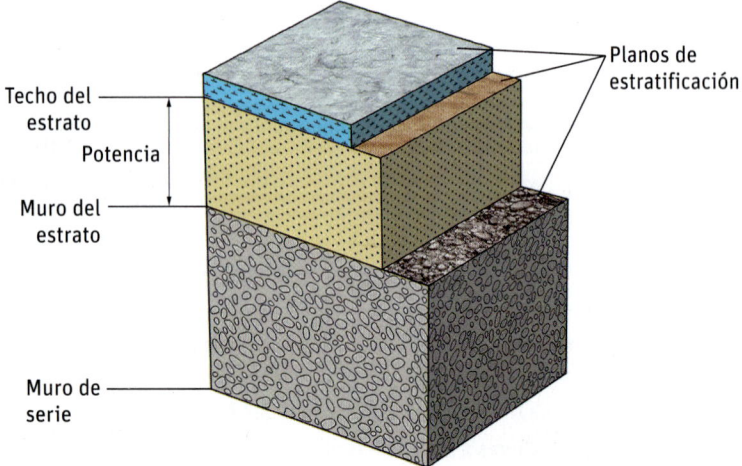

Figura 12.6. Algunos conceptos básicos para describir estratos.

2.3. Criterios de polaridad

Para ordenar una serie de estratos que mantenga la horizontalidad original basta con utilizar el principio de superposición. Sin embargo, en muchas ocasiones los estratos se encuentran verticales e incluso **invertidos**, es decir, con el techo situado por debajo del muro. En estos casos se utilizan los **criterios de polaridad** o **criterios de techo-muro**, que son un conjunto de estructuras sedimentarias que permiten orientar los estratos:

- Las **grietas de desecación** se forman al secarse sedimentos arcillosos. Están muy abiertas en superficie y se cierran en profundidad. En un corte, las grietas tendrán forma de V cuyo vértice apuntará hacia el muro del estrato.

- Las **rizaduras** formadas por el oleaje o por el viento presentan crestas más agudas hacia el techo que hacia el muro. Generalmente, las rizaduras originadas en el sedimento, como las grietas de desecación, desaparecen. Pero, a veces permanecen en la roca.

- La **laminación cruzada** puede originarse en depósitos de arenas que han sido transportadas por el viento. En ella las láminas presentan una inclinación más suave hacia el muro.

- La **granoselección**, o **estratificación gradada**, se forma al depositarse materiales de distinto tamaño que eran transportados por una corriente de agua. Los materiales más gruesos se situarán hacia el muro y los finos hacia el techo.

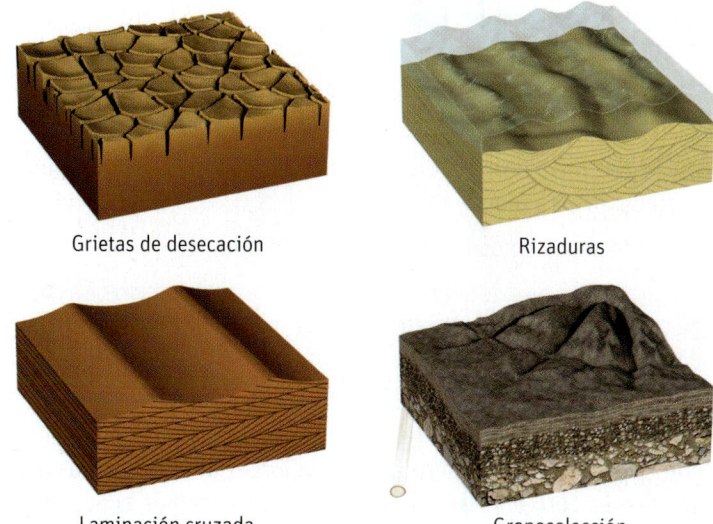

Figura 12.7. Los criterios de polaridad permiten saber si los estratos se encuentran en disposición normal o invertida.

2.4. Concordancias y discordancias

Dos materiales se dice que son **concordantes** si la superficie que los separa, o **contacto**, es paralela a los planos de estratificación de ambos, en caso contrario serán **discordantes**. La discordancia implica que entre el depósito de un material y el siguiente ha ocurrido algún proceso. Si lo que ha sucedido es una erosión se habla de **discordancia erosiva** o **disconformidad**. Si se han producido un plegamiento y una erosión, la **discordancia** será **angular**.

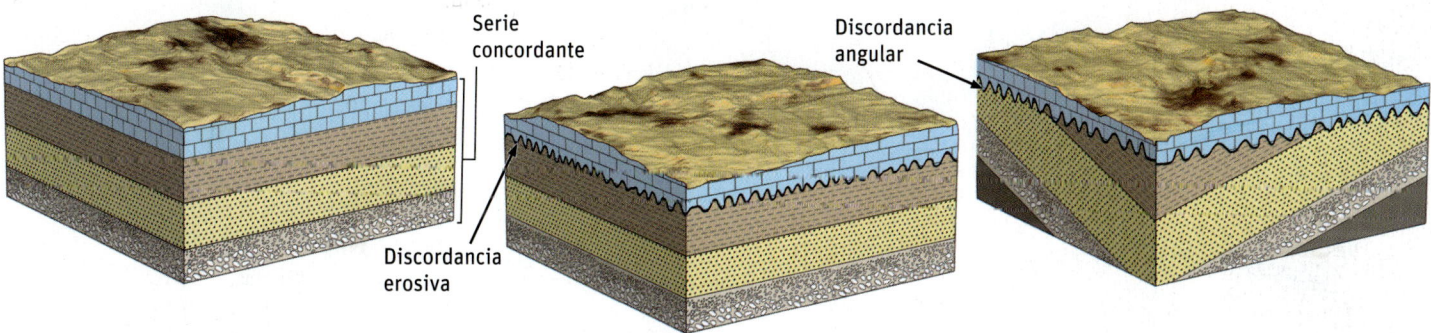

Figura 12.8. La existencia de concordancias o discordancias en un lugar nos informa sobre su historia geológica.

ACTIVIDADES

8. Levanta la columna estratigráfica de la serie representada en el bloque diagrama de la discordancia angular. Además del tipo de materiales y su potencia, debe apreciarse si el contacto entre cada material y el siguiente es concordante o discordante.

9. Indica si son concordantes o discordantes los contactos de la fotografía de la página anterior (Fig. 12.5).

• En la Web

Observa cómo se forman una discordancia angular y una disconformidad.

• www.e-sm.net/svbg1bach12_03

2.5. Poner orden en la historia

Para ordenar cronológicamente los sucesos geológicos del pasado se utilizan los principios de horizontalidad y superposición de los estratos. Además es necesario manejar otro criterio, el **principio de relaciones transversales**, según el cual todo proceso geológico es posterior a los materiales y a las estructuras que afecta. Este principio ayuda a establecer el orden en que se suceden los acontecimientos.

LA CIENCIA Y SUS MÉTODOS

Cómo ordenar una secuencia de acontecimientos

Queremos reconstruir la historia geológica de una zona de Andalucía representada en este bloque diagrama.

Para ello seguiremos el siguiente procedimiento:

1.º **Hacemos una primera observación global del conjunto.** Así, vemos que en la parte inferior hay cuatro tipos de materiales que se encuentran plegados (A, B, C y D), y sobre ellos se sitúa el material E dispuesto horizontalmente. Comprobamos si tienen fósiles y qué información proporcionan.

2.º **Ordenamos de más antiguo a más moderno los materiales.** De acuerdo con el principio de superposición, el material situado más abajo debería ser el más antiguo. Para comprobarlo, observamos si hay algún dato que confirma que la serie está en disposición normal, es decir, con su muro abajo y su techo arriba. En este caso, una estratificación gradada en B permite afirmar que la disposición es normal, por tanto, su orden cronológico será A, B, C, D, E.

3.º **Reconstruimos la historia.** Para ello aplicaremos los principios de horizontalidad original y superposición de los estratos, así como el de relaciones transversales. El relato debe incluir la formación de los materiales y los acontecimientos más importantes que les han afectado, todo ello ordenado cronológicamente:

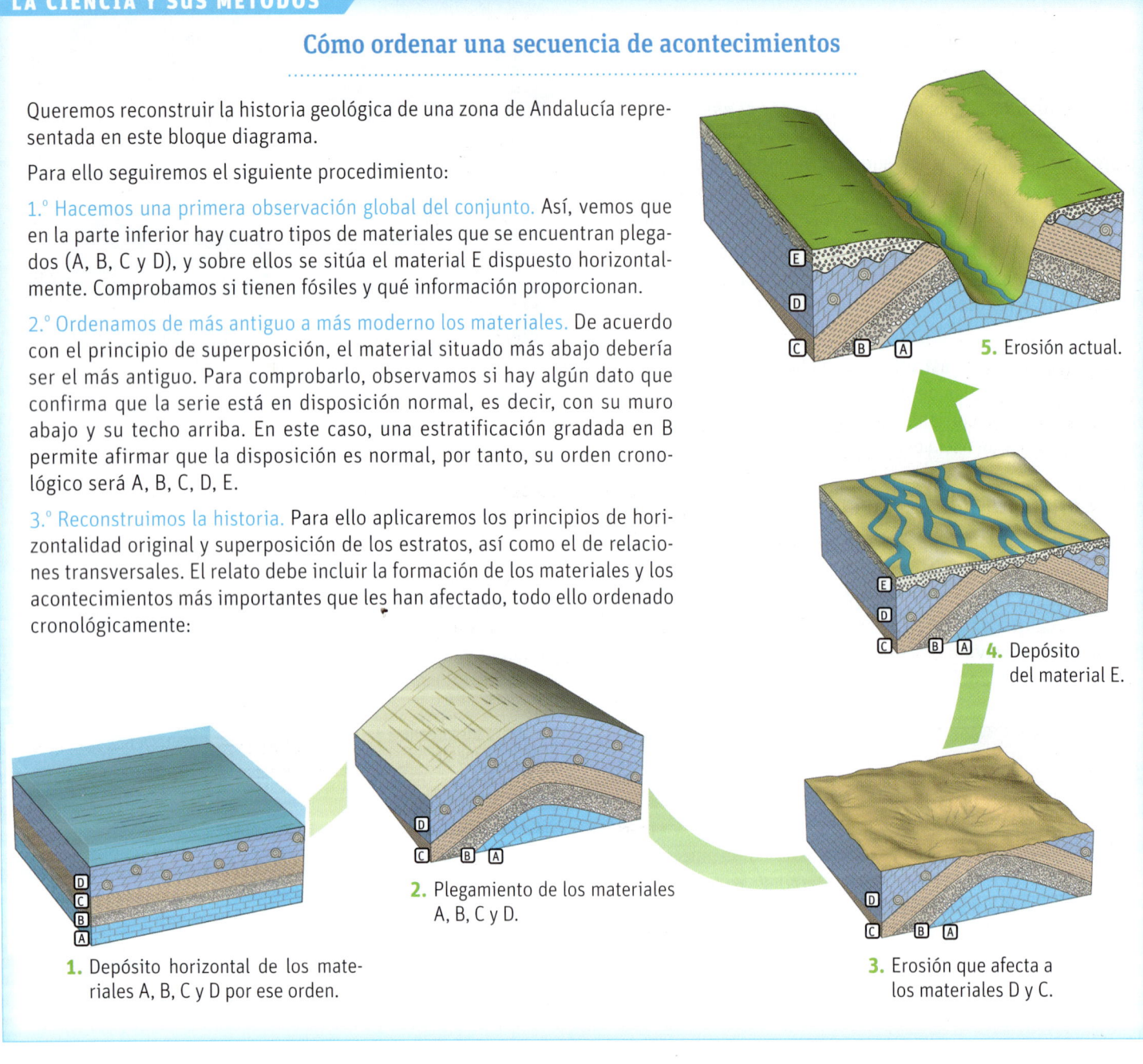

1. Depósito horizontal de los materiales A, B, C y D por ese orden.

2. Plegamiento de los materiales A, B, C y D.

3. Erosión que afecta a los materiales D y C.

4. Depósito del material E.

5. Erosión actual.

ACTIVIDADES

10. ¿Ha estado esta zona de Andalucía sumergida alguna vez?, ¿qué nos dice al respecto la historia reconstruida?

11. Los materiales A, B, C y D no se encuentran horizontales en la actualidad. ¿Por qué decimos que se depositaron horizontalmente?, ¿en qué nos basamos?

3. Métodos de datación. Edad absoluta

El uso de los criterios de datación relativa permite conocer, por ejemplo, que los fósiles de tigres dientes de sable hallados en el Cerro de los Batallones son más antiguos que otros situados encima y más modernos que los hallados debajo. Sin embargo, resulta insuficiente para determinar que estos fósiles tienen 9 Ma de edad.

¿Cómo ha podido calcularse esa edad? ¿Cómo sabemos que los dinosaurios se extinguieron hace 66 Ma, o que la Tierra se formó hace 4560 Ma?

Durante siglos, los científicos buscaron procedimientos que permitiesen medir la edad de la Tierra, así como la de una roca o un resto óseo. El descubrimiento de los **isótopos radiactivos** proporcionó un "reloj geológico" capaz de determinar esa edad en años o millones de años.

3.1. Un reloj radiactivo

Cada elemento químico tiene un número constante de protones en su núcleo, es su **número atómico** (Z). En el núcleo de cada átomo también hay neutrones. La suma de protones y neutrones recibe el nombre de **número másico** (A). A = Z + número de neutrones. Un elemento puede tener un número de neutrones variable, y por tanto más de un número másico.

Se denominan **isótopos** a los átomos de un mismo elemento que tienen diferente número másico. Por ejemplo, el carbono tiene tres isótopos: el ^{12}C, el ^{13}C y el ^{14}C. Todos tienen 6 protones en su núcleo, pero poseen distinto número de neutrones.

Los **isótopos radiactivos** son inestables, y se transforman espontáneamente en isótopos de otros elementos más estables liberando partículas de diversa naturaleza. Este proceso se denomina **desintegración radiactiva**. Así, por ejemplo, el ^{14}C es inestable y se transforma en ^{14}N, que es estable.

Al isótopo radiactivo inicial se le llama también **elemento padre** y al isótopo estable final, **elemento hijo**. Esta transformación del elemento padre en el hijo se hace a un determinado ritmo que es constante para cada isótopo radiactivo.

Se llama **semivida**, o **período de semidesintegración**, al tiempo que tarda en desintegrarse el 50 % del elemento padre. En ella reside la clave que permite utilizar este proceso como un "reloj geológico". La gráfica muestra la evolución de los elementos padre e hijo en el caso del $^{14}C/^{14}N$.

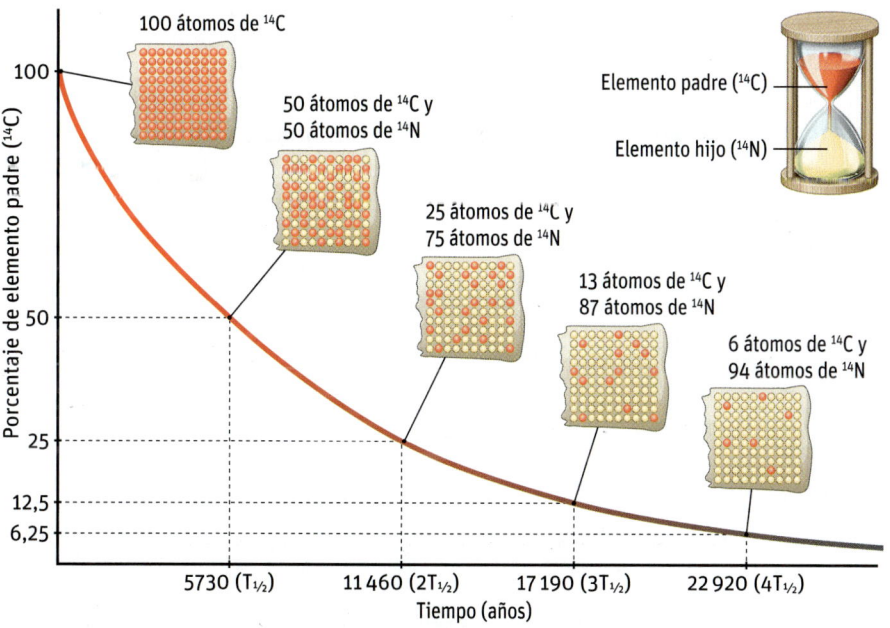

Figura 12.9. Conocer la proporción de los elementos padre e hijo permite calcular la edad absoluta de las rocas o de los restos óseos.

• **En la Web**

Observa cómo se reduce el contenido en ^{14}C con el transcurso de los años.

•www.e-sm.net/svbg1bach12_04

ACTIVIDADES

12. ¿Cuántos períodos de semidesintegración habrán transcurrido desde la formación de una roca a la que le queda el 6,25 % del elemento padre?

3.2. Dataciones radiométricas

Conocido el período de semidesintegración de un isótopo radiactivo, bastará con determinar la cantidad de elemento padre y la de elemento hijo que hay en una roca para saber el tiempo que lleva produciéndose esta transformación; será la **edad de la roca**.

El cálculo de las edades absolutas basado en la desintegración de los elementos radiactivos se llama **datación radiométrica**. Gracias a ella, a mediados del siglo XX, Clair Patterson calculó para la Tierra una edad de 4550 Ma. Desde entonces apenas se ha modificado esta cifra, fijándose en 4560 Ma.

PRINCIPALES ISÓTOPOS RADIACTIVOS UTILIZADOS EN DATACIÓN			
Elemento padre	Elemento hijo	Semivida	Utilización
Potasio-40 (^{40}K)	Argón-40 (^{40}Ar)	1300 Ma	Es el método más usado.
Uranio-235 (^{235}U)	Plomón-207 (^{207}Pb)	704 Ma	Es el método más preciso.
Carbono-14 (^{14}C)	Nitrógeno-14 (^{14}N)	5730 años	Se usa para la materia orgánica de menos de 50 000 años.

3.3. El carbono 14

CALCULAR

13. Ötzi, el hombre que vino del hielo

En 1991, dos excursionistas alemanes encontraron un cadáver entre el hielo de los Alpes. Por su estado de conservación creyeron que sería un alpinista muerto hacía poco tiempo.

La investigación policial hizo pensar que era muy antiguo, ¿pero cuánto? Su muerte parecía causada por una punta de flecha que tenía alojada en el pecho. La datación con ^{14}C permitió saber que Ötzi, nombre con el que se conoce al cadáver, tenía más de 5000 años.

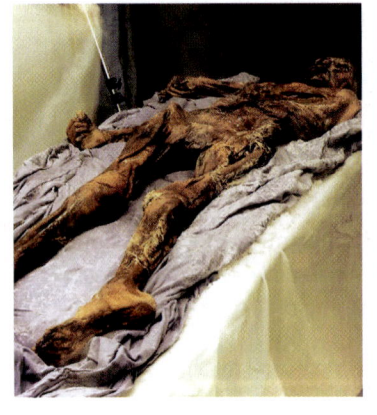

a) ¿Con el ^{14}C se midió el tiempo transcurrido desde que nació Ötzi o desde que murió?

b) Dado que la semivida del ^{14}C es de 5730 años, ¿Ötzi tendría más o menos del 50 % del ^{14}C inicial?

De los tres isótopos del carbono, el ^{12}C y el ^{13}C son estables, mientras que el ^{14}C es inestable. Este último se utiliza para dataciones de restos orgánicos de edades inferiores a 50 000 años, como madera, huesos, etc. El ^{14}C se origina en los niveles altos de la atmósfera gracias a las radiaciones solares, y entra a formar parte del CO_2 atmosférico. Lo hace en una proporción muy pequeña, de manera que el carbono que tiene la mayor parte del CO_2 es estable.

El ritmo al que se origina el ^{14}C compensa su pérdida por transformación en ^{14}N, de forma que la proporción de carbono inestable y estable se mantiene constante en el CO_2 atmosférico.

El carbono que incorporan las plantas en la fotosíntesis se encuentra en esa misma proporción. También la mantienen los animales que comen esas plantas. Pero al morir, el organismo deja de incorporar carbono, y el ^{14}C que tenía va reduciéndose a medida que se transforma en ^{14}N. Bastará con medir la proporción de ^{14}C para calcular la edad del resto orgánico.

En la Web

¿Sabes cómo se aplica en el laboratorio la datación con ^{14}C?

www.e-sm.net/svbg1bach12_05

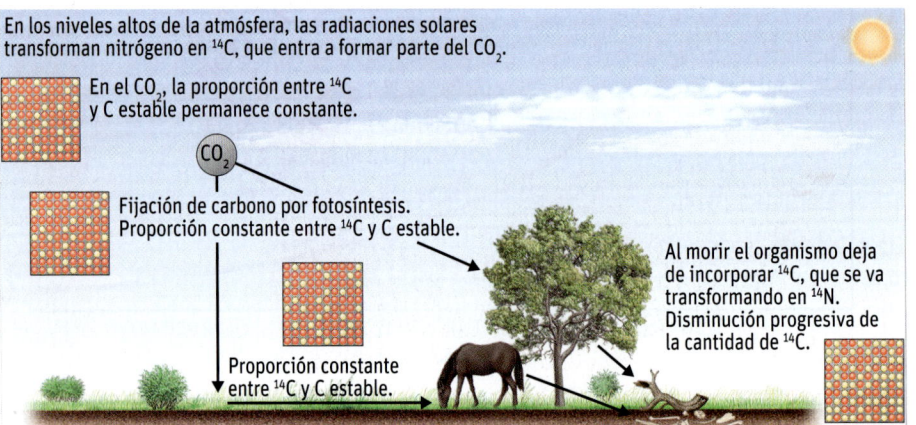

Figura 12.10. Recorrido del ^{14}C (bolitas rojas) en la naturaleza.

4. El tiempo geológico y su división

Los materiales terrestres más antiguos de cuantos se han hallado son unos pequeños cristales de circón con una edad cercana a los 4400 Ma. Las rocas más antiguas tienen casi 4000 Ma. Sin embargo, la edad estimada para el planeta es de 4560 Ma.

No debe sorprender que no se hayan encontrado materiales con la antigüedad que se le atribuye al planeta. Las transformaciones que experimentan las rocas debieron ser especialmente frecuentes en los primeros tiempos de la existencia de la Tierra y aquellos materiales habrán sido reciclados. La mayor parte de los meteoritos tiene una edad próxima a los 4560 Ma y no hay razones para pensar que su antigüedad sea diferente a la de nuestro planeta.

Llamamos **tiempo geológico** a esos 4560 Ma de existencia de la Tierra.

Para ordenar la historia de la humanidad se diferencian edades (Antigua, Media, etc.), cuya separación se establece en función de grandes acontecimientos (la caída del Imperio romano, el descubrimiento de América, etc.). De modo similar, para estudiar la historia de la Tierra se divide el tiempo geológico en tramos cuya separación se realiza utilizando grandes sucesos biológicos o geológicos.

La unidad cronológica mayor es el **eón**. Así, toda la historia de la Tierra se divide en dos eones: El **Precámbrico** y el **Fanerozoico**. Su duración es muy desigual. El Precámbrico ocupa casi el 90 % de la historia de la Tierra. Cada eón se divide en **eras**. Por ejemplo, en el Fanerozoico se distinguen el **Paleozoico**, el **Mesozoico** y el **Cenozoico**. A su vez, las eras se dividen en **períodos**. Así, el Mesozoico se divide en Triásico, Jurásico y Cretácico.

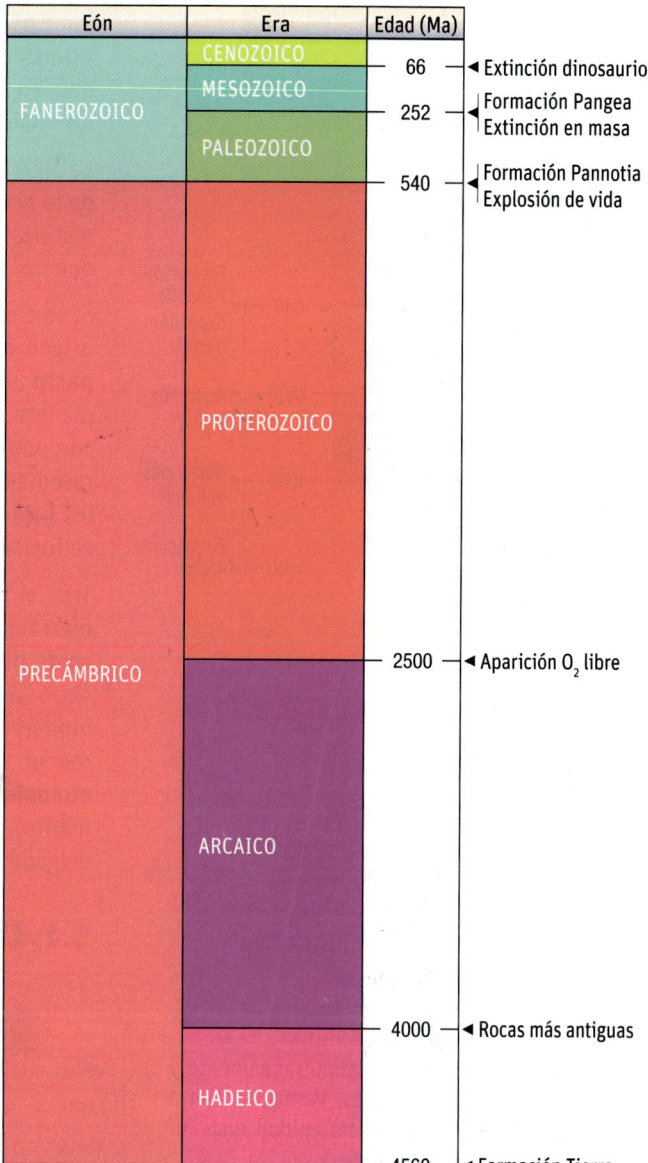

Figura 12.11. Las divisiones del tiempo geológico suelen representarse de acuerdo con el principio de superposición y, por tanto, se leen de abajo arriba.

• En la Web

A pesar de ser muy extensa, la historia de la Tierra apenas ocupa el último tercio de la historia del universo. Entra en esta línea del tiempo interactiva, te ayudará a situarte.

• www.e-sm.net/svbg1bach12_06

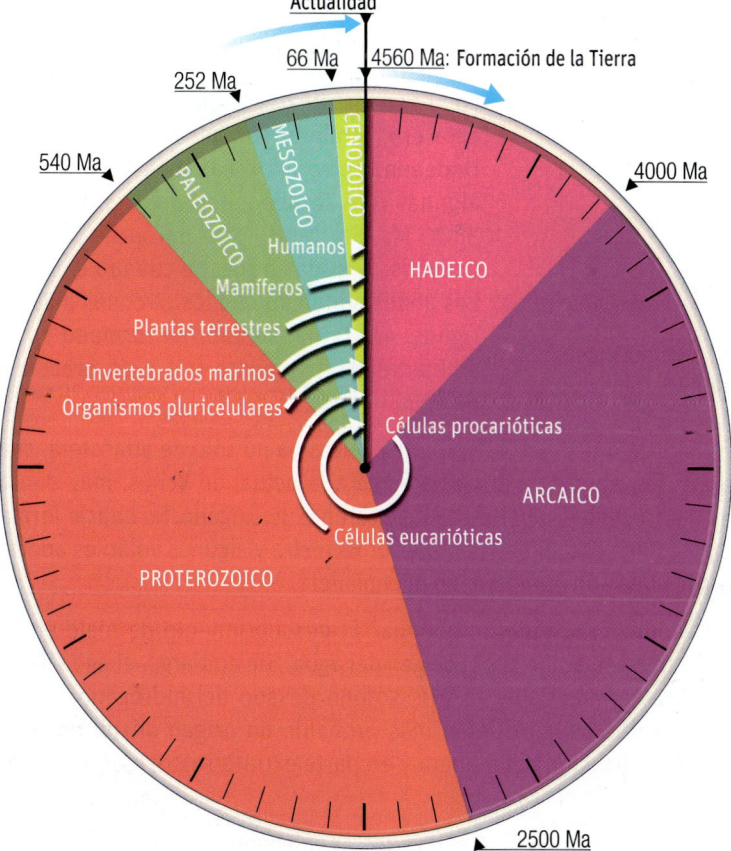

Figura 12.12. Si se representa la historia de la Tierra comprimida en una hora se puede observar la desigual duración de las eras.

ACTIVIDADES

14. ¿Qué características deberá tener el circón para que se hayan encontrado cristales de este mineral pero no las rocas en que se formaron hace 4400 Ma?

15. Dado que los meteoritos son objetos extraterrestres, ¿tiene sentido que se utilicen para establecer la edad de la Tierra?

5. El Precámbrico, un comienzo difícil

Eón	Era	Edad (Ma)	
FANEROZOICO	CENOZOICO	66	
	MESOZOICO	252	
	PALEOZOICO	540	Formación Pannotia. Explosión de vida
PRECÁMBRICO	PROTEROZOICO	2500	Aparición O_2 libre
	ARCAICO	4000	Rocas más antiguas
	HADEICO	4560	Formación Tierra

Hace 4600 Ma el colapso gravitatorio de una nube interestelar constituida por gases y partículas de polvo originó el Sol. En torno a él quedó un disco de materiales que se unirían para formar cuerpos similares a asteroides, los **planetesimales**, por unión de los cuales se originaron los planetas.

La Tierra recién formada era muy diferente a la que conocemos. Su masa era el 60 % de la actual y sufría el continuo bombardeo de asteroides, lo que le aportaba nuevos materiales y generaba tanto calor que se encontraba parcialmente fundida. Esto hizo que los materiales terrestres comenzasen a distribuirse por densidades.

Si es cierta la teoría más aceptada sobre el origen de la Luna, aún faltaba el **gran impacto**, la colisión de la Tierra con Theia, un planeta del tamaño de Marte. Parte de sus componentes, los más densos, se incorporaron a la Tierra, mientras que los materiales proyectados al exterior por el impacto se fusionaron, originando la Luna.

Tras el gran impacto la Tierra estaría cubierta por un **océano de magma** y el proceso de **diferenciación en capas** se aceleraría. Los componentes más densos, fundamentalmente hierro y níquel, formaron el **núcleo**, los volátiles originaron la **atmósfera** y los de densidad intermedia, el **manto**, a partir del cual se diferenció una delgada **corteza**.

Figura 12.13. El gran impacto: colisión entre Theia y la Tierra.

5.1. La Tierra se hace habitable

¿Cuánto duró el océano de magma? Tradicionalmente se ha pensado que todo el **Hadeico**, y eso justificaría la ausencia de rocas de esta era, también conocida como Hádico o Hadeano. Entre las rocas más antiguas hay algunas que se depositaron en el mar hace 3800 Ma. Por tanto, para entonces ya había océanos, la duda es ¿desde cuándo existían? Los análisis indican que los circones más antiguos, 4400 Ma, se habrían formado en un ambiente relativamente frío y en presencia de agua líquida.

CORRELACIONAR

16. ¿Por qué son tan diferentes?

Aunque se formaron simultáneamente y por procesos similares, Venus, la Tierra y Marte tienen en la actualidad unas atmósferas muy diferentes.

	CO_2	N_2	Ar	O_2
Venus	96	3,5	0,01	0,003
Marte	95	2,7	1,6	0,15
Tierra	0,03	78	0,93	21

a) La composición química de las atmósferas de Venus y Marte es similar, pero la atmósfera de Venus es muy densa y la de Marte, muy tenue. La Luna incluso carece de atmósfera. ¿A qué pueden deberse estas diferencias?

b) ¿La composición de las atmósferas de Venus y Marte apoya la hipótesis del dominio del CO_2 y la ausencia de oxígeno en la atmósfera terrestre durante el Hadeico?

Así pues, puede que hace 4400 Ma la Tierra dispusiera ya no solo de atmósfera, sino también de océanos. Esa atmósfera sería parecida a la actual de Venus, muy densa, cargada de CO_2, con nitrógeno y vapor de agua, y carente de oxígeno. Se habría formado a partir de los gases que escapaban del interior terrestre y algunos volátiles aportados por los meteoritos que aún bombardeaban el planeta.

Y los océanos, ¿de dónde consiguieron el agua? El descubrimiento de hielo en los cometas hizo pensar que ese podía ser el origen del agua. Sin embargo, el agua de los cometas analizados tiene más deuterio (un isótopo pesado del hidrógeno) que el agua terrestre. Los científicos consideran más probable un origen mixto, en parte procedente de la desgasificación del planeta y en parte extraterrestre (cometas y asteroides ricos en agua).

Determinar desde cuándo tiene la Tierra océanos es relevante porque marca el momento en que empezó a ser habitable. Si existen desde hace 4400 Ma, se habría dispuesto de mucho más tiempo para que se originase la vida.

5.2. Y la vida cambió el planeta

¿Cómo se pasó de la atmósfera del Hadeico a la actual? Para que se produjera este cambio hubo que retirar enormes cantidades de CO_2 y aportar oxígeno. Ambos procesos fueron obra de los seres vivos.

Los fósiles más antiguos, universalmente aceptados como tales, son unas bacterias filamentosas de 3500 Ma, pero se han encontrado indicios de actividad biológica en rocas de hace 3800 Ma. Puede que la presencia de vida en la Tierra sea incluso anterior. Los primeros seres vivos serían anaerobios, quizá similares a ciertas arqueas actuales.

Más tarde aparecieron organismos fotosintetizadores, como las cianobacterias formadoras de **estromatolitos**, unas estructuras de caliza similares a arrecifes. Hace 3000 Ma empezaron a proliferar y su actividad cambió la atmósfera más que ningún otro organismo:

> **INTERPRETAR GRÁFICAS**
>
> **17. La atmósfera se oxigena**
> La gráfica muestra la evolución del contenido de oxígeno en la atmósfera a lo largo de la historia de la Tierra. En ella hay delimitadas cuatro etapas.
>
>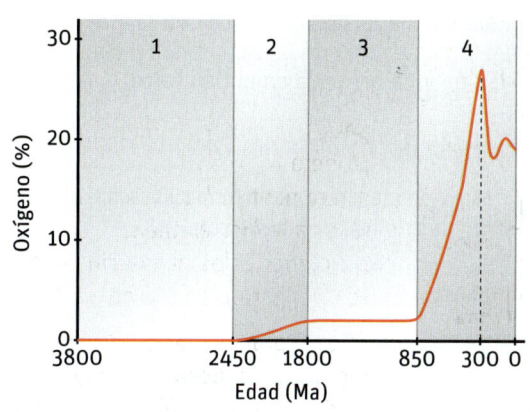
>
> a) ¿Por qué empieza la gráfica en 3800 Ma? ¿No debería hacerlo en 4560 Ma?
> b) ¿Qué ocurre en la etapa 1? ¿Por qué no hay oxígeno en la atmósfera?
> c) ¿Cómo explicas el incremento de oxígeno que se produce en la etapa 4?
> d) ¿Cómo se explica el descenso en la cantidad de oxígeno que se produce tras el máximo de hace 300 Ma?

- **Aportaron oxígeno a la atmósfera.** Su actividad fotosintética liberó grandes cantidades de oxígeno. Dada la alta afinidad química del oxígeno, a medida que era producido reaccionaba con el hierro y otros elementos disueltos en los océanos. Por eso, el oxígeno libre tardó en empezar a acumularse en la atmósfera. La transición a una atmósfera oxigenada se inició hace 2500 Ma.

- **Retiraron grandes cantidades de CO_2 de la atmósfera.** Con él y con el calcio construyeron los estromatolitos que, no por casualidad, han sido denominados "atmósfera petrificada".

La presencia de oxígeno libre debió causar la desaparición de muchos organismos que carecían de enzimas manipuladoras de oxígeno, pero abrió nuevas expectativas para una utilización más eficaz del alimento mediante la respiración oxidativa.

Figura 12.14. Estromatolitos actuales en la bahía de Shark (Australia).

5.3. De la célula eucariota a los primeros pluricelulares

Según la teoría endosimbionte de Lynn Margulis, hace unos 1800 Ma, a partir de la integración simbiótica de diversas células procariotas, se originó un nuevo tipo de célula, la **célula eucariota**. La existencia de eucariotas ayudó a que la vida se diversificase y explotase nuevos recursos gracias a la aparición de los **organismos pluricelulares**.

Debió transcurrir el 85 % de la historia de la Tierra para que aparecieran organismos pluricelulares de cierta complejidad. En Ediacara (Australia) se han hallado moldes de organismos de formas variadas y sin huella de partes duras, con una edad de unos 680 Ma. Su tamaño varía desde menos de 1 cm a más de 1 m.

No hay acuerdo en la comunidad científica sobre la interpretación de la llamada **biota de Ediacara** que desapareció sin que, aparentemente, tuviese continuidad con la del Paleozoico.

En el tramo final del **Precámbrico**, los continentes se unieron formando un supercontinente, denominado **Pannotia**.

> **•En la Web**
>
> ¿Qué relación hay entre los estromatolitos y los yacimientos de hierro más importantes?
> •www.e-sm.net/svbg1bach12_07

> **ACTIVIDADES**
>
> **18.** Si la Tierra hubiese sido siempre sólida y fría, ¿tendría un núcleo metálico?, ¿y atmósfera?

Figura 12.15. *Dickinsonia*, un organismo representativo de la biota de Ediacara.

6. El Paleozoico, una explosión de vida

Un tesoro en las Rocosas

Durante una exploración por las Montañas Rocosas canadienses, Charles Walcott halló en 1909 el mejor muestrario de cuantos se han encontrado sobre los organismos que poblaron los mares hace más de 500 Ma. Durante décadas, Walcott recopiló aquellos fósiles de formas tan llamativas y los asignó a diversos grupos de organismos conocidos. Más de medio siglo después, se analizaron de nuevo comprobándose que muchos de ellos pertenecían a grupos de los que no se tenía referencia alguna. Hoy la formación rocosa en la que los halló, conocida como *Burgess Shale*, es patrimonio de la humanidad y constituye el mejor ejemplo de la explosión de vida ocurrida en el Cámbrico.

Hallucigenia, un extraño animal que caminaba sobre 7 pares de patas.

En la Web
En este vídeo se ofrece más información sobre el extraordinario hallazgo de Walcott.
www.e-sm.net/svbg1bach12_08

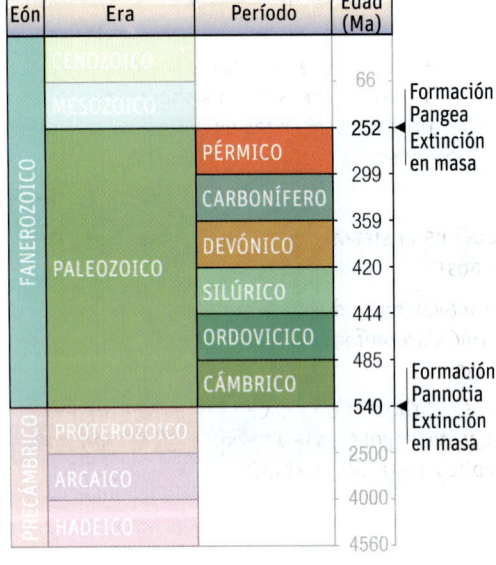

A comienzos del Paleozoico, se produjo una diversificación de los organismos como jamás había sucedido en la historia de la vida. Su presencia en el registro fósil es tan brusca que se conoce como "**la explosión cámbrica**".

6.1. El Cámbrico, un período de innovaciones

En 40 Ma, menos del 1 % de la historia de la Tierra, aparecieron casi todos los grandes grupos de animales conocidos, además de otros grupos no representados en la actualidad. Pareciera que la biosfera hubiese "decidido" someter a prueba diferentes modelos generales; la mayoría de ellos no dejaron herederos. El proceso pudo estar relacionado con el incremento de oxígeno libre. En cualquier caso:

- **Aparecen animales provistos de caparazón.** Su éxito evolutivo pudo deberse a la protección frente a los depredadores o a la formación de aparatos bucales duros para raspar y cortar el alimento. Entre aquellos organismos destacó un grupo de artrópodos marinos con el cuerpo dividido en tres lóbulos, los **trilobites** (Fig. 12.16).

- **Aparecen los cordados.** En el Cámbrico se hallan los primeros cordados, como *Pikaia* (Fig. 12.17) que muestran ya un cordón nervioso en posición dorsal y una estructura muscular que recuerdan la de los *Anfioxus* actuales.

- **Aparecen grandes grupos que no tendrán continuidad.** Entre la gran diversidad de organismos de **Burgess Shale** hay formas "extravagantes", pertenecientes a grandes grupos que desaparecerán definitivamente. Como *Opabinia* (Fig. 12.18), que poseía 5 ojos y una larga probóscide flexible, o *Anomalocaris* que alcanzaba 1 m de longitud, tenía una mandíbula circular y largos apéndices con los que cazaba.

Figura 12.16. Muchas especies de trilobites son excelentes fósiles guía del Paleozoico.

Figura 12.17. *Pikaia*, el primer cordado conocido, medía 5 centímetros.

Figura 12.18. *Opabinia*, un extraño animal provisto de exoesqueleto y 5 ojos pedunculados.

6.2. La vida invade los continentes

Hace 2500 Ma las bacterias empezaron a colonizar los continentes. Sin embargo, los organismos pluricelulares solo lo hicieron cuando el incremento de oxígeno atmosférico permitió la formación de una capa de ozono (O_3) que protegiese de las radiaciones ultravioleta.

Hace unos 460 Ma aparecieron las **plantas terrestres**. Su adaptación al medio aéreo (gravedad, escasez de agua) se logró con diferentes estrategias:

- **Desarrollo de rígidas paredes celulares** para mantener el porte fuera del agua.
- **Desarrollo de raíces** y mecanismos eficientes para la circulación del agua.
- **Formación de esporas y, más tarde, semillas** capaces de permitir la multiplicación fuera del agua.

La presencia de plantas en el medio terrestre hizo posible que los **animales** lo colonizasen:

- Entre los invertebrados, los **artrópodos** parecen diseñados para el medio terrestre. Su cutícula rígida e impermeable proporciona un esqueleto ligero adecuado para la locomoción, al tiempo que evita la pérdida de agua y protege de los depredadores.
- Los **vertebrados** iniciaron la colonización del medio terrestre hace unos 370 Ma. De esa edad es el primer tetrápodo conocido, *Acanthostega* (Fig. 12.19) que representa la transición de peces a anfibios. Tenía respiración branquial y pulmonar. Poco después aparecen los primeros anfibios que pasan gran parte de su vida fuera del agua. La definitiva adaptación al medio terrestre ocurre a principios del Carbonífero con los primeros **amniotas**, los reptiles. El huevo amniótico posee una cáscara semipermeable y membranas que protegen el desarrollo del embrión.

> **RELACIONAR**
>
> **19.** *Meganeura*, el insecto gigante
>
> En una mina de carbón francesa se encontró el fósil de lo que parecía ser una libélula gigante.
>
> Medía casi un metro de longitud y vivió hace 300 Ma. Siempre se había pensado que el sistema de respiración de los artrópodos no permitía unas dimensiones como estas. Sin embargo, se han hallado muchos otros artrópodos gigantes en el Carbonífero, un período en el que buena parte de las tierras emergidas estaban cubiertas por frondosas selvas.
>
>
>
> a) ¿Cuál es el sistema de respiración de los artrópodos?
>
> b) La mayor parte del carbón que consumimos se formó Carbonífero, de ahí el nombre de este período.
>
> En el Carbonífero se alcanzan los valores más altos de oxígeno en la atmósfera. ¿Cómo pueden explicarse ambos hechos?

6.3. La extinción del Pérmico

Al final del Paleozoico se produjo la extinción en masa más importante de la historia de la Tierra. Desaparecieron el 80 % de las especies marinas y el 70 % de las terrestres. Los científicos debaten sobre sus causas: una actividad volcánica extrema, el impacto de un meteorito, un cambio climático motivado por el reagrupamiento de los continentes, la reducción del oxígeno atmosférico o, quizá, la conjunción de varias de estas causas.

Con el Pérmico acaba la era **Paleozoica**. En ella los continentes desarrollan un ciclo completo de división y unión. Así, el Paleozoico comienza con una fragmentación de Pannotia y finalizará con el reagrupamiento continental que dará lugar al último supercontinente, **Pangea**.

> **ACTIVIDADES**
>
> **20.** ¿A qué eón pertenece la era Paleozoica? ¿Qué porcentaje de ese eón ocupa?
>
> **21.** ¿Por qué se dice que la formación de Pangea pudo favorecer un cambio climático?, ¿qué modificaciones introdujo que pudieran afectar al clima?

Figura 12.19. *Acanthostega*, el primer tetrápodo conocido, tenía 8 dedos en sus extremidades.

7. Mesozoico y Cenozoico: los últimos 250 Ma

Durante el **Mesozoico** y el **Cenozoico** los continentes y los seres vivos irán adquiriendo las características que tienen en la actualidad. Todo ello requerirá no pocos cambios.

7.1. Pangea se divide

Hace 200 Ma, cuando habían pasado 80 desde su formación, comienza a fragmentarse el supercontinente Pangea. Se origina el Atlántico central; más tarde, se separan de África: Suramérica, India, Australia y la Antártida. Poco a poco la distribución de tierras y mares se aproxima a la actual.

Los movimientos de las placas litosféricas originan las grandes cordilleras actuales: los Andes, el Himalaya, los Alpes o, en España, los Pirineos y la Bética.

7.2. La era de los dinosaurios

Durante el Mesozoico los *ammonites*, un tipo de cefalópodos con concha externa, ocupan todos los mares del mundo. Su rápida evolución hace de ellos unos excelentes fósiles guía. En los continentes son los helechos y las coníferas las plantas dominantes, y aparecen las **plantas con flores**.

Pero por encima de todos ellos destacan los **reptiles**, sus importantes logros evolutivos (tegumentos queratinizados y huevo amniota) permitieron su extraordinaria diversificación, colonizando hábitats muy diversos. El Mesozoico suele conocerse como la era de los dinosaurios, aunque sería más correcto denominarla "era de los arcosaurios". **Arcosaurio** significa 'reptil dominante' y, efectivamente, este grupo de reptiles dominó los mares (**ictiosaurios y plesiosauros**), el aire (**pterosaurios**), y sobre todo la tierra (**dinosaurios**).

Los dinosaurios se caracterizan por tener las patas dispuestas verticalmente, bajo el cuerpo, como los mamíferos, y no hacia los costados, como los lagartos (Fig. 12.20). Hubo una gran diversidad de dinosaurios: unos, como *Argentinosaurus* (Fig. 12.21), pesaban 80 toneladas; otros, como *Microraptor*, apenas 1 kilo. Algunos, como *Triceratops*, eran herbívoros; otros, como *Tyrannosaurus*, carnívoros. Los hubo bípedos, como *Compsognathus*, y cuadrúpedos, como *Turiasaurus riodevensis* (un gigante de 30 metros de longitud hallado en Riodeva, Teruel). También los hubo con plumas, como *Velocirraptor* (Fig. 12.22).

En los últimos años se ha multiplicado los descubrimientos de dinosaurios emplumados, lo que ha facilitado el estudio de su relación con las **aves**. Desde la perspectiva filogenética, es decir, desde su origen evolutivo, las aves se consideran en la actualidad un grupo de dinosaurios. La presencia de aves se remonta al Jurásico. Antes que ellas, en el Triásico, se originaron los primeros **mamíferos** a partir de un grupo de reptiles primitivos.

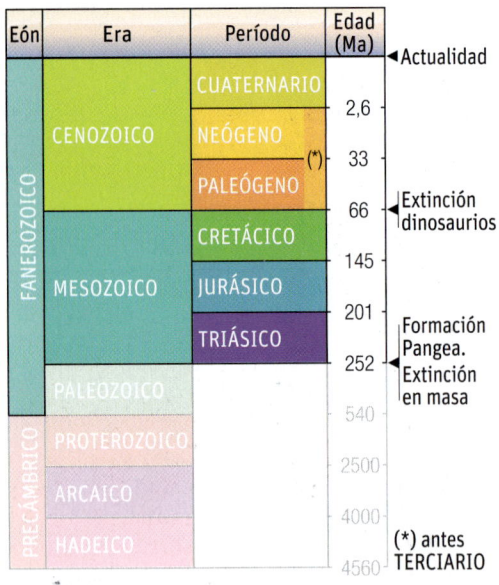

Figura 12.20. Las patas de los lagartos se disponen hacia los lados del tronco; las de los dinosaurios, hacia abajo.

En la Web

Observa esta reconstrucción de cómo se rompió Pangea.

www.e-sm.net/svbg1bach12_09

Figura 12.21. *Argentinosaurus* es el mayor dinosaurio conocido, medía 35 m y pesaba 80 toneladas.

Figura 12.22. *Velocirraptor* tenía el cuerpo cubierto de plumas. Vivió hace 75 millones de años.

7.3. La extinción de los dinosaurios

En 1980, Walter Álvarez y su padre, Luis Álvarez, premio nobel de física, encontraron en Italia una capa de arcilla con un alto contenido de iridio. El iridio es un metal muy raro en la corteza terrestre pero relativamente frecuente en los meteoritos, por eso pensaron que su presencia se debía al impacto de un gran asteroide. La capa de arcilla marcaba la separación entre el Cretácico (K) y el Terciario (T), **límite K-T** o, en su denominación actual, **límite K-Pg** (de Paleógeno); tenía, por tanto, 66 Ma.

Por la cantidad de iridio hallado, dedujeron que el asteroide tendría unos 10 km de diámetro. La energía liberada en el impacto sería enorme y abriría un cráter de 150 a 200 km de diámetro. Los materiales que permaneciesen en suspensión ocultarían la luz del Sol durante meses. Una catástrofe así destruiría la vida vegetal y la vida animal dependiente de ella. El registro fósil indica que en ese momento desapareció casi el 50 % de las especies, entre ellas los *ammonites* y los dinosaurios (a excepción de algunas aves que sí sobrevivieron).

La capa de iridio se ha detectado en muchos lugares del mundo, entre ellos Caravaca (Murcia) y Zumaya (Guipúzcoa) (Fig. 12.23), y se han acumulado otros datos, como la presencia en dicha capa de cristales de cuarzo con deformaciones de impacto, o las huellas del *tsunami* generado tras la colisión. El cráter de ese impacto está en la Costa del Yucatán (México). A pesar de todo ello, algunos científicos consideran aún que la extinción del K-T pudo deberse a una actividad volcánica extrema.

La extinción fuese cual fuese su causa, no afectó a todos los organismos por igual. Los vertebrados más pequeños, especialmente los carroñeros y los que se alimentaban de gusanos o insectos, resistieron bien.

Figura 12.23. En Zumaya (Guipúzcoa) se encuentra uno de los mejores límites K-T del mundo.

INTERPRETAR GRÁFICAS

22. Las cinco grandes extinciones

La diversidad de organismos puede expresarse en número de especies, o de géneros, familias u órdenes. Si bien, para valorar la importancia de una extinción suele utilizarse el número de familias.

a) La gráfica señala con las letras *a*, *b*, *c*, *d*, y *e* las extinciones en masa ocurridas. ¿Ha sido la del K-T la extinción más importante?

b) Observa los momentos en que se ha producido un mayor incremento de diversidad. ¿Guardan relación estos momentos con las extinciones?

7.4. Diversificación de mamíferos y aves

Algunos pequeños mamíferos y aves sobrevivieron a la extinción del final del Cretácico y se diversificaron con rapidez. Así, 10 Ma después existían ya todos los grupos fundamentales de mamíferos y aves. El Cenozoico es la era de los mamíferos, los encontraremos en todos los continentes pero también en el aire y en los océanos.

Los científicos han destacado el "efecto rebote" que se produce tras cada extinción en masa. Según la idea más aceptada, estas extinciones dejan libres muchos nichos ecológicos, lo que permite la supervivencia de "modelos de prueba" que dispondrían de tiempo extra para perfeccionarse y adaptarse con mayores posibilidades de éxito.

Las plantas con flores habían aparecido en el Mesozoico pero es en el Cenozoico cuando se diversifican y proliferan.

ACTIVIDADES

23. ¿Por qué decimos que la rápida evolución de los *ammonites* hace de ellos unos buenos fósiles guía?

24. *Archaeopteryx* vivió hace 150 Ma, es el ave primitiva más conocida. Busca información sobre ella e indica qué caracteres reptilianos tenía.

8 El origen de la especie humana

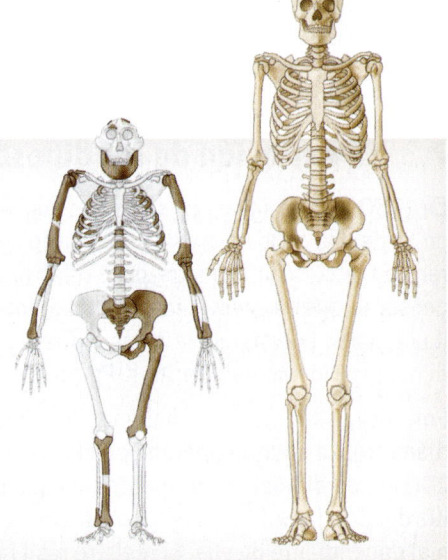

El hallazgo de Lucy

En 1974, un grupo de paleoantropólogos encontraba en Afar (Etiopía) el esqueleto de un homínido muy antiguo. En el campamento, ya de noche, hablaban del nombre que le pondrían mientras sonaba una canción de los Beatles, *Lucy In The Sky With Diamonds*. Decidieron que se llamaría Lucy.

Lucy (*Australopithecus afarensis*) es el fósil de homínido más conocido, su edad es 3,2 Ma. Pertenece a una hembra de poco más de un metro de altura, caminaba erguida y tenía un volumen cerebral de 400 cm^3, similar al de los chimpancés. Razón por la que suele calificarse a estos homínidos de "chimpancés bípedos".

Reconstrucción del esqueleto de Lucy comparado con el de una mujer actual.

8.1. Nuestros antepasados y otros parientes

En la Web
Lucy, tal vez, vivió así.
www.e-sm.net/svbg1bach12_10

En África se han hallado otros homínidos más antiguos que Lucy, como *Australopithecus anamensis* (4,2 Ma), e incluso más antiguos, como *Ardipithecus* (5 Ma) y *Orrorin* (unos 6 Ma). Su inclusión entre los homínidos se basa en que podían caminar erguidos. Más allá de los 7 Ma los linajes de humanos y chimpancés se confunden.

La única especie de homínido viviente es *Homo sapiens*, a ella pertenecemos todos los humanos actuales. Esto no significa que en cada momento solo haya habido una especie. En efecto, hay solapamientos entre las épocas en que vivieron diversas especies de homínidos. De manera que su evolución no es una cadena lineal que vaya desde *Orrorin* hasta *H. sapiens*, sino un árbol con ramas laterales, en el que solo algunas especies son nuestras antepasadas.

Los fósiles más antiguos de *Homo sapiens* tienen 195 000 años y, una vez más, se hallaron en África, no muy lejos del lugar en que se encontró a Lucy.

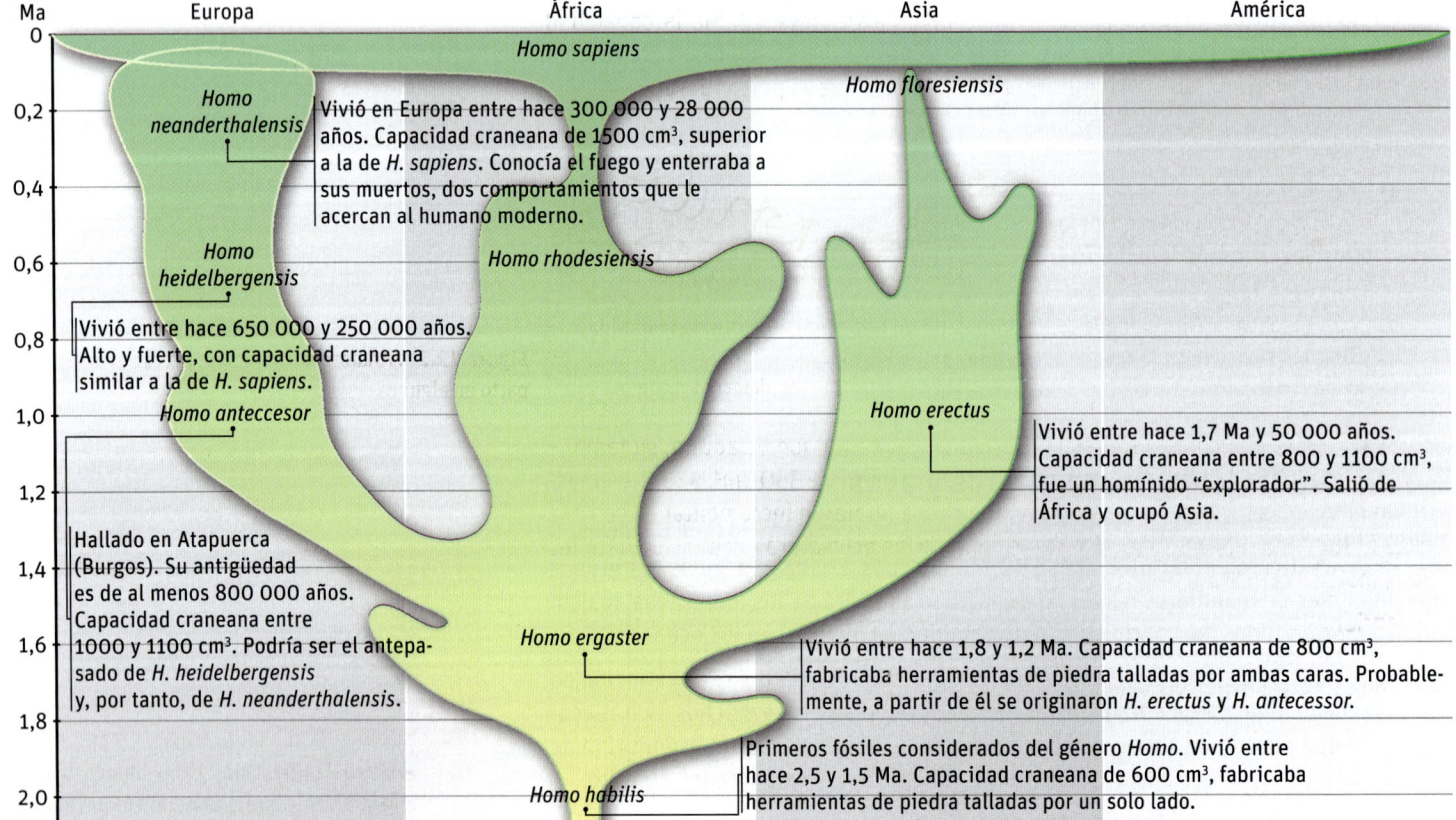

Figura 12.24. Conocer la edad y el continente en que vivieron las diferentes especies de homínidos es necesario para establecer su filogenia.

8.2. Cambios que nos hicieron los humanos

Durante los últimos 7 Ma, los homínidos han evolucionado desde formas similares a los chimpancés hasta el humano moderno: es lo que se denomina proceso de **hominización**. Los cambios han afectado a diversas características anatómicas y funcionales, desde la **bipedestación** hasta la **adquisición del lenguaje articulado**, pasando por un **incremento del volumen cerebral**.

- **Caminar erguido.** Con la bipedestación comenzó el proceso de hominización, mucho antes de que el volumen cerebral se incrementase. Afectó al cuidado de las crías y dejó las manos libres para transportar herramientas o comida.

  Caminar habitualmente erguido y sin balancear mucho el cuerpo requiere unas características anatómicas diferentes a las de los grandes simios. El análisis de estas características permite saber si un fósil pertenece, o no, a un homínido:

  - **Posición del *foramen magnum*.** El *foramen magnum* es el orificio del cráneo por donde pasa la médula espinal, ahí se conectan la columna vertebral y el cráneo. En los homínidos se orienta hacia abajo; en los simios, hacia atrás (Fig. 12.25).
  - **Disposición de la cadera.** En los homínidos los fémures se dirigen oblicuamente desde las caderas convergiendo en las rodillas. En los simios se disponen verticalmente y mantienen muy separadas las rodillas.
  - **Cambios en el pie.** El pie de un chimpancé es parecido a nuestra mano, incluso tiene el pulgar oponible. Con la bipedestación el pie se alargó y el pulgar se alineó con los demás dedos.

- **Encefalización y parto con dolor.** Incrementar el volumen cerebral hasta los 1300 o 1400 cm³ que tiene en el humano moderno causó algunos problemas. Durante el parto la cría debe atravesar la parte inferior de la pelvis, denominada **canal del parto**. Un chimpancé tiene un parto fácil, ya que su pelvis es ancha con relación a la cabeza de la cría, y la madre puede ayudarle a nacer guiándola con las manos.

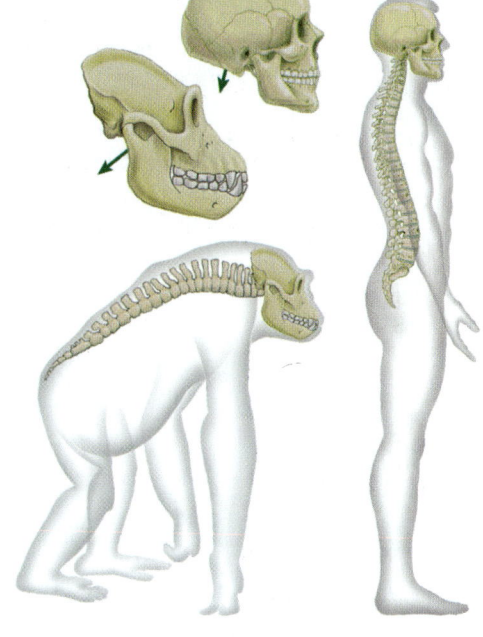

Figura 12.25. La adaptación a la bipedestación implicó cambios anatómicos.

La adaptación a la bipedestación implicó un estrechamiento de la pelvis. El incremento del tamaño cerebral dificultó aún más el parto. Hace 1,5 Ma la capacidad craneal alcanzó los 850 cm³, casi el límite para pasar por el canal del parto. A pesar de ello, la encefalización continuó. ¿Qué cambió para que el parto fuese posible?

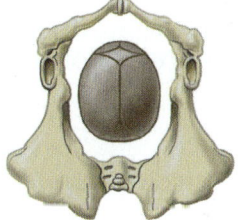 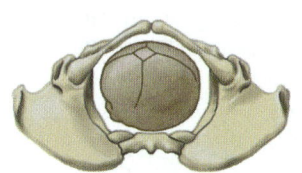 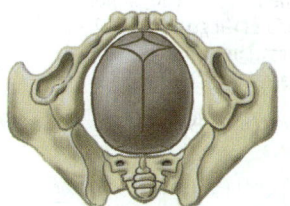

Chimpancés   Australopitecos   Humanos modernos

Figura 12.26. Anatomía comparada del canal del parto en algunos primates.

El cerebro del chimpancé tiene al nacer 300 cm³ y, hasta que es adulto, su tamaño aumenta un 50 %. Nuestra especie nace con un cerebro de 350 cm³, y se incrementa a lo largo de su vida un 400 %. Si los homínidos pudieron incrementar su cerebro fue a costa de **adelantar el parto** y tener unas crías prematuras, más dependientes de la madre durante mayor tiempo.

- **Aprender a hablar.** Solo los seres humanos disponemos de un lenguaje articulado. Para hablar hace falta tener capacidad mental para ello y disponer del instrumento adecuado, el **aparato fonador**. Dos áreas del cerebro están relacionadas con nuestra capacidad de hablar y, aunque el cerebro no fosiliza, puede dejar en la cara interna del cráneo unas impresiones que permiten conocer algunas características. *H. habilis* tenía ya desarrolladas las áreas cerebrales relacionas con el lenguaje. Se discute, sin embargo, si su aparato fonador reunía las características para hablar; quizá solo le permitiese un lenguaje rudimentario.

ACTIVIDADES

25. Analiza la figura 12.24 e indica las especies que no son antepasadas de *H. sapiens*.

ACTIVIDADES

Síntesis

26. Completa en este mapa conceptual los términos que faltan (•••) y los fragmentos que debes desarrollar ⊕. Puedes realizar la actividad en tu cuaderno.

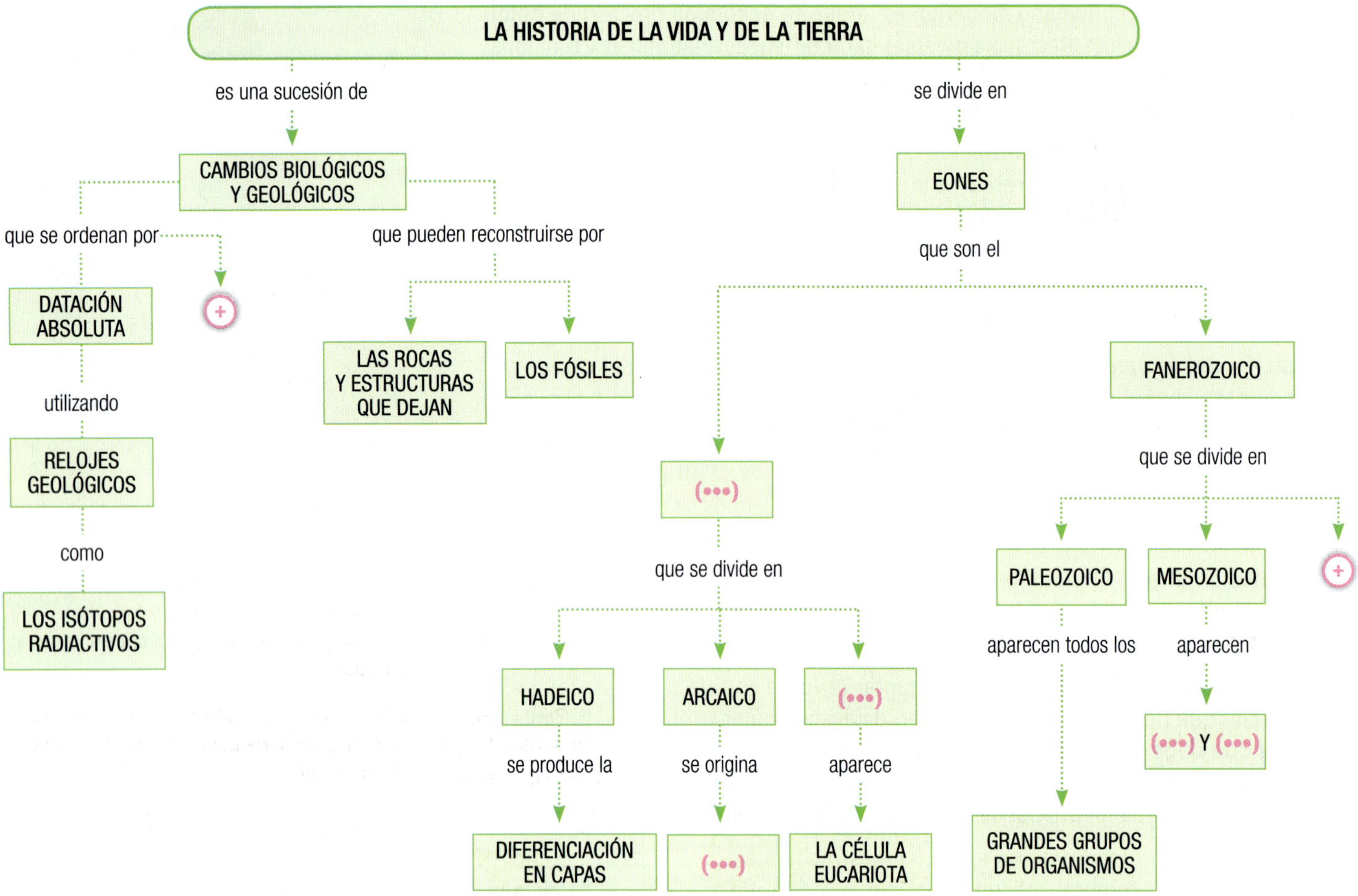

```
                        LA HISTORIA DE LA VIDA Y DE LA TIERRA
                    es una sucesión de              se divide en

              CAMBIOS BIOLÓGICOS                     EONES
              Y GEOLÓGICOS
    que se ordenan por    que pueden reconstruirse por    que son el

    DATACIÓN                                              FANEROZOICO
    ABSOLUTA          ⊕
                                                   que se divide en
       utilizando     LAS ROCAS      LOS FÓSILES
                      Y ESTRUCTURAS
    RELOJES           QUE DEJAN                  PALEOZOICO    MESOZOICO   ⊕
    GEOLÓGICOS
                                                 aparecen      aparecen
       como                (•••)                 todos los
    LOS ISÓTOPOS
    RADIACTIVOS                                      (•••) Y (•••)
                        que se divide en
                                                 GRANDES GRUPOS
              HADEICO    ARCAICO    (•••)        DE ORGANISMOS
             se produce la  se origina  aparece

             DIFERENCIACIÓN  (•••)   LA CÉLULA
             EN CAPAS                EUCARIOTA
```

Aplicación y relación

27. En ocasiones no encontramos fósiles característicos pero la coincidencia en una roca de dos o más especies de fósiles puede ayudar a realizar dataciones más precisas, ya que la roca se habrá formado en el período vital compartido por las especies representadas.

La gráfica muestra el período en que vivieron cinco especies.

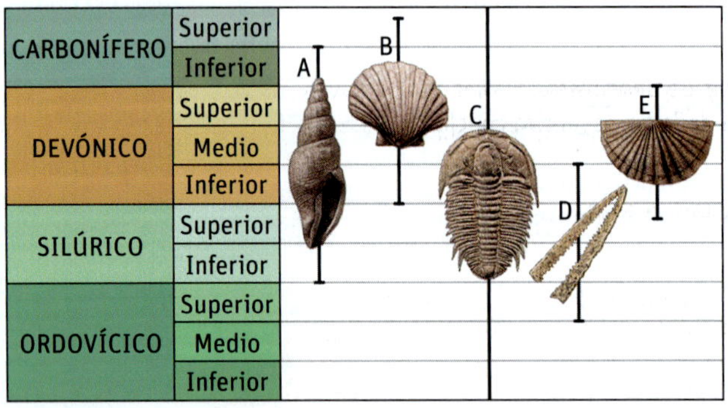

CARBONÍFERO	Superior					
	Inferior	A	B			
DEVÓNICO	Superior			C		E
	Medio					
	Inferior					
SILÚRICO	Superior				D	
	Inferior					
ORDOVÍCICO	Superior					
	Medio					
	Inferior					

a) En la roca 1 se han encontrado fósiles de las especies A, B y C. ¿Cuál será la edad de esta roca?

b) En la roca 2 se han encontrado las especies B, D y E. ¿Qué edad tendrá?

28. En el talud de una carretera se observan los estratos en la disposición que muestra la figura. En el estrato C existen grietas de desecación:

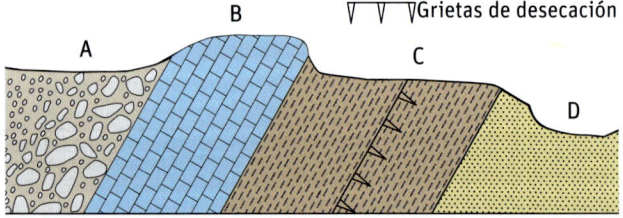

a) Ordena la serie de estratos de más antiguo a más moderno e indica los criterios que se han utilizado.

b) ¿Cómo puede saberse si estos estratos forman parte de un pliegue?

c) ¿Los estratos están en disposición normal o invertida? ¿Por qué?

d) El dibujo está a escala 1:1000, es decir, 1000 veces más pequeño que la realidad. ¿Cuál es la potencia real que tiene el paquete de calizas (B)?

29. En el talud de una carretera se observa la disposición de los materiales que muestra la figura.

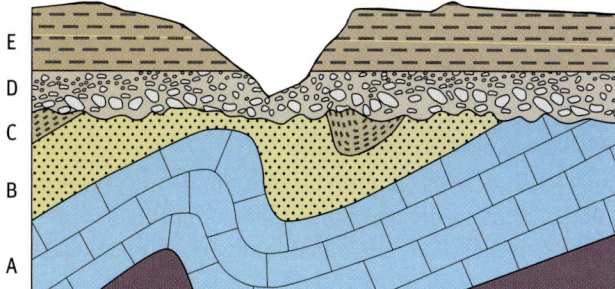

a) Indica qué tipo de contactos hay entre los diferentes materiales.

b) Reconstruye la historia geológica de la zona.

30. La mayor parte del hierro de sedimentos con edades superiores a 2800 Ma se halla en forma reducida (sulfuros y Fe^{2+}). A partir de esa fecha comienzan a aparecer minerales de hierro oxidado (hematites y magnetita) distribuidos en capas y son especialmente abundantes entre 2500 y 2000 Ma. Son las formaciones de hierro bandeado de la imagen.

a) ¿Cómo puede explicarse ese paso del hierro reducido al oxidado? ¿Proporcionan información estos datos sobre la composición atmosférica?

b) ¿Por qué a partir de 2000 Ma las formaciones de hierro bandeado son menos frecuentes?

31. En 2009 fue descubierto *Anchiornis* (que significa 'casi ave'), era un pequeño dinosaurio emplumado que vivió hace 160 Ma. Apenas medía 34 cm y no pesaba más de 110 g. Sus extremidades anteriores eran proporcionalmente más largas que las de los dinosaurios no avianos pero aún no lo suficiente como para volar. Las extremidades posteriores también tenían plumas largas, de manera que daba la impresión de tener cuatro alas.

a) *Anchiornis* tenía una cresta de plumas coloreadas. ¿Qué función podría tener?

b) Entre los dinosaurios emplumados, los había que solo tenían un tipo de pluma pequeña muy primitiva, parecida al plumón, pero que no les ayudaría a volar. ¿Qué función podrían tener estas protoplumas?

32. La imagen muestra la pelvis y la inserción de las extremidades inferiores de un humano moderno, de Lucy y de un chimpancé. ¿Cuál de ellas asociarías a Lucy?

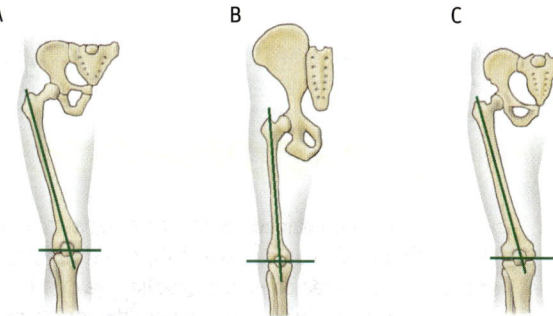

Biblioteca global

33. La misteriosa prima del neandertal

En marzo de 2010 la prensa internacional se hacía eco del descubrimiento de unos restos fósiles en Denisova (Siberia), apenas dos dientes y un hueso de un dedo. El análisis del ADN mitocondrial extraído del hueso del dedo ha permitido concluir a los científicos que se trataba de una chica de 7 años, con el pelo y los ojos marrones y la piel oscura.

a) Busca información sobre los "denisovanos", nombre con el que se conoce a los homínidos representados por la chica de Denisova.

b) Haz una ficha que sintetice lo que se conoce sobre los denisovanos y el grado de certeza que se tiene. No deben faltar las respuestas a las siguientes cuestiones:
  - ¿La chica de Denisova pertenece a la especie *H. neanderthalensis*, a *H. sapiens* o a ninguna de las dos?
  - ¿Dónde y cuándo vivieron los denisovanos?
  - ¿Se cruzaron con los neandertales?, ¿y con los humanos modernos?
  - ¿Cuál es, a tu juicio, la importancia del descubrimiento de los denisovanos?

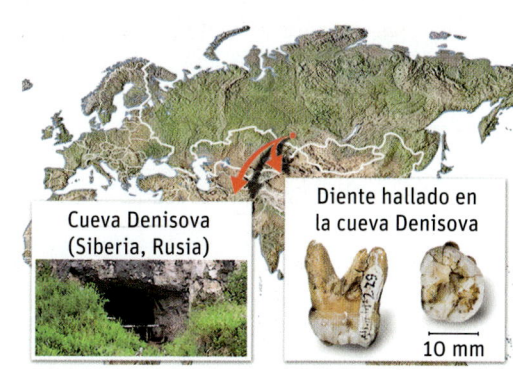

Historia de la vida y de la Tierra

LA CIENCIA Y SUS MÉTODOS — Diferencias entre describir e interpretar

En la ciencia, como ocurre en la vida cotidiana, se hacen descripciones e interpretaciones y es necesario discernir si se está realizando una u otra. Nuestras decisiones, comportamientos o valoraciones pueden depender de ello.

Por ejemplo, un médico observa a un enfermo, le toma la temperatura y le hace un análisis de sangre. Con los datos obtenidos emite un diagnóstico. El diagnóstico implica una **interpretación de los datos** que posee. No es lo mismo un error en la toma de datos (mandaría una nueva analítica) que un error en su interpretación (cambiaría el tratamiento).

¿Era caníbal el *Homo antecessor*?

Entre 1994 y 1996 los investigadores de Atapuerca encontraron algunos datos que les hicieron pensar que H. *antecessor* practicó el canibalismo, al menos de manera aislada. Los datos acumulados en los años siguientes no solo han confirmado la hipótesis inicial sino que les han permitido concluir que se trataba de una práctica habitual. Para ello han debido describir con detalle los fósiles hallados, así como interpretar sus características.

Antes de hacer una descripción o una interpretación debemos preguntarnos qué queremos saber. En este caso, el objetivo de los investigadores ha sido conocer los hábitos alimenticios de la especie H. *antecessor* en Atapuerca.

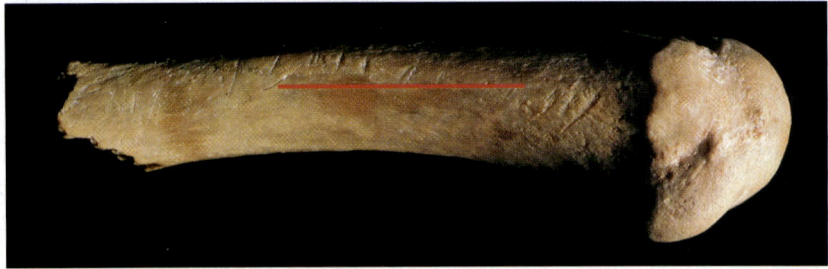

Marcas encontradas en un hueso fósil de *H. antecessor*.

Marcas encontradas en un hueso fósil de antílope.

DESCRIBIR es:
"representar a alguien o a algo por medio del lenguaje refiriendo sus distintas partes, cualidades o circunstancias".

Hacer una buena descripción implica:

- **Seleccionar las características** que se van a describir y ponerlas en orden (análisis de su dentadura, restos de organismos consumidos, presencia de marcas, regularidades observadas, etc.).
- **Utilizar fotografías, dibujos, tablas o gráficas**, en función de lo que se describa.

INTERPRETAR es:
"explicar el significado de algo, darle sentido".

La interpretación tiene mayor carga teórica, de manera que **una misma observación puede ser interpretada de formas distintas** y así ha ocurrido a veces a lo largo de la historia de la ciencia.

Interpretar supone, en general, establecer relaciones de causa-efecto, encadenando los hechos, datos u observaciones de forma que adquieran sentido global.

Una DESCRIPCIÓN sería:

- Diversos huesos de *H. antecessor* tienen marcas.
- Esas marcas son idénticas a las que se observan en huesos de animales hallados junto a *H. antecessor*.
- Algunos huesos de *H. antecessor* están partidos como los de otros animales hallados junto a ellos.
- Unos huesos y otros son muy frecuentes y aparecen mezclados sin mostrar ninguna distribución específica.

Una INTERPRETACIÓN sería:

- Son marcas de corte, es decir, incisiones realizadas con instrumentos de piedra para descarnar el hueso.
- Los huesos se fracturaban para extraer la médula de su interior, un alimento muy estimado.
- Los datos observados siguen los mismos patrones hallados en otros yacimientos de neandertales y de humanos modernos de comportamientos caníbales.

Conclusión: *H. antecessor* practicaba el canibalismo y lo hacía de manera habitual.

ACTIVIDADES

34. ¿Consideras bien fundada la conclusión de que H. *antecessor* practicaba el canibalismo habitualmente?

35. Los huesos de H. *antecessor* con marcas de corte pertenecen a niñas y niños de edades inferiores a 8 años. ¿Cómo interpretarías este dato?

EXPERIENCIAS QUE CAMBIARON EL MUNDO

Holmes y la edad de la Tierra

Pocas experiencias han cambiado tanto el mundo, o nuestra forma de mirarlo, como aquellas que permitieron pasar desde una Tierra con 6000 años de edad y creada para ser habitada por la humanidad a otra, con miles de millones de años de antigüedad, en la que nuestra especie es una recién llegada.

Una sonrisa se nos escapa al leer que en 1650, el arzobispo anglicano James Ussher publicó que la Tierra fue creada el 23 de octubre del año 4004 a. C., ¡a las 9 de la noche!

Sin embargo, excepto en el día y la hora, la mayoría de las personas ilustradas de aquel tiempo coincidían en afirmar que la Tierra tenía unos 6000 años de edad. Entre ellas estaba uno de los padres de la geología, Steno, y el mismísimo Newton.

La idea de una Tierra de 6000 años la propuso Julio Africano en el siglo IV d. C. Para ello, identificó la historia de la Tierra con la *semana cósmica*, cada uno de cuyos días duraría mil años. Dado que el último día sería el del reinado del Mesías, quedaban seis mil años.

Si la creación había ocurrido el año 5000 a. C., el fin del mundo se produciría en el año 1000. La década previa a esta fecha fue de gran convulsión social. Nada sucedió, afortunadamente, y la creación se pasó al 4000 a. C.

Kelvin contra Darwin

A comienzos del siglo XIX, el límite de 6000 años se hacía insostenible, la edad de la Tierra debía ser muy superior pero ¿cuánto más? Y, sobre todo, ¿cómo calcularla?

Darwin necesitaba una Tierra muy antigua. Solo así, el lento mecanismo evolutivo que proponía podría generar la diversidad biológica actual. Hizo unos cálculos someros, cifrando en 300 Ma la edad mínima del planeta.

> *Entre ambos científicos se estableció una fuerte polémica, en la que prevalecieron los conocimientos físicos de Kelvin.*

Kelvin, contemporáneo de Darwin y físico de gran prestigio, hizo su propia datación, situando en 100 Ma el límite máximo de antigüedad terrestre. Basó su cálculo en la medición del tiempo necesario para que la Tierra, inicialmente fundida, alcanzase la temperatura actual.

Entre ambos científicos se entabló una fuerte polémica, en la que prevalecieron los conocimientos físicos de Kelvin. Darwin retiró su cálculo de la edad terrestre, y murió convencido de que era la mayor objeción que había recibido su teoría evolutiva.

La radiometría llega en auxilio de Darwin

El descubrimiento de la radiactividad invalidó el cálculo de Kelvin, al dar una fuente de calor adicional que alargaba el enfriamiento de la Tierra y, por tanto, su edad. Al mismo tiempo ofrecía un modo de medir la edad de las rocas.

Para Kelvin, los volcanes mostraban que el interior terrestre aún no estaba frío.

> *La humanidad había dejado de ser el centro de la historia de la Tierra.*

En 1927, Arthur Holmes publicó una serie de dataciones de rocas que, a su juicio, permitían fijar la edad del planeta entre 1600 y 3000 Ma.

Un valor suficiente para dar cabida a una historia de la vida congruente con la teoría de Darwin y una historia de la Tierra respetuosa con el ritmo de los procesos geológicos.

La humanidad había dejado de ser el centro de la historia de la Tierra. ■

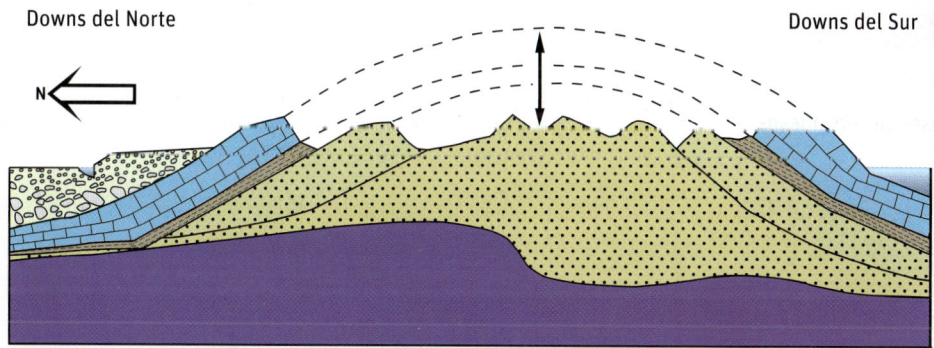

Darwin calculó el ritmo al que se erosionaba esta zona. Conociendo el volumen erosionado se calcularía el tiempo necesario para ello: esa sería la edad mínima de la Tierra.

ACTIVIDADES

36. ¿Qué hizo creer a muchas personas que el fin del mundo llegaría el año 1000?

37. Estudiando los ciclos de los eclipses solares, el astrónomo Johan Kepler observó un error de 4 años en la fecha de la crucifixión de Jesús de Nazaret. Como no parecía razonable situar el nacimiento de Cristo en el año 4 d. C., se desplazó la fecha de la Creación. ¿En qué se diferencia este cálculo del que realizó de James Ussher?

Cierre de bloque III

IDEAS CLAVE

Unidad 12

El origen de la Tierra está unido al del sistema solar y su historia está registrada en los materiales que los componen.

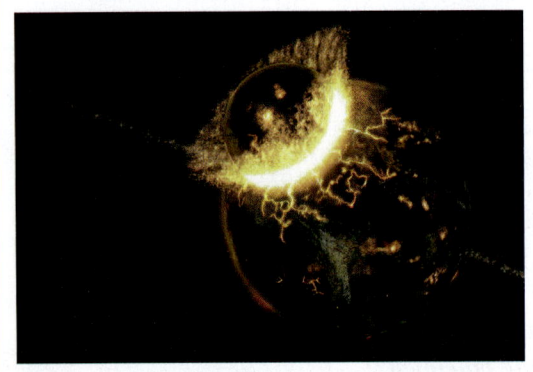

Los fósiles informan sobre la vida, la edad de las rocas, los ambientes, los climas y las geografías del pasado.

La historia de la Tierra está marcada por importantes eventos de extinción y diversificación de los seres vivos.

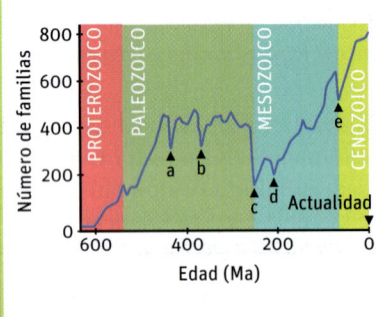

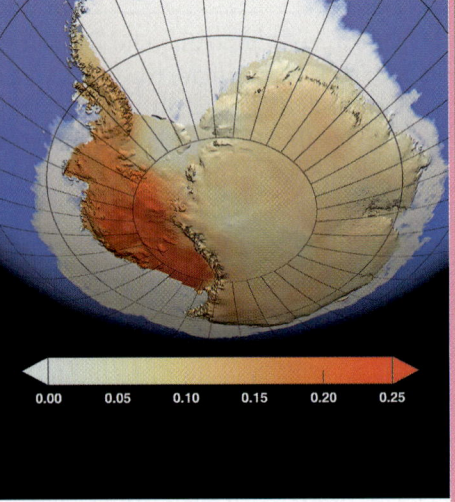

El conocimiento de la historia terrestre ayuda a entender el presente y permite hacer predicciones fundadas acerca del futuro.

Para la reconstrucción temporal del pasado se utilizan principios fundamentales de la geología, y su datación absoluta se basa en la geoquímica de radioisótopos.

El origen y la evolución de la vida están ligados a la propia evolución de la Tierra como planeta.

La escala de tiempo geológico abarca desde los primeros registros geológicos datados hasta la actualidad y constituye el marco temporal en el que se ubica la evolución histórica de la Tierra.

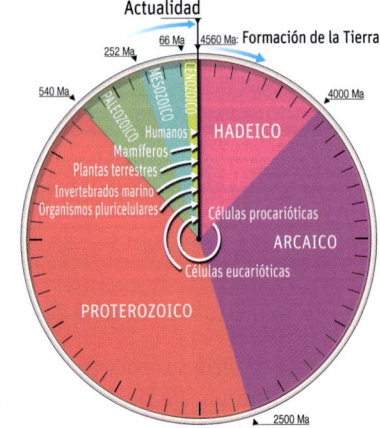

ACTIVIDAD resuelta

El Gran Intercambio Americano

Hace 20 Ma, tras casi 100 Ma de aislamiento, el continente suramericano poseía una fauna muy diferente a la de cualquier otro lugar del planeta, incluida América del Norte, de la que le separaba una amplia vía marina. Entonces, el desplazamiento de la placa Suramericana hacia el noroeste comenzó a acercar ambos continentes. Un rosario de islas se formó en lo que hoy es el istmo de Panamá.

El estudio de los materiales de este istmo muestra que hace algo más de 3 Ma se había completado ya el puente de tierra que comunicaba América del Norte con Suramérica. Esto permitió un intercambio masivo de flora y fauna, conocido como El Gran Intercambio Americano.

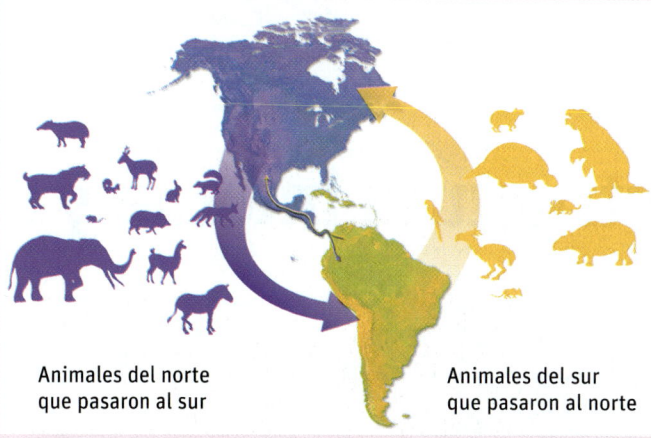

Animales del norte que pasaron al sur

Animales del sur que pasaron al norte

Muchos animales, entre ellos mamíferos placentarios como caballos, llamas y los grandes felinos, pasaron del norte al sur (donde no había placentarios, solo marsupiales). El viaje contrario lo hicieron diversas especies como la zarigüeya y otros marsupiales, los armadillos o los megaterios, aunque su éxito fue mucho menor. Numerosas especies se extinguieron.

a) ¿Qué estudios han permitido saber que los dos continentes americanos estuvieron separados hasta hace poco más de 3 Ma?

b) Suramérica había permanecido aislada desde que se separó de África, mientras que América del Norte mantuvo frecuentes contactos con Eurasia a través del estrecho de Bering. ¿Pudo influir este hecho en el mayor éxito de la fauna de América del Norte en el Intercambio? Y, en todo caso, ¿por qué se extinguieron muchas especies?

Comprender el enunciado

Comprueba que entiendes todos los términos utilizados y subraya algunas cuestiones clave:

- **La ubicación de la región en el marco de la tectónica de placas:** *... el desplazamiento de la placa Suramericana hacia...*
- **Algunas investigaciones realizadas:** *El estudio de los materiales de este istmo muestra...*
- **Las características de los organismos de la zona:** *... poseía una fauna muy diferente a la de cualquier otro lugar del planeta... ... donde no había placentarios, solo marsupiales.*
- **Las interacciones producidas por el intercambio:** *... aunque su éxito fue mucho menor. Numerosas especies se extinguieron.*

Elaborar la respuesta

a) Tu respuesta tendrá la máxima valoración si:
- **Relacionas la reconstrucción histórica con los datos que se utilizan para hacerla:** *Entre las fuentes de información usadas están, como mínimo, el análisis de los materiales del istmo de Panamá y los fósiles de esta zona y de los continentes.*
- **Infieres que:** *Los materiales del istmo, y los fósiles que en ellos se hallan, serían marinos hasta que hace 3 Ma pasaron a ser continentales. Por otra parte, los fósiles de antigüedad superior a 3 Ma serán muy diferentes en ambos continentes, prueba de que no existía comunicación entre ellos.*

b) Tu respuesta será mejor valorada si:
- **Relacionas la extinción de especies con la competencia generada tras el intercambio:** *Los nichos ecológicos en ambos continentes estaban ocupados por especies muy diferentes. Tras el intercambio se estableció una dura y rápida competencia entre, por ejemplo, los placentarios norteamericanos y los marsupiales suramericanos (los herbívoros, o los depredadores de uno y otro lado), o los parásitos que cada uno de ellos traía, la consecuencia fue la extinción de muchos de ellos.*
- **Analizas la diferente historia de ambos continentes y su influencia evolutiva:** *Durante los 100 Ma en que Suramérica se mantuvo aislada, su flora y fauna solo sufrió la presión evolutiva generada por su situación interna; así, la ausencia de placentarios favoreció el desarrollo de los marsupiales. Sin embargo la norteamericana, además de la presión evolutiva interna, soportó otra externa derivada de sus frecuentes contactos con Eurasia.*
- **Concluyes que:** *Cuando se produjo en Gran Intercambio Americano las especies del norte se hallaban, en general, en condiciones de competir mejor por los nichos ecológicos comunes, de ahí que su éxito fuese mayor.*

Cierre de bloque III

13

1 ¿Cómo es el interior terrestre? Primeros datos directos

2 Sismos y ondas sísmicas

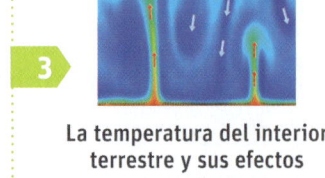

3 La temperatura del interior terrestre y sus efectos

Estructura interna y composición de la Tierra

4 Una mirada al exterior: los meteoritos

5 Una Tierra estructurada en capas

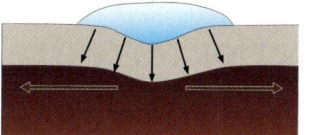
6 Isostasia

LA CIENCIA Y SUS MÉTODOS
¿Qué son y para qué sirven las teorías?

EN PORTADA

Un mensajero con diamantes

En Kimberley (Sudáfrica) se encuentra una de las minas de diamantes más importantes del planeta. En honor a esa ciudad, se le ha dado el nombre de kimberlita a la roca que contiene los diamantes.

Sorprendentemente, la kimberlita es una roca volcánica, por tanto, se ha formado por un enfriamiento rápido del magma ocurrido en la superficie terrestre o muy cerca de ella. Sin embargo, el diamante se origina en unas condiciones muy especiales, algunas de ellas opuestas a las requeridas para una roca volcánica. Así, para que se forme un cristal de diamante hacen falta temperaturas de entre 900 y 1300 °C, como las que puede tener el magma, pero además se necesitan presiones muy altas, como las que hay en el interior terrestre a más de 150 km de profundidad y, por si fuera poco, su proceso de cristalización es muy lento.

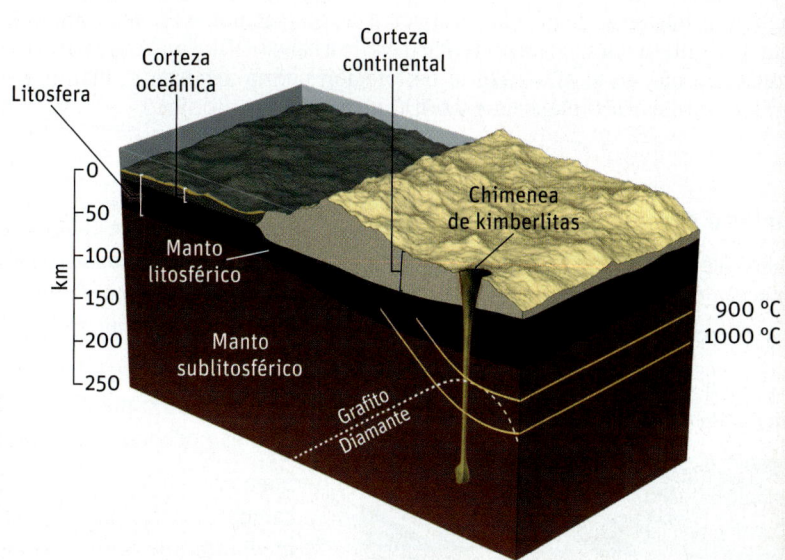
Figura 13.1. Reservorio diamantífero y chimenea kimberlítica.

¿Cómo es posible que se encuentren los diamantes en el interior de una roca volcánica?

Si los diamantes requieren mucho tiempo y grandes presiones, no han podido originarse, como la kimberlita, por un enfriamiento rápido del magma cerca de la superficie terrestre. Pero si están en el interior de la roca no pueden haberse añadido después de que esta se formase. Lo que necesariamente significa que cuando el magma llegó a la superficie ya llevaba, como "pasajeros", los diamantes completamente formados. Así, al solidificarse el magma, quedaron englobados en la roca.

El magma fue el ascensor que nos trajo del interior terrestre un "mensaje firmado con diamantes".

Figura 13.2. Kimberlita con un diamante.

1. ¿Cómo se llama el proceso por el que el magma sale a la superficie terrestre?
2. ¿Los diamantes son de la misma edad que las kimberlitas que los contienen, más antiguos o más modernos?
3. El magma que arrastró a los diamantes hacia la superficie, ¿procedía de una zona más o menos profunda que aquella en la que se formaron los diamantes?
4. Observa la imagen, es del Big Hole, considerado la mayor excavación hecha solo con pico y pala. Está en Kimberley (Sudáfrica). Sabiendo su ubicación, ¿qué mineral crees que se extraería de él?

El **Big Hole**, en Kimberley (Sudáfrica), una mina a cielo abierto que comenzó a excavarse en 1872.

1. ¿Cómo es el interior terrestre? Primeros datos directos

¿Llegaremos al manto?

En 1961 se iniciaba en el océano Pacífico, cerca de California, un ambicioso proyecto de investigación científica cuya dificultad e interés se compararon con los de las misiones espaciales pero, en este caso, dirigido al interior de la Tierra. Se le llamó **Proyecto Mohole** y su objetivo era atravesar la corteza terrestre y alcanzar el manto. Se eligió una zona oceánica, donde la corteza es más delgada que en los continentes; el problema era que la perforación debía hacerse desde un barco y atravesar 3600 m de agua hasta alcanzar el fondo marino. Se hicieron cinco perforaciones, la más profunda solo penetró 183 m en la roca.

Cincuenta años más tarde ha vuelto a recuperarse la idea, aprovechando que se dispone de mejor tecnología y un barco adecuado para la tarea, el *Chikyu*. Se han seleccionado tres lugares, uno de ellos muy cerca del elegido por el Proyecto Mohole. La organización internacional que pretende llevarlo a cabo (IODP), en la que participa España, considera que en el año 2025 la perforación podría alcanzar el manto, después de atravesar casi 4000 m de agua y 6000 m de corteza oceánica.

Buque oceanográfico *Chikyu*.

En la Web
Descubre cuál es el récord de perforación en el fondo oceánico.
www.e-sm.net/svbg1bach13_01

Tras abandonarse el Mohole, la antigua URSS inició un proyecto similar, pero en tierra firme, en la península de Kola. El pozo alcanzó la profundidad de 12 262 m, cifra que aún permanece como récord, pero insuficiente para llegar al manto, ya que la corteza continental es mucho más gruesa.

Más allá del interés científico de estos proyectos, debemos considerar que la Tierra tiene un radio medio de 6371 km, lo que significa que incluso el pozo profundo de Kola es poco más que un rasguño en la superficie del planeta.

Sin embargo, la imposibilidad de acceder al centro de la Tierra no significa que carezcamos de información sobre el interior terrestre. Disponemos de datos obtenidos mediante diversos métodos de estudio. Unos se basan en la observación directa de las zonas a las que se tiene acceso o de los materiales del interior que llegan a la superficie. Otros, recogen datos de diversa naturaleza, como el comportamiento de las ondas sísmicas, a partir de los cuales se infieren ciertas características del interior.

1.1. Minas y sondeos

Las **minas** son excavaciones que se realizan para la extracción de minerales. La más profunda es una mina de oro de Sudáfrica y alcanza 3,9 km. Los **sondeos** son perforaciones taladradas en el subsuelo. No solo se utilizan en proyectos científicos, como el Mohole, sino, por ejemplo, en la extracción de petróleo o de agua.

Figura 13.3. Los cilindros de rocas extraídas en un sondeo se denominan testigos.

Las minas y los sondeos proporcionan información sobre la composición de la corteza y muestran que, **a medida que se profundiza en el interior terrestre, la temperatura aumenta**.

1.2. Volcanes y xenolitos

Las erupciones volcánicas envían a la superficie materiales del interior. Desafortunadamente, en la mayoría de los casos esos materiales proceden de lugares poco profundos y se han formado por **fusión parcial** de las rocas originarias. Es decir, no se han fundido todos los minerales que componían la roca del interior, sino solo aquellos con punto de fusión más bajo. Por tanto, las erupciones volcánicas proporcionan menos información de la esperable.

A veces, el magma procede de zonas más profundas y, al ascender, arrastra fragmentos de rocas del interior: son los **xenolitos** (del griego *xenos*, 'extraño', y *litos*, 'piedra'), que quedan como inclusiones en las rocas volcánicas, mostrando materiales que hay en las zonas por las que transitó el magma (Fig. 13.4). Los diamantes de la kimberlita son xenolitos. En todo caso, los volcanes son un referente de la temperatura que puede predominar en el interior terrestre.

Figura 13.4. Basalto con xenolito de peridotita.

1.3. Capas de densidad creciente

Algunos datos directos sobre la estructura de la Tierra se obtienen sin abandonar la superficie del planeta. Así, observamos que, al menos en la zona más externa, la Tierra está estructurada en capas de materiales diferentes distribuidos de acuerdo con su densidad: los gases componen la **atmósfera**; debajo de ellos se sitúa el agua formando la **hidrosfera**, y más abajo se encuentran las rocas que integran la **corteza**.

¿Esta distribución en capas de materiales con densidad creciente, se mantiene hacia el interior o, por el contrario, el resto del planeta está integrado por rocas similares a las de la superficie?

En 1789, **Henry Cavendish** llevó a cabo una serie de experiencias que denominó "pesar el mundo", con las que calculó la masa de la Tierra. Como se conocía su volumen, determinó que la densidad media del planeta era de 5,45 g/cm³. Un siglo más tarde, sus trabajos fueron refinados por **Emil Wiechert**, que obtuvo los **5,52 g/cm³** considerados en la actualidad como la **densidad de la Tierra**.

Wiechert mostró que ese valor era el doble de la densidad media que tienen las rocas superficiales: 2,7 g/cm³. Por tanto, los materiales del interior terrestre debían ser más densos, lo suficiente para que la media resulte 5,52 g/cm³.

Así concluyó que la Tierra debía tener un **núcleo** formado por un material mucho más denso, que supuso que sería el **hierro**, ya que entre los elementos candidatos a constituir ese núcleo, es el más abundante en el sistema solar. Posteriores informaciones, como la existencia de un campo magnético terrestre y el estado físico en que se encuentra una parte del núcleo, confirmarían la predicción de Wiechert.

La densidad de la Tierra es un dato que nos proporciona una información indirecta de la composición que podría tener el interior terrestre. En efecto, no determina qué materiales son los que existen en cada una de las zonas internas, pero confirma que no pueden ser los que componen la superficie del planeta y reduce, así, el abanico de los posibles candidatos.

> • **En la Web**
>
> El interior de la Tierra es muy diferente de como lo imaginó Julio Verne en su *Viaje al centro de la Tierra*.
>
> • www.e-sm.net/svbg1bach13_02

Figura 13.5. Meteorito constituido por hierro, un elemento abundante en la zona interna del sistema solar.

INTERPRETAR GRÁFICAS

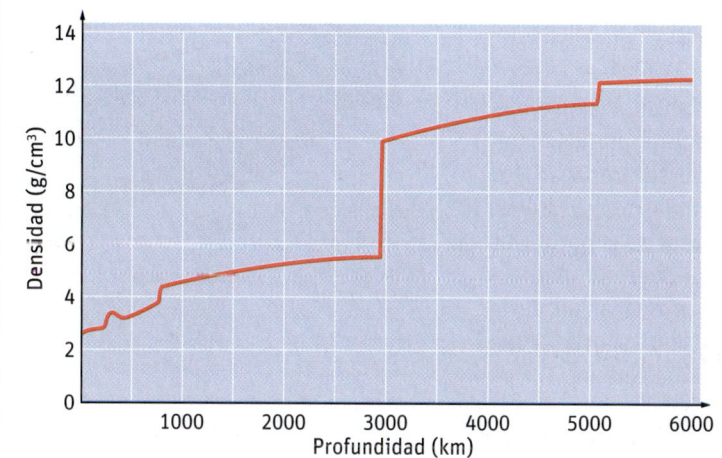

5. ¿Cuántas capas observas?

La gráfica muestra el incremento de la densidad de los materiales a medida que se profundiza en el interior de la Tierra.

En ella puedes observar incrementos de la densidad suaves y graduales, pero también alguno brusco.

a) ¿A qué profundidad se produce el cambio de densidad más brusco? ¿Cómo se justifica ese cambio?

b) ¿Qué zonas crees que delimita ese brusco cambio de densidad?

c) A medida que se incrementa la presión, una misma roca puede adoptar formas más densas. ¿Este hecho puede explicar los cambios graduales que se observan en la gráfica? ¿Y el más brusco?

ACTIVIDADES

6. ¿Tiene la misma composición química un magma formado por fusión parcial que la roca originaria? ¿Por qué?

7. ¿Puedes calcular el volumen aproximado de la Tierra? ¿Qué datos necesitas?

8. Para sugerir la composición del núcleo terrestre, Wiechert buscó entre los componentes más abundantes en el sistema solar. ¿Por qué?

2. Sismos y ondas sísmicas

Cada día se producen en el planeta miles de terremotos, la mayoría de ellos pasan desapercibidos pero, aún así, generan ondas que se desplazan por toda la Tierra. Esas ondas se aceleran, se frenan o, incluso, dejan de propagarse dependiendo de las características del material por el que pasan. Así, el **análisis sísmico** proporciona muchos datos sobre zonas a las que no podemos llegar de otro modo.

2.1. ¿Qué es un terremoto y cómo se produce?

Los terremotos, también llamados **sismos** o **seísmos**, son vibraciones del terreno generadas por la liberación brusca de la energía acumulada en él. Generalmente se originan al fracturarse grandes masas de rocas que se hallan sometidas a esfuerzos o si, una vez fracturadas, se produce un nuevo desplazamiento. Estas fracturas del terreno son las **fallas**. También son frecuentes los terremotos originados por la actividad volcánica, y cada vez son más abundantes los generados o inducidos por la intervención humana.

El lugar en que se origina el terremoto es el **foco sísmico** o **hipocentro**. El punto de la superficie terrestre más próximo al foco es el **epicentro** (Fig. 13.6).

La vibración generada en el foco sísmico se propaga en forma de ondas que van en todas direcciones, son las **ondas sísmicas**.

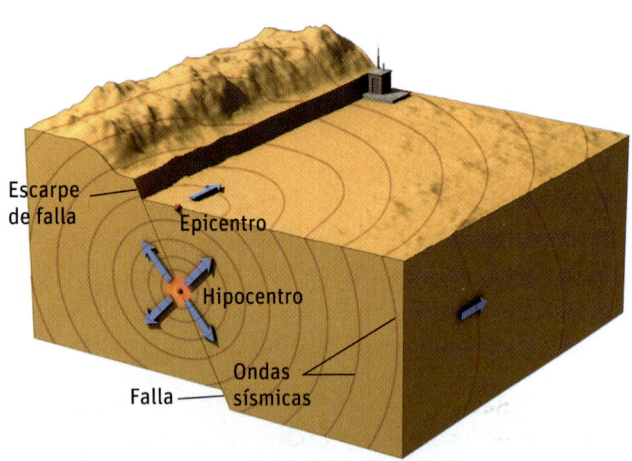

Figura 13.6. Origen de un terremoto por el movimiento de una falla.

En la Web

Observa la vibración de las partículas en las ondas sísmicas internas.

www.e-sm.net/svbg1bach13_03

2.2. Las ondas sísmicas y su registro

Hay tres tipos de ondas sísmicas:

- **Ondas P o primarias.** Reciben este nombre porque se desplazan a mayor velocidad y llegan las primeras. Son ondas longitudinales, es decir, las partículas del terreno vibran en la dirección de propagación de la onda. A su paso las rocas se comprimen y se dilatan alternativamente como un acordeón.

- **Ondas S o secundarias.** Viajan a menor velocidad que las P por los materiales sólidos, y no se propagan por los líquidos. Son ondas transversales, es decir, hacen vibrar a las partículas del terreno en una dirección perpendicular a la de la propagación de la onda. Es un movimiento similar al que se produce al agitar la gelatina.

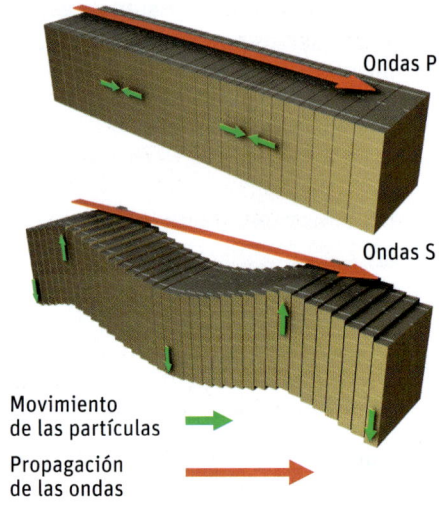

Figura 13.7. Propagación de ondas P y S.

- **Ondas superficiales.** Son las más lentas pero las que más daños originan. Se generan al llegar las anteriores a la superficie del terreno. Por esta razón no informan sobre la estructura del interior terrestre.

Para registrar las ondas sísmicas y medir la magnitud de un terremoto se utilizan unos instrumentos muy sensibles, los **sismógrafos**, que dibujan unas gráficas llamadas **sismogramas** (Fig. 13.8).

El sismógrafo más sencillo tiene una masa suspendida que permanece inmóvil durante el terremoto. La masa lleva un lápiz que dibuja una línea en el papel, que se desplaza sobre un tambor giratorio. La vibración del tambor durante el terremoto registra las oscilaciones producidas. El sismograma permite conocer en qué momento llegaron las ondas, así como su duración y magnitud.

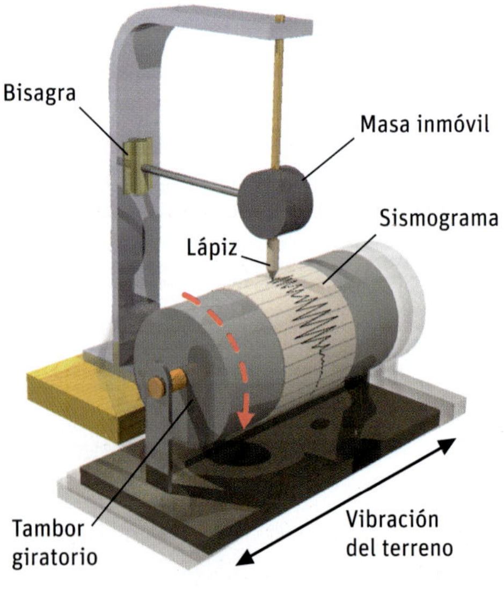

Figura 13.8. Sismógrafo

2.3. ¿Por qué cambia la velocidad de las ondas sísmicas?

La velocidad a la que se propagan las ondas sísmicas depende de las características de los materiales por los que viajan. Fundamentalmente intervienen dos factores:

- La **composición** de los materiales por los que se propagan.
- El **estado físico** de estos materiales y, en general, la temperatura a la que se encuentran.

LA CIENCIA Y SUS MÉTODOS

Cómo interpretar el comportamiento de las ondas sísmicas

Una nave espacial ha estado en tres planetas (A, B y C) con la misión de conocer su estructura interna. Nos envía las gráficas que recogen la propagación de las ondas S en cada uno de ellos:

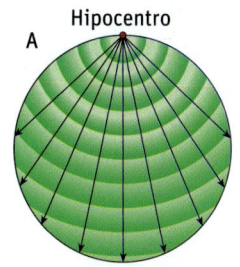
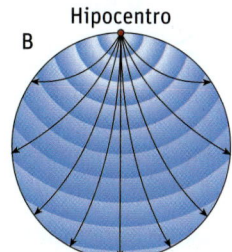
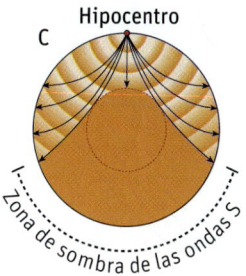

Con respecto a las ondas sísmicas, debes conocer estos conceptos:
- **Frente de onda:** superficie que separa en cada instante el material perturbado por el paso de la onda de aquel que aún no ha sido alcanzado por ella.
- **Rayo sísmico:** cada uno de los radios que parten del origen de la perturbación. Son siempre perpendiculares al frente de onda.

Analizaremos la trayectoria de los rayos sísmicos y deduciremos cómo es la estructura interna de estos planetas:

Planeta A. Los rayos de las ondas S siguen una trayectoria rectilínea. Esto ocurre si las ondas sísmicas atraviesan siempre el mismo medio y, por tanto, su velocidad no varía. En consecuencia, este planeta está constituido por el mismo tipo de materiales desde la superficie hasta el interior.

Planeta B. Los rayos de las ondas S no siguen una trayectoria rectilínea. Esto significa que las ondas sísmicas pasan por medios diferentes y, por tanto, el planeta B no es homogéneo. Cada variación en la velocidad de propagación provoca un cambio en la dirección del rayo sísmico. Ese cambio de dirección recibe el nombre de **refracción** y es similar al que le ocurre a la luz. La refracción responde a la **ley de Snell**, según la cual:

$$\frac{\operatorname{sen} \hat{i}}{\operatorname{sen} \hat{r}} = \frac{v_1}{v_2}$$

Donde $\hat{i}$ es el ángulo de incidencia, $\hat{r}$ el ángulo de refracción, y v_1 y v_2 las velocidades en los medios 1 y 2, respectivamente.

Planeta C. Las ondas S dejan de propagarse en una zona. Significa que en ella el medio es fluido, ya que las ondas S solo se propagan por sólidos. La gráfica muestra una zona en la que no se reciben ondas S: la **zona de sombra**.

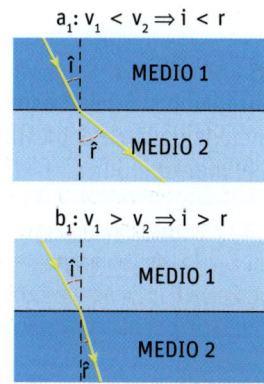
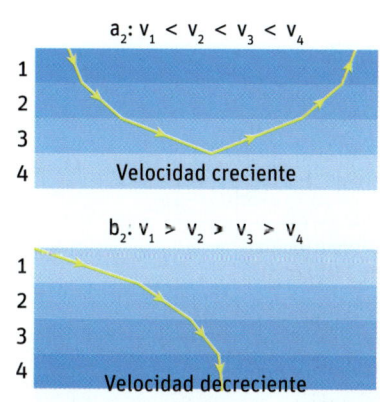

ACTIVIDADES

9. Investiguemos más a fondo el planeta C:
   a) ¿Qué capas diferencias en él? ¿Cuál es el estado físico de la zona más interna?
   b) ¿Cómo es la velocidad de las ondas sísmicas en la zona externa, creciente o decreciente?

10. Dibuja la trayectoria que seguirán los rayos de las ondas P en cada uno de los planetas.

• En la Web

Observa cómo cambia la dirección de los rayos sísmicos en la Tierra.

• www.e-sm.net/svbg1bach13_04

2.4. Un escáner de la Tierra

La mejora de la sensibilidad de los sismógrafos, el incremento de su número y, especialmente, la existencia de potentes ordenadores capaces de procesar millones de datos están permitiendo obtener imágenes en 2D que muestran "rodajas" del interior terrestre, denominadas **tomografías sísmicas** (Fig. 13.9), e incluso imágenes en 3D.

Estas tomografías son similares a los TAC (tomografía axial computarizada) o escáneres utilizados en medicina, solo que se valen de las ondas sísmicas y analizan su velocidad de propagación.

2.5. Principales discontinuidades y su interpretación

La velocidad de las ondas sísmicas en el interior terrestre sufre variaciones graduales y, a veces, cambios bruscos. Estos cambios bruscos en la velocidad de propagación se denominan **discontinuidades sísmicas**.

Como la velocidad de las ondas depende de la composición y la temperatura de los materiales por los que viajan, una variación brusca indica que en ese lugar cambia la composición o el estado físico de los materiales terrestres. Esto explica por qué las discontinuidades sísmicas se utilizan para dividir en capas el interior del planeta.

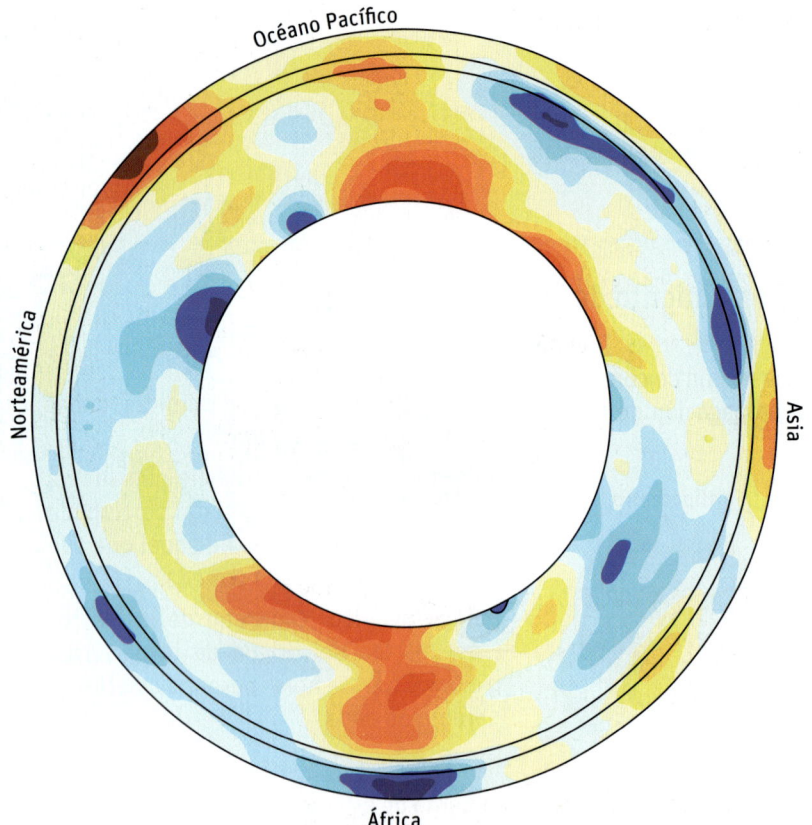

Figura 13.9. Tomografía sísmica. El rojo indica temperatura más alta que las zonas de alrededor; el azul, temperaturas más bajas. Son valores relativos.

Dos discontinuidades destacan por encima de las demás:

- **La discontinuidad de Mohorovicic o Moho.** La detectó **Andrija Mohorovicic** en 1909. Se encuentra a una profundidad que oscila entre 25 y 70 km en los continentes y entre 5 y 10 km en los océanos.

  En las zonas más próximas a la superficie las ondas P viajan a velocidades comprendidas entre 5 y 6,5 km/s, mientras que las ondas S lo hacen entre 2,5 y 3,5 km/s. Al llegar al Moho, suben hasta 8 y 4,5 km/s, respectivamente. Esta discontinuidad diferencia la delgada capa superficial, denominada **corteza**, de la capa que hay bajo ella, el **manto**.

- **La discontinuidad de Gutenberg.** Fue descubierta en 1914 por **Beno Gutenberg**. Se halla a 2900 km de profundidad y es la que más destaca en la gráfica.

  En ella, las ondas P, que se propagan a más de 13 km/s, caen bruscamente hasta 8 km/s y, lo que resulta más espectacular, las ondas S dejan de propagarse. Dado que las ondas S se propagan por los sólidos, pero no por los fluidos, se concluye que a 2900 km de profundidad comienza una capa continua de material fundido: el **núcleo**. Esta discontinuidad separa el manto del núcleo.

Las discontinuidades de Moho y Gutenberg permiten establecer las tres capas que tradicionalmente se distinguen en el interior terrestre: corteza, manto y núcleo (Fig. 13.10).

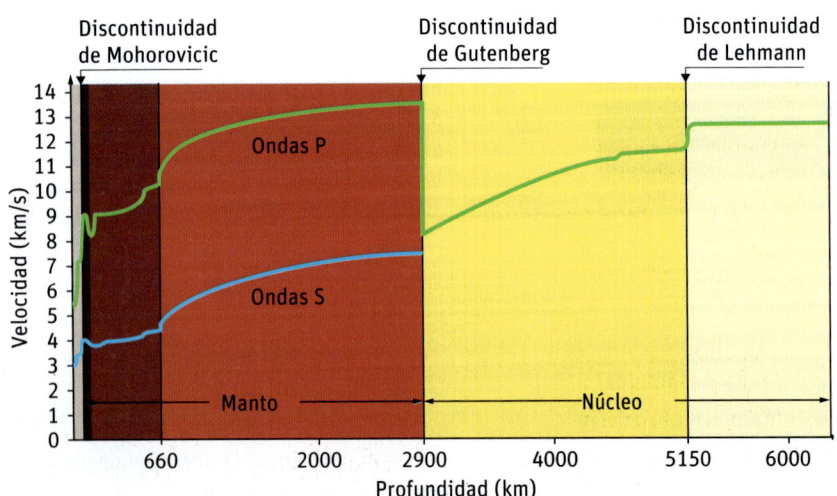

Figura 13.10. Variaciones de la velocidad de las ondas sísmicas con la profundidad.

2.6. Otras discontinuidades

Determinadas variaciones en la propagación de las ondas sísmicas permiten diferenciar subcapas dentro del manto y del núcleo.

Entre 100 y 800 km de profundidad los incrementos de la velocidad de las ondas P y S tienen fluctuaciones, con algunos descensos y rápidos aumentos. El mayor de ellos se produce a 660 km y se utiliza para separar el **manto superior** del **manto inferior**.

En 1936 la sismóloga danesa **Inge Lehmann** descubrió que no todo el núcleo es líquido. En efecto, a 5150 km de profundidad la velocidad de las ondas P experimenta un brusco incremento. Este salto se interpreta como resultado de un cambio en el estado físico de los materiales del núcleo, que pasan de líquido a sólido. En honor a su descubridora, se conoce como **discontinuidad de Lehmann** y permite diferenciar el **núcleo externo**, fundido, del **núcleo interno**, sólido.

En síntesis, las ondas símicas muestran una Tierra estructurada en tres capas, corteza, manto y núcleo, con diferente composición (Fig. 13.12). La corteza y el manto se hallan en estado sólido, mientras que el núcleo externo está fundido.

Figura 13.11. Inge Lehmann

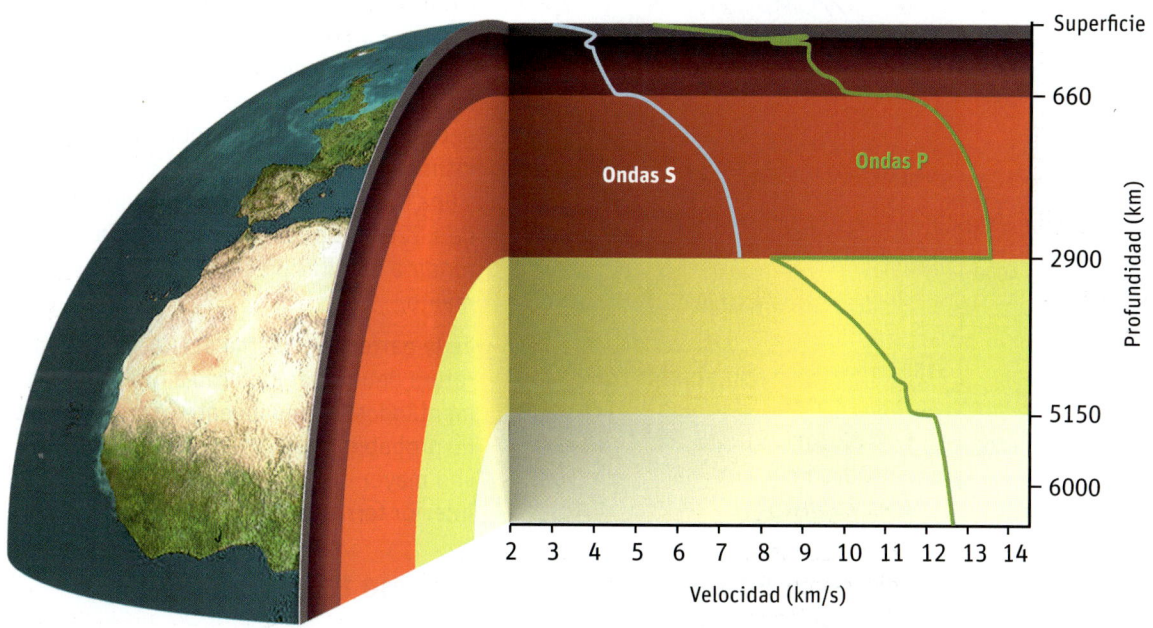

Figura 13.12. Las discontinuidades sísmicas revelan una Tierra estructurada en capas.

EXPLICAR

11. ¿Bajo el continente o bajo el océano?

Las curvas muestran la velocidad de propagación de las ondas S desde la superficie hasta una profundidad de 300 km. Una de ellas se refiere a una zona bajo el continente americano; la otra, a una zona bajo el Atlántico.

a) En las curvas se observa una discontinuidad muy evidente. ¿A qué profundidad se sitúa en cada una?

b) Explica estas diferencias. ¿Qué curva corresponde a la zona oceánica?

ACTIVIDADES

12. ¿Qué datos de la Fig. 13.10 permiten deducir que en el manto no hay una capa continua de material fundido?

13. Entre los 660 y los 2900 km de profundidad, las ondas P pasan de propagarse de 10 km/s hasta 13,5 km/s. ¿Por qué crees que no se ha señalado ninguna discontinuidad?

3. La temperatura del interior terrestre y sus efectos

La existencia de volcanes probablemente sustenta la suposición popular de que todo el interior terrestre está fundido. Pero no es eso lo que ocurre, sino que, como muestran las ondas sísmicas, el manto está a alta temperatura, sí, pero globalmente sólido. **El manto no es un océano de magma**.

Las minas y los sondeos realizados permiten comprobar que la temperatura aumenta a medida que se profundiza; es lo que se conoce como **gradiente geotérmico**. Su valor en las zonas superficiales es, por término medio, de 3 °C cada 100 m (30 °C por km). ¿Se mantiene este incremento de temperatura a mayores profundidades?

Si fuese así, a 1000 km de profundidad se alcanzarían ya 30 000 °C, y todas las rocas del manto estarían fundidas. Como no lo están, debemos concluir que el **valor del gradiente geotérmico se reduce en el interior**. ¿Pero cuánto?

INTERPRETAR GRÁFICAS

14. ¿Qué pasa en la base del manto?

En el manto más profundo (los últimos 200-300 km antes del núcleo) se encuentra una capa irregular y poco conocida, pero cuyo papel en la dinámica terrestre parece ser muy importante. Es la capa D''.

Observa la gráfica de la variación de la temperatura en el interior terrestre.

a) Hay dos zonas en las que el gradiente geotérmico es especialmente alto. ¿Dónde se localizan?

b) ¿Cuál puede ser la causa del incremento de temperatura en la base del manto?

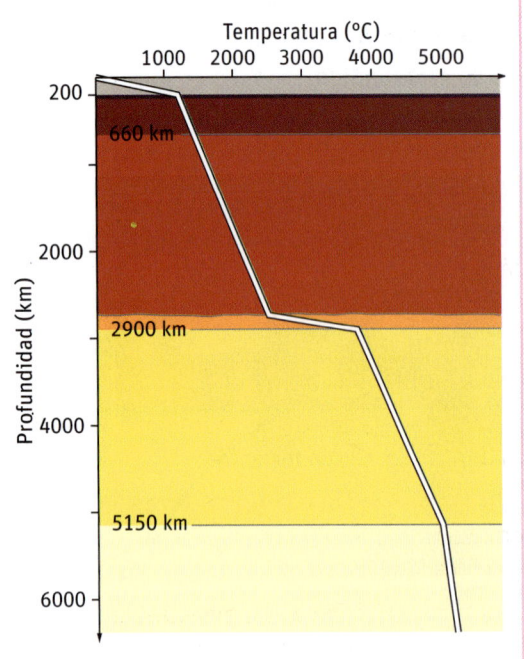

La temperatura del interior es un dato indirecto que obtenemos del análisis del comportamiento de los materiales que existen en cada zona. Así, la temperatura del núcleo debe ser suficiente para que los materiales que lo componen –fundamentalmente **hierro** y **níquel**– se encuentren fundidos en el núcleo externo y sólidos en el interno. ¿Quiere esto decir que el núcleo interno tiene menor temperatura que el externo? No necesariamente, pues el punto de fusión de los materiales se incrementa con la presión, y una roca que en la superficie terrestre funde a 1200 °C puede necesitar 3600 °C para fundir a las altas presiones que existen en el manto.

En la parte más externa del núcleo la temperatura debe estar en torno a 4000 °C, incrementándose gradualmente hacia el interior. Es probable que la temperatura no sea mucho mayor de 5000 °C en ninguna zona del interior terrestre.

3.1. Estado del núcleo y magnetismo terrestre

La Tierra posee un campo magnético cuya existencia es un dato que apoya la idea de que el planeta tiene un **núcleo metálico** en permanente agitación.

De acuerdo con la teoría más aceptada, la Tierra se comporta como una **dinamo autoinducida**. Una dinamo es una máquina que convierte energía mecánica en energía eléctrica. Según esta teoría, el hierro fundido circula por el núcleo externo debido a la rotación terrestre y a las **corrientes de convección** generadas por el calor interno (Fig. 13.13). El movimiento de este fluido metálico origina una corriente eléctrica que produce, a su vez, un campo magnético. De esta manera la dinamo se "autoalimenta".

Mientras exista un núcleo externo metálico en agitación, se seguirán formando corrientes eléctricas que inducirán un campo magnético en nuestro planeta.

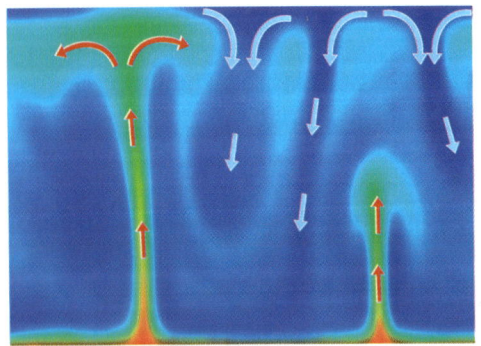

Figura 13.13. Convección. Un fluido se calienta, se dilata y asciende. En la superficie se enfría y desciende.

ACTIVIDADES

15. No todas las zonas de la superficie terrestre tienen el mismo gradiente geotérmico. ¿Cuáles lo tienen más alto?

16. La dinamo de una bicicleta genera un pequeño campo magnético. ¿Cómo podrías comprobarlo?

4 Una mirada al exterior: los meteoritos

Caído del cielo

En la mañana del 15 de febrero de 2013, un meteorito sobrevoló Rusia. Sus 17 m de longitud y 10 000 toneladas de peso lo convertían en uno de los mayores del último siglo.

Afortunadamente, al penetrar en la atmósfera se desintegró y los fragmentos resultantes se dispersaron por una extensa zona. Hubo 1500 heridos y cuantiosos daños materiales. El análisis de algunos de los fragmentos encontrados permitió comprobar que se trataba de una condrita, el tipo de meteorito más frecuente.

Cráter de impacto de un fragmento del meteorito.

Entre las órbitas de Marte y Júpiter se encuentra el **cinturón de asteroides**, integrado por cuerpos rocosos que no terminaron de unirse para constituir un planeta. Estos materiales son testigos presenciales del nacimiento de la Tierra.

Algunos de estos objetos cambian de órbita como consecuencia de perturbaciones gravitatorias o de colisiones, y caen en el campo de gravedad terrestre; son los **meteoritos**. Otros meteoritos son esquirlas de la Luna o de Marte que han saltado al recibir el impacto de algún asteroide.

De acuerdo con su composición, se diferencian tres tipos básicos de meteoritos:

- **Condritas.** Representan el 86 % del total y están constituidas por una mezcla de minerales como los que se encuentran en las peridotitas. Por tanto, su composición es similar a la del manto terrestre.
- **Acondritas.** Representan el 9 % del total, y su composición es similar a la del basalto.
- **Sideritos.** Representan el 4 % de los meteoritos conocidos y están constituidos por hierro y níquel. Por tanto, su composición es similar a la del núcleo terrestre.

La mayoría de las condritas tienen unos 4560 Ma, la misma edad que la Tierra. Pero, a diferencia de nuestro planeta, apenas se han modificado desde entonces; de ahí su importancia. Acondritas y sideritos tienen unos 4500 Ma.

Los meteoritos aportan información sobre el origen y la composición de los planetas. En efecto, si un material abunda en los meteoritos, significa que era frecuente en esta zona del sistema solar y cabe suponer que entrase a formar parte de la Tierra.

> **En la Web**
> ¿Qué relación hay entre el origen de la Tierra y su composición?
> www.e-sm.net/svbg1bach13_05

FORMULAR UNA HIPÓTESIS

17. Una pista extraterrestre sobre el interior del planeta

La imagen muestra la hipótesis más aceptada sobre el origen de los tipos de meteoritos. Así, en el disco nebular que existía en torno al primitivo Sol, las partículas de polvo se unirían y formarían cuerpos progresivamente mayores. A partir de ahí, pudieron seguir dos caminos:

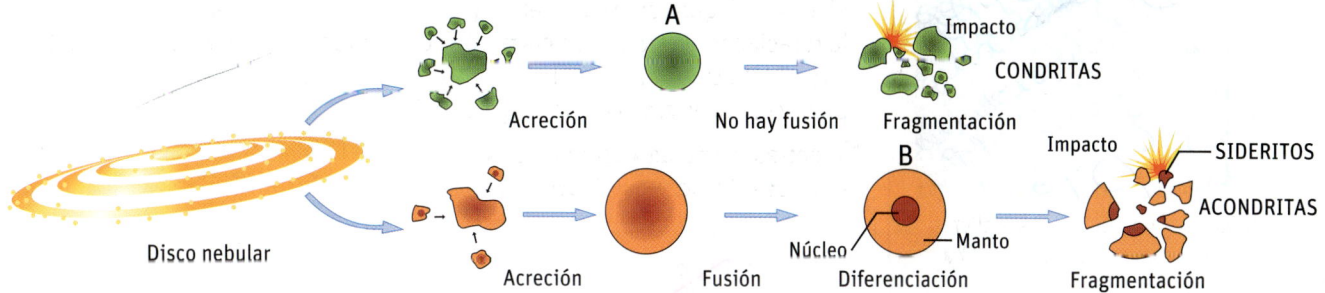

a) Los cuerpos A y B se han formado en la misma zona del disco nebular y a partir de los mismos materiales, por tanto, deben tener la misma composición. ¿Cuál será esa composición?
b) ¿Por qué se originan meteoritos de dos tipos diferentes en el cuerpo B?
c) ¿Guarda este proceso algún paralelismo con lo que debió de ocurrir en la Tierra?

5 Una Tierra estructurada en capas

Cada uno de los procedimientos utilizados para estudiar el interior terrestre ofrece una imagen parcial del planeta que nos deja muchas dudas. Sin embargo, el cruce de los datos aportados por todos ellos nos proporciona un conocimiento más completo y fundado de la estructura, la composición y la dinámica del planeta. Y muestra una Tierra cuyas características cambian notablemente con la profundidad, pero que, exceptuando la corteza, presenta pocas diferencias laterales en cada nivel. Es, por tanto, un planeta estructurado en capas aproximadamente concéntricas.

Estas capas pueden diferenciarse atendiendo a dos criterios:

- **Su composición química.** Así se distinguen las **unidades geoquímicas**.
- **Su comportamiento mecánico.** Así se distinguen las **unidades dinámicas**.

5.1. Unidades geoquímicas

En función de la composición química se diferencian:

- **Corteza.** Es la capa más externa y delgada de la Tierra. Se extiende desde la superficie hasta la discontinuidad de Mohorovicic. A diferencia de otras zonas terrestres, la corteza presenta grandes diferencias laterales de grosor y de composición. Los elementos químicos más abundantes son O, Si, Al, Fe y Ca. En ella se distingue la corteza continental de la oceánica.

DOS TIPOS DE CORTEZA

Granito

Corteza continental

Tiene entre 25 y 70 km de grosor.

Es muy heterogénea y está integrada por rocas poco densas (2,7 g/cm^3), compuestas fundamentalmente por cuarzo, feldespatos y micas. El **granito** es la roca más representativa.

En su mitad inferior predominan las rocas metamórficas, como el **gneis** y los **esquistos**. Entre ellas se sitúan grandes macizos de granito, y en la zona más superficial abundan los sedimentos y las **rocas sedimentarias**.

Las edades de estas rocas son muy variadas (entre 0 y 4000 Ma).

Corteza oceánica

Es mucho más delgada que la corteza continental: su grosor oscila entre 5 y 10 km.

Es más homogénea que la corteza continental y más densa (3 g/cm^3). El **basalto** es la roca más representativa.

Basalto

Está estratificada en tres niveles: una capa de **sedimentos** superficial, una capa de basaltos bajo ella y, por último, una capa de **gabros**, rocas formadas por feldespatos y piroxenos.

Las rocas son más jóvenes que las de la corteza continental; sus edades están comprendidas entre 0 y 180 Ma.

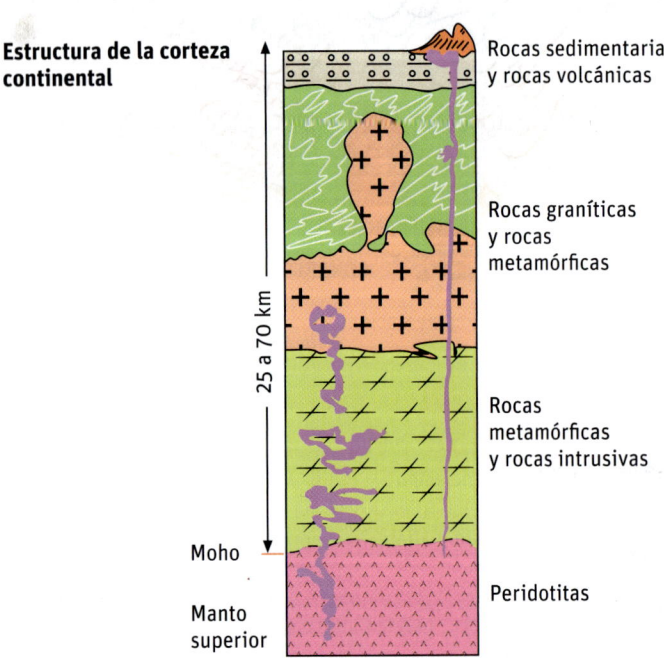

Estructura de la corteza continental

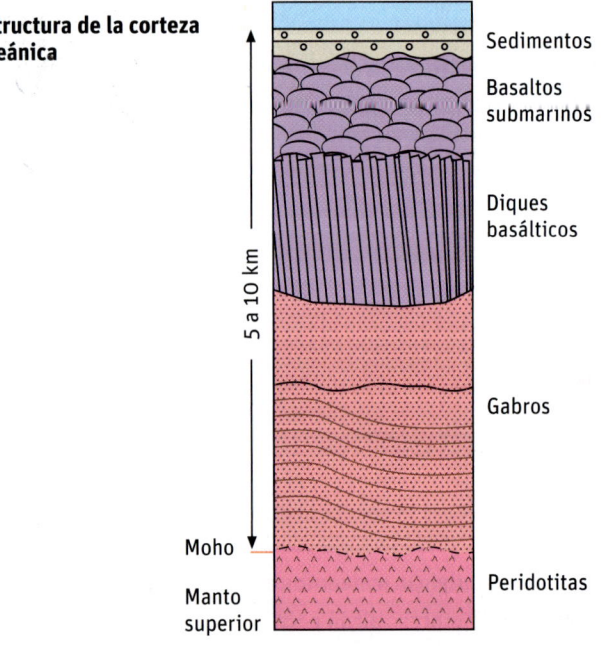

Estructura de la corteza oceánica

- **Manto.** Es la zona comprendida entre las discontinuidades de Mohorovicic y Gutenberg. Se extiende, por tanto, desde la base de la corteza hasta una profundidad de 2900 km. Representa el **83 % del volumen total de la Tierra**. Los elementos más abundantes en el manto son O, Si, Mg y Fe.

  El manto está constituido por **peridotita**, una roca similar a la que se encuentra en los meteoritos más abundantes, las condritas, integrada por olivino y piroxenos. Las diferencias de densidad existentes entre el **manto superior (3,3 g/cm³)** y **el manto inferior (5,5 g/cm³)** se deben a los efectos de la presión, que obliga a formar minerales más empaquetados con estructuras más densas. Se puede decir, en consecuencia, que el manto inferior es el manto superior comprimido.

- **Núcleo.** Es la esfera central del planeta y se sitúa por debajo de la discontinuidad de Gutenberg. Representa el **16 % del volumen total de la Tierra**. Su alta densidad, **entre 10 y 13 g/cm³**, su comportamiento ante las ondas sísmicas y el papel que se le atribuye en la creación del campo magnético apoyan la hipótesis de un núcleo compuesto mayoritariamente por hierro con un 6 % de níquel, es decir, la composición de los sideritos. Pero a las presiones existentes en el núcleo, esta aleación de hierro y níquel debería tener una densidad algo superior, por lo que se cree que contiene un **12 % de elementos más ligeros**, muy probablemente Si, O y S.

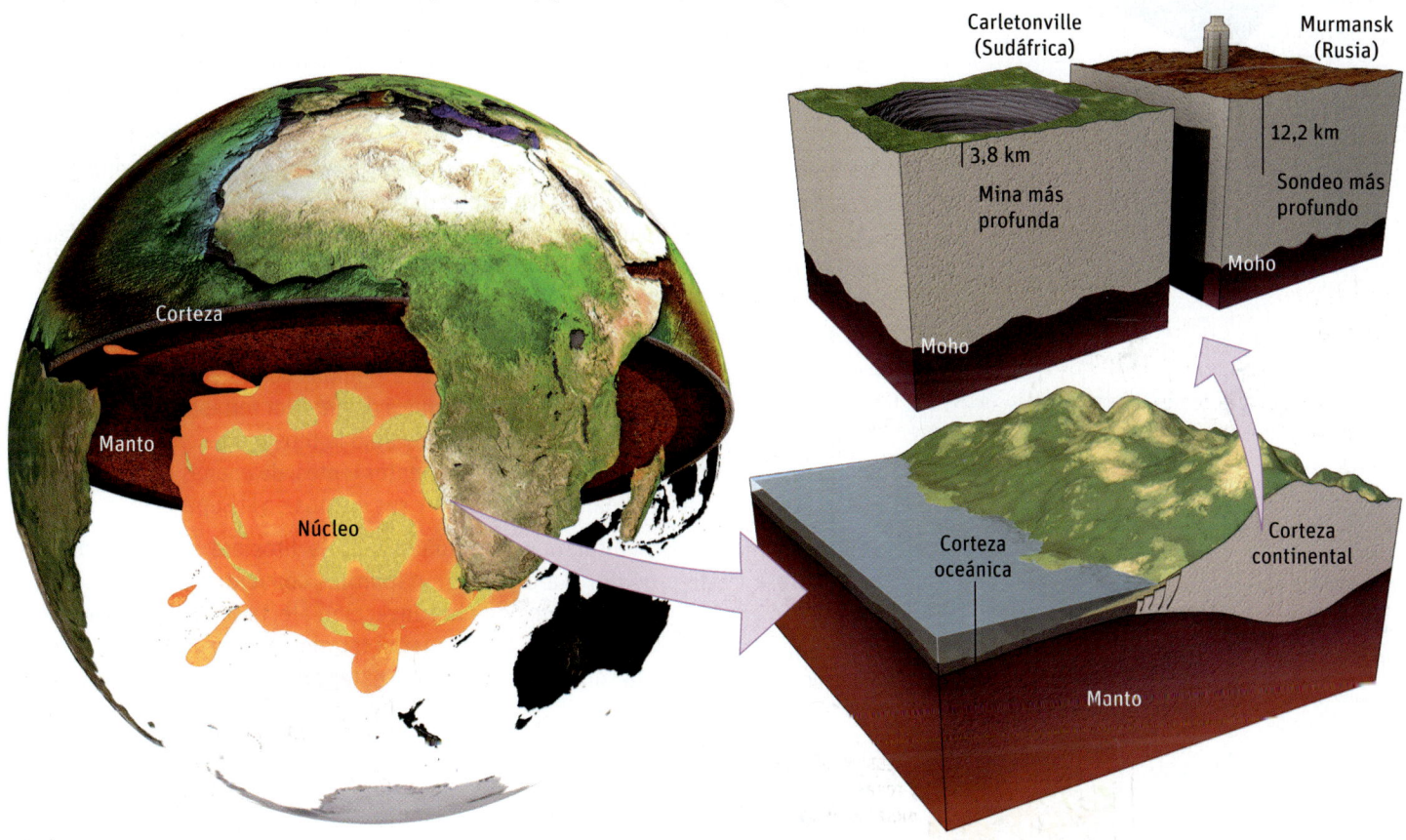

Figura 13.14. Imagen del interior terrestre.

ACTIVIDADES

18. Las rocas más antiguas del planeta tienen casi 4000 Ma. ¿Dónde crees que se han encontrado, en la corteza continental o en la oceánica? ¿Por qué?

19. ¿Cuáles son las diferencias de composición química entre la corteza y el manto?

20. ¿La composición y la frecuencia de los principales tipos de meteoritos encajan con la composición y el volumen relativo de las tres unidades geoquímicas?

• **En la Web**

¿Qué relación hay entre el origen de la Tierra y su estructura?

• www.e-sm.net/svbg1bach13_06

5.2. Unidades dinámicas

Se establecen en función de características físicas de los materiales, como su **estado físico** y su **comportamiento mecánico**.

Para entender cómo funciona la Tierra no basta con conocer la composición química de su interior, además, es necesario saber qué ocurre en cada zona, y ello depende no solo del tipo de materiales, sino de su estado físico y su comportamiento mecánico.

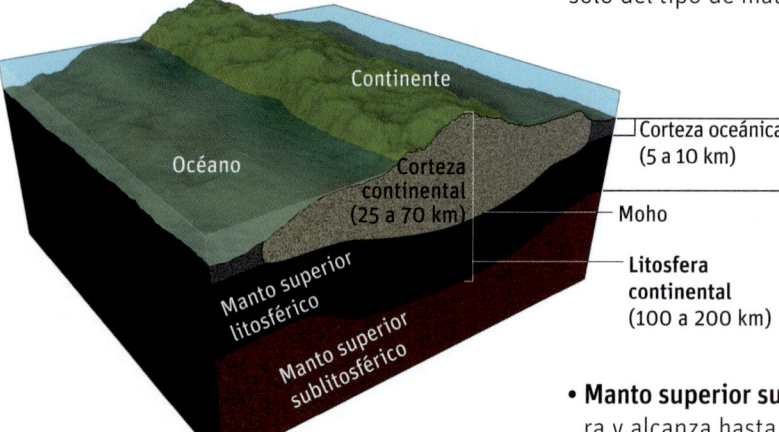

Figura 13.15. Estructura de la litosfera.

Desde la perspectiva dinámica, se diferencian las siguientes capas:

- **Litosfera.** Es la **capa más externa** y **rígida**. Incluye toda la corteza y algo del manto superior. Su grosor varía de unos lugares a otros: bajo los océanos (**litosfera oceánica**) tiene de 50 a 100 km de espesor, mientras que en los continentes (**litosfera continental**) tiene de 100 a 200 km; incluso bajo algunas zonas continentales antiguas llega hasta los 300 km.

- **Manto superior sublitosférico o astenosfera.** Es la capa que se sitúa bajo la litosfera y alcanza hasta los 660 km de profundidad. Es la zona en la que la velocidad de las ondas sísmicas presenta fluctuaciones, con descensos y elevaciones. Dado que se trata de una porción del manto, la roca que lo compone es peridotita y se halla en **estado sólido**.

Sin embargo, las elevadas presiones y temperaturas a las que se encuentran estas rocas hacen que sus respuestas sean muy diferentes en función del tiempo considerado. Así, en tiempos cortos, por ejemplo ante el avance de las ondas sísmicas, su comportamiento es elástico, mientras que si se consideran tiempos muy largos (miles de años) su comportamiento es **dúctil**, es decir, **plástico** y deformable como el de ciertos sólidos o, incluso, similar al de un fluido de viscosidad muy elevada.

Este comportamiento paradójico, elástico para tiempos cortos y dúctil para tiempos largos, resulta esencial para explicar la dinámica del interior terrestre y permite entender por qué los materiales del manto situados bajo la litosfera se encuentran sometidos a **corrientes de convección**. Son movimientos lentos, de apenas unos centímetros al año, pero explican la dinámica del manto y sus efectos en la superficie.

Tradicionalmente, el manto superior situado bajo la litosfera se ha denominado **astenosfera** ('esfera débil') y a ella se limitaban las corrientes de convección del manto. Sin embargo, hoy sabemos que la convección afecta también al manto inferior y algunos científicos sugieren abandonar el término astenosfera, ya que remite a un modelo terrestre ya superado. Para otros, el término sigue siendo útil.

En la Web

Observa cómo se produce la convección en el manto.

www.e-sm.net/svbg1bach13_07

UTILIZAR UN MODELO

21. Un modelo del comportamiento del manto

Coge un poco de pasta de silicona y amásala hasta formar una bola. Si la tiras contra el suelo, comprobarás que bota como una pelota de goma, sin deformarse. Se comporta como un sólido elástico. Pero si la dejas reposar varios minutos sobre una mesa, la bola se aplana y puede derramarse hasta el suelo como un líquido.

a) ¿De qué depende que la respuesta sea la propia de un sólido o más cercana a la de un líquido?

b) ¿En qué se parece este comportamiento al de las rocas del manto sublitosférico? ¿En qué se diferencian?

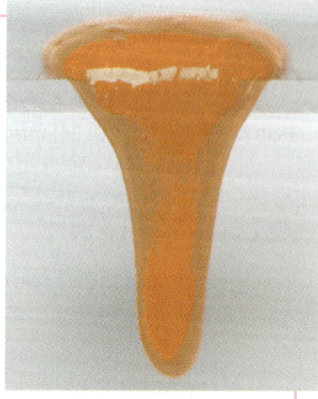

Silicona colándose por el agujero de una mesa.

- **Manto inferior.** Incluye el resto del manto situado entre 660 km y 2900 km de profundidad. Las rocas del manto inferior también se encuentran sometidas a corrientes de convección, motivadas por las diferencias de temperatura y, por tanto, de densidad entre las zonas más profundas y las más altas. Tanto los datos directos más recientes como los modelos informáticos muestran unas corrientes de convección (Fig. 13.16) que están lejos de esos circuitos cerrados idealizados con los que se representan habitualmente. Se trata de una convección lenta y caótica.

  En la base del manto, limitando con el núcleo, se encuentra la **capa D''** (D doble prima). Es una capa irregular y heterogénea con un grosor que oscila entre 0 y 300 km, integrada por lo que se conoce como los "posos del manto", es decir, materiales que por su mayor densidad han caído al fondo del manto. En contacto con el núcleo se calientan, originándose **penachos calientes**, o **plumas**, que ascienden hasta la litosfera.

- **Núcleo externo.** Situado por debajo del manto, llega hasta 5150 km de profundidad. Se encuentra en **estado líquido**, con una viscosidad similar a la del mercurio líquido. Está agitado por **corrientes de convección mucho más rápidas** que las del manto y desempeña un papel clave en la creación del campo magnético terrestre.

- **Núcleo interno.** A medida que el núcleo externo va evacuando su energía a través del manto, el hierro cristaliza y se acumula en el fondo. De esta manera **aumenta el diámetro del núcleo interno**, a un ritmo de algunas décimas de milímetro por año. Este **hierro sólido**, seguramente desprovisto de los elementos ligeros que hay en el núcleo externo, es el que constituye el núcleo interno.

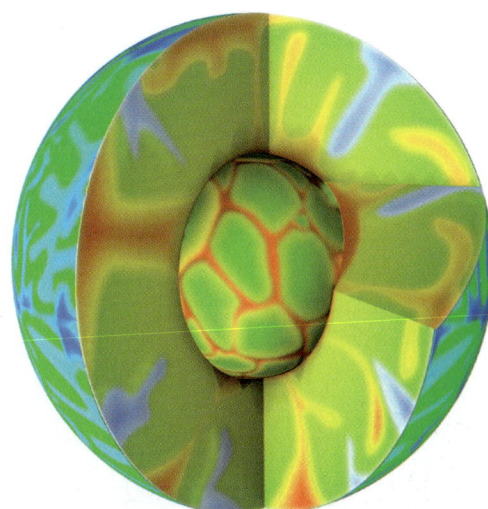

Figura 13.16. Modelo informático. Desde la base del manto ascienden penachos calientes (rojo), mientras que el material más frío (azul) se hunde.

En la Web

¿Permanecen constantes las celdillas de convección generadas en este modelo informático?

• www.e-sm.net/svbg1bach13_08

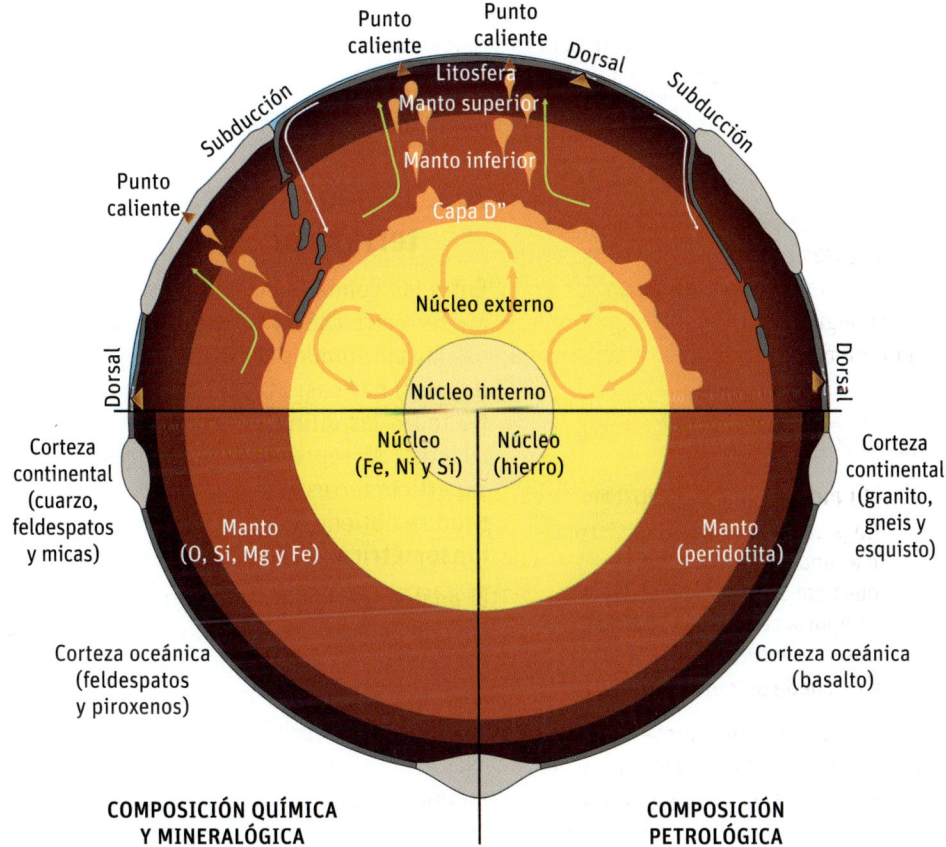

Figura 13.17. Estructura y características del interior terrestre.

ACTIVIDADES

22. ¿Podría considerarse la litosfera una unidad geoquímica? ¿Por qué?

23. ¿Cómo puede explicarse que la capa D'' tenga un fuerte gradiente geotérmico?

6 Isostasia

Aunque lo parezca, este no es un mapa del relieve, sino del grosor de la corteza terrestre en todo el planeta; el valor más alto (70 km) se sitúa en el Himalaya y le sigue en grosor los Andes (60 km).

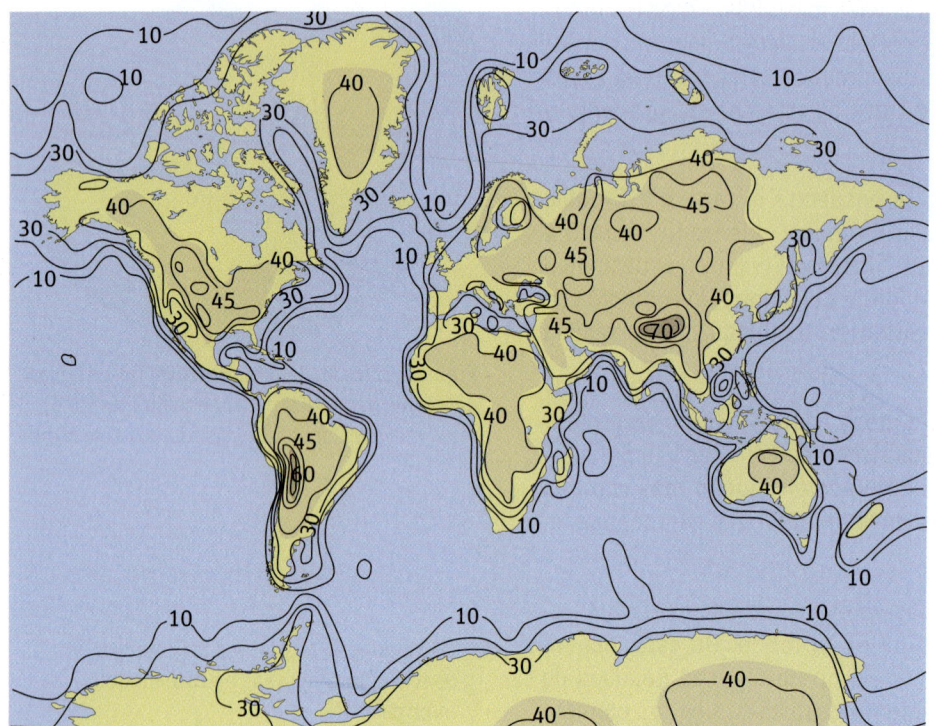

Figura 13.18. El grosor de la corteza. Las cifras indican el grosor de la corteza en kilómetros. Las líneas unen puntos con el mismo grosor cortical.

Lo mismo ocurre con las demás cordilleras: cuanto más altas son, más gruesa es la corteza en ellas y, por tanto, mayor profundidad alcanzan.

En ciencia, una regularidad de este tipo no se considera una casualidad, no puede serlo; tiene que haber una causa que la justifique. ¿Cuál es esta causa?

6.1. Una teoría clásica

La respuesta empezó a elaborarse hace siglo y medio, cuando **George Airy** sugirió que la corteza terrestre se comportaba como si estuviera constituida por bloques de materiales ligeros que "flotan" sobre otros más densos. Para Airy, las cordilleras se asemejan a enormes icebergs que solo muestran parte de su volumen. De este modo explicaba Airy que la corteza tuviera más profundidad en ellas que en el resto de relieves.

En 1892, **Clarence Dutton** dio el nombre de **isostasia** (de *iso*, 'igual', y *stasis*, 'estabilidad') al mecanismo de ajuste que permite explicar los movimientos de elevación y descenso de la corteza. Según este modelo, **la corteza terrestre se encuentra en equilibrio con los materiales del manto**, más densos, de manera que si la corteza se sobrecarga se hundirá, y si se descarga se elevará.

La situación es comparable a la de unos bloques de madera que flotan en el agua, sus elevaciones y descensos se rigen por el principio de Arquímedes.

6.2. ¿Cómo es el relieve terrestre?

Entre las cumbres más altas de la superficie terrestre (8800 m) y las fosas oceánicas más profundas (11 000 m bajo el nivel del mar) hay casi 20 000 m de diferencia. No todas las altitudes son igualmente frecuentes. Al representar el porcentaje de superficie terrestre que se halla a cada altitud se obtiene una gráfica llamada **curva hipsométrica**.

El análisis de la curva hipsométrica muestra que los valores extremos son muy poco frecuentes, es decir, aquellos que tienen altitudes superiores a 5000 m sobre el nivel del mar o profundidades mayores a −7000 m. Sin embargo, sorprende que tampoco sean muy abundantes las altitudes medias (en torno a −2000 m). Es un relieve con dos escalones: uno en los continentes y otro en los océanos.

FORMULAR UNA HIPÓTESIS

24. Dos campanas en lugar de una

La curva hipsométrica muestra la frecuencia con que se encuentra cada altitud del relieve terrestre referida al nivel del mar.

Se ha añadido una curva que representa la distribución de altitudes que cabría esperar. Es una curva teórica y tiene forma de campana de Gauss (curva discontinua verde).

a) ¿Qué altitudes son las más frecuentes?

b) ¿En qué circunstancias sería esperable una curva como la teórica?

c) ¿Qué nos indica la existencia de una campana de Gauss para los continentes y otra para los océanos?

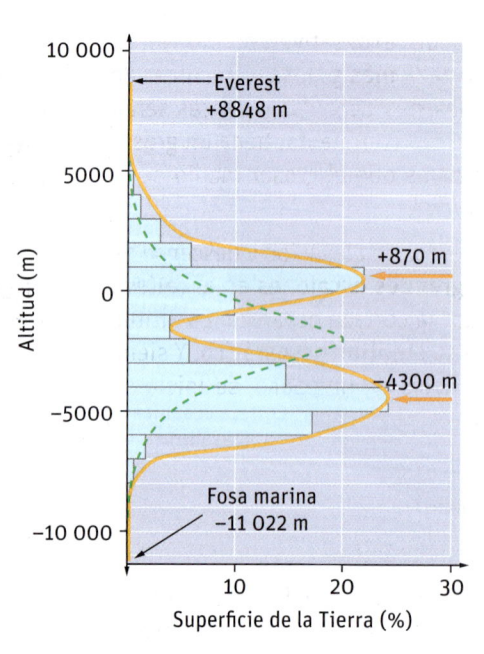

6.3. Una teoría de plena actualidad

La isostasia es una teoría clásica, pero no solo mantiene su vigencia sino que resulta clave para explicar los grandes rasgos del relieve terrestre. Con todo, los datos y modelos actuales permiten hacer algunas matizaciones a la versión clásica:

- **Los ajustes isostáticos son muy lentos.** Así, la península escandinava acumuló grandes espesores de hielo durante la última glaciación. La fusión del hielo motivó el ascenso isostático de esa zona. La glaciación finalizó hace 10 000 años y, aún hoy, sigue elevándose en busca de su equilibrio isostático.

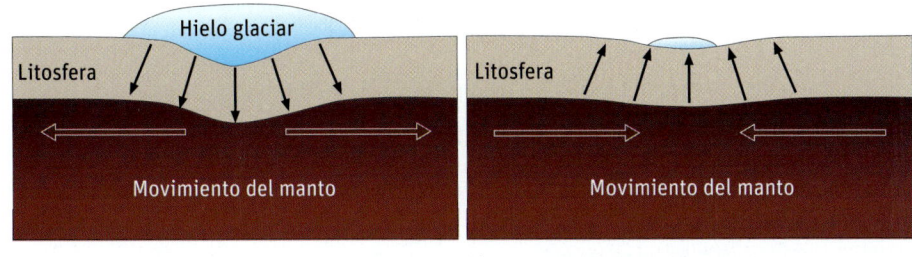

Figura 13.19. Reajuste isostático debido a la fusión de hielo.

- Si el manto sublitosférico es sólido, ¿cómo puede "flotar" en él la litosfera? Como hemos visto, las altas presiones y temperaturas hacen que **a escala de tiempo geológico, los materiales del manto tengan comportamientos propios de fluidos**. Las corrientes de convección son un ejemplo. Otro es la capacidad para restablecer el equilibrio isostático siempre que se consideren períodos de tiempo extensos.

- **El equilibrio isostático no se alcanza de forma local, sino a escala regional.** La litosfera, a pesar de su rigidez, no sube y baja rígidamente como un trozo de madera independiente sino que se arquea al ser sobrecargada. Así, el esfuerzo se distribuye gradualmente en la zona. El comportamiento es similar al de una tabla de madera: **la litosfera responde rígidamente ante empujes laterales, pero se arquea si el esfuerzo es vertical**, por ejemplo, al sobrecargarse.

> smSaviadigital.com **PRACTICA**
> ¿Cómo funciona la isostasia?

6.4. ¿Qué predice y explica la isostasia?

Una teoría es tanto más potente cuanto mayor es su poder explicativo y predictivo. La teoría de la isostasia predice que las zonas con la **corteza más gruesa** y con rocas de menor densidad serán las más altas, mientras que las más delgadas y densas serán las más bajas. Pues bien, eso es lo que ocurre. La corteza continental tiene un grosor medio de 35 km y una densidad de 2,7 g/cm³, mientras que el grosor medio de la corteza oceánica es de 8 km y su densidad es de 3 g/cm³.

La isostasia no solo explica las causas de los movimientos de elevación y descenso de los continentes, sino también **la existencia de dos grandes escalones en el relieve terrestre**: uno para la corteza continental y otro para la corteza oceánica. La altitud que alcanza cada zona es aquella a la que encuentra su **equilibrio isostático**. Y siempre que un proceso geológico añade o retira materiales de una zona, se inicia un lento ajuste para conseguir, de nuevo, el equilibrio.

En definitiva, de acuerdo con la teoría de la isostasia:

- Las zonas con corteza gruesa y poco densa son continentales.
- Las zonas con corteza delgada y algo más densa son oceánicas.
- Cuanto más gruesa es una corteza, tanto más alta y profunda será. En consecuencia, **todo proceso que incremente el grosor de la corteza hará que esta alcance mayores altitudes**.

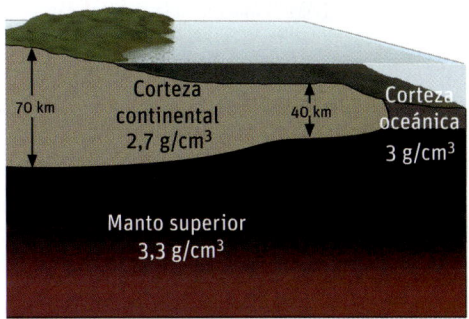

Figura 13.20. Representación esquemática de la corteza continental y la oceánica.

ACTIVIDADES

25. Indica un proceso natural que retire materiales de una zona y otro que la sobrecargue.

26. En el Himalaya, la corteza tiene 70 km de grosor. ¿Cómo explicas que su altitud sea solo de 8 km?

ACTIVIDADES

Síntesis

27. Completa en este mapa conceptual los términos que faltan (•••) y los fragmentos que debes desarrollar (+). Puedes realizar la actividad en tu cuaderno.

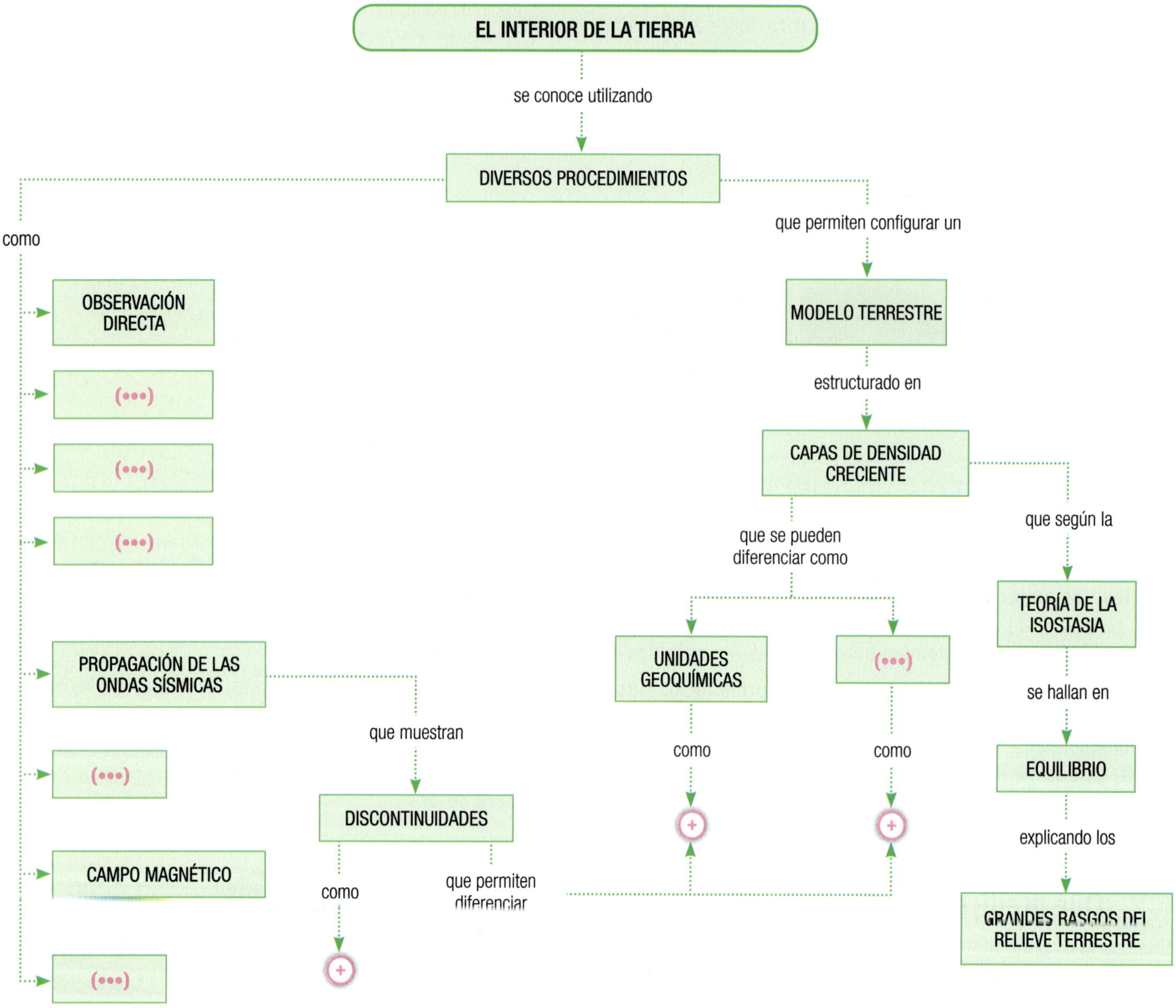

```
                         EL INTERIOR DE LA TIERRA
                                    │
                            se conoce utilizando
                                    │
                            DIVERSOS PROCEDIMIENTOS
                                    │
                         que permiten configurar un
                                    │
                              MODELO TERRESTRE
                                    │
                              estructurado en
                                    │
                        CAPAS DE DENSIDAD CRECIENTE
```

- como → OBSERVACIÓN DIRECTA
- (•••)
- (•••)
- (•••)
- PROPAGACIÓN DE LAS ONDAS SÍSMICAS → que muestran → DISCONTINUIDADES → que permiten diferenciar → (+)
- (•••)
- CAMPO MAGNÉTICO
- (•••)

que se pueden diferenciar como:
- UNIDADES GEOQUÍMICAS → como → (+)
- (•••) → como → (+)

que según la → TEORÍA DE LA ISOSTASIA → se hallan en → EQUILIBRIO → explicando los → GRANDES RASGOS DEL RELIEVE TERRESTRE

Aplicación y relación

28. En una estación sismológica se registra el sismograma que aparece en la figura.

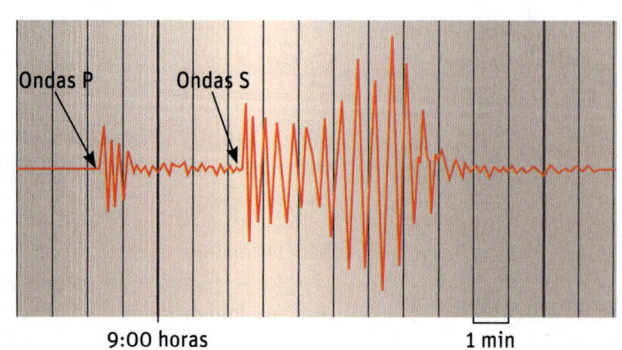

9:00 horas   1 min

a) Hay un tipo de ondas que no aparecen en el sismograma. ¿Cuáles son?

b) ¿Habrán llegado esas ondas antes que las P o deberán llegar después de las S?

c) Sabiendo que por esa zona las ondas P viajan a 6 km/s y las ondas S a 3,5 km/s calcula la distancia a la que se encuentra el foco sísmico.

d) ¿Cuánto han tardado en llegar las ondas desde el foco sísmico hasta la estación sismológica?

e) ¿Es posible localizar el lugar exacto en el que se ha producido el terremoto? ¿Por qué? ¿Cuántas estaciones sísmicas necesitaremos para ello?

Unidad 13

29. La gráfica representa el tiempo medio que tardan en recorrer una determinada distancia las ondas P y las S.

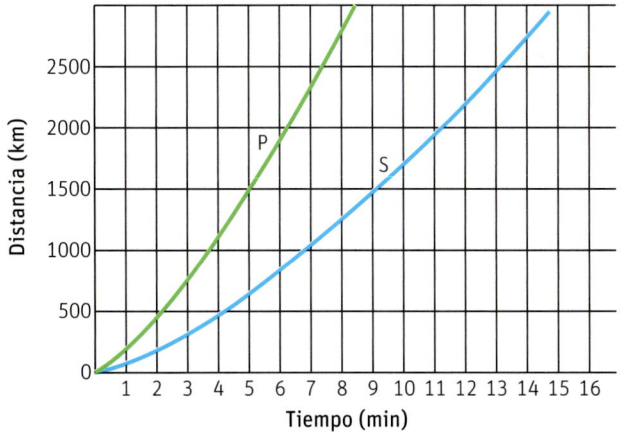

a) ¿Qué diferencia en el tiempo de llegada habrá entre ambas ondas en una estación sismológica situada a una distancia de 500 km? ¿Y de 2000 km?

b) Si en una estación sismológica nos dicen que entre la llegada de las ondas P y las S han pasado 4 minutos, ¿a qué distancia del foco sísmico estará dicha estación?

30. La gráfica muestra la temperatura en el núcleo (A) y la curva de fusión del hierro (B) en la zona de transición entre el núcleo externo y el interno. A partir de ella, explica el estado físico de cada una de estas zonas del núcleo.

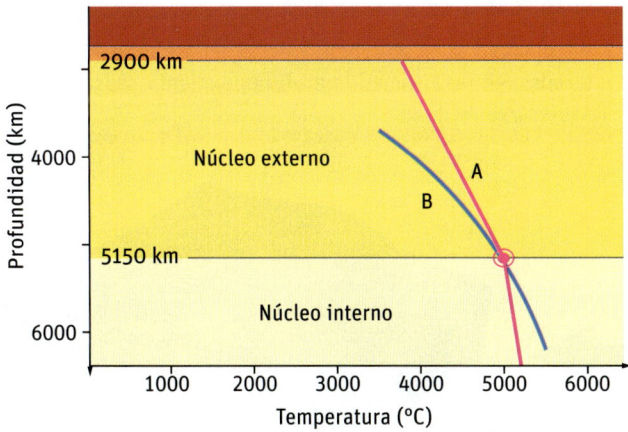

31. La energía térmica del interior terrestre llega a la superficie y se disipa; es lo que se conoce como flujo geotérmico. La existencia de este flujo facilita el enfriamiento del interior del planeta. El mapa muestra que el flujo geotérmico no es igual en todos los lugares de la superficie terrestre.

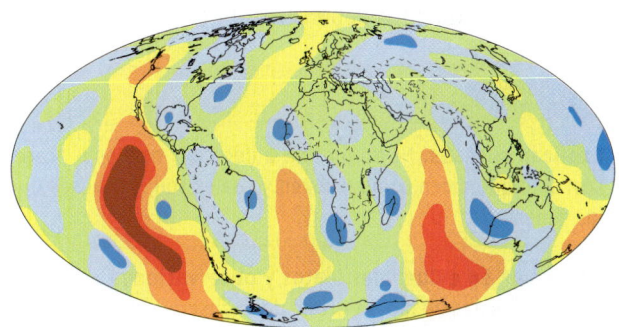

Los colores rojos indican flujo térmico alto y los azules, bajo. ¿Dirías que, en general, las zonas de mayor flujo están en los fondos oceánicos o en los continentes? ¿Cómo podría explicarse este hecho?

32. Gracias a la sonda *Magellan*, enviada por la NASA a Venus, conocemos mejor ese planeta. La gráfica muestra la curva hipsométrica de Venus.

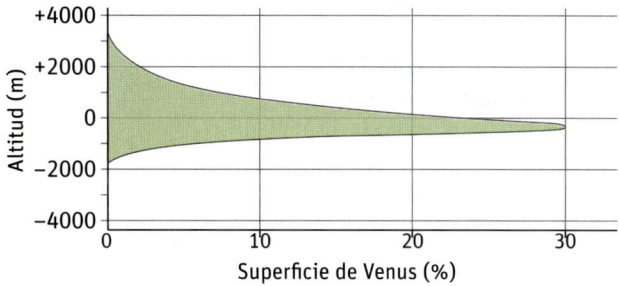

El nivel 0 no es, en este caso, el nivel del mar (las altas temperaturas de Venus impiden la existencia de agua en estado líquido) sino el radio medio de este planeta.

a) ¿Qué diferencias observas entre esta curva hipsométrica y la de la Tierra?

b) ¿Cuántos tipos de corteza habrá en Venus?

Biblioteca global

33. Abrir una ventana al interior de la Tierra

El proyecto para hacer una perforación hasta el manto ha sido recuperado por el Programa Integrado de Perforaciones del Océano (conocido por sus siglas inglesas IODP). Con él no solo se pretende conocer mejor la estructura del planeta, sino también su historia y su dinámica. Se espera, además, conseguir datos que ayuden a entender mejor los cambios climáticos globales o estudiar la biosfera profunda.

a) Busca información sobre el programa continuador del IODP. El proyecto está diseñado para el decenio 2013-2022.

b) Haz una ficha que sintetice los siguientes aspectos: ¿qué lugar se ha elegido para perforar el fondo del océano? ¿Se ha iniciado ya la perforación? ¿Hay algún otro proyecto que comparta el objetivo de llegar al manto?

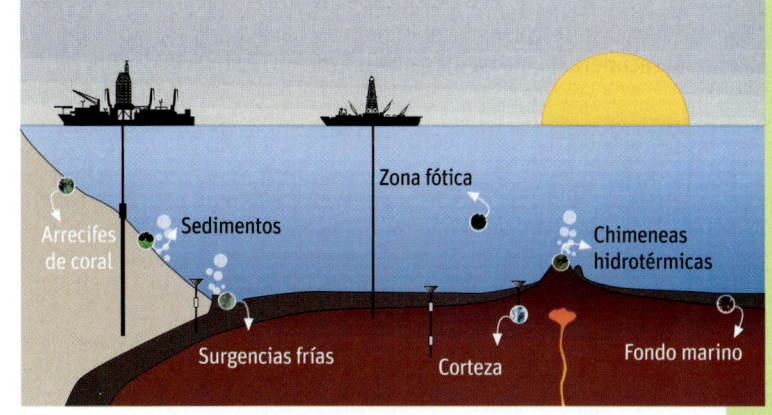

LA CIENCIA Y SUS MÉTODOS — ¿Qué son y para qué sirven las teorías?

Las teorías científicas son conjuntos de ideas estructuradas y relacionadas que nos ayudan a entender e interpretar el mundo y los fenómenos que ocurren. Las teorías constituyen el núcleo de la ciencia.

En el lenguaje cotidiano, una teoría es una simple conjetura, una ocurrencia, una idea con escaso o nulo soporte empírico. En ciencia, por el contrario, para que una idea adquiera la categoría de "teoría" necesita, entre otros requisitos, estar sólidamente fundada.

¿Es la isostasia una teoría científica consistente?

Veamos qué requisitos deben cumplir las teorías y valoremos en qué medida los cumple la isostasia.

Las TEORÍAS:	Así, la ISOSTASIA:
Explican sucesos. No se limitan a describir hechos o procesos, sino que dicen cómo ocurren y cuáles son las causas que los generan.	Explica la elevación producida en la península escandinava desde el final de la última glaciación, al descargarse de las masas de hielo que la cubrían.
Se apoyan en evidencias, datos y observaciones obtenidos de experiencias de laboratorio o de la observación de la realidad.	Se apoya en datos (tipos de rocas, densidades, altitudes, etc.) tomados tanto en los continentes como en los fondos oceánicos.
Deben ser refutables, es decir, ha de ser posible contrastarlas, bien por la experimentación o bien por la observación, comprobando así su validez.	Puede contrastarse comprobando si los datos reales encajan con lo previsto por la teoría, así como mediante modelos informáticos o analógicos.
Proponen explicaciones generalizables. Sitúan los hechos singulares o locales en pautas generales.	Explica por qué la cordillera del Himalaya tiene la corteza continental más gruesa, y se comporta como si flotase en el manto.
Ayudan a formular preguntas y a responderlas. Proporcionan un marco de observación que facilita el planteamiento de problemas y su tratamiento.	Por ejemplo: ¿una cordillera reducirá de su altitud todo el grosor retirado por la erosión? No, ya que los reajustes isostáticos recuperan las 3/4 partes de la altura rebajada por la erosión.
Permiten hacer predicciones. Conocidas unas determinadas condiciones, las teorías ayudan a prever qué sucederá.	Por ejemplo: si en una zona se están depositando muchos materiales, se verá sometida a un hundimiento causado por la sobrecarga recibida.

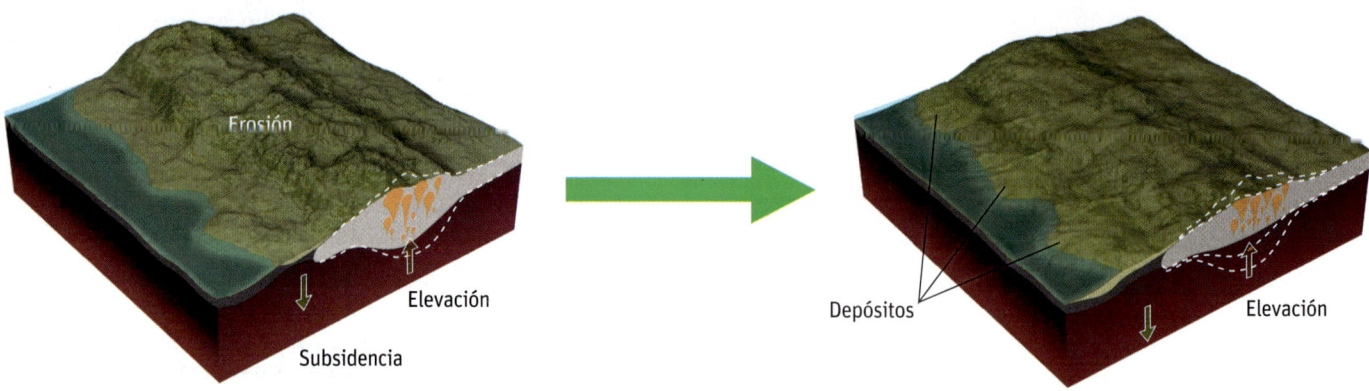

La erosión retira materiales de las zonas más altas, activándose la recuperación isostática que elevará la base de la cordillera.

La recuperación se distribuye regionalmente, por lo que no se producen grandes saltos laterales.

ACTIVIDADES

34. Las dimensiones de la corteza y la lentitud de los procesos isostáticos impiden realizar experiencias de laboratorio, en condiciones reales, que permitan contrastar la teoría de la isostasia. En estos casos, los científicos utilizan modelos, es decir, simplificaciones de la realidad para hacerla manejable. Diseña un modelo sencillo con bloques de madera y un recipiente con agua, y describe lo que harías para comprobar si se producen reajustes isostáticos, así como su valor.

35. En ocasiones, los científicos construyen modelos informáticos más complejos. Puedes experimentar con el modelo isostático elaborado por el Massachusetts Institute of Technology (MIT): smSaviadigital.com PRACTICA

CIENCIA, TECNOLOGÍA Y SOCIEDAD

El *fracking* a debate

En apenas cuatro meses, entre octubre de 2012 y enero de 2013, más de 1800 terremotos de baja magnitud se produjeron en los alrededores de Torreperogil (Jaén). Entre las posibles causas de esta preocupante serie sísmica se habló del *fracking*. No había constancia de que se estuviese practicando en la zona pero, aun así, los medios de comunicación propagaron la idea.

Fracking es el término anglosajón utilizado para referirse a la fracturación hidráulica, una agresiva técnica para la extracción de hidrocarburos –fundamentalmente gas– cuando se encuentran en rocas como la pizarra o el esquisto.

Localización del petróleo y el gas

Para entender el sentido de esta técnica es necesario saber que los yacimientos habituales de gas y petróleo se hallan en rocas de grano grueso, porosas, cuyos huecos los ocupan estos hidrocarburos; son las llamadas **rocas almacén**.

Una agresiva técnica para la extracción de hidrocarburos

En otras ocasiones el petróleo y el gas se encuentran en la **roca madre**, un tipo de roca poco porosa, como las arcillas, y su extracción resulta difícil y costosa. Aun así, los avances tecnológicos y el incremento del precio del petróleo han vuelto rentable su explotación.

Más difícil aún resulta la extracción cuando los hidrocarburos están en rocas comprimidas y de grano muy fino, como las pizarras o los esquistos. Para estos casos, la tecnología convencional no sirve. ■

Prepárate para el debate

Antes de debatir, debes tener una primera opinión formada, que debe estar fundada en datos objetivos e informes rigurosos.

Deberás, por tanto, buscar información y seleccionar aquella que esté más actualizada y sea más rigurosa y fiable, tanto por las instituciones y personas que la firmen como por los datos que proporcionen.

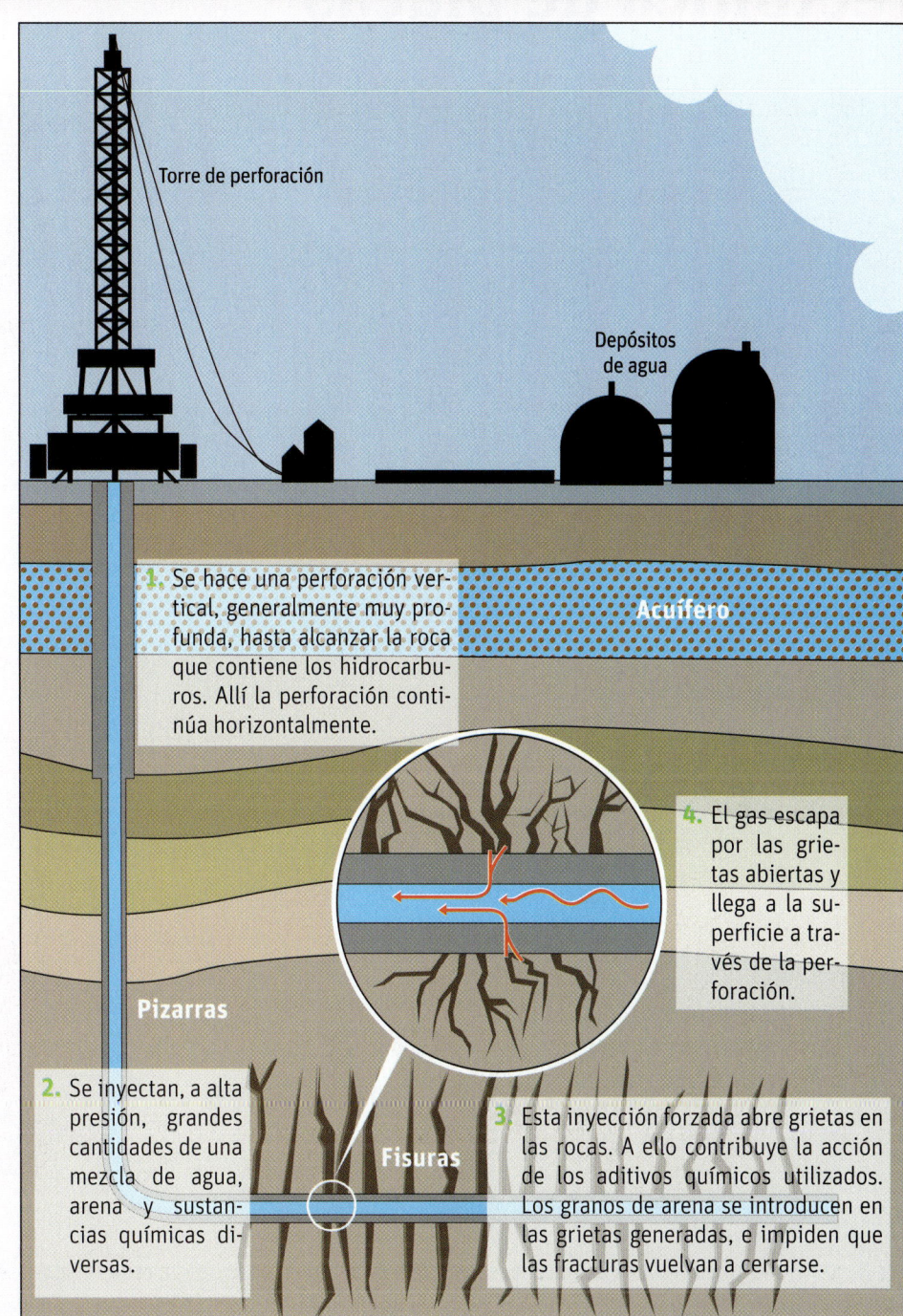

Procedimiento de la fracturación hidráulica. Esta técnica pretende abrir multitud de fracturas en la roca para que el gas que contiene encuentre vías de escape y pueda ser extraído.

ACTIVIDADES

36. Haz un resumen de los principales riesgos ambientales del *fracking* e indica en cada caso los datos y argumentos que lo avalan. ¿Hay estudios geológicos que confirmen la relación de esta técnica con terremotos?

37. Haz un resumen fundado de la importancia económica que puede tener el *fracking*. ¿Se está utilizando esta técnica en España? ¿Y en Europa? ¿Y en Estados Unidos?

14 Tectónica de placas

 1. El nacimiento de una idea

 2. De la deriva continental a la tectónica de placas

 3. La dorsal y su dinámica

 4. Zonas de subducción

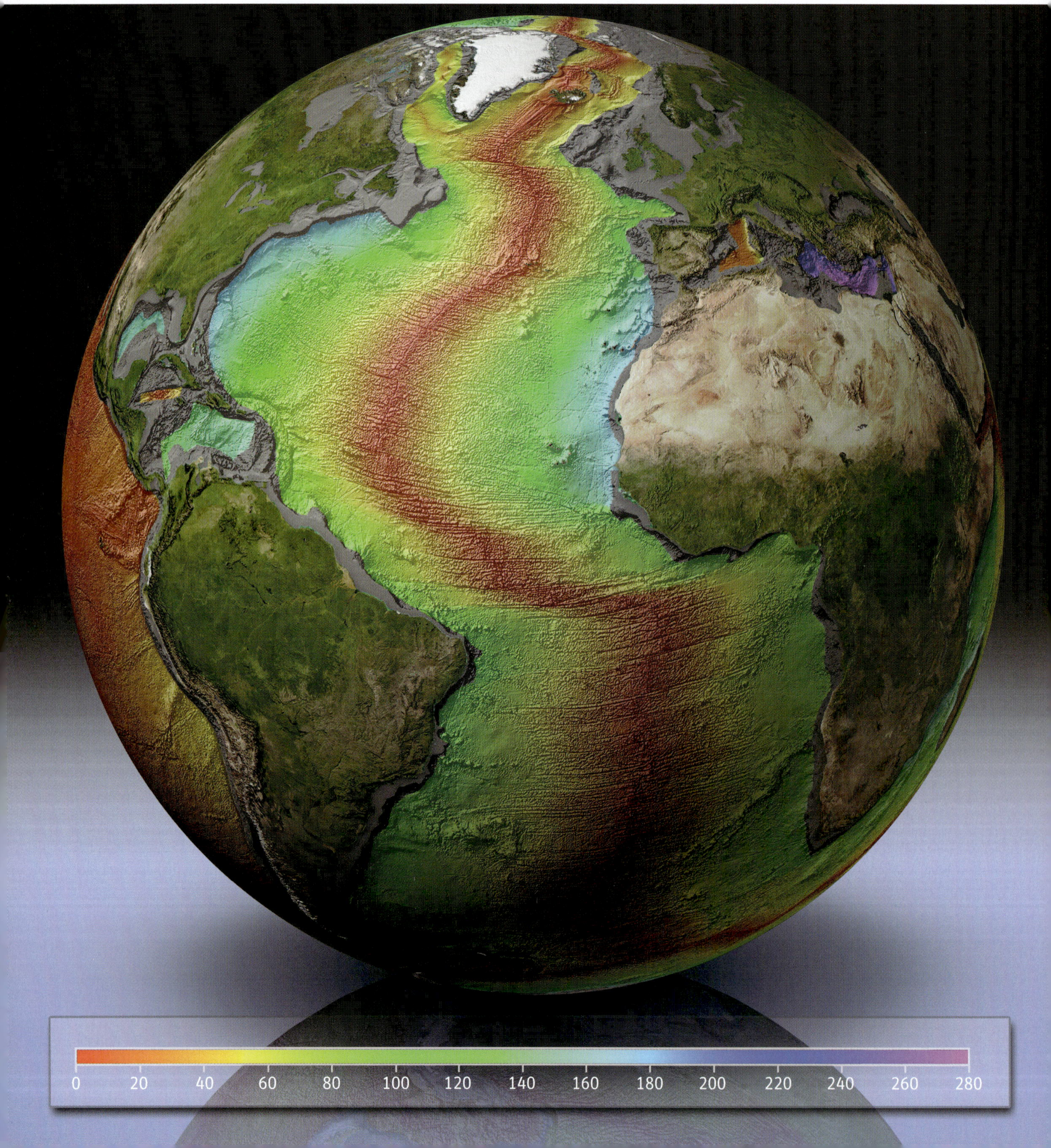

| 5  Límites transformantes | 6 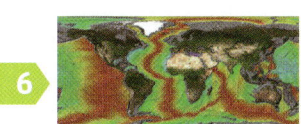 La tectónica de placas: una perspectiva global | 7  Cambios en la tectónica de placas desde su fundación |  LA CIENCIA Y SUS MÉTODOS Argumentar, algo más que opinar |

Un mapa que haría las delicias de Wegener

Hace un siglo que el meteorólogo alemán Alfred Wegener publicó su teoría de la deriva continental. En ella, en contra de lo que defendían sus contemporáneos, Wegener sostenía que los continentes estuvieron unidos formando un supercontinente que se dividió y cuyos fragmentos comenzaron un "viaje" que aún continúa.

Wegener pretendió medir el valor de esos desplazamientos continentales. Estaba convencido de que solo así su teoría sería aceptada. Desafortunadamente, una medición de estas características no estaba al alcance de la tecnología de su época, pero sí lo está para el desarrollo tecnológico actual.

Este mapa de la NASA registra los desplazamientos de diversas zonas de la superficie terrestre (puntos rojos). Las flechas indican su dirección, sentido y velocidad: cuanto más larga es la flecha más centímetros recorre ese punto cada año. Son mediciones, no conjeturas ni hipótesis, y los datos han sido recogidos durante más de dos décadas.

Para ello se han utilizado tres tipos de tecnologías:

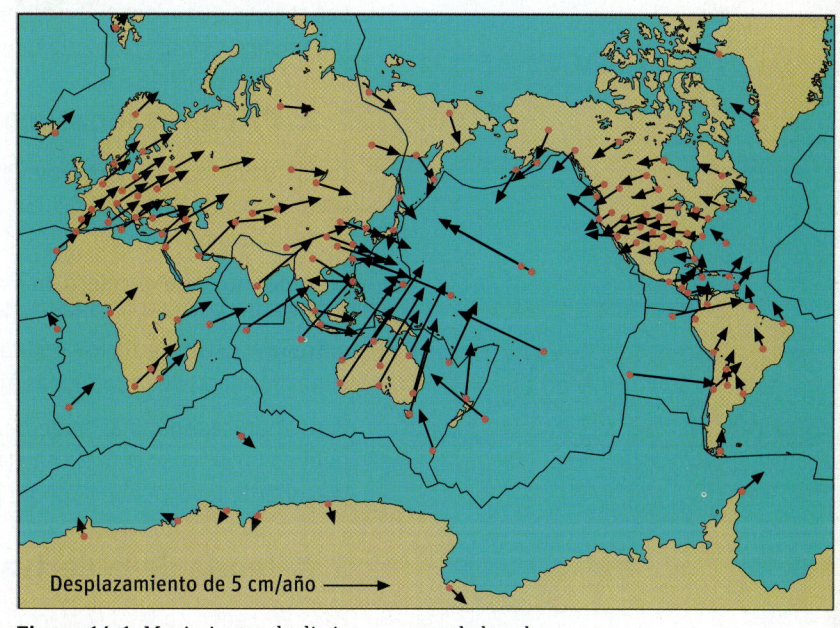

Figura 14.1. Movimientos de distintos puntos de las placas.

- El **GPS** (*Global Positioning System*), que utiliza un conjunto de satélites que giran alrededor de la Tierra a unos 20 000 m de altitud.

- La **interferometría**, que utiliza telescopios que recogen señales de radio emitidas por cuásares (cuerpos celestes emisores de una enorme energía y situados en el límite del universo observable).

- El **sistema SLR** (*Satellite Laser Ranging*) que, como indica su nombre, utiliza también satélites, así como rayos láser.

Los datos proporcionados por estas tecnologías han permitido detallar los desplazamientos recogidos en el mapa.

• **En la Web**
Conoce las últimas mediciones de la movilidad de las placas realizas por la NASA.
• www.e-sm.net/svbg1bach14_01

1. De acuerdo con el mapa (Fig. 14.1), ¿se mueven solamente los continentes o también lo hacen los fondos oceánicos?

2. ¿Dónde se producen los mayores movimientos?

3. En la página anterior se ilustran las edades de los fondos del océano Atlántico. ¿Dónde se sitúan las zonas más modernas?

1. El nacimiento de una idea

Las arrugas de la Tierra

A comienzos del siglo XX la geología estaba dominada por la teoría contraccionista, según la cual la Tierra primigenia estuvo completamente fundida. Al enfriarse, se formó una corteza externa sólida, mientras que el interior permaneció fundido. A medida que progresó su enfriamiento, se solidificaron zonas más profundas, lo que supondría una reducción de su volumen. La primitiva corteza, formada cuando el interior estaba fundido y, por tanto, dilatado, se habría "arrugado" de manera similar a como lo hace la piel de una manzana que se deshidrata. Las cordilleras serían esas "arrugas" de la corteza.

Los contraccionistas admitían los movimientos verticales propuestos por la isostasia, pero consideraban imposible el desplazamiento horizontal de los continentes.

La Tierra no es una manzana, y sus cordilleras no se forman como las arrugas de la piel de esta fruta.

Las teorías que niegan el desplazamiento continental se denominan **fijistas**. Sus antagonistas, defensoras de la movilidad continental, son las teorías **movilistas**.

1.1. Primeras ideas movilistas

La historia de las ideas movilistas está unida al libro *El origen de los continentes y océanos* publicado en 1915. Su autor, **Alfred Wegener**, defendía que los continentes se desplazaban.

Wegener no fue el primero en hablar de la movilidad continental. Así, **Alexander von Humboldt**, a principios del siglo XIX, llamó la atención sobre la complementariedad entre las costas de África y Suramérica, señalando, además, la continuidad entre algunas formaciones geológicas africanas y suramericanas.

Pero el precedente más inmediato y claro de Wegener fue **Frank Taylor**, que en 1910 publicó un extenso trabajo en el que exponía la hipótesis de la movilidad continental. Wegener lo leyó y cabe suponer que le influyese.

1.2. Teoría de la deriva continental

Para Wegener, todas las tierras emergidas habían estado unidas formando un gran continente, al que denominó **Pangea** (en griego, 'todas las tierras') (Fig. 14.2). Los continentes actuales serían el resultado de la división de Pangea y del desplazamiento de los fragmentos que la integraban.

En la Web
Observa cómo se dividió Pangea.
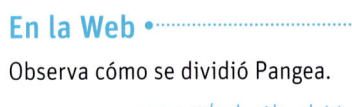
www.e-sm.net/svbg1bach14_02

Wegener realizó una intensa búsqueda de los datos conocidos en su momento que podían apoyar su teoría. La idea de la movilidad continental nunca había sido sostenida con tantos datos, entre ellos había argumentos geográficos, paleontológicos, geológicos y paleoclimáticos.

▶ **Argumentos geográficos**

Su punto de partida fue la forma de los continentes, que permitía encajarlos como las piezas de un rompecabezas. Para otros científicos este ajuste era más aparente que real, ya que existían solapamientos y huecos entre dichas piezas. Wegener argumentó que procesos como la erosión costera y los cambios en el nivel del mar impedían un ajuste perfecto. Ahora bien, si a los continentes geográficos se les añadía la **plataforma continental**, el resultado no admitía dudas.

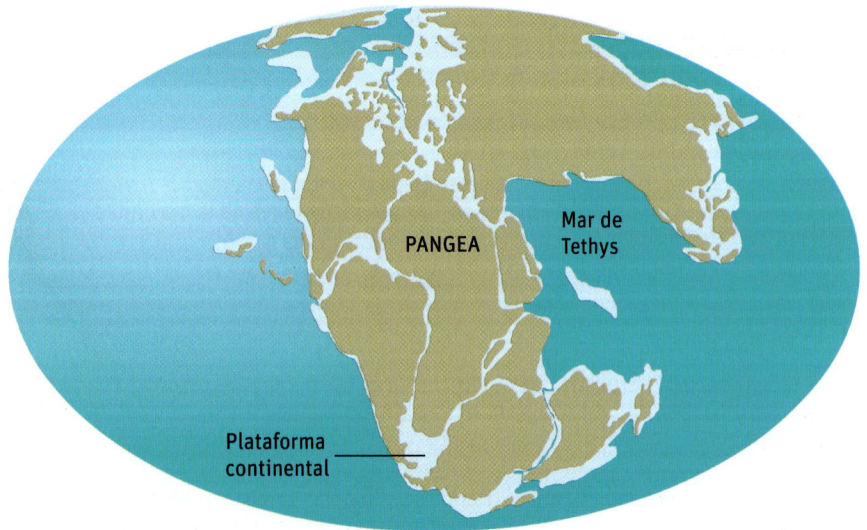

Figura 14.2. Continentes unidos formando Pangea.

▸ Argumentos paleontológicos

Wegener estudió la distribución de muchos fósiles, como *Mesosaurus*, un reptil que vivió hace unos 270 millones de años (Ma) en los ríos de Suráfrica y Suramérica. O ciertas plantas, como *Glossopteris*, que vivieron entre hace 300 y 250 Ma en regiones hoy tan alejadas como Suramérica, África, India, la Antártida y Australia. Wegener señaló que si las ideas evolucionistas eran correctas, no podía explicarse la presencia simultánea de las mismas especies en lugares tan separados. Resultaba imprescindible que hubieran estado unidos en el pasado.

▸ Argumentos geológicos

Wegener analizó ciertas cordilleras y otras formaciones geológicas a ambos lados del Atlántico. La continuidad que encontró en las más antiguas le hizo afirmar:

"Es como si compusiéramos los trozos de un periódico roto atendiendo solo a su forma y luego intentáramos leer los renglones a través de la rotura. Si esto se cumpliese, evidentemente no quedaría más remedio que aceptar que estos trozos estuvieron alguna vez en contacto" (Fig. 14.3).

▸ Argumentos paleoclimáticos

Entre ellos, Wegener señaló la existencia de depósitos glaciares (**tillitas**) de la misma antigüedad en lugares como la Antártida, India o Australia que hoy tienen latitudes muy diferentes. De haber permanecido en su posición actual, no habrían tenido el mismo clima en el pasado.

1.3. La causa de los desplazamientos

Para Wegener, el desplazamiento de los continentes resultaba innegable. Sin embargo, tenía muchas dudas sobre el origen de los esfuerzos que causaron los movimientos. No obstante, la insistencia de algunos científicos le impulsó a sugerir dos tipos de fuerzas para explicarlo:

- La "**fuga polar**", debida a la rotación terrestre que desplazaría los continentes hacia el ecuador.

- El "**frenado mareal**", provocado por la atracción del Sol y la Luna, que sería responsable del desplazamiento de la corteza terrestre hacia el oeste.

Ninguno de estos dos esfuerzos era suficiente, y Wegener era consciente de ello. Pero si, como él creía haber demostrado, los continentes se habían movido, "ya llegaría el Newton de la teoría de los desplazamientos que explicase las causas que los motivaban".

> **INTERPRETAR**
>
> **4. ¿Cómo explicar esta distribución?**
>
> Se han encontrado fósiles de *Mesosaurus* solo a ambos lados del Atlántico Sur. Sin embargo, un reptil de agua dulce como este no parece capaz de atravesar todo el océano Atlántico. Y si lo hubiese hecho, afirmaba Wegener, ¿cómo puede explicarse que su distribución se limite a las zonas que, de acuerdo con el encaje de los continentes, debieron de estar unidas?
>
>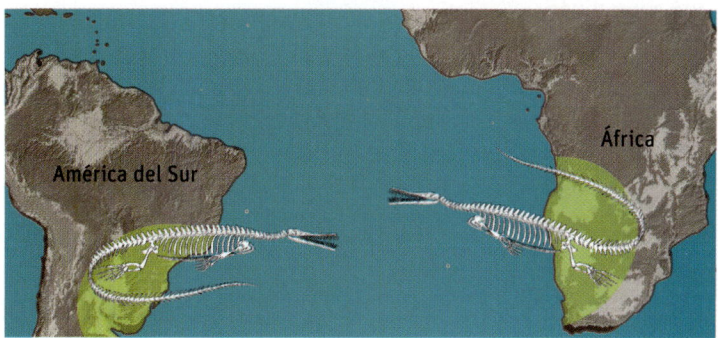
>
> De acuerdo con las teorías evolucionistas, ¿sería posible explicar la distribución de *Mesosaurus* si los continentes hubiesen permanecido en su posición actual? ¿Por qué?

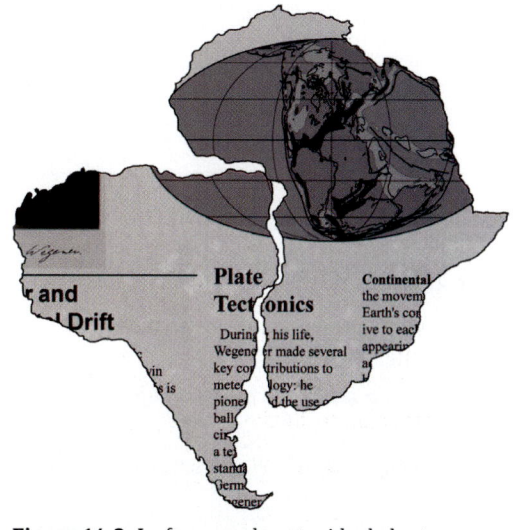

Figura 14.3. La forma y el contenido de los trozos de este periódico indican que estuvieron unidos.

ACTIVIDADES

5. ¿Qué se entiende por plataforma continental? ¿Está justificado unirla a los continentes para comprobar su encaje?

6. En la primera mitad del siglo XX, se explicaba la presencia de las mismas especies fósiles en continentes alejados recurriendo a la existencia de "puentes intercontinentales" que, posteriormente, se habrían hundido. Para Wegener, la isostasia hacía imposible esa explicación. ¿Cuál es tu valoración de ambas posiciones?

7. Observa la ilustración de la derecha. ¿Cómo explicarías que las cordilleras a uno y otro lado del Atlántico Norte tengan las mismas edades y tipos de rocas?

Figura 14.4. Cordilleras a ambos lados del Atlántico (en tono oscuro).

2. De la deriva continental a la tectónica de placas

El hombre que "movió" los continentes

En 1930, Alfred Wegener fue por cuarta vez a Groenlandia con la misión oficial de establecer una base meteorológica. Casi desde el inicio, la expedición encontró muchas dificultades; los alimentos escaseaban. Así, tras celebrar su 50 cumpleaños, el 1 de noviembre de 1930, Wegener y el groenlandés Ramus Villumsen partieron hacia la estación base para recoger provisiones. Nunca más se les volvió a ver vivos.

Seis meses más tarde, se encontró el cadáver de Wegener. Había sido sepultado cuidadosamente en el hielo por Villumsen. Un par de esquís marcaban su tumba. Por expreso deseo de su esposa, volvió a ser enterrado en el mismo lugar. El cuerpo de Villumsen nunca se halló.

Alfred Wegener en su última expedición a Groenlandia, junto a Rasmus Villumsen, quien se resistió a emprender este viaje.

2.1. Una valoración actual

Resulta sorprendente la cantidad abrumadora de datos y el acierto de los argumentos aportados por Wegener en defensa de la movilidad continental. La mayor parte de ellos continúan considerándose válidos hoy, si bien el desplazamiento es mucho más lento de lo que él suponía. Los errores de su teoría eran básicamente dos:

- **Los fondos oceánicos no constituyen un "tablero" fijo sobre el que se desplazan los continentes**, como suponía Wegener. Este fue su principal error, ya que los fondos oceánicos también se mueven, a veces junto con los continentes y otras veces de manera autónoma.

- **Las causas de los movimientos continentales** no son las sugeridas por Wegener.

No deben extrañarnos ninguno de estos dos errores. En aquel momento se conocía muy poco del interior terrestre y casi nada sobre los fondos oceánicos.

En la Web

Observa cómo se orientan los cristales de magnetita.

www.e-sm.net/svbg1bach14_03

2.2. El difícil camino hacia el movilismo

Tras la muerte de Wegener, la teoría de la deriva continental languideció, aunque siempre contó con algún defensor. Con todo, uno de los apoyos más destacables lo había recibido Wegener un año antes de su muerte. Se lo proporcionó **Arthur Holmes** al indicar que el manto terrestre se encontraba agitado por corrientes de convección.

El resurgimiento del movilismo comenzó en la década de 1950 gracias a las aportaciones en dos campos:

- **Los estudios sobre el magnetismo terrestre** parecían mostrar que el polo norte magnético se había desplazado a lo largo de la historia. Ciertas rocas, como los basaltos, poseen pequeños cristales de magnetita y de otros minerales de hierro que pueden imantarse y orientarse según el campo magnético terrestre. El proceso ocurre durante el enfriamiento del magma y, una vez completado, la imantación de los minerales es permanente e indicará la orientación que tenía el campo magnético cuando se formó la roca. Esto permite utilizarlos como "brújulas fósiles". El magnetismo impreso en las rocas recibe el nombre de **paleomagnetismo**.

- **El análisis de los fondos oceánicos.** El desarrollo del sonar permitió conocer mejor la topografía de los fondos oceánicos y elaborar precisos mapas que depararían grandes sorpresas (Fig. 14.5).

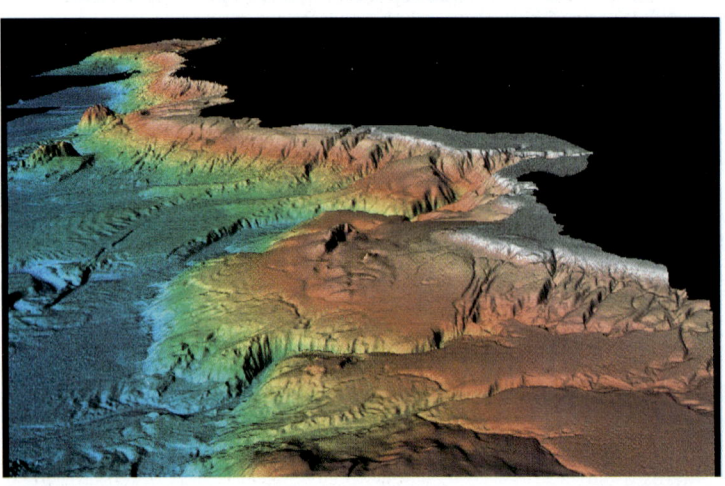

Figura 14.5. El barrido de ondas sonoras realizado por un sonar moderno ofrece una imagen en 3D del fondo oceánico.

2.3. La clave que guardaban los océanos

El estudio de los fondos oceánicos proporcionó unos datos sorprendentes:

- **Dorsales oceánicas.** El océano Atlántico está recorrido de norte a sur por un relieve submarino que se eleva de 2 a 3 km sobre las llanuras circundantes y emerge en Islandia; es la **dorsal atlántica** (Fig. 14.6).

  Esta dorsal se bifurca hacia el Índico y el Pacífico, superando los 60 000 km de longitud. La dorsal atlántica tiene un surco central, limitado a ambos lados por fallas normales, denominado **rift**. Otras dorsales, como la del Pacífico, no tienen este rift central.

- **Distribución y escasez de los sedimentos.** En el océano hay un continuo depósito de sedimentos, aunque sea en cantidades muy pequeñas. Por eso, los científicos esperaban hallar, capa sobre capa, materiales depositados a lo largo de ¡los 4000 Ma de existencia oceánica!

  De ahí que la ausencia de sedimentos en las dorsales y su relativa escasez en el resto de los fondos resultase tan sorprendente.

- **Juventud de la corteza oceánica.** En los fondos oceánicos los sedimentos se hallan ordenados según el principio de superposición: su antigüedad aumenta con la profundidad. En cada zona, la edad de los más antiguos coincide con la del basalto situado bajo ellos. Es la edad de la corteza en ese lugar.

  En las cuencas oceánicas se repiten tres datos:

  – En las dorsales los basaltos se han formado en el último millón de años.

  – La antigüedad de los basaltos se incrementa al alejarnos de la dorsal.

  – Esa edad no supera los 180 Ma.

A partir de estos datos los científicos se formularon muchas preguntas: ¿por qué no hay fondos oceánicos de edad superior a 180 Ma?, ¿qué ha pasado con los fondos más antiguos?, ¿por qué la edad se reduce a medida que nos acercamos a la dorsal?

2.4. El nacimiento de la tectónica de placas

A partir de 1961 se precipitan los acontecimientos. Todos los nuevos datos y propuestas apuntan hacia el movilismo:

- En 1962 **Harry Hess** sugiere que las dorsales son zonas en las que se originan nuevos fondos oceánicos.

- En 1963 **Frederick Vine** y **Drummond Matthews** desarrollan la idea de Hess, apoyándola en datos paleomagnéticos.

- En 1965 **John Tuzo Wilson** introduce el término placa para referirse a los grandes fragmentos de litosfera que parecían moverse de forma unitaria y explicarían la dinámica continental.

- En 1967 **Jason Morgan** y en 1968 **Xavier Le Pichon** hacen un desarrollo completo de la nueva teoría movilista. Había nacido la revolucionaria teoría de **la tectónica de placas**.

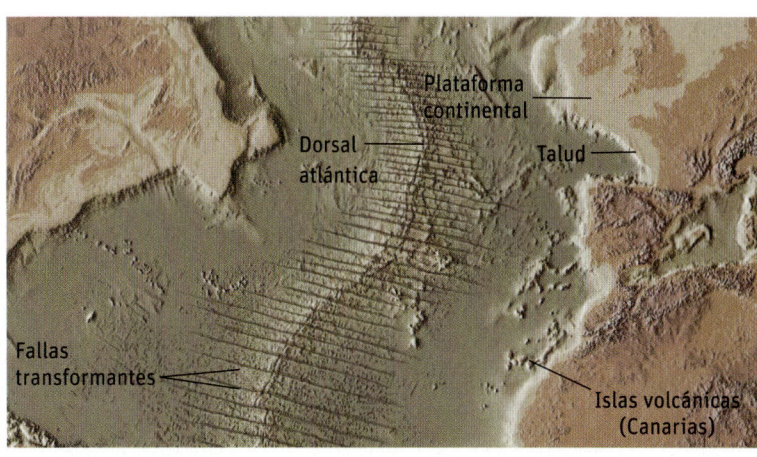

Figura 14.6. Topografía del fondo oceánico.

> **En la Web**
> Descubre cómo se hicieron las primeras investigaciones del fondo oceánico.
> www.e-sm.net/svbg1bach14_04

RELACIONAR

8. Una distribución desigual, pero no anárquica

En el océano Atlántico se hicieron los sondeos que muestra la imagen.

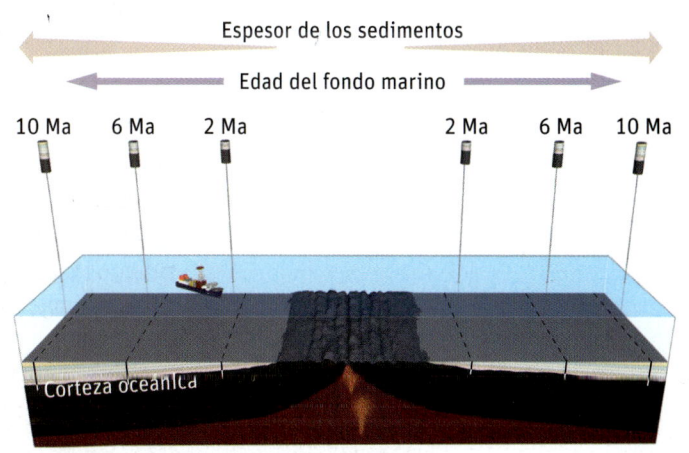

a) ¿Dónde hay más sedimentos? ¿Hay alguna relación entre la edad de la corteza oceánica y la potencia de los sedimentos?

b) ¿Cómo explicas que la potencia de los sedimentos se incremente a medida que nos alejamos de la dorsal?

ACTIVIDADES

9. Si, como pensaba Wegener, los continentes se desplazasen sobre los fondos oceánicos, ¿habría fondos oceánicos de más de 180 Ma? ¿Por qué?

3 La dorsal y su dinámica

Las dorsales oceánicas son grandes elevaciones submarinas en las que se genera nueva litosfera oceánica a partir de materiales magmáticos procedentes del interior terrestre. Los materiales así originados se alejan a uno y otro lado de la dorsal.

> **smSaviadigital.com COMPRENDE**
> La extensión del fondo oceánico.

3.1. Teoría de la extensión del fondo oceánico

La relativa escasez de sedimentos en las cuencas oceánicas y la distribución de las edades en ellas no fueron las únicas sorpresas. Así, se descubrió que el basalto de la corteza oceánica muestra una **magnetización en bandas paralelas al eje de la dorsal**, que alternativamente tienen polaridad normal (la actual) y polaridad invertida. Su estudio mostró que los polos norte y sur del campo magnético terrestre se han intercambiado muchas veces, si bien aún se desconoce la causa de estas inversiones.

El bandeado magnético descubierto por Vine y Matthews confirmaba la **teoría de la extensión del fondo oceánico** elaborada por Hess, según la cual, en las dorsales se origina nueva litosfera oceánica a partir de materiales magmáticos procedentes del interior. La litosfera recién creada se aleja a ambos lados de la dorsal y el espacio dejado lo ocupa nuevo magma.

Esta teoría permite explicar:

- La distribución de los sedimentos en las cuencas oceánicas.
- El incremento de la edad de los fondos oceánicos al alejarse de la dorsal.
- La distribución del bandeado magnético en la corteza oceánica.
- La importante actividad volcánica que hay en las dorsales.
- La actividad sísmica en las dorsales: terremotos de foco somero, de poca magnitud pero muy frecuentes.

EXTENSIÓN DEL FONDO OCEÁNICO

1. Una masa de magma llega a la dorsal. Se enfría y los cristales de magnetita del basalto adquieren la polaridad normal.

2. La litosfera recién creada se aleja a ambos lados de la dorsal. El espacio dejado lo ocupa nuevo magma, y los cristales de magnetita recogen la polaridad existente; en este caso, invertida.

3. Continúa la creación de litosfera oceánica: los basaltos graban la polaridad del campo magnético de cada momento. El bandeado originado es aproximadamente simétrico con respecto al eje de la dorsal.

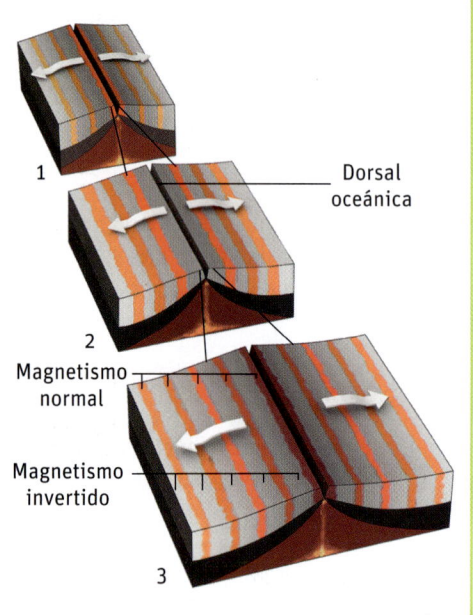

Por todo ello, la extensión del fondo oceánico es una parte esencial de la teoría de la tectónica de placas. Las ideas propuestas por Vine y Matthews se conocen también como teoría de la **expansión del fondo oceánico**. Sin embargo, hay autores que consideran inadecuado el término "expansión", ya que significa 'dilatación', o 'incremento de volumen sin incremento de materia', y no es eso lo que ocurre en los fondos oceánicos.

ARGUMENTAR

10. ¿Por qué las dorsales son más altas?

La imagen muestra un corte transversal de la dorsal atlántica, que se eleva unos 3000 m sobre las llanuras abisales.

a) Según la teoría de la isostasia, las elevaciones se explican por la presencia de materiales menos densos o de mayor grosor. ¿Es más gruesa la corteza en la dorsal?

b) El flujo térmico es mayor en las dorsales y, por tanto, también lo es la temperatura a la que se encuentran los basaltos en la dorsal. ¿Este hecho puede tener algún efecto en la densidad?

c) A medida que se aleja de la dorsal, la temperatura de la corteza disminuye. ¿Puede esto justificar que se reduzca la altura del fondo oceánico? ¿Por qué?

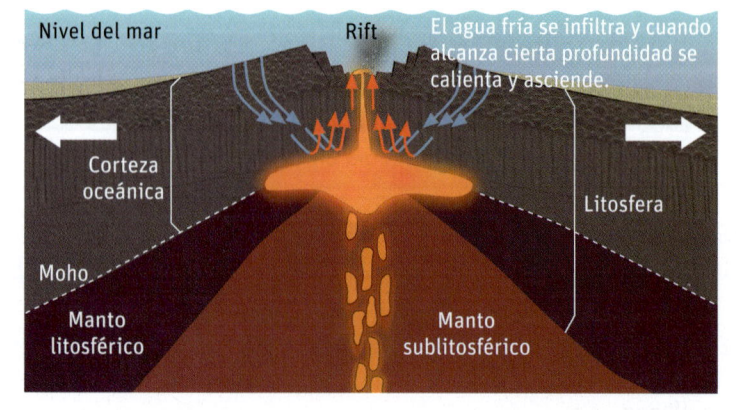

3.2. ¿Por qué se hunde la corteza oceánica?

La teoría de la extensión del fondo oceánico describe el funcionamiento de la dorsal. Explica por qué los materiales que la componen son actuales y por qué la edad de las rocas se incrementa a medida que nos alejamos de ella. Lo que no nos dice es ¿por qué, salvo casos muy excepcionales, no hay fondos de edad superior a 180 Ma? ¿Qué ha pasado con ellos?

Si en los océanos no hay fondos de antigüedad superior a 180 Ma es porque se han hundido. La **subducción** es el proceso por el que la litosfera se introduce en el interior terrestre **como consecuencia del incremento de su densidad**.

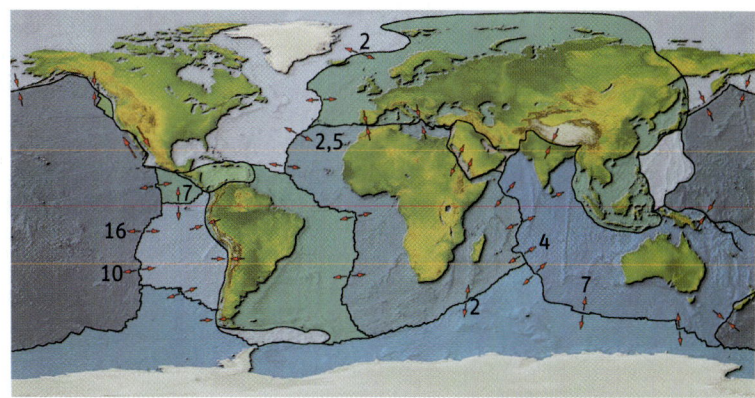

Figura 14.7. Velocidad de extensión del fondo oceánico en cm/año.

LA CIENCIA Y SUS MÉTODOS

Cómo explicar la subducción de los fondos oceánicos

El siguiente recorrido explica por qué el fondo oceánico se eleva en ciertas zonas y comienza a subducir en otras:

Se observa que:

1.º En el eje de la dorsal, la litosfera es muy fina. Bajo él se alcanzan temperaturas de 1000 °C a 2 km de profundidad.

2.º Lejos de la dorsal la litosfera está más fría, es más densa y se encuentra a mayor profundidad.

3.º A medida que envejece, la litosfera se hace más gruesa e incorpora más manto superior.

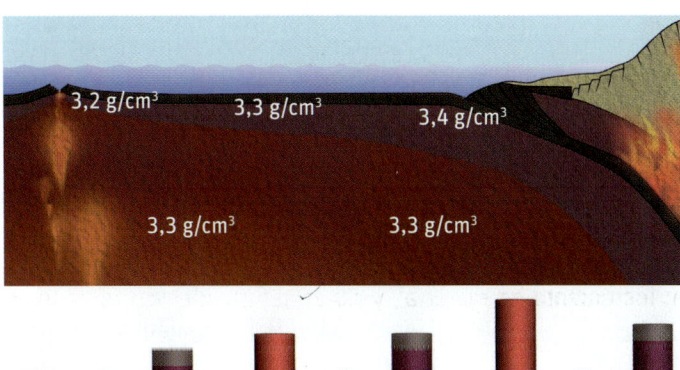

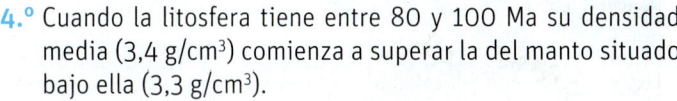

4.º Cuando la litosfera tiene entre 80 y 100 Ma su densidad media (3,4 g/cm³) comienza a superar la del manto situado bajo ella (3,3 g/cm³).

Se infiere que:

1.º Esas temperaturas producen que la dorsal se eleve 2 o 3 km sobre los fondos, ya que dilatan las rocas y las hacen menos densas.

2.º La litosfera se enfría en contacto con el agua del océano, aumenta su densidad y reduce su elevación. Este hundimiento, o **subsidencia**, producido por el enfriamiento progresivo de la litosfera se denomina **subsidencia térmica**.

3.º Todo incremento de grosor de la litosfera se traduce en un aumento de su densidad media, ya que incorpora manto litosférico frío y este es más denso que el sublitosférico (ambos tienen la misma composición pero el sublitosférico está dilatado por el calor).

4.º La litosfera oceánica tenderá a hundirse. La **subducción** no se produce inevitablemente cuando esta litosfera alcanza los 100 Ma sino que puede retrasarse hasta los 160 o 180 Ma (excepcionalmente más), ya que el manto sublitosférico, aunque caliente y dúctil, se halla en estado sólido, lo que dificulta el hundimiento.

ACTIVIDADES

11. La elevación de las dorsales con respecto a las llanuras abisales, ¿contradice o confirma la isostasia?

12. ¿A qué ritmo se extendió el fondo oceánico si a 25 km de la dorsal tiene 1 Ma?

4 Zonas de subducción

Hipocentros "cuesta abajo"

En 1949, mucho antes de que se propusiera la teoría de la tectónica de placas, el sismólogo Hugo Benioff observó que los focos sísmicos incrementaban su profundidad a medida que nos alejábamos de la fosa oceánica. Así, se situaban en un plano inclinado que, partiendo de la fosa, pasaba por debajo del continente. Benioff estaba señalando lo que dos décadas después se llamaría **zona de subducción**. En torno a las fosas oceánicas los focos sísmicos se distribuyen siguiendo cierto orden.

Las **zonas de subducción son lugares en los que se destruye litosfera**. Esa destrucción se hace a un ritmo tal que, a escala planetaria, equilibra la cantidad de litosfera generada en las dorsales. Zonas de subducción y dorsales son dos de los límites, o bordes, que separan unas placas de otras.

4.1. Tipos de subducción

Las zonas de subducción se sitúan en los límites de dos placas litosféricas que tienen un movimiento **convergente**. En función de los tipos de litosfera implicadas se diferencian tres situaciones:

- **Convergencia continental-oceánica**, como el límite entre Suramérica y el océano Pacífico. En ellas, litosfera oceánica subduce bajo la litosfera continental.
- **Convergencia oceánica-oceánica**, como el límite entre el Pacífico y las islas de Japón. En ellas, litosfera oceánica subduce bajo otra litosfera oceánica.
- **Convergencia continental-continental**, como en la cordillera del Himalaya. Comienza siendo una convergencia continental-oceánica en la que la placa que subduce tiene un tramo oceánico y, tras él, otro continental. Una vez que ha subducido toda la litosfera oceánica, se produce la colisión de los dos continentes.

En la Web

Descubre cómo funciona una zona de subducción.

www.e-sm.net/svbg1bach14_05

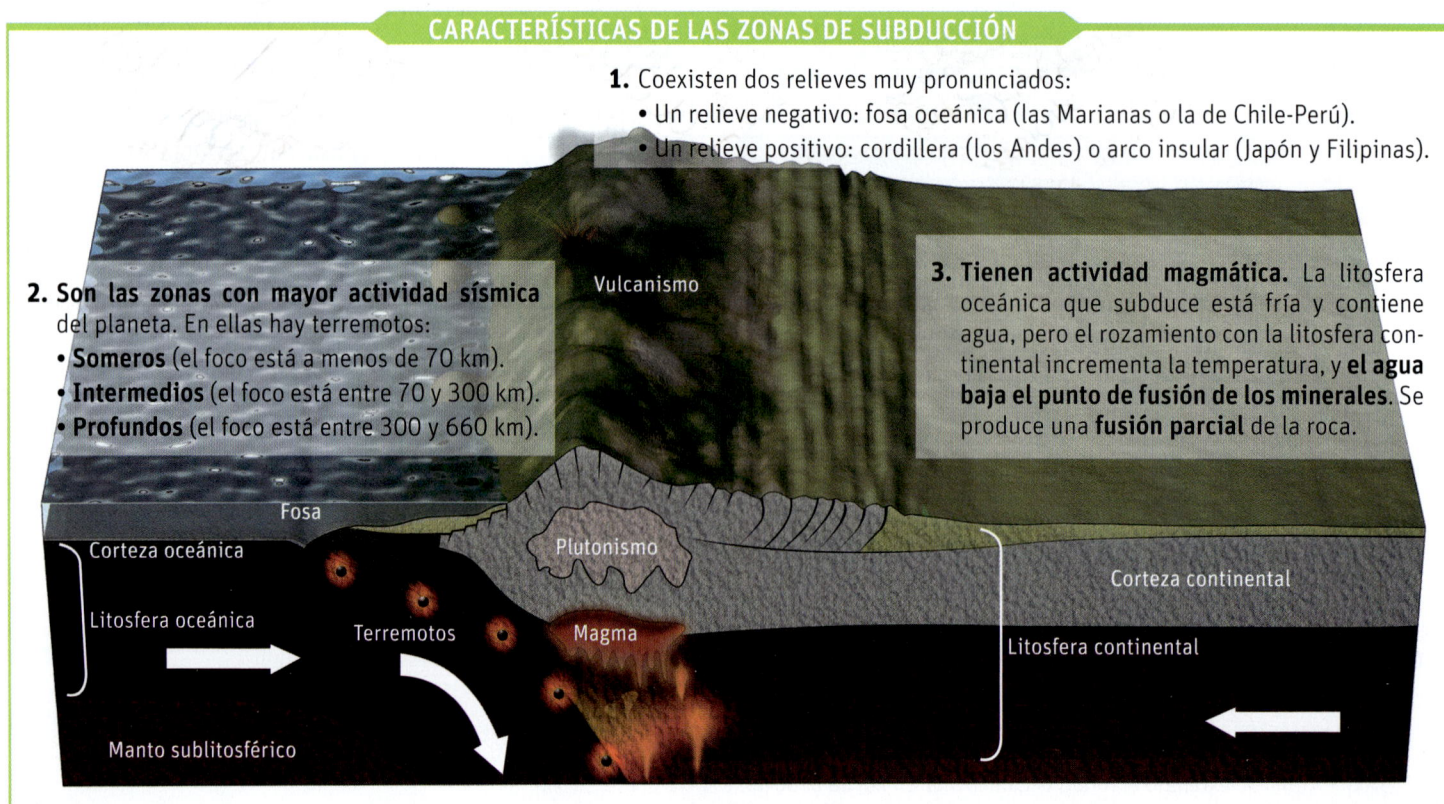

CARACTERÍSTICAS DE LAS ZONAS DE SUBDUCCIÓN

1. Coexisten dos relieves muy pronunciados:
   - Un relieve negativo: fosa oceánica (las Marianas o la de Chile-Perú).
   - Un relieve positivo: cordillera (los Andes) o arco insular (Japón y Filipinas).

2. **Son las zonas con mayor actividad sísmica** del planeta. En ellas hay terremotos:
   - **Someros** (el foco está a menos de 70 km).
   - **Intermedios** (el foco está entre 70 y 300 km).
   - **Profundos** (el foco está entre 300 y 660 km).

3. **Tienen actividad magmática.** La litosfera oceánica que subduce está fría y contiene agua, pero el rozamiento con la litosfera continental incrementa la temperatura, y **el agua baja el punto de fusión de los minerales**. Se produce una **fusión parcial** de la roca.

5. Límites transformantes

Además de dorsales y zonas de subducción, las placas litosféricas pueden tener un tercer tipo de margen. En él se produce un desplazamiento lateral de una placa con respecto a otra; son las **fallas transformantes**.

En estos límites de placa no se crea ni se destruye litosfera, por lo que se los denominan **bordes conservativos**.

Hay dos tipos de bordes conservativos:

- El primero incluye las **fracturas que acomodan el espacio entre dos placas continentales que se mueven lateralmente una con respecto a la otra**. Es el caso de la falla de San Andrés (California) y la falla Alpina (Nueva Zelanda).

- El segundo, y más frecuente, corresponde a las **fallas que cortan transversalmente a las dorsales oceánicas**, produciendo un desplazamiento lateral de la dorsal de hasta varios cientos de kilómetros.

Los bordes conservativos no presentan vulcanismo asociado; sin embargo, en ellos son frecuentes los terremotos, aunque solo aquellos que tienen un **foco sísmico somero**.

A diferencia de los márgenes divergentes y los convergentes, los márgenes transformantes no poseen un tipo de relieve característico.

> **OBSERVAR**
>
> **13. Vivir sobre una falla transformante**
>
> En la mañana del 18 de abril de 1906, un terremoto de magnitud 7,8, con epicentro al sur de la ciudad de San Francisco (Estados Unidos) causó 3000 víctimas mortales y destruyó numerosos edificios. No era la primera vez que ocurría y, con toda probabilidad, no será la última.
>
> a) La fotografía muestra una fisura lineal que la atraviesa de abajo arriba; es la falla de San Andrés. En estas fallas hay un desplazamiento lateral de un bloque con respecto al otro. ¿Cuál de ellos crees que se ha desplazado hacia la parte baja de la imagen?
>
> b) Las fallas transformantes pueden ser dextrorsas o sinistrorsas. Si te sitúas en un bloque, mirando al bloque opuesto, y este se ha desplazado hacia tu derecha, la falla será dextrorsa; en caso contrario será sinistrorsa. ¿De qué tipo es la falla de San Andrés?

CARACTERÍSTICAS ASOCIADAS A CADA TIPO DE MARGEN

Tipo de margen	Divergente	Convergente	Transformante
Movimiento	Extensión	Subducción	Desplazamiento lateral
Efecto	Constructivo (se crea litosfera)	Destructivo (se destruye litosfera)	Conservativo (no se destruye ni se crea litosfera)
Topografía	Dorsal / Rift	Fosa o cordillera	Poco destacable
Vulcanismo	Sí	Sí	No
Sismicidad	Sí (de foco somero)	Sí (de foco somero, intermedio y profundo)	Sí (de foco somero)

ACTIVIDADES

14. En la página anterior se representa una zona de subducción con convergencia continental-oceánica. ¿Qué debería ocurrir para que en el futuro esa zona fuese de convergencia continental-continental?

15. Explica por qué en los márgenes transformantes y en los divergentes los focos sísmicos no son profundos mientras que en los convergentes sí pueden serlo.

6 La tectónica de placas: una perspectiva global

En la Web
Descubre los datos que más ayudan a marcar los límites de las placas.
www.e-sm.net/svbg1bach14_06

La geología clásica ofrecía explicaciones independientes para interpretar procesos como el origen de los volcanes, la formación de las cordilleras, el origen y la distribución de los terremotos, o los cambios en la distribución de tierras y mares a lo largo de la historia de la Tierra. Una de las grandes aportaciones de la teoría de la tectónica de placas es que relaciona todos estos procesos y los incluye dentro de la dinámica global del planeta, razón por la que también es denominada **teoría de la tectónica global**.

La tectónica de placas señala que la litosfera se mueve, y explica cuáles son las causas de estos movimientos y sus consecuencias. Esta teoría puede resumirse en las siguientes **ideas básicas**:

1. **La litosfera se encuentra dividida en un conjunto de fragmentos rígidos denominados placas.** Las placas son trozos de litosfera cuyo grosor oscila entre 50 y 200 km y poseen una extensión superficial muy variable. La mayoría de ellas contienen litosfera continental y litosfera oceánica. Existen siete grandes placas litosféricas: Euroasiática, Africana, Indoaustraliana, Pacífica, Norteamericana, Suramericana y Antártica. Entre ellas se sitúan algunas placas de tamaño medio, como las de Nazca, Caribe, Cocos, Arábiga y Filipina, así como decenas de placas pequeñas, como la de Juan de Fuca o la del mar Egeo.

2. **Los límites o bordes de las placas litosféricas pueden ser de tres tipos:**

   - **Dorsales**, o límites **divergentes**, en los que se genera nueva litosfera oceánica.
   - **Zonas de subducción**, o límites convergentes, en las que se destruye litosfera.
   - **Fallas transformantes**, o límites **conservativos**, en las que no se crea ni se destruye litosfera, sino que una placa se desplaza lateralmente respecto a otra.

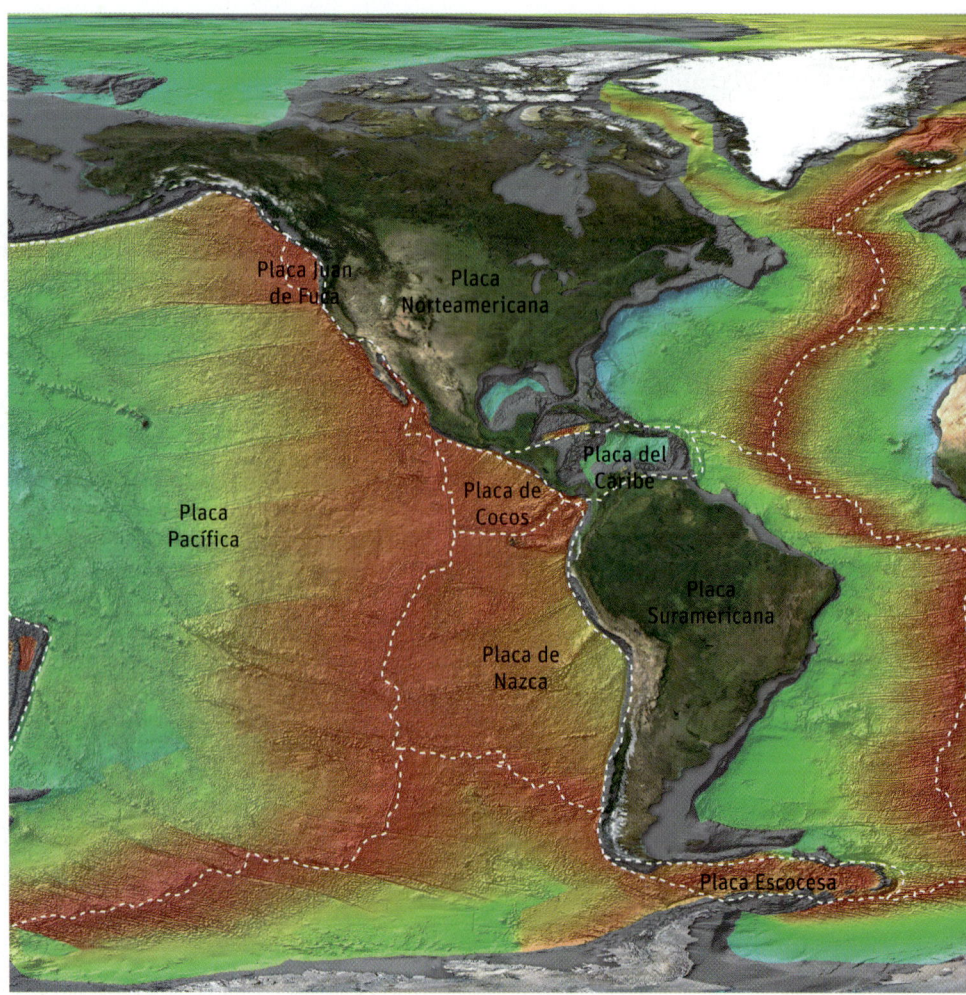

Figura 14.8. Principales placas litosféricas y antigüedad de la litosfera.

3. **Las placas litosféricas se desplazan sobre los materiales dúctiles del manto sublitosférico.** Lo hacen a una velocidad que oscila entre 1 y 12 cm/año, siguiendo distintas direcciones. Dado que entre las placas no existen huecos, el movimiento de cualquiera de ellas afecta también a las que le rodean y provoca alejamiento o aproximación de continentes e, incluso, colisiones entre ellos. Por esta razón, los límites de las placas son las zonas de la Tierra en las que existe mayor actividad geológica. En ellos se originan las cordilleras y la mayor parte de los terremotos y volcanes.

4. **Los desplazamientos de las placas litosféricas son causados por la energía térmica del interior terrestre y la energía gravitatoria.** La energía térmica impulsa las corrientes de convección en el interior terrestre y permite la existencia de un manto dúctil bajo la litosfera. Sin ella no habría tectónica de placas. En cuanto a la energía gravitatoria, es responsable de que se produzca la subducción y, una vez iniciada, el extremo denso y frío de la litosfera subducida tira de la parte superficial de la placa y la arrastra.

5. **La litosfera oceánica es renovada continuamente, mientras que la litosfera continental tiene un carácter más permanente.** La formación de nueva litosfera en las dorsales y su destrucción en las zonas de subducción explica que la antigüedad de los fondos oceánicos sea inferior a 180 Ma, mientras que en los continentes se han encontrado rocas de casi 4000 Ma.

6. **A lo largo de la historia de la Tierra no solo ha cambiado la posición de las placas litosféricas o su forma y tamaño, sino también su número.** Las causas de ello son la creación de litosfera en las dorsales, su destrucción en las zonas de subducción, y los procesos de división y unión de placas.

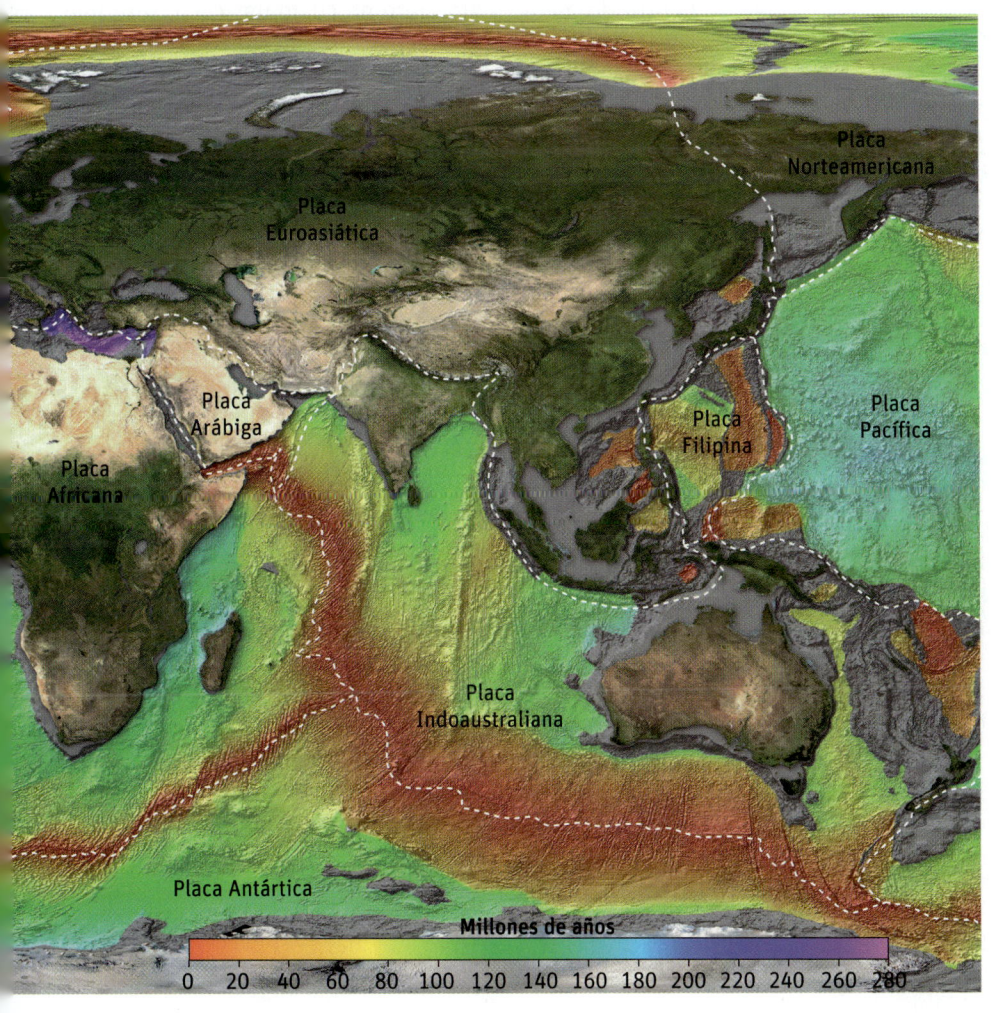

ACTIVIDADES

16. Cita una placa que solo tenga litosfera oceánica.

17. Haz un corte esquemático desde la placa de Nazca hasta el extremo este de la placa Africana en el océano Índico, y marca en él todos los límites de placa.

18. Cuando se dividió Pangea, India y Australia eran dos placas diferentes. Ahora están unidas lo suficiente para que se consideren una sola, si bien hay autores que siguen diferenciándolas. ¿Por qué podemos saber que eran placas diferentes?

7. Cambios en la tectónica de placas desde su fundación

Desde que a finales de la década de 1960 **Morgan**, **Le Pichon** o **Wilson** publicaron su modelo de tectónica de placas, han sido muchas las investigaciones realizadas y los nuevos datos aportados. Algunos de ellos han confirmado aspectos clave de esta teoría; otros, sin embargo, han obligado a introducir ajustes en el modelo que propusieron los padres fundadores de la tectónica de placas.

7.1. ¿Qué se ha confirmado?

Entre los datos que confirman la tectónica de placas hay que destacar los siguientes:

- **El incremento de la edad de los fondos oceánicos a medida que nos alejamos de la dorsal.** Hoy se conoce mejor la corteza oceánica que en la década de 1970 y, si bien en algunos lugares, como en el Mediterráneo oriental, su edad supera los 180 Ma, la distribución de edades responde a lo que se decía entonces.

- **La existencia de zonas en las que una litosfera oceánica relativamente vieja y fría se introduce en el manto.** La utilización de la tomografía sísmica ha permitido "ver" esas enormes losas que se hunden.

- **Las placas litosféricas se mueven.** El número de las mediciones realizadas y su precisión no dejan lugar a la duda.

La ciencia reestructura y modifica sus teorías para incrementar su carácter explicativo y predictivo. En consecuencia, no es posible saber qué modelo global de dinámica terrestre estará vigente dentro de medio siglo, pero en cualquier caso, será una teoría movilista que incluirá estos y otros datos confirmados por la tectónica de placas.

ANALIZAR

19. Un TAC de la zona de subducción

La imagen corresponde a una tomografía sísmica del interior terrestre bajo Japón. Los colores azules marcan zonas anormalmente frías y los rojos, anormalmente calientes para la zona en que se encuentran. Los puntos blancos son focos sísmicos.

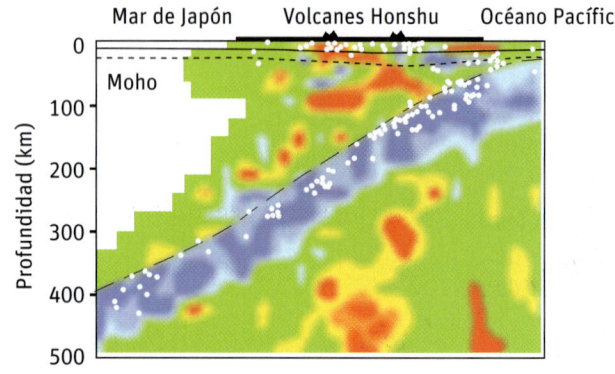

a) ¿A qué corresponde la franja azul inclinada?
b) ¿Por qué hay zonas rojizas por encima de ella?

7.2. ¿Qué ha cambiado sobre las dorsales y la subducción?

Aunque los estudios iniciales se hicieron sobre la dorsal atlántica, no tardó mucho en descubrirse que **el rift central solo lo tienen las dorsales lentas**, es decir, aquellas que generan menos litosfera oceánica. Hay otras dorsales, como la del Pacífico, mucho más rápidas, que carecen de rift.

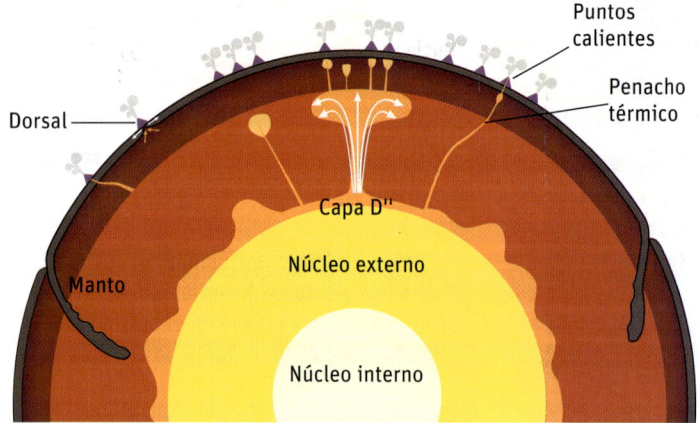

Figura 14.9. Penachos térmicos y puntos calientes.

El magma que alimenta la dorsal tiene una raíz más superficial de lo esperado. Solo en los **puntos calientes** el magma es de procedencia profunda. La tomografía sísmica muestra **penachos térmicos**, formados por rocas calientes que parten de la capa D'' y ascienden lentamente hasta la base de la litosfera. Allí actúan como un "soplete" que puede perforar la litosfera, generando actividad magmática. Los puntos calientes, como Islandia o Hawái, son la manifestación en superficie de esos penachos térmicos.

La ausencia de sismos de profundidad superior a los 660 km parecía confirmar que la subducción finalizaba en el manto superior. Sin embargo, la tomografía sísmica ha mostrado que **las placas pueden alcanzar la base del manto**. Probablemente, la capa D'' esté formada por fragmentos de viejas placas. Allí, en contacto con el núcleo, son recalentados, e inician su ascenso.

ACTIVIDADES

20. Si las dorsales oceánicas suelen ser submarinas, e Islandia está situada en la dorsal atlántica, ¿cómo puede explicarse que Islandia esté emergida?

7.3. ¿Qué ha cambiado sobre la convección en el manto?

Para los padres de la tectónica de placas la clave de la dinámica litosférica residía en la astenosfera, una capa que llegaba desde la base de la litosfera hasta 410 km de profundidad, y que más tarde se amplió hasta la base del manto superior. En ella las rocas estarían parcialmente fundidas, y eso permitiría la existencia de unas corrientes de convección de celdillas cerradas, cuyas ramas ascendentes se situarían en las dorsales y las descendentes en las zonas de subducción. No es eso lo que ocurre, ya que se ha podido comprobar que:

- **La convección no se limita al manto superior**, sino que incluye también el manto inferior.
- **La convección sigue un recorrido mucho más caótico** de lo que mostraban los primeros modelos. Los tramos descendentes están marcados por los grandes telones de placas subducentes, pero los ascendentes son más locales y parecen coincidir con los penachos térmicos.

Con todo, aún se tienen dudas sobre los detalles de este proceso convectivo.

Figura 14.10. La convección en el manto no se ajusta al modelo simplista de celdillas cerradas propuesto en la década de 1970.

7.4. ¿Qué ha cambiado sobre el motor de las placas?

En la década de 1970 se consideraba que el movimiento de los materiales de la astenosfera arrastraba a las placas situadas sobre ella, como hace una cinta transportadora con lo que se le coloca encima. Sin embargo, los datos de la convección en el manto no apuntan en esta dirección.

No hay duda de que la energía térmica del interior del planeta es esencial en la dinámica terrestre, proporcionando las condiciones que la hacen posible. Si el interior estuviese frío, no habría tectónica de placas. Por eso se dice que **la Tierra es una "máquina térmica"**.

> **• En la Web**
> Una idea actualizada de la convección en el manto.
> • www.e-sm.net/svbg1bach14_07

Pero el papel determinante en el movimiento de las placas litosféricas reside en la **energía gravitatoria**, que interviene a través de dos mecanismos complementarios:

- **La mayor altura de la dorsal y la subsidencia térmica** favorecen el deslizamiento de la litosfera oceánica, alejándose de la dorsal.
- **La litosfera subducida es densa y fría** y las presiones reinantes en el interior del manto la hacen aún más densa. Así, el extremo de la placa subducida tira de la parte superficial de la placa y la arrastra.

Desde esta perspectiva, **la subducción sería más la causa que la consecuencia del movimiento superficial de las placas**. Sin embargo, los científicos tienen aún ciertas dudas sobre el papel que desempeña cada uno de los procesos que intervienen y sobre las interacciones que se dan entre ellos. Un siglo después de Wegener, la causa de los movimientos sigue generando interrogantes.

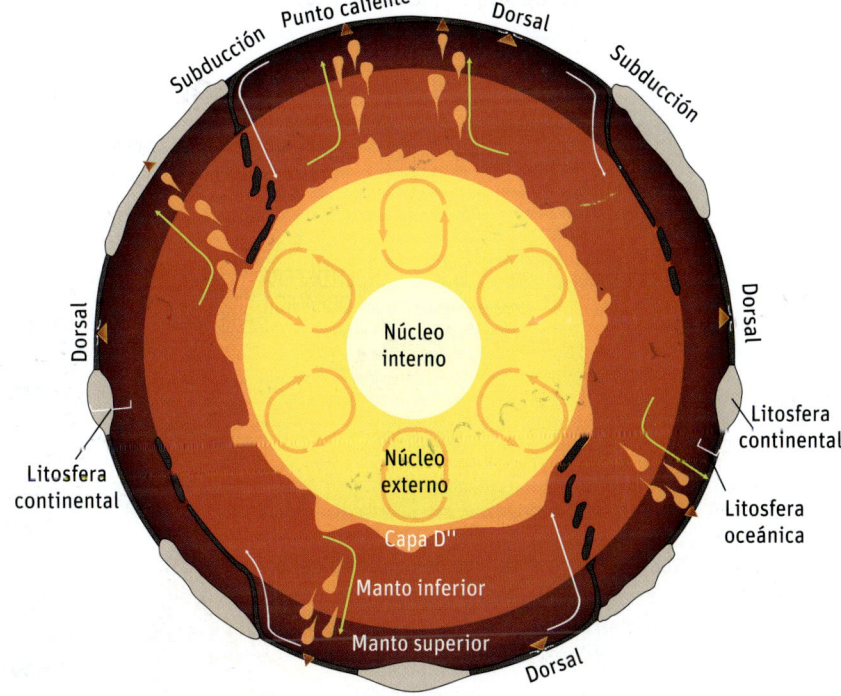

Figura 14.11. Modelo actual de dinámica global.

ACTIVIDADES

21. Las dorsales que se extienden a mayor velocidad se encuentran en fondos oceánicos que terminan en zonas de subducción. ¿Puede ser este hecho un dato a favor de la influencia del tirón subductivo en el movimiento de las placas? ¿Por qué?

ACTIVIDADES

Síntesis

22. Completa en este mapa conceptual los términos que faltan (•••) y los fragmentos que debes desarrollar (+). Puedes realizar la actividad en tu cuaderno.

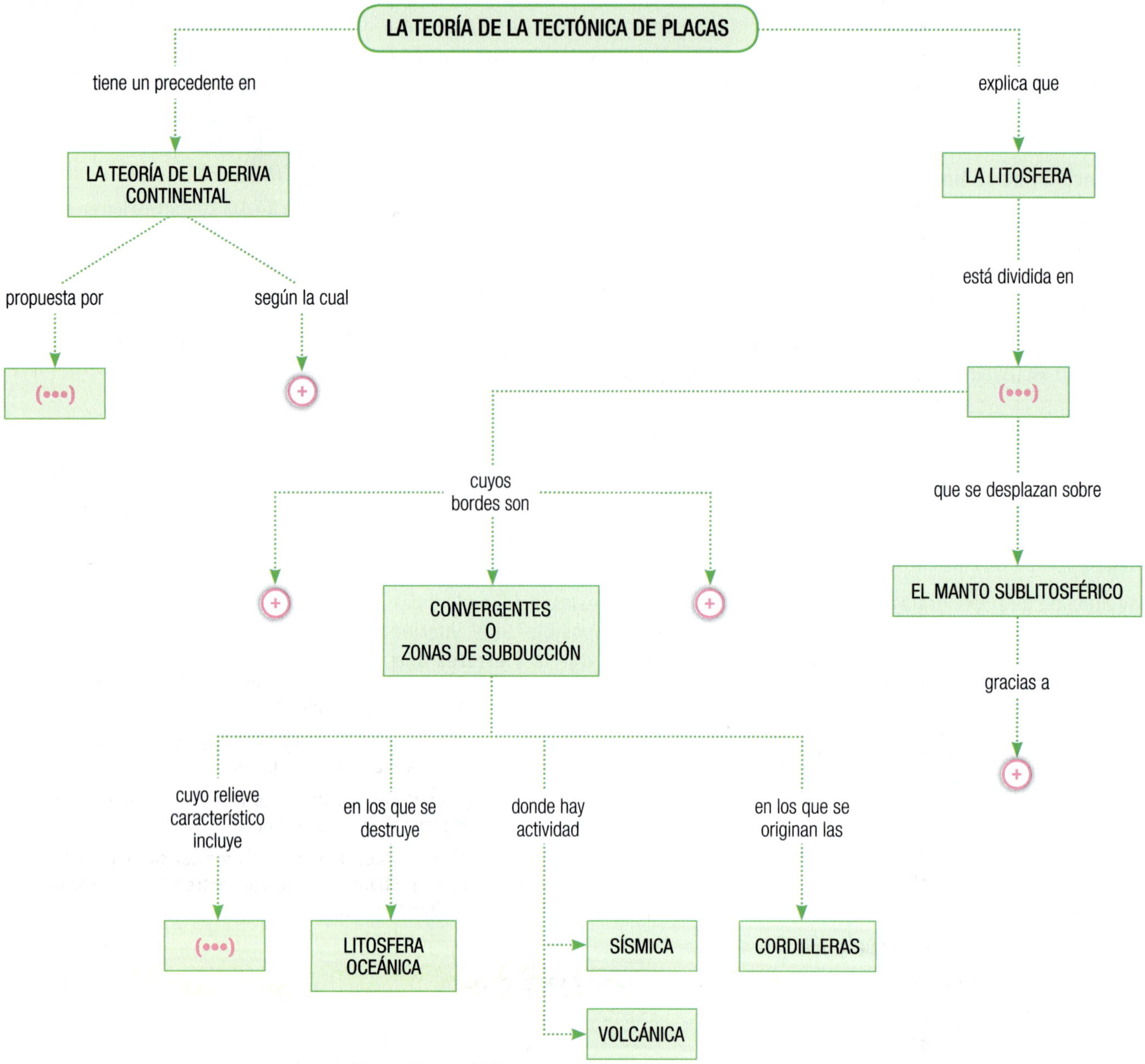

```
                        LA TEORÍA DE LA TECTÓNICA DE PLACAS
           tiene un precedente en                    explica que

        LA TEORÍA DE LA DERIVA                           LA LITOSFERA
             CONTINENTAL
                                                       está dividida en
     propuesta por      según la cual
         (•••)              (+)                            (•••)

                            cuyos                   que se desplazan sobre
                          bordes son
                                                   EL MANTO SUBLITOSFÉRICO
         (+)           CONVERGENTES         (+)
                            O                            gracias a
                     ZONAS DE SUBDUCCIÓN
                                                            (+)

   cuyo relieve    en los que se    donde hay      en los que se
  característico    destruye        actividad      originan las
     incluye

     (•••)         LITOSFERA         SÍSMICA        CORDILLERAS
                   OCEÁNICA
                                    VOLCÁNICA
```

Aplicación y relación

23. La ilustración recoge el relieve de una zona del océano Pacífico en la que existe una sismicidad importante. Los puntos coloreados representan los focos sísmicos y las profundidades a las que se han localizado.

a) La coloración diferencia la corteza del manto, pero no distingue entre el manto litosférico y el sublitosférico. ¿Qué tipos de corteza aparecen en la figura?

b) ¿Qué límite de placa hay? ¿Qué características te han permitido identificarlo?

c) ¿Cuántas placas litosféricas observas?

d) Haz un esquema que represente la litosfera en este límite de placa.

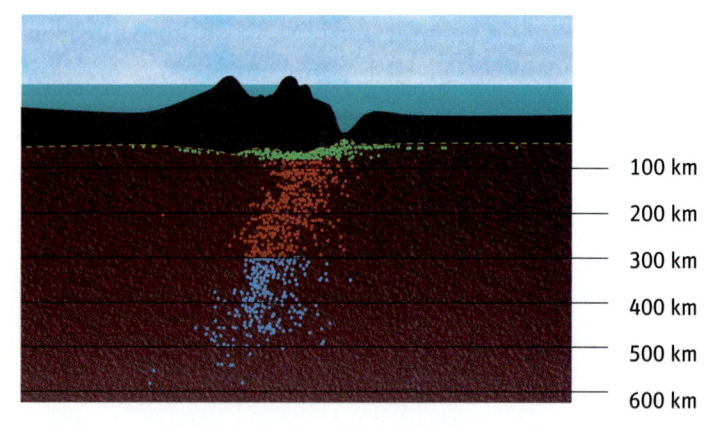

100 km
200 km
300 km
400 km
500 km
600 km

24. La tabla recoge unas mediciones hechas en el fondo oceánico:

Distancia al eje de la dorsal (km)	50	1250	2300	3100
Edad de la litosfera (Ma)	2	50	90	120
Grosor de la litosfera (km)	15	60	85	100
Densidad de la litosfera (g/cm^3)	3,1	3,2	3,3	3,4
Densidad del manto sublitosférico (g/cm^3)	3,3	3,3	3,3	3,3

a) ¿Cuántos centímetros de litosfera se han generado al año, por término medio, en este fondo oceánico?

b) ¿Cómo explicas el incremento de grosor de la litosfera a medida que se aleja de la dorsal?

c) ¿A partir de qué edad podría subducir esta litosfera?

25. La imagen muestra la dorsal oceánica en una zona del Pacífico. El eje de la dorsal aparece en tonos ocres.

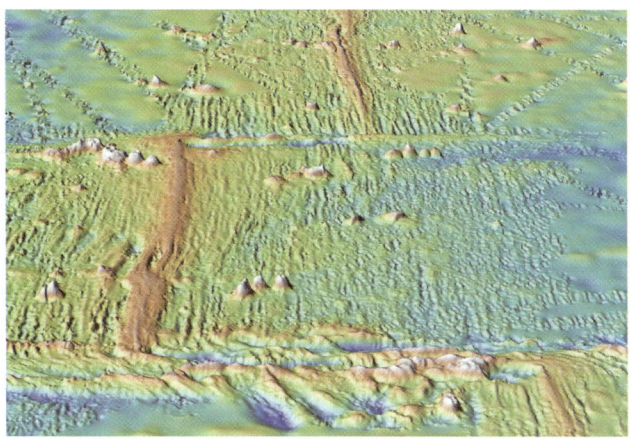

a) ¿Qué tipos de límites de placa se observan en la figura?

b) ¿Cuántas placas aparecen?

c) Haz un esquema con los distintos tipos de límites de placa.

26. La imagen corresponde a una tomografía sísmica del manto sublitosférico. Recuerda que los colores no indican valores absolutos de temperatura, sino relativos, en comparación con los de otras zonas de la misma profundidad. Los colores rojos indican temperaturas más altas (anomalías térmicas positivas) y los azules, más bajas (anomalías térmicas negativas). Se ha "destapado" la placa Suramericana para que se ubiquen mejor las zonas con anomalías térmicas.

a) ¿Dónde se localizan las anomalías térmicas, en límites de placa o en zonas del interior (intraplaca)?

b) ¿En qué tipo de límite se localizan las anomalías térmicas positivas? Explica este hecho.

c) ¿En qué tipo de límite se localizan las anomalías térmicas negativas? Explica este hecho.

d) Si se "destapase" la placa Euroasiática, ¿en qué zonas consideras probable que se concentren las anomalías térmicas positivas?, ¿y las negativas?

Biblioteca global

27. ¿Explotará Yellowstone?

La mayoría de los puntos calientes se encuentran en los océanos. No es extraño que sea así, ya que la litosfera oceánica es más delgada que la continental y resulta más fácil que los penachos térmicos la perforen.

Uno de los puntos calientes continentales es Yellowstone (Estados Unidos). En él hay géiseres, aguas termales y numerosas evidencias de grandes erupciones volcánicas. Hace 640 000 años ocurrió allí una erupción tan explosiva que cubrió de cenizas buena parte del país. Los geólogos están convencidos de que volverá a producirse una erupción así.

a) Busca información sobre Yellowstone. Haz una ficha que sintetice los datos geológicos más importantes, respondiendo en todo caso a las siguientes cuestiones:

- ¿Cómo se formó la gran caldera de Yellowstone?
- ¿Cuál fue la erupción más importante ocurrida allí?
- ¿Con qué frecuencia se han producido las grandes erupciones de Yellowstone?

b) smSaviadigital.com OBSERVA Este documental narra cómo se descubrieron esas erupciones, así como el riesgo de que se repitan.

LA CIENCIA Y SUS MÉTODOS — Argumentar, algo más que opinar

Argumentar es emitir un juicio razonado. La argumentación va dirigida a un interlocutor (que puede estar, o no, presente) con la intención de convencerlo. Es un procedimiento que los científicos usan para mostrar la utilidad de una idea, o las ventajas de una teoría o de un método sobre otro. También se recurre a él en la vida cotidiana y puede ayudarnos a valorar la solidez de una idea.

Analicemos un caso. La existencia, a escala planetaria, de un equilibrio entre la litosfera generada en las dorsales y la que se pierde en las zonas de subducción puede hacer pensar que es la actividad de las dorsales la causa de la subducción. ¿Es esto lo que ocurre?

Un barco se hunde si su densidad es mayor que la del agua, no si se lo empuja lateralmente.

¿Es la extensión oceánica la causa de la subducción?

No todas las argumentaciones siguen la misma estructura. En cualquier caso, una argumentación debe incluir:

1. IDEA DE PARTIDA
Es la afirmación sobre la que se organiza la argumentación.

→ **1. Mi idea de partida es:** Lo que causa la subducción no es la necesidad de compensar la creación de litosfera en las dorsales.

2. DATOS
Son cifras, hechos o declaraciones que se usan como evidencias que apoyan la afirmación.

→ **2. Los datos en los que se basa mi idea son:** Hay zonas, como el Atlántico, con dorsal y sin zona de subducción. Asimismo, hay placas con zonas de subducción, pero sin dorsal. La tomografía sísmica muestra placas que se hunden hacia el fondo del manto.

3. JUSTIFICACIONES
Son frases que explican la relación entre los datos y la idea de partida. Pueden incluir conocimientos teóricos en los que se basa la justificación (fundamentos).

→ **3. Estos datos apoyan mi idea porque:** Si fuese la actividad de la dorsal la que genera la subducción, una vez desaparecida la dorsal debería cesar la subducción.

Si una placa o un fragmento de ella se hunde hasta el fondo del manto, solo puede deberse a que su densidad sea mayor. El empuje de una dorsal podría hacerla colisionar, pero nunca hundir la placa.

4. CONCLUSIÓN
Es la idea final que se deduce de la argumentación. Puede no coincidir con la idea de partida, pero tiene que derivarse del cuerpo de la argumentación.

→ **4. En consecuencia:** Lo que causa la subducción es que la litosfera oceánica, llegado un momento, es más densa que el manto situado bajo ella y se hunde.

Además, la argumentación puede incluir contraargumentos. Eso mejora el juicio razonado:

5. REFUTACIONES O CONTRAARGUMENTOS
Son enunciados que contradicen datos, bien de los que se han ofrecido o bien de los defendidos desde posiciones contrarias.

→ **5. Es cierto que** los fundadores de la tectónica de placas argumentaron que si, como se había comprobado, existían zonas en las que se generaba litosfera debía haber otras en las que se perdía.

Pero con ello no querían establecer una relación causa-efecto. Entonces disponían de datos irrefutables de la creación de fondo oceánico, pero muy pocos sobre la subducción.

ACTIVIDADES

28. ¿En qué lugar de la argumentación incluirías las refutaciones? ¿Puedes mejorar la argumentación con algún dato más?

29. Construye una argumentación defendiendo que "los continentes no se mueven sobre los fondos oceánicos, como pensaba Wegener".

EXPERIENCIAS QUE CAMBIARON EL MUNDO

Una revolución en las ciencias de la Tierra

En 1968 John Tuzo Wilson escribía un artículo en el que declaraba que se acababa de producir una revolución en las ciencias de la Tierra. La tectónica de placas era la teoría que había generado este vuelco, cambiando radicalmente nuestras ideas sobre el funcionamiento del planeta. La geología nunca más volvería a ser fijista.

Aquella revolución se había gestado en la década de 1960, pero sus raíces debemos buscarlas medio siglo antes. Fue Alfred Wegener con su obra *El origen de los continentes y los océanos*, publicada en 1915, quien desafió las ideas fijistas imperantes.

John Tuzo Wilson (1908-1993).

Una mirada particular

Las dos primeras ediciones de su libro no provocaron gran rechazo, quizá porque no se le prestó demasiada atención. No ocurrió igual con la tercera, publicada en 1922, que fue analizada con detalle y calificada como "hipótesis imposible" por el prestigioso geofísico Harold Jeffreys.

Un continente que se mueva es, para nosotros, tan extraño como lo fue para nuestros antepasados una Tierra que se movía.

Sin embargo, el volumen de datos ofrecidos por Wegener había sido abrumador, la mayoría de ellos no eran aportación suya y no se discutían. Wegener se había limitado a relacionar e interpretar esos datos desde una perspectiva distinta, de manera que adquirían un nuevo sentido. Ese era el problema.

Con todo, el momento clave hay que situarlo en el simposio que la Asociación Americana de Geólogos del Petróleo celebró en Nueva York en 1926. El objetivo central del encuentro era analizar la teoría de la deriva continental. Wegener no asistió, y se le acusó de haber utilizado una estrategia propia del abogado que elige solo los indicios favorables a su causa, olvidando todas las pruebas en contra. Su teoría fue rechazada.

Treinta años después, la Enciclopedia Británica continuaba refiriéndose a la movilidad continental como "la hipótesis imposible".

Y, sin embargo, como sostenía el joven meteorólogo alemán, los continentes se mueven.

Razones y sinrazones de un rechazo

Ninguna revolución científica se produce con facilidad, todas ellas cuestionan conocimientos muy asentados y obligan a cambiarlos.

Así, el geólogo inglés Philip Lake había señalado en 1923 una posible causa del rechazo: "Al examinar ideas tan nuevas como las de Wegener no es fácil olvidar los prejuicios. Un continente que se mueva es, para nosotros, tan extraño como lo fue para nuestros antepasados una Tierra que se movía, y podemos tener tantos prejuicios como ellos".

No hay duda de que esos prejuicios existieron y puede que no fueran los únicos. Así, los historiadores de la ciencia han apuntado que, junto a las objeciones estrictamente científicas, hubo otros factores sociales cuya influencia es difícil ponderar.

En efecto, cuando Wegener propuso su teoría tenía apenas 32 años, demasiado joven, quizá, para enfrentarse a las autoridades científicas. Además, era meteorólogo y, por tanto, "un intruso" que pretendía enmendarles la plana. Y si eso no bastaba, era alemán y había publicado su libro en plena Primera Guerra Mundial, un momento en el que buena parte de la comunidad científica pertenecía a los países enfrentados con Alemania.

Alfred Wegener (1880-1930).

En esas circunstancias no parecía fácil que la revolucionaria teoría de la deriva continental contase con los apoyos necesarios. Y, sin embargo, como sostenía el joven meteorólogo alemán, los continentes se mueven.

ACTIVIDADES

30. ¿Cómo valoras la influencia de factores sociales, no estrictamente científicos, en el rechazo a las propuestas de Wegener?

31. El principal precedente de la tectónica de placas fue la deriva continental. ¿Qué tienen en común y cuáles son sus principales diferencias?

32. Unos años antes de publicar su libro, Wegener dio una conferencia en la que presentó las ideas básicas de su teoría. ¿Sabes cuándo tuvo lugar? Puedes conocer una síntesis de su vida en: smSaviadigital.com INVESTIGA

15

 1 El origen del magma
 2 Diversidad de magmas
 3 Vulcanismo intraplaca
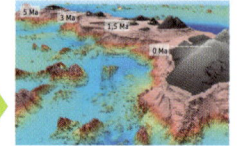 4 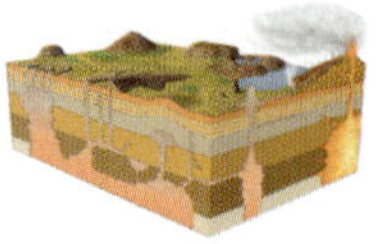 Emplazamientos y morfologías magmáticos

Magmatismo y tectónica de placas

5 Texturas de las rocas magmáticas

6 Tipos de rocas ígneas

7 Riesgo volcánico

LA CIENCIA Y SUS MÉTODOS
Correlación y causalidad

EN PORTADA

Las islas Santorini se elevan 14 cm

Las Santorini son unas pequeñas islas griegas que cada año visitan miles de turistas. La mayor tiene la forma de un arco que se completa parcialmente con otra isla. El conjunto deja en medio una preciosa "laguna". El archipiélago es lo que queda de una antigua isla tras una erupción muy explosiva ocurrida hace 3600 años y que, probablemente, produjo el ocaso de la entonces floreciente civilización minoica (Creta).

En septiembre de 2012, los medios de comunicación se hacían eco de un estudio realizado por la Agencia Espacial Europea (ESA, por sus siglas en inglés) que informaba de la elevación sufrida por las islas Santorini en el último año.

En enero de 2011 se habían registrado una serie de terremotos de pequeña magnitud. El fenómeno, a juicio de los investigadores, estaba relacionado con la llegada de más de diez millones de metros cúbicos de magma a la cámara magmática, situada a unos 4 km de profundidad.

Una de las consecuencias de esa entrada de magma fue la elevación de las islas, que se comportan como si bajo ellas se inflase un enorme globo. A pesar de ello, los científicos consideraron que la erupción volcánica no era inminente. En todo caso, habrá que estar atentos porque las erupciones del Santorini pueden ser extremadamente peligrosas.

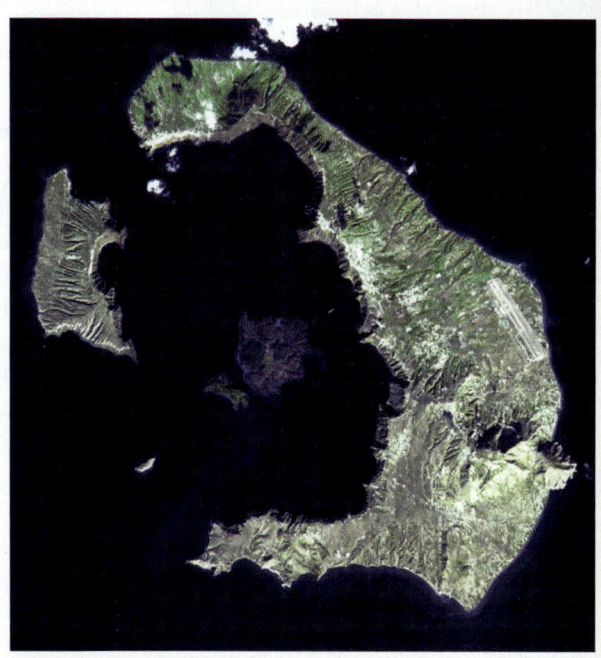

Figura 15.1. Vista aérea de Santorini tomada por satélite.

• En la Web

Conoce la historia de Santorini y el eclipse de la civilización minoica.

• www.e-sm.net/svbg1bach15_01

1. Las islas Santorini se hallan en una zona muy compleja en la que entre las grandes placas Euroasiática y Africana hay otras menores, ¿cuáles son? ¿La actividad volcánica de las Santorini estará relacionada con la tectónica de placas?

2. Como consecuencia de la erupción en las Santorini colapsó la parte central de la isla, formándose una caldera. ¿Dónde crees que está ubicada esta caldera?

3. Tras el hundimiento de la caldera se originó un *tsunami*, cuyos efectos en la civilización minoica pudieron ser mayores que los causados directamente por la erupción. Busca información sobre el ocaso de esta civilización.

4. Observa la imagen de la página anterior: ¿cuántos conos volcánicos hay?, ¿cuántos de ellos están en actividad?

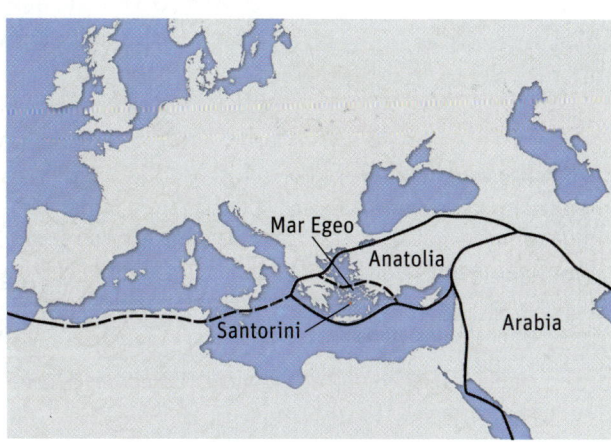

Figura 15.2. Mapa tectónico del Mediterráneo.

Complejo volcánico en la isla de Java (Indonesia). Al fondo, el volcán Semeru, el monte más alto de la isla, en actividad casi permanente desde 1967.

1 El origen del magma

Figura 15.3. Al llegar a la superficie, los componentes líquidos del magma reciben el nombre de lava.

El **magma** es un fundido silicatado que contiene una cantidad más o menos importante de gases que acompañan a la fracción líquida. Por lo general, posee una fracción sólida formada por partes de las rocas que aún no se han fundido o cristales que ya se han solidificado.

1.1. ¿Cómo se forma el magma?

Si se origina magma es porque el interior de la Tierra se encuentra a temperaturas muy altas. El calor del interior terrestre tiene una doble procedencia, en parte es lo que queda del calor generado durante la formación del planeta, y en parte proviene de la desintegración de elementos radiactivos.

Con todo, la corteza y el manto se hallan, globalmente, en estado sólido. Solo hay magmas en ciertas zonas de la corteza y del manto. En una determinada zona del interior terrestre las rocas pueden fundirse por las siguientes causas:

- **Disminución de la presión.** Bajo la litosfera, la temperatura supera los 1300 °C. Si las rocas no están fundidas es porque los materiales situados sobre ellas ejercen una gran presión que eleva su punto de fusión, haciendo que permanezcan en estado sólido. Pero si esa presión disminuye, la temperatura a la que se encuentra la roca puede ser suficiente para fundirla. **El 70 % del vulcanismo terrestre se produce por descompresión**. Así ocurre, por ejemplo, en los rifts continentales y en las dorsales oceánicas al adelgazarse la corteza como consecuencia de la tensión que soportan.

- **Aumento local de la temperatura.** Esto puede ocurrir como consecuencia de la fricción de dos placas litosféricas en una zona de subducción, por la llegada de materiales calientes o debido a una concentración de elementos radiactivos cuya desintegración libera calor.

- **Incorporación de agua.** La presencia de agua disminuye el punto de fusión de las rocas. Este proceso tiene una incidencia especial en las zonas de subducción.

1.2. Una fusión parcial

Las rocas están constituidas por diversos minerales, cada uno de los cuales tiene su punto de fusión. Por este motivo, una roca no funde íntegramente a una temperatura determinada, sino que posee un **intervalo de fusión** en el cual una parte de la roca está fundida y otra parte se mantiene sólida.

La temperatura que da comienzo a la fusión se denomina **punto de *solidus***, y aquella en la que la fusión es total, **punto de *liquidus***. Entre ambos valores coexiste una fase líquida y una sólida.

En la Web

Observa cómo se forma el magma.

www.e-sm.net/svbg1bach15_02

INTERPRETAR GRÁFICAS

5. ¿Fundirá o no fundirá?

La gráfica de la derecha recoge la temperatura media a la que se encuentran las rocas localizadas bajo el fondo oceánico (**geoterma**). También figuran las curvas de *solidus* y *liquidus* de estas rocas. Un penacho térmico pasa sucesivamente por las posiciones A, B y C.

a) ¿Cambia la temperatura de los materiales desde la posición A hasta la C?

b) ¿Cuál es el estado físico de estos materiales en cada una de esas tres posiciones?

c) ¿Cómo se explican estos cambios en el estado físico de las rocas?

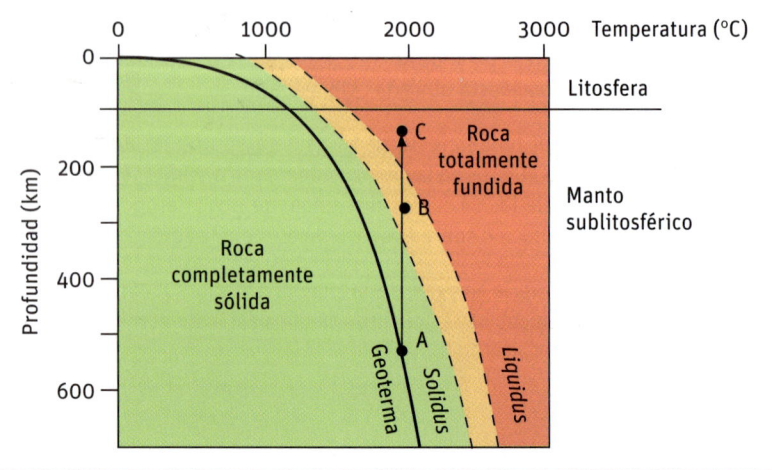

1.3. ¿Dónde se localiza el magmatismo?

La actividad magmática no se distribuye de manera homogénea por todo el planeta sino que la mayor parte se localiza en los límites de las placas litosféricas, especialmente en los bordes constructivos. Se estima que el 65 % de los magmas no alcanza la superficie sino que se queda en el interior y allí se enfría, dando lugar a las **rocas plutónicas**. El 35 % restante alcanza la superficie y origina las **rocas volcánicas**.

En cuanto a la actividad volcánica, el 67 % se localiza en las dorsales oceánicas, el 16 % en las zonas de subducción y otro porcentaje similar en el interior de las placas oceánicas, mientras que en el interior de las continentales no llega al 2 % (Fig. 15.4).

• **En la Web**

¿Dónde se localiza la actividad volcánica?
• www.e-sm.net/svbg1bach15_03

Figura 15.4. Distribución del vulcanismo y su relación con la tectónica de placas.

1.4. ¿Por qué asciende el magma?

El magma asciende porque su densidad es menor que la de las rocas que lo rodean, debido, fundamentalmente, a los gases que contiene. Por otra parte, la presión ejercida por las rocas que están situadas encima lo propulsa hacia zonas más altas.

ACTIVIDADES

6. ¿El punto de fusión del mineral más refractario de una roca será el punto de *solidus* o el de *liquidus*?

7. De las variables que favorecen la fusión de las rocas, ¿cuál tiene más influencia en el magmatismo de las dorsales? ¿Y en el de las zonas de subducción?

8. ¿Por qué la mayor parte del magmatismo se genera en las dorsales?

EL FLUJO DEL MAGMA

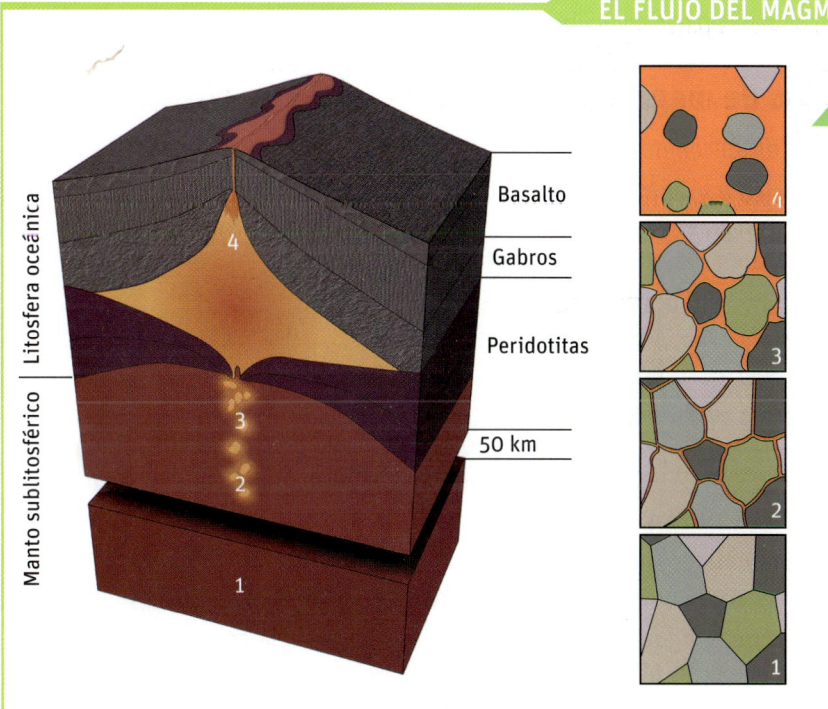

4. El magma se acumula formando bolsas relativamente independientes llamadas **cámaras magmáticas**.

3. Una fusión parcial superior al 5 % de la roca resulta suficiente para que el líquido magmático se interconecte y comience a fluir a través de los intersticios y fracturas. Se produce así la **extracción** o separación del magma de la roca fuente.

2. Al encontrarse a menor presión, comienza la fusión parcial. Al principio hay solo gotitas aisladas que quedan dispersas en la roca.

1. La roca a alta temperatura pero aún sólida asciende lentamente.

2. Diversidad de magmas

La Avenida de los volcanes

En la cordillera de los Andes, desde Quito, capital de Ecuador, hacia el sur se extiende un rosario de volcanes que se disponen a ambos lados de una ruta que Alexander von Humboldt llamó "la Avenida de los volcanes". Uno de los más altos y majestuosos es el Cotopaxi.

Cuando los conquistadores españoles llegaron a aquellas tierras, el Cotopaxi estaba en erupción y así lo recogieron en sus crónicas. La roca más frecuente en su cono volcánico no es el basalto que constituye el fondo oceánico, sino otra menos oscura y menos densa, la andesita, un tipo de roca que recibe su nombre de los Andes.

Volcán Cotopaxi

En la Web

Conoce mejor el volcán Cotopaxi.

www.e-sm.net/svbg1bach15_04

¿Por qué las erupciones de la cordillera de los Andes originan andesitas, mientras que las dorsales oceánicas forman basaltos? ¿Qué diferencias de composición y de origen hay entre estos dos tipos de rocas?

2.1. Composición química del magma

Un análisis de las rocas formadas por la solidificación del magma, o **magmáticas**, muestra que el 98 % de su volumen está constituido por apenas ocho elementos: oxígeno, silicio, aluminio, hierro, calcio, sodio, potasio y magnesio.

La composición del magma suele describirse utilizando los óxidos. De ellos, el más abundante es el SiO_2, que en geología se denomina **sílice**. A medida que el magma se enfría, se originan minerales con una estructura básica de tetraedros de átomos de oxígeno y silicio; son los silicatos. La mayoría de ellos incorporan otros iones a los tetraedros de sílice, lo cual origina una gran diversidad de minerales.

Algunos silicatos son ricos en hierro y magnesio, lo que les proporciona un color oscuro. Son los minerales **melanocratos** (Fig. 15.5), como la hornblenda, el olivino, los piroxenos, los anfíboles y la biotita. Otros silicatos carecen de hierro y magnesio pero son más ricos en sílice; sus colores son claros, por lo que se denominan **leucocratos** (Fig. 15.6). Entre ellos destacan el cuarzo, el feldespato potásico (ortosa), los feldespatos de sodio y calcio (plagioclasas) y la moscovita.

Figura 15.5. Hornblenda. Mineral melanocrato.

Figura 15.6. Ortosa. Mineral leucocrato.

2.2. Tipos de magmas

De acuerdo con su composición se diferencian cuatro tipos de magmas:

- **Magma félsico o granítico.** Es el magma más rico en sílice, contiene entre el 76 % y el 66 % de SiO_2. En las rocas que se originan a partir de él predominan los minerales leucocratos como el cuarzo, la ortosa y las plagioclasas.

- **Magma intermedio o andesítico.** Contiene entre el 66 % y el 52 % de sílice. Las rocas que se originan a partir de él tienen minerales claros, como las plagioclasas, y algunos oscuros, como los anfíboles o la biotita.

- **Magma máfico o basáltico.** Contiene entre el 52 % y el 45 % de sílice. Es el magma más frecuente. En las rocas que se originan a partir de él predominan los minerales melanocratos, como los piroxenos, los anfíboles y la biotita, aunque tienen algunos claros, como las plagioclasas.

- **Magma ultramáfico.** Tiene menos del 45 % de sílice. Las rocas que se originan a partir de él poseen minerales melanocratos como el olivino y los piroxenos.

Una clasificación antigua, que a veces se utiliza, diferencia entre **magmas ácidos**, **intermedios**, **básicos** y **ultrabásicos**, los cuales, en líneas generales, corresponden al félsico, intermedio, máfico y ultramáfico, respectivamente.

2.3. ¿Por qué se forman diferentes tipos de magmas?

Que se origine un tipo u otro de magma depende de varios factores (Fig. 15.7):

- **Composición de la roca fuente.** No todos los magmas se forman en las mismas zonas. Unos lo hacen en el manto y su roca fuente es la peridotita; otros, en la corteza oceánica y su roca fuente es el basalto. Por último, algunos se originan en la base de la corteza continental y sus rocas fuente pueden ser variadas.

- **Fusión parcial.** Si un magma se forma por fusión completa de la roca fuente, la composición química de ambos será idéntica. Sin embargo, con frecuencia solo se funden los minerales con el punto de fusión más bajo que, en general, son los **más ricos en sílice** y **menos densos**. En estos casos la composición del magma difiere de la que tenía la roca fuente.

Este proceso explica cómo a partir de la fusión de la peridotita del manto se forma el magma basáltico que construye la corteza oceánica, y cómo, la fusión parcial de la corteza oceánica puede originar el magma andesítico de la corteza continental.

- **Asimilación.** El magma extraído de la roca fuente puede incorporar y fundir algunas de las rocas que encuentra en su viaje a zonas más altas. Es un proceso de contaminación del magma original que modifica su composición.

- **Mezcla.** En la cámara magmática pueden entrar en contacto magmas extraídos de zonas diferentes y de composición distinta. Así, el magma resultante tendrá una composición diferente a la de cada uno de los iniciales.

- **Cristalización fraccionada.** Del mismo modo que una roca no se funde íntegramente a una temperatura, un magma tampoco cristaliza de una vez sino que cada mineral lo hace a medida que se alcanza su punto de solidificación. Cristalizan primero los minerales pobres en sílice (olivino y piroxenos). Si el magma residual escapa, tendrá mayor porcentaje en sílice que el magma original.

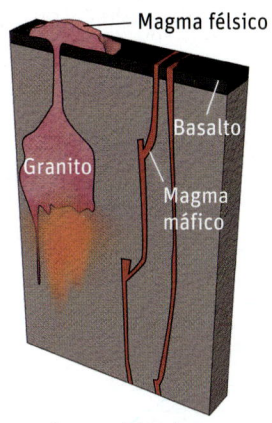
Composición de la roca fuente

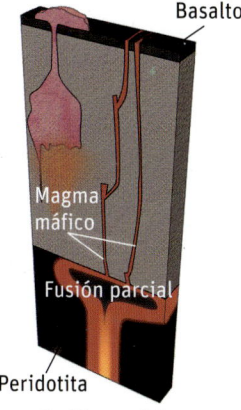
Fusión parcial

Asimilación

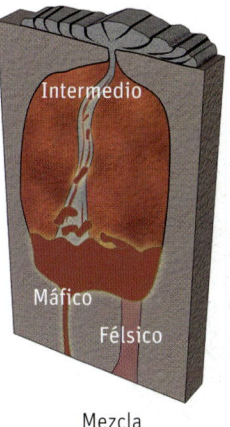
Mezcla

Cristalización fraccionada

Figura 15.7. Factores implicados en la formación del magma.

RELACIONAR

9. Un proceso clave en la historia del planeta

La siguiente ilustración resume cómo puede formarse corteza oceánica y corteza continental.

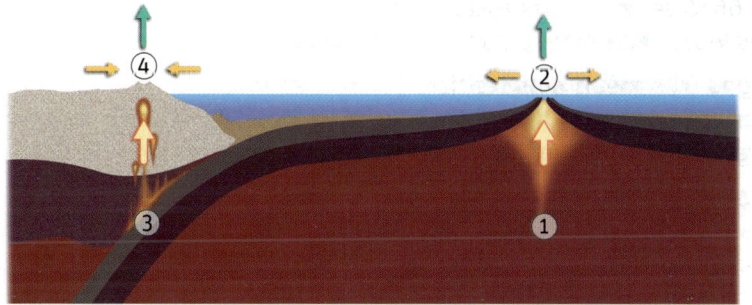

a) ¿Qué rocas hay en las posiciones 1, 2, 3 y 4?
b) ¿Qué procesos permiten pasar de 1 a 2 y de 3 a 4?
c) ¿Qué tipo de corteza debió de ser la primera que se formó en la Tierra primitiva? Justifica tu respuesta.

ACTIVIDADES

10. El color de una roca magmática proporciona información sobre su composición. ¿Qué composición tendrá una roca de colores claros? ¿Y una de colores oscuros?

11. La cristalización fraccionada puede hacer que a partir de un magma andesítico se forme una roca de composición félsica y otra máfica. Explica cómo se produce este proceso.

3. Vulcanismo intraplaca

La mayor parte de la actividad magmática se localiza en los bordes de las placas litosféricas. Aun así, el 17 % del vulcanismo ocurre en el interior de ellas o zonas intraplaca. Este tipo de vulcanismo puede deberse a la existencia de un punto caliente o bien tener un origen tectónico.

3.1. Vulcanismo de punto caliente

La imagen (Fig. 15.8) muestra el relieve de las islas Hawái y los fondos oceánicos que las rodean. En gris aparecen las zonas emergidas, en rosa, las zonas poco profundas y en azul, las más profundas. Puede observarse que estas islas son las zonas más altas de una estrecha y larga meseta submarina.

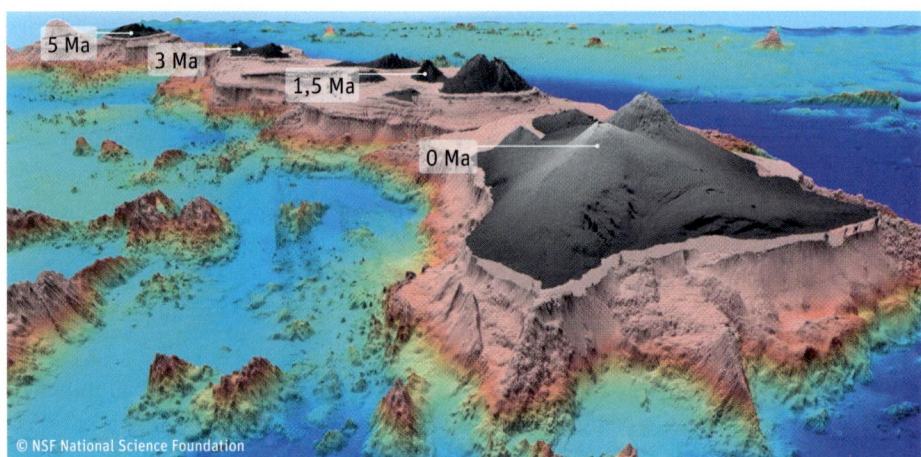

Figura 15.8. Relieve de las islas Hawái.

En la Web

Observa cómo se origina la cadena de islas de un punto caliente.

www.e-sm.net/svbg1bach15_05

Este relieve tiene origen volcánico y sus edades muestran una secuencia ordenada. Así, la isla del fondo tuvo su última erupción hace 5 Ma, la siguiente la tuvo hace 3 Ma, el conjunto de islas centrales, hace 1,5 Ma, y la mayor tiene actualmente volcanes en erupción. Para explicar esta distribución, Tuzo Wilson creó el concepto de **punto caliente** que más tarde se ha aplicado a muchas otras zonas del planeta.

En la base del manto, generalmente en la capa D'', se originan penachos térmicos o columnas ascendentes de rocas a elevadas temperaturas, pero aún sólidas. Al llegar a la base de la litosfera comienzan a fundirse como consecuencia de la menor presión que allí soportan. El magma originado puede atravesar la litosfera y salir a la superficie. Ese lugar (o punto caliente) es, pues, la manifestación en superficie de un penacho térmico.

Los penachos térmicos que alimentan los puntos calientes son bastante estables y, en general, mantienen su posición. Por eso, al desplazarse la placa situada encima cambiará el lugar de la litosfera que es atravesado por el magma. Así se forman rosarios de islas, como las Hawái, en los que su edad va aumentando al alejarse de aquella que hoy es volcánicamente activa.

El mayor grosor de la litosfera continental hace más difícil que sea perforada por el magma, lo que explica que la mayoría de la actividad volcánica intraplaca se localice en la litosfera oceánica. Buena parte de las islas volcánicas situadas lejos de los bordes de placa se ha formado en un punto caliente.

3.2. Vulcanismo de origen tectónico

La formación de fracturas en la litosfera puede reducir la presión que soportan los materiales situados en su base. Dado que las rocas del manto se encuentran muy cerca de su punto de fusión, una descompresión favorece la formación de magmas.

De esta manera se explica, por ejemplo, el vulcanismo de Olot (Gerona), cuya última erupción se produjo hace 10 000 años. (Fig. 15.9)

Figura 15.9. Los volcanes de La Garrocha (Gerona) se han formado por vulcanismo intraplaca de origen tectónico.

3.3. El origen de las islas Canarias

¿Nacerá una nueva isla?

El 10 de octubre de 2011, muy cerca de la isla de El Hierro, se iniciaba una erupción submarina. Habían pasado 40 años desde la erupción del Teneguía (La Palma), la última ocurrida en las islas Canarias.

Los materiales emitidos por el volcán formaron un cono cuya cima quedó a menos de 100 m de la superficie del mar. En marzo de 2012 se informó del cese de la erupción. Sin embargo, un año más tarde los terremotos continuaban. Es posible que este volcán, que por el momento es submarino, no haya dicho su última palabra.

Mancha verde junto a El Hierro.

Las islas Canarias son de origen volcánico. Se generaron por un magmatismo intraplaca que se ha extendido a lo largo de los últimos 50 Ma. Sin embargo, los científicos que han estudiado la geología de estas islas debaten aún sobre la causa de ese magmatismo. Para unos, las Canarias son un punto caliente; para otros, el origen de su magmatismo sería tectónico.

• **En la Web**
Conoce el posible orígen de las islas Canarias
• www.e-sm.net/svbg1bach15_06

- **Las islas Canarias como punto caliente.** El archipiélago canario se incluye tradicionalmente en los mapas geológicos como uno de los puntos calientes de nuestro planeta. A favor de esta interpretación está la disposición aproximadamente lineal de las islas y la edad de los episodios magmáticos que son más antiguos en el este (Fuerteventura y Lanzarote) y más recientes en el oeste (El Hierro).

  Sin embargo, la actividad volcánica reciente no se limita a un solo extremo del archipiélago sino que se da en ambos y también en el centro. Por otra parte, en la mayoría de las islas se produjeron a lo largo de su historia geológica interrupciones en la actividad volcánica de varios millones de años, una circunstancia difícil de explicar en un punto caliente.

- **Las islas Canarias como bloques elevados por compresión.** Para esta hipótesis la compresión entre la corteza oceánica y el borde continental africano provoca la formación de fallas inversas que elevan los bloques insulares. La descarga producida tras la elevación de algunos de estos bloques favorecería la formación de magmas en su base.

RELACIONAR

12. Un nacimiento ordenado

La figura resume el orden en que han ido emergiendo las islas Canarias.

a) ¿Cuáles son las más antiguas? ¿Y las más modernas?

b) ¿Concuerda ese orden con el que cabe esperar en un punto caliente? ¿Y la reciente erupción del Hierro?

Cada una de estas propuestas explica algunos datos, pero no otros. Quizá por eso, en los últimos años se ha propuesto una **hipótesis de síntesis** que integra elementos de ambas. Así, el origen estaría ligado a un penacho térmico residual, resto de la apertura del Atlántico, cuyo origen no estaría en la base del manto sino en una zona menos profunda. La formación de diversas fracturas habría favorecido la actividad volcánica.

ACTIVIDADES

13. ¿Qué relación existe entre la formación de fracturas y la generación de magmas?

14. ¿Qué diferencias y similitudes hay entre el magmatismo de las islas Hawái y el de las islas Canarias?

4. Emplazamientos y morfologías magmáticos

El lugar en el que el magma detiene su ascenso y se solidifica se denomina **emplazamiento**. El acceso del magma a un lugar de la corteza en el que existían otras rocas recibe el nombre de **intrusión ígnea**. Las rocas que así se forman se denominan **intrusivas** o **plutónicas**, mientras que las formadas en la superficie son **extrusivas** o **volcánicas**.

4.1. Emplazamientos en profundidad

Los emplazamientos magmáticos en profundidad más importantes son (Fig. 15.10):

- **Plutón.** Es cualquier masa de rocas intrusivas con grandes proporciones. Si su superficie se extiende por cientos o miles de kilómetros cuadrados se llama **batolito**.
- **Lacolito.** Este emplazamiento de forma lenticular, con base plana y techo abombado, se forma al intruir magma entre los planos de estratificación de otra roca, denominada **roca encajante**. Sus dimensiones son menores que las del plutón.
- **Sill.** Es una masa tabular en disposición paralela a las estructuras de la roca encajante. Tiene poco grosor en comparación con las otras dos dimensiones.
- **Dique.** Es una masa tabular que corta las estructuras de la roca encajante. Se origina por relleno de fracturas. Con frecuencia forma **enjambres de diques**.

4.2. Emplazamientos en superficie

Algunos de los emplazamientos de superficie más relevantes son (Fig. 15.10):

- **Cono.** Es el edificio volcánico por excelencia. Se forma por acumulación de materiales magmáticos en torno al cráter. Se denomina **escudo** si se origina con coladas de lava y el cono es bajo y aplanado. Un **cono de piroclastos** se forma por acumulación de materiales sólidos y su pendiente es empinada. Un **estratovolcán** se origina por alternancia de coladas y piroclastos, lo que le permite alcanzar mayor tamaño.
- **Chimenea volcánica.** Es un conducto de sección circular a través del cual el magma alcanza la superficie. La erosión de los materiales que hay alrededor de la chimenea puede originar una **aguja** que sobresale del relieve circundante.
- **Caldera.** Es una depresión circular de mayor tamaño que el cráter (varios kilómetros de diámetro). Puede formarse por colapso, o hundimiento del edificio volcánico, por erosión o por una fuerte explosión que elimina la cumbre del cono.

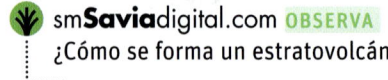
smSaviadigital.com OBSERVA
¿Cómo se forma un estratovolcán?

ACTIVIDADES

15. ¿Qué similitudes y qué diferencias hay entre un sill y un dique?

16. ¿En un lacolito, el magma que solidifica en el interior cristalizará mejor, igual o peor que el situado en contacto con la roca encajante? ¿Por qué?

17. ¿Cuál es la causa de la diversidad de formas y tamaños de los conos volcánicos?

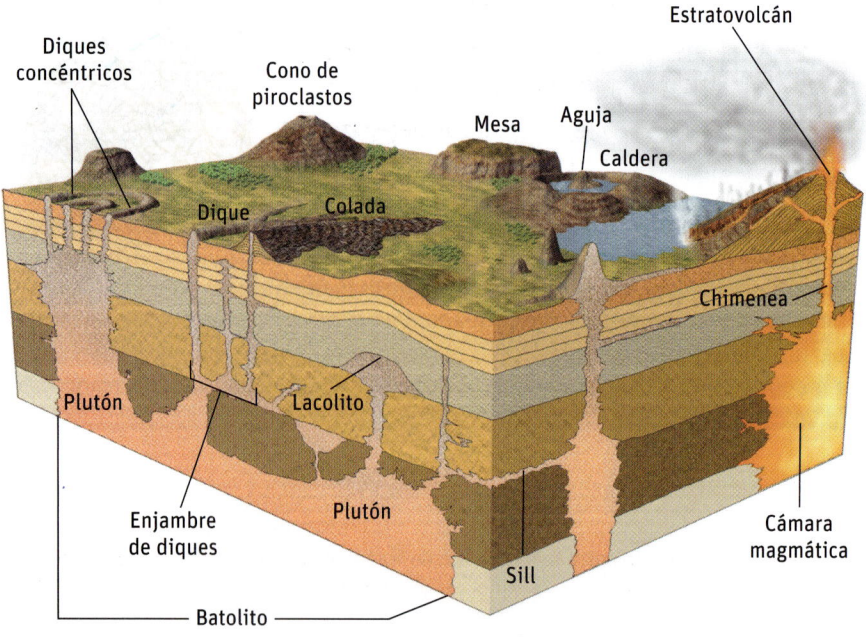

Figura 15.10. Emplazamientos magmáticos en profundidad y en superficie.

5 Texturas de las rocas magmáticas

Se entiende por **textura** de una roca la forma, el tamaño y la disposición de sus granos o cristales. La textura de una roca magmática, o **ígnea**, depende de la rapidez a la que se ha enfriado el magma y de su composición. A su vez, la rapidez de enfriamiento del magma depende del lugar y las condiciones en que ha ocurrido. Así, el enfriamiento es mucho más rápido en la superficie que en el interior de la corteza.

Identificar la textura es necesario para reconocer la roca e inferir su origen.

• **En la Web**
Observa la relación entre la textura de una roca ígnea y su emplazamiento.
• www.e-sm.net/svbg1bach15_07

LA CIENCIA Y SUS MÉTODOS

¿Cómo identificar la textura de una roca magmática?

Determinar la textura de una roca supone responder a tres preguntas:

1. ¿Cuál es su grado de cristalinidad? Así, se diferencian tres texturas básicas:

   a) **Holocristalina.** La roca está constituida íntegramente por cristales. Indica un enfriamiento lento. (A)

   b) **Hipocristalina.** La roca presenta cristales dentro de una matriz vítrea. (B)

   c) **Vítrea.** La roca se presenta como una masa amorfa con aspecto de vidrio. Indica un enfriamiento muy rápido. (C)

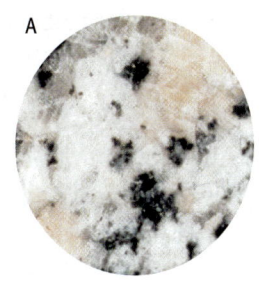 A 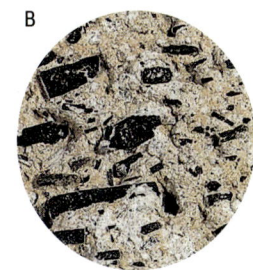 B 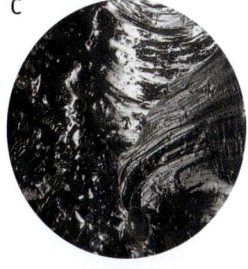 C

2. ¿Qué tamaño tienen los cristales? Así, se diferencian dos texturas básicas:

   a) **Fanerítica** (de *phaneros*, 'visible') o **macrocristalina**. Sus cristales son visibles a simple vista. Pueden ser de **grano grueso** (más de 5 mm), de **grano medio** (entre 5 y 1 mm) o de **grano fino** (menos de 1 mm). Indica un enfriamiento lento. (D)

   b) **Afanítica** (de *a*, 'no', y *phaneros*, 'visible') o **microcristalina**. Sus cristales no se ven a simple vista. Indica un enfriamiento rápido. (E)

 D E

3. ¿Qué distribución de tamaños tienen los cristales? Así, se diferencian tres texturas básicas:

   a) **Homométrica** o **equigranular.** Los cristales tienen tamaños similares. (F)

   b) **Heterométrica** o **inequigranular.** Hay cristales de tamaños diferentes. (G)

   c) **Porfídica.** Es un caso extremo de heterometría, con cristales muy grandes, **fenocristales**, incluidos en una matriz de cristales finos o incluso vítreos. Indica un enfriamiento en dos etapas, lento en una primera fase (formación de fenocristales) y más rápido en la segunda (formación de la matriz). (H)

 F 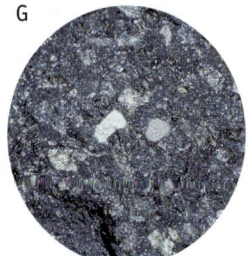 G 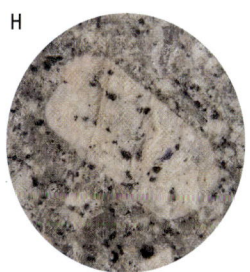 H

ACTIVIDADES

18. Para que se formen cristales grandes es necesario que el enfriamiento del magma haya sido lento. ¿Una textura fanerítica será propia de una roca formada en el interior de la corteza o en la superficie? ¿Y una afanítica?

19. ¿Una roca con textura fanerítica será holocristalina, hipocristalina o vítrea?

6. Tipos de rocas ígneas

En la Web
Observa cómo se forman los distintos tipos de rocas ígneas.

www.e-sm.net/svbg1bach15_08

Las rocas ígneas o magmáticas son aquellas que se han formado por solidificación del magma. En función del lugar en el que se produce esa solidificación, se diferencian tres tipos de rocas ígneas: **plutónicas**, **volcánicas** y **subvolcánicas**.

6.1. Rocas plutónicas

Dado que las rocas plutónicas se originan en el interior terrestre, el magma se enfría muy lentamente; por ello se encuentran bien cristalizadas. Su textura es siempre holocristalina y fanerítica, y pueden ser homométricas o heterométricas. Se clasifican según su composición mineralógica en:

- **Granito.** Es la roca plutónica más abundante; forma buena parte de la corteza continental. Su color es gris o rosado. Sus minerales fundamentales son el cuarzo, la ortosa (feldespato potásico), las plagioclasas (feldespatos de sodio y calcio) y las micas; también puede tener anfíboles (Fig. 15.11).

- **Sienita.** Es una roca de color rosado, proporcionado por la ortosa, su constituyente mayoritario. Además tiene plagioclasas y biotita, y puede tener anfíboles. Se diferencia del granito en que la sienita no tiene cuarzo o lo tiene en cantidades muy pequeñas (Fig. 15.12).

- **Diorita.** Es una roca de color gris, constituida fundamentalmente por plagioclasas. Además tiene biotita y anfíboles y, en algunos casos, piroxenos (Fig. 15.13).

- **Gabro.** Es una roca de color oscuro, compuesta sobre todo por plagioclasas y piroxenos. También puede presentar pequeñas cantidades de biotita y olivino (Fig. 15.14).

- **Peridotita.** Es una roca de color muy oscuro. Aunque muy poco frecuente en la corteza terrestre, constituye el manto y, en consecuencia, es la roca más abundante del planeta. Está formada mayoritariamente por piroxenos y olivino (Fig. 15.15).

Figura 15.11. Granito

Figura 15.12. Sienita

Figura 15.13. Diorita

Figura 15.14. Gabro

Figura 15.15. Peridotita

ANALIZAR

20. El color, una buena pista

Este cuadro resume la composición química y mineralógica de las principales rocas plutónicas.

a) ¿Cuáles son las más ricas en sílice? ¿Y las más pobres?

b) Existe entre ellas una gradación de color. ¿Dónde situarías las más claras? ¿Y las más oscuras?

c) Si tiene textura fanerítica y es muy oscura, ¿qué roca será?

6.2. Rocas volcánicas

Las rocas volcánicas se originan a partir del magma que ha alcanzado la superficie terrestre. Como el enfriamiento del magma es muy rápido, cristaliza mal, por eso sus texturas son hipocristalinas o vítreas y afaníticas. Con frecuencia, los gases que han salido con el magma dejan oquedades en la roca, originando una textura, propia de las rocas volcánicas, denominada **vacuolar**.

En función de su textura y composición mineralógica, se diferencian tres grupos: **hipocristalinas**, **vítreas** y **piroclásticas**.

ROCAS HIPOCRISTALINAS

Presentan cristales dentro de una matriz vítrea. Las más importantes son:

Basalto. Es la roca volcánica más abundante, puesto que se extiende por todos los fondos oceánicos. Su composición mineralógica es similar a la del gabro. Su color es oscuro, casi negro. Suele presentar una matriz microcristalina o vítrea entre la que se diferencian cristales de gran tamaño, observables a simple vista, llamados **fenocristales**.

Andesita. Es una roca de color gris, más o menos oscuro, con una composición mineralógica similar a la de la diorita. Su nombre se debe a que es abundante en los Andes.

Riolita. Es una roca de color claro, con una composición mineralógica similar a la del granito.

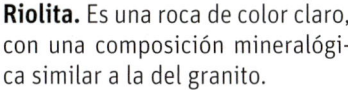

Traquita. Es una roca de color claro, con una composición mineralógica similar a la de la sienita.

ROCAS VÍTREAS

Se presentan como una masa amorfa con aspecto de vidrio. Las más importantes son:

Obsidiana. Es el nombre genérico que reciben las rocas volcánicas de textura vítrea con pocas oquedades o sin ellas, de color negro y fractura concoidea. Su composición es muy variable.

Pumita. Se denominan así las rocas volcánicas con textura vacuolar y color claro. Su baja densidad (puede flotar en el agua) la hace inconfundible. Su composición mineralógica puede ser similar a la de la riolita o la traquita.

ROCAS PIROCLÁSTICAS

Se forman a partir del material fragmentario (piroclastos) expulsado por el volcán. Las más importantes son:

Toba. Se origina por la unión de los piroclastos debido a las altas temperaturas a las que son expulsados por el volcán.

Brecha volcánica. Formada por fragmentos gruesos de rocas volcánicas unidos por cenizas y lapilli.

En la Web

¿Cuál es la textura de estas rocas?

www.e-sm.net/svbg1bach15_09

6.3. Rocas subvolcánicas

A veces el magma no alcanza la superficie pero queda cerca de ella. En esas condiciones su enfriamiento es más rápido que el experimentado en la formación de las rocas plutónicas, pero más lento que en las volcánicas. Se originan así complejos subvolcánicos de rocas que tienen características intermedias entre las plutónicas y las volcánicas. Dado que a veces se presentan en diques o filones, tradicionalmente se las ha llamado **rocas filonianas**, si bien hay autores que prefieren denominarlas **rocas subvolcánicas** o **hipoabisales**. Las principales rocas subvolcánicas son:

- **Aplita.** Es una roca con textura holocristalina, homométrica de grano fino (aplítica). De color gris claro, su composición es similar a la del granito (Fig. 15.16).

- **Pórfido granítico.** Es una roca holocristalina con cristales muy grandes envueltos en una matriz microcristalina. Su composición es similar a la del granito (Fig. 15.17).

- **Diabasa.** Es una roca holocristalina, con granos de tamaño fino y medio. De color verde, su composición es similar a la del basalto (Fig. 15.18).

Figura 15.16. Aplita

Figura 15.17. Pórfido granítico

Figura 15.18. Diabasa

INFERIR

21. ¿Puedes inferir el proceso a partir del producto?

La tabla muestra cuatro rocas. Cópiala en tu cuaderno y complétala indicando en cada caso la textura de la roca, su composición (félsica, intermedia, máfica o ultramáfica) y su origen (plutónico, volcánico o subvolcánico).

	ROCA 1	ROCA 2	ROCA 3	ROCA 4
Textura	(...)	(...)	(...)	(...)
Composición	(...)	(...)	(...)	(...)
Origen	(...)	(...)	(...)	(...)

ACTIVIDADES

22. ¿De qué capa de la Tierra son representativas cada una de estas rocas: basalto, granito y peridotita? ¿Ordena estas rocas de menor a mayor densidad?

23. ¿En qué se parecen y en qué se diferencian el gabro, el basalto y la diabasa?

7. Riesgo volcánico

Los volcanes avisan

En julio de 2011, tres meses antes de que se iniciase la erupción submarina en El Hierro, comenzaron a producirse terremotos de baja magnitud. Los primeros hipocentros se situaron en el norte de la isla y fueron trasladándose al sur hasta localizarse en la zona que, paradójicamente, se conoce como el mar de las Calmas.

El 10 de octubre los terremotos fueron sustituidos por un tremor armónico (una actividad sísmica continua y poco intensa causada por el movimiento del magma en los conductos de salida); la erupción había comenzado. Un día después, el semáforo volcánico que avisa a la población del nivel de riesgo pasó del amarillo al rojo. Las autoridades ordenaron la evacuación de La Restinga, el pueblo en el sur de la isla más cercano a la erupción.

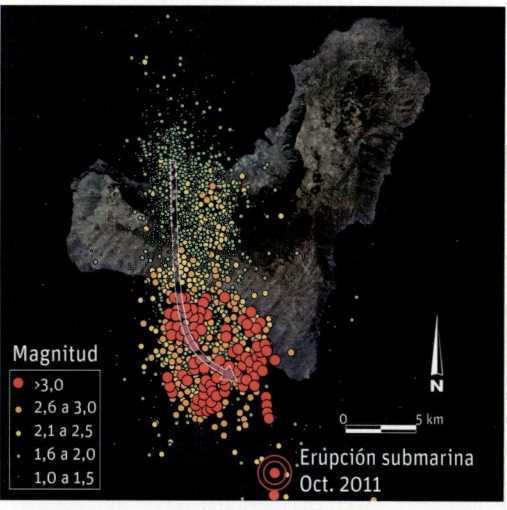

Evolución de la sismicidad en El Hierro desde julio de 2011 hasta la erupción.

Se entiende por **riesgo natural** la probabilidad de que se produzca un daño o catástrofe para la población de una zona o para sus bienes, motivados por un suceso natural. El **riesgo volcánico** es un tipo de riesgo natural.

7.1. ¿Qué hace peligrosa una erupción?

La peligrosidad volcánica puede deberse a distintos factores (Fig. 15.19):

- **La emisión de gases.** Algunos de los gases emitidos por el volcán son tóxicos.
- **Coladas de piroclastos.** Son nubes de gases a elevada temperatura y cargadas de cenizas (**nubes ardientes**).
- **Explosiones.** Algunas erupciones son muy explosivas, como la del Krakatoa de 1883 que causó 36 000 víctimas mortales.
- **Coladas de barro o lahar.** En volcanes elevados con cumbres nevadas, la erupción funde la nieve y genera una corriente de barro que corre ladera abajo.
- **Coladas de lava.** A pesar de sus altas temperaturas, más de 800 ºC, y su apariencia, generan pocas víctimas.

7.2. ¿Puede predecirse una erupción?

Los avances producidos en la predicción volcánica permiten saber si va a producirse una erupción. Para ello es necesario disponer de un sistema de vigilancia adecuado que detecte los cambios que preceden a esta actividad. Los principales signos precursores de una erupción son los siguientes:

- **Pequeños seísmos locales.** Se generan por el desplazamiento del magma en la cámara y la apertura de fracturas.
- **Cambios en la inclinación del terreno.** El ascenso del magma provoca el abombamiento del edificio volcánico, como ocurrió en Santorini en 2012.
- **Ascenso de la temperatura del agua de los pozos.**
- **Incremento de la emisión de gases.**

Según los casos, la antelación con la que estos precursores nos avisan puede ser de meses, días o solo algunas horas, tiempo suficiente para alertar a la población.

Figura 15.19. Los peligros de las erupciones.

Figura 15.20. El semáforo volcánico es un sistema de aviso a la población.

ACTIVIDADES

24. Indica los signos precursores de la erupción submarina de El Hierro que figuran en el relato titulado "Los volcanes avisan", al inicio de esta página.

25. Busca información sobre otros signos precursores de la erupción de El Hierro.

ACTIVIDADES

Síntesis

26. Completa en este mapa conceptual los términos que faltan (•••) y los fragmentos que debes desarrollar (+). Puedes realizar la actividad en tu cuaderno.

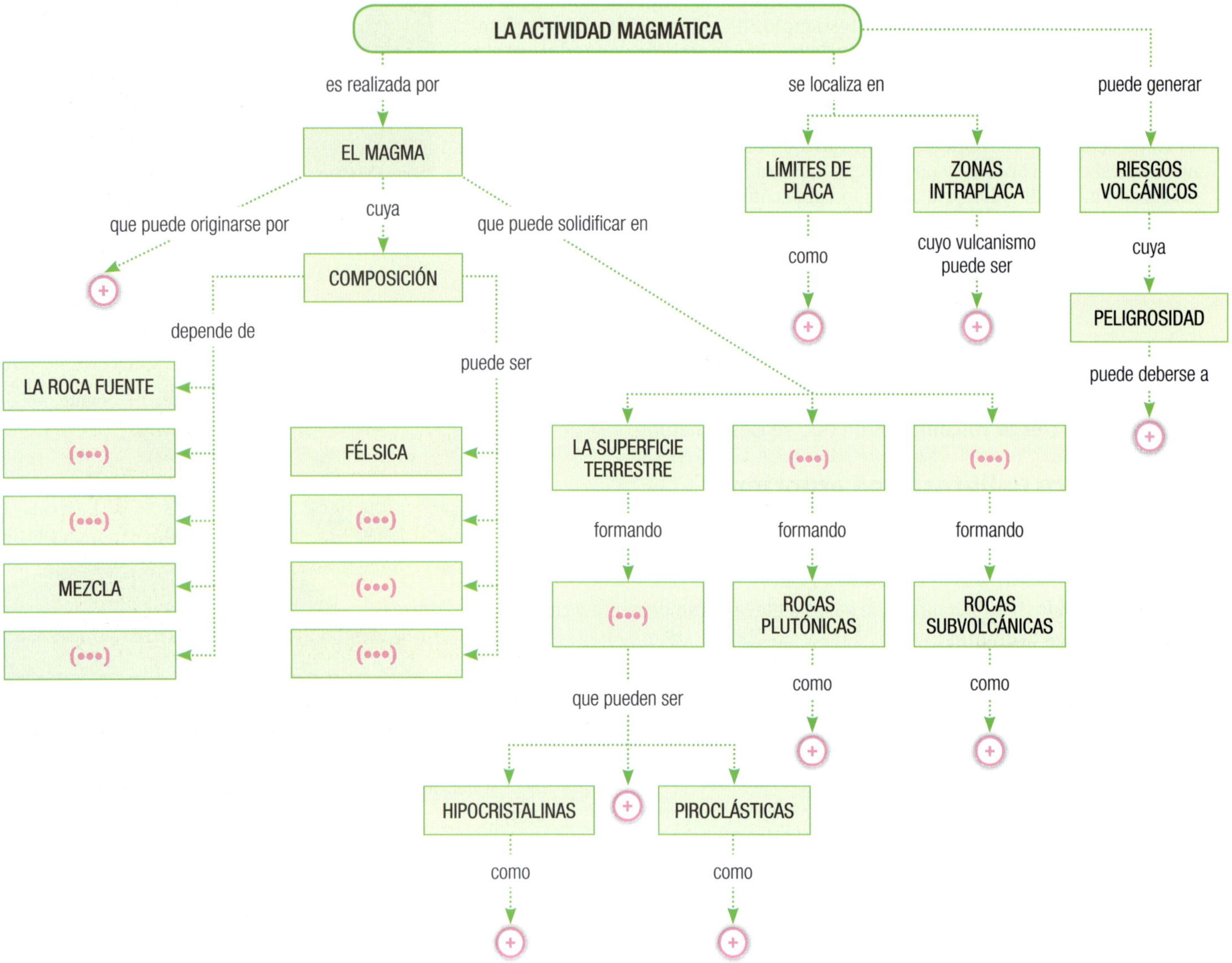

LA ACTIVIDAD MAGMÁTICA
es realizada por
EL MAGMA
que puede originarse por
(+)
cuya
COMPOSICIÓN
depende de
LA ROCA FUENTE
(•••)
(•••)
MEZCLA
(•••)
puede ser
FÉLSICA
(•••)
(•••)
(•••)
que puede solidificar en
LA SUPERFICIE TERRESTRE
formando
(•••)
que pueden ser
HIPOCRISTALINAS
como
(+)
(+)
PIROCLÁSTICAS
como
(+)
(•••)
formando
ROCAS PLUTÓNICAS
como
(+)
(•••)
formando
ROCAS SUBVOLCÁNICAS
como
(+)
se localiza en
LÍMITES DE PLACA
como
(+)
ZONAS INTRAPLACA
cuyo vulcanismo puede ser
(+)
puede generar
RIESGOS VOLCÁNICOS
cuya
PELIGROSIDAD
puede deberse a
(+)

Aplicación y relación

27. El bloque diagrama muestra una zona del sureste asiático en el que la placa Indoaustraliana limita con una placa pequeña, la microplaca de Andamán.

a) ¿Cuántas placas aparecen en este bloque diagrama?

b) ¿Qué límites de placas observas?

c) ¿Qué tipo de vulcanismo ha originado las islas Andamán? ¿Crees que se han formado por un punto caliente?

d) ¿Qué rocas cabe suponer que serán las más frecuentes en estas islas?

e) La imagen también muestra una pequeña dorsal oceánica. ¿Qué tipo de vulcanismo se originará en ella? ¿Qué clase de rocas generará?

Fosa
Cuenca de trasarco
Placa Indoaustraliana
Vulcanismo
Placa de Andamán
Corteza oceánica
Volcán Barren
Placa de Sonda
Corteza continental
Manto litosférico
Manto sublitosférico

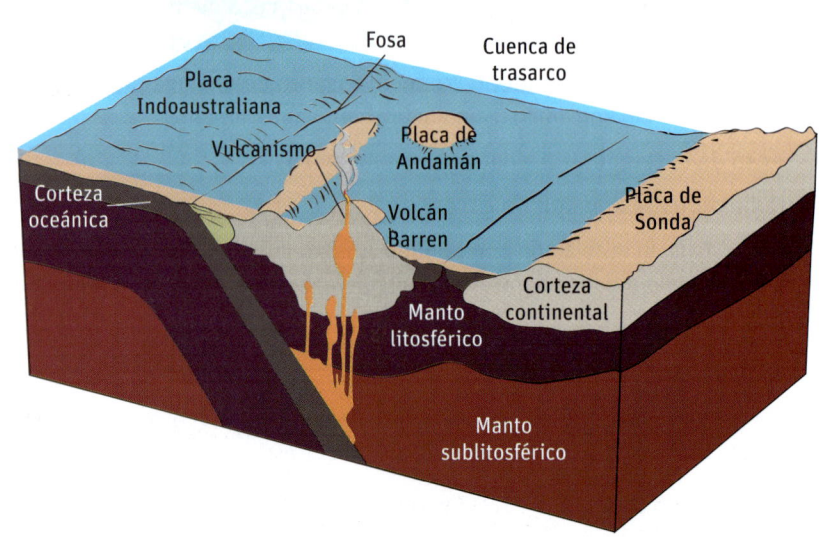

28. El tipo de calderas más frecuente es la de colapso. Las imágenes muestran su formación.

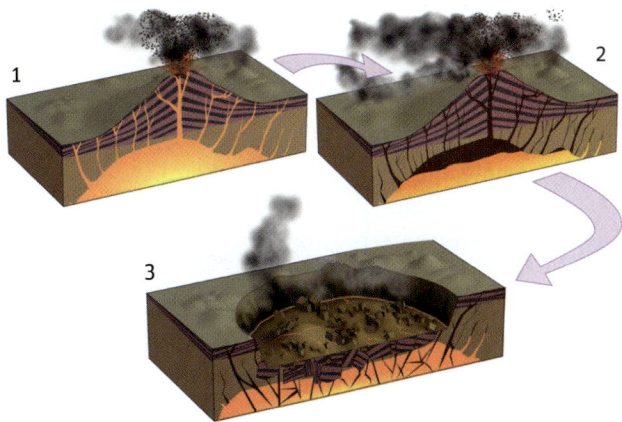

a) Describe el proceso que ocurre en cada una de estas imágenes y explica cómo se ha formado la caldera.

b) ¿Cómo diferenciarías una caldera de un cráter?

29. La velocidad de enfriamiento es la variable que más influye en el tipo de textura de una roca ígnea. La imagen muestra la roca que se forma por solidificación de un magma máfico en función de la velocidad con que ocurre este enfriamiento.

a) Indica a qué grupo pertenece cada una de estas rocas y describe la textura de cada una de ellas. También puedes observar con más detalle estas rocas en la unidad.

b) Haz un esquema similar para el caso de un magma félsico.

30. Tahití es la mayor y más conocida de las islas de La Sociedad, un archipiélago de origen volcánico situado en el océano Pacífico.

a) En Mehetia hay vulcanismo activo y todas sus rocas son recientes. En Tahití las rocas tienen menos de 1 Ma, en Bora-Bora, 3 Ma y en Maupiti, 4 Ma. Explica esta distribución de edades.

b) ¿Qué edad aproximada deben de tener Huahine y Raiatea? ¿Cuál puede ser el origen de este archipiélago?

31. Los geólogos que investigaron la erupción de El Hierro hicieron un esquema similar a este.

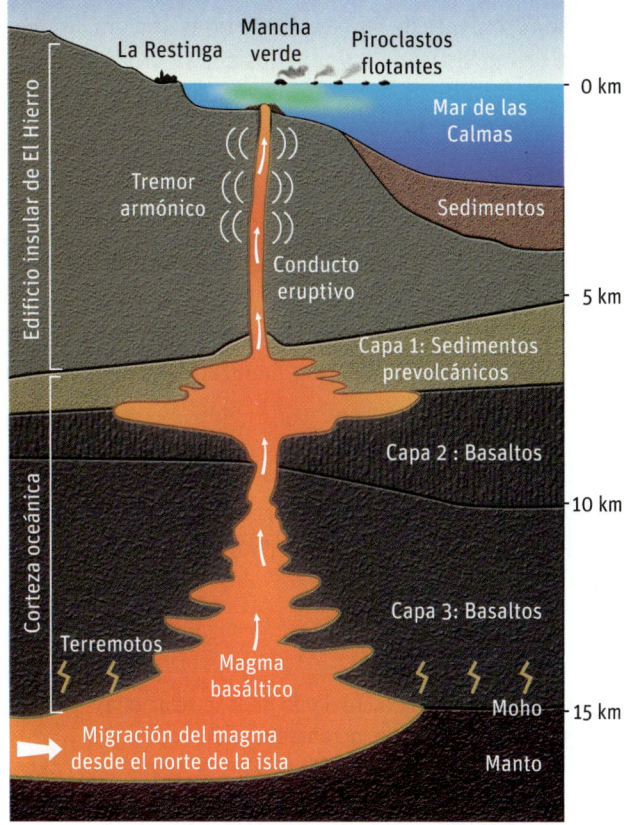

a) Los focos sísmicos previos a la erupción se situaron a unos 15 km de profundidad. ¿Qué sucedió en esa zona para que se produjeran los terremotos?

b) ¿Por qué se desplazaron hacia el sur los focos sísmicos?

c) En la capa 1 se formó una cámara magmática que modificó la composición inicial del magma. ¿Qué proceso ocurrió ahí?

Biblioteca global

32. Erupciones peligrosas

Hay erupciones "amables" y otras muy peligrosas. Para medir la explosividad de una erupción se utiliza el Índice de Explosividad Volcánica (VEI, por sus siglas en inglés). Es una escala de 8 grados. El nivel 8 lo alcanzó la erupción de Yellowstone de hace 640 000 años.

Busca información sobre esta escala y haz una ficha que sintetice la información más importante.

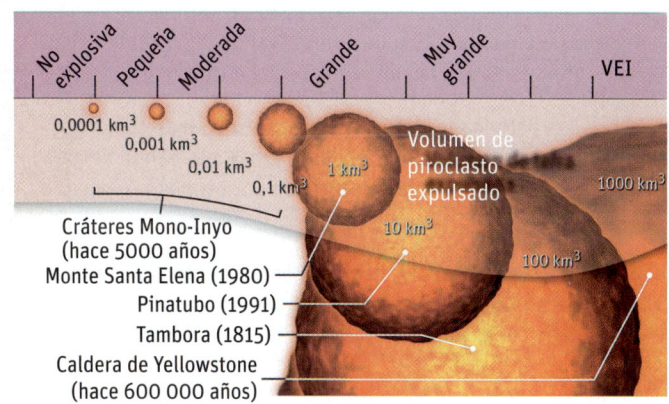

LA CIENCIA Y SUS MÉTODOS — Correlación y causalidad

Dos sucesos, o variables, están relacionados si cambian conjuntamente, de manera que al aumentar uno se produce un aumento del otro (correlación positiva), o bien una disminución del otro (correlación negativa). Por ejemplo, entre la presencia de densas nubes grises y la lluvia existe correlación positiva.

El establecimiento de correlaciones tiene una gran importancia en la ciencia y en la vida cotidiana. Así, para predecir las erupciones se han investigado los cambios que se producen en el medio antes de que estas tengan lugar. De ese modo se ha comprobado que entre las erupciones volcánicas y ciertos terremotos existe correlación positiva. Por ejemplo, en los tres meses anteriores a la erupción de El Hierro de 2011 se produjo un claro incremento de la actividad sísmica en la zona.

Sin embargo, que dos sucesos estén correlacionados no significa, necesariamente, que uno sea causa del otro.

¿Son los terremotos causa de las erupciones volcánicas?

Es fácil descubrir la existencia de correlación entre dos sucesos pero no lo es tanto establecer una relación causa-efecto. Cuando dos sucesos (A y B) están relacionados puede ocurrir que A sea causa de B, que B sea causa de A o que otro proceso, C, sea causa de la relación entre A y B. Para analizar la existencia de relación causal seguiremos el siguiente procedimiento:

1. Observaremos si un suceso precede al otro. La causa no puede ser posterior al efecto, por tanto, si A precede a B, B no puede ser la causa de A.

   → 1. Si entendemos por erupción, en sentido estricto, la salida del magma por un punto de la superficie terrestre, los terremotos preceden a la erupción. Por tanto, podrían ser su causa.

2. Analizaremos si el incremento de A se relaciona generalmente con un incremento de B.

   → 2. Hay muchas zonas con gran actividad sísmica que no tienen erupciones. Así, en el Himalaya se producen terremotos de gran magnitud pero no hay vulcanismo. Incluso, donde se dan ambos fenómenos, los grandes terremotos no están relacionados con las erupciones.

3. Buscaremos un tercer suceso que los relacione.

   → 3. En la erupción de El Hierro los focos sísmicos comenzaron en el norte de la isla y se desplazaron hacia el sur, lugar en el que acabó produciéndose la erupción.

4. Trataremos de encontrar un proceso que explique la relación entre ambos sucesos.

   → 4. El movimiento del magma en los conductos y su acumulación en la cámara magmática genera fracturas y, por tanto, terremotos, lo cual constituye un paso previo a la erupción volcánica propiamente dicha.

5. Extraeremos una conclusión.

   → 5. Aunque existe correlación entre la actividad volcánica y cierto tipo de sismicidad, los terremotos no causan las erupciones, sino que, cuando coinciden, ambos son consecuencia de la acumulación de magma en la cámara magmática y su desplazamiento por los conductos volcánicos.

ACTIVIDADES

33. ¿En qué límites de placa hay terremotos pero no volcanes? ¿Es este un argumento a favor de que los terremotos no causan los volcanes?

34. Cita algunos ejemplos de terremotos importantes que no estén relacionados con el vulcanismo.

35. Las actividades volcánicas más explosivas coinciden también con aquellas en las que hay más salida de gases. ¿Existe correlación entre ambos hechos? ¿Y causalidad?

36. En Hawái, el seguimiento de los terremotos se utiliza para conocer el movimiento del magma cuando se acerca a la superficie. ¿Por qué?

Volcán Kilauea, en Hawái.

CIENCIA, TECNOLOGÍA Y SOCIEDAD

La responsabilidad social de los científicos

La noche del 13 de noviembre de 1985 comenzó muy desapacible en Armero (Colombia). El Nevado del Ruiz, un cono volcánico a cuyos pies se sitúa esta ciudad, entró en erupción. El hielo y la nieve que lo cubrían se fundieron al instante y formaron una colada de barro que sepultó Armero. Murieron 21 000 personas.

La tragedia pudo haberse evitado. En efecto, un equipo de geólogos que estudió la zona había detectado claros indicios de la proximidad de la erupción. Un mes antes de la catástrofe, comunicaron a las autoridades la situación y distribuyeron mapas que recogían el riesgo existente para las personas de las localidades cercanas al Nevado del Ruiz. El Gobierno no solo consideró innecesario evacuar la población sino que acusó de alarmistas e irresponsables a los geólogos.

¿Actuaron correctamente las autoridades? Una vez conocidos los acontecimientos, la respuesta solo puede ser negativa. Sin embargo, la situación real es siempre más compleja. Los geólogos habían dicho que iba a ocurrir la erupción pero no podían asegurar cuándo, y las autoridades consideraron que no era posible mantener desalojada la zona durante semanas o incluso meses.

¿Qué se debe hacer cuando no se está seguro? Veamos un caso más difícil y más cercano.

El Nevado del Ruiz (Colombia) cuenta con una larga historia de destrucción.

El terremoto de L'Aquila

En la madrugada del 6 de abril de 2009, un terremoto de magnitud 6,7 en la escala de Richter sacudió la ciudad de L'Aquila (Italia). Murieron 308 personas, 1500 quedaron heridas y 50 000 perdieron sus casas.

Hacía meses que se venían produciendo terremotos en la zona. Los expertos en sismología consideraron que, dadas las características de la zona y su historia sísmica, la situación no era especialmente alarmante y, en todo caso, no era posible predecir cuándo ocurriría un terremoto importante ni su magnitud. Basándose en esos informes, se decidió transmitir calma a la población.

Los sismólogos italianos fueron condenados a seis años de cárcel

Tras el terremoto, los sismólogos fueron llevados a juicio y condenados a seis años de cárcel por homicidio culposo múltiple. ■

El terremoto de 2009 en L'Aquila (Italia) causó 308 muertos y 1500 heridos.

ACTIVIDADES

37. Haz un resumen de los principales datos relacionados con el terremoto de L'Aquila de 2009 y la actuación de los sismólogos. ¿Se pueden predecir los terremotos?

38. ¿Qué crees que debe hacerse en estos casos? ¿Evacuar a la población siempre o incrementar la atención pero ordenar el desalojo solo cuando los datos sean concluyentes? Argumenta tus respuestas.

39. Busca información rigurosa y fiable sobre el terremoto de L'Aquila. ¿Te parece razonable que los sismólogos fueran condenados a seis años de prisión? ¿Qué decisión crees que adoptarán los científicos en los próximos casos? Si hubieses formado parte del tribunal, ¿cuál habría sido tu veredicto?

16

1. Diversidad de procesos geológicos
2. División continental
3. Formación de las cordilleras

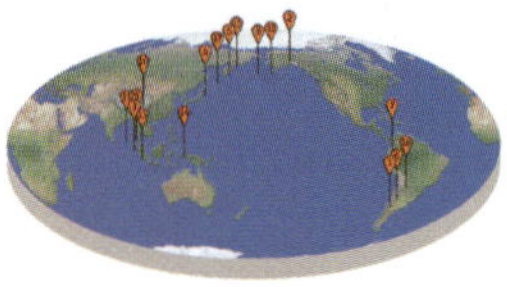

Manifestaciones de la dinámica litosférica

4 Deformaciones de las rocas

5 Metamorfismo y rocas metamórficas

6 El ciclo de Wilson

LA CIENCIA Y SUS MÉTODOS
El trabajo de campo en geología

El *tsunami* que desató una alerta nuclear

Faltaban apenas unos minutos para las 3 de la tarde del 11 de marzo de 2011, un día que la población de Iwaki, y de muchas otras ciudades de la costa este de la principal isla de Japón, no olvidará jamás.

Aquel día, las aguas del océano del océano Pacífico penetraron en Iwaki, en un avance que parecía no tener fin. Las alarmas comenzaron a sonar. Coches y casas "navegaban" junto a barcos, arrastrados todos ellos por las aguas invasoras. El frente de avance de la ola deglutía cuanto hallaba a su paso. Un seísmo de 9 grados en la escala de Richter, ocurrido en la fosa del Japón, había originado el *tsunami*.

Algunas olas alcanzaron los 40 m de altura. Sin embargo, lo que caracteriza a un *tsunami*, y lo que lo hace especialmente destructivo, no es la altura de la ola (que en muchos casos es poco relevante) sino el volumen de agua que desplaza y que origina una corriente de agua marina, tierra adentro, que parece no acabar nunca.

Pero lo peor no había llegado aún. La central atómica de Fukushima se vio afectada por el terremoto y, a continuación, por el *tsunami*. Soportó bien la llegada del primero, pero no la del segundo por su cercanía al mar. Su sistema de refrigeración falló y los reactores nucleares comenzaron a calentarse. Al día siguiente, unas explosiones y fugas radiactivas alarmaron a todo el país. Se decretó la alerta nuclear y se desalojó toda la población en un radio de 20 km. Unas 45 000 personas fueron evacuadas y tratadas con yodo para prevenir un posible cáncer de tiroides.

Murieron 15 852 personas, 3287 más siguen aún desaparecidas, el número de heridos es incontable y la radiación contaminará los alrededores de Fukushima durante un largo tiempo. Todo esto ocurría en el desarrollado Japón, un país acostumbrado a los terremotos y que goza de reconocido prestigio por sus éxitos en el tratamiento del riesgo sísmico.

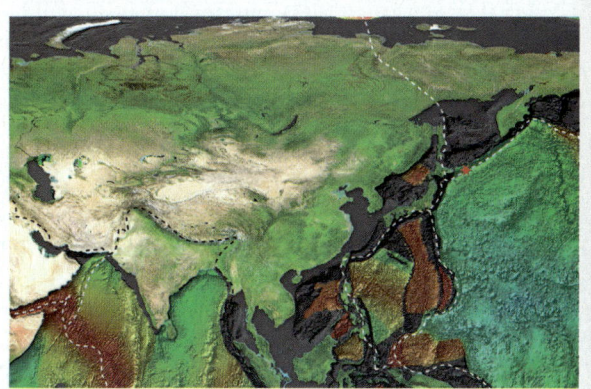
Figura 16.1. Localización del epicentro del terremoto.

Figura 16.2. Ciudad de Iwaki (Japón) tras el *tsunami*.

• En la Web
Observa la capacidad destructora de este *tsunami*.
• www.e-sm.net/svbg1bach16_01

1. ¿Por qué son tan frecuentes los terremotos en Japón?
2. ¿Qué relación hay entre un terremoto y un *tsunami*?
3. ¿Cómo valoras la ubicación de la central nuclear de Fukushima?
4. La imagen de la página anterior muestra unas rocas estratificadas. ¿Esa estratificación se encuentra en su posición original? Justifica tu respuesta.

1 Diversidad de procesos geológicos

El mayor terremoto de la historia

Por término medio, cada año se produce en algún lugar del mundo un terremoto de 8 grados o más en la escala sismológica de Richter.

Mucho menos frecuentes son los terremotos que superan los 9 grados, y solo uno, desde que existen registros sísmicos, alcanzó los 9,5 grados. Ocurrió en 1960, en la ciudad de Valdivia (Chile) y causó 1660 muertos y unos dos mil heridos. Este saldo de víctimas, aunque trágico, fue muy inferior al de otros seísmos de mucha menor magnitud, al ocurrir en una zona poco poblada.

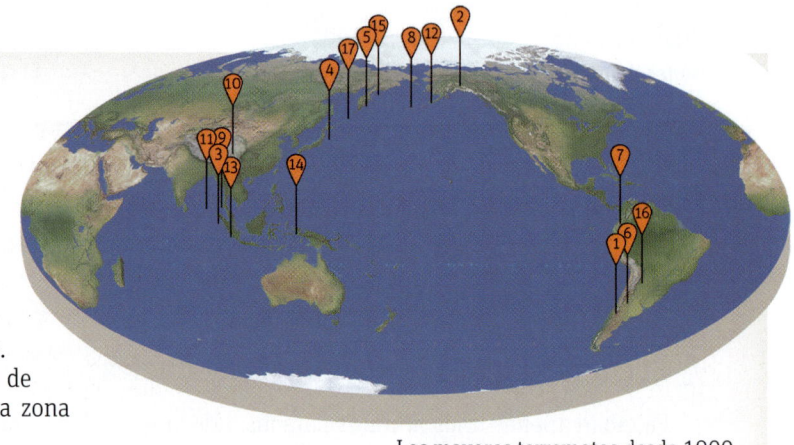

Los mayores terremotos desde 1900.

En la Web

Infórmate sobre la catástrofe causada por el terremoto de Valdivia.

www.e-sm.net/svbg1bach16_02

El terremoto de Valdivia, en la cordillera de los Andes, el *tsunami* de Japón de 2011 y la erupción submarina de ese mismo año en la isla de El Hierro son sucesos de naturaleza diferente, ocurridos en lugares muy distantes entre sí que, sin embargo, se deben a causas que tienen elementos comunes. Todos ellos son manifestaciones externas de la dinámica litosférica, regida por la tectónica de placas.

1.1. ¿Qué se entiende por procesos internos?

Se denominan **procesos geológicos internos** a los generados directa o indirectamente por la energía térmica del interior terrestre. Por oposición, se denominan **procesos geológicos externos** a los originados, directa o indirectamente, por la energía solar y la gravedad. La meteorización, el transporte, la sedimentación o los deslizamientos de ladera son ejemplos de procesos externos.

Así, pues, la diferencia entre procesos internos y externos no reside en el lugar en el que actúan (ambos pueden hacerlo en la superficie terrestre), sino en el origen de la energía que los activa.

Algunos procesos internos, como el **vulcanismo** y la **sismicidad**, ocurren a un ritmo rápido y resultan muy llamativos; sin embargo, otros ocurren lentamente y eso hace que puedan pasar desapercibidos, aunque no por ello son menos importantes. Entre estos últimos destacan:

- **La división continental**. Como, por ejemplo, la fragmentación de Pangea que dio origen al océano Atlántico.
- **La formación de cordilleras**. Como los Andes, el Himalaya o los Pirineos.
- **La creación de pliegues y fracturas** en las rocas.
- **El metamorfismo**. Un incremento de presión y/o temperatura que produce cambios en los materiales terrestres y origina las rocas metamórficas.

Con frecuencia, estos procesos se presentan relacionados, formando parte de un acontecimiento general que, en la mayoría de los casos, se localiza en los límites de placas litosféricas.

INFERIR

5. Juntos pero no revueltos

La imagen muestra una zona de la litosfera en la que han intervenido diversos procesos geológicos internos.

a) ¿Se habrán producido terremotos en la zona? ¿Por qué?

b) Bajo la corteza se observa una cámara magmática. ¿Qué ha podido originar el magma en ese lugar?

c) ¿Qué procesos geológicos internos han hecho presencia en la zona? ¿Puedes establecer alguna relación causa-efecto entre ellos?

2. División continental

La ruptura de Pangea no fue la primera división de un continente ocurrida en la Tierra. Ni será la última. Es, por el contrario, un proceso habitual en la historia del planeta, gracias al cual una placa litosférica se divide en dos y origina corteza oceánica que, al tener menor altitud, será cubierta por las aguas marinas y dará origen a un océano.

La división continental comienza con la formación de un **rift**, similar al que existe en la dorsal atlántica, es decir, una depresión estrecha y alargada limitada a ambos lados por fallas, pero para diferenciarlo de él, se denomina **rift continental**. El término utilizado internacionalmente para referirse al inicio de la división continental es *rifting*.

No todos los rifts continentales parecen haberse formado del mismo modo, sino que unos responden al modelo denominado *rifting* **activo** y otros, al *rifting* **pasivo**.

> **smSaviadigital.com** PRACTICA
> Formación de un continente por *rifting* pasivo.

RIFTING ACTIVO

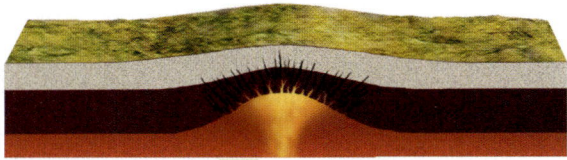

1. El proceso comienza con la formación de un penacho térmico de materiales del manto a elevada temperatura que alcanza la litosfera, la arquea y origina un **domo térmico**.

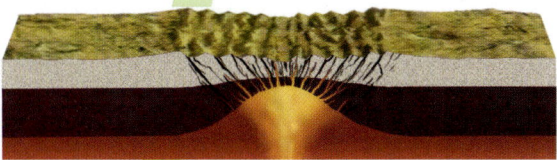

2. La litosfera se adelgaza, se fractura y se hunde la zona central de la bóveda. Se genera un rift continental y se inyecta magma.

3. La separación de los bordes continentales y la inyección continuada de diques basálticos forman corteza oceánica que, por su menor altitud, acaba siendo ocupada por las aguas marinas.

RIFTING PASIVO

1. El proceso comienza con el **estiramiento de la litosfera**, lo que causa su adelgazamiento y la formación de fracturas de tensión.

2. El estiramiento origina una zona central más deprimida, el rift continental.

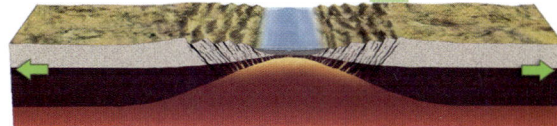

3. La **descompresión** producida bajo el rift favorece la fusión de materiales del manto, que se inyectan formando diques basálticos a medida que se separan los dos fragmentos continentales. Comienza a generarse así corteza oceánica.

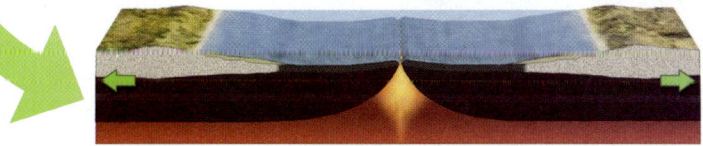

4. Extensión oceánica.

Figura 16.3. Modelos de división continental.

Aunque cada modelo propone una causa diferente para disparar el mecanismo de división continental, en ambos se forma un rift continental, como el que recorre la zona de los grandes lagos africanos. La evolución de los acontecimientos es similar en ambos, por lo cual se origina un estrecho mar, como ocurre actualmente en el mar Rojo. No obstante, no siempre que se inicia un rifting se forma un océano nuevo, sino que este proceso se detiene en el momento en que lo hacen las causas que lo generan.

ACTIVIDADES

6. En lugar de *rifting* activo o pasivo, se utiliza a veces la denominación de modelo tectónico y modelo térmico. ¿Qué *rifting* asociarías al modelo térmico?

3. Formación de las cordilleras

Fósiles marinos en el Himalaya

Este ammonites, y muchos otros fósiles marinos, se han encontrado en la cordillera del Himalaya, a unos 6000 m de altitud. ¿Qué hace el fósil de un organismo marino a esa altura sobre el nivel del mar?, ¿por qué se halla tan lejos del océano, en medio del continente asiático?

Durante siglos, la presencia de fósiles de organismos marinos en muchas montañas intrigó a los naturalistas. La teoría de la tectónica de placas ha permitido explicar este hecho dentro del proceso de formación de las cordilleras.

Ammonites

El proceso por el que se originan las cordilleras recibe el nombre de **orogénesis** (del griego *oros*, 'montaña'). El término que se utiliza para denominar a las cordilleras en formación o ya formadas, como los Pirineos, los Andes o el Himalaya, es **orógeno**.

No todas las montañas forman parte de orógenos. Así, el Teide, el Kilimanjaro o el Kilauea son montañas de origen volcánico que no se integran en cordilleras.

Los orógenos son cadenas de montañas que se forman en las zonas de subducción. En todos ellos se hallan rocas sedimentarias con fósiles de organismos marinos más antiguos que la propia cordillera. Con frecuencia, estas rocas muestran pliegues y fracturas. Junto a ellas hay también rocas ígneas y metamórficas. Por tanto, la explicación que se ofrezca sobre la formación de los orógenos debe dar respuesta a todos estos hechos.

Hay, básicamente, dos tipos de cordilleras: las de **tipo andino**, que se sitúan en el borde de un continente, y las de **tipo alpino**, que se sitúan en el interior.

3.1. Cordilleras de tipo andino

Se localizan en aquellos márgenes en los que la litosfera oceánica subduce bajo la litosfera continental, por lo que también reciben el nombre de **orógenos de borde continental**. La cordillera de los Andes es su mejor ejemplo.

FORMACIÓN DE UNA CORDILLERA ANDINA

En la formación de una cordillera interviene una gran diversidad de procesos geológicos.

1. Sedimentos y rocas sedimentarias marinas sin deformar avanzan hacia la zona de subducción.

2. La mayoría de los sedimentos y rocas sedimentarias no subduce, sino que se pliegan, se fracturan y se acumulan. Así se forma el **prisma de acreción**, que se incorpora al continente.

3. El calor generado por la fricción entre placas y la presencia de agua favorecen la fusión parcial de las rocas, formando magmas.

4. Una parte del magma sale a la superficie y origina volcanes. Otra, solidifica en el interior y da lugar a plutones que engrosan la corteza.

5. Las altas presiones y temperaturas causan el metamorfismo de algunas rocas.

La cordillera es el resultado de este proceso complejo que acumula sedimentos y rocas sedimentarias en el **prisma de acreción**, plegándolos y fracturándolos, que incorpora magmas andesíticos y félsicos, y que genera metamorfismo. La acumulación de todos estos materiales engrosa la corteza continental. De este modo, y paradójicamente, **los continentes crecen por las zonas de subducción**.

3.2. Cordilleras de tipo alpino

Se originan donde dos litosferas continentales convergen y colisionan. A este grupo pertenecen cordilleras intracontinentales como los Alpes, el Himalaya o los Urales.

La zona de subducción en la que se produce esta convergencia continental comienza siendo igual que la andina, con una litosfera oceánica que subduce bajo el borde de un continente. Pero, en este caso, la placa que subduce posee un tramo oceánico y otro continental tras él. A medida que avanza la subducción se aproximan los dos continentes y se cierra la cuenca oceánica que había entre ellos.

El mayor grosor y la menor densidad de la corteza continental dificultan su subducción. Así, tras la colisión continental se produce la **incrustación** y el **cabalgamiento de un continente sobre el otro**, que, como ha ocurrido en el Tíbet, puede llegar a duplicar la corteza continental.

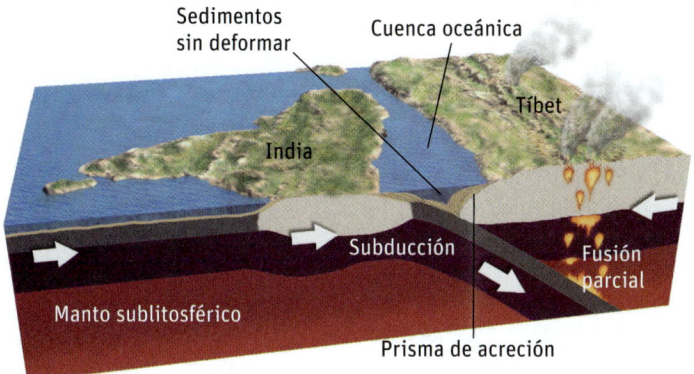

Figura 16.4. A medida que subduce la parte oceánica de la placa, los continentes se aproximan.

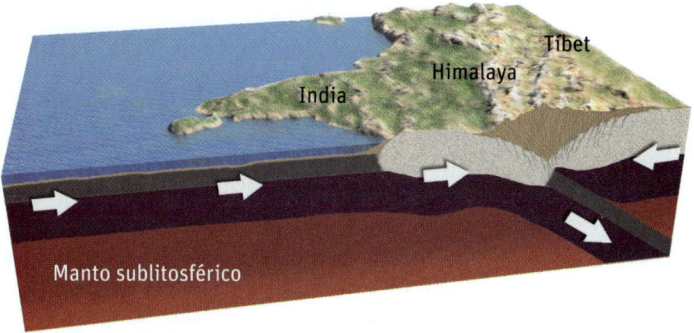

Figura 16.5. El grosor y la baja densidad de la corteza continental hacen inevitable la colisión continental.

3.3. ¿Por qué se elevan las cordilleras?

Las cordilleras no solo se caracterizan porque hay magmatismo, actividad sísmica o rocas plegadas, sino porque son relieves importantes que pueden elevarse varios miles de metros sobre el nivel del mar. ¿Qué causa su elevación?

La tectónica de placas puede considerarse una compleja maquinaria que traslada materiales de unos sitios a otros, los retira, los acumula o los apila. La altitud que alcanzan estos materiales en una zona depende, básicamente, de su **densidad** y su **grosor**. Es, en definitiva, una cuestión **isostática**. De manera que si son poco densos y muy gruesos, los reajustes isostáticos harán que alcancen gran altitud.

Así, bajo el continente euroasiático se introduce la India que, al ser litosfera continental, no subduce hasta el manto inferior sino que se queda bajo Eurasia y duplica la litosfera. El resultado es la región con las mayores altitudes del planeta, el Himalaya.

EXPERIMENTAR

7. Experimentamos con el Himalaya

En un recipiente con agua tenemos dos corchos, uno representa al continente euroasiático y el otro a India, antes de que buena parte de ella se introdujera bajo Eurasia.

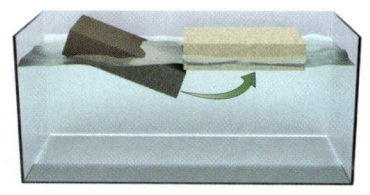

a) De acuerdo con la tectónica de placas, ¿qué proceso hace que el continente indio se introduzca bajo el euroasiático?

b) ¿Qué ocurrirá en nuestro modelo experimental al situar parte del continente indio bajo el euroasiático?

c) ¿En qué se parece y en qué se diferencia este modelo de la situación real?

ACTIVIDADES

8. ¿Es correcto aludir a las dorsales oceánicas como "cordilleras submarinas"? ¿Por qué?

9. ¿Dónde se formaron las rocas sedimentarias que contienen los ammonites hallados en el Himalaya: en el lugar en que ahora se encuentran, en India o en la cuenca oceánica que existía entre India y Eurasia antes de que colisionaran?

4. Deformaciones de las rocas

Figura 16.6. Con frecuencia las rocas muestran pliegues.

De acuerdo con el principio de horizontalidad original de los estratos, los materiales de la fotografía debieron depositarse formando capas horizontales. ¿Cómo han podido plegarse así? Para que adquirieran esa forma debieron haber sido sometidos a enormes presiones. En geología se diferencian dos tipos de presión:

- **La presión litostática**. Es la que soporta cualquier roca en el interior de la Tierra debido a los materiales situados sobre ella. Se ejerce en todas las direcciones, como la presión hidrostática; por tanto, no tiene orientación.

- **El esfuerzo**. Es una presión dirigida que suele deberse a la dinámica de las placas litosféricas. Si el esfuerzo tiende a alargar o separar los materiales se denomina de **tensión**. Si tiende a acercar o apretar los materiales, se denomina de **compresión**. A veces se producen esfuerzos de direcciones paralelas y sentidos contrarios que se denominan de **cizalla**.

Como consecuencia de los esfuerzos las rocas experimentan cambios en su forma, posición o volumen llamados **deformaciones**.

4.1. Tipos de deformaciones

Los materiales pueden experimentar tres tipos de deformaciones: **elástica**, **plástica** y **por rotura**. Los límites entre un tipo de deformación y otra reciben el nombre de **límite de elasticidad** y **límite de rotura**.

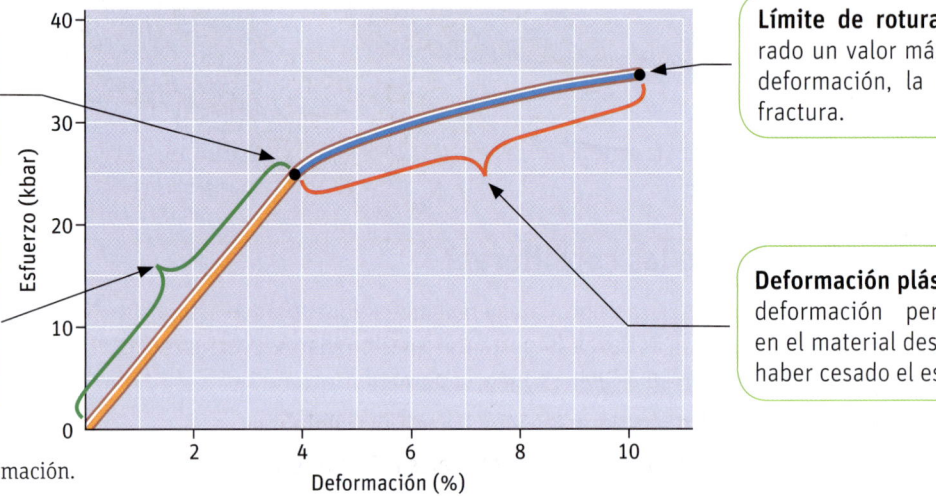

Límite de elasticidad. A partir de este valor el esfuerzo aplicado provoca una deformación irreversible en el material (comportamiento dúctil).

Deformación elástica. El material se deforma al ser sometido a un esfuerzo, pero recupera su forma y volumen cuando cesa el esfuerzo. Es una deformación transitoria, por ejemplo, al pasar las ondas sísmicas.

Límite de rotura. Superado un valor máximo de deformación, la roca se fractura.

Deformación plástica. La deformación permanece en el material después de haber cesado el esfuerzo.

Figura 16.7. Relación entre esfuerzo y deformación.

No todas las rocas tienen el mismo comportamiento; así, el de la arcilla es más plástico que el del granito. Pero una misma roca, por ejemplo, la caliza, puede tener diferente comportamiento en función de las condiciones en que se encuentre. De este modo, en la superficie terrestre, sometida a esfuerzos importantes, la caliza se fractura y decimos que su comportamiento es **frágil**. Sin embargo, a cierta profundidad las altas temperaturas y la presencia de agua permiten que se deforme plásticamente; su comportamiento es **dúctil**.

RELACIONAR

10. ¿Reconoces el esfuerzo?

Observa las ilustraciones:

a) ¿Qué tipo de presión es la que aparece representada en cada caso?

b) ¿A qué tipo de esfuerzo ha sido sometida cada una de las rocas plegadas de la figura 16.6?, ¿cuál fue su respuesta, elástica, plástica o por rotura?

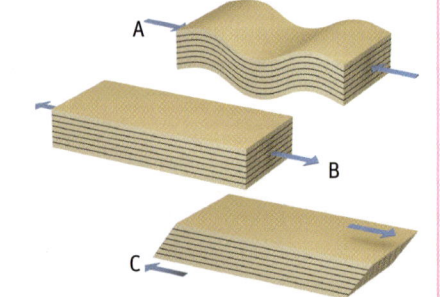

4.2. Deformaciones plásticas: los pliegues

Los **pliegues** son flexiones u ondulaciones que presentan las masas de rocas que han sido sometidas a esfuerzos compresivos. Implican un comportamiento dúctil.

Los pliegues cambian la disposición horizontal que inicialmente poseen los estratos. Para describir la disposición de los estratos se utilizan dos medidas (Fig. 16.8):

- **Dirección**. Es el ángulo que forma una horizontal contenida en el estrato con la línea norte-sur.
- **Buzamiento**. Es el ángulo que forma la superficie del estrato con un plano horizontal.

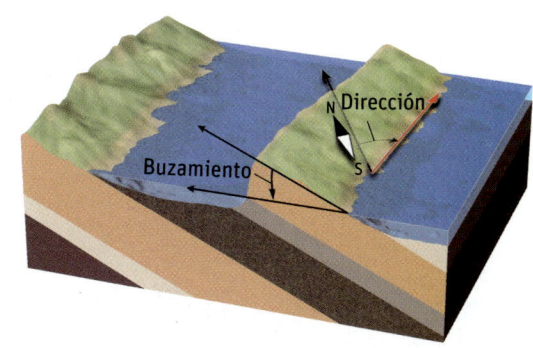

Figura 16.8. Dirección y buzamiento de un estrato.

ELEMENTOS DE UN PLIEGUE

De acuerdo con su geometría, en un pliegue se diferencian los siguientes elementos:

La **charnela** es la zona de máxima curvatura de un pliegue.

La **cresta** es la zona más alta de un pliegue convexo hacia arriba; generalmente se sitúa en la charnela.

El **valle** es la zona más baja de un pliegue cóncavo hacia arriba.

El **núcleo** es la parte más interna del pliegue.

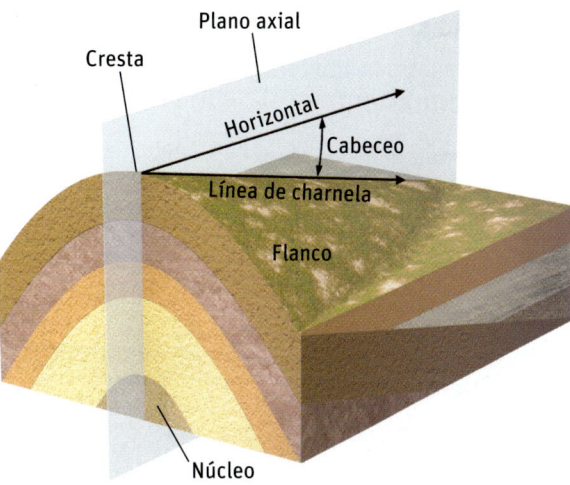

El **plano axial** es aquel que divide al pliegue en dos mitades tan simétricas como sea posible.

El **cabeceo** es el ángulo que forma el eje del pliegue con una línea horizontal contenida en el plano axial.

La **línea de charnela** o **eje del pliegue** es la intersección del plano axial con la charnela.

Los **flancos** son las zonas situadas a ambos lados de la charnela.

▶ Tipos de pliegues

Los pliegues pueden clasificarse atendiendo a diversos criterios (Fig. 16.9). La división fundamental diferencia los siguientes tipos:

- **Anticlinal**, pliegue que tiene en su núcleo los materiales más antiguos.
- **Sinclinal**, pliegue que tiene en su núcleo los materiales más modernos.

Según la posición de su plano axial se clasifican en **rectos**, **inclinados**, **tumbados** e **invertidos**. Por su simetría se diferencia entre pliegues **simétricos** y **asimétricos**.

ACTIVIDADES

11. La dirección y el buzamiento de un pliegue son los de su plano axial. ¿Qué buzamiento tiene un pliegue recto?

12. Dibuja un sinclinal asimétrico e inclinado, cuyo plano axial buce 45º.

Anticlinal

Recto

Tumbado

Simétrico

Sinclinal

Inclinado

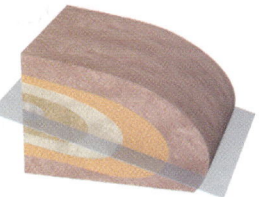
Invertido

Asimétrico

Figura 16.9. Tipos de pliegues.

Figura 16.10. Granito con diaclasas generadas por distensión (La Pedriza de Manzanares, Madrid).

4.3. Deformaciones por rotura: las fracturas

Si el esfuerzo al que se somete una roca supera su límite de rotura, se produce una **fractura**. En función del movimiento relativo de los bloques en los que queda dividido el terreno, se distinguen dos tipos de fracturas: **diaclasas** y **fallas**.

▶ Diaclasas

Son fracturas en las que los bloques no se desplazan uno con respecto al otro, o si lo hacen es para ensanchar la fractura y abrir la grieta. Las diaclasas pueden originarse al mismo tiempo que la roca en la que se encuentran. Por ejemplo, las grietas de desecación que presentan las arcillas, o las grietas poligonales que se forman en los basaltos al solidificarse, denominadas **disyunción columnar**. En otros casos las diaclasas se forman con posterioridad a las rocas afectadas. Por ejemplo, las que se originan en las rocas plutónicas por distensión al alcanzar la superficie (Fig. 16.10).

▶ Fallas

Las fallas son fracturas en las que se produce el desplazamiento de un bloque con respecto al otro.

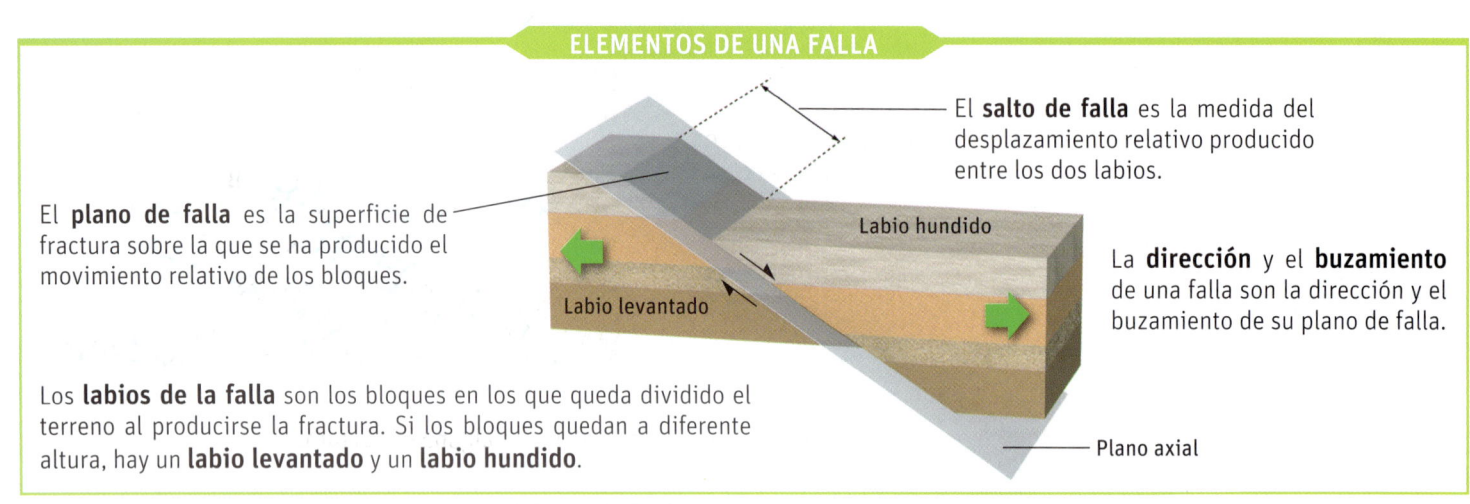

ELEMENTOS DE UNA FALLA

El **plano de falla** es la superficie de fractura sobre la que se ha producido el movimiento relativo de los bloques.

Los **labios de la falla** son los bloques en los que queda dividido el terreno al producirse la fractura. Si los bloques quedan a diferente altura, hay un **labio levantado** y un **labio hundido**.

El **salto de falla** es la medida del desplazamiento relativo producido entre los dos labios.

La **dirección** y el **buzamiento** de una falla son la dirección y el buzamiento de su plano de falla.

Labio hundido — Labio levantado — Plano axial

Hay tres tipos básicos de fallas (Fig. 16.11):

- **Falla normal o directa**, en la que el plano de falla buza hacia el labio hundido. Se origina como respuesta a esfuerzos de tensión o por distensión de las rocas. Como consecuencia, hay un aumento en la superficie del terreno.

- **Falla inversa**, en la que el plano de falla buza hacia el labio levantado. Es producida por esfuerzos de compresión. Resulta una disminución de la superficie del terreno.

  El **cabalgamiento** es un caso particular de falla inversa muy tendida (buzamiento pequeño), de tal manera que el labio levantado se superpone al hundido. Si el desplazamiento es muy grande y el labio levantado se mueve decenas de kilómetros sobre el hundido se denomina **manto de corrimiento**.

- **Falla de desgarre**, en la que el desplazamiento relativo de los bloques se produce en la horizontal, por lo que no hay labio levantado ni labio hundido.

Figura 16.11. Tipos de fallas.

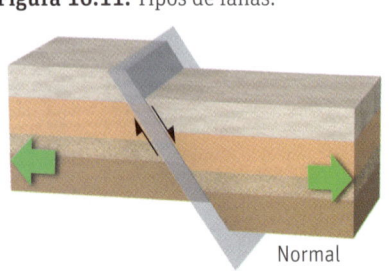
Normal

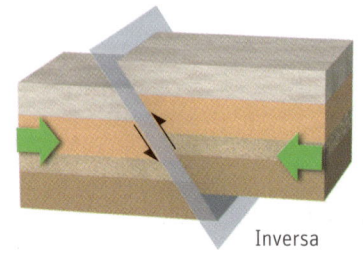
Inversa

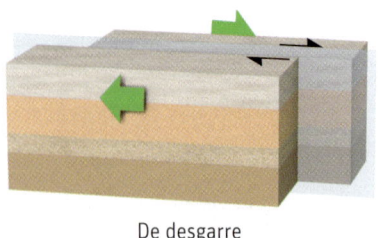
De desgarre

4.4. Asociaciones de fallas

Las fallas, como las diaclasas, no suelen presentarse aisladas sino que es frecuente encontrarlas formando **sistemas de fallas** (Fig. 16.12). De entre estas asociaciones destacan las siguientes:

- El **horst**, un bloque levantado limitado a ambos lados por fallas.
- La **fosa tectónica** o **graben**, un bloque hundido limitado a ambos lados por fallas. Los rifts continentales son un buen ejemplo.

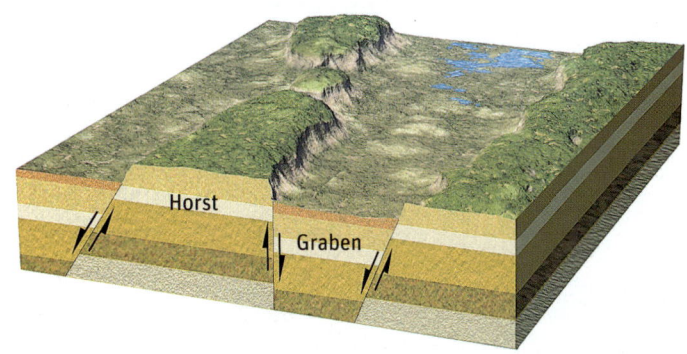

Figura 16.12. Sistema de fallas: horst y graben.

LA CIENCIA Y SUS MÉTODOS

¿Cómo identificar una estructura tectónica?

Las estructuras tectónicas, es decir, los pliegues y las fallas, no siempre se identifican con facilidad debido a que a veces tienen grandes dimensiones y solo vemos una parte, por ejemplo, un flanco del pliegue o un bloque de la falla. En otras ocasiones, la erosión ha eliminado la charnela del pliegue o el escarpe (desnivel del terreno) producido por la falla, o bien la superficie de falla no se diferencia con claridad.

Así, en dos taludes de carretera hemos observado los materiales con la disposición que recogen los cortes geológicos 1 y 2. En ambos casos, no hay ninguna estructura obvia porque la erosión ha eliminado la parte superior de estos materiales.

Para detectar la presencia de estructuras en cortes como estos deberemos responder a las siguientes preguntas:

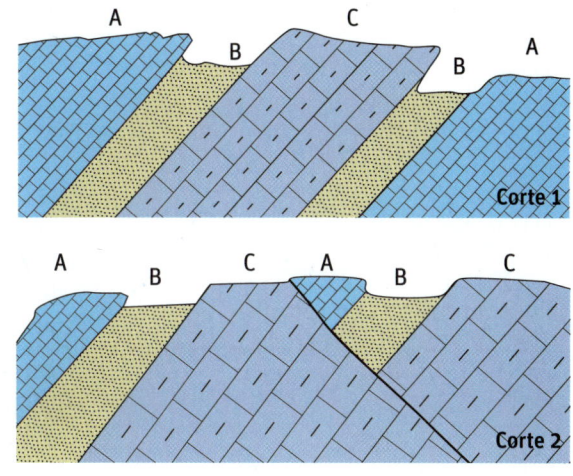

1.º ¿Hay repetición de materiales?

Si los materiales se repiten en la superficie, y la estratificación no es horizontal, habrá alguna estructura.

| En el corte 1 los materiales A y B aparecen repetidos. | En el corte 2 se repiten los materiales A, B y C. |

2.º ¿Esa repetición es simétrica?

| En el corte 1 la repetición es simétrica (A, B, C, B, A), por eso, la estructura es un pliegue cuyo plano axial pasa por C. | En el corte 2 los materiales se repiten en el mismo orden (A, B, C, A, B, C), por tanto, se trata de una falla. |

3.º En caso de pliegue, ¿qué edad relativa tiene el material del núcleo?

Si es el más antiguo se tratará de un anticlinal, y si es el más moderno, de un sinclinal. Así, en el corte 1, en el núcleo se encuentra el material C. Sabiendo que el material A es el más moderno, ¿qué pliegue será?

3.º En caso de falla, ¿hacia dónde buza el plano de falla?

El plano de falla no siempre es muy evidente. En todo caso, vendrá marcado por una interrupción en la estratificación. La falla será normal si su plano buza hacia el material más moderno; en caso contrario, es inversa.

ACTIVIDADES

13. Sabiendo que el material A es el más moderno, indica en el corte 2 cuál es el labio levantado y cuál el hundido. ¿Qué tipo de falla es?

14. ¿Qué tipo de esfuerzo ha originado la estructura del corte 1? ¿Y la del corte 2?

5. Metamorfismo y rocas metamórficas

Figura 16.13. El gneis tiene algunos de sus minerales orientados.

La roca de la fotografía, denominada gneis, se ha formado a partir de un granito. La composición química de ambos es similar. Sin embargo, su aspecto (textura) es muy diferente, debido a que los minerales del gneis no se distribuyen al azar, como en el granito, sino que están orientados. El proceso por el que el granito se transforma en gneis se denomina **metamorfismo**.

El metamorfismo es un conjunto de cambios en la composición mineralógica de la roca y en su textura que ocurren en estado sólido como consecuencia de un incremento de presión, de temperatura o de ambos factores.

Las rocas que así se originan reciben el nombre de **metamórficas** y han podido formarse a partir de rocas sedimentarias, ígneas o, incluso, de otras metamórficas.

5.1. Tipos de metamorfismo

Según el agente causante del metamorfismo se diferencian los siguientes tipos:

- **Metamorfismo dinámico o de presión.** Se produce como consecuencia de un incremento de la presión, sin que la temperatura alcance valores importantes. Suele generarse en zonas poco profundas sometidas a presiones dirigidas.

- **Metamorfismo de contacto o térmico.** Se produce como consecuencia de un incremento de la temperatura, sin que la presión alcance valores importantes. El aumento de la temperatura es causado por una intrusión ígnea, o emplazamiento de una masa magmática en una zona. La roca encajante, situada en la zona de contacto con la masa magmática, cambia por el incremento de temperatura. Este metamorfismo se limita a dicha zona de contacto y constituye lo que se denomina **aureola metamórfica**. La intensidad de las transformaciones se reduce al distanciarse de la intrusión.

- **Metamorfismo regional o termodinámico.** Se produce como consecuencia de un incremento simultáneo de presión y temperatura. Es el metamorfismo más frecuente y afecta a amplias zonas de la corteza continental. Se origina en las zonas de subducción y forma parte de los procesos ocurridos en la formación de las cordilleras. Los valores que alcanzan la presión y la temperatura vienen determinados por su localización en una placa, su profundidad y la proximidad de masas magmáticas.

En función de estos valores se distinguen tres tipos de metamorfismo regional: **de grado bajo**, **de grado medio** y **de grado alto**. La mayoría de las rocas metamórficas se originan por metamorfismo regional.

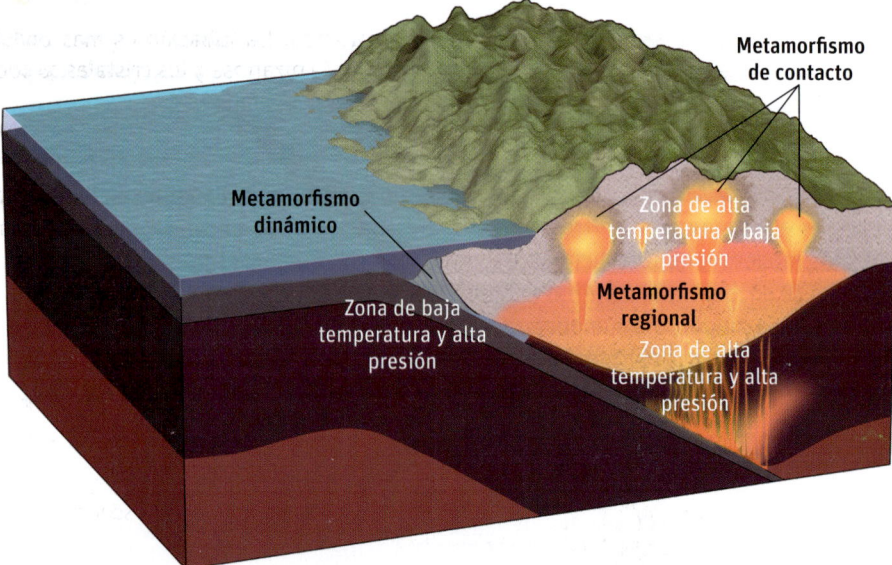

Figura 16.14. Cada tipo de metamorfismo se produce en las zonas que tienen los valores de presión y temperatura que los caracteriza.

5.2. Textura de las rocas metamórficas

La textura de una roca depende de los minerales que la componen y de los procesos por los que se ha formado (Fig. 16.15). Los cambios ocurridos durante el metamorfismo modifican la textura de las rocas, bien porque se forman nuevos minerales o porque recristalizan algunos que ya existían.

Más frecuentemente, los cambios texturales se deben a la intervención de presiones dirigidas que reorientan los cristales prismáticos o laminares, disponiéndolos según planos perpendiculares a la dirección de los esfuerzos. Se denomina **foliación** a la disposición en láminas que caracteriza a muchas rocas metamórficas (Fig. 16.16).

Figura 16.15. Disposición de los cristales en una roca no metamórfica, el granito.

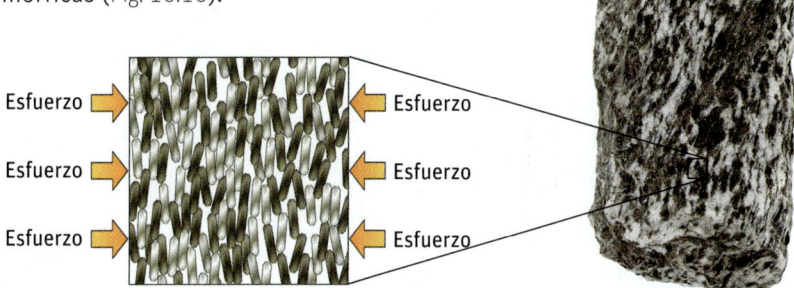

Figura 16.16. En las rocas metamórficas, como el gneis, los cristales se disponen en planos perpendiculares a la dirección del esfuerzo.

Las texturas básicas de las rocas metamórficas se establecen en función del tamaño, la forma y, muy especialmente, de la orientación preferencial que puedan presentar los cristales. Así, se distinguen **texturas con foliación** y **sin foliación**.

- Las **texturas con foliación** son aquellas en las que las rocas presentan una disposición en láminas. Según el tipo de foliación y el tamaño de los cristales, se diferencian tres texturas básicas:

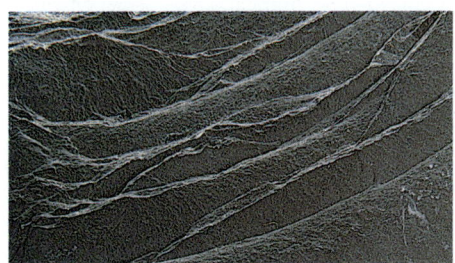  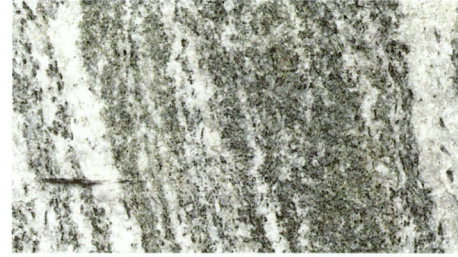

Pizarrosa. La roca presenta una laminación plana con cristales muy pequeños, no diferenciables a simple vista.

Esquistosa. La foliación es más ondulada que en la pizarrosa y los cristales se pueden reconocer a simple vista.

Gneísica. Presenta cristales grandes que se distribuyen en bandas alternativas de micas y cuarzo o feldespatos.

- Las **texturas sin foliación** están presentes en las rocas que no contienen minerales laminares o alargados y, por tanto, no presentan disposición en láminas. La textura no foliada más frecuente es la **granoblástica**, caracterizada porque los cristales son equidimensionales y forman un mosaico de granos (Fig. 16.17).

Figura 16.17. Textura granoblástica.

ACTIVIDADES

15. Relaciona las características de cada uno de los tipos de metamorfismo con su ubicación en determinados lugares de las zonas de subducción. Explica por qué se dan en esos lugares y no en otros.

16. En el metamorfismo, los valores máximos que alcanzan las temperaturas no suelen superar los 800 °C. ¿Por qué no se dan valores de 1500 °C o más?

17. ¿Puede ser esquistosa la textura de una roca cuyos cristales sean todos equidimensionales? ¿Por qué?

5.3. Rocas metamórficas más frecuentes

Las rocas metamórficas pueden clasificarse atendiendo al tipo de metamorfismo que las ha originado. Sin embargo, dado que la mayoría de ellas se ha formado por procesos de metamorfismo regional y que una misma roca puede originarse por diversos tipos de metamorfismo, lo más frecuente es clasificarlas en función de su textura. Así, se diferencian dos grandes grupos de rocas metamórficas: **con foliación** y **sin foliación**.

ROCAS CON FOLIACIÓN

Pizarra. Es una roca de **grano muy fino** no observable a simple vista. Presenta una **foliación en láminas planas**. Se forma a partir de lutitas (rocas sedimentarias de grano fino) por metamorfismo regional de grado bajo. Se sitúa en la transición entre las sedimentarias y las metamórficas.

Filita. Es una roca de **grano fino**, algo mayor que el de la pizarra pero aún no observable a simple vista. También presenta una **foliación en láminas planas**, pero posee un **brillo** más intenso que el de la pizarra. Se forma a partir de las lutitas, por metamorfismo regional de grado bajo.

Esquisto. Es una roca de **grano medio** o **grueso** observable a simple vista. Presenta una **foliación ondulada**. Se forma a partir de las lutitas, por metamorfismo regional de grado medio. En otras ocasiones, el esquisto se origina por metamorfismo de rocas volcánicas.

Gneis. Es una roca de **grano grueso** y los minerales se presentan en bandas claras (cuarzo y feldespatos) y oscuras (micas y anfíboles). **No se divide en láminas** con la facilidad de las rocas anteriores. Se origina a partir de las lutitas o del granito, por metamorfismo regional de grado medio o alto.

ROCAS SIN FOLIACIÓN

Mármol. Es una roca formada por **gruesos cristales de calcita**. Tiene **textura granoblástica**. Se origina a partir de rocas sedimentarias carbonatadas, por metamorfismo regional o de contacto. La presencia de impurezas y de minerales diferentes a la calcita puede proporcionarle un bandeado de diversas tonalidades.

Cuarcita. Es una roca formada por **cristales de cuarzo de tamaño medio o grande**. Tiene **textura granoblástica**. Se origina a partir de areniscas cuarcíferas, por metamorfismo regional de grado medio o alto. La calcita es una roca dura y muy coherente; su color varía del blanco al gris.

Corneana. Es una roca metamórfica de **grano fino y textura granoblástica**. Se forma por **metamorfismo de contacto** a partir de rocas de naturaleza muy diversa. Es muy dura y frecuentemente tiene color gris oscuro. La composición mineral de la corneana es muy similar a la de los esquistos.

ACTIVIDADES

18. Cita dos rocas a partir de las cuales se pueda originar el mármol.

19. ¿Existe diferencia de composición entre una cuarcita y la arenisca de la que procede? Explícala.

6. El ciclo de Wilson

Dado que los continentes se desplazan en una superficie esférica, su colisión y, por tanto, su unión se hacen inevitables. Pero ¿por qué se disgrega un supercontinente? Para explicarlo, debe recordarse que la litosfera continental es más gruesa que la oceánica y no dispone de zonas, como las dorsales, a través de las cuales evacuar el calor del interior terrestre. Un supercontinente funciona como una enorme "manta" que dificulta la disipación del calor generado por la desintegración de los elementos radiactivos, así como del transmitido desde el núcleo.

La acumulación de calor bajo el supercontinente hace que se formen penachos térmicos que elevan determinados lugares de la litosfera, la adelgazan y originan un rift continental que dará lugar a un océano interior. El océano se extiende y los continentes se separan hasta que la formación de zonas de subducción invierte el proceso.

La **fragmentación** y **el reagrupamiento de los continentes** son las fases principales de un proceso conocido como **ciclo de Wilson** que, según algunas hipótesis, se repetiría cada 400 o 500 Ma. De tal manera que Rodinia no habría sido el primer supercontinente, sino que habrían existido otros hace 1600 y 2100 Ma.

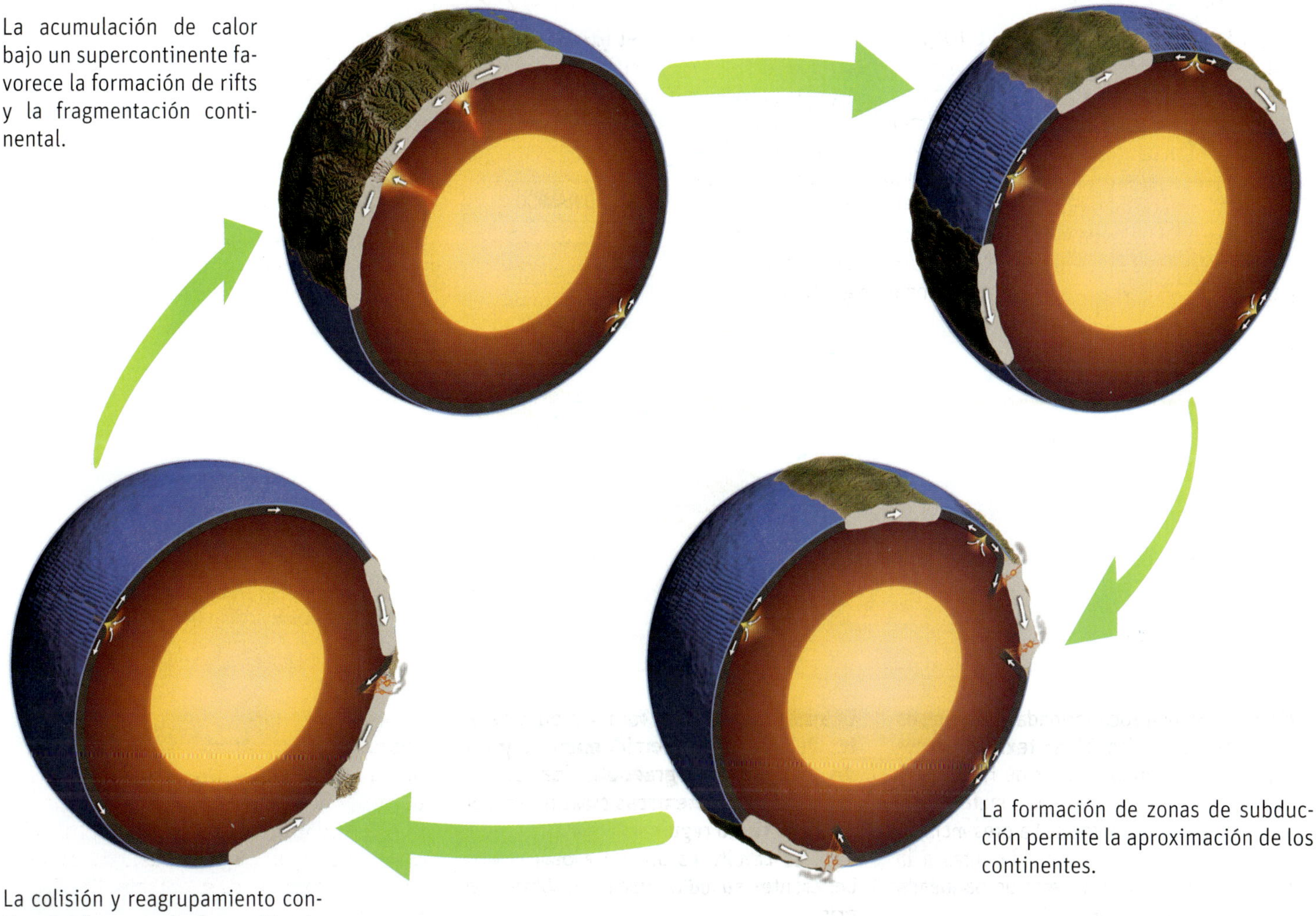

La acumulación de calor bajo un supercontinente favorece la formación de rifts y la fragmentación continental.

El fondo oceánico se extiende al tiempo que los continentes se separan.

La formación de zonas de subducción permite la aproximación de los continentes.

La colisión y reagrupamiento continental favorece la formación de un nuevo supercontinente.

Figura 16.18. Ciclo de Wilson.

A lo largo de la historia de la Tierra se han producido numerosas uniones y divisiones continentales. Sin embargo, no todos los científicos consideran que este proceso haya ocurrido siguiendo ciclos regulares, ni que los supercontinentes hayan integrado en todos los casos toda la corteza continental del momento.

ACTIVIDADES

20. ¿Qué relación existe entre la dimensión de un continente y la probabilidad de que se divida?

21. ¿Puede haber simultáneamente procesos de unión y división continental? ¿Existen en la actualidad?

ACTIVIDADES

Síntesis

22. Completa en este mapa conceptual los términos que faltan (•••) y los fragmentos que debes desarrollar (+). Puedes realizar la actividad en tu cuaderno.

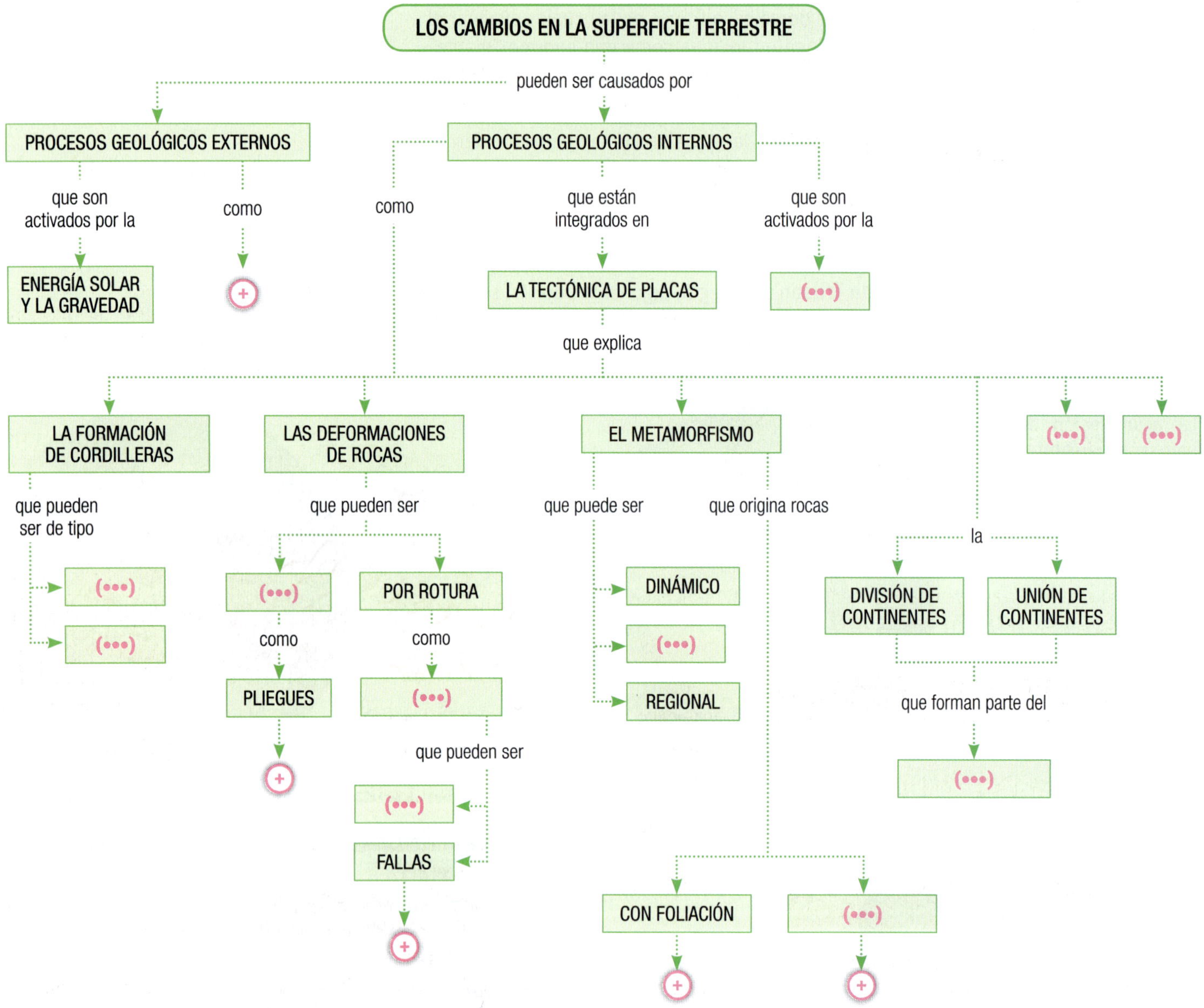

Aplicación y relación

23. En el este de África se está produciendo una división continental. El proceso se halla más avanzado en el mar Rojo, en donde ya se está formando corteza oceánica.

El mapa de la derecha muestra corteza continental (verde y anaranjado), coladas basálticas (rosa) sobre corteza continental, que fueron emitidas antes de comenzar el proceso de *rifting*. También aparecen una zona continental estirada (violeta) y corteza oceánica (gris).

a) Explica qué es el *rifting*. ¿Este *rifting* es de tipo activo o pasivo? ¿Por qué?

b) ¿Consideras que esta zona está sometida a esfuerzos de tensión o de compresión?

c) ¿En qué zona crees probable que haya fallas? ¿De qué tipo serán?

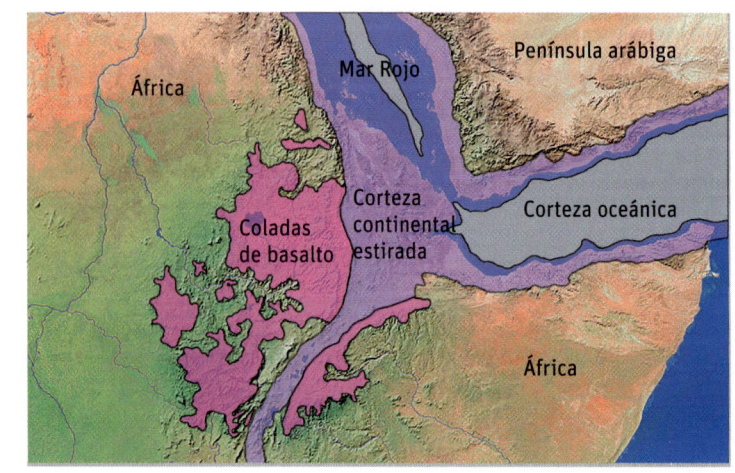

24. En el talud de una carretera encontramos unos materiales con la siguiente disposición. ¿Qué tipo de estructura tectónica hay?

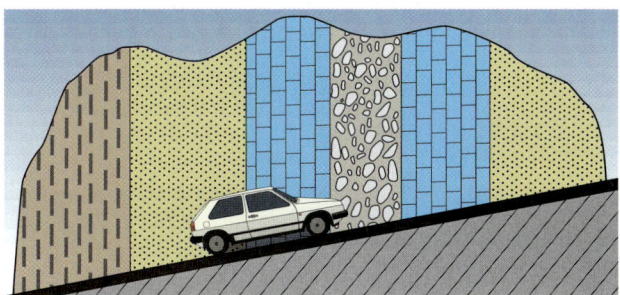

25. Analiza este corte geológico.

a) ¿Qué estructuras se observan de oeste a este?

b) ¿Esta zona ha estado sometida solo a compresión, solo a tensión, o a compresión y distensión? Justifica la respuesta.

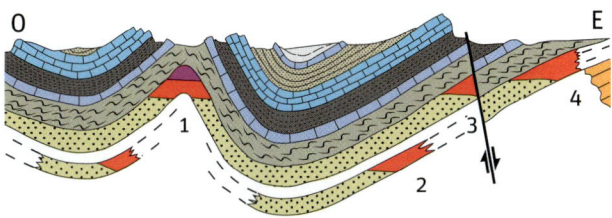

26. Estos esquemas representan tres momentos distintos de la historia de una misma zona del planeta.

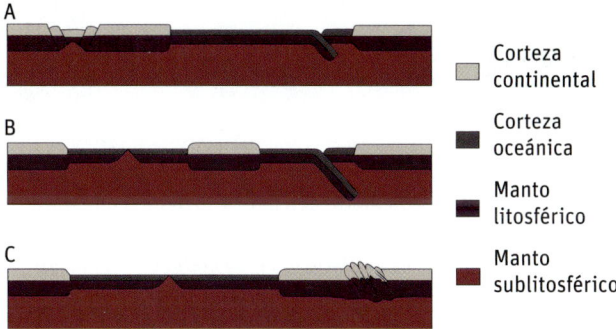

Ordénalos cronológicamente e indica los procesos que están ocurriendo en cada uno de ellos. ¿Qué relatan en conjunto estos esquemas?

27. ¿Qué textura presenta cada una de las siguientes rocas metamórficas?

28. Un estudio geológico realizado en la costa de Galicia ha permitido descubrir la estructura de la corteza terrestre que muestra la imagen. Así, bajo los sedimentos marinos hay corteza continental fracturada que va adelgazándose hasta conectar con la oceánica.

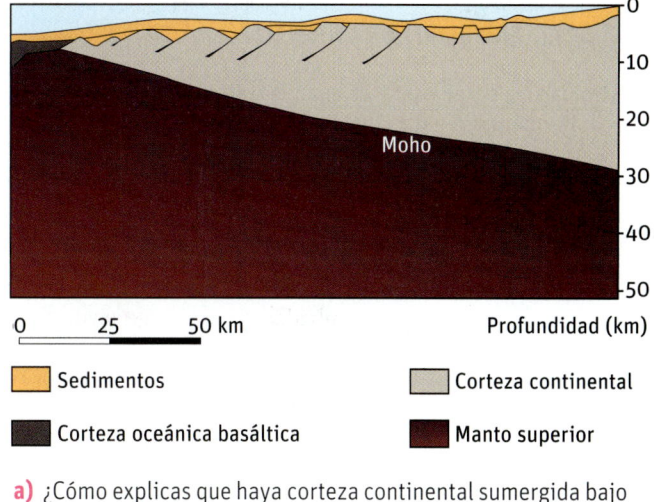

a) ¿Cómo explicas que haya corteza continental sumergida bajo los océanos?

b) ¿Podría ser esa corteza continental lo que queda del rift que separó el continente eurasiático del norteamericano? Justifica la respuesta.

c) ¿Qué edad tendrán los sedimentos que cubren la unión entre la corteza oceánica y la continental?

Biblioteca global

29. Una falla muy peligrosa

Cuanto mayor es la longitud de una falla tanto más importantes son los terremotos que pueden originarse en ella.

En las zonas cercanas a la península ibérica la falla más importante es la que va desde Gibraltar a las islas Azores. El terremoto de Lisboa, en 1755, que causó más de 90 000 muertos, tuvo su foco sísmico en la falla Azores-Gibraltar y originó un *tsunami* muy destructor.

Busca información sobre esta falla y haz una ficha que sintetice los datos más importantes. En todo caso, debes responder a las siguientes cuestiones:

a) ¿Qué placas limitan esta falla? ¿Qué desplazamiento se produce en ella anualmente?

b) ¿Qué probabilidad hay de que ocurra un nuevo terremoto como el de 1755? ¿Qué zonas de la costa española serían las más afectadas?

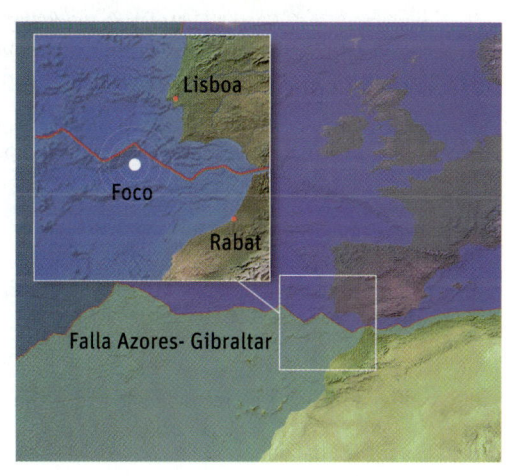

LA CIENCIA Y SUS MÉTODOS — El trabajo de campo en geología

Una parte importante del trabajo de un geólogo se realiza directamente en la naturaleza; es lo que se denomina **trabajo de campo**. Esta actividad puede tener objetivos muy diversos. Por ejemplo, conocer los materiales de una zona y reconstruir su historia, localizar un yacimiento mineral de interés económico o decidir el trazado más adecuado para una carretera.

El trabajo de campo puede requerir el uso de tecnologías y procedimientos muy diversos. En cualquier caso, implica la observación de **afloramientos** (de *aflorar*, 'aparecer en superficie').

¿Cómo se observa un afloramiento?

La capa vegetal y la presencia de suelo impiden ver las rocas de la corteza terrestre. Sin embargo, en determinados lugares donde se ha erosionado el suelo, o una intervención humana lo ha suprimido (por ejemplo, al construir una carretera), es posible observar con claridad las rocas: son los afloramientos. Los acantilados, los taludes de las carreteras y las zonas más altas de las montañas proporcionan buenos afloramientos.

Para observar y describir un afloramiento utilizaremos el siguiente procedimiento:

LOCALIZAR EL AFLORAMIENTO
Ubicamos en el mapa el lugar en el que se encuentra el afloramiento que queremos estudiar.

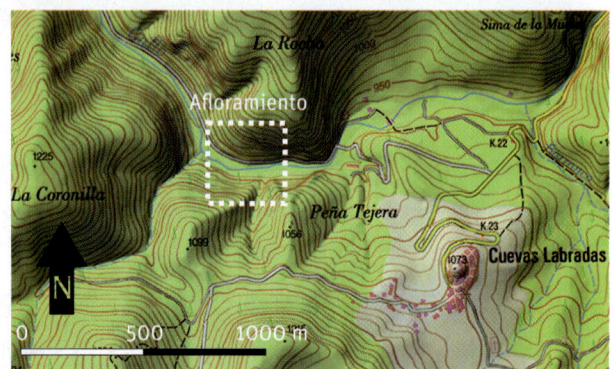

REALIZAR UNA VISIÓN GLOBAL
Antes de analizar los detalles, conviene disponer de una perspectiva de conjunto. Así, observaremos si hay un único material o varios, qué zona ocupa cada uno de ellos, si son rocas estratificadas o no, cómo se disponen esos estratos, etc.

Este afloramiento se encuentra en el Parque Natural del Alto Tajo (Guadalajara) cerca de la localidad de Cuevas Labradas. Se observa un tipo de roca dominante: calizas que muestran una estratificación muy clara. La vegetación crece en un suelo resultado de la alteración de estas calizas.

HACER UN ANÁLISIS CERCANO
Identificamos cada uno de los materiales, tomamos muestras, analizamos su textura y composición, la presencia de fósiles, medimos la dirección y el buzamiento de los estratos, etc.

Las rocas del afloramiento son calizas (efervescen con ácido). Los estratos muestran pliegues con ángulos muy marcados denominados "pliegues en acordeón"; su buzamiento es, por tanto, cambiante. En una observación más detallada hallamos fósiles de braquiópodos y moluscos.

SINTETIZAR LAS OBSERVACIONES Y LAS DUDAS
Recogemos los datos en el cuaderno de campo y destacamos las conclusiones firmes y las dudas. Hacer un corte geológico del afloramiento permite sintetizar la mayor parte de estas observaciones.

ACTIVIDADES

30. Sabiendo que los estratos se encuentran en disposición normal, ¿qué estructura tectónica hay en este afloramiento?

31. Los fósiles hallados son *Rinchonella* y terebrátula (braquiópodos) y ammonites. ¿Qué información proporcionan estos datos?

CIENCIA, TECNOLOGÍA Y SOCIEDAD

Google Earth: todo el planeta a nuestro alcance

Google Earth es un programa informático que permite explorar cualquier lugar de la Tierra, e incluso de la Luna y Marte. Es gratuito, utiliza imágenes de satélite en 3D, mapas, fotografías de relieves, etc. y dispone de una versión en castellano. Es una excelente herramienta para hacer viajes virtuales y para aprender geología.

Puedes descargarlo en www.e-sm.net/svbg1bach16_03. Cuando lo tengas instalado en tu ordenador, te aparecerá una pantalla similar a esta con un conjunto de herramientas. Para comenzar, puedes "volar" hasta el monte Fuji (Japón). Bastará con escribirlo en el panel de búsqueda para "desplazarte" a este lugar. Experimenta con los controles de navegación; así lo verás con diferentes orientaciones, inclinaciones y escalas.

Panel de búsqueda: Puedes indicar una dirección o las coordenadas del lugar al que quieres ir.

Barra de herramientas: Para marcar lugares, señalar rutas, añadir anotaciones o imágenes, ver la zona a distintas horas del día, viajar a la Luna...

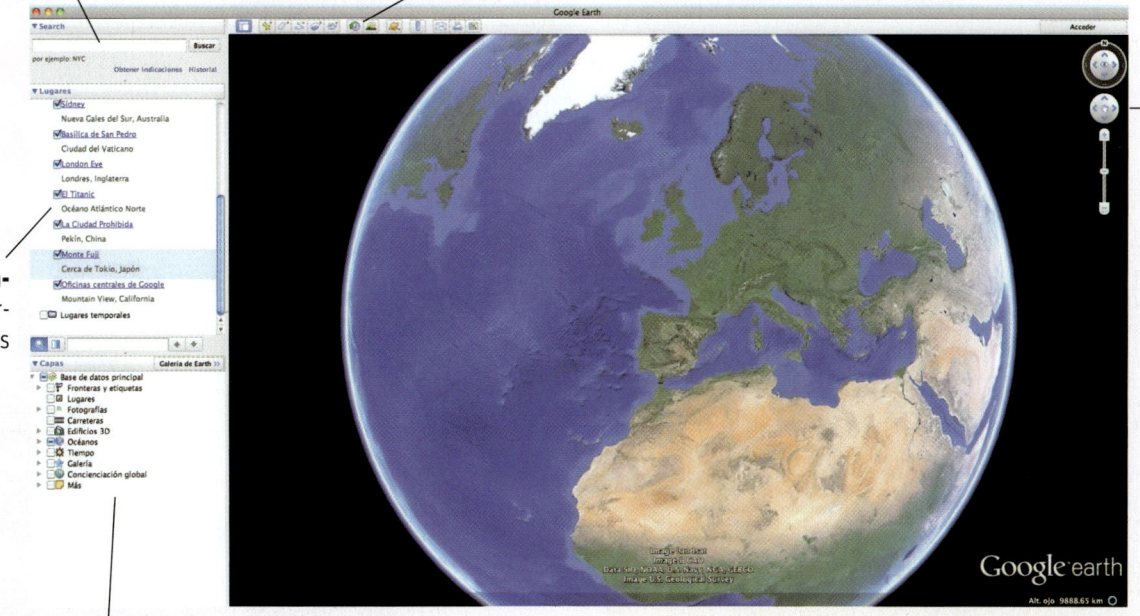

Panel de lugares: para guardar tus lugares favoritos.

Panel de capas: Permite incluir gran diversidad de datos. Conviene seleccionar las capas para que no dificulten la visión.

Controles de navegación: Podrás rotar la Tierra, observar el lugar desde distintas perspectivas, cambiar la orientación, y acercarte o alejarte con el zoom.

Puedes ver los terremotos y los volcanes. Debes ir al *Menú de capas*, desplegar la carpeta *Lugares de interés*, abrir las *Características geográficas*, y hacer clic en *Terremotos*. También puedes ver los volcanes activos.

El servicio geológico de Estados Unidos (USGS), en colaboración con Google Earth, ha elaborado un programa que permite ver los últimos terremotos ocurridos, casi en tiempo real y, más interesante aún, puedes ver los límites de las placas litosféricas. ■

En la Web

En la dirección del servicio geológico estadounidense (USGS) puedes encontrar diversos programas para Google Earth de interés geológico.

www.e-sm.net/svbg1bach16_04

Monte Fuji (Japón).

ACTIVIDADES

32. Google Earth tiene organizados algunos "*tours* de interés", entre ellos está el del Gran Cañón del Colorado. Haz este impresionante recorrido.

33. Busca los volcanes activos. ¿Hay más en los límites de placa o en las zonas intraplaca? Explora algún volcán en la dorsal atlántica y otro en una zona de subducción.

17

1. Procesos geológicos externos
2. Facies sedimentarias
3. Diagénesis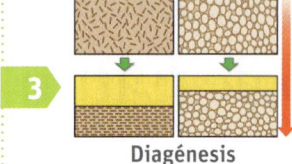

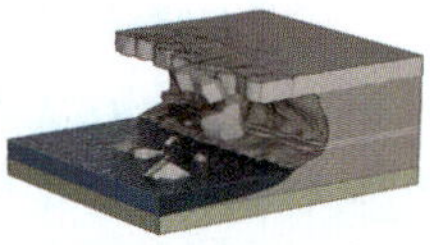

Los procesos externos y las rocas que originan

4 Rocas sedimentarias

5 Utilidad de las rocas

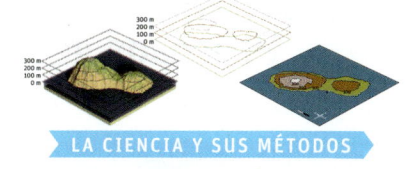

LA CIENCIA Y SUS MÉTODOS

Los mapas topográficos y su interpretación

EN PORTADA

El bosque petrificado de Palencia

Hace algo más de 300 Ma el norte de la península ibérica estaba constituido por un conjunto de montañas recién formadas, entre las cuales había lagunas, deltas y manglares.

La vegetación se acumulaba en estos ambientes con abundante agua, donde la temperatura era cálida. A partir de sus restos se formaron los yacimientos de carbón explotados en Asturias, Cantabria y el norte de Castilla y León desde hace más de un siglo.

Las plantas tienen cierta dificultad para fosilizar, ya que carecen de esqueleto externo o interno que pueda mineralizarse. Sin embargo, el hecho de que sus células posean una pared de celulosa les proporciona alguna opción para fosilizar, especialmente a aquellas partes de la planta, como las raíces o los troncos, en las que esa pared celular está impregnada de lignina.

En determinadas condiciones en las que la vegetación se acumula en un ambiente pobre en oxígeno, las posibilidades de fosilizar se incrementan notablemente. Este debió ser el caso de Verdeña (Palencia) donde, más que conservarse partes aisladas de algunas plantas, fue el propio bosque el que fosilizó. En efecto, se han hallado troncos de helechos, frondes y numerosas raíces en su posición original.

Por aquel entonces, durante el período que no por casualidad se llama Carbonífero, Verdeña era una zona litoral con un importante delta arenoso en el que proliferó la vegetación. Más tarde la zona quedó inundada por el mar, como muestran los abundantes fósiles de bivalvos y gasterópodos marinos que se han encontrado sobre este bosque petrificado.

Figura 17.1. Raíces fosilizadas de árboles del Carbonífero, denominadas *Stigmaria*.

Figura 17.2. *Lepidodendron*, o "árbol de escamas", es el tronco de un helecho gigante frecuente en el Carbonífero.

1. ¿Qué condiciones ambientales favorecieron el desarrollo de bosques al norte de la península ibérica durante el Carbonífero?

2. Algunos yacimientos de carbón se forman a partir de plantas que fueron transportadas por las aguas y acumuladas en un lugar diferente al que crecieron. ¿Puede ser esto lo que ocurrió en Verdeña? Justifica tu respuesta.

3. Para conocer qué ambiente tenía en el pasado (paleoambiente) una determinada zona, como Verdeña, se utilizan datos de diferente naturaleza. ¿Cuáles pueden ser estos datos?

4. Observa la imagen de la página anterior, en la cabecera del cañón se aprecian unos estratos, ¿dirías que están horizontales o inclinados? ¿A qué se debe esa disposición?

Cañón de Añisclo (Huesca). El río ha aprovechado una fractura para excavar este profundo valle que, por su interés geológico, debe ser protegida. Pertenece al Geoparque de Sobrarbe.

1 Procesos geológicos externos

La superficie terrestre se ve afectada por procesos como el vulcanismo o la orogénesis, generados por la energía térmica del interior del planeta, pero también por otros que tienen su origen en la energía solar y en la gravedad. Estos últimos son los que se denominan **procesos geológicos externos**.

Los procesos geológicos externos son la **meteorización**, el **transporte** y la **sedimentación**. Su intervención genera dos tipos de productos; uno de ellos es el **modelado del relieve**, el otro lo constituyen los **sedimentos** y las rocas que se forman a partir de ellos, denominadas **rocas sedimentarias**.

1.1. Meteorización

Todas las rocas situadas en la superficie terrestre se hallan sometidas a la acción del aire, el agua y los seres vivos que las alteran y disgregan. Es el proceso llamado meteorización. Hay dos tipos de meteorización: la **física** y la **química**.

▶ Meteorización física o mecánica

Consiste en una **disgregación** o división de las rocas en fragmentos, sin que se modifique su composición química o mineralógica. Puede producirse por:

- **Gelifracción**. Es la rotura de las rocas producida por el **hielo**. Si el agua que hay en las fracturas y los poros de las rocas se congela, aumenta su volumen y actúa como una cuña, ensanchándolas.

- **Haloclastia**. Es la rotura de las rocas producida por el **crecimiento de cristales** de sales. Mecánicamente, es un proceso similar al anterior.

- **Expansión térmica**. Los **cambios de temperatura** dilatan y contraen las rocas y pueden agrietarlas. Sucede en climas, como los desérticos, que se caracterizan por una gran oscilación térmica diaria.

- **Lajamiento por descompresión**. Es la fracturación que se produce en las rocas al liberarse de la carga que soportaban. Si la erosión hace que rocas originadas en zonas profundas alcancen la superficie, la descompresión favorecerá la formación de diaclasas.

Figura 17.3. Las raíces de las plantas realizan meteorización mecánica y química.

▶ Meteorización química

Es la **alteración** de la **composición química** o **mineralógica** de la roca producida por el agua, el aire o los seres vivos. El agua suele intervenir en todos los procesos de meteorización química, bien como medio que los favorece o bien como reactivo. Los más importantes son los siguientes:

- **Hidrólisis**. Se produce como consecuencia de la **disociación del agua** en iones hidrógeno (H^+) e hidroxilo (OH^-). Los H^+ son muy reactivos y descomponen muchos minerales, como los feldespatos.

- **Oxidación**. Ciertos elementos, como el hierro, en presencia de oxígeno pierden electrones y se oxidan. La oxidación es más eficaz en presencia de agua.

- **Carbonatación**. Es una meteorización producida por el **ácido carbónico**. El CO_2 que hay disuelto en el agua reacciona con ella formando ácido carbónico. El agua cargada de este ácido disuelve bien las calizas.

- **Disolución**. Suele producirse en todos los tipos de meteorización química, si bien a veces adquiere mayor relevancia, como ocurre con la halita o el yeso.

Los **seres vivos** realizan meteorización mecánica, por ejemplo, al introducirse las raíces entre las grietas de las rocas, pero son más eficaces como agentes de meteorización química, por ejemplo, al mantener húmedas, y en consecuencia químicamente activas, las superficies de las rocas.

Hidrólisis de los feldespatos

1.2. Transporte

Los fragmentos de roca generados por la meteorización suelen ser trasladados a lugares más bajos. Se denomina **erosión** o **denudación** al proceso por el que se retiran materiales de cualquier zona de la superficie terrestre.

El traslado de los materiales erosionados recibe el nombre de **transporte**. Toda erosión implica un transporte; sin embargo, son términos que ofrecen perspectivas diferentes. Así, se dice que una montaña se ha erosionado para referirse al material que permanece (la propia montaña), mientras que se habla de transporte para aludir al material retirado de esa montaña.

En los continentes, el transporte lo llevan a cabo el **agua**, los **glaciares**, el **viento** y los **procesos gravitacionales**. Cada uno de ellos realiza este proceso de un modo específico, tanto por el tamaño de los materiales que lleva como por los efectos que el transporte produce en ellos.

▶ Las aguas superficiales

Esta denominación incluye **ríos**, **torrentes** y **aguas salvajes** o **aguas de arroyada**. En los continentes son el agente de erosión y transporte más importante.

El conjunto de materiales que un río transporta se llama **carga**. La carga puede ser llevada en **disolución**, si son sustancias solubles, en **suspensión**, si son materiales de pequeño tamaño, o por el **fondo**, si son materiales de mayor tamaño (Fig. 17.5).

La **capacidad de un río** es la carga máxima que puede transportar, y depende de su **caudal** y de su **velocidad**. Si en un momento dado la carga de un río es inferior a su capacidad, el río erosionará; en caso contrario, depositará parte de esa carga.

Los materiales de mayor tamaño son los primeros que deja. De este modo realiza una **moderada selección de los materiales transportados**.

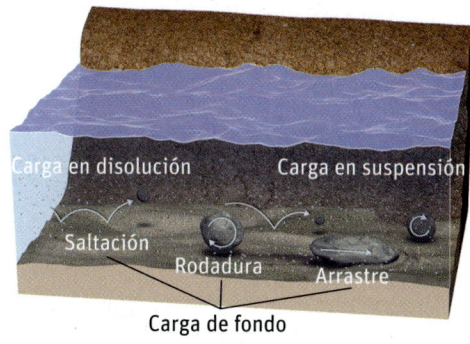

Figura 17.5. Un río transporta carga en disolución, en suspensión y por el fondo. Esta última puede desplazarse por saltación, rodadura o arrastre.

▶ Los glaciares

En los casquetes polares y zonas de alta montaña el **hielo** sustituye al agua líquida como agente de erosión y transporte. Los glaciares transportan los materiales que caen desde las laderas de las montañas y los que el propio glaciar erosiona del cauce. Entre ellos hay desde bloques de muchas toneladas hasta materiales muy finos.

Todos **son transportados sin selección** y se depositan cuando el hielo se funde.

▶ El viento

El viento es un agente de erosión y transporte mucho menos importante que el agua y el hielo. Su acción se limita a zonas sin vegetación con abundantes materiales sueltos. Los materiales muy finos, como los limos, son transportados en **suspensión** y los de tamaño medio (arenas) por **saltación**. Al contrario que el glaciar, el **viento selecciona muy bien** el tamaño de los materiales que transporta.

> **RELACIONAR**
>
> **5. ¿Redondeado o anguloso?**
>
> El tipo de transporte afecta a los materiales transportados, de modo que si se desplazan rodando, estos se irán redondeando.
>
> a) ¿Los materiales que transporta un glaciar se desplazan rodando?
>
> b) ¿Qué fragmentos se redondearán más, los que transporta un río o los de un glaciar?
>
>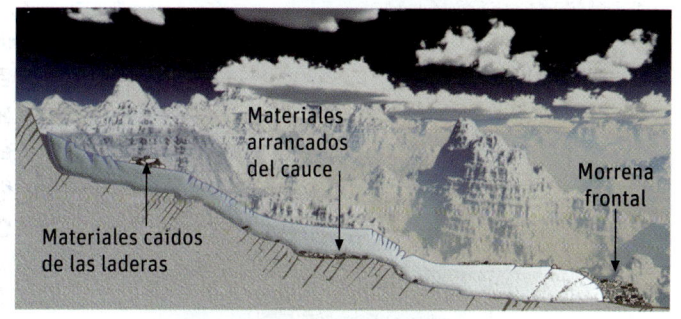

> **ACTIVIDADES**
>
> **6.** En los climas periglaciares, las temperaturas oscilan con frecuencia por encima y por debajo de cero grados. ¿La gelifracción será más importante en ellos o en los climas glaciares?, ¿por qué?
>
> **7.** Ordena los tres agentes de transporte en los continentes de acuerdo con su capacidad para seleccionar el tamaño de los materiales transportados.

▶ Procesos gravitacionales

Peña de Azagra, Navarra

Algo más que un riesgo

Eran las 5.15 de la madrugada del 21 de julio de 1874 cuando se desprendieron grandes bloques de rocas de la montaña conocida como La Peña, que cayeron sobre el pueblo de Azagra. Murieron 92 personas y 72 casas quedaron destruidas. Las tareas de desescombro no fueron fáciles y tuvo que intervenir el ejército.

No era la primera vez que ocurría algo así en esta pequeña localidad navarra. En efecto, en 1856 otro desprendimiento causó 11 víctimas mortales. Tampoco sería la última: en 1903 hubo dos muertos, y otros tantos en 1946.

smSaviadigital.com OBSERVA
Procesos gravitacionales.

Los desprendimientos de rocas, como en Azagra, son un tipo de **proceso gravitacional**, es decir, un desplazamiento de material hacia zonas más bajas producido por la acción de la gravedad, sin que exista un agente intermediario (agua, hielo o viento) que arrastre los materiales. Los procesos gravitacionales, también llamados **movimientos en masa** y **movimientos de ladera**, pueden ser muy rápidos o muy lentos y se diferencian: **desprendimiento**, **deslizamiento**, **flujo** y **reptación**.

Los movimientos de ladera son los procesos erosivos más extendidos. Se dan en superficies con pendiente, por pequeña que sea. Afectan sobre todo a materiales sin compactar y a rocas disgregadas o fracturadas. Pueden ser desencadenados por un terremoto, una fuerte lluvia o una intervención humana que inestabilice la ladera.

PROCESOS GRAVITACIONALES

Desprendimiento. Caída libre de bloques rocosos cuyo desplazamiento se produce por el aire. Es un movimiento extremadamente rápido y se da en acantilados y en montañas muy escarpadas. Puede producirse por **descalce** (pérdida de apoyo) o por **vuelco**.

Deslizamiento. Desplazamiento de una porción del terreno sobre una superficie. El bloque que se mueve mantiene su forma durante el deslizamiento y nunca pierde el contacto con la superficie. Suele ser moderado o muy lento (entre pocos m/día y unos cm/año).

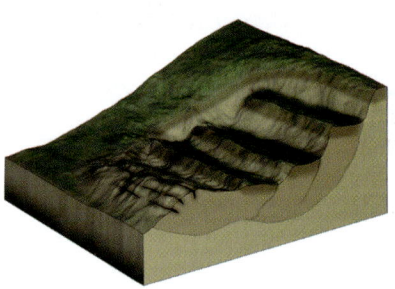

Flujo. Movimiento en masa de materiales poco cohesionados que se desplazan como un líquido muy viscoso. A diferencia del deslizamiento, aquí los materiales modifican su forma a medida que se mueven, adaptándose a la superficie por la que se desplazan. Su velocidad varía, desde algunos km/hora, hasta pocos m/día.

Reptación. Es un desplazamiento muy lento de materiales sueltos, ladera abajo, que afecta solo a la capa superficial del terreno. Los materiales no se mueven simultáneamente, sino que cada fragmento lo hace de manera individual. Esto hace que pase desapercibido a pesar de ser el más frecuente. Suele afectar a toda la ladera.

1.3. Sedimentación

Los materiales erosionados pueden tener un transporte más o menos largo; cuando finaliza, se depositan formando un **sedimento**. La arena de la playa, la grava que hay junto al río o los lodos que observamos tras una inundación son ejemplos de sedimentos.

Los sedimentos se depositan preferentemente en las zonas más bajas. En consecuencia, la sedimentación es más abundante en las zonas marinas que en las continentales. Las grandes áreas en las que se depositan importantes espesores de sedimentos se denominan **cuencas sedimentarias**. Estas pueden ser continentales (por ejemplo, la cuenca del Ebro), aunque las más importantes son marinas, como la cuenca mediterránea.

En una cuenca sedimentaria pueden diferenciarse diversos **medios** o **ambientes sedimentarios**, que son áreas de depósito con unas características físicas, químicas y biológicas más uniformes, que las diferencian de otras circundantes. La albufera de Valencia, el delta del Ebro o un arrecife de coral son ejemplos de ambientes sedimentarios.

Los ambientes sedimentarios se clasifican en **continentales**, **de transición** y **marinos**.

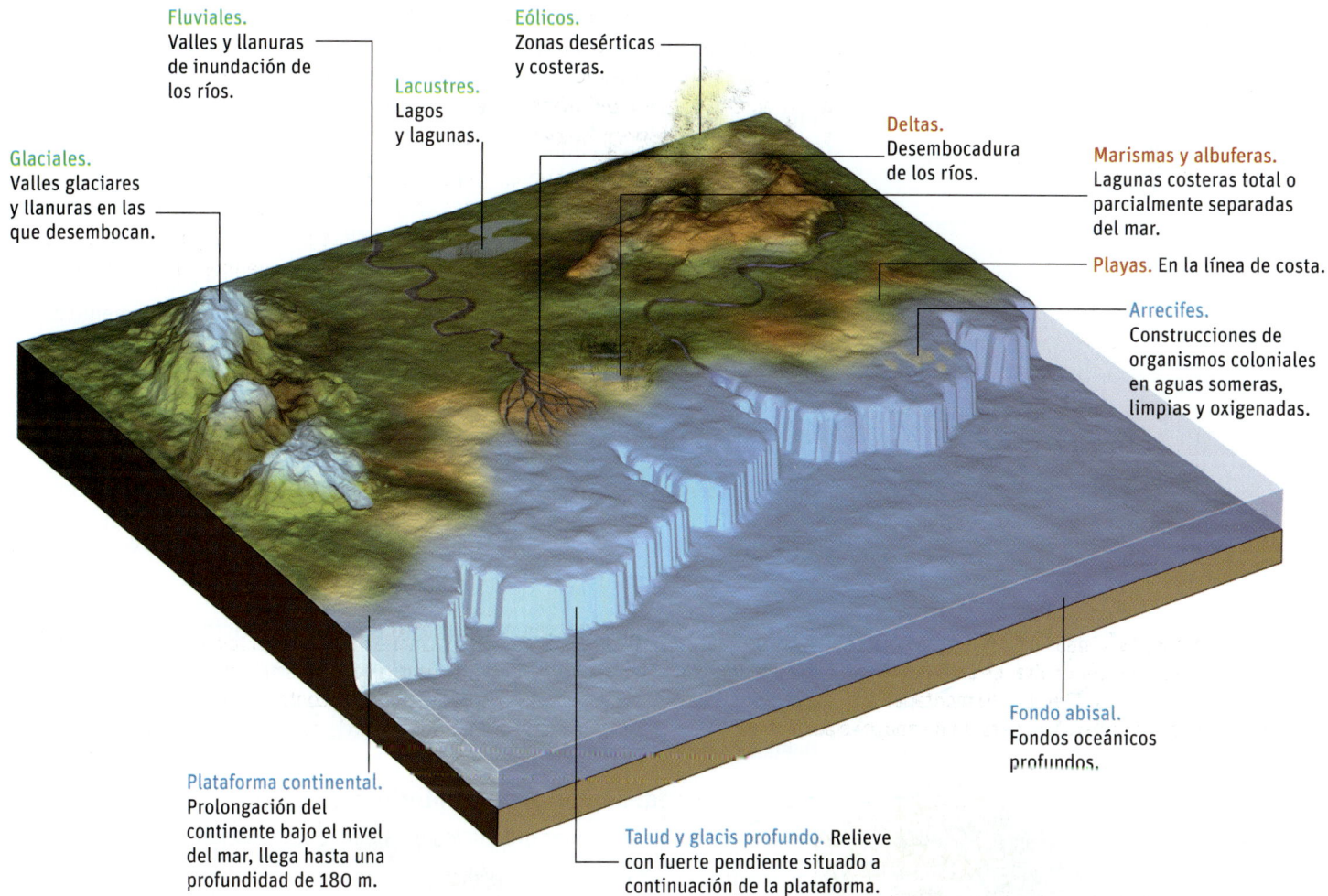

Figura 17.6. Distintos ambientes sedimentarios.

ACTIVIDADES

8. En los continentes predomina la erosión sobre la sedimentación, mientras que en los océanos ocurre a la inversa. ¿Por qué?

9. ¿En dónde será más abundante la sedimentación, en la plataforma continental o en el fondo abisal? Justifica tu respuesta.

2. Facies sedimentarias

Zaragoza era como Islandia hace 50 000 años

Con este titular se hacía eco la prensa de una investigación publicada a comienzos de 2013 sobre unas "dunas fósiles", con algo más de 50 000 años de antigüedad, halladas cerca de Zaragoza.

¿Por qué cómo Islandia? Hace 50 000 años estábamos en la última glaciación, y el clima en la península ibérica era árido y muy frío. Donde en la actualidad está Zaragoza había un campo de dunas similares a las que ahora se encuentran en el sur de Islandia.

La mayoría de aquellas dunas fueron erosionadas y no han llegado hasta nosotros. Sin embargo, algunas de ellas quedaron preservadas y su estudio permite a los investigadores conocer aquel ambiente.

Dunas del pleistoceno en Zaragoza.

Facies sedimentaria es el conjunto de características **litológicas** (composición, textura y estructura) y **paleontológicas** (fósiles) que permiten identificar un sedimento o roca sedimentaria y diferenciarla de otras. Así, lo que permitió a los investigadores conocer las características ambientales de Zaragoza hace 50 000 años fue el estudio de la facies de los materiales hallados.

En la Web

Observa la información que proporcionan unos microfósiles, los foraminíferos.

www.e-sm.net/svbg1bach17_01

En función del grupo de características estudiadas se diferencia entre **biofacies**, que analiza los fósiles encontrados, y **litofacies**, que analiza la composición química y mineralógica de los materiales, su textura así como la presencia de estructuras sedimentarias.

El análisis de estos datos a la luz del principio del actualismo permite inferir el ambiente en que se depositó, el agente de transporte que intervino y la composición de las rocas a partir de las cuales se formó. El estudio de la facies de un sedimento o roca sedimentaria implica analizar la presencia de estructuras sedimentarias, su textura, su composición y su madurez.

2.1. Estructuras sedimentarias

Estas estructuras se refieren a la disposición geométrica que adoptan los elementos que componen un sedimento. Incluyen desde características generales del estrato, o la presencia de marcas en su superficie, hasta el ordenamiento interno de los materiales dentro del estrato.

▶ **Estructuras sedimentarias en el plano de estratificación**
- **Grietas de desecación**, formadas por retracción en las arcillas.
- **Rizaduras** u ondulaciones producidas por el oleaje o por el viento.
- **Huellas de pisadas** o icnitas, huellas de lluvia.

▶ **Estructuras sedimentarias en el interior del estrato**
- **Laminación paralela.** Granos ordenados paralelamente a la estratificación.
- **Laminación cruzada.** Granos alineados que cortan la estratificación.
- **Granoselección.** Los granos más gruesos se sitúan en el muro y los más finos, hacia el techo del estrato.
- **Bioturbación.** Conductos dejados en el fango por gusanos y otros organismos limícolas (Fig. 17.7).

Figura 17.7. Bioturbación. A veces las galerías excavadas por cangrejos y otros organismos fosilizan.

En la unidad 12 se vieron algunas de estas estructuras en la medida en que proporcionaban criterios para orientar los estratos (criterios techo-muro). Pero estas estructuras también aportan información sobre el medio en que se produjo el depósito. Así, las dunas de hace 50 000 años halladas en Zaragoza tienen laminación cruzada, una estructura sedimentaria muy frecuente en los sedimentos eólicos.

2.2. Textura de los sedimentos

La textura de un sedimento o roca sedimentaria es un conjunto de características referidas a la forma, el tamaño y la relación entre los granos que lo constituyen.

- **Forma de los granos.** Viene definida por dos variables, la esfericidad, o grado de semejanza con una esfera, y el redondeamiento, que mide la forma de las aristas y vértices de un grano. Para determinar estos valores se utilizan tablas con las formas de referencia (Fig. 17.8). Como los fragmentos de roca al dividirse son muy angulosos y el redondeamiento se produce por el rozamiento sufrido durante el transporte, el grado de redondeamiento nos hablará de la longitud de ese transporte.

- **Tamaño de los granos.** Así, se diferencian tres grupos:
  - **Gravas**, sedimentos gruesos con un tamaño de grano superior a 2 mm.
  - **Arenas**, sedimentos medios con un tamaño de grano comprendido entre 2 mm y 1/16 mm.
  - **Limos** y **arcillas**, sedimentos finos con un tamaño inferior a 1/16 mm.

- **Relación entre los tamaños de los granos.** Así, se diferencia entre dos tipos de sedimentos:
  - **Sedimentos homométricos.** Los granos poseen un tamaño similar y, por tanto, han experimentado una buena selección del tamaño durante el transporte. Es lo que ocurre, por ejemplo, con los sedimentos eólicos.
  - **Sedimentos heterométricos.** Los granos poseen un tamaño desigual y, por tanto, han sido pobremente seleccionados durante el transporte o no lo han sido en absoluto. Es el caso de los sedimentos glaciares.

DESCRIBIR

10. Por su textura lo conocerás

Observa la fotografía de este sedimento y describe todas sus características texturales:

a) ¿Qué forma tienen los granos?

b) ¿Cuál es el tamaño de grano mayor? ¿Y el menor?

c) ¿Qué relación hay entre los tamaños de granos?

d) ¿Consideras que el agente de transporte ha sido muy selectivo con respecto al tamaño, muy poco o moderadamente selectivo?

Figura 17.8. Valores de esfericidad y redondeamiento.

2.3. Composición de los sedimentos

Puede establecerse en función de dos criterios:

- De acuerdo con su **origen** se distinguen los siguientes:
  - Componentes **detríticos** o **terrígenos**. Se denominan **clastos**. Son fragmentos de rocas anteriores que han sido transportados en estado sólido. También se incluyen aquí fragmentos de organismos, conchas, esqueletos, etc.
  - Componentes **químicos** y **bioquímicos**. Se han formado por precipitación química o procesos orgánicos a partir de sustancias presentes en el propio medio sedimentario.

- De acuerdo con su **composición mineralógica**. Se identifican los minerales que integran el sedimento, por ejemplo, cuarzo, feldespatos, micas, carbonatos, etc. y la posible presencia de fragmentos de roca compuestos por diversos minerales.

ACTIVIDADES

11. Se ha tomado una muestra de sedimentos en la cabecera de un río, otra en su tramo medio y la tercera en la desembocadura. ¿Qué cambios habrá en la forma de los granos de una a otra muestra? ¿Y en los tamaños de esos granos?

12. ¿Qué textura esperas que tengan los materiales de las dunas de Zaragoza? Justifica la respuesta.

2.4. Madurez de los sedimentos

Un concepto muy utilizado para definir un sedimento es el de su **madurez** (Fig. 17.9). Así, se diferencia entre:

- **Madurez textural**. Es mayor cuanto más redondeados y homométricos son sus granos. Este valor informa del tipo de transporte, si ha sido muy selectivo o no, así como de la magnitud de ese transporte.

- **Madurez composicional**. Es mayor cuanto más cuarzo y menos feldespatos y fragmentos de roca sin alterar posea. Informa de la selección química sufrida por el sedimento. Así, los feldespatos son muy vulnerables al ataque químico, por tanto, su presencia indicará un bajo grado de meteorización química.

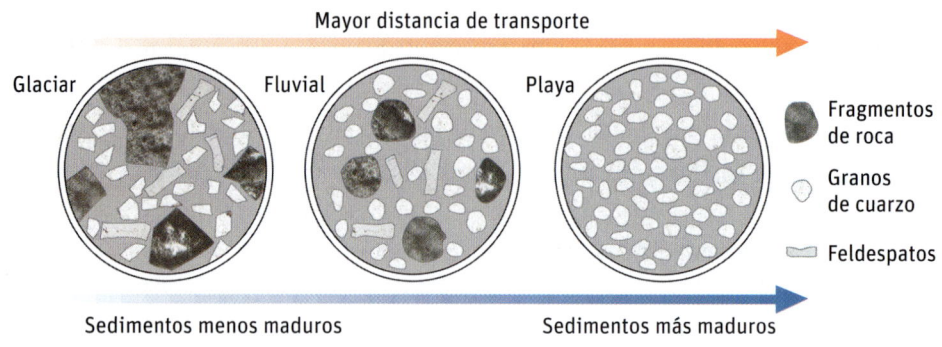

Figura 17.9. Madurez textural y composicional.

LA CIENCIA Y SUS MÉTODOS

Investigar el origen de un sedimento

Las características que posee un sedimento dependen de los materiales a partir de los cuales se formó, del agente de transporte que intervino y del ambiente sedimentario en que se depositó.

Para conocer el origen de un sedimento, por ejemplo, el de esta imagen, es necesario analizar su textura, su composición y su madurez, de forma que nos permita responder a las siguientes preguntas:

1.ª ¿Cuál es su tamaño de grano? Los granos tienen entre 0,5 mm y 1,5 mm. Por tanto, el sedimento de la imagen es una arena.

2.ª ¿Cuál es la forma de los granos? Son subredondeados y de alta esfericidad.

3.ª ¿Cuál es la relación entre los tamaños de los granos? Su tamaño está muy bien seleccionado, son homométricos.

4.ª ¿Hay fósiles?, ¿hay fragmentos de esqueletos? No.

5.ª ¿Cuál es su composición mineralógica? Hay granos de cuarzo, de feldespatos y de roca sin alterar.

6.ª ¿Es texturalmente maduro? Sí, los granos son subredondeados y homométricos.

7.ª ¿Es composicionalmente maduro? No, hay feldespatos y roca sin alterar.

8.ª ¿Cuál podría ser su origen? Es, probablemente, un sedimento eólico.

Figura 17.10 Microfotografía de arenas cuarcíferas.

ACTIVIDADES

13. ¿Por qué el sedimento de arriba es de origen eólico? ¿Podría ser arena de playa?

14. Analiza el sedimento de la (Fig. 17.10) y responde a todas las preguntas anteriores sobre su textura, composición y madurez. ¿Cuál dirías que es su origen?

15. ¿Será texturalmente más maduro un sedimento glaciar o uno fluvial? ¿Por qué?

16. ¿La meteorización química incrementa o disminuye la madurez composicional de un sedimento? Razona tu respuesta.

3 Diagénesis

Los sedimentos están constituidos por materiales sueltos. Para que se origine una roca sedimentaria es necesario que esos materiales se cohesionen y adquieran la consistencia propia de una roca.

La **diagénesis** o **litificación** es el conjunto de procesos por los cuales un sedimento se transforma en roca sedimentaria. Los procesos diagenéticos más importantes son la compactación y la cementación.

> **• En la Web**
> Observa en esta animación las causas de la compactación.
> • www.e-sm.net/svbg1bach17_02

- **Compactación**. Es la reducción del volumen ocupado por unos sedimentos como consecuencia del depósito de nuevos materiales sobre ellos. La presión ejercida por estos nuevos depósitos, denominada presión litostática, reduce los huecos que existían entre los granos que componen el sedimento. Al disminuir los poros también se reduce el agua que pudiera haber en ellos.

No todos los sedimentos disminuyen su volumen en igual medida al ser compactados. En general, cuanto menor es el tamaño de grano mayor es la reducción de su volumen.

- **Cementación**. Consiste en la precipitación de minerales que van disueltos en las aguas que circulan entre los granos del sedimento. El mineral precipitado actúa de cemento que une y aglutina los granos de ese sedimento. En consecuencia, rellena sus huecos reduciendo la porosidad de la roca (Fig. 17.11). La **calcita** y la **sílice** son los cementos más frecuentes.

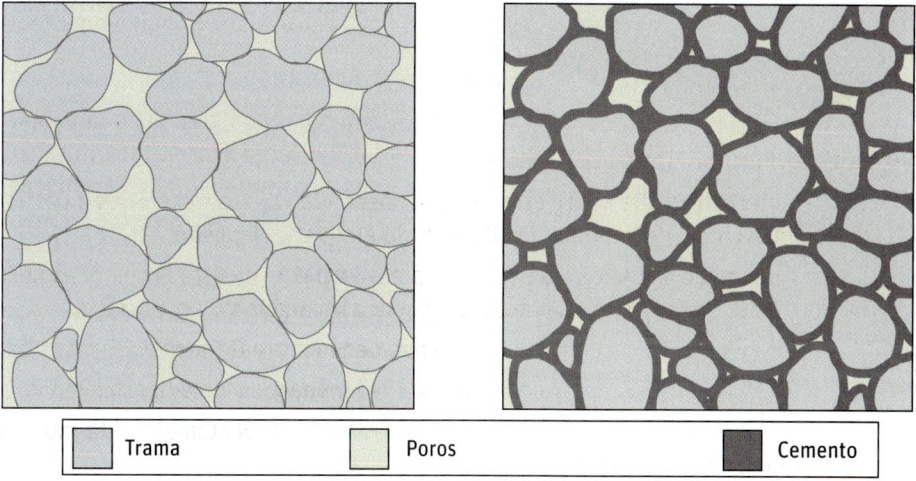

INFERIR

17. ¿Por qué se compacta más?
Como muestra el dibujo, a medida que aumenta la presión a que se ve sometido un sedimento disminuyen los huecos y se reduce su volumen.
a) A igualdad de presión, la reducción de volumen que se produce en el limo y la arena es diferente. ¿Por qué?
b) ¿Qué ocurrirá con la grava?

La transformación de un sedimento en roca sedimentaria puede originarse solo por compactación o solo por cementación, aunque lo más frecuente es que intervengan ambos procesos.

Durante la diagénesis también pueden producirse alteraciones químicas y mineralógicas y, con frecuencia, se generan **recristalizaciones**.

Figura 17.11. Proceso de cementación.

La diagénesis se produce en las capas más superficiales de la corteza terrestre. A partir de cierta profundidad, las altas presiones y temperaturas originan los cambios en las rocas que se denominan **metamorfismo**. Se considera que el límite máximo de la diagénesis es entre 150 °C y 200 °C; a partir de ahí, es metamorfismo. Por ejemplo:

Arena → Diagénesis → Arenisca → Metamorfismo → Cuarcita

ACTIVIDADES

18. ¿Qué proceso diagenético consideras que puede transformar en menos tiempo un sedimento en roca sedimentaria, la compactación o la cementación?

19. Una cuarcita también puede transformarse en arena. ¿Qué procesos son necesarios para ello?

4 Rocas sedimentarias

Figura 17.12. Constituyentes de ruditas y arenitas.

Las rocas sedimentarias se clasifican atendiendo a diversos criterios. La clasificación más aceptada utiliza el origen y la composición de la roca, estableciendo dos grandes grupos: **rocas sedimentarias detríticas** y **rocas sedimentarias no detríticas**.

4.1. Rocas sedimentarias detríticas

Son las que se han formado a partir de fragmentos de otras rocas, o clastos, que fueron transportados en estado sólido. En función del tamaño de estos clastos se diferencian tres grupos: **ruditas**, **arenitas** y **lutitas** (Fig. 17.14).

En las ruditas y arenitas se pueden distinguir tres constituyentes (Fig. 17.12):

- **Trama**, o conjunto de granos de mayor tamaño que forman el armazón de la roca.
- **Matriz**, o materiales de grano más fino que se sitúan entre la trama y se han depositado al mismo tiempo que ella.
- **Cemento**, o material de precipitación química que se ha depositado después y rellena total o parcialmente los huecos.

▶ Ruditas

Son rocas con clastos de tamaño grueso, mayores de 2 mm. El término ruditas incluye tanto a los sedimentos gruesos sin diagenizar, **gravas**, como a las rocas formadas a partir de ellos, los **conglomerados**.

Los clastos pueden ser redondeados o angulosos. Si son angulosos la roca se denomina **brecha**, mientras que si son redondeados se la llama **pudinga** (Fig. 17.13), aunque hay autores que también en este caso utilizan el término conglomerado.

Figura 17.13. Pudinga. El redondeamiento de sus clastos indica que tuvieron un transporte largo.

▶ Arenitas

Son rocas con granos de tamaño medio, entre 2 mm y 1/16 mm. El término arenitas incluye tanto a los sedimentos medios sin diagenizar, **arenas**, como a las rocas formadas a partir de ellos, las **areniscas**. Atendiendo a su tamaño se diferencian areniscas de grano muy grueso, grueso, medio, fino y muy fino.

▶ Lutitas

Se caracterizan por tener un tamaño de grano fino, inferior a 1/16 mm. Son las rocas sedimentarias más abundantes. Se diferencian dos grupos:

- **Limolitas**. Tienen un tamaño de grano comprendido entre 1/16 y 1/256 mm. Las limolitas se forman por diagénesis de los limos.
- **Argilitas**, o **arcillitas**. Tienen granos de tamaño muy pequeño, inferior a 1/256 mm. Las argilitas se forman por diagénesis de las arcillas.

En la Web

Esta animación muestra una síntesis del proceso de formación de una roca sedimentaria.

www.e-sm.net/svbg1bach17_03

ACTIVIDADES

20. En una zona de un río encontramos gravas, mientras que en otra dominan los limos. ¿En cuál de ellas será mayor la velocidad de la corriente? ¿Por qué?

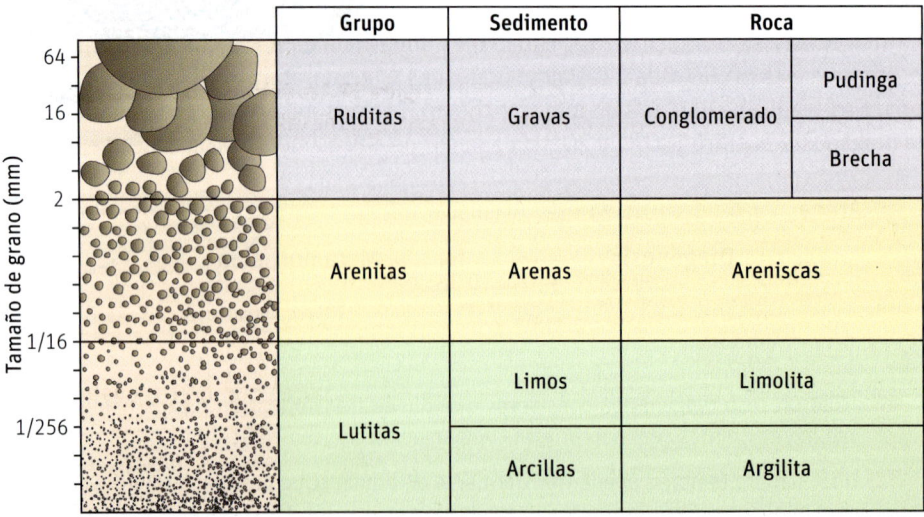

Figura 17.14. Rocas detríticas.

4.2. Rocas sedimentarias no detríticas

En este grupo se incluyen rocas con características muy diversas, formadas a partir de sustancias disueltas en el agua. También se incluyen rocas formadas por restos de organismos.

Los grupos más importantes son rocas **carbonatadas**, **evaporitas** y **organógenas**.

▶ Rocas carbonatadas

Son las rocas no detríticas más abundantes. Están formadas por mineral de carbonato de calcio (**calcita**), o por mineral de carbonato de calcio y magnesio (**dolomita**).

- **La caliza**, constituida por carbonato de calcio ($CaCO_3$), es la roca más importante de este grupo. Hay una gran variedad de calizas, con orígenes y texturas diferentes:
  - Unas son de origen químico, y el carbonato de calcio disuelto en el agua ha precipitado sin la acción de organismos. Es el caso de las **calizas oolíticas** (Fig. 17.15).
  - Otras son de origen bioquímico, y esta precipitación se ha producido por la intervención de organismos. Así, en los **estromatolitos** el carbonato de calcio ha precipitado gracias a cianobacterias.
  - Otras se han formado en ambientes continentales (ríos, lagos, cuevas subterráneas, etc.), con frecuencia con la intervención de organismos, y se denominan genéricamente **travertinos** (Fig. 17.16).
  - A veces la propia roca se ha formado por acumulación de restos de organismos. Así, la **creta** está constituida por acumulación de caparazones de microorganismos planctónicos (foraminíferos). Las **lumaquelas** están formadas por acumulaciones de conchas y otros caparazones de organismos (Fig. 17.17).
- **La dolomía** está constituida por carbonato de calcio y magnesio (Fig. 17.18).
- **Las margas** son rocas compuestas por lutitas y caliza (Fig. 17.19). Por tanto, son intermedias entre detríticas y carbonatadas.

Figura 17.15. Caliza oolítica. Los oolitos son granos esféricos formados por láminas concéntricas.

Figura 17.16. Travertino, una roca carbonatada de origen continental.

Figura 17.17. Lumaquela, una caliza con abundantes conchas.

Figura 17.18. Dolomía, roca formada por carbonato de calcio y magnesio.

Figura 17.19. Marga, una roca compuesta por caliza y lutita.

▶ Evaporitas

Son rocas formadas por la precipitación de sales minerales que estaban disueltas en aguas que han estado sometidas a una intensa evaporación, de ahí su nombre.

Se forman en lagos de zonas áridas y en mares interiores con fuerte evaporación.

Entre ellas destacan la **halita**, constituida por cloruro de sodio (NaCl), la **silvina**, cloruro de potasio (KCl), y el **yeso**, sulfato de calcio hidratado ($CaSO_4 \cdot 2H_2O$).

Figura 17.20. Evaporitas del salar de Uyuni (Bolivia).

▶ Rocas organógenas

Se originan por acumulación de restos de organismos que son alterados por otros organismos. Algunos geólogos incluyen también las rocas formadas por caparazones de organismos, en las que solo se conservan las partes duras (como la creta).

En las organógenas en sentido estricto se conservan partes blandas. En su formación, los seres vivos tienen una doble intervención: unos proporcionan la materia prima y otros (bacterias anaerobias) la alteran. Este grupo incluye los carbones y el petróleo.

- **Carbones naturales**. Se forman a partir de restos vegetales acumulados en ambientes pobres en oxígeno. La acción bacteriana descompone la materia vegetal y genera un enriquecimiento relativo en carbono. El proceso se resume así:

FORMACIÓN DE LOS CARBONES

1. En un ambiente pantanoso, pobre en oxígeno, se acumula vegetación que sufre la acción bacteriana. Se forma así la **turba**, un carbón de color pardo en el que aún se aprecian restos vegetales sin alterar. Tiene entre el 50 % y el 55 % de riqueza en carbono.

2. El depósito de nuevos sedimentos compacta la turba y se forma el **lignito**, cuya riqueza en carbono está entre el 55 % y el 75 %. Tiene un color pardo oscuro o negro.

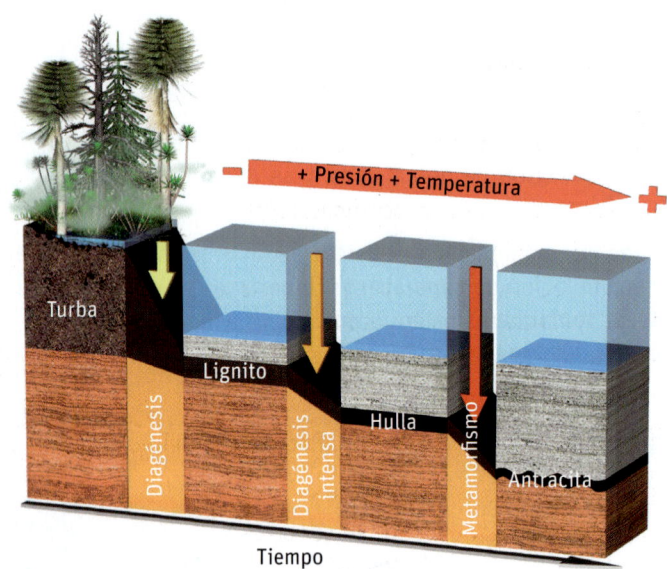

3. Si el proceso continúa y se incrementan la presión y la temperatura, el lignito se transformará en **hulla**, un carbón de color negro brillante con una riqueza en carbono de entre el 75 % y el 90 %.

4. En ocasiones, la hulla recibe presiones y temperaturas más altas que provocan su metamorfismo y la transforman en **antracita**, que es ya una roca metamórfica y su riqueza en carbono supera el 90 %.

- **Petróleo**. Se forma a partir de plancton y otros organismos que se acumulan en fondos marinos y son cubiertos por limos o arcillas que evitan su oxidación. En ese ambiente, la fermentación microbiana retira oxígeno y nitrógeno, el resto orgánico se enriquece en carbono e hidrógeno y se forma una mezcla de hidrocarburos (**sapropel**) que dará origen al petróleo por aumento de presión y temperatura.

El petróleo se forma en la **roca madre**, donde ocupa los huecos y los poros. Como es de grano muy fino tiene poca porosidad y el petróleo está esparcido, por lo que para formar un buen yacimiento debe emigrar a otra roca más porosa, la **roca almacén**.

RELACIONAR

21. Caer en la trampa

En la corteza terrestre, el petróleo está sometido a la presión litostática. Su fluidez y baja densidad le permiten ascender a zonas con menor presión, incluso la superficie, o una zona de rocas impermeables que le impidan escapar (trampa).

a) La imagen muestra trampas petrolíferas. ¿En qué estructuras están? ¿Qué tienen en común?

b) Si alcanza la superficie, el petróleo se volatiliza y deja un residuo. Busca información sobre este residuo.

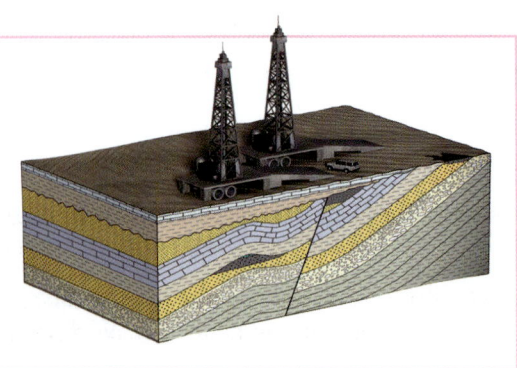

5 Utilidad de las rocas

Depredadores de rocas

¿Cuántas rocas y minerales dirías que consumimos directa o indirectamente cada uno de nosotros al año?, ¿10 kg, 100 kg, 1000 kg?

Considera que para construir un centro de enseñanza de tamaño medio se utilizan 1500 toneladas de arena y grava, y 8000 toneladas de arcilla (ladrillos, tejas, suelos de cerámica) y cemento. Además hay que añadir las arenas cuarcíferas utilizadas para fabricar el vidrio, los minerales metálicos que se fundirán para obtener el hierro, el cobre y el aluminio que se necesitará, así como el carbón o el petróleo que se queman para generar la energía utilizada en la extracción, transporte y transformación de todos estos materiales.

El Instituto Geológico y Minero de España calcula que nuestro consumo medio por habitante y año es de unas ¡30 toneladas de rocas y minerales!

La construcción de un centro de enseñanza necesita muchas rocas y minerales.

Los usos más habituales de las rocas son los siguientes:

- **Combustibles**. Los carbones y el petróleo también se denominan combustibles fósiles y son nuestra principal fuente de energía. Pero de ellos no solo se obtienen combustibles como la gasolina o el butano sino una extensa gama de productos como plásticos, fibras sintéticas, insecticidas, lubricantes, asfaltos, etc.

- **Rocas ornamentales**. Tradicionalmente, la roca ornamental por excelencia ha sido el mármol. Sin embargo, en la actualidad tiene este uso cualquier roca que pueda ser cortada y pulida. Ello incluye al granito, sienita, gabro, gneis, caliza, etc.

- **Rocas de construcción**. Se incluyen aquí las rocas que se utilizan sin labrar, tal y como se extraen de la cantera, o semilabradas para darles la forma adecuada. A este uso se destinan rocas como la arenisca, el conglomerado, la pizarra o ejemplares de cualquiera de las que podrían ser ornamentales pero tienen poca calidad para ello.

- **Aglomerantes**. Son productos, como el cemento y el yeso, que se utilizan para unir los materiales de construcción y se obtienen por transformación de ciertas rocas. El cemento se fabrica a partir de caliza que se tritura, se mezcla con arcilla y se calienta hasta 1500 °C. El yeso se obtiene a partir de la roca del mismo nombre.

- **Otros materiales de construcción**. Entre los materiales de construcción más utilizados están el vidrio, las tejas y los ladrillos. El vidrio se obtiene por fusión de arenas de cuarzo, mientras que las tejas y los ladrillos son arcilla cocida.

- **Fertilizantes**. Las rocas fosfatadas y algunas otras se utilizan en agricultura para mejorar la productividad del suelo.

Figura 17.21. Cortado de una roca ornamental.

Figura 17.22. Gravera. De ella se extraen áridos, es decir, grava y arena para la construcción.

En síntesis, nuestras casas, los automóviles en los que nos movemos o las carreteras por las que circulan han sido construidos a partir de minerales y rocas más o menos transformados. De ellos se obtiene la mayoría de la energía que utilizamos, e incluso, buena parte de los tejidos con los que se confecciona la ropa que nos ponemos.

ACTIVIDADES

22. Cita algún material utilizado en la construcción de tu centro de enseñanza que no se haya citado y que se obtenga de rocas o minerales.

23. Ordena las principales rocas ornamentales y las usadas en construcción de acuerdo con su origen sedimentario, ígneo o metamórfico.

• **En la Web**

Observa los principales usos de las rocas.
• www.e-sm.net/svbg1bach17_04

ACTIVIDADES

Síntesis

24. Completa en este mapa conceptual los términos que faltan (•••) y los fragmentos que debes desarrollar (+). Puedes realizar la actividad en tu cuaderno.

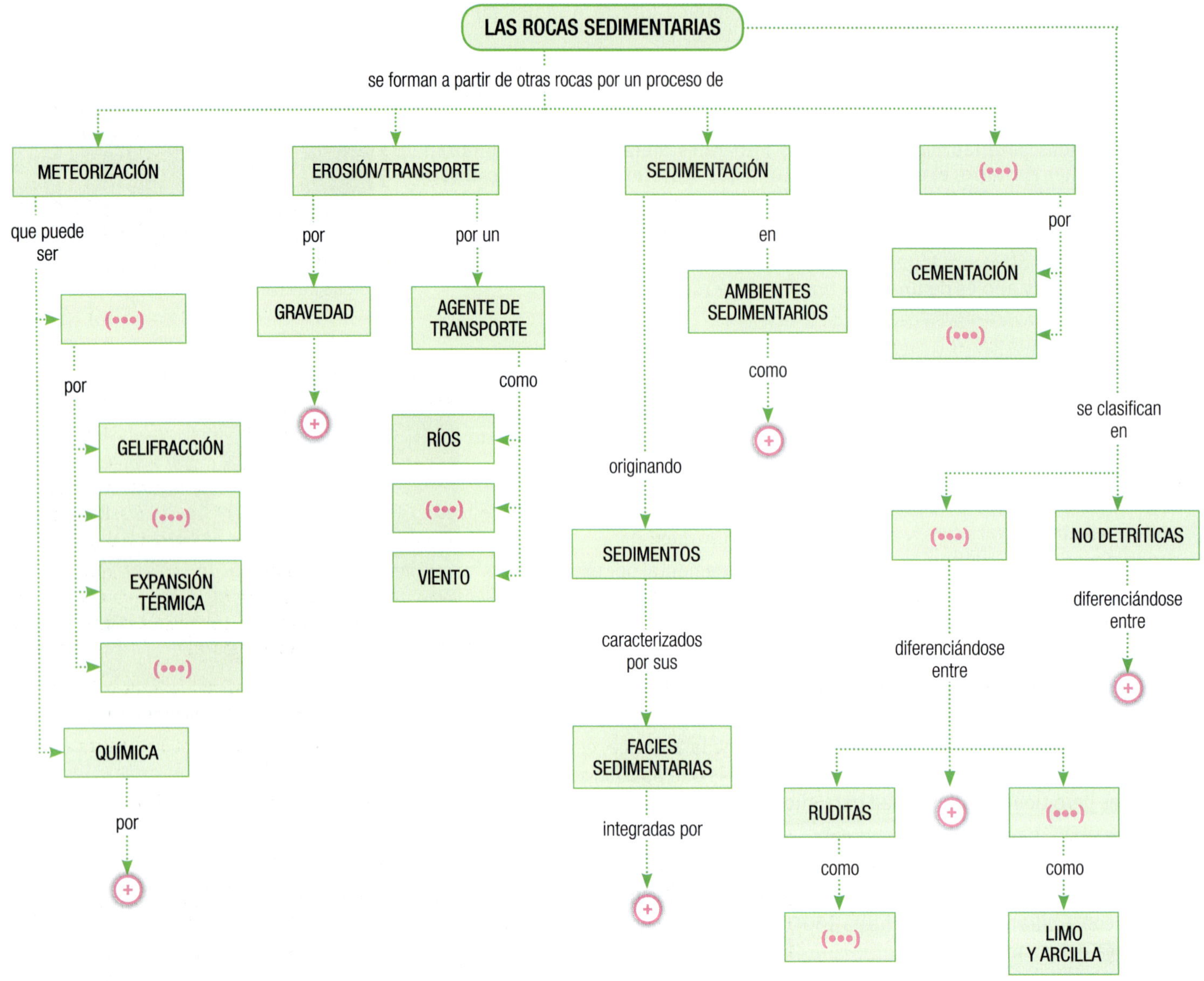

```
                              LAS ROCAS SEDIMENTARIAS
                    se forman a partir de otras rocas por un proceso de
         ┌──────────────────┬──────────────────────┬──────────────────┐
    METEORIZACIÓN      EROSIÓN/TRANSPORTE     SEDIMENTACIÓN          (•••)
    que puede           por      por un            en                 por
    ser                                                          CEMENTACIÓN
    (•••)           GRAVEDAD   AGENTE DE      AMBIENTES
    por                        TRANSPORTE     SEDIMENTARIOS         (•••)
                                 como              como
    GELIFRACCIÓN      (+)       RÍOS            (+)           se clasifican en
    (•••)                       (•••)        originando       (•••)  NO DETRÍTICAS
    EXPANSIÓN                   VIENTO        SEDIMENTOS            diferenciándose
    TÉRMICA                                   caracterizados         entre
    (•••)                                     por sus        diferenciándose  (+)
    QUÍMICA                                   FACIES           entre
    por                                       SEDIMENTARIAS   RUDITAS  (+)  (•••)
    (+)                                       integradas por   como        como
                                                 (+)          (•••)     LIMO Y ARCILLA
```

Aplicación y relación

25. Cada agente geológico externo no solo tiene un modo característico de transportar los materiales sino también una forma de erosionar. Esto hace, por ejemplo, que el valle de un río sea diferente al de un glaciar. Así, en las zonas de alta montaña el valle de un río tiene un perfil transversal en forma de V, mientras que un glaciar lo tiene en forma de U. La imagen de la derecha muestra el valle de Ordesa, en el Pirineo.

a) ¿Este valle ha sido excavado por un río o por un glaciar? Justifica la respuesta.

b) Para responder a la pregunta anterior, ¿bastaría con conocer el clima actual de la zona? ¿Por qué?

c) ¿Los sedimentos que se encuentren en este valle serán texturalmente maduros?, ¿y composicionalmente?

26. La siguiente imagen muestra una zona desértica que tiene un tramo pedregoso y otro arenoso con abundantes dunas. En los límites del desierto hay unos sedimentos denominados loess, son depósitos eólicos de tamaño de grano fino (limos).

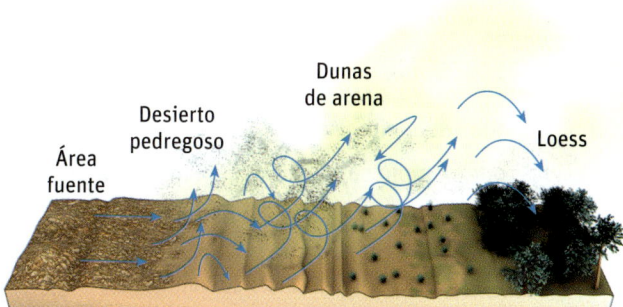

a) En la zona de desierto pedregoso se indica que es el "área fuente", es decir, el lugar del que han salido los materiales transportados por el viento. ¿Cómo explicas que en esa zona predominen los materiales gruesos en lugar de la arena o el loess?

b) Copia en tu cuaderno el dibujo y marca sobre él la longitud del transporte que ha tenido la arena, así como la del loess. Señala también la zona de depósito de cada uno de ellos.

c) ¿Podemos saber si hay en este desierto una dirección del viento que sea dominante?, ¿cómo?

d) ¿Podría ocurrir que el loess se situase entre el desierto pedregoso y el arenoso? Justifica la respuesta.

27. De los tres sedimentos que puedes ver a continuación, sabemos que uno de ellos es de origen fluvial, otro eólico y otro glaciar.

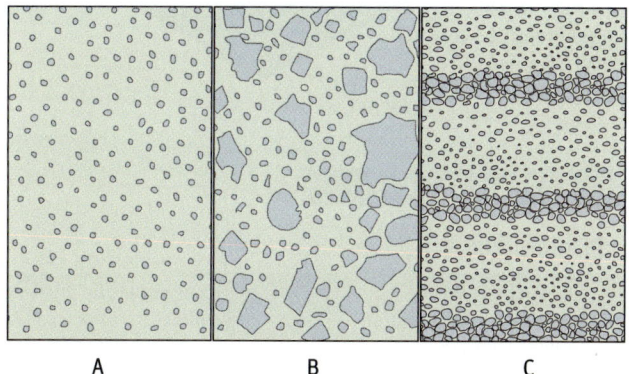

a) Identifica estos tres sedimentos.

b) Indica cuál de ellos tiene mayor madurez textural y cuál mayor madurez composicional. Justifica tu respuesta.

28. A veces se observan clastos de gran tamaño, incluso bloques, dentro de un sedimento de grano fino. Se denominan *dropstones* y su origen se esquematiza en esta figura.

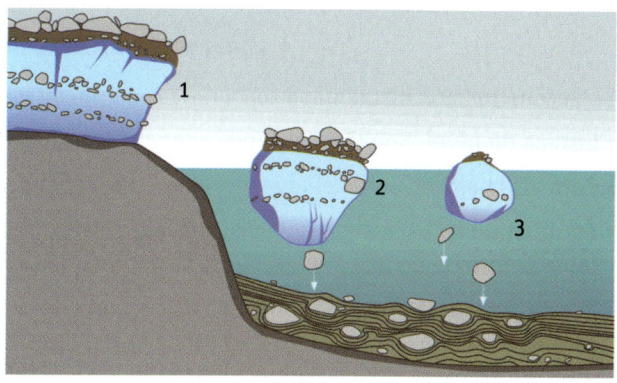

1. Un glaciar que transporta materiales de gran tamaño, desemboca en el mar o en un lago y origina un iceberg.
2. Los icebergs se desplazan sobre las aguas.
3. Según se funde el hielo de los icebergs caen los bloques que transportaba y se depositan junto a los sedimentos finos.

a) Si se observa con detalle el *dropstone*, se aprecia que las láminas de sedimentos finos situados inmediatamente debajo de él están onduladas, como si el bloque los hubiese empujado. ¿Cuál puede ser la causa de esta ondulación?

b) En la provincia de Guadalajara se han encontrado unos *dropstones* de hace más de 440 Ma. ¿Cuál sería el ambiente de esta zona en aquel momento, continental o marino? ¿Podemos saber qué clima había entonces?

29. Existen dos tipos de rizaduras, las asimétricas, de origen eólico y las simétricas, formadas por el oleaje en la zona intermareal.

a) ¿Cómo explicas que las generadas por el oleaje sean simétricas y las de origen eólico no?

b) ¿En qué medio se formaron las rizaduras de esta imagen?

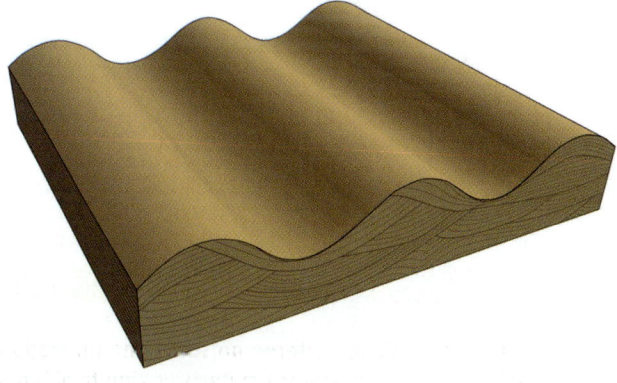

Biblioteca global

30. La firma isotópica

Además de los isótopos radiactivos utilizados para hacer dataciones, hay isótopos estables y algunos de ellos proporcionan información valiosa sobre las condiciones ambientales del pasado. Es el caso del oxígeno.

La mayoría del oxígeno que existe en la naturaleza es ^{16}O; seguido en abundancia por el ^{18}O. La diferencia de masa entre ambos hace que su comportamiento sea distinto en función de la temperatura. Constituye el mejor indicador de temperatura del pasado.

Busca información sobre estos isótopos y haz una ficha que sintetice lo más importante. En todo caso, debes responder a las siguientes cuestiones:

a) ¿Qué isótopo de oxígeno se evapora más fácilmente?

b) ¿Cómo le afecta la temperatura a la proporción de ^{18}O que se evapora?

c) Si los caparazones de los organismos marinos de una época tienen una proporción alta de ^{18}O, ¿el ambiente era cálido o frío?

LA CIENCIA Y SUS MÉTODOS — Los mapas topográficos y su interpretación

En su trabajo, los científicos a veces utilizan procedimientos generales (elaboración de hipótesis, contrastación, etc.) y a veces procedimientos específicos, como la elaboración de mapas topográficos y geológicos. Un mapa topográfico es aquel que representa el relieve de una zona a una determinada escala.

¿Cómo se construye un mapa topográfico?

En la construcción de un mapa topográfico se utilizan los siguientes elementos:

- **Curvas de nivel**. Son las líneas que unen puntos de la misma altitud.
- **Cota**. Es la altitud sobre el nivel del mar. Cada curva de nivel tiene una cota que suele indicarse en el mapa.
- **Equidistancia**. Es la diferencia de cotas entre dos curvas de nivel sucesivas, por ejemplo cada 100 m. La equidistancia es constante dentro de un mapa, pero puede variar de unos a otros.
- **Escala**. Es la relación entre una dimensión cualquiera del mapa y su equivalente en la realidad. Así, una escala 1:1000 significará que cualquier medida que se realice en el mapa habrá que multiplicarla por 1000 para obtener su valor real.
- **Orientación**. Es la indicación de la dirección en que se encuentra el norte. En general, el norte se hace coincidir con el margen superior del mapa, el lateral derecho será el este y el izquierdo, el oeste. En todo caso, suele señalizarse con una flecha.
- **Leyenda**. Es la clave de signos utilizada en el mapa.

1. Se corta el relieve por planos horizontales imaginarios sucesivos que mantendrán la equidistancia.

2. La intersección de los planos con el relieve origina unas líneas cerradas cuyos puntos tienen la misma cota: **curvas de nivel**.

3. La proyección de esas curvas de nivel sobre un plano da lugar al mapa topográfico, al que se añaden la escala, la orientación y la leyenda.

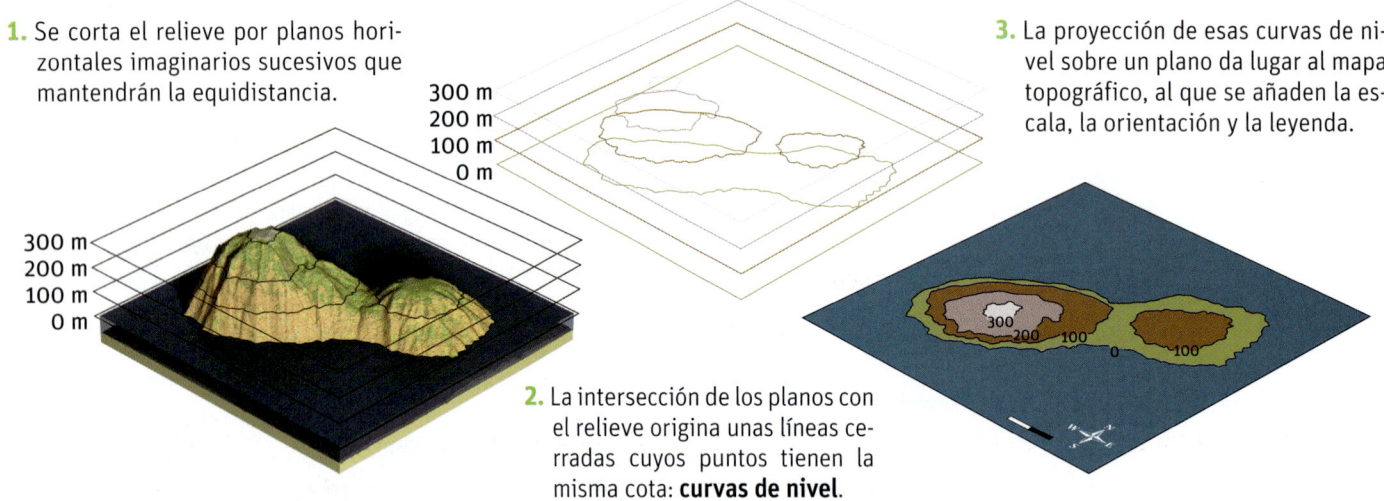

¿Cómo se interpreta un mapa topográfico?

Una vez construido el mapa topográfico, tiene este aspecto y se puede interpretar:

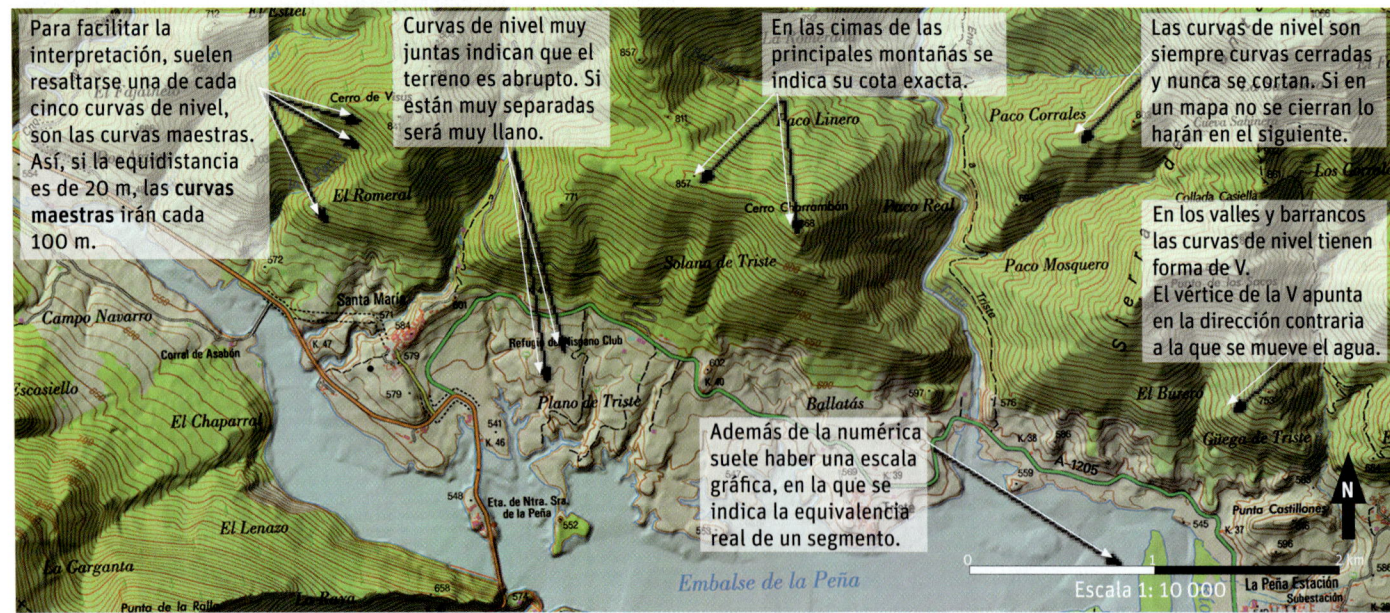

Para facilitar la interpretación, suelen resaltarse una de cada cinco curvas de nivel, son las curvas maestras. Así, si la equidistancia es de 20 m, las **curvas maestras** irán cada 100 m.

Curvas de nivel muy juntas indican que el terreno es abrupto. Si están muy separadas será muy llano.

En las cimas de las principales montañas se indica su cota exacta.

Las curvas de nivel son siempre curvas cerradas y nunca se cortan. Si en un mapa no se cierran lo harán en el siguiente.

En los valles y barrancos las curvas de nivel tienen forma de V. El vértice de la V apunta en la dirección contraria a la que se mueve el agua.

Además de la numérica suele haber una escala gráfica, en la que se indica la equivalencia real de un segmento.

Escala 1: 10 000

¿Cómo trabajar con mapas topográficos?

El mapa topográfico permite conocer el relieve de una zona, elegir el itinerario más corto o con menor pendiente. Dos de las tareas más frecuentes que se realizan con ellos son calcular distancias y levantar perfiles topográficos.

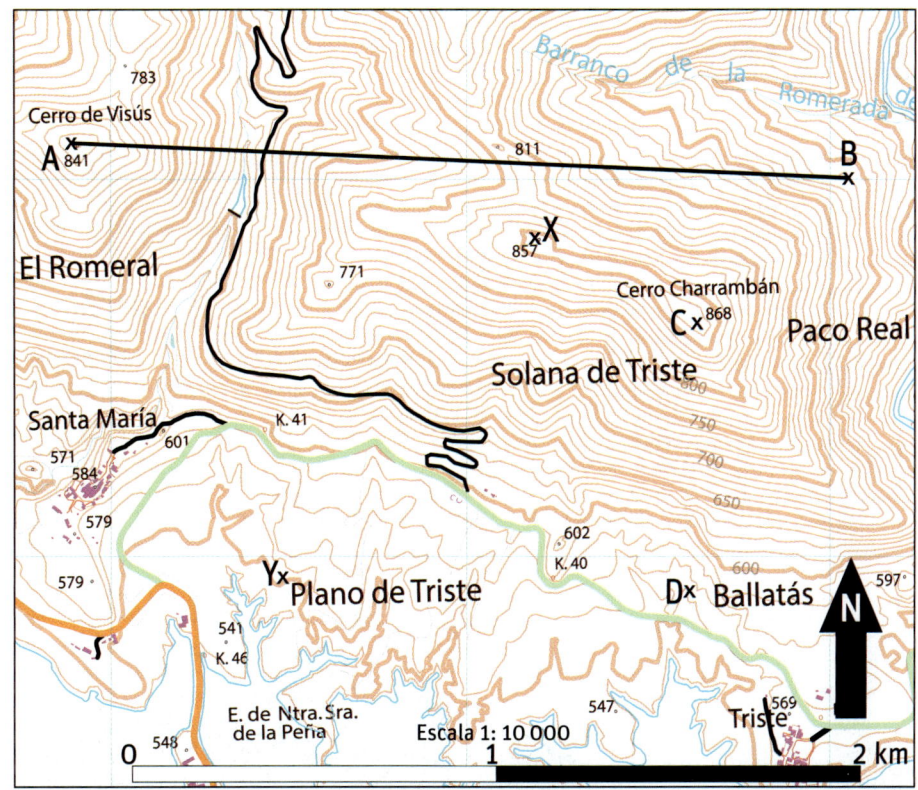

A. Calcular distancias

La escala del mapa permite calcular la distancia entre dos puntos cualesquiera.

- Si los puntos están a diferente cota y el recorrido entre ambos es llano, bastará con medir la distancia en el mapa y multiplicarlo por la escala.
- Si los dos puntos no están a la misma cota, la distancia real será la hipotenusa de un triángulo rectángulo, uno de cuyos catetos es la distancia en horizontal y el otro, la diferencia de cotas entre ambos puntos.

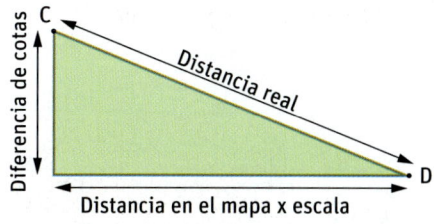

B. Levantar el perfil topográfico AB

1. Se traza la línea que une los puntos A y B. Se coloca una tira de papel en esa línea y se marcan las intersecciones de las curvas de nivel y la línea AB. Se apunta la cota de cada una de ellas.

2. En un papel milimetrado se dibujan los ejes de coordenadas.

   Al eje de abscisas se trasladan las intersecciones anotadas en la tira de papel, con sus cotas.

   En ordenadas se sitúan las altitudes. Hay que situar primero la cota más baja del perfil.

   Las demás cotas se referirán a ella y se situarán a la altura que corresponda según la escala del mapa.

3. Se levanta verticalmente cada punto de intersección hasta situarlo en la cota que le corresponde. Bastará unir todos esos puntos para obtener el perfil AB.

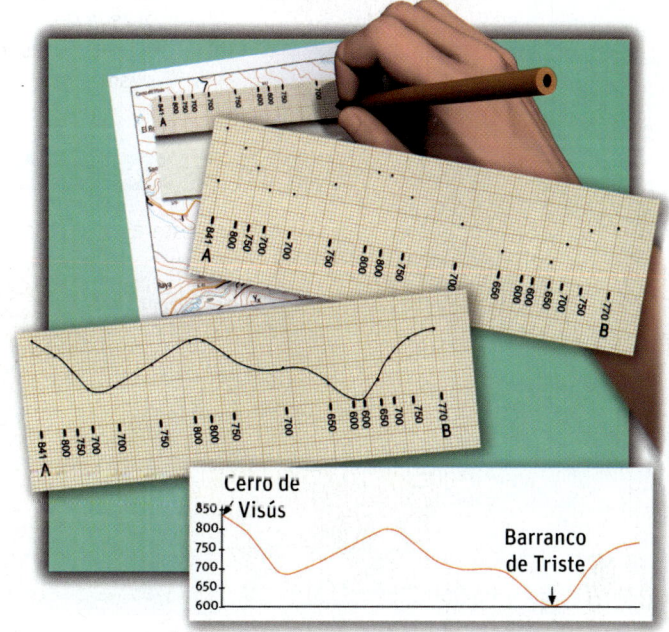

ACTIVIDADES

31. ¿Qué distancia habrá que recorrer en la realidad para ir desde el punto C hasta D?

32. Levanta el perfil XY.

33. Entra en esta página del Instituto Geográfico Nacional y busca el mapa topográfico de tu localidad, imprímelo y trabaja con él: smSaviadigital.com AMPLÍA

18

1 La Tierra analizada como un sistema

2 El relieve como resultado de la interacción

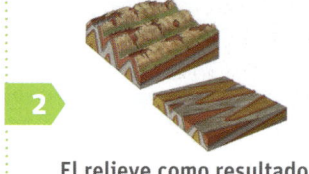

3 Las interacciones desde una perspectiva compleja

Cómo funciona la Tierra

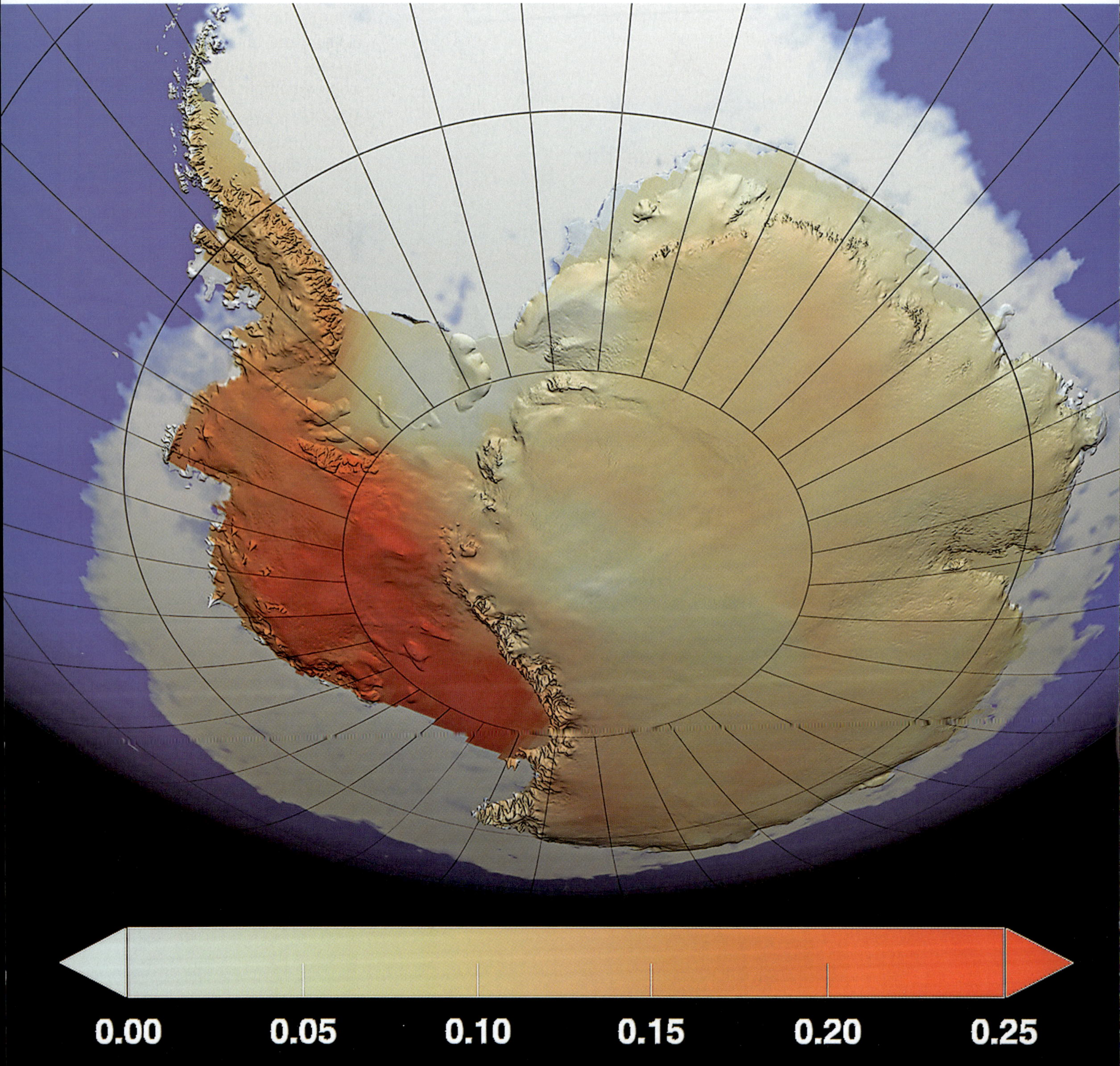

Variación de la temperatura en °C/Década

4	5	6	LA CIENCIA Y SUS MÉTODOS
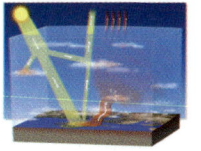 Cambio climático	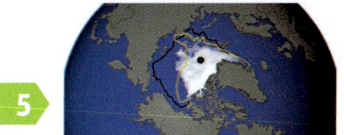 El calentamiento global	 Los riesgos geológicos y el sistema Tierra	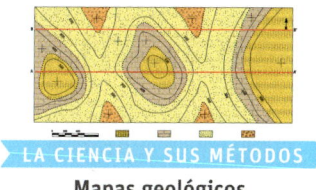 Mapas geológicos

EN PORTADA

La Tierra "bola de nieve"

Con este nombre, o más frecuentemente con su expresión inglesa *Snowball Earth*, se conoce el que probablemente haya sido el período más frío y duradero de la historia de la Tierra que, no por casualidad, se denomina Criogénico (de *cryos*, 'hielo').

El Criogénico comprende desde hace 850 Ma hasta hace 635 Ma. Se han encontrado sedimentos glaciares (tillitas) de estas edades en casi todo el mundo, incluso en zonas que debían estar cercanas al ecuador.

Para explicarlo, algunos científicos propusieron la hipótesis *Snowball Earth*, según la cual durante más de 200 Ma se produjeron diversos avances glaciares que hicieron que los continentes y los océanos estuvieran prácticamente cubiertos de hielo. La Tierra habría sido una bola blanca girando alrededor del Sol.

La temperatura media de la Tierra tal vez llegó a –50 °C, lo cual se ha utilizado como una posible explicación del retraso que hubo en el desarrollo de los organismos pluricelulares.

¿Qué pudo hacer de la Tierra una bola de hielo?

La hipótesis más aceptada maneja tres causas básicas:

- El Sol, aún joven, emitía un 10 % menos de radiación que en la actualidad.

- Los continentes estaban situados mayoritariamente en la zona intertropical, lo que incrementaría el porcentaje de radiación solar reflejada por la Tierra.

- La proliferación de cianobacterias fotosintéticas retiró gran cantidad de CO_2 atmosférico y redujo el efecto invernadero.

No todos los científicos están de acuerdo en que aquellas glaciaciones afectasen a la totalidad del planeta y, en cualquier caso, sigue habiendo dudas acerca de su origen.

Figura 18.1. Durante el período conocido como *Snowball Earth*, es posible que la mayoría de la Tierra estuviese como la Antártida ahora.

• En la Web

Puedes ver una simulación del avance glaciar durante el Criogénico, elaborada por la NASA.

• www.e-sm.net/svbg1bach18_01

1. Hay consenso científico en que la radiación solar fue inferior a la actual. ¿Puede esta causa, por sí sola, explicar el período *Snowball Earth*? Justifica tu respuesta.

2. ¿Qué es el efecto invernadero? ¿Qué relación hay entre el CO_2 y el efecto invernadero?

3. ¿Qué relación hay entre la proliferación de cianobacterias fotosintéticas y la reducción del CO_2?

4. Observa la imagen de la página anterior que recoge la evolución de la temperatura en la Antártida entre 1957 y 2006. ¿Ha subido en ese tiempo o ha bajado?, ¿cuántos grados?, ¿ha sido un cambio homogéneo?

1. La Tierra analizada como un sistema

Para entender cómo funciona la Tierra, descifrar su historia o predecir lo que puede ocurrirle no basta con analizar cómo erosiona el agua o cómo se forma una cordillera. Cada uno de estos procesos está relacionado con otros de los que es causa o consecuencia, por lo que estudiarlos aisladamente resulta insuficiente para comprender el funcionamiento global del planeta.

Cualquier cambio en alguno de los componentes de la Tierra (geosfera, atmósfera, hidrosfera o biosfera) genera modificaciones más o menos importantes en otros, por eso se dice que **la Tierra es un sistema**.

1.1. Qué se entiende por sistema

Un **sistema** es una parte del universo que puede delimitarse, y se define como un conjunto de elementos relacionados entre sí de manera que sus interacciones le confieren una entidad propia. Una persona, un reloj o la Tierra son ejemplos de sistemas.

Así, un reloj está integrado por **elementos** o componentes (manecillas, engranajes, etc.) entre los cuales se producen **interacciones** o relaciones mutuas que lo dotan de una **entidad propia** y le proporcionan unas características nuevas, o **propiedades emergentes**, que no poseen por separado los elementos que lo integran. De manera que si se desmonta un reloj y sus piezas se agrupan de cualquier forma, perderá su propiedad emergente, medir el tiempo, y no tendremos un sistema. En un sistema **el todo es más que la suma de las partes**.

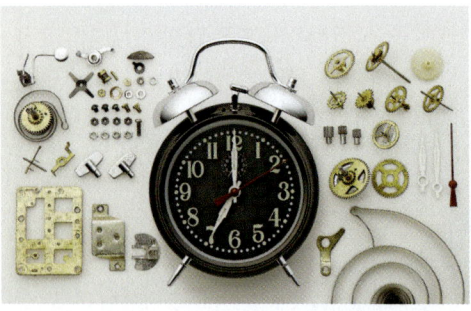

Figura 18.2. Las relaciones entre las distintas piezas dotan al reloj de unas características que no poseen las piezas sin esas relaciones.

ANALIZAR

5. Interacción, un cambio de doble dirección

Desde una perspectiva clásica, la meteorización química es un proceso en el que el aire y el agua (causa) alteran las rocas (efecto). Pero también hay cambios en sentido contrario.

a) Las plagioclasas son los silicatos más frecuentes, su composición es compleja aunque puede representarse como $CaSiO_3$. El agua de lluvia recoge CO_2 atmosférico y meteoriza las plagioclasas. Observa en la fotografía la reacción de síntesis e indica cuál es el destino final del CO_2.

b) A causa de esta meteorización cambian las rocas. ¿Cambia también la atmósfera?

$CO_2 + CaSiO_3 \rightarrow CaCO_3 + SiO_2$

La meteorización de las plagioclasas retira CO_2 de la atmósfera.

1.2. Componentes del sistema Tierra

En un sistema pueden diferenciarse **subsistemas**. En el caso de nuestro planeta los subsistemas son los siguientes:

- La **atmósfera**, o capa gaseosa que envuelve la Tierra. Actúa como filtro de las radiaciones de onda corta (rayos gamma, rayos X y ultravioleta) y desempeña una función reguladora de la temperatura del planeta.

- La **hidrosfera** integra el agua que hay en el planeta en cualquiera de los tres estados. El 97 % se halla en los océanos, el resto se reparte entre los casquetes polares, ríos, lagos y aguas subterráneas. Hay autores que diferencian como subsistema aparte la **criosfera**, que incluiría el agua en estado sólido.

- La **geosfera**, o esfera rocosa, incluye la mayor parte de la materia del planeta. Comprende desde la superficie externa de la litosfera hasta el interior del núcleo.

- La **biosfera** está integrada por el conjunto de los seres vivos que habitan la Tierra. Se sitúa en la frontera o **interfase** de los tres subsistemas anteriores.

1.3. Una perspectiva global del sistema Tierra

¿Podría explicarse una atmósfera terrestre oxigenada sin la intervención de los seres vivos?, ¿y la diversidad de organismos, sin la división y reagrupamiento de los continentes?, ¿y los cambios climáticos, sin la actividad volcánica o la dinámica oceánica?

En la Tierra ocurren procesos geológicos, biológicos, hidrológicos o atmosféricos, y cualquiera de ellos afecta globalmente al planeta. De ahí la necesidad de disponer de una perspectiva integradora para entender su funcionamiento.

La dinámica del sistema Tierra puede resumirse en las siguientes ideas básicas:

- **La consideración de la Tierra como un sistema ayuda a entender cómo funciona este planeta.** Reconstruir su pasado, entender su presente o predecir su futuro exige analizar las interacciones generadas entre los subsistemas que lo constituyen: biosfera, geosfera, hidrosfera y atmósfera (Fig. 18.3).

- **La Tierra intercambia materia y energía con el resto del sistema solar.** El intercambio de energía se produce con la radiación solar entrante, la disipación de calor al espacio y la gravedad. La Tierra gana materia por impactos de asteroides, meteoritos y cometas y la pierde por escape de gases al espacio.

- **La Tierra está sometida permanentemente a cambios, y todos ellos suponen circulación de materia y flujo de energía.** Estos procesos pueden ocurrir dentro de un subsistema, entre diversos subsistemas terrestres o entre la Tierra y el espacio exterior.

Figura 18.3. Analizar la Tierra como un sistema integrado por subsistemas que interaccionan ayuda a entender cómo funciona.

- **Las fuentes de energía del sistema Tierra son el Sol, el calor del interior del planeta y la gravedad.** Todos los procesos que ocurren en la Tierra son generados directa o indirectamente por alguna de estas fuentes de energía.

- **La energía interna activa la circulación de la materia dentro de la geosfera.** Su dinámica se explica por la teoría de la tectónica de placas e incluye procesos como la unión y la división continentales, la formación de cordilleras o la actividad volcánica y sísmica.

- **La energía solar activa la circulación de materia en la atmósfera, la hidrosfera y la biosfera**, y tiene en el ciclo del agua uno de sus instrumentos más dinámicos. La energía solar está en la base de los procesos que intervienen en el modelado del relieve, así como en la actividad biológica.

- **La gravedad desempeña un papel clave en la circulación de la materia**, tanto en el interior de la geosfera como en la atmósfera y la hidrosfera. Impulsa la estratificación por densidades, condiciona el ciclo del agua y favorece la nivelación del terreno.

- **Los subsistemas terrestres interaccionan en un amplio rango de escalas espaciales y temporales.** Así, las interacciones pueden producirse a escala submicroscópica o global, y su duración varía entre fracciones de segundo y miles de millones de años. No hay una relación lineal y simple entre la escala (espacial o temporal) a la que ocurre un proceso y la relevancia de sus efectos.

- **La actividad humana, consciente o involuntaria, está alterando el planeta.** El ser humano está generando cambios significativos en la biosfera, en la hidrosfera, en la atmósfera y en la superficie de la litosfera. Así, el calentamiento global de la Tierra en el que estamos inmersos actualmente está causado, fundamentalmente, por la intervención humana.

• En la Web

Observa en estas imágenes de la NASA cómo "respira la Tierra" con las estaciones.
• www.e-sm.net/svbg1bach18_02

ACTIVIDADES

6. Entre la hidrosfera y la geosfera se producen muchas interacciones. Cita alguna de ellas señalando los cambios mutuos que se originan.

7. La NASA calcula que cada día entran en la Tierra 150 toneladas de partículas procedentes del exterior. Averigua si esta entrada de materia ha sido siempre similar o fue más relevante en algún período de la historia de la Tierra.

8. Cita algún proceso muy lento que, sin embargo, genere efectos muy importantes.

2. El relieve como resultado de la interacción

Figura 18.4. Evolución de un relieve. La erosión es mucho más intensa en las zonas más altas.

Las cordilleras más altas, como el Himalaya y los Andes o, en España, los Pirineos y la Bética, han sido generadas por procesos orogénicos recientes que, incluso, aún están activos.

Sin embargo, cuando estos procesos dejan de actuar, son los agentes externos los que imponen su dinámica. Por eso, cuando son más antiguas su altitud decrece.

Los procesos geológicos internos originan las cordilleras, mientras que los externos las erosionan y tienden a arrasarlas (Fig. 18.4).

Si, hipotéticamente, en nuestro planeta no hubiese procesos externos, el relieve sería mucho más abrupto. Si, por el contrario, el manto terrestre se enfriase y los procesos internos dejasen de intervenir, los continentes evolucionarían hacia inmensas llanuras.

Así pues, los procesos geológicos internos y los externos pueden entenderse como mecanismos en conflicto. Explicar el origen, la evolución y el estado actual de cualquier relieve terrestre exige recurrir a ambos tipos de procesos.

2.1. Factores que determinan la altitud de un relieve

La altitud de un relieve es el resultado de la intervención de tres variables:

- **Elevación orogénica.** Es consecuencia de la intervención de procesos internos que engrosan la corteza continental en una zona acumulando materiales y plegándolos. Durante ciertas fases de su formación, las cordilleras experimentan una elevación de 800 cm cada mil años.

- **Tasa de denudación.** Es el ritmo al que se erosiona una zona. Su valor depende de la altitud, del clima, del tipo de roca, de la presencia de vegetación y de la intervención humana. La tasa de denudación media de los continentes es de 5 cm cada mil años, si bien en las zonas más altas alcanza los 100 cm cada mil años.

- **Reajustes isostáticos.** El material erosionado de un relieve no genera un descenso equivalente de su altura sobre el nivel del mar. Los reajustes isostáticos hacen que, por término medio, las tres cuartas partes de la altura perdida por erosión se recuperen por elevación.

INTERPRETAR GRÁFICAS

9. Un conflicto con resultado cambiante

La gráfica muestra la evolución de la altitud de una cordillera. En ella se diferencian tres tramos: un período en el que se impone la elevación orogénica, otro en el que existe equilibrio entre esta elevación y la denudación y un tercero en el que domina la denudación.

a) Señala la zona de la gráfica que corresponde a cada tramo.

b) ¿Cuándo empieza a actuar la erosión? ¿Cómo evoluciona la tasa de denudación?

c) Una vez que deja de intervenir la elevación orogénica, ¿qué procesos determinan la altitud de la zona?

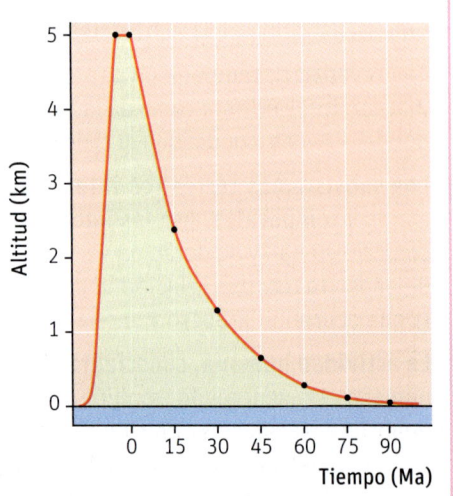

ACTIVIDADES

10. En las zonas más altas del Himalaya, con cotas de unos 8000 m, la erosión retira unos 100 cm cada mil años. Suponiendo que su elevación orogénica continúe durante un millón de años más, ¿qué altitud tendrán estas zonas dentro de 2 Ma?

3. Las interacciones desde una perspectiva compleja

Un rojo atardecer

En el otoño de 1883 los europeos disfrutaron de las puestas de sol más maravillosas que se recuerdan. En el cielo se sucedían los amarillos, los naranjas y los rojos con una intensidad inusual. El espectáculo se repitió durante más de un año. Aquel invierno fue anormalmente frío.

Mientras los europeos contemplaban estos atardeceres, en la isla de Java, a miles de kilómetros del continente europeo, sus habitantes aún reparaban los daños causados por un *tsunami* que unos meses antes había arrasado la costa, provocando la muerte de 36 400 personas. Una violenta erupción del Krakatoa, que hizo saltar la isla, había precedido al *tsunami*.

¿Existía alguna relación entre todos estos fenómenos?

Erupción del volcán Krakatoa.

Con frecuencia, los cambios producidos en un lugar de la Tierra tienen efectos planetarios. Así, los coloridos atardeceres de 1883, el frío invierno europeo y el *tsunami* eran consecuencias de la erupción del Krakatoa que había emitido un chorro de piroclastos que alcanzó la estratosfera, lo que hizo que las cenizas permanecieran en suspensión durante años y se distribuyeran por todo el planeta. Estas colorearon las puestas de sol y redujeron un 10 % la radiación solar que llegaba a la superficie terrestre, lo cual hizo descender la temperatura en todo el planeta.

Son muchas las interacciones que implican a todos los subsistemas terrestres. Analizaremos tres casos: la **movilidad continental,** el **magmatismo** y el **suelo.**

3.1. La movilidad continental y el sistema Tierra

La unión y la fragmentación de los continentes cambian la distribución de tierras y mares, y afectan a todos los subsistemas terrestres:

- **Modifican las corrientes marinas.** Las zonas cercanas al ecuador reciben más radiación solar que los polos, lo que genera diferencias de temperatura. Las corrientes marinas y los vientos reducen esas diferencias. La **corriente termohalina** (de *termos*, 'calor', y *halos*, 'sal') está causada por diferencias de temperatura y densidad en el agua del mar. Conecta los océanos y es una gran "cinta transportadora" de calor (Fig. 18.5).

  La unión o división continental puede cambiar el itinerario de las corrientes marinas y generar un cambio global del clima, ya que estas son el principal mecanismo de compensación del desequilibrio térmico entre el ecuador y los polos.

- **Modifican el albedo.** Parte de la radiación solar que llega a la Tierra es reflejada por las nubes o por la superficie terrestre al exterior. Es el **albedo**. Dado que los continentes tienen más albedo que los océanos, si la mayoría de los continentes se sitúan en donde se recibe más radiación solar (la zona intertropical) la temperatura global del planeta descenderá. Por ello, una de las hipótesis que explican la *Snowball Earth* subraya que en aquel período la mayoría de los continentes estaban cerca del ecuador.

- **Generan cambios regionales de clima.** Al dividirse un continente, regiones del interior pasan a ocupar zonas costeras produciéndose en ellas un cambio climático, lo que supondrá la modificación del agente geológico externo que interviene.

- **Modifican la biosfera.** Los cambios anteriores afectan a los organismos que viven en cada zona, influyen en la diversidad de especies y multiplican sus líneas evolutivas. La historia de la vida no puede explicarse sin las uniones y divisiones continentales.

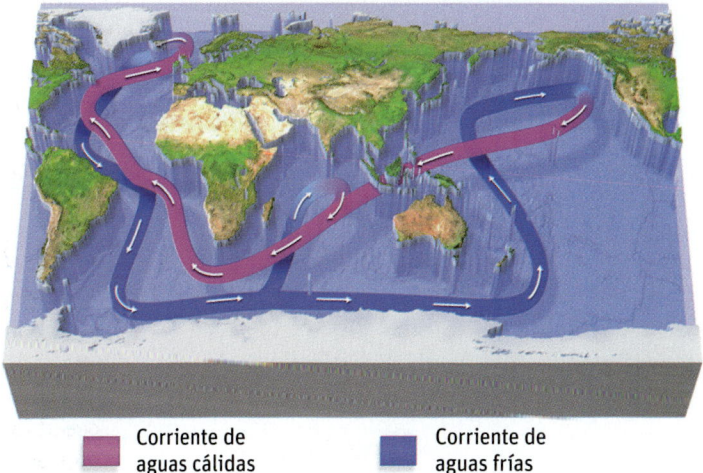

Figura 18.5. La corriente cálida superficial se dirige al Atlántico norte, se enfría y se hunde.

• **En la Web**

Observa las corrientes marinas y sus consecuencias climáticas.

•www.e-sm.net/svbg1bach18_03

En la Web

Puedes conocer más sobre volcanes en este vídeo.

www.e-sm.net/svbg1bach18_04

3.2. Magmatismo y sistema Tierra

La actividad magmática conlleva una circulación de materia y un flujo de energía que generan cambios que afectan a todos los subsistemas terrestres:

- **Favorece la estratificación por densidades y es el principal responsable de la existencia de una corteza continental emergida.** La fusión parcial de las peridotitas del manto terrestre genera la corteza oceánica, y la fusión parcial de esta origina las andesitas que engrosan la corteza continental. En ambos casos los minerales que se funden son, en general, los menos densos. Eso hace que la corteza continental tenga menor densidad y, en consecuencia, se eleve y emerja.

Sin estos procesos magmáticos, casi toda la superficie terrestre estaría bajo las aguas, los procesos de meteorización y erosión (que ocurren fundamentalmente en los continentes) estarían casi ausentes y la biosfera sería muy diferente.

- **Modifica la composición de la atmósfera.** Con la excepción del oxígeno, suministrado por los seres vivos y las aportaciones de asteroides y cometas, los gases atmosféricos son el resultado de la desgasificación del interior del planeta producida por el vulcanismo. Toda actividad volcánica importante genera cambios en la composición atmosférica y, en consecuencia, afecta a la biosfera (Fig. 18.6).

- **Cambia el volumen de la hidrosfera.** El gas más abundante en las erupciones es el vapor de agua. Se desconoce qué porcentaje de ese vapor es de origen profundo. Algunos científicos consideran que aún existe en el manto una cantidad de agua similar a la que contienen los océanos. Además, con la subducción regresa al manto cierta cantidad de agua.

- **Altera la composición de la hidrosfera.** En las erupciones submarinas se incorporan al océano diversas sustancias solubles. Parte de las sales marinas tiene este origen.

- **Provoca cambios climáticos.** En los períodos de mayor actividad volcánica, la aportación de CO_2 a la atmósfera incrementó el efecto invernadero. De este modo, algunos de los cambios climáticos ocurridos en el pasado han sido iniciados o multiplicados por un vulcanismo anormalmente alto. Sin embargo, a corto plazo su efecto puede ser el contrario, ya que también aporta a la atmósfera partículas que quedan en suspensión y, al incrementar el albedo, reducen la temperatura.

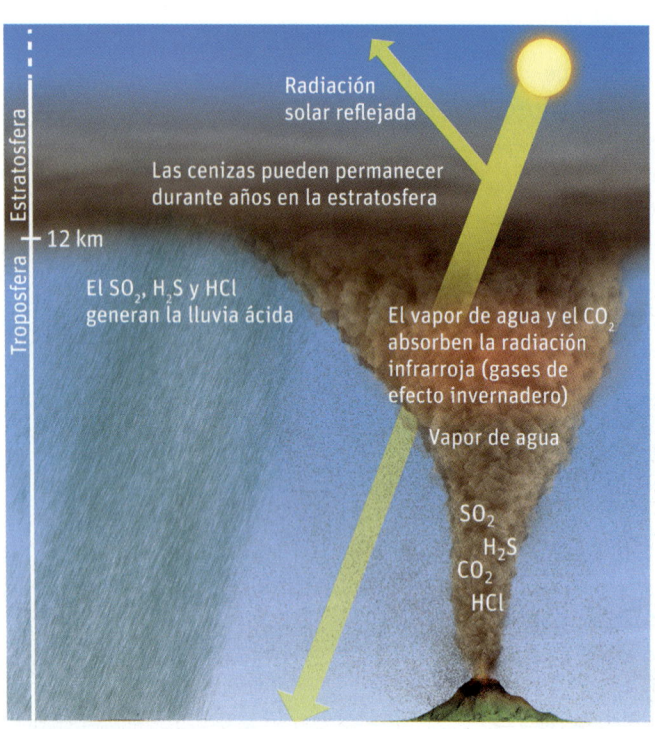

Figura 18.6. Las grandes erupciones han generado cambios globales en el planeta.

RELACIONAR

11. El vulcanismo todo lo altera

Los materiales expulsados por los volcanes tienen efectos locales, pero algunos pueden producir, además, efectos globales.

a) Entre los siguientes materiales volcánicos indica cuáles pueden tener efectos globales: lava, piroclastos gruesos, piroclastos finos, gases. Justifica tu respuesta.

b) Los gases más abundantes en la actividad volcánica son el vapor de agua y el CO_2; le siguen en importancia SO_2, H_2S y HCl. ¿Sabes qué efectos tiene cada uno de ellos?

ACTIVIDADES

12. La menor densidad de la corteza continental hace que se eleve y emerja. ¿Qué nombre recibe el proceso que genera este movimiento?

13. Cita algunos cambios que la actividad volcánica puede producir en la biosfera.

3.3. Un producto de la interacción: el suelo

A veces se define el **suelo** como el resultado de la meteorización de las rocas; sin embargo, el suelo es más complejo que eso.

En efecto, la meteorización física y química de las rocas produce un conjunto de fragmentos más o menos pequeños que conocemos como **regolito**. El regolito no es suelo, es roca triturada y alterada, pero sin vida. Los materiales que pisaron los astronautas al llegar a la Luna, aquellos en los que dejaron impresas sus huellas, no eran suelo sino regolito.

El suelo se sitúa en la **interfase**, o frontera, entre los cuatro subsistemas terrestres y no puede asignarse solo a uno de ellos (Fig. 18.7).

> **En la Web**
> Conoce más sobre el suelo y su formación.
> • www.e-sm.net/svbg1bach18_05

▶ La formación del suelo

El suelo es la delgada capa superficial, biológicamente activa, que cubre buena parte de los continentes y sirve de soporte a la mayoría de las plantas. Se ha formado como resultado de la interacción de la geosfera, la atmósfera, la hidrosfera y la biosfera.

La roca madre proporciona la materia inicial, el agua y el aire la meteorizan, y los seres vivos aportan materia orgánica y provocan numerosas alteraciones.

Existen muchos tipos de suelos con composición, textura y desarrollo diferentes, pero si analizamos la composición de cualquiera de ellos encontraremos los siguientes componentes:

- **Minerales** y fragmentos de rocas, resultado de la meteorización de la roca madre.
- **Aire**. Ocupa buena parte de los huecos.
- **Agua** en cantidad variable dependiendo de las circunstancias.
- **Materia orgánica**, constituida por multitud de organismos (bacterias, hongos, lombrices, etc.), restos de organismos sin descomponer (hojas, ramas, excrementos) y **humus**, es decir, materia orgánica que ha sido descompuesta por los organismos.

Si le falta alguno de estos componentes, no podremos llamarlo suelo.

En el suelo se producen continuas interacciones entre los minerales, el agua, el aire y los organismos, por lo que se encuentra en permanente evolución. La roca madre, el clima, el relieve, la vegetación y especialmente la actividad humana condicionan esa dinámica.

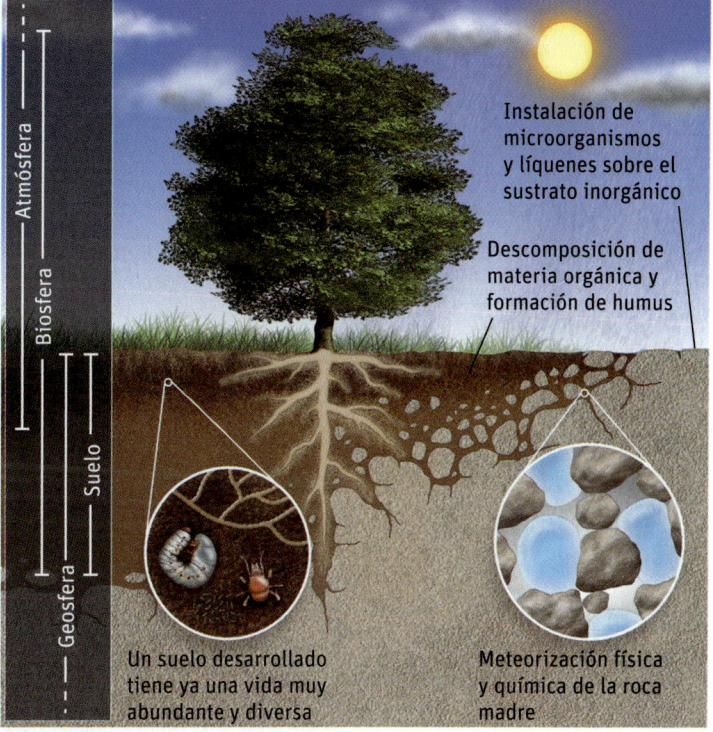

Figura 18.7. Componentes y formación del suelo.

La presencia de organismos descomponedores (bacterias y hongos) así como de detritívoros (lombrices, cochinillas de la humedad, etc.) permiten el reciclado de los restos orgánicos y su transformación en materia mineral; es el proceso denominado **mineralización**.

El suelo es un ecosistema muy frágil. Un uso inadecuado del suelo favorece su degradación y pérdida.

ACTIVIDADES

14. La permeabilidad de un suelo y su porosidad vienen determinadas por el tamaño de las partículas que lo componen, tanto de la materia mineral como del humus. ¿Qué suelo será más permeable, uno arcilloso o uno arenoso? ¿Por qué?

15. Cita algunos usos inadecuados del suelo que faciliten su degradación y pérdida.

4 Cambio climático

COMPOSICIÓN DE LA ATMÓSFERA DE LA TIERRA (AIRE SECO Y LIMPIO)	
Nitrógeno	78 %
Oxígeno	21 %
Argón	0,93 %
CO_2	0,038 %

Una de las características de la Tierra en la que resulta más evidente la existencia de interacciones es el clima. Como el tiempo meteorológico, el clima viene definido por un conjunto de variables atmosféricas, temperatura, humedad, precipitaciones, etc. pero recoge los valores estadísticos medios durante decenas de años.

A lo largo de la historia de la Tierra el clima ha cambiado numerosas veces. Tan es así que, desde una perspectiva temporal geológica, el cambio climático debe considerarse más la norma que la excepción.

4.1. ¿De qué depende la temperatura media del planeta?

La variable que más influye en el clima global de la Tierra es su temperatura media. ¿Por qué tiene la Tierra una temperatura media de 15 °C, mientras que la de Venus es de 447 °C y la de Marte, de –55 °C?

Sin duda influye la **distancia al Sol**, ya que eso determina la radiación solar que recibe. Así, a Venus le llega casi el doble de radiación solar que a la Tierra, mientras que a Marte llega menos de la mitad que a nuestro planeta.

Pero, además, depende de la presencia de una atmósfera y de sus características. En ausencia de atmósfera, la temperatura teórica de Venus sería de 155 °C, la de Marte, de –63 °C y la de la Tierra, de –18 °C. La diferencia entre la temperatura real y la que tendría sin atmósfera se denomina **efecto invernadero** y se debe, por tanto, a la composición y las características atmosféricas. Los principales gases de efecto invernadero de la atmósfera terrestre son el vapor de agua, el CO_2 y el metano.

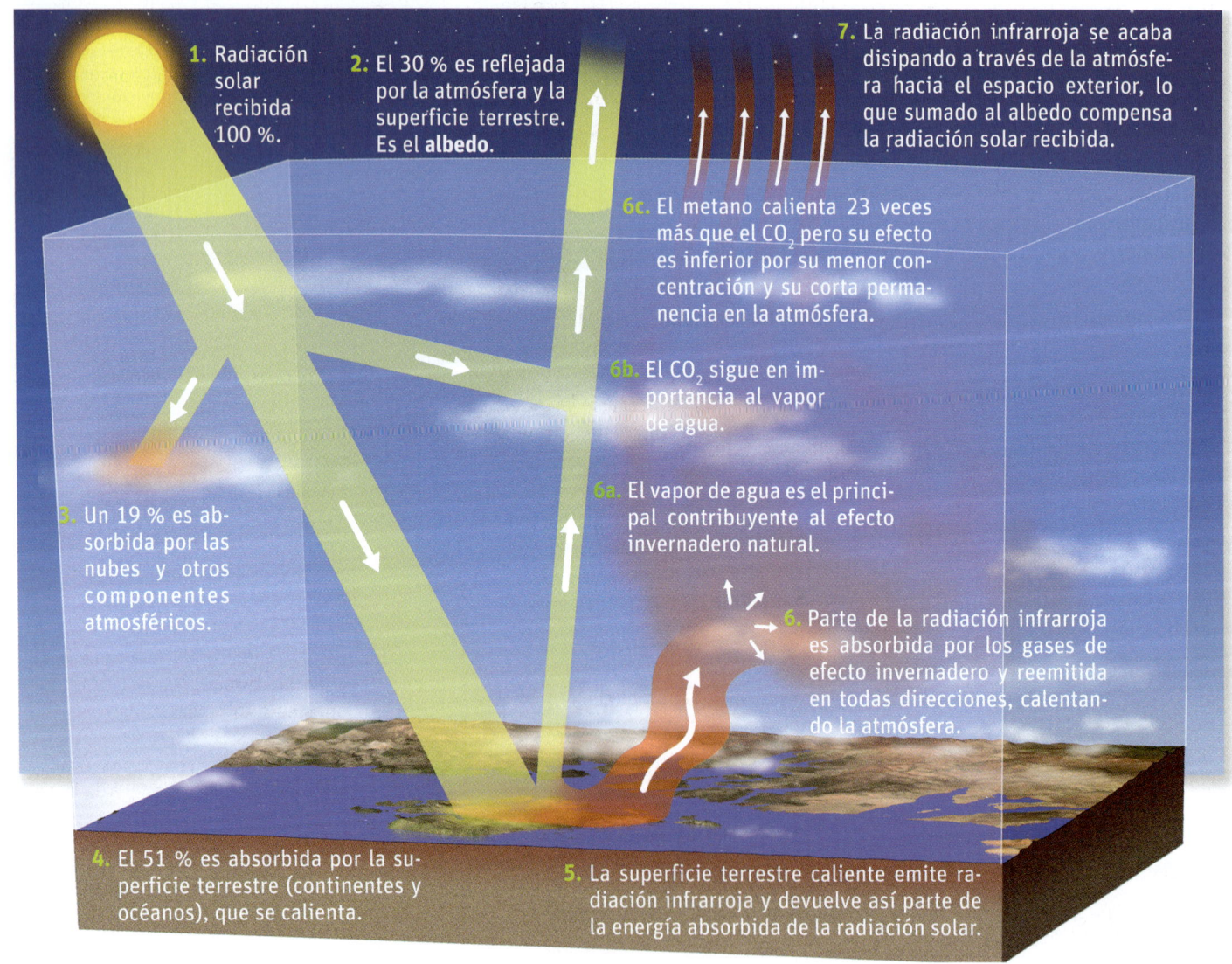

1. Radiación solar recibida 100 %.
2. El 30 % es reflejada por la atmósfera y la superficie terrestre. Es el **albedo**.
3. Un 19 % es absorbida por las nubes y otros componentes atmosféricos.
4. El 51 % es absorbida por la superficie terrestre (continentes y océanos), que se calienta.
5. La superficie terrestre caliente emite radiación infrarroja y devuelve así parte de la energía absorbida de la radiación solar.
6. Parte de la radiación infrarroja es absorbida por los gases de efecto invernadero y reemitida en todas direcciones, calentando la atmósfera.
6a. El vapor de agua es el principal contribuyente al efecto invernadero natural.
6b. El CO_2 sigue en importancia al vapor de agua.
6c. El metano calienta 23 veces más que el CO_2 pero su efecto es inferior por su menor concentración y su corta permanencia en la atmósfera.
7. La radiación infrarroja se acaba disipando a través de la atmósfera hacia el espacio exterior, lo que sumado al albedo compensa la radiación solar recibida.

4.2. ¿Qué puede causar un cambio climático?

Un cambio climático global puede deberse a muchas causas que, de acuerdo con su origen, se clasifican en externas e internas.

▶ Causas externas o astronómicas

Son causas ajenas al sistema climático interno de la Tierra y modifican la radiación solar recibida. Entre ellas destacan:

- **Cambios en el Sol**. La actividad solar experimenta modificaciones evidenciadas, por ejemplo, por los cambios en las manchas solares. Afectan a la propia fuente de energía y sus consecuencias alcanzan a la Tierra.

- **Variaciones en la órbita terrestre**. La órbita descrita por la Tierra pasa gradualmente de una forma casi circular a otra más elíptica (Fig. 18.8). Ocurre según un ciclo que dura unos 100 000 años y modifica la radiación solar que recibe la Tierra. Este cambio orbital y otros se llaman **ciclos de Milankovitch,** en honor a su descubridor.

- **Impactos de meteoritos**. Un meteorito se pulveriza al colisionar con la Tierra y, entre otros efectos, origina una nube de polvo que permanece largo tiempo en suspensión. Si es grande, la nube reduce notablemente la radiación solar que llega a la superficie.

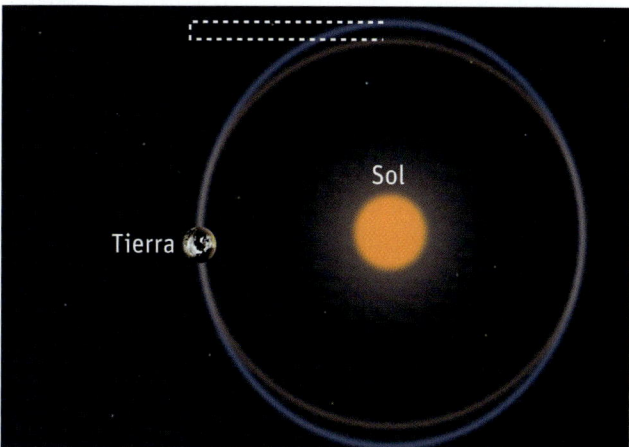

Figura 18.8. La órbita terrestre cambia desde una casi circular a otra ligeramente elíptica.

▶ Causas internas

Si las causas externas afectan a la radiación solar recibida, las internas determinan qué ocurre con esa radiación, es decir, en qué proporción es reflejada, en qué medida es absorbida por los gases de efecto invernadero o cómo se distribuye por el planeta. Las más importantes son:

- **Cambios en el albedo.** El valor medio del albedo actual de la Tierra es del 30 % pero varía mucho de unas superficies a otras. Así, la nieve tiene un albedo muy alto, mientras que el suelo tiene menor albedo que el hielo pero mayor que el océano.

- **Cambios en la composición atmosférica.** La composición atmosférica puede variar por una gran actividad volcánica que desprenda mucho CO_2, o por la disminución de la solubilidad del CO_2 en el agua de los océanos a mayor temperatura, o por la intervención de organismos, etc.

- **Cambios en las corrientes marinas.** Dado que las corrientes marinas reducen el desequilibrio térmico entre diferentes zonas del planeta, cualquier cambio en ellas tendrá un efecto climático. Así, si la corriente termohalina cálida no llegase al Atlántico norte, descendería la temperatura en esta zona y se incrementaría la superficie cubierta de hielo. Como consecuencia, aumentaría el albedo terrestre, lo que generaría un descenso global de la temperatura del planeta.

- **La tectónica de placas.** Los procesos que regulan la tectónica de placas pueden introducir cambios de los tres tipos anteriores, así como modificar el nivel del mar. Cualquiera de estos cambios tiene efectos climáticos globales.

• **En la Web**

Observa en esta animación cómo cambia la órbita terrestre.

• www.e-sm.net/svbg1bach18_06

RELACIONAR

16. La gran reguladora del clima

La tectónica de placas ha estado detrás de la mayoría de los cambios climáticos ocurridos en la historia de la Tierra, bien para iniciarlos, acelerarlos o retrasarlos.

a) La mayoría de los procesos relacionados con la tectónica de placas son lentos. Cita uno que no lo sea y que pueda cambiar el clima.

b) ¿De qué manera puede la tectónica de placas modificar el nivel del mar? ¿Qué efectos climáticos tendría?

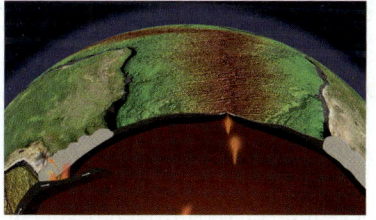

ACTIVIDADES

17. Las corrientes marinas reducen las diferencias térmicas entre unas zonas y otras pero no modifican la media global. Entonces, ¿por qué se dice que un cambio en la corriente termohalina bajaría la temperatura media de la Tierra?

18. Considerando el elevado albedo del hielo, ¿puede entenderse justificada la idea de que "los glaciares tienden a autoperpetuarse"?

5 El calentamiento global

El Ártico se deshiela

La agencia científica estadounidense para la atmósfera y los océanos, NOAA, vigila la evolución de la **banquisa**, o capa helada que cubre el océano en las zonas polares.

La imagen corresponde a la situación del 26 de agosto de 2012, en la que el hielo alcanzó un récord negativo. El anterior era de agosto de 2007 (línea amarilla). La comparación de ambos valores con la cobertura media de las dos últimas décadas del siglo XX (línea negra) evidencia el retroceso producido, especialmente si consideramos que esa línea negra marca ya una notable reducción de la cobertura en la primera mitad del siglo XX.

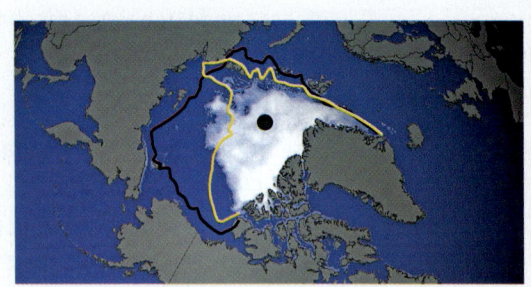

Mapa del deshielo del Ártico, agencia NOAA.

En la Web

Este vídeo recoge algunos aspectos esenciales del informe del IPCC.

www.e-sm.net/svbg1bach18_07

smSaviadigital.com PRACTICA
¿Cuál es el balance global del planeta?

En la década de 1980, algunos científicos llamaron la atención sobre el hecho de que la temperatura de la superficie terrestre estaba subiendo; la causa, probablemente, había que buscarla en la actividad humana. Para su estudio, la ONU creó en 1988 el Grupo Intergubernamental de Expertos sobre el Cambio Climático, conocido por sus siglas inglesas IPCC.

En su último informe (2013), el IPCC pronostica para el actual siglo un incremento de la temperatura media de entre 1,5 y 4,8 °C. Este calentamiento global implica procesos de diversa naturaleza que afectan al clima, a los ecosistemas o al uso del suelo.

Para diferenciarlo de los cambios climáticos ocurridos en el pasado, sin la intervención humana, hay autores que prefieren denominarlo calentamiento global.

5.1. ¿Qué evidencias hay del calentamiento global?

Entre los datos aportados por los científicos destacan los siguientes:

- **Retroceso de los glaciares.** En las últimas décadas se ha producido un retroceso general de los glaciares de montaña, especialmente en el hemisferio norte. El proceso se ha acelerado y afecta mucho al mar helado, o banquisa. Durante el verano, el área cubierta de hielo en el Ártico se ha reducido un 28 % y su grosor, un 43 %.

- **Incremento del nivel del mar.** Durante el pasado siglo el nivel del mar subió entre 1,7 mm/año. El proceso se ha acelerado y en la última década el incremento ha sido de 3 mm/año. Esta subida es resultado de la fusión del hielo continental y de la dilatación térmica del agua del océano.

- **Incremento de la temperatura media global.** El retroceso glaciar y el ascenso del nivel del mar no son más que consecuencias directas del aumento de la temperatura media de la superficie de los continentes y de los océanos.

- **Los fenómenos meteorológicos extremos son cada vez más frecuentes.** Las sequías, las inundaciones, las olas de calor y los ciclones forman parte de la dinámica climática habitual. Sin embargo, una característica del cambio climático es que se agudizan estos sucesos extremos e incrementan su frecuencia.

- **Muchos organismos vivos están cambiando sus comportamientos y distribución.** Así, se han observado cambios en los ritmos estacionales, modificaciones en los procesos migratorios de aves, en la época de floración de las plantas y en la distribución territorial de especies.

DISEÑAR EXPERIENCIAS

19. ¿Sube el nivel del mar?

El ascenso del nivel del mar observado en las últimas décadas se debe, en parte, a que el agua está a mayor temperatura y se dilata y, en parte, a la fusión del hielo.

a) ¿Interviene solo la fusión del hielo que hay en los continentes o también la de los icebergs y la banquisa?

b) Diseña un experimento sencillo para comprobar si la fusión de un iceberg incrementa o no el nivel del mar.

5.2. ¿Qué está causando el calentamiento global?

Desde 1958, el observatorio de Mauna Loa (Hawái) analiza la composición del aire atmosférico. En ese tiempo, la concentración de CO_2 ha pasado del 0,0316 % o, como se suele expresar, 316 ppm (partes por millón) a 0,04 % o 400 ppm (Fig. 18.9).

En los últimos dos mil años la concentración de CO_2 se había mantenido en 280 ppm, hasta el año 1750 (inicio de la Revolución Industrial). Desde esa fecha no ha dejado de aumentar.

El IPCC no duda de que este aumento del CO_2 es de **origen antrópico**, es decir, causado por la actividad humana. También ha aumentado la concentración de otros gases de efecto invernadero, como el metano. Las actividades que más han contribuido son:

- La **quema de combustibles fósiles.** Se quema carbón, petróleo y gas natural para obtener energía eléctrica, así como en industria, transporte, agricultura y vivienda.
- El **cambio de uso del suelo.** Generalmente implica la sustitución del bosque por el cultivo agrícola o cualquiera de estos por la urbanización.
- **Ciertas actividades agrícolas y ganaderas.** El ganado vacuno emite metano generado en la fermentación intestinal. También se origina en cultivos de arroz. En los últimos diez mil años la concentración de metano se mantuvo entre 600 y 700 ppb (partes por billón). En los últimos doscientos años esas cifras casi se han triplicado.

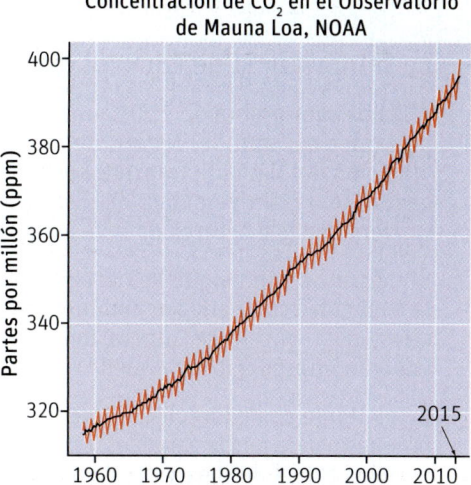

Figura 18.9. Evolución de la concentración de CO_2. La línea roja recoge los cambios estacionales; la negra, la media anual.

LA CIENCIA Y SUS MÉTODOS

¿Cómo comprobar si el incremento de CO_2 causa el calentamiento global?

Hemos visto que dos variables están relacionadas si cambian conjuntamente. En el último siglo el incremento de CO_2 y el de temperatura han ido juntos, pero es poco tiempo para extraer conclusiones. En la Antártida hay un registro mayor. Allí, la nieve caída en los últimos 650 000 años se ha acumulado y compactado formando hielo que aún encierra burbujas de aire. Este "aire fósil" recoge la composición que tenía en cada nevada y de él puede inferirse la temperatura, si bien es un dato menos fiable.

Las gráficas muestran la concentración de CO_2 y la temperatura en los últimos 400 000 años. Para comprobar si existe causalidad utilizaremos el procedimiento propuesto en *La ciencia y sus métodos* de la unidad 15:

1.º Observaremos si un suceso precede al otro. La causa no puede ser posterior al efecto: vemos que, en general, el aumento de CO_2 precede ligeramente al de temperatura.

2.º Analizaremos si el incremento de CO_2 y el de temperatura se relacionan generalmente: comprobamos que la relación es casi perfecta.

3.º Buscaremos un proceso que explique la relación entre ambos sucesos: el CO_2 es un gas de efecto invernadero, en consecuencia, su incremento debe contribuir al aumento de temperatura. Además, las experiencias de laboratorio confirman que el CO_2 genera efecto invernadero.

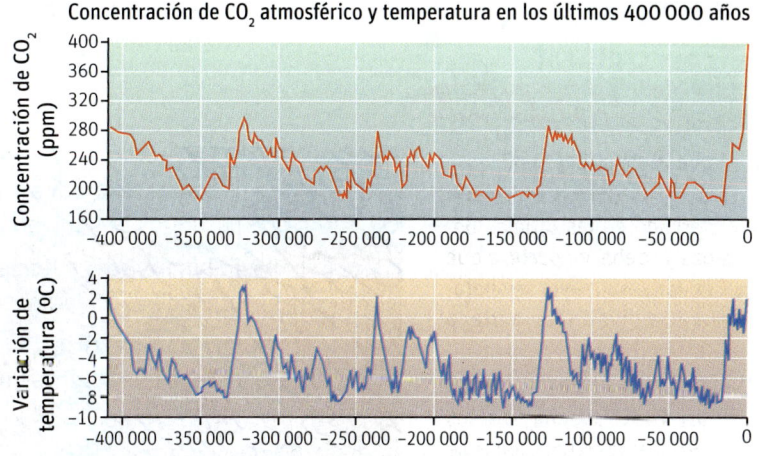

Conclusión: El incremento de la concentración de CO_2 causa una elevación de la temperatura. Con todo, al no ser la única variable que interviene, puede ocurrir que el paralelismo no siempre sea perfecto.

ACTIVIDADES

20. La existencia de calentamiento global no implica que sea de origen antrópico. ¿Hay correlación entre ciertas actividades humanas y el aumento de CO_2?

21. ¿Existe causalidad entre actividades humanas y calentamiento global? ¿Por qué?

5.3. Los límites del planeta

La importancia de conocer los límites

El 23 de septiembre de 2009, una de las revistas científicas más importantes del mundo, *Nature*, dedicaba un número especial a la publicación del llamado Informe Rockström elaborado por este investigador de la Universidad de Estocolmo y 28 científicos más de universidades y centros de investigación de diversos países.

El informe sostiene que la Tierra, como sistema complejo, tiene cierta capacidad para encajar cambios sin verse demasiado afectada por ellos, pero que si se supera determinado valor, los resultados se vuelven impredecibles y puede que catastróficos.

En el dibujo de la derecha, el círculo verde representa el espacio seguro propuesto para nueve variables. Las cuñas rojas son una estimación de la posición actual de cada variable. Los límites ya se han superado en tres casos: pérdida de biodiversidad, cambio climático y ciclo del nitrógeno.

Puedes ver una breve exposición de Johan Rockström en:
www.e-sm.net/svbg1bach18_08

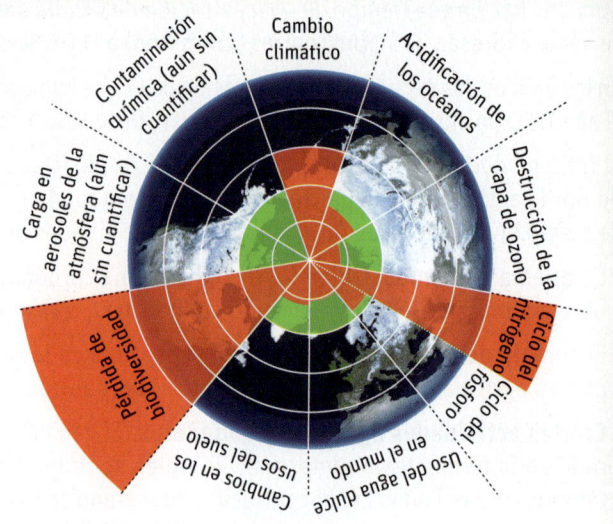

Variables que deben controlarse según el Informe Rockström.

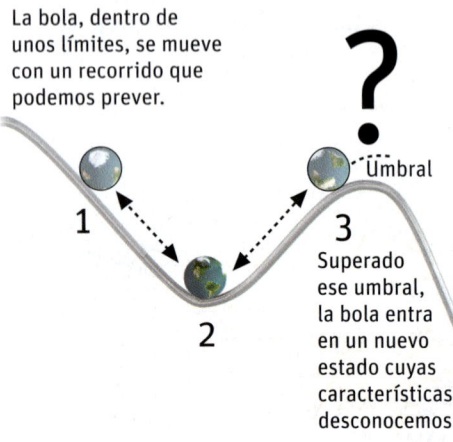

Figura 18.10. Representación sencilla de los conceptos de resiliencia y umbral.

La idea central del Informe Rockström se basa en el concepto de **resiliencia**, tomado de la ingeniería, que mide el esfuerzo que puede soportar un material deformándose elásticamente, de modo que pueda recuperarse cuando deja de actuar la causa que lo deformó (Fig. 18.10). En nuestro planeta, representa la capacidad del sistema Tierra de encajar agresiones sin que se altere significativamente su funcionamiento.

En un sistema lineal, el cambio en una variable genera modificaciones previsibles, pero en un sistema complejo, debido a las interacciones, son difíciles de predecir.

El informe Rockström identifica nueve variables, entre ellas están el cambio climático, la acidificación oceánica, la concentración de ozono estratosférico, la pérdida de biodiversidad, o la proporción de tierras cultivadas. Y para cada una de ellas establece un límite planetario que marcaría el **umbral** de no retorno.

No todos los científicos coinciden en esta selección de variables, ni en sus límites. Sin embargo, hay tres cuestiones en las que existe consenso y conviene destacarlas:

- **La capacidad del sistema terrestre de encajar alteraciones no es ilimitada** y a partir de cierto umbral la respuesta se hace impredecible y puede que catastrófica.
- **Debemos ser cautos para no provocar cambios irreversibles o catastróficos**, sobre todo considerando nuestro desconocimiento del valor exacto de esos umbrales.
- **Las medidas prioritarias que se adopten deben ser útiles para la mayoría de los escenarios futuros posibles**. Las limitaciones actuales para hacer pronósticos fiables no debe impedir la adopción de las medidas necesarias.

En las últimas décadas se ha aprendido mucho sobre el funcionamiento de la Tierra, pero aún quedan numerosas cuestiones; algunas de las más importantes son las relativas a los "límites planetarios".

ACTIVIDADES

22. Cita medidas que crees que deben adoptarse para no superar los límites planetarios.

23. En los sistemas complejos, como el climático, algunos cambios se retroalimentan y eso los hace más impredecibles. Así, la elevación de la temperatura del planeta reduce la cubierta de hielo en las regiones polares y libera CO_2 de los océanos, lo que a su vez incrementa... Enumera los cambios que seguirían.

6. Los riesgos geológicos y el sistema Tierra

¿Pueden evitarse estas catástrofes?

El 11 de mayo de 2011 un terremoto de moderada magnitud, 5,1 en la escala de Richter, ocurrido en Lorca (Murcia) causaba nueve víctimas mortales y más de 320 heridos.

Aunque son frecuentes los terremotos, en España no constituyen el riesgo geológico más importante. Este lugar lo ocupan de manera muy destacada las inundaciones, tanto por el número de víctimas como por los daños materiales que causan. Así, en los últimos veinte años ha habido 286 víctimas mortales en España.

Este vídeo muestra las inundaciones de junio de 2013 en el Vall d'Aran:
www.e-sm.net/svbg1bach18_09

Inundaciones en el Vall d'Aran en junio de 2013.

La dinámica del planeta implica riesgos. Por término medio, tres millones de personas en todo el mundo resultan afectadas cada año por desastres naturales; de ellas 150 000 son víctimas mortales.

Riesgo geológico es la probabilidad de que se produzca un daño o catástrofe para la población de una zona o para sus bienes, motivado por un suceso geológico.

El valor que alcanza un riesgo geológico depende de tres factores o variables:

- **Peligrosidad**, o magnitud que puede alcanzar un suceso potencialmente catastrófico y frecuencia con la que ocurre.
- **Exposición**, o volumen de población y bienes que pueden verse afectados.
- **Vulnerabilidad**, o susceptibilidad de ser dañada que presenta una comunidad.

> **En la Web**
> Para saber más sobre los terremotos y el riesgo sísmico.
> www.e-sm.net/svbg1bach18_10

Así, dos terremotos de idéntica magnitud (igual peligrosidad) pueden producirse en lugares con diferente exposición, uno en una zona densamente poblada y el otro en un lugar despoblado. Los daños generados serán, obviamente, muy diferentes. También lo serán si teniendo las mismas peligrosidad y exposición, uno ocurre en una zona con edificios mal construidos y el otro en un lugar con construcciones sismorresistentes (vulnerabilidad diferente).

Reducir los efectos catastróficos de un suceso geológico exige conocer el proceso que lo genera y las características de la zona objeto de estudio. A partir de ahí se realiza una **predicción** sobre la probabilidad de que ocurra y su peligrosidad (Fig. 18.11). Además, se lleva a cabo la **prevención** a través de la propuesta de medidas para evitar o reducir dichos efectos.

Algunos riesgos están relacionados con procesos geológicos internos, como el riesgo volcánico, el sísmico o el de *tsunamis*. Mientras que otros derivan de procesos geológicos externos, como inundaciones, movimientos de ladera, aludes, etc.

No es posible eliminar los procesos naturales peligrosos pero sí adoptar decisiones que reduzcan notablemente el riesgo.

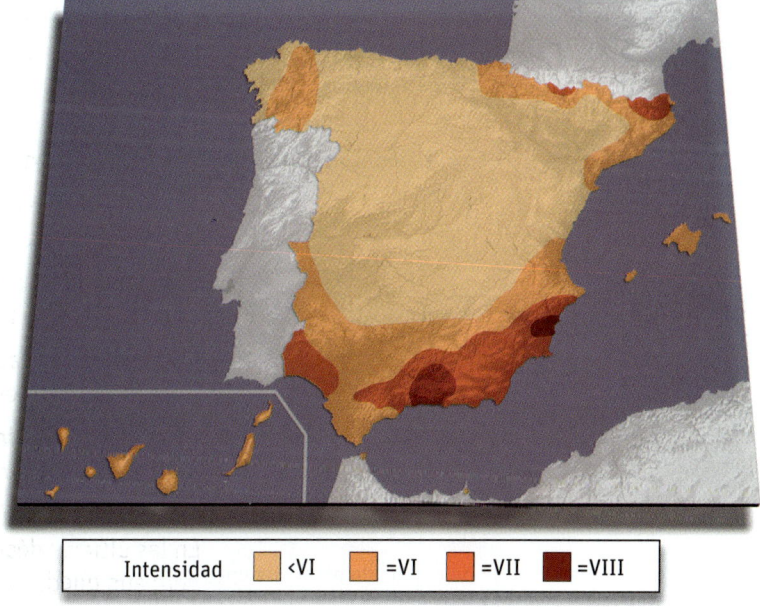

Figura 18.11. Mapa de peligrosidad sísmica. Las zonas se diferencian según el terremoto más fuerte que probablemente tengan en quinientos años.

ACTIVIDADES

24. Una de las medidas de prevención de inundaciones más importantes es la reforestación de la cuenca hidrográfica. ¿Por qué?

25. Los mapas de peligrosidad sísmica ayudan a prevenir terremotos. ¿Por qué?

ACTIVIDADES

Síntesis

26. Completa en este mapa conceptual los términos que faltan (•••) y los fragmentos que debes desarrollar (+). Puedes realizar la actividad en tu cuaderno.

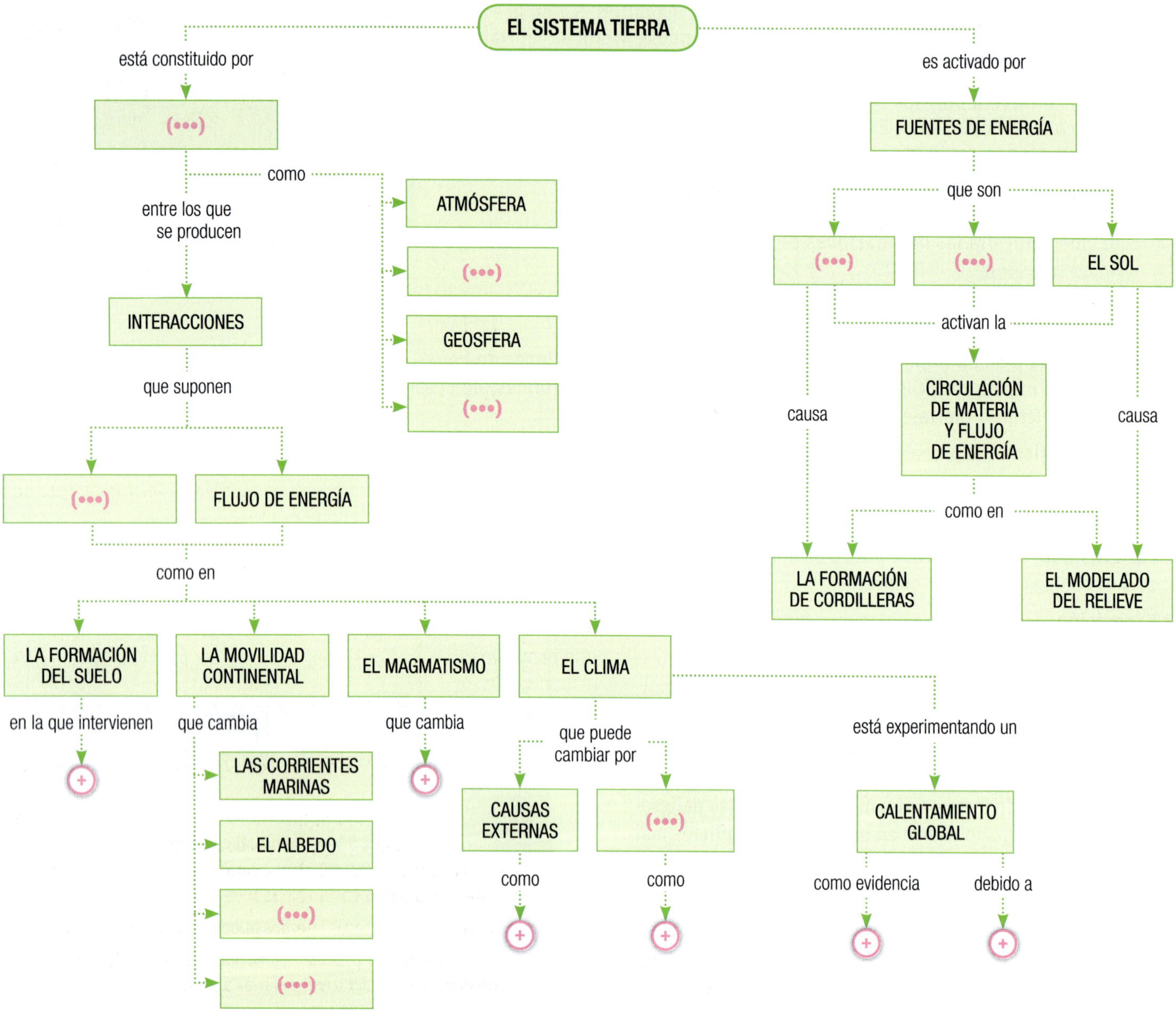

Aplicación y relación

27. Este mapa de la agencia estadounidense NOAA registra la temperatura de la superficie del océano.

Las líneas a modo de curvas de nivel que unen puntos de igual temperatura son isotermas.

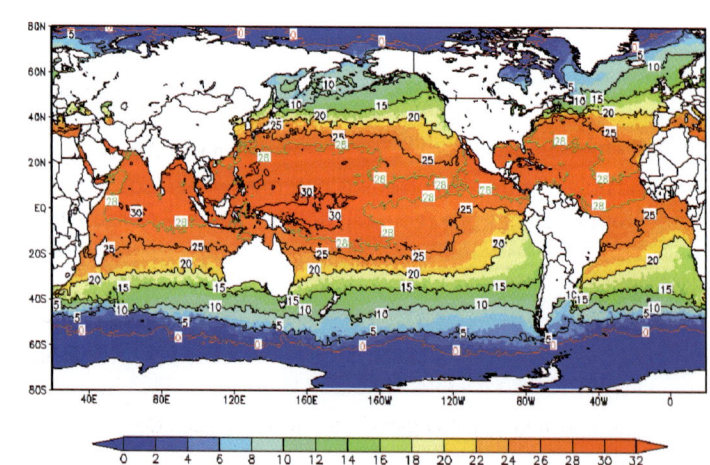

a) ¿Cómo explicas el bandeado horizontal que a grandes rasgos muestra el mapa?

b) ¿Por qué ese bandeado horizontal no tiene un patrón perfecto? ¿Cómo explicas que la temperatura registrada en la costa atlántica de la península ibérica sea inferior a la de otras zonas de la misma latitud?

c) El mapa recoge datos reales tomados un día determinado del año. ¿Consideras que es un día de verano o de invierno en el hemisferio norte?

28. En la dorsal oceánica abundan las chimeneas, o fumarolas, negras, por las que sale agua a 350 °C cargada de sulfuros metálicos. En el fondo marino la alta presión hace que, aun a 350 °C, el agua se halle en estado líquido. La mayor parte de ella se filtra del propio océano, se calienta y vuelve a salir.

En las chimeneas negras viven microorganismos, como las arqueas, que utilizan la energía térmica y los sulfuros en la quimiosíntesis, así como organismos pluricelulares.

a) ¿Qué subsistemas terrestres están presentes en la zona?

b) ¿Qué intercambios de materia y flujos de energía se dan?

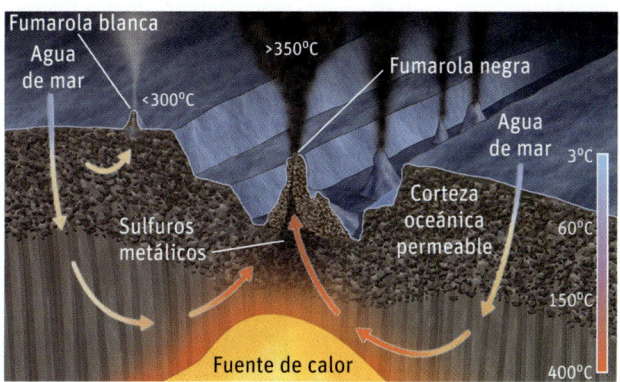

29. El dibujo representa el relieve de una zona en la que hay dos tipos de rocas: las más oscuras son basaltos y ocupan las zonas más altas, mientras las más claras son rocas sedimentarias.

a) ¿Por qué las rocas volcánicas ocupan las zonas más altas?

b) ¿Qué participación han tenido los procesos geológicos externos y los internos en la formación de este relieve?

30. La siguiente gráfica de la NASA recoge la evolución de la temperatura media de la superficie terrestre desde 1880 hasta la actualidad. La tendencia es más evidente por la media de cinco años (línea naranja) que por los cambios anuales (línea negra).

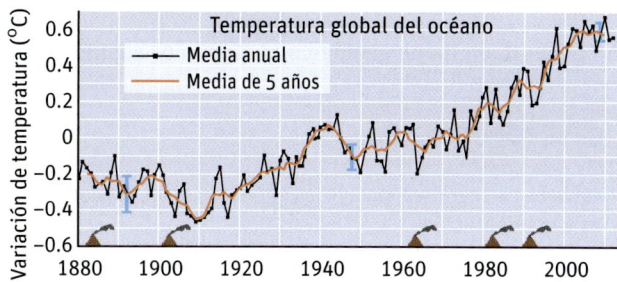

a) Se ha tomado como referencia (0), la temperatura media del período 1951-1980. ¿Cuánto ha subido la temperatura entre 1910 y 2010?

b) La gráfica incluye (volcanes) algunas de las erupciones más importantes ocurridas en el período registrado. ¿Qué efecto tienen en la temperatura? ¿Cómo lo explicas?

31. Las modificaciones globales del nivel del mar, o los cambios eustáticos, pueden deberse a variaciones climáticas o a procesos geológicos internos. La gráfica muestra los cambios del nivel del mar durante el Fanerozoico.

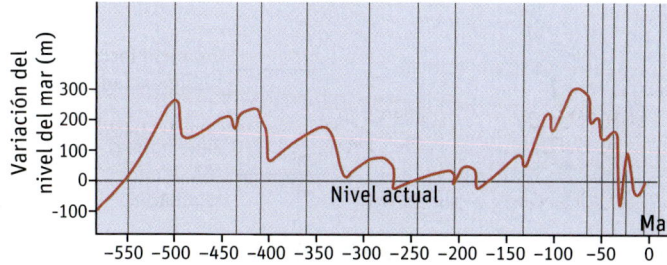

a) Si se fundiera todo el hielo continental actual, el nivel del mar subiría unos 85 m, pero hubo períodos en los que estuvo 300 m por encima del nivel actual. ¿Los procesos geológicos internos pueden variar dicho nivel más que los climáticos?

b) ¿Qué tipo de procesos internos pueden cambiar el nivel del mar?

c) ¿Podrían ser los procesos geológicos internos los causantes de la elevación del nivel del mar actual?

Biblioteca global

32. ¿Cómo quitarse de encima el CO_2?

Dado que las actividades humanas generan cada vez más CO_2, se están investigando diversas opciones para capturar el CO_2 antes de ser emitido a la atmósfera y almacenarlo en lugares en los que pueda permanecer el tiempo suficiente como para no afectar al calentamiento global actual.

Busca información sobre el almacenamiento de CO_2 y haz una ficha que sintetice lo más importante. En todo caso, debes responder a las siguientes cuestiones:

a) ¿Cuáles son los principales lugares de almacenamiento de CO_2?

b) ¿Cuáles son los principales riesgos que conlleva esta tecnología de almacenamiento?

c) ¿Cómo valoras estos sumideros artificiales de CO_2?

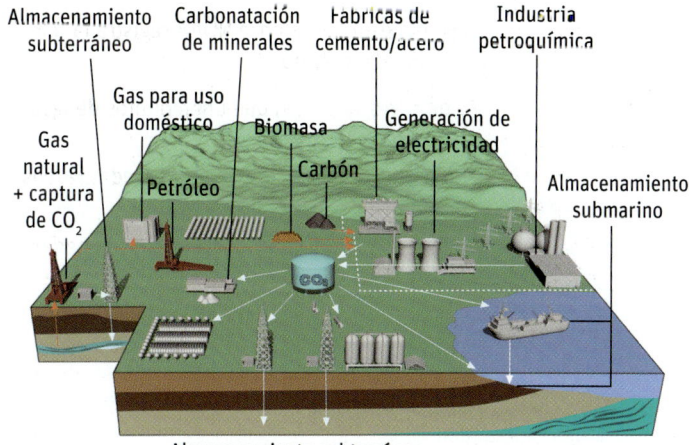

LA CIENCIA Y SUS MÉTODOS — Mapas geológicos

Si sobre el mapa topográfico de una zona se anota el tipo de materiales que existe en cada lugar, sus principales características (edad, dirección y buzamiento) y las estructuras presentes (pliegues y fallas) tendremos un mapa geológico.

Elementos de un mapa geológico

En general, un mapa geológico contiene los siguientes elementos:

BASE TOPOGRÁFICA

La base cartográfica incluye las curvas de nivel, las cotas, la escala y la orientación.

ESTRUCTURAS

En un mapa geológico se representan las fallas y los ejes de los pliegues, así como la dirección y el buzamiento de los estratos.

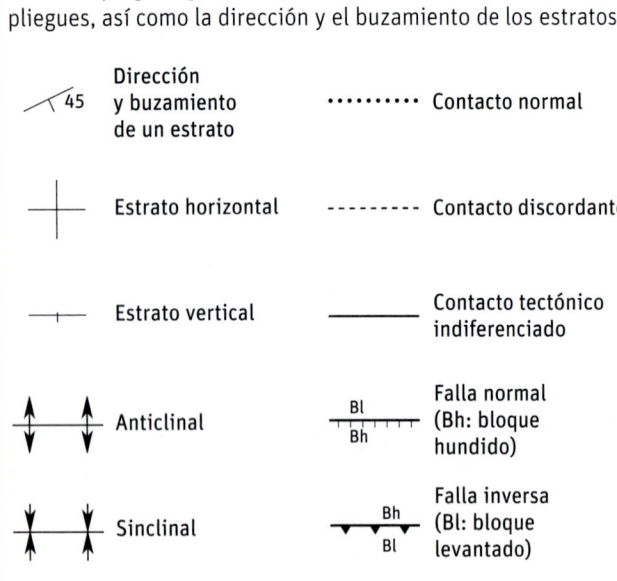

LITOLOGÍA

Indica el tipo de materiales que existen en cada lugar. Se representa mediante una trama y un color determinado que figuran en una leyenda en la que, además, se suele incluir su edad.

CONTACTOS ENTRE LOS MATERIALES

Indica si el contacto es normal (paralelo a la estratificación), discordante (no paralelo a la estratificación) o mecánico (fallas).

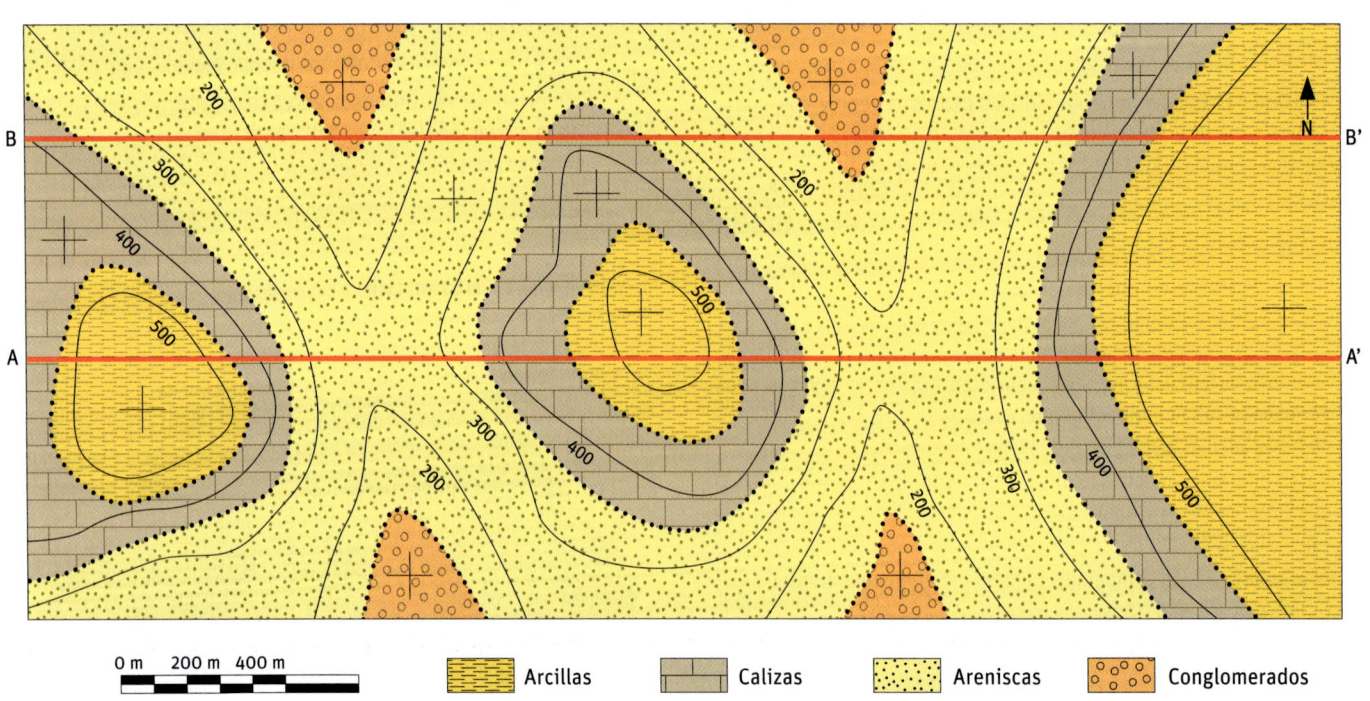

Elaboración de cortes geológicos

Los cortes geológicos son una representación que muestra las características geológicas en un plano vertical a la superficie terrestre.

Haremos el corte AA' del mapa geológico de la página anterior. Para ello utilizaremos el procedimiento siguiente:

1. Levantamos el perfil topográfico AA' sobre una hoja de papel milimetrado.
2. Marcamos en ese perfil los puntos de contacto entre todos los materiales.
3. Prolongamos hacia el interior esos contactos. En este caso, puesto que los contactos son normales, es decir, paralelos a la estratificación y esta es horizontal, los contactos también lo serán.
4. Rellenamos cada espacio del corte con los símbolos de los materiales correspondientes. Debemos tener en cuenta que la estratificación de cada material debe aparecer paralela a los contactos (horizontal en este caso).

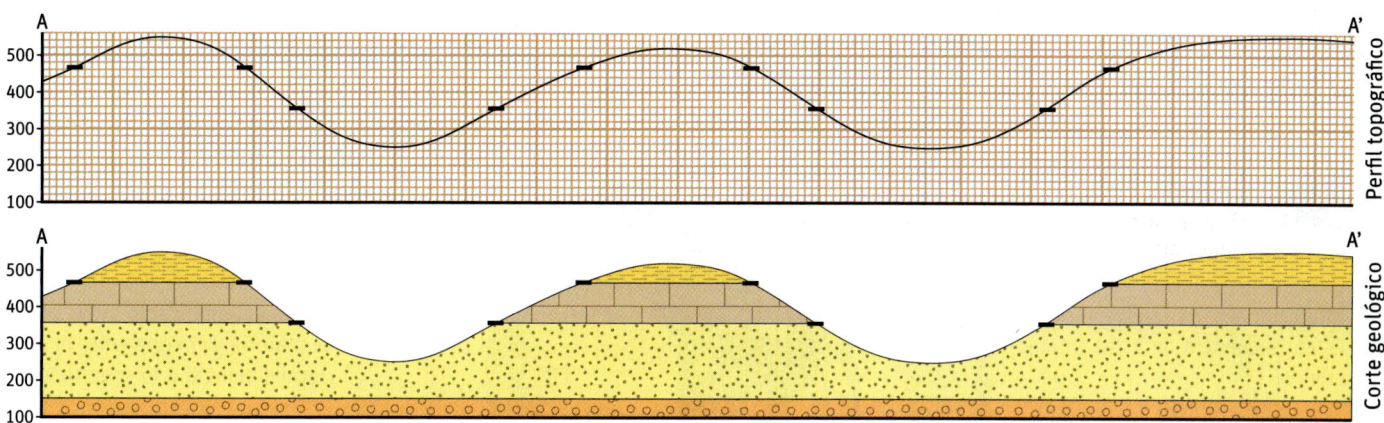

¿Y si la estratificación no es horizontal?

Este otro mapa geológico se ha elaborado en una llanura (idealizada). No aparecen, por tanto, curvas de nivel. Para hacer el corte CC', el proceso que debe seguirse es igual al anterior. Así:

1. Levantamos el perfil topográfico CC', que en este caso será una línea horizontal.
2. Marcamos los contactos entre todos los materiales.
3. Prolongamos hacia el interior esos contactos. Como en este caso la estratificación no es horizontal, sino que tiene un buzamiento de 45° hacia el oeste, a partir de los puntos de contacto en superficie debemos trazar unas líneas que tengan ese buzamiento.
4. Por último rellenamos cada espacio con los símbolos de los materiales correspondientes.

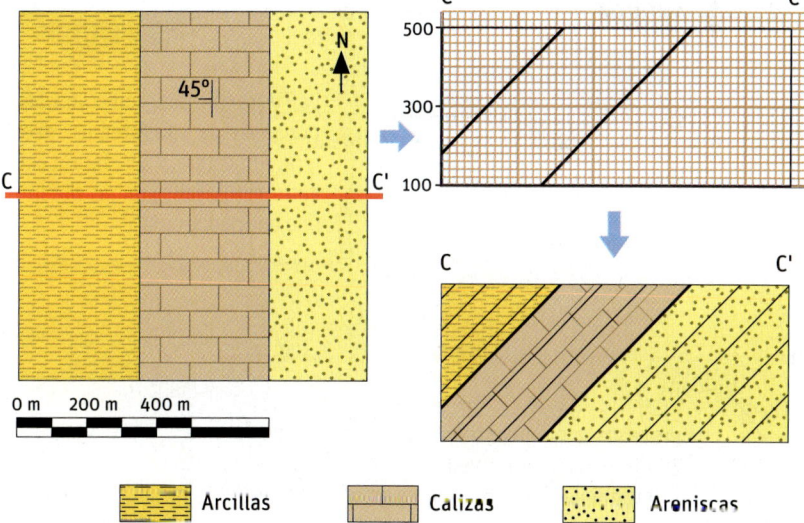

ACTIVIDADES

33. Realiza el corte geológico BB' que figura en el mapa geológico de la página anterior. Ordena de más antiguo a más moderno todos los materiales.

34. Supón que se produce una erupción volcánica que aparece en superficie en el contacto entre las arcillas y las calizas del mapa de esta página.

    a) Dibuja en el corte la chimenea volcánica correspondiente (podemos suponerla vertical) y las rocas volcánicas en superficie ocultando parte de las arcillas y las calizas.

    b) Modifica el mapa de esta página para dar entrada a estos materiales volcánicos recientes.

Cierre de bloque IV

IDEAS CLAVE

Unidad 13
La Tierra está estructurada en capas de densidad creciente. La energía térmica del interior terrestre activa la circulación de la materia en la geosfera.

Unidad 14
La litosfera está dividida en fragmentos rígidos, o placas, que se mueven debido a la energía del interior terrestre y a la gravedad.

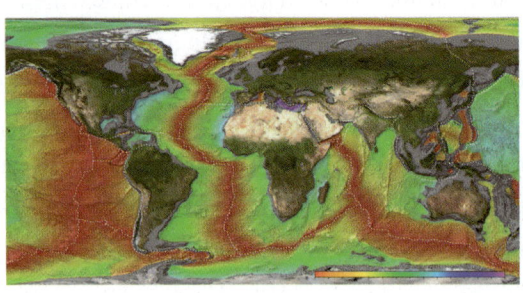

Unidad 18
Entre los procesos geológicos internos y los externos se producen interacciones. El relieve terrestre es consecuencia de estas interacciones.

La Tierra funciona como un sistema integrado por diversos subsistemas: geosfera, hidrosfera, atmósfera y biosfera. Las interacciones entre estos subsistemas dotan al planeta de una entidad propia.

Unidad 15
Las rocas ígneas se originan por la dinámica interna del planeta. Su formación implica un intercambio de materia y energía entre el interior del planeta y su superficie.

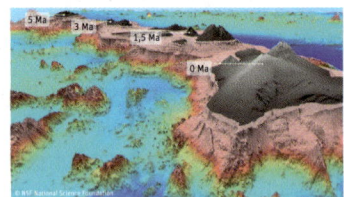

Unidad 17
Los procesos geológicos externos son generados por la energía solar y la gravedad. La formación de las rocas sedimentarias está ligada a estos procesos.

Unidad 16
Los procesos geológicos internos modifican la superficie terrestre. Las cordilleras y las deformaciones de las rocas son resultado de esos procesos.

ACTIVIDAD resuelta

El año sin verano

El Tambora (Indonesia), un volcán situado en la zona de subducción que limita la placa Indoaustraliana y la Euroasiática, entró en erupción en abril de 1815 con una explosividad inusitada. La columna eruptiva atravesó la troposfera y penetró en la estratosfera hasta 40 km de altura. Las erupciones se sucedieron durante tres meses emitiendo más de 170 km³ de piroclastos, así como gran cantidad de vapor de agua, CO_2, SO_2 y HCl. Hubo 70 000 víctimas mortales.

500 000 km² en torno al volcán se cubrieron de una capa de cenizas de 3 m de espesor, incluso en Europa alcanzó 1 cm de grosor. Aquel invierno fue muy frío, y el año que le siguió se conoce como "el año sin verano". Las condiciones climáticas y la lluvia ácida destrozaron muchas cosechas de Asia, Europa y Norteamérica.

Caldera de colapso del volcán Tambora originada tras la erupción de 1815.

a) ¿Qué pudo causar la erupción? ¿Es probable que la lava causase muchas víctimas?

b) ¿Cómo explicas que el año siguiente se quedase "sin verano" y que este efecto fuese planetario? ¿Qué subsistemas terrestres interaccionaron en este proceso?

Comprender el enunciado

Comprueba que entiendes todos los términos utilizados y subraya algunas cuestiones clave:

- La ubicación del evento en el marco de la tectónica de placas: *... situado en la zona de subducción...*
- El tipo de actividad volcánica: *... con una explosividad extrema.*
- Los gases emitidos y la altura alcanzada: *... vapor de agua, CO_2, SO_2 y HCl, ... 40 km en la estratosfera.*
- Las interacciones producidas y sus efectos en otros subsistemas: *... lluvia ácida, cambios climáticos, pérdida de cosechas, víctimas.*

Elaborar la respuesta

a) Tu respuesta tendrá la máxima valoración si:
- Relacionas la erupción con la tectónica de placas: *La erupción fue causada por el magma generado por la fricción entre las placas en la zona de subducción, probablemente favorecida por la presencia de agua, lo que bajó el punto de fusión de las rocas y proporcionó gases que activaron el proceso.*
- Argumentas que: *Al tratarse de una actividad volcánica explosiva dominaron los piroclastos y los gases. Ellos causarían la mayoría de las víctimas. La lava debió tener una presencia escasa o nula.*

b) Tu respuesta será mejor valorada si:
- Analizas los efectos climáticos de los materiales emitidos: *Los piroclastos aumentan el albedo y, por tanto, reducen la temperatura, mientras que el vapor de agua y el CO_2 son gases de efecto invernadero e incrementan la temperatura.*
- Infieres que: *La gran cantidad de piroclastos emitidos hizo que el aumento del albedo no solo compensase el efecto invernadero generado por los gases sino que bajase la temperatura.*
- Relacionas la llegada a la estratosfera con la duración y extensión de los efectos: *La altura alcanzada por la columna eruptiva hizo que las cenizas permaneciesen en suspensión varios meses, ya que la estratosfera se sitúa por encima del nivel de las nubes, y la ausencia de precipitaciones en esta zona impide su lavado. Durante ese tiempo las cenizas se distribuyeron por todo el globo, reduciendo la radiación solar llegada a la superficie; eso hizo que el fenómeno tuviera influencia planetaria.*
- Concluyes que: *Hubo interacciones entre la geosfera y la atmósfera (piroclastos, gases y energía que pasaron de la primera a la segunda); entre la geosfera y la hidrosfera, vía atmósfera (el depósito de cenizas en océanos y la lluvia ácida causada por el HCl y el H_2SO_4 generado al disolverse el SO_2 en agua); entre todos estos subsistemas y la biosfera (como evidencian la pérdida de cosechas y las víctimas mortales).*

ACTIVIDAD resuelta

¿Se inundarán nuestras ciudades costeras?

Los investigadores del Grupo Intergubernamental de Expertos sobre el Cambio Climático (IPCC) han utilizado satélites para medir el nivel medio del mar, comprobando que ha subido 3 mm/año en las dos últimas décadas. También han analizado los cambios que podrían producirse a lo largo del presente siglo. Para ello han partido de los datos conocidos y han utilizado modelos informáticos sobre el funcionamiento del clima global del planeta.

La gráfica de la derecha recoge las proyecciones hechas para los dos escenarios considerados más probables. Un escenario es una representación posible y simplificada de una situación futura (climática). Una proyección viene marcada por la línea azul y la otra, por la roja. La franja sombreada señala el intervalo de incertidumbre en cada caso.

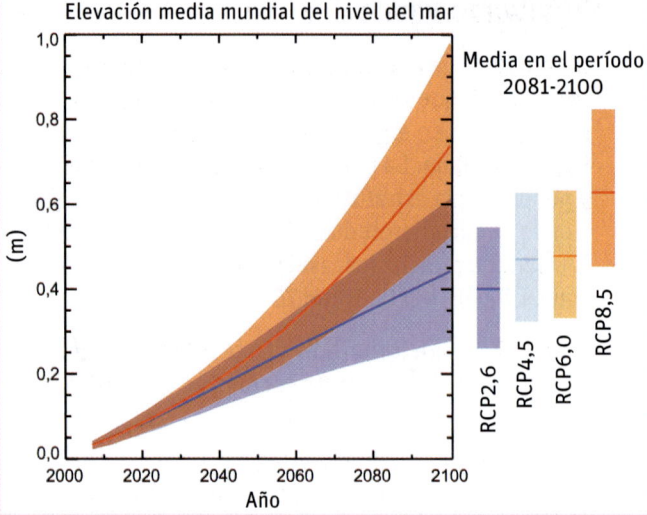

a) ¿Qué grado de certeza hay sobre los valores de elevación del nivel del mar que ofrecen? ¿Cuáles son sus pronósticos para finales de este siglo? ¿Por qué consideran varios escenarios?

b) ¿Qué relación hay entre elevación del nivel del mar y cambio climático? Si hay procesos geológicos internos que modifican el nivel del mar en todo el planeta, ¿por qué no los consideran los investigadores del IPCC?

Comprender el enunciado

Comprueba que entiendes todos los términos utilizados y subraya algunas cuestiones clave:

- Los investigadores utilizan datos reales: *... han utilizado satélites para medir el nivel medio del mar, comprobando que...*
- Hacen sus proyecciones (pronósticos) basándose en los datos tomados y su conocimiento del clima: *... han partido de los datos conocidos y han utilizado modelos informáticos sobre el funcionamiento del clima.*
- Ubican sus cálculos en las situaciones futuras más probables: *... las proyecciones que han hecho para los dos escenarios que consideran más probables.*
- No ocultan sus dudas y certezas: *El sombreado de esos colores señala el intervalo de incertidumbre en cada caso.*

Elaborar la respuesta

a) Tu respuesta tendrá la máxima valoración si:

- Diferencias entre datos medidos y valores estimados: *La elevación de 3 mm/año en dos décadas es un dato medido y su grado de certeza es alto, mientras que los valores para fin de siglo son proyecciones y su grado de certeza es menor.*
- Observas en la gráfica los valores medios para cada escenario y los incluyes dentro de su margen de incertidumbre: *En el escenario 1, el ascenso medio a final de siglo sería de 45 cm sobre el nivel actual, con una horquilla de entre 29 cm y 61 cm. En el escenario 2 el ascenso sería de 74,5 cm (horquilla de entre 52 cm y 97 cm).*
- Argumentas que: *Se consideran varios escenarios porque no sabemos, por ejemplo, si la población mundial se mantendrá en los 7000 millones actuales o alcanzará los 12 000 (el consumo de combustibles fósiles será diferente en cada caso). Tampoco sabemos si seremos sensatos y reduciremos el consumo por habitante o continuaremos como si nada ocurriese.*

b) Tu respuesta será mejor valorada si:

- Relacionas el cambio climático con el nivel del mar: *La elevación de la temperatura media provoca la fusión del hielo continental, aportando más agua líquida a los océanos, y genera la expansión térmica del agua, que eleva el nivel del mar.*
- Describes procesos generados por la dinámica de las placas que afectan a las cuencas marinas: *Algunos procesos geológicos internos, como la apertura y el cierre de océanos, la formación de una dorsal o la actividad de un punto caliente, modifican la forma y las dimensiones de las cuencas marinas y, en consecuencia, afectan al nivel del mar en todo el planeta.*
- Concluyes que: *Aunque esos procesos geológicos internos pueden generar cambios del nivel del mar mayores que los debidos al clima, actúan a escala de Ma y, en consecuencia, su efecto es despreciable para períodos de decenas de años.*

Una zona con mucha historia

El bloque diagrama de la derecha representa una zona del interior de la península ibérica con una larga historia geológica, durante la cual diversos procesos geológicos han ido dejando sus huellas en ella.

a) ¿Qué tipo de contactos hay entre los diversos materiales?

b) ¿Qué estructuras tectónicas se observan? ¿A qué tipo de esfuerzos ha estado sometida esta zona?

c) ¿Qué formas de erosión o de depósito se observan? ¿Están actuando agentes geológicos externos sobre este relieve?

d) Reconstruye la historia geológica de esta zona peninsular.

Una erupción en las Azores

El archipiélago de las Azores está formado por nueve islas y muchos islotes de diferentes tamaños. Se encuentra en medio del océano Atlántico norte. La actividad volcánica en estas islas es muy frecuente.

En 1630 se produjo una erupción muy explosiva en la comarca de Furnas de la isla de San Miguel (la mayor de las islas Azores). Los geólogos señalan que su elevada explosividad se debió al encuentro entre el magma ascendente y el agua subterránea. Tras la erupción se produjo el colapso del edificio volcánico.

Parte de la caldera originada como consecuencia de la erupción se encuentra actualmente ocupada por el lago de Furnas.

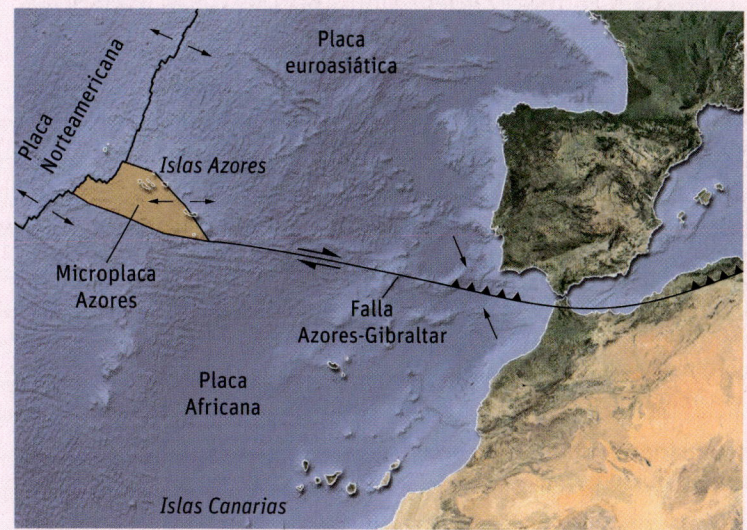
Situación de las islas Azores.

Isla de San Miguel con el lago Furnas.

a) Las Azores están ubicadas en una zona de gran complejidad en la que se encuentran tres grandes placas que dejan entre ellas una microplaca. Observa el mapa e indica cuáles son. ¿Qué tipos de límites de placas hay representados?

b) ¿Cómo explicas que haya actividad volcánica intensa en las Azores? ¿Crees que habrá también actividad sísmica?

b) ¿Por qué la contaminación del magma con agua hizo que la erupción fuese más explosiva?

El libro **Biología y Geología para 1.º de Bachillerato** forma parte del Proyecto Editorial de Educación Secundaria de SM. En su realización ha participado el siguiente equipo:

Autoría
Emilio Pedrinaci, Concha Gil, José Antonio Pascual

Edición
Pilar Castaño, Óscar Cambra, Fernando Sáez, Almudena de Andrés (edición digital)

Corrección
Alejandro Feijoo

Ilustración
ARCHIVO SM, Félix Moreno, Eduardo Rodríguez, Jacinto Rodríguez, José Santos, Antonio Corts, Ricardo Salas, Nicolás Fernández, Ariel Alejandro, Mauricio Antón, Santiago Alberto, Amadeu Blasco, 5W INFOGRAPHIC, EL OJO DEL HURACÁN.

Fotografía
Javier Calbet, Almudena Esteban, Sergio Cuesta, María Pía Hidalgo / ARCHIVO SM; Daniel Gallego Florez; Luis Carcavilla; Pedro Carrion Juarez; Emilio Pedrinacci (Foto); Micheline Pelletier / CORBIS; Slidepix; Yang Jay; Vladimir Fedoroff / Dreamstime; Marli Bryant Miller / University of Oregon; USA; Michael Travisano y Will Ratcliff / Universidad de Minnesota; Nancy Nehring; Eric Isselée; Liz Leyden / iStock; IPPC; NOAA; Geoparque de la Costa Vasca; Alfred Wegener Institute for Polar and Marine research; Comité de Bioética de España; Secretaría del Convenio sobre la Diversidad Biológica; AP - ASSOCIATED PRESS (G TRES ON LINE) / G TRES ON LINE; AGE FOTOSTOCK / SCIENCE PHOTO LIBRARY (AGE FOTOSTOCK BARCELONA); CONTACTO; EFE; SCALA; FIRO FOTO; INDEX; PRISMA; LATINSTOCK; PHOTONONSTOP; BARRES FOTONATURA; THINKSTOCK; CORDON PRESS; 123RF; SHUTTERSTOCK; Lamont-Doherty Earth Observatory / Marine Geoscience Data System; GETTY IMAGES; IMAGIN; NASA; ALBUM.

Edición gráfica
Reyes Gordo

Diseño de cubierta e interiores
Estudio SM

Responsable del proyecto
Marta Balbás

Coordinación de contenidos digitales
Mara Mañas

Coordinación editorial de Ciencias
J.G.L. de Guereñu, Laura Pérez

Dirección de Arte del proyecto
Mario Dequel

Dirección editorial
Aída Moya

Todas las actividades contenidas en este libro han de ser realizadas en un cuaderno aparte, nunca en el propio libro.
Los espacios incluidos son meramente indicativos y su finalidad es puramente didáctica.

Gestión de las direcciones electrónicas
Debido a la naturaleza dinámica de internet, Ediciones SM no puede responsabilizarse de los cambios o las modificaciones en las direcciones y los contenidos de los sitios web a los que remite en este libro.

Con el objeto de garantizar la adecuación de las direcciones electrónicas de esta publicación, SM emplea un sistema de gestión que redirecciona las URL que con fines educativos aparecen en la misma hacia diversas páginas web; entre otras de uso frecuente: http://es.wikipedia.org, www.youtube.es. SM declina cualquier responsabilidad por los contenidos o la información que pudieran albergar, sin perjuicio de adoptar de forma inmediata las medidas necesarias para evitar el acceso desde las URL de esta publicación a dichas páginas web en cuanto tenga constancia de que pudieran alojar contenidos ilícitos o inapropiados. Para garantizar este sistema de control es recomendable que el profesorado compruebe con antelación las direcciones relacionadas y que comunique a la editorial cualquier incidencia a través del correo electrónico ediciones@grupo-sm.com.

Cualquier forma de reproducción, distribución, comunicación pública o transformación de esta obra solo puede ser realizada con la autorización de sus titulares, salvo excepción prevista por la ley. Diríjase a CEDRO (Centro Español de Derechos Reprográficos, www.cedro.org) si necesita fotocopiar o escanear algún fragmento de esta obra.

© SM
ISBN: 978-84-675-7652-8
Depósito legal: M-05.088-2015
Impreso en la UE / *Printed in EU*

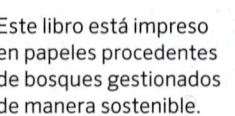
Este libro está impreso en papeles procedentes de bosques gestionados de manera sostenible.